Springer-Lehrbuch

Springer-Verlag Berlin Heidelberg GmbH

Heinz-Peter Spahn

Makroökonomie

Theoretische Grundlagen und
stabilitätspolitische Strategien

Zweite, überarbeitete und
erweiterte Auflage

Mit 101 Abbildungen
und 21 Tabellen

Prof. Dr. Heinz-Peter Spahn
Universität Hohenheim
Lehrstuhl für Wirtschaftspolitik (520 a)
Schloß, Mittelhof-Ost
D-70593 Stuttgart

ISBN 978-3-540-65223-6

Die Deutsche Bibliothek – CIP-Einheitsaufnahme
Spahn, Heinz-Peter: Makroökonomie: theoretische Grundlagen und stabilitätspolitische Strategien, 2. überarb. u. erw. Aufl. / Heinz-Peter Spahn. – Berlin; Heidelberg; New York; Barcelona; Hongkong; London; Mailand; Paris; Singapur; Tokio: Springer, 1999
(Springer-Lehrbuch)
ISBN 978-3-540-65223-6   ISBN 978-3-642-58441-1 (eBook)
DOI 10.1007/978-3-642-58441-1

Dieses Werk ist urheberrechtlich geschützt. Die dadurch begründeten Rechte, insbesondere die der Übersetzung, des Nachdrucks, des Vortrags, der Entnahme von Abbildungen und Tabellen, der Funksendung, der Mikroverfilmung oder der Vervielfältigung auf anderen Wegen und der Speicherung in Datenverarbeitungsanlagen, bleiben, auch bei nur auszugsweiser Verwertung, vorbehalten. Eine Vervielfältigung dieses Werkes oder von Teilen dieses Werkes ist auch im Einzelfall nur in den Grenzen der gesetzlichen Bestimmungen des Urheberrechtsgesetzes der Bundesrepublik Deutschland vom 9. September 1965 in der jeweils geltenden Fassung zulässig. Sie ist grundsätzlich vergütungspflichtig. Zuwiderhandlungen unterliegen den Strafbestimmungen des Urheberrechtsgesetzes.

© Springer-Verlag Berlin Heidelberg 1999
Ursprünglich erschienin bei Springer-Verlag Berlin Heidelberg 1999

Die Wiedergabe von Gebrauchsnamen, Handelsnamen, Warenbezeichnungen usw. in diesem Werk berechtigt auch ohne besondere Kennzeichnung nicht zu der Annahme, daß solche Namen im Sinne der Warenzeichen- und Markenschutz-Gesetzgebung als frei zu betrachten wären und daher von jedermann benutzt werden dürften.

SPIN 10699348   43/2202-5 4 3 2 1 0 – Gedruckt auf säurefreiem Papier

The age of prophets and of witches is upon us and such an age is not friendly to reason.
Frank H. Hahn

Vorwort zur zweiten Auflage

Das vorliegende Buch bietet eine knapp gefaßte *Einführung in die makroökonomische Theorie und Politik*. Die Thematik reicht von den Grundlagen gesamtwirtschaftlicher Zusammenhänge bis zu wirtschaftspolitischen Strategieproblemen in der offenen Volkswirtschaft. Das Buch setzt einführende Grundkenntnisse in der Volkswirtschaftslehre voraus und kann im Grund- und Hauptstudium verwendet werden.

Das Erkenntnisobjekt der Makroökonomie ist die Volkswirtschaft als ganze. Die unhandliche Größe und Komplexität dieses Untersuchungsgegenstandes bringt das Problem mit sich, daß praktische Anschauung und Erfahrung hier nur begrenzte Einsichten vermitteln können. Die ökonomische Bedeutung empirischer Daten erschließt sich erst im Lichte eines theoretischen Vorverständnisses. Makroökonomie ist somit notwendigerweise abstrakt. Sie ist dabei durch den Schulstreit zwischen den Theorien der *Klassik*, der *Neoklassik*, des *Keynesianismus* und des *Monetarismus* geprägt. Die Öffentlichkeit gewinnt dabei vielleicht den Eindruck, daß zwischen diesen z.T. konkurrierenden "Weltbildern" letztlich nur noch eine mehr oder weniger ideologisch oder politisch motivierte Entscheidung möglich ist.

Im Gegensatz dazu wird in diesem Buch ein *analytisch integrierter Ansatz* verfolgt. Er versucht einerseits, die grundlegende Logik gesamtwirtschaftlicher Funktionsmechanismen herauszuarbeiten, verdeutlicht andererseits jedoch auch, an welchen Punkten nach wie vor offene Fragen bestehen, die je nach Bewertung möglicher Argumente von wissenschaftlicher Seite unterschiedlich beantwortet werden können.

Die Aufgabe der makroökonomischen Theorie ist die Beschreibung und Erklärung gesamtwirtschaftlich zentraler Größen wie z.B. des Wirtschaftswachstums, der Beschäftigungs- und Preisentwicklung, die auch oft im Mittelpunkt gesellschaftlicher und politischer Interessen stehen. Indem sie mögliche Ansatzpunkte zur Beeinflussung oder Steuerung derartiger Größen benennt, wird die Makroökonomie auch zum *Ansatzpunkt für die Wirtschaftspolitik*.

In traditioneller Sicht bleiben jedoch die Lehre der Theorie der Wirtschaftspolitik und der Makroökonomie getrennt: Erstere diskutiert auf wohlfahrtstheoretischer Ebene die Ziele, nach denen die Volkswirtschaft gestaltet werden soll, letztere liefert der Wirtschaftspolitik Erkenntnisse, Ansatzpunkte und Instrumente, mit denen diese Steuerung verwirklicht werden kann. Nach diesem "Ziel-Mittel-Ansatz" erscheinen praktische Mißerfolge der Wirtschaftspolitik oft als bloße Umsetzungsprobleme und grundsätzliche Streitfragen werden unter der Überschrift "Theorienstreit" (s.o.) abgelegt.

Die Instanzen der Wirtschaftspolitik können Rahmenbedingungen und Prozeßabläufe des Wirtschaftens z.B. durch Gesetzes-, Steuer- oder Zinsänderungen beeinflussen, sie stehen jedoch nicht außerhalb des Marktsystems: Weil sich die Funktionsmechanismen des Marktes und das Verhalten der privaten Akteure durch die Praktizierung wirtschaftspolitischer Strategien ändern, kann die Lehre der Wirtschaftspolitik nicht einfach auf einer Theorie der Marktwirtschaft "ohne Staat" aufbauen. In der modernen forschungsorientierten Literatur werden deshalb Notwendigkeit und Grenzen der Makropolitik direkt aus einer theoretisch geleiteten Analyse entwickelt, die auch die Reaktion der Märkte auf die Existenz und Programmatik wirtschaftspolitischer Konzeptionen berücksichtigt.

Die im deutschen Sprachraum lange vorherrschende Grenzziehung zwischen Wirtschaftstheorie und Wirtschaftspolitik erscheint angesichts der praktischen und wissenschaftlichen Entwicklung auf dem Gebiet der Makroökonomie als obsolet. Das vorliegende Buch zielt deshalb auf eine makroökonomische Analyse, die die *theoretischen und wirtschaftspolitischen Zusammenhänge integriert*. Dabei werden folgende Problembereiche behandelt:

• Bestimmungsgründe von Produktion und Beschäftigung, die sich aus dem Zusammenspiel privater Entscheidungen über Vermögenshaltung und Einkommensverwendung und Aktionen der Geld- und Fiskalpolitik ergeben,

• Ursachen, Konsequenzen und Bekämpfungsmöglichkeiten der Inflation,

• mikroökonomische Funktionsprobleme des Arbeitsmarktes und makroökonomische Steuerungsmöglichkeiten des Beschäftigungsniveaus,

• die durch Außenwirtschaftsbeziehungen begründeten Einflüsse auf die inländische Wirtschaftsentwicklung und den Handlungsspielraum der nationalen Wirtschaftspolitik,

• Probleme der Wahl und Funktionsweise wirtschaftspolitischer Strategien.

In der nun vorliegenden zweiten Auflage wurde die Gliederung im ersten Kapitel leicht umgestellt. Einige neue Unterkapitel, u.a. zu aktuellen wirtschaftspolitischen Fragen wie der Disinflationsproblematik und der strukturellen Arbeitslosigkeit, sind hinzugefügt worden (1.4.2, 2.3.3, 2.5.3, 3.1.4, 3.2.4, 5.2.3). Einige Passagen wurden neu geschrieben, Fehler berichtigt und empirische Daten aktualisiert. Ich danke zunächst den Studenten, die durch ihre Diskussionsbereitschaft zur Verbesserung des Textes beigetragen haben. Darüber hinaus schulde ich vielen Kollegen und Mitarbeitern Dank für ihre konstruktive Kritik: Michael Ambrosi, Ingo Barens, Christian Braun, Rolf Caesar, Rüdiger Dragendorf, Christian Fischer, Arne Heise, Peter Kühnl, Gerhard Mauch, Elke Muchlinski, Renate Ohr, Hajo Riese, Waltraud Schelkle, Wolfgang Schröder, Thomas Stürm, Hans-Michael Trautwein, Helmut Wagner und Klaus Weißenberg. Die verbleibenden Unzulänglichkeiten gehen (leider) zu meinen Lasten.

Stuttgart-Hohenheim, September 1998

Heinz-Peter Spahn

Inhaltsverzeichnis

Einleitung 1
Märkte und Preise in der Volkswirtschaft 1
Mikroökonomie und Makroökonomie 3
Das Ziel-Mittel-Denken in der Theorie der Wirtschaftspolitik 6
Das Programm des Buches 10

Literatur zur Einleitung 12

1   EINKOMMEN, VERMÖGEN UND NACHFRAGE 13

1.1   Volkswirtschaftliche Gesamtrechnung 13
1.1.1   Das Sozialprodukt 13
1.1.2   Das Preisniveau 17
1.1.3   Investieren und Sparen im Kreislaufzusammenhang 19
1.1.4   Staatliche Ersparnis, Budgetdefizit und Außenbeitrag 23

1.2   Grundbeziehungen der Vermögenswirtschaft 26
1.2.1   Geld und Kredit: Das Banksystem 26
1.2.2   Erträge, Zins und Vermögen 29
1.2.3   Grundlagen der Investitionsentscheidung 34
1.2.4   Die Finanzierungssalden der Sektoren 37
1.2.5   Investieren und Sparen im vermögenswirtschaftlichen Zusammenhang 41

1.3   Gesamtwirtschaftliche Nachfrage und Einkommensbildung 46
1.3.1   Der Preiseffekt: Veränderungen der Unternehmensgewinne 46
1.3.2   Der Mengeneffekt: Lager- und Produktionsanpassungen 49
1.3.3   Einkommensabhängige Nachfrage: Die Konsum- und Sparfunktion 51
1.3.4   Der Multiplikatorprozeß bei autonomen Investitionsänderungen 54
1.3.5   Staatsausgaben und Steuern, Exporte und Importe 58

1.4   Interaktion zwischen Vermögens- und Gütermarkt 61
1.4.1   Der Gütermarkt: Die *IS*-Kurve 61
1.4.2   Walras' Gesetz und der Vermögensmarkt 62
1.4.3   Der Geldmarkt: Die *LM*-Kurve 65
1.4.4   Das makroökonomische *IS-LM*-Gleichgewicht 68
1.4.5   Veränderungen der Spar-, Investitions- und Liquiditätsneigung 69

1.5   Nachfragepolitik bei konstanten Preisen 74
1.5.1   Die Wirkung von Geldmengenvariationen 74
1.5.2   Die Wirkung von Staatsausgaben- und Steuervariationen 76
1.5.3   Zur Rollenverteilung zwischen Geld- und Fiskalpolitik 78

1.6 Vermögenseffekte in der Geld- und Güternachfrage 81
1.6.1 Das Konzept des permanenten Einkommens 81
1.6.2 Realvermögen, Realverschuldung und Realkasse 84
1.6.3 Vermögenseffekte der Fiskalpolitik 87
1.6.4 Nachfrageveränderungen bei Vollbeschäftigung und flexiblen Preisen 90

Literatur zu Kapitel 1 93

2 VOLLBESCHÄFTIGUNG UND INFLATION 95

2.1 Beschäftigung und Gütermarkt 95
2.1.1 Produktionsfunktion, Arbeitsnachfrage und Reallohn 95
2.1.2 Die Mark-up-Preisbildung 99
2.1.3 Güterangebot und Güternachfrage 102

2.2 Die Lohninflation 105
2.2.1 Arbeitslosigkeit und offene Stellen: Die Beveridge-Kurve 105
2.2.2 Lohn- und Preisdynamik: Die Phillips-Kurve 108
2.2.3 Akzelerierende Inflation bei Überbeschäftigung 111

2.3 Die makroökonomische Bedeutung der Erwartungen 116
2.3.1 Formen der Erwartungsbildung 116
2.3.2 Die These einer Wirkungslosigkeit der Makropolitik 118
2.3.3 Permanente Markträumung, rationale Erwartungen und Schocks 122
2.3.4 Die Problematik rationaler Erwartungen 124

2.4 Die Dynamik des Inflationsprozesses 128
2.4.1 Die Angebotsfunktion 128
2.4.2 Die Nachfragefunktion 131
2.4.3 Das Marktgleichgewicht 133
2.4.4 Wirtschaftspolitische Interventionen und exogene Störungen 136
2.4.5 Der Lohn-Preis-Mechanismus im quantitätstheoretischen Kontext 140

2.5 Interaktion der Märkte bei monetärer Instabilität 144
2.5.1 Einkommens- und Gewinninflation 144
2.5.2 Inflation und Zins: Das Fisher-Theorem 146
2.5.3 Instabilitätstendenzen bei flexiblen Preisen und Erwartungen 150

Literatur zu Kapitel 2 153

3 ARBEITSMARKT UND ARBEITSLOSIGKEIT 155

3.1 Marktprozesse bei Unterbeschäftigung 155
3.1.1 Arbeitslosigkeit aus makroökonomischer Sicht 155
3.1.2 Wirkungen der Lohnpolitik auf Verteilung, Kosten und Nachfrage 158
3.1.3 Die Instabilitätsgefahr in der Deflation 161
3.1.4 Ertragspessimismus und Lohnrigiditäten in der Disinflation 165

3.2	**Allokations- und Wettbewerbsprozesse am Arbeitsmarkt**	168
3.2.1	Risikotausch, relative Lohnstarrheiten und Strukturprobleme	168
3.2.2	Produktivitätssicherung durch Effizienzlöhne und Arbeitslosigkeit	173
3.2.3	Insider und Outsider: Die Marktposition der Arbeitslosen	177
3.2.4	Beschäftigung und Entlassungen bei heterogenen Arbeitskräften	179
3.2.5	Arbeitsplatzsuche bei unvollkommener Information	183
3.2.6	Die Spaltung des Arbeitspotentials infolge von Arbeitslosigkeit	184
3.3	**Ressourcenpotential und gesamtwirtschaftliche Nachfrage**	191
3.3.1	Horizontale und vertikale Verschiebungen der Phillips-Kurve	191
3.3.2	Hysteresis: Konjunkturabhängigkeit der strukturellen Arbeitslosenquote	194
3.3.3	Makrodynamik bei endogenem Arbeitsangebot	197
3.3.4	Kapitalmangelarbeitslosigkeit und potentialorientierte Wirtschaftspolitik	200
3.3.5	Das Vollbeschäftigungsproblem in dogmengeschichtlicher Perspektive	205

Literatur zu Kapitel 3 211

4	**DIE OFFENE VOLKSWIRTSCHAFT**	213
4.1	**Zahlungsbilanz und außenwirtschaftliches Gleichgewicht**	213
4.1.1	Leistungs-, Kapital- und Devisenbilanz	213
4.1.2	Devisenmarktgleichgewicht bei unterschiedlichen Zins-Einkommens-Kombinationen	216
4.2	**Makropolitik bei festen und flexiblen Wechselkursen**	220
4.2.1	Wirtschaftspolitische Rollenverteilung und außenwirtschaftliche Strategien	220
4.2.2	Die Sterilisierung von Devisenbewegungen	223
4.2.3	Der Verlust der geldpolitischen Autonomie bei festen Wechselkursen	226
4.2.4	Optionen bei flexiblen Wechselkursen	229
4.2.5	Mechanismen und Grenzen der Auslandsverschuldung	233
4.3	**Der Wechselkurs als Güter- und Finanzmarktpreis**	238
4.3.1	Absolute und relative Kaufkraftparität	238
4.3.2	Zinsparität und erwartete Wechselkursänderungen	240
4.3.3	Wechselkurserwartungen und Währungswettbewerb	244
4.3.4	Die Dominanz der Kapital- über die Leistungsbilanz	247
4.4	**Externes und internes Gleichgewicht**	251
4.4.1	Zahlungsbilanzausgleich und Vollbeschäftigung bei flexiblen Preisen und Wechselkursen	251
4.4.2	Der Fall überschießender Wechselkurse	254
4.4.3	Zinsparität und Preisstabilität	256
4.4.4	Konflikte zwischen Vollbeschäftigung, Preisstabilität und Zahlungsbilanzausgleich	260

Literatur zu Kapitel 4 265

5 STRATEGIEN DER STABILITÄTSPOLITIK ... 267

5.1 Instrumentelle und konzeptionelle Probleme der Fiskalpolitik ... 267
5.1.1 Nachfrage- versus Angebotspolitik ... 267
5.1.2 Staatliche Budgetbeschränkung und Inflationssteuer ... 271
5.1.3 Staatsverschuldung und Zinsenlast ... 273

5.2 Das Zusammenspiel von Geld- und Lohnpolitik ... 280
5.2.1 Die Grenzen der Einkommenspolitik ... 280
5.2.2 Der Disinflationsprozeß ... 285
5.2.3 Nachfragepolitik bei struktureller Arbeitslosigkeit und Preisstabilität ... 288
5.2.4 Das Konzept der potentialorientierten Geldmengenpolitik ... 292
5.2.5 Persistenz der Inflation: Die Zeitinkonsistenz optimaler Geldpolitik ... 296
5.2.6 Glaubwürdigkeit und Reputation der Notenbank ... 299

5.3 Regelgebundener Interventionismus bei gesamtwirtschaftlichen Störungen ... 303
5.3.1 Die Logik von Feedback-Strategien ... 303
5.3.2 Beschäftigungs-, Preisniveau- und Nominaleinkommensstabilisierung ... 305
5.3.3 Zins- und Wechselkursstabilisierung ... 309
5.3.4 Die Grenzen des regelgebundenen Interventionismus ... 314

5.4 Das Stabilitätsproblem in der Geldwirtschaft ... 318
5.4.1 Makroökonomische Ungleichgewichte bei realen und nominalen Störungen ... 318
5.4.2 Das empirische Bild: Die Wirksamkeit der Zinspolitik ... 322
5.4.3 Vollbeschäftigung und Preisstabilität: Ein wohlfahrtstheoretischer Zielkonflikt? ... 325

Literatur zu Kapitel 5 ... 330

Verzeichnis der Abbildungen und Tabellen ... 333

Symbolverzeichnis ... 337

Quellenverzeichnis für empirische Daten in Abbildungen und Tabellen ... 338

Index ... 339

Einleitung

Märkte und Preise in der Volkswirtschaft

Die grundlegenden Merkmale der Volkswirtschaft sind Märkte, auf denen durch Angebot und Nachfrage sowohl die Mengen als auch die Preise der gehandelten Güter i.w.S. bestimmt werden (Abbildung 1). Dies gilt sowohl in einzelwirtschaftlicher wie in gesamtwirtschaftlicher Sicht. Ist das Untersuchungsziel jedoch die Volkswirtschaft als ganze, so sind einige Besonderheiten zu beachten.

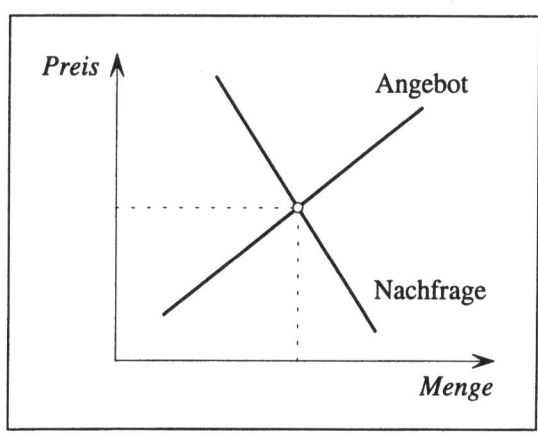

Abbildung 1: Ein Markt

Da nicht die Konstellationen auf den vielen einzelnen Märkten, sondern Lage und Entwicklung der Gesamtwirtschaft interessieren, werden alle Einzelmärkte zu vier "Makromärkten" zusammengefaßt. Eine solche Aggregation ist dann möglich, wenn man davon ausgeht, daß die auf diesen Märkten gehandelten Güter weitgehend homogen sind oder daß Ungleichgewichte innerhalb jeder dieser vier Marktgruppen durch *strukturelle* Anpassungen der Preise und Mengen so ausgeglichen werden, daß das *Niveau* der gesamtwirtschaftlichen Aktivität unberührt bleibt.

• Am *Arbeitsmarkt* treffen Angebot von und Nachfrage nach Arbeitsleistungen aufeinander.
• Der *Gütermarkt* umfaßt entsprechend die gesamte Produktion von und die Nachfrage nach Gütern und Dienstleistungen.
• Am *Vermögensmarkt* werden alle ertragbringenden Aktiva, realer und finanzieller Art, gehandelt. Das Sachvermögen (Produktivkapital) steht in einem Substitutionszusammenhang zum Finanzvermögen (Kreditforderungen).
• In einer offenen Volkswirtschaft tritt der *Devisenmarkt* hinzu, auf dem die verschiedenen nationalen Währungen ge- und verkauft werden können.

Auch auf diesen volkswirtschaftlichen Märkten wird jeweils das betreffende Gut gegen *Geld* verkauft bzw. mit *Geld* gekauft. Auf dem Arbeitsmarkt wird so der *Lohn* als Geldpreis der Arbeitsleistung bestimmt, auf dem Gütermarkt das *Preisniveau* als aggregierter Güterpreis[1], auf dem Vermögensmarkt der *Zins* und auf dem Devisenmarkt der *Wechselkurs*. Jeder Markt läßt sich nach dem in Abbildung 1 festgehaltenen Grundmuster darstellen, indem für "Preis" und "Menge" die konkreten marktspezifischen Variablen eingesetzt werden. Abbildung 2 zeigt darüber hinaus, daß das Geld das Bindeglied zwischen *allen* Makromärkten darstellt.

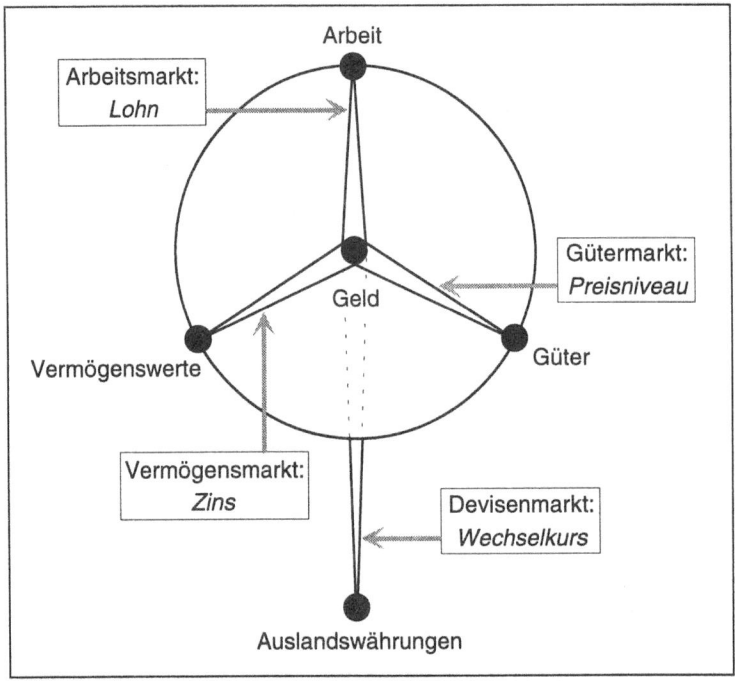

Abbildung 2: System der Makromärkte

Eine weitere Interdependenz zwischen den nationalen Märkten wird durch den eingezeichneten Kreis in Abbildung 2 symbolisiert: Er drückt aus, daß die Transaktionen auf jedem einzelnen Makromarkt unter Berücksichtigung der (geplanten und laufenden) Transaktionen auf den *anderen* Märkten durchgeführt werden. So erfolgt z.B. der Verkauf von Arbeitsleistungen zwar direkt gegen Geld; die damit verbundene Absicht ist aber i.d.R. vor allem ein Kauf von (Konsum-) Gütern. Daher geht das Güterpreisniveau neben dem Lohn ebenfalls in die Arbeitsangebotsentscheidung ein. Soll das Arbeitseinkommen auch zur Kreditvergabe verwendet oder die Güternachfrage auch durch Kreditaufnahme finanziert werden, so wäre ebenfalls der Zins in das Kalkül ein-

---

[1] Dieses Aggregationsverfahren wird in Kapitel 1.1.2 erläutert.

Einleitung 3

zubeziehen. Das Verhältnis von Lohn w und Preisniveau P wird als *Reallohn* bezeichnet; er mißt die Gütermenge, die bei gegebenen Geldlöhnen und -preisen durch den Verkauf von Arbeitsleistungen während einer bestimmten Zeitperiode zu erhalten ist:

$$\frac{w}{P} = \frac{x \text{ Geldeinheiten/Arbeitszeiteinheit}}{y \text{ Geldeinheiten/Gütereinheit}} = \frac{(x/y) \text{ Gütereinheiten}}{\text{Arbeitszeiteinheit}} \quad [1]$$

Analog dazu wird die Arbeitsnachfrage der Unternehmen nicht nur vom Lohn, sondern u.a. auch von den Preisen der mit zusätzlichen Arbeitskräften produzierten Güter abhängen.

Aus diesem Grund wird der Arbeitsmarkt (wiederum nach dem Muster von Abbildung 1) oft direkt mit dem Reallohn als "Preis" dargestellt. Dabei ist jedoch zu bedenken, daß der Reallohn im eigentlichen Sinne kein Preis, sondern offenbar eine *Stromgröße* (Gütermengen pro Zeiteinheit) darstellt und zudem nicht allein auf dem Arbeitsmarkt, sondern aus dem Zusammenspiel aller Märkte bestimmt wird. Die rechnerische Eliminierung der Geldeinheiten in Gleichung [1] erweckt auch den falschen Eindruck, als würde beim Arbeitsvertrag ein direkter Tausch zwischen Gütermengen und Arbeitsleistungen vereinbart. Dies mag in einer geldlosen *Naturalwirtschaft* der Fall sein, entspricht jedoch nicht den Verhältnissen in einer *Geldwirtschaft*, in der Markttransaktionen durch den Abschluß und die Einlösung von in Geldeinheiten ausgedrückten Verträgen durchgeführt werden.[2]

Festzuhalten bleiben folgende Aspekte der volkswirtschaftlichen Interdependenz der Märkte:

- Die Wirtschaftssubjekte beziehen in ihre Angebots- und Nachfrageentscheidungen die Preise *aller* Makromärkte ein.
- Transaktionen auf einem Markt haben Rückwirkungen auf die anderen Märkte: So geht z.B. ein vermehrter Verkauf von Arbeitsleistungen oder eine gesteigerte Kreditaufnahme mit einer Zunahme der Nachfrage auf dem Gütermarkt einher. Umgekehrt werden die Unternehmen bei einem Überschußangebot auf dem Gütermarkt sowohl ihre Produktion als auch ihre Arbeitsnachfrage verringern.
- Bei der Erklärung *gesamtwirtschaftlicher* Phänomene dürfen die Märkte in der Volkswirtschaft folglich nicht isoliert voneinander gesehen, sondern müssen in ihrer Interdependenz untersucht werden.

Mikroökonomie und Makroökonomie

Die Unterscheidung zwischen Mikro- und Makroökonomie geht auf eine theoriegeschichtlich noch relativ junge Entwicklung in der Volkswirtschaftslehre

---

[2] Dies wird Kapitel 1.2.1 näher betrachtet.

zurück. Zur Zeit der großen Weltwirtschaftskrise der 30er Jahre hatte sich die herrschende Lehre als wenig geeignet erwiesen, um die Depressionsspirale von Bank- und Unternehmenszusammenbrüchen verstehen und wirtschaftspolitische Maßnahmen gegen Produktionsrückgang und Massenarbeitslosigkeit entwickeln zu können. Zwar wurden in der Volkswirtschaftslehre durchaus Ungleichgewichte zwischen Angebot und Nachfrage auf *einzelnen* Märkten betrachtet, aber es ließ sich zeigen, daß die von den Marktkräften bewirkten Preisanpassungen im Regelfall wieder zum Gleichgewicht zurückführten. Diese Erkenntnisse einer *Partialanalyse* wurden oft ohne eine ausreichende Problematisierung auf die Gesamtwirtschaft übertragen; eine eigenständige Untersuchung von Angebot, Nachfrage und Beschäftigung auf *gesamtwirtschaftlicher* Ebene schien entbehrlich.

Diesem Ansatz stand eine *monetäre*, primär gesamtwirtschaftlich angelegte Theorie gegenüber, die jedoch den Einfluß des Geldes und der Geldpolitik auf Veränderungen des Preisniveaus beschränkte. Konjunkturschwankungen erschienen demnach als Schwankungen des *nominalen* Volkseinkommens ohne wesentliche Auswirkungen auf das reale Produktionsniveau.

Keynes schlug demgegenüber eine andere "Arbeitsteilung" innerhalb der Volkswirtschaftslehre vor:
• Die aus *einzelwirtschaftlichem* Blickwinkel betriebene Angebots-Nachfrage-Analyse ist nur zur Erfassung der Vorgänge auf Einzelmärkten geeignet. Aus methodischen Gründen können daraus nicht unmittelbar gesamtwirtschaftliche Schlußfolgerungen abgeleitet werden. Denn die Partialanalyse setzt stets voraus, daß sich die volkswirtschaftlichen Rahmenbedingungen des jeweils betrachteten ökonomischen Problems nicht ändern; wenn jedoch nach den Ergebnissen der Aktivitäten auf *allen* Einzelmärkten gefragt wird, kann diese Voraussetzung nicht mehr gelten, weil die Preis- und Mengenänderungen auf einem Markt das Umfeld anderer Märkte beeinflußt.
• Weil sich somit die *Funktionsmechanismen der Volkswirtschaft* nicht über eine Addition einzelwirtschaftlicher Erkenntnisse gewinnen lassen, ist eine eigenständige gesamtwirtschaftliche Theorie notwendig, die die Bestimmungsfaktoren des Nachfrage- und Beschäftigungsniveaus herausarbeitet. Im Rahmen dieser Theorie läßt sich zeigen, daß Geld und Geldpolitik nicht nur die Preis-, sondern auch die Produktionsentwicklung beeinflussen kann.

Solange sich Ökonomen mit dem beschäftigten, was die Werttheorie genannt wird, waren sie gewohnt, zu lehren, daß die Preise durch die Bedingungen des Angebotes und der Nachfrage beherrscht werden (...). Wenn sie aber (...) zur Theorie des Geldes und der Preise übergehen, hören wir nichts mehr von diesen schlichten, aber verständlichen Begriffen und gehen über in eine Welt, in der die Preise durch die Menge des Geldes, durch ihre Einkommenumlaufgeschwindigkeit (...) beherrscht werden. (...)

Die Einteilung der Wirtschaftslehre in die Theorie des Wertes und der Verteilung einerseits und die Theorie des Geldes andererseits ist nach meiner Ansicht

Einleitung 5

> eine falsche Einteilung. Die richtige Einteilung ist (...) die Einteilung in die Theorie der individuellen Industrie oder Firma, der Belohnungen und der Verteilung zwischen verschiedenen Verwendungen einer *gegebenen* Menge von Vermögensbeständen einerseits, und die Theorie der Produktion und der Beschäftigung *als Ganzes* andererseits. Solange wir uns auf die Erforschung der individuellen Industrie oder Firma beschränken, unter der Voraussetzung, daß die gesamte Menge der beschäftigten Vermögensbestände beständig ist, und daß vorläufig die Lage der anderen Industrien oder Firmen unverändert ist, ist es richtig, daß wir uns mit den maßgebenden Merkmalen des Geldes nicht zu beschäftigen brauchen. Sobald wir aber auf das Problem übergehen, was die Produktion und die Beschäftigung als Ganzes bestimmt, benötigen wir die vollständige Theorie einer geldlichen Wirtschaft.
>
> John Maynard Keynes (1936: 247f)

In der modernen Volkswirtschaftslehre wird die Diskussion über eine Abgrenzbarkeit einzelner Analyseebenen in der Wirtschaftstheorie und die Möglichkeiten einer sachgerechten Aufgabenverteilung zwischen ihnen weitergeführt. Tabelle 1 ordnet die von Keynes vorgeschlagene Aufgabenverteilung in ein allgemeines Schema möglicher Untersuchungsfelder ein:

Fragestellung Analysemethode	*partiell*	*total*
mikro	(a) einzelwirtschaftliche Entscheidungen, Funktionsprobleme von Einzelmärkten	(b) gesamtwirtschaftliche Konsequenzen der Interaktion zwischen allen Wirtschaftssubjekten
makro	(c) Verhalten von homogenen Akteursgruppen, funktionale Beziehungen zwischen gesamtwirtschaftlichen Variablen, Funktionsprobleme von aggregierten Märkten	(d) Zusammenspiel zwischen gesamtwirtschaftlichen Variablen, Interaktion zwischen Arbeits-, Güter- und Vermögensmärkten

Tabelle 1: Aufgabenbereiche und Zielsetzungen volkswirtschaftlicher Theorieansätze

Oft richtet sich das Interesse nur auf hochaggregierte Ergebnisse des Marktprozesses einer Volkswirtschaft (z.B. das Beschäftigungsvolumen unabhängig von seiner Struktur). Zu diesem Zweck werden die unzähligen Einzelmärkte zu einigen wenigen Teilmärkten der Volkswirtschaft zusammengefaßt (Feld d). Eine Erforschung des Zusammenspiels dieser Märkte erfordert jedoch die Kenntnis der Bestimmungsfaktoren der makroökonomischen Variablen (Arbeitsangebot, Konsumnachfrage, Zinssatz usw.) Damit muß der Totaleine Partialanalyse vorausgehen, in der diese Variablen isoliert untersucht werden (Feld c). Dabei werden möglichst einfache Erklärungshypothesen herausgearbeitet (z.B. eine Abhängigkeit der Investitionsausgaben vom Zins oder der Konsumausgaben vom Einkommen), die das idealtypische Verhalten als homogen betrachteter Gruppen von Marktakteuren beschreiben (Unternehmen, Haushalte usw.). Im Hintergrund - wenn auch oft nicht explizit ausgeführt - stehen dabei Entscheidungen von Individuen, die ihre Markthandlungen aus einem mikroökonomischen Nutzen- bzw. Gewinnmaximierungskalkül ableiten (Feld a).

So wird deutlich, daß eine gesamtwirtschaftliche Theorie nicht losgelöst von der einzelwirtschaftlichen Ebene betrieben werden kann. Ein Zweig der modernen Volkswirtschaftslehre, die *Allgemeine Gleichgewichtstheorie*, verzichtet sogar vollständig auf die makroökonomische Betrachtung. Auch eine auf gesamtwirtschaftliche Erkenntnisse abzielende Theorie kann auf mikroökonomischer Grundlage arbeiten, wenn sie nicht einfach partielle Marktmechanismen zusammenfügt, sondern bei jeder einzelnen Entscheidung die wechselseitige Abhängigkeit aller individuellen Wahlhandlungen in der gesamten Volkswirtschaft beachtet (Feld b). Allerdings steht dem Zuwachs an formalem Aufwand bei diesem Weg nicht unbedingt auch ein ausreichender Gewinn an volkswirtschaftlichen Erkenntnissen gegenüber.

Das Ziel-Mittel-Denken in der Theorie der Wirtschaftspolitik

In der makroökonomischen Theorie werden Konstellationen und Prozeßabläufe *auf* einzelnen (aggregierten) Märkten sowie die Interaktion *zwischen* diesen Märkten untersucht, um ein Verständnis von Funktionsweise und -problemen einer Volkswirtschaft zu gewinnen. Entstehung und Entwicklung der Makroökonomie stehen mit dem verstärkten Auftreten wirtschaftspolitischer Probleme in Zusammenhang. Zuweilen wird die Makrotheorie auch als bloßer Instrumentenkasten der Wirtschaftspolitik betrachtet und die Fähigkeit der Wirtschaftspolitik, die gesamtwirtschaftliche Entwicklung nach Maßgabe politischer Zielsetzungen steuern zu können, galt lange Zeit als erwiesen. Demgegenüber ist hier festzuhalten, daß sich mit Hilfe der Makroökonomie sowohl Möglichkeiten als auch Grenzen wirtschaftspolitischen Handelns erkennen lassen.

Wirtschaftspolitik ist angewandte Wirtschaftstheorie. Diesem traditionellen Lehrsatz zufolge baut die makroökonomische Politik[3] in folgender Weise auf der makroökonomischen Theorie auf:

---

[3] Dieser Begriff wird im folgenden oft mit "Makropolitik" abgekürzt. Er bezeichnet in diesem Buch eine nachfrageseitige Beeinflussung der volkswirtschaftlichen Aktivität mit der Intention, bestimmte Zielwerte ausgewählter makroökonomischer Variablen zu erreichen bzw. zu stabilisieren. Deshalb werden auch die Begriffe "Nachfragepolitik", "Konjunkturpolitik", "Stabilitätspolitik" und "Stabilisierungspolitik" als weitere Synonyme verwendet.

Einleitung

- Letztere liefert *Erkenntnisse* über die Funktionsweise der Volkswirtschaft;
- erstere entwirft *Programme*, die nach politischen Kriterien eine Steuerung des Prozeßablaufs und eine Beeinflussung der gesamtwirtschaftlichen Ergebnisse zum Gegenstand haben.

Dieses Verhältnis zwischen Wirtschaftstheorie und -politik läßt sich anhand eines Ablaufschemas genauer beschreiben, das die einzelnen Stufen eines stilisierten wirtschaftspolitischen Entscheidungsprozesses zeigt (Abbildung 3). Das Primat des politischen Systems kommt darin zum Ausdruck, daß hier die Wahl der wirtschaftspolitischen Ziele erfolgt: z.B. der Beschäftigungsgrad, das Ausmaß der noch tolerierten Geldentwertung, die Verteilung des Volkseinkommens auf Lohn- und Gewinnbezieher u.a.m. Je nach "Demokratiegrad" des Wirtschafts- und Gesellschaftssystems können sich dabei Mehrheitsinteressen oder Präferenzen der Führungsschichten durchsetzen. Die ökonomische Theorie hat dabei allein eine "beratende Stimme", die sich auf die Definition der Ziele, ihre Bedeutung im Rahmen der Interessenverfolgung unterschiedlicher Interessengruppen sowie auf die Klärung möglicher Zielkonflikte beschränkt.

Nach einer wirtschaftlichen Lagebeurteilung kann der Sollwert der makroökonomischen Variablen mit ihrem Istwert verglichen werden. Liegt eine Diskrepanz vor, werden - unter Zuhilfenahme der Verfahren politischer Planung - wirtschaftspolitische Programme und Mittel aus dem von Seiten der makroökonomischen Theorie gebotenen "Instrumentenkasten" eingesetzt, um die Ergebnisse des volkswirtschaftlichen Geschehens besser mit den gesetzten politischen Normen in Übereinstimmung zu bringen. Nach einer Erfolgskontrolle

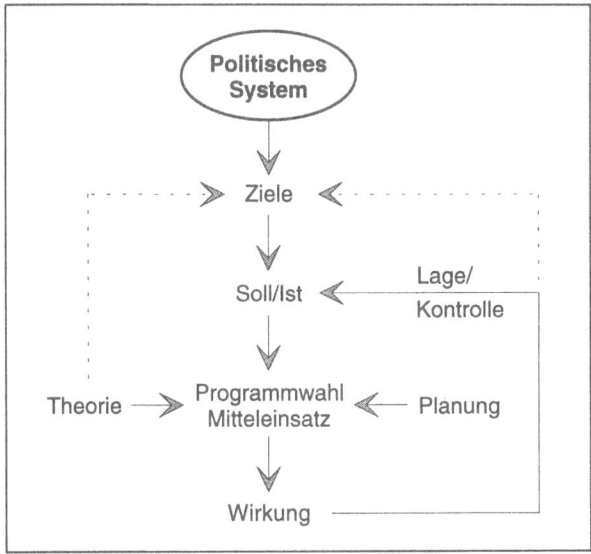

Abbildung 3: Ablaufschema "rationaler" Wirtschaftspolitik

der Wirkung der gewählten Maßnahmen werden Programme und Mittel u.U. modifiziert, um den Zielerreichungsgrad zu verbessern. Denkbar ist aber auch eine Revision der Ziele, wenn sich diese als praktisch nicht realisierbar erweisen sollten. Der illustrierte Regelkreis beschreibt ein "rationales" Handlungsschema, das dem in der ökonomischen Theorie unterstellten Verhaltensmuster individueller Akteure nachgebildet ist.

Einen praktischen Niederschlag hat dieser "Ziel-Mittel-Ansatz" im deutschen Stabilitätsgesetz von 1967 gefunden. Hier werden Sollwerte für die vier "magischen Ziele" der Stabilitätspolitik (Vollbeschäftigung, Geldwertstabilität, Wachstum und außenwirtschaftliches Gleichgewicht) vorgegeben und wirtschaftspolitische Instrumente zur Zielerreichung benannt. Ähnliche Gesetze mit dem vorrangigen Ziel der Beschäftigungsförderung finden sich auch in anderen Ländern, in USA und Großbritannien bereits seit Mitte der 40er Jahre. Die Entwicklung derartiger wirtschaftspolitischer Konzeptionen war eine naheliegende Konsequenz, nachdem die keynesianische Theorie die Hoffnung auf eine weitgehende Steuerbarkeit makroökonomischer Prozesse begründet hatte.

Steigende Inflationsraten in den 70er Jahren führten dann zu politischen und wissenschaftlichen Kontroversen über die bis dahin vorwiegend an der keynesianischen Theorie orientierten Makropolitik. Alternative stabilitätspolitische Konzepte blieben jedoch theoretisch ebenso umstritten und waren in der Praxis letztlich kaum erfolgreicher. Zwar konnte die Inflation wieder zurückgedrängt werden; aber die Arbeitslosigkeit ist im Trend angestiegen (Abbildung 4).

Angesichts dieser Entwicklung erscheint es nicht (länger) möglich, die Theorie der Makropolitik zweigeteilt zu lehren: auf der einen Seite eine letztlich politikwissenschaftliche Analyse der wirtschaftspolitischen Zielbildung, auf der anderen eine ökonomisch-technische Untersuchung der Steuerungsmechanismen. Das Ziel-Mittel-Denken erweist sich im Bereich der Makropolitik aus mehreren Gründen als problematisch:[4]

(1) Zunächst fehlt es an einer allgemein anerkannten makroökonomischen Theorie. Verschiedene "Schulen" der Nationalökonomie beurteilen Notwendigkeit und Wirkungsweise einer Makropolitik unterschiedlich.

(2) Vor diesem Hintergrund können schon die makropolitischen Ziele nicht allein einer wohlfahrtstheoretischen oder politischen Bewertung überlassen bleiben. Danach erscheinen die als Ziele gewählten ökonomischen Variablen grundsätzlich als gleichrangig und ihre Erreichbarkeit hängt scheinbar nur von politisch effektiven Präferenzen ab. Tatsächlich wird aber z.B. Vollbeschäfti-

---

[4] Auf die sog. Werturteilsdebatte in der Nationalökonomie kann hier nicht eingegangen werden. Sie setzte sich u.a. kritisch mit der These auseinander, daß eine "wertfreie" Theoriebildung deshalb möglich sei, weil sich diese allein mit den Funktionsmechanismen des Marktes beschäftige. Danach kann die Wissenschaft der Politik alternative Steuerungsinstrumente anbieten, soll ihr aber keine ökonomischen Ziele vorschreiben.

Einleitung

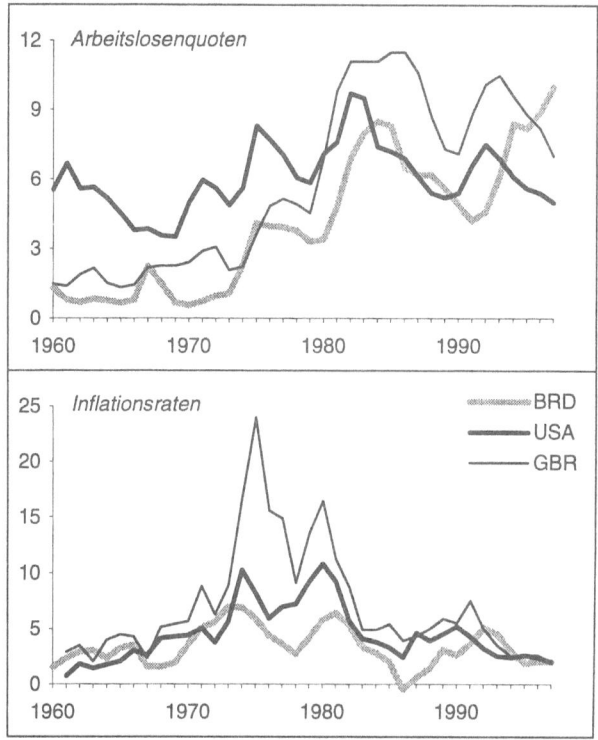

Abbildung 4: Entwicklung von Arbeitslosigkeit und Inflation

gung keineswegs in allen theoretischen Ansätzen in gleicher Weise definiert und die funktionale Bedeutung der Geldwertstabilität für den Marktprozeß wird unterschiedlich eingeschätzt.

(3) Der entscheidende Einwand ist der folgende: Der Ziel-Mittel-Ansatz leitet aus einer Analyse des ökonomischen Systems die Notwendigkeit wirtschaftspolitischer Eingriffe ab, erfaßt jedoch nicht, daß sich die Funktionsweise der Marktwirtschaft dadurch ändert, daß die Wirtschaftspolitik aktiv in die Marktmechanismen eingreift. Dadurch gelten gleichsam neue "Spielregeln", die privaten Akteure werden bei ihren Entscheidungen die wirtschaftspolitische Aktivität berücksichtigen, und infolgedessen können sich die gesamtwirtschaftlichen Marktergebnisse verändern (z.B. wird das Verhalten der Lohnpolitik in starkem Maße davon abhängen, ob sich die Wirtschaftspolitik zum Vollbeschäftigungsziel bekannt hat oder nicht, weil dadurch die Marktbedingungen und Risiken im Beschäftigungssystem entscheidend geprägt werden).

Insoweit ist das politische System, das im Ziel-Mittel-Ansatz als exogener Akteur erscheint (vgl. Abbildung 3), infolge dieser Rückkoppelungsmechanismen selbst ein Element des Marktsystems. Analytisch erweist sich damit die Trennung zwischen Wirtschaftstheorie und Wirtschaftspolitik als obsolet. Dies bedeutet auch, daß die wirtschaftspolitischen Ziele im Hinblick auf ihre

Dringlichkeit und Erreichbarkeit erst nach einer Untersuchung der Rolle der Makropolitik im Marktprozeß beurteilt werden können.

Das Programm des Buches

Das vorliegende Buch bietet zum einen eine analytisch orientierte Einführung in die makroökonomische Theorie. Dabei werden Eingriffsformen und Handlungsmuster der makroökonomischen Politik in die Untersuchung einbezogen, so daß schließlich auch Notwendigkeiten, Möglichkeiten und Grenzen der Stabilitätspolitik deutlich werden. Die wirtschaftspolitischen Instanzen treten dabei als Teilnehmer des Marktprozesses auf; ihre Fähigkeit zur Marktlenkung folgt nicht schon aus ihrer hoheitlichen Position. Durch diese Verknüpfung der wirtschaftspolitischen mit einer makrotheoretischen Analyse weicht die Gliederung dieses Buches vom üblichen Muster stabilitätspolitischer Lehrbücher ab. Zwar ist auch hier unterstellt, daß die Politik generell an Vollbeschäftigung und Preisstabilität interessiert ist. Aber die Anerkennung derartiger Zielsetzungen im Bereich der Wirtschaftspolitik rechtfertigt nicht schon per se die üblicherweise gewählte teleologische Form in der wissenschaftlichen Analyse (Begründung der Ziele → Untersuchung der Wirkung von Instrumenten → Diskussion von Umsetzungsproblemen).

Der Aufbau dieses Buches folgt statt dessen einer eher funktional-theoretisch orientierten Vorgehensweise. Dabei wird allerdings bewußt eine Gliederung nach verschiedenen Theorieschulen (Keynesianismus, Monetarismus usw.) vermieden, um dem gerade bei makroökonomischen und stabilitätspolitischen Problemen verbreiteten Eindruck zu begegnen, als könnten wichtige Fragen letztlich nur noch durch den Rückgriff auf nicht mehr hinterfragbare ideologische Positionen entschieden werden. Das Gliederungsschema setzt an der Interaktion der Makromärkte (Geld-, Güter-, Arbeits-, Devisenmarkt) an. Durch geeignete, ökonomisch begründbare Annahmen werden in den einzelnen Kapiteln bestimmte Teilbereiche dieser allgemeinen Interdependenz zunächst ausgeblendet, so daß jeweils eine Konzentration auf ausgewählte Problemfelder möglich wird. In den ersten drei Kapiteln werden Außenwirtschaftsbeziehungen ausgeklammert, so daß der Devisenmarkt unberücksichtigt bleiben kann.

Darüber hinaus wird im *ersten Kapitel* weitgehend eine allgemeine Unterauslastung von Ressourcen auf Güter- und Arbeitsmarkt unterstellt, von Lohn- und Preisreaktionen jedoch abstrahiert. Die damit gegebene vollständig elastische Angebotsfunktion erlaubt eine isolierte Behandlung des Zusammenhangs zwischen Geld- und Gütermarkt. Auf diese Weise werden die vermögenswirtschaftlichen Bestimmungsgründe der gesamtwirtschaftlichen Nachfrage und die Mechanismen einer staatlichen Nachfragesteuerung deutlich.

Im *zweiten Kapitel* wird - nach einer Analyse des Zusammenhangs von

Produktion und Beschäftigung bei unterschiedlichen Annahmen über die Produktionstechnik - im Hinblick auf die Angebotsbedingungen ein diametral verschiedener Ausgangspunkt gewählt. Es wird Vollbeschäftigung unterstellt, so daß bei flexiblen Löhnen und Preisen die Dynamik des Inflationsprozesses analysiert werden kann. Es läßt sich dann zeigen, daß das Ausmaß temporärer Realeffekte der Makropolitik auf Produktion und Beschäftigung vor allem von der Art der Erwartungsbildung der Marktakteure abhängt.

Das *dritte Kapitel* wechselt wieder ins Unterbeschäftigungsszenario. Im Gegensatz zum ersten Kapitel werden nun aber Lohn- und Preisreaktionen, mit denen die Akteure die Marktnachfrage nach den von ihnen angebotenen Leistungen steigern wollen, nicht mehr a priori ausgeschlossen. Der Fall der Arbeitslosigkeit, üblicherweise ein Ausgangspunkt stabilitätspolitischer Überlegungen, wird hier erst nach dem Inflationsproblem behandelt, da er bei flexiblen Preisen und Preiserwartungen sowie durch die Verkettung mikro- und makroökonomischer Anpassungsprobleme analytisch größere Anforderungen stellt als ein Übernachfrageszenario. Zum einen können Deflation und Disinflation zu schwer abschätzbaren gesamtwirtschaftlichen Stabilitätsproblemen führen, zum anderen sind Ursachen und Konsequenzen von Lohnrigiditäten, d.h. von nominalen Lohnuntergrenzen, zu untersuchen.

Im *vierten Kapitel* werden grenzüberschreitende Güter- und Kapitaltransaktionen bei festen und flexiblen Wechselkursen in die Untersuchung einbezogen. Dabei wird zunächst - analog zum Vorgehen im ersten Kapitel - ein elastisches Angebot mit fixen Preisen und sodann - analog zum zweiten Kapitel - Vollbeschäftigung mit flexiblen Preisen vorausgesetzt. Dabei zeigt sich, daß die Wechselkursänderungserwartungen für den Verlauf von Anpassungsprozessen eine ähnlich wichtige Rolle spielen wie die Inflationserwartungen in der geschlossenen Volkswirtschaft. Der Handlungsspielraum der Makropolitik wird in starkem Maße durch die Kapitalanlageentscheidungen auf den internationalen Finanzmärkten geprägt. Die Untersuchungsperspektive beschränkt sich hier auf Stabilitätsprobleme einer einzelnen offenen Volkswirtschaft, Ausland und Weltmarkt bleiben exogen. Fragen der internationalen Kooperation der Wirtschaftspolitik und der Währungspolitik werden ausgeklammert.

Nach dieser schrittweisen "Erschließung" des makroökonomischen Prozesses bei fallweisem Einsatz geld- und fiskalpolitischer Instrumente geht es im abschließenden *fünften Kapitel* um die Konsistenz und Erfolgswirksamkeit verschiedener stabilitätspolitischer Strategien. Die Fragestellung lautet, ob und auf welche Weise die zentralen Ziele Vollbeschäftigung und Preisstabilität erreicht und gesichert werden können. Im Gegensatz zum eindimensionalen Ziel-Mittel-Ansatz werden hier Rückkoppelungen zwischen Markt und politischem System sowie langfristige Folgeprobleme alternativer wirtschaftspolitischer Konzeptionen berücksichtigt. Vor diesem Hintergrund wird ein Fazit im Hinblick auf die Handlungsspielräume der Wirtschaftspolitik gezogen.

Alle Kapitel beginnen mit einer kurzen Einleitung, die einen Überblick über die jeweils behandelten Fragestellungen gibt und somit die Orientierung des Lesers erleichtern soll. Jedes Unterkapitel wird mit einer Zusammenfassung abgeschlossen, die in knapper Form den roten Faden der Argumentation und wichtige Ergebnisse enthält. Am Ende der fünf Hauptkapitel sind jeweils Literaturhinweise angefügt, die einerseits die Quellen von im Text verwendeten Zitaten angeben, andererseits auf weiterführende Literatur verweisen (einige empfehlenswerte Lehrbücher zum Gesamtkomplex der makroökonomischen Theorie und Politik sind unten aufgeführt). Abbildungen, Tabellen und Formeln sind kapitelweise numeriert (1.1, 1.2 usw.), wobei die erstgenannte Ziffer das Kapitel bezeichnet.

Literatur zur Einleitung sowie Lehrbuchtexte zur makroökonomischen Theorie und Politik

Burda, M. / Wyplosz, C. (1993): Makroökonomik - Eine europäische Perspektive. München 1994.
Cassel, D. / Thieme, H. J. (1992): Stabilitätspolitik. In: Vahlens Kompendium der Wirtschaftstheorie und Wirtschaftspolitik. Bd. 2. 5. Aufl. München, 303-368.
Chick, V. (1983): Macroeconomics after Keynes. Oxford.
Claassen, E. M. (1980): Grundlagen der makroökonomischen Theorie. München.
Davidson, P. (1994): Post Keynesian Macroeconomic Theory. Aldershot.
Dornbusch, R. / Fischer, S. (1995): Makroökonomik. 6. Aufl. München / Wien.
Felderer, B. / Homburg, S. (1994): Makroökonomik und neue Makroökonomik. 6. Aufl. Berlin u.a.
Fuhrmann, W. (1986): Geld und Kredit - Prinzipien monetärer Makroökonomie. München / Wien.
Greenwald, B. / Stiglitz, J. E. (1988): Examining Alternative Macroeconomic Theories. Brookings Papers on Economic Activity, 207-260.
Hahn, F. H. (1982): Reflections on the Invisible Hand. Lloyds Bank Review, Nr. 144, April, 1-21.
Keynes, J. M. (1936): Allgemeine Theorie der Beschäftigung, des Zinses und des Geldes. Berlin.
Kromphardt, J. (1987): Arbeitslosigkeit und Inflation. Göttingen.
Landmann, O. (1981): Keynes in der heutigen Wirtschaftstheorie. In: Bombach u.a., Hg.: Der Keynesianismus I - Theorie und Praxis keynesianischer Wirtschaftspolitik. 2. Aufl. Berlin u.a., 135-210.
Mankiw, N. G. (1998): Makroökonomik. 3. Aufl. Wiesbaden.
Paulsen, A. (1958): Neue Wirtschaftslehre. 4. Aufl. Berlin.
Siebke, J. / Thieme, H.-J. (1992): Einkommen, Beschäftigung, Preisniveau. In: Vahlens Kompendium der Wirtschaftstheorie und Wirtschaftspolitik. Bd. 1. 5. Aufl. München, 87-174.
Tichy, G. (1995): Konjunkturpolitik - Quantitative Stabilisierungspolitik bei Unsicherheit. 3. Aufl. Berlin u.a.
Tomann, H. (1997): Stabilitätspolitik. Berlin u.a.
Wagner, H. (1998): Stabilitätspolitik - Theoretische Grundlagen und institutionelle Alternativen. 5. Aufl. München.

KAPITEL 1 EINKOMMEN, VERMÖGEN UND NACHFRAGE

> *Kapitelüberblick*
>
> Das Sozialprodukt, die gesamtwirtschaftliche Produktion von Gütern und Diensten, mißt die Leistung, d.h. das Einkommen einer Volkswirtschaft. Ihr Reichtum besteht demgegenüber aus ihrem Vermögensbestand an Sach- und Finanzkapital. In diesem Kapitel geht es einerseits um die "buchhalterische" und konzeptionelle Erfassung, andererseits um die theoretische Erklärung des Zusammenhangs von Einkommen und Vermögen.
>
> In der "Volkswirtschaftlichen Gesamtrechnung" wird die Entstehung, Verteilung und Verwendung des Sozialprodukts aufgezeichnet. Die Produktion von Gütern, die dabei entstehenden Einkommen und deren Verwendung zur Güternachfrage bilden den Wirtschaftskreislauf. Güter werden zum privaten und öffentlichen Verbrauch sowie zur Erhöhung des Kapitalstocks nachgefragt; hinzu kommt eine Güternachfrage des Auslands. Das Güterangebot stammt aus der in- und ausländischen Produktion. Bei der theoretischen Analyse eines Gleichgewichts zwischen Güternachfrage und -angebot werden Engpässe in der Produktionskapazität und beim Arbeitsangebot noch weitgehend ausgeklammert.
>
> Auf dem Vermögensmarkt erzwingt die Konkurrenz eine prinzipiell gleiche Rendite auf alle Formen von Sach- und Finanzkapital. Die Investition in Sachkapital zielt auf den Erhalt und die Erweiterung der Produktionskapazitäten; sie folgt aus einer Anlageentscheidung auf dem Vermögensmarkt und ist das treibende Element der Güternachfrageentwicklung. Die gesamtwirtschaftliche Güternachfrage hängt damit nicht nur von der Einkommensverwendung, sondern auch von Entscheidungen über Umfang und Struktur der Vermögenshaltung ab. Die Ersparnis ist der nicht zum Konsum verwendete Teil des Einkommens; sie stellt eine Geldvermögensbildung dar.
>
> Aus dem Zusammenspiel von Güter- und Vermögensmarkt ergibt sich ein makroökonomisches Gleichgewicht. Es wird untersucht, wie dieses Gleichgewicht auf Veränderungen im Spar-, Investitions- und Geldnachfrageverhalten reagiert. Die Wirtschaftspolitik kann das Produktions- und Einkommensniveau durch globale Eingriffe in den Marktprozeß verändern. Als wichtige Instrumente einer Nachfragesteuerung werden Variationen der Geldmenge, der Staatsausgaben und Steuern analysiert. Es wird gezeigt, daß die relative Effizienz dieser Instrumente von den jeweils gegebenen Marktbedingungen und Verhaltensmustern der privaten Wirtschaftssubjekte abhängt.

1.1 Volkswirtschaftliche Gesamtrechnung

1.1.1 Das Sozialprodukt

Das Sozialprodukt ist eine Maßgröße der gesamten wirtschaftlichen Leistung einer Volkswirtschaft. Es handelt sich um eine *Stromgröße*, die auf einen bestimmten *Zeitraum* bezogen ist (üblicherweise ein Jahr). Die Berechnung des Sozialprodukts stellt auf *Endprodukte* ab: Nicht einbezogen wird der Teil der produzierten Güter und Dienstleistungen, der wiederum in andere Produktionsprozesse eingeht. Tabelle 1.1 zeigt diesen Zusammenhang am Beispiel des Produktionskontos eines Unternehmens. Auf der Soll-Seite wird der Input, auf der Haben-Seite der Output des Produktionsprozesses erfaßt. Alle im folgenden genannten Größen sind in *Geldeinheiten* gemessen, d.h. es sind *nominale*, in laufenden Preisen bewertete Größen.

		Soll	Haben	
Netto-produk-tionswert	Brutto-wert-schöp-fung	Vorleistungen	Verkäufe	Brutto-produk-tionswert
		Abschreibungen		
		Indirekte Steuern minus Subventionen		
		Netto-wert-schöp-fung — Löhne		
		Zinsen	selbst erstellte Anlagen und Lageraufbau	
		Gewinn		

Tabelle 1.1: Produktionskonto eines Unternehmens

• Das gesamte Produktionsergebnis ist der *Bruttoproduktionswert*, der entweder verkauft wurde oder den Lager- und Anlagenbestand in den Unternehmen vergrößert hat.
• Zieht man die Kosten der von anderen Unternehmen erhaltenen Güter - die *Vorleistungen* - ab, ergibt sich der *Nettoproduktionswert*. Dieser stellt zugleich die *Bruttowertschöpfung* innerhalb des Unternehmens dar.
• Einen weiteren Kostenbestandteil bilden die *Abschreibungen*, die das geldliche Äquivalent für den Verschleiß des Sachkapitals ausdrücken.[1]
• Die Unternehmen zahlen *indirekte Steuern*, die gleichsam den Beitrag des Staates zum Produktionsprozeß abgelten (z.B. die Bereitstellung von Infrastruktur). Diese "gesellschaftlichen Produktionskosten" werden in die Absatzpreise einkalkuliert und sind im Prinzip von allen Wirtschaftssubjekten, d.h. von den Endnachfragern zu tragen. Der Steuerbelastung gegenzurechnen sind *Subventionen*, d.h. Transferzahlungen, mit denen der Staat die Produktion direkt fördert.
• Nach Bereinigung der Bruttowertschöpfung um Abschreibungen, indirekte

---

[1] In Kapitel 1.1.3 und 1.2.2 wird gezeigt, daß sich aus vermögenswirtschaftlicher Sicht eine andere Interpretation der Abschreibungen ergibt.

Steuern und Subventionen erhält man die *Nettowertschöpfung*, d.h. den innerhalb der Unternehmen unter Einsatz der Produktionsfaktoren Arbeit und Kapital erbrachten Beitrag zum gesamtwirtschaftlichen Produktionsergebnis. Als Kosten entstehen dabei zum einen Löhne, zum anderen Zinsen (für die Fremdkapitalgeber) und Dividenden (Gewinnausschüttungen an die Eigenkapitalgeber). Ein Teil des Gewinns wird oft im Unternehmen einbehalten.

Bei der Saldierung der Produktionskonten aller Unternehmen und des Staates[2] fallen die wechselseitig gelieferten Vorleistungen heraus. Aus der Summe der Nettoproduktionswerte ergibt sich das *Bruttoinlandsprodukt* (BIP) von der *Entstehungsseite*. Von dieser auf den Wirtschaftsraum bezogenen Größe gelangt man zur Wirtschaftsleistung der Inländer, d.h. zum *Bruttosozialprodukt* (BSP), indem die von Inländern im Ausland verdienten Einkommen hinzugefügt und die von Ausländern im Inland verdienten Einkommen abgezogen werden (Tabelle 1.2, Spalte a).

(a) *Entstehung*	(b) *Verwendung*	(c) *Verteilung*
Bruttoinlandsprodukt (Nettoproduktionswert aller Unternehmen und des Staates)	Privater Konsum	Abschreibungen
		Indirekte Steuern minus Subventionen
		Bruttoeinkommen aus unselbständiger Arbeit
	Bruttoinvestitionen einschließlich Lageränderungen	
Saldo der Faktoreinkommen zwischen In- und Ausland	Staatsausgaben für Güter und Dienstleistungen	Bruttoeinkommen aus Unternehmertätigkeit und Vermögen
	Export minus Import	

Tabelle 1.2: Entstehung, Verwendung und Verteilung des Bruttosozialprodukts (Größenverhältnisse entsprechen den Werten für Deutschland im Jahr 1990; staatliche Investitionen sind im Posten Bruttoinvestitionen enthalten)

Die *Verwendung* des Bruttosozialprodukts besteht aus[3]
• dem privaten und öffentlichen Konsum,

---

[2] Besonderheiten des staatlichen Produktionskontos werden in Kapitel 1.1.4 behandelt. Im Sektor der Haushalte findet definitionsgemäß keine Produktion statt.

[3] Die Haben-Spalte der Tabelle 1.1 korrespondiert mit Spalte (b) in Tabelle 1.2.

- der Bruttoinvestition, d.h. der Erneuerung und Erweiterung der Produktionsanlagen einschließlich der Lagerbestandsänderungen, und
- dem Export ins Ausland; dabei sind die von dort bezogenen Importe abzuziehen, die ebenfalls in die vorstehend genannten Verwendungen geflossen sind. Exporte und Importe enthalten hier und im folgenden die oben erwähnten geleisteten und empfangenen Erwerbs- und Vermögenseinkommen.

Das Bruttosozialprodukt läßt sich schließlich von der *Verteilungsseite* betrachten.[4] Jedem Produktionswert steht ein Einkommen in gleicher Höhe gegenüber, das sich aus den Produktionskosten zusammensetzt:
- den Abschreibungen als Kosten der Kapitalnutzung,
- den Bruttoarbeits- und -vermögenseinkommen, und
- den indirekten Steuern (abzüglich Subventionen).

Aus dem Bruttosozialprodukt lassen sich weitere gesamtwirtschaftliche Einkommenskonzepte ableiten (Tabelle 1.3):

			D				
I_{brutto}	I_{brutto}	I_{netto}	$T_U - Z_U$				
				Q_U			
G	G	G	Y_{netto}^{FK}	Q_H	T_H		
C	C	C		W	$Q_H + W - T_H$	C	
Ex	$Ex-Im$	$Ex - Im$				S_H	
	Im				Z_H		
Endnach-frage	Y_{brutto}^{MP}	$Y_{netto}^{MP} = Y_{netto}^{MP}$	Y_{netto}^{FK}	$Y_H = Y_H$			

*Tabelle 1.3: Von der gesamtwirtschaftlichen Endnachfrage zum verfügbaren Einkommen der privaten Haushalte
(I: Investitionen, C: Konsum, G: Staatsausgaben, Ex: Exporte, Im: Importe, D: Abschreibungen, $T_{U/H}$: von Unternehmen gezahlte indirekte Steuern bzw. direkte Steuern der Haushalte, $Z_{U/H}$: Subventionen und Transfers an Unternehmen bzw. Haushalte, $Q_{U/H}$: im Unternehmen einbehaltene bzw. an Haushalte ausgeschüttete Gewinne, W: Löhne, S_H: Ersparnis der Haushalte, Y: Produktion gleich Einkommen)*

---

[4] Die Soll-Spalte der Tabelle 1.1 korrespondiert mit Spalte (c) in Tabelle 1.2.

Volkswirtschaftliche Gesamtrechnung 17

- Die *Endnachfrage* ist die Nachfrage im In- und Ausland nach inländischen Gütern. Diese Größe überzeichnet jedoch die inländische Einkommensentstehung, weil das Inland seinerseits Güter aus dem Ausland bezieht. Dieser Güterimport, der zum Konsum, zur Investition oder vom Staat verwendet wird, muß folglich abgezogen werden, um zum *Bruttosozialprodukt* zu gelangen.
- Nach Abzug der Abschreibungen vom Bruttosozialprodukt erhält man das *Nettosozialprodukt* als dasjenige Einkommen, das ohne Substanzverlust am Kapitalstock für alternative Verwendungen zur Verfügung steht.
- Der Posten "indirekte Steuern abzüglich Subventionen" reflektiert den staatlichen Einfluß auf Kosten und Preise. Seine Herausrechnung trennt das *Nettosozialprodukt zu Marktpreisen* (MP) vom *Nettosozialprodukt zu Faktorkosten* (FK); letzteres wird auch als *Volkseinkommen* bezeichnet und setzt sich aus Vermögens- und Arbeitseinkommen zusammen.
- Werden davon die in den Unternehmen einbehaltenen Gewinne abgezogen, verbleibt das Haushaltseinkommen, bestehend aus Löhnen und Gewinnen. Diese *Primärverteilung* des Einkommens wird durch die direkten Gewinn- und Lohnsteuern sowie durch Transferzahlungen zur *Sekundärverteilung* modifiziert (auch die nicht ausgeschütteten Gewinne können einer Besteuerung unterliegen).
- Damit ergibt sich schließlich das *verfügbare Haushaltseinkommen*. Es wird in Konsum und Ersparnis aufgeteilt.

1.1.2 Das Preisniveau

Das Sozialprodukt (in all seinen Berechnungsvarianten) ist stets eine *Wertgröße*, weil die vielen verschiedenen Produkte x_i nur mittels ihrer Preise p_i addiert werden können (dieser Nominalcharakter wird hier explizit durch ein hochgestelltes "n" ausgedrückt):

$$Y^n = \sum (p_i \, x_i) \qquad [1.1]$$

Das nominale Sozialprodukt ist aber im Zeitvergleich keine sehr aussagefähige Variable, weil es bei auftretenden Preissteigerungen in seiner Funktion als Meßgröße der realen Wirtschaftsaktivität entwertet wird. Deshalb ist ein Verfahren zu finden, mit dem die Preissteigerungskomponente aus der Entwicklung des Sozialprodukts herausgerechnet werden kann.

In jeder Periode läßt sich das *Preisniveau* als gewichteter Durchschnitt von m Einzelpreisen darstellen:

$$P = p_1 \frac{p_1 \, x_1}{\sum_{i=1}^{m}(p_i \, x_i)} + p_2 \frac{p_2 \, x_2}{\sum_{i=1}^{m}(p_i \, x_i)} + \ldots + p_m \frac{p_m \, x_m}{\sum_{i=1}^{m}(p_i \, x_i)} \qquad [1.2]$$

Hierbei sind die Gewichtungsfaktoren durch die jeweiligen Anteile des Umsatzes der einzelnen Güter am gesamten Sozialprodukt gegeben; ihre Summe ist gleich Eins.

Um die Preisveränderungen im Zeitablauf von der realen Mengenentwicklung zu isolieren, wird beim *Laspeyres-Index* ein bestimmter Güterkorb über die Zeit konstant gehalten. Notiert man die Preise dieser Güter zum Zeitpunkt *0* (Basisjahr) und zum Zeitpunkt *t* (Berichtsjahr), so ergibt sich aus der Relation beider Wertsummen das Preisniveau im Jahr *t*, gemessen als die auf *100* bezogene Veränderung von den Preisen im Jahr *0*:

$$P^t_{Laspeyres} = \frac{\sum_{i=1}^{m}\left(p_i^t\, x_i^0\right)}{\sum_{i=1}^{m}\left(p_i^0\, x_i^0\right)}\, 100 \qquad [1.3]$$

Im Unterschied dazu wird beim *Paasche-Index* der Güterkorb des Berichtsjahres verwendet:

$$P^t_{Paasche} = \frac{\sum_{i=1}^{m}\left(p_i^t\, x_i^t\right)}{\sum_{i=1}^{m}\left(p_i^0\, x_i^t\right)}\, 100 \qquad [1.4]$$

Mit jedem dieser Verfahren läßt sich das Preisniveau für jedes Jahr *t* berechnen und als "Deflator" des nominalen Sozialprodukts verwenden. Das so deflationierte, *reale* Sozialprodukt im Jahr *t* ist dann

$$Y_t = \frac{Y_t^n}{P_t} \qquad [1.5]$$

Auch das reale, d.h. von Preissteigerungen bereinigte Sozialprodukt bleibt eine Wertgröße, nämlich die mit den konstanten Preisen des Basisjahres bewertete Summe der Güterumsätze des Jahres *t*.

Die *Problematik einer Deflationierung nominaler Einkommensgrößen* liegt vor allem in der Fixierung eines Güterkorbes als Meßgröße der Preisentwicklung:
• Da damit Qualitätsverbesserungen der Produkte im Zeitablauf ausgeblendet werden, ist die gemessene Verteuerung überzeichnet.
• Da Angebotswettbewerb und Präferenzänderungen der Nachfrager mit einem Strukturwandel einhergehen, müssen Güterkorb und Basisjahr von Zeit zu Zeit neu festgesetzt werden.

Die Inflationsrate ist als prozentuale Veränderung des Preisniveaus definiert (analog die reale und nominale Wachstumsrate des Sozialprodukts):

$$\hat{p}_t = \frac{P_t - P_{t-1}}{P_{t-1}} \qquad [1.6]$$

Bei stetigem Wachstum aller Variablen läßt sich Gleichung [1.5] in eine einfache Beziehung zwischen Wachstumsraten überführen:

$$\hat{y}_t = \hat{y}_t^n - \hat{p}_t \qquad [1.7]$$

Eine positive Inflationsrate bedeutet, daß die Güter in Einheiten der nationalen Währung beständig teurer werden bzw. das Geld entsprechend an realem Wert verliert. Die Wachstumsrate des realen Sozialprodukts drückt die Entwicklung der güterwirtschaftlichen Leistung einer Volkswirtschaft aus. Bei - relativ zum realen Wachstum - hohen Inflationsraten verläuft die Entwicklungskurve des nominalen Sozialprodukts steiler als die des realen Sozialprodukts (Abbildung 1.1).

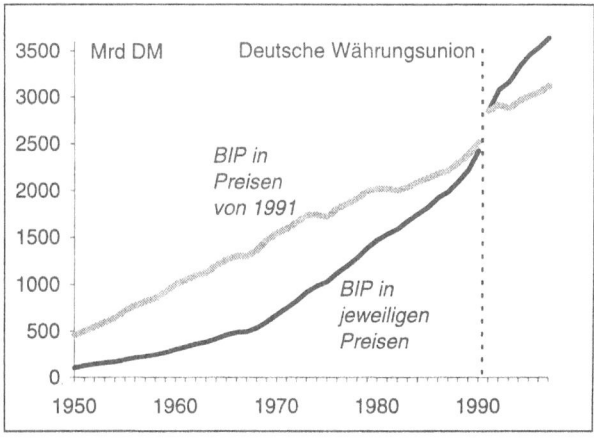

Abbildung 1.1:
Reales und nominales Bruttoinlandsprodukt in Deutschland

1.1.3 Investieren und Sparen im Kreislaufzusammenhang

Produktionsprozeß, Einkommensentstehung und Güternachfrage stehen in einem wechselseitigen Zusammenhang, der sich als Kreislauf darstellen läßt. Im einfachsten Fall, wenn Staat und Ausland ausgeklammert bleiben, stehen sich Unternehmen und Haushalte als "Kreislaufpole" gegenüber (Abbildung 1.2). Die von den Unternehmen produzierten Konsumgüter fließen in den Haushaltssektor. Dem stehen - ebenfalls als realwirtschaftlicher Strom - die Leistungen der Haushalte an die Unternehmen gegenüber, die eine Durchführung des Produktionsprozesses ermöglichen: Arbeitsleistungen und Nutzungsrechte für das Sachkapital. Dabei wird angenommen, daß sich die Kapitalgüter im Eigentum der Haushalte befinden und direkt an die Unternehmen verliehen werden. Als kontraktbestimmtes Entgelt für diese Faktorleistungen zahlen die Unternehmen Löhne und Gewinne (d.h. Zinsen) an die Haushalte, die diese vollständig zum Kauf von Konsumgütern verwenden. Bei jedem Kreislaufpol

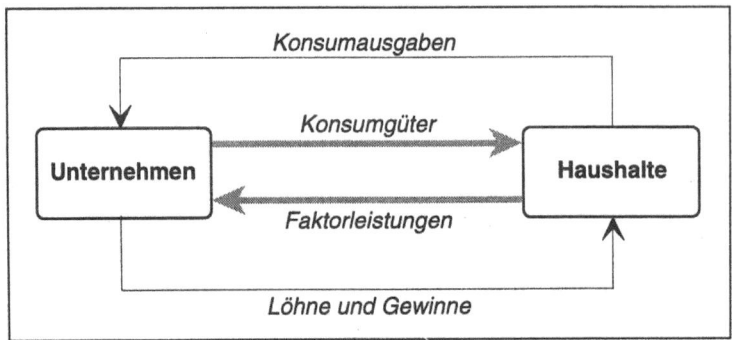

Abbildung 1.2: Der zweipolige Einkommenskreislauf

stimmen Ausgaben und Einnahmen überein.

Im nächsten Schritt werden Vermögensänderungen einbezogen. Wenn die Haushalte nicht ihr gesamtes Einkommen zu Konsumzwecken verausgaben, so bilden sie *Ersparnisse*. In güterwirtschaftlicher Hinsicht bedeutet diese Spartätigkeit der Haushalte, daß dem ihnen zufließenden Einkommensstrom keine entsprechend hohe Beanspruchung der Güterproduktion gegenübersteht. Dieser "Nichtkonsum" stellt einen Verzicht auf die Nutzung von Ressourcen dar. Die Haushalte weisen somit einen *Einnahmenüberschuß* auf.

Die Ersparnis stellt eine Geldvermögensbildung dar, die als Zugang auf dem *Vermögensänderungskonto* verbucht wird. Dieses Konto fungiert als funktional definierter Kreislaufpol (Abbildung 1.3).[5] Er registriert die Transaktionen am gesamtwirtschaftlichen Vermögensmarkt: Pfeile *zum* Vermögensänderungskonto bedeuten Geldanlagen des betreffenden Sektors am Vermögensmarkt, *abgehende* Pfeile umgekehrt eine Kreditvergabe an den jeweiligen Sektor.

In den Unternehmen findet eine Sachvermögensbildung statt. Alle Güter, die nach der Produktion im Unternehmenssektor verbleiben, sind als *Bruttoinvestition* definiert: Anlageinvestitionen in Maschinen und Bauten sowie Lagerbestandsänderungen. Güterwirtschaftlich bedeutet die Investition eine Beanspruchung von Ressourcen, die i.d.R. nicht (vollständig) aus den laufenden Einnahmen der Unternehmen finanziert wird, da diese Einnahmen (zum größten Teil) als Einkommen an die Haushalte verteilt werden. Der Unternehmenssektor hat deshalb einen *Ausgabenüberschuß* und ist auf eine Kreditaufnahme bei anderen Kreislaufpolen angewiesen. Die Bruttoinvestition wird aus dem Geldvermögen finanziert; sie zeigt sich als Vermögensverwendung in Form eines Abstroms vom Vermögensänderungskonto. Der durch den Pfeil mar-

---

[5] Die realen Güter- und Leistungsströme sind hier nicht mehr eingezeichnet. Zu beachten ist hier und im folgenden, daß die Volkswirtschaftliche Gesamtrechnung auf Ausgaben und Einnahmen basiert. Bei allen in den Gleichungen aufgeführten Variablen handelt es sich deshalb um *nominale* Wertgrößen.

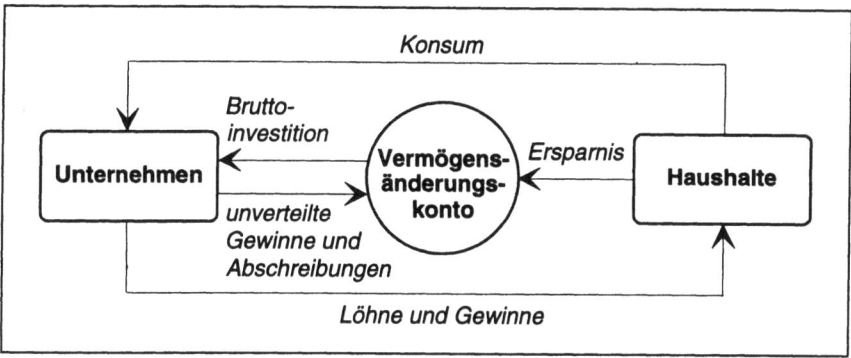

Abbildung 1.3: Zweipoliger Einkommenskreislauf mit Vermögensänderung

kierte Geldstrom zum Unternehmenssektor deutet die Kreditaufnahme zur Finanzierung der mit der Bruttoinvestition verbundenen Käufe an.

Einen entgegengerichteten Zahlungsstrom bilden die *Abschreibungen*. Sie stellen wie die Haushaltsersparnis eine Geldvermögensbildung dar, die letztlich der Ansammlung von Finanzmitteln zur Kredittilgung dient. Der zu den Abschreibungen korrespondierende güterwirtschaftliche Vorgang ist die Abnutzung (d.h. der Vermögensverlust) des Sachkapitals. Wenn die Abschreibung zeitlich synchron mit der Abnutzung verläuft, gibt die rechnerisch ermittelte *Nettoinvestition*

$$I_{netto} = I_{brutto} - D \qquad [1.8]$$

den Nettozuwachs des Realkapitals korrekt wieder.[6] Eine Nettoinvestition von Null bedeutet dann, daß die Bruttoinvestition (als *Reinvestition*) gerade den technischen und ökonomischen Wertverlust ausgleicht.

Schließlich können die Unternehmen auch Geldvermögen in Form *unverteilter Gewinne* bilden. Gesamtwirtschaftlich verringern diese den Kreditbedarf des Unternehmenssektors bei gegebener Investition; einzelwirtschaftlich ermöglichen sie teilweise eine Selbstfinanzierung der Investitionen durch laufende Einnahmen. Unverteilte Gewinne entstehen dadurch, daß die Unternehmen nicht alle mit der Produktion entstehenden Einkommen den Haushalten zufließen lassen. Formal wird dies aus der Gegenüberstellung von gesamtwirtschaftlicher Einkommensverwendung und Aufteilung des Haushaltseinkommens erkennbar: Tabelle 1.4 ist eine vereinfachte Variante von Tabelle 1.3, die sich durch die Annahme einer geschlossenen Volkswirtschaft ohne staatliche Aktivität ergibt (wegen der Ausblendung des Staates spielt auch die Un-

---

[6] Dies ist selten der Fall. Die Kapitalentwertung folgt nicht nur aus dem kontinuierlichen physischen Verschleiß, sondern auch aus technologischen Innovationen und strukturellen Marktveränderungen. Die zeitliche Verteilung der Abschreibungen hängt u.a. von Steuervorschriften ab.

Nachfrage	Produktions-wert	Einkommen	Haushalts-einkommen
I	Y	Q_U	S_H
		Q_H	
C		W	C

Tabelle 1.4:
Verwendung, Verteilung und Aufteilung des Nettosozialprodukts

terscheidung "Marktpreise versus Faktorkosten" keine Rolle). Weiterhin wird von der Nettoinvestition ausgegangen, so daß das gesamtwirtschaftliche Einkommen durch das Nettosozialprodukt Y wiedergegeben wird. Es ist durch Konsum C und Nettoinvestition I bestimmt:

$$Y = C + I \qquad [1.9]$$

Die Haushalte teilen ihr Einkommen auf Konsum und Sparen auf:

$$Y_H = C + S_H \qquad [1.10]$$

Wenn Investition und Haushaltsersparnis nicht übereinstimmen, sind folglich Teile des Volkseinkommens nicht an die Haushalte verteilt worden, sondern als unverteilte (positive oder negative) Gewinne Q_U innerhalb der Unternehmen verblieben. Da es sich um nicht konsumierte Einkommen handelt, werden die unverteilten Gewinne auch als *Unternehmensersparnis* bezeichnet. Aus [1.9] und [1.10] folgt:

$$Q_U = Y - Y_H = I - S_H \qquad [1.11]$$

Tabelle 1.4 und Gleichung [1.11] zeigen, daß buchhalterisch zu jedem Zeitpunkt eine *Identität von Investition und Ersparnis* (i.S. eines nicht konsumierten Einkommens) gelten muß:

$$S_H + Q_U \equiv I \qquad [1.12]$$

Diese Identität ist auch dann gegeben, wenn die Haushaltsersparnis gleich Null ist und der Einkommensreflex der Investition deshalb vollständig als unverteilter Gewinn anfällt. Eine höhere Investition ist bei konstanter Haushaltsersparnis mit höheren unverteilten Gewinnen verbunden.

Investition und Ersparnis sind als Ergebnis individueller Entscheidungen unabhängig voneinander und doch als Kreislaufströme stets gleich groß. Da die Güter aus laufender Produktion nur einmalig zu Konsum oder Investition verwendet werden können, steht jeder Investition in jeder Periode aus güterwirtschaftlicher Sicht logisch zwingend ein Konsumverzicht gegenüber. Es bleibt jedoch zu untersuchen, wie sich die Identität zwischen Investition und Ersparnis im Marktprozeß durchsetzt und inwieweit die in [1.12] aufgeführte Ersparnis einen freiwilligen oder unfreiwilligen Konsumverzicht darstellt.[7]

1.1.4 Staatliche Ersparnis, Budgetdefizit und Außenbeitrag

Als weitere Kreislaufpole werden nun Staat und Ausland einbezogen. Auch die staatliche Aktivität läßt sich analog zum Unternehmenssektor (vgl. Tabelle 1.1) in einem Produktionskonto erfassen. Staatliche Güter und Dienste werden mit Hilfe gekaufter Vorleistungen sowie durch Einsatz von Produktionsfaktoren erstellt, wofür Zinsen, Abschreibungen (D_{St}) und Löhne (W_{St}) in Rechnung zu stellen sind. Die *Besonderheit des staatlichen Produktionskontos* besteht jedoch darin, daß der Staat seine Güter und Dienste zumeist nicht verkauft, sondern als "öffentliche Güter" unentgeltlich abgibt. Ein staatlicher Unternehmensgewinn tritt insoweit nicht auf. Da die Zurechnung dieser Güter als Vorleistungen für die Unternehmen zumeist nicht möglich ist, wird buchhalterisch ein "Staatsverbrauch" dieser Güter (C_{St}) unterstellt.

$$Vorleistungen + Zinsen + D_{St} + W_{St} = C_{St} \qquad [1.13]$$

Die *Einnahmen des Staates* bestehen aus den Steuerzahlungen T der Haushalte und Unternehmen (vermindert um die Transferzahlungen und Subventionen Z). Sie werden zur Finanzierung des Staatskonsums verwendet. Die staatliche Ersparnis (S_{St}) ist die Differenz zwischen diesen laufenden Einnahmen und Ausgaben:

$$(T_H - Z_H) + (T_U - Z_U) = C_{St} + S_{St} \qquad [1.14]$$

Die staatlichen (Netto-) Investitionen (I_{St}) sind als Vermögensänderung zu betrachten; sie werden teilweise durch die eigene Ersparnis finanziert. Ein Überschuß der staatlichen Investitionen über die staatliche Ersparnis stellt analog zur Unternehmensinvestition eine nicht durch den Einkommenskreislauf finanzierte Ressourcenbeanspruchung dar; dieses *Budgetdefizit BD* erfordert eine Kreditfinanzierung von Seiten der anderen Kreislaufsektoren.

---

[7] Siehe dazu Kapitel 1.3.1. Die mit Ersparnis und Investition verbundenen Finanzierungsvorgänge werden in Kapitel 1.2.4 und 1.2.5 unter Berücksichtigung der *Vermögensbestände* nochmals angesprochen.

$$I_{St} = S_{St} + BD \qquad [1.15]$$

Die Ratio der *Unterscheidung zwischen Staatskonsum und -investition* läßt sich anzweifeln, da die staatlichen Investitionen nicht den unmittelbar ertragsorientierten Charakter wie private Investitionen aufweisen und die staatliche Tätigkeit generell als Vorleistung für private Marktaktivitäten zu verstehen ist. Deshalb wird das Budgetdefizit im folgenden einfach als Differenz zwischen Einnahmen und Ausgaben des Staates definiert (Abbildung 1.4), wobei konsumtive und investive Ausgaben zur Größe G aggregiert werden. Wenn indirekte und direkte Steuern abzüglich Subventionen und Transfers zur Nettosteuereinnahme T saldiert werden, ergibt sich aus [1.14] und [1.15]:

$$BD = I_{St} - S_{St} = I_{St} - (T - C_{St}) = G - T \qquad [1.16]$$

Abschließend sind die *Auslandsbeziehungen* der Volkswirtschaft ins Bild zu nehmen. Den Exporterlösen inländischer Unternehmen stehen die Zahlungen für Importe gegenüber. Zum einen erhöht die Nachfrage des Auslands nach inländischen Gütern und Diensten (*Export*) das Inlandseinkommen. Zum anderen richtet sich die inländische Konsum-, Investitions- und Staatsnachfra-

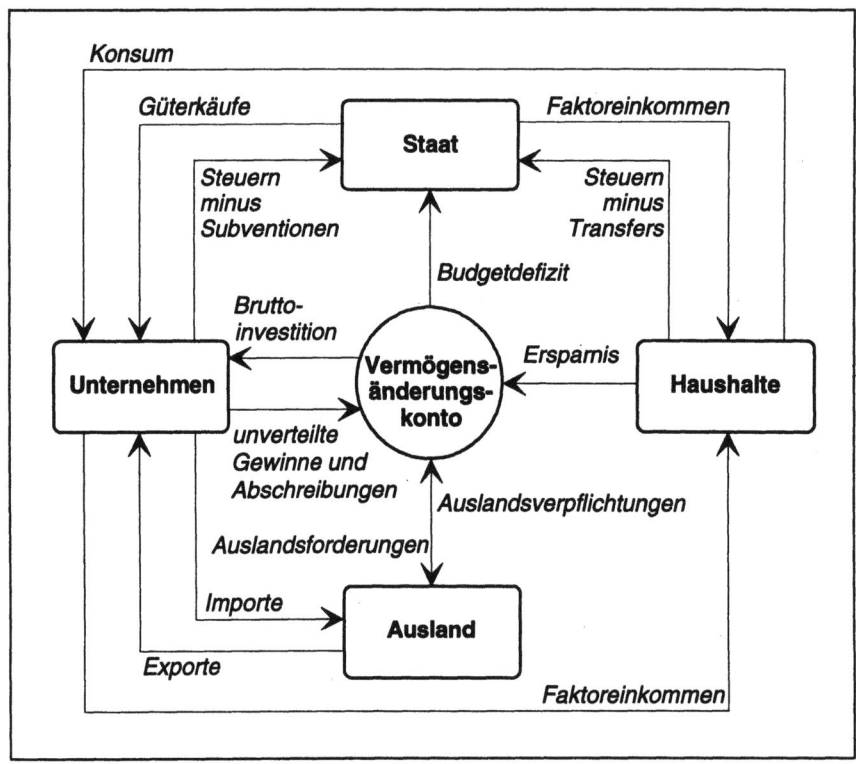

Abbildung 1.4: Vierpoliger Einkommenskreislauf mit Vermögensänderung

ge teilweise auch auf im Ausland produzierte Produkte (und erzeugt dort Einkommen); damit die Einkommensbildung im Inland nicht überhöht ausgewiesen wird, muß dieser *Import* von der Endnachfrage abgezogen werden.[8] Der Exportüberschuß (*Ex* − *Im*) wird auch als *Außenbeitrag* bezeichnet. Im Fall eines Exportüberschusses ist eine Kreditgewährung an das Ausland erforderlich, wodurch die Auslandsforderungen inländischer Wirtschaftseinheiten wachsen. Bei einem Importüberschuß nehmen umgekehrt die Verpflichtungen gegenüber dem Ausland zu.

Die Investitions-Ersparnis-Identität [1.12] gilt entsprechend auch in einer offenen Volkswirtschaft mit staatlicher Aktivität. Nach Tabelle 1.3 ist das Nettosozialprodukt bestimmt durch die Verwendungsgleichung

$$Y = C + I + G + (Ex - Im) \qquad [1.17]$$

Zugleich gilt von der Verteilungsseite

$$Y = (T_U - Z_U) + Q_U + Q_H + W \qquad [1.18]$$

Das Bruttoeinkommen der Haushalte ist

$$Q_H + W = C + S_H + (T_H - Z_H) \qquad [1.19]$$

Nach Saldierung aller Steuern, Subventionen und Transfers zur Nettosteuereinnahme *T* folgt aus [1.17-19] die grundlegende Beziehung

$$S_H + Q_U \equiv I + (G - T) + (Ex - Im) \qquad [1.20]$$

Ein staatlicher Ausgabenüberschuß und ein Exportüberschuß haben im Wirtschaftskreislauf formal die gleiche Stellung wie die Investitionen: Stets handelt es sich um einen Ressourcenanspruch, der nicht aus dem laufenden Inlandseinkommen finanziert wird. Der Summe dieser Nachfrageposten steht zu jedem Zeitpunkt eine volkswirtschaftliche Gesamtersparnis gegenüber, die sich auf Haushalte und Unternehmen verteilt.

Zusammenfassung von Kapitel 1.1

(1) Das Bruttosozialprodukt (Bruttoinlandsprodukt) zu Marktpreisen ist der Wert aller Endprodukte und Dienstleistungen, die von Inländern (im Inland) innerhalb einer Periode erstellt werden. Es setzt sich von der Entstehungsseite aus der Summe der Nettoproduktionswerte aller Unternehmen und des Staates zusammen; es wird verwendet für Bruttoinvestitionen, Konsum, Staatsausgaben sowie für Exporte (abzüglich Importe); es verteilt sich auf Abschreibungen, Einkommen aus unselbständiger Arbeit, Einkommen aus Unternehmertätigkeit und Vermögen sowie

---

[8] Zur Vereinfachung der Darstellung in Abbildung 1.4 werden Käufe ausländischer Güter von anderen inländischen Sektoren durch den Unternehmenspol geleitet.

auf indirekte Steuern (abzüglich Subventionen). Nach Abzug der Abschreibungen sowie des Saldos von indirekten Steuern und Subventionen ergibt sich das Nettosozialprodukt zu Faktorkosten. Zieht man von diesem Volkseinkommen die einbehaltenen Unternehmensgewinne ab, erhält man das Haushaltseinkommen. Nach Bereinigung um direkte Steuern und Transfers ergibt sich daraus das verfügbare Einkommen.

(2) Das Sozialprodukt ist nur als Wertgröße, d.h. als Summe der mit ihren Preisen bewerteten Mengen vorstellbar. Aus den zu verschiedenen Zeitpunkten gemessenen Preisen eines bestimmten Güterkorbes läßt sich näherungsweise die Entwicklung des Preisniveaus berechnen. Mit Hilfe eines solchen Preisindex kann das nominale vom "realen" Sozialprodukt (eine Wertgröße zu konstanten Preisen) unterschieden werden. Seine Wachstumsrate ist eine Meßgröße der güterwirtschaftlichen Leistung einer Volkswirtschaft im Zeitablauf. Die Wachstumsrate des Preisniveaus wird als Inflationsrate bezeichnet und mißt den Geldwertverlust im Zeitablauf.

(3) Produktion, Einkommensentstehung und Güternachfrage bilden einen Wirtschaftskreislauf. Die Pole dieses Kreislaufsystems sind die Sektoren der Haushalte, Unternehmen, des Staates und des Auslands. Ein weiterer fiktiver Kreislaufpol registriert Vermögensänderungen. Diese treten dann auf, wenn Einkommen nicht in voller Höhe zu laufenden Güterkäufen verwendet werden oder umgekehrt Käufe das Einkommen übersteigen. Damit entstehen intersektorale Forderungen und Verpflichtungen. Aus der Gegenüberstellung von Verwendung und Aufteilung des gesamtwirtschaftlichen Einkommens folgt, daß Investition und Ersparnis güterwirtschaftlich stets übereinstimmen.

(4) Die Investitions-Ersparnis-Identität gilt entsprechend auch in einer offenen Volkswirtschaft mit staatlicher Aktivität. Ein staatlicher Ausgabenüberschuß und ein Exportüberschuß stellen wie die Investition einen nicht aus dem Inlandseinkommen finanzierten Ressourcenanspruch dar, der eine Kreditaufnahme und einen Nichtkonsum anderer Sektoren verlangt.

1.2 Grundbeziehungen der Vermögenswirtschaft

1.2.1 Geld und Kredit: Das Banksystem

Die Transaktionen auf allen Märkten der Volkswirtschaft werden durch Verträge geregelt. Diese Schuld-, Kauf- und Arbeitskontrakte werden in nominalen Geldeinheiten festgesetzt und erfüllt. *Geld* ist damit der *Wertstandard* aller wirtschaftlichen Planungen und Entscheidungen und zugleich das *Zahlungsmittel*, dessen Übertragung die im Vertrag eingegangene Verpflichtung auflöst. Diese Zahlungsmittelfunktion begründet den Ertrag der Geldhaltung als eine nicht-pekuniäre "Liquiditätsprämie". Geld wird von Individuen gehalten, wenn und weil die Erwartung besteht, daß es als Zahlungsmittel bei der Aneignung von Gütern und bei der Erfüllung von privaten Schuldverträgen akzeptiert wird.

Kredit ist die temporäre Überlassung von Zahlungsmitteln, die vom Schuldner am Ende der vereinbarten Frist an den Gläubiger zurückzuerstatten sind. Durch die Kreditvergabe verschlechtert sich die Liquiditätsposition des Gläubigers, indem er in seinem Vermögensbestand Geld - als perfekt liquides Aktivum und insoweit optimales Wertaufbewahrungsmittel - durch eine spezifische Forderung gegen einen individuellen Schuldner substituiert. Die Kreditvergabe verlangt deshalb eine Zinszahlung, um die *Liquiditätspräferenz* des Geldvermögensbesitzers zu kompensieren.

> Geld ist Zahlungsmittel, Kredit das Versprechen, Zahlungsmittel zu übertragen. Kredit ist damit ein Kontrakt, der den Gläubiger verpflichtet, zugunsten des Schuldners auf die Verfügung über Zahlungsmittel zu verzichten, während er den Schuldner verpflichtet, nach vereinbarter Frist dem Gläubiger erneut Zahlungsmittel zur Verfügung zu stellen. Verbindlichkeiten sind deshalb aufgeschobene Zahlungen, Forderungen ein Anspruch auf Zahlungen eines abgeschlossenen Kontraktes. Geld ist somit Zahlungsmittel, weil seine Übertragung den Ausweis der Erfüllung eines Kontraktes bildet.
>
> Hajo Riese (1989: 1)

> The rate of interest (...) has to be established at the level which, in the opinion of those who have the opportunity of choice - i.e. of wealth-holders - equalises the attractions of holding idle cash and of holding the loan.
>
> John Maynard Keynes (1937: 213)

Aggregiert man private Haushalte, Unternehmen und Staat zu einem Sektor "Nichtbanken", so führt eine Kreditvergabe innerhalb dieses Sektors zu einer Verlängerung seiner aggregierten Vermögensbilanz, indem Kreditforderungen auf der Aktiv- und Schulden auf der Passivseite verbucht werden (durchgezogener Pfeil in Abbildung 1.5).

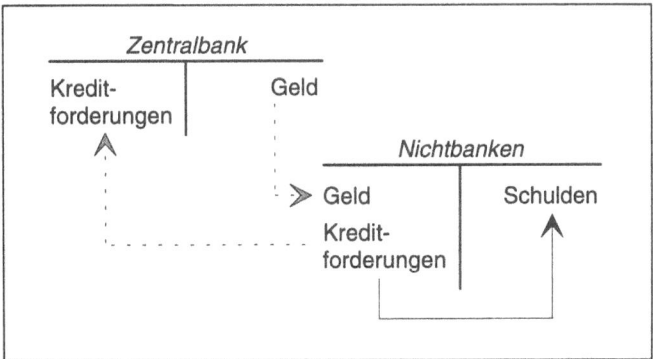

Abbildung 1.5: Geldschöpfung durch Aktivakäufe der Zentralbank

Geldschöpfung findet dadurch statt, daß die Zentralbank (auch als Notenbank bezeichnet) Kreditforderungen aus dem Bestand der Nichtbanken ankauft und mit neu geschaffenen Noten "bezahlt" (punktierte Pfeile in Abbildung 1.5). Beim Fälligkeitstermin dieser Kreditforderungen hat der Schuldner seine Tilgungszahlung in (Zentralbank-) Geld an die Notenbank zu leisten; mit der Bilanzverkürzung tritt eine *Geldvernichtung* ein. Geld ist formal eine "Schuld" der Zentralbank; jedoch handelt es sich nur um eine fiktive Verpflichtung, weil Geld stets die "letzte", nur noch durch sich selbst einlösbare Forderung in einer Volkswirtschaft ist.[9] Dementsprechend halten die Wirtschaftssubjekte Geld nicht als Forderung gegen die Zentralbank, sondern als Zahlungsmittel, d.h. als Option auf die Aneignung von Ressourcen. Dies setzt jedoch voraus, daß die Zentralbank ihrer primären ordnungspolitischen Aufgabe in einer Geldwirtschaft nachkommt: durch die Knapphaltung der Emission von Geld seine allgemeine Akzeptanz auf den Märkten zu sichern.

Im nächsten Schritt werden die *Geschäftsbanken* in dieses Bild eingefügt. Sie treten als Kreditproduzenten auf, indem sie Kredite vergeben ("Kreditschöpfung") und dabei den Kreditnehmern Einlagen, d.h. Forderungen auf (Zentralbank-) Geld einräumen (durchgezogene Pfeile in Abbildung 1.6). Damit entstehen *zwei* Verpflichtungsbeziehungen:

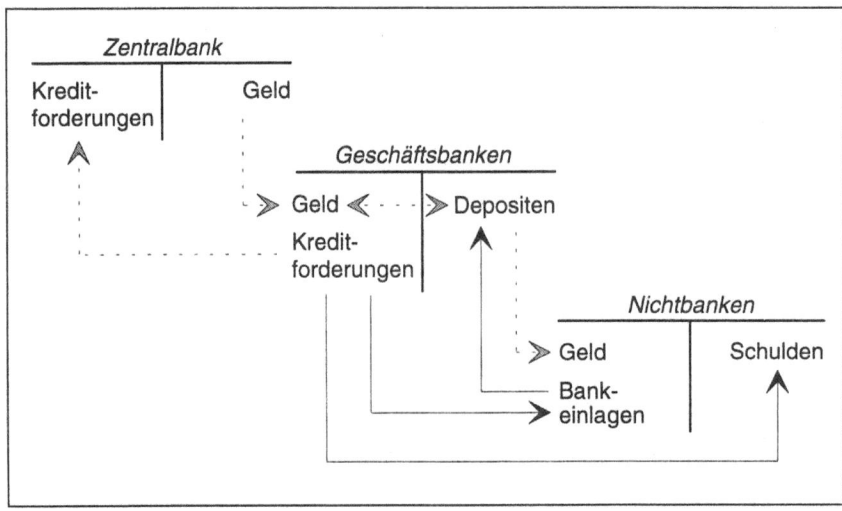

Abbildung 1.6: Geschäftsbanken als Kreditproduzenten und Depositenanbieter

- Die Kreditforderung der Bank und die Verschuldung des Kreditnehmers repräsentieren einen eher langfristigen Vertrag.
- Unmittelbar wird jedoch die Bank selbst zum Schuldner, indem der Kreditnehmer eine kurzfristige bzw. jederzeit fällige Forderung erhält.

Daraus ergibt sich für die Geschäftsbanken ein *Liquiditätsproblem*, weil sie sich zur Auszahlung eines Geldes verpflichten, das sie nicht selbst schaffen können. Das bei der Auflösung von Einlagen entstehende Problem der

---

[9] Diese Charakterisierung ist in einer offenen Volkswirtschaft mit festen Wechselkursen zu modifizieren (vgl. Kapitel 4.2).

Bargeldabforderungen können die Geschäftsbanken auf zwei Wegen zu lösen versuchen:

(1) Sie können sich Zentralbankgeld aus dem "Publikum" verschaffen. Zu diesem Zweck bieten sie den Nichtbanken verzinsliche Anlagemöglichkeiten von Zentralbankgeld (nominell fixierte Depositen) an, die einerseits Funktionen im Zahlungsverkehr übernehmen (Girokonten ermöglichen Überweisungen sowie die Bezahlung mittels Schecks und Kreditkarten) und andererseits der Wertaufbewahrung dienen (Spar- und Terminkonten).[10]

(2) Eine zweite Refinanzierungsmöglichkeit besteht für die Geschäftsbanken darin, Kreditforderungen aus ihrem Bestand an die Zentralbank zu verkaufen (punktierte Pfeile in Abbildung 1.6). Die Notenbank kann dabei als Monopolist für Zentralbankgeld die Konditionen derartiger Refinanzierungsgeschäfte festlegen:
- Mit dem Umfang dieser Transaktionen wird die Zentralbankgeldmenge bestimmt.
- Zugleich wird für diese Refinanzierungskredite ein von den Geschäftsbanken zu zahlender Zins festgelegt.

Im allgemeinen werden sich die Geschäftsbanken beim billigsten Anbieter von Geld refinanzieren, d.h. bei den Nichtbanken oder der Zentralbank. Die Zentralbank kann ihrerseits durch die Variation von Umfang und Preis ihrer Refinanzierungsgeschäfte das Zinsniveau in der Volkswirtschaft beeinflussen. Dabei hat sie jedoch die Zinsforderungen der inländischen Nichtbanken zu berücksichtigen, denen sich bei freiem Kapitalverkehr auch Anlagemöglichkeiten an den internationalen Finanzmärkten bieten. Diese *Optionen* der privaten Geldvermögensbesitzer bedeuten Handlungs*beschränkungen* für die nationale Geldpolitik.[11]

1.2.2 Erträge, Zins und Vermögen

Im Unterschied zum Einkommen ist Vermögen eine *Bestandsgröße*, d.h. nur zu einem bestimmten Zeit*punkt* definierbar. Als Vermögen gelten alle Güter und Objekte i.w.S., die von Wirtschaftssubjekten gehalten werden, weil sie

---

[10] Bestimmte Depositen werden zuweilen als Giral- oder Buchgeld bezeichnet und neben dem Zentralbankgeld als Bestandteil weit gefaßter Geldmengenbegriffe betrachtet. Dieser Konvention wird hier nicht gefolgt. Zum einen ist die Abgrenzung zwischen noch dem "Geld" zugerechneten Depositen und den übrigen Bankeinlagen relativ beliebig und unterliegt einem fortwährenden, von der Entwicklung der Finanzinnovationen im Banksektor abhängigen Wandel. Zweitens verschwimmt bei einem derartigen weiten Geldbegriff aufgrund der (expliziten oder impliziten) Verzinsung der Bankdepositen die analytische Trennung zwischen Geld und Kredit; es erscheint klarer, sämtliche Forderungen auf (unverzinsliches) Zentralbankgeld als Kredit zu bezeichnen. Schließlich verdeckt eine Konzeption, die Geschäftsbanken zu *Geldschöpfern* stilisiert, ihre liquiditätsmäßig stets prekäre Position als *Geldschuldner*.
[11] Dieses Problem wird in Kapitel 4.1.2 aufgegriffen.

Vermögensart	Markt	Ertrag
Geld		
• Inlandswährung	alle Märkte	Liquiditätsprämie
• Fremdwährungen	Devisenmarkt	(Kursänderungen)
Finanzaktiva		
• handelbar		
langfristige Wertpapiere	Kapitalmarkt	langfristiger Zins
kurzfristige Wertpapiere	Geldmarkt	kurzfristiger Zins
• nicht handelbar		
Bankkredite	Banksystem	Sollzins
Bankeinlagen	Banksystem	Habenzins
Realaktiva		
• Immobilien	Immobilienmarkt	Miete (Wertsteigerungen)
• Humankapital	(Arbeitsmarkt)	Lohneinkommen
• Produktivkapital		
Kapitalgüter (Produktion)	Gütermarkt	Unternehmensgewinn
Aktien	Kapitalmarkt	Dividende (Wertsteigerungen)

Tabelle 1.5: Vermögensobjekte, -märkte und -erträge

- die Möglichkeit einer *Wertaufbewahrung* über die Zeit versprechen, und
- einen periodischen *Ertrag* (Einkommen oder sonstige Nutzenströme) erwarten lassen.

Tabelle 1.5 zeigt ein vereinfachtes Spektrum der Vermögensformen. Zur ersten Gruppe gehört in- und ausländisches *Geld*. Der Handel zwischen verschiedenen nationalen Währungen erfolgt auf dem Devisenmarkt; pekuniäre Erträge fallen hier nur indirekt, durch Kursänderungen im Zeitablauf an.[12]

Als *Finanzaktiva* werden verzinsliche Forderungsrechte bezeichnet. Sie lassen sich weiter nach Fristigkeit und Handelbarkeit differenzieren. Bankkredite und Bankeinlagen sind zumeist nicht handelbar.[13] Wertpapiere sind dagegen handelbare Kreditforderungen, die von einem Schuldner emittiert werden, jedoch vom ersten Gläubiger nicht bis zur Fälligkeit gehalten werden müssen, sondern an andere Anleger weiterverkauft werden können. Der *Geldmarkt* dient dem kurzfristigen Ausgleich des Liquiditätsbedarfs zwischen den Geschäftsbanken und - mittels Interventionen der Zentralbank - der Versorgung des Banksystems mit Zentralbankgeld. Der *Kapitalmarkt* ist dagegen auch anderen Anlegern und Schuldnern zugänglich; hier werden vor allem langfristige, festverzinsliche Wertpapiere gehandelt.

---

[12] Siehe dazu Kapitel 4.3.
[13] Eine Ausnahme stellen z.B. Schecks dar, die von Eigentümern von Bankguthaben ausgestellt und bei Transaktionen zwischen Nichtbanken als Zahlungsmittelsubstitut verwendet werden. Aus Sicht der Bank tritt dabei ein Gläubigerwechsel ein.

Realaktiva sind (Eigentumsrechte an) Vermögensgüter(n), die aus einem technischen oder natürlichen Produktionsprozeß entstanden sind. Vermietete Immobilien werfen einen regelmäßigen Ertragsstrom ab; im Falle der Veräußerung können oft Wertzuwächse realisiert werden, die aus einer veränderten Knappheit der Objekte resultieren.[14] Abgesehen von den Beschränkungen im Fall von Grund und Boden können Realaktiva zumeist durch Investitionen vermehrt werden. Dies gilt (auf dem Wege der Bildung) auch für das Humankapital, das einen Ertrag in Form von Lohneinkommen abwirft, welches durch Ausbildung gesteigert werden kann. Allerdings ist das Arbeitsvermögen direkt nicht handelbar.[15]

Das Produktivkapital tritt in zweifacher Erscheinungsform als Vermögen auf: Der Einsatz von *Kapitalgütern* (und anderen Produktionsfaktoren) ist auf ein am Gütermarkt zu realisierendes Gewinneinkommen gerichtet. Ein Teil dieses Gewinns ist als Zinseinkommen an die Fremdkapitalgeber (z.B. die Banken) zu zahlen, ein anderer Teil wird als Dividende auf die *Eigentumsrechte* an den Unternehmen ausgeschüttet, die auf dem Kapitalmarkt als Vermögensaktiva gehandelt werden (ein Rest kann einbehalten werden und kommt damit indirekt ebenfalls den Aktienhaltern zugute). *Produktion ist eine Form der Vermögenshaltung.* Das Unternehmen wirtschaftet als Schuldner im "Auftrag" seiner Gläubiger, d.h. der Kapitaleigner und Fremdkapitalgeber. Daraus folgt:

- Die Produktionsentscheidung ist an die Erwartung gebunden, daß eine marktübliche Verzinsung des Eigen- und Fremdkapitals über die Absatzpreise am Gütermarkt realisiert werden kann. Dieser Mindestgewinn bzw. die Zinskosten werden in die Produktpreise eingerechnet.
- Das zum Kauf von Produktionsanlagen "vorgeschossene" Geldkapital muß prinzipiell wieder an die Gläubiger zurückfließen. Die Produktpreise müssen deshalb auch kalkulatorische Tilgungsbeträge enthalten, um die Geldschuld zurückerstatten bzw. abgenutzte Produktionsanlagen ersetzen zu können, wenn das Kapital langfristig investiert bleibt. Die primäre Funktion der *Abschreibung* ist somit die Finanzierung eines Kapitalrückflusses, sie gibt hingegen den physischen Maschinenverschleiß nur unvollkommen wieder.

Der *Vermögensmarkt* ist die gedankliche Zusammenfassung aller Märkte, auf denen die verschiedenen Vermögensformen gehandelt werden. Die Berechtigung einer solchen Aggregation ergibt sich daraus, daß das Ziel der Vermögenshaltung - die Sicherung und Mehrung einer Wertgröße - bei allen Aktiva letztlich gleich ist. Aus diesem Grund stehen die verschiedenen Aktiva auch grundsätzlich in einem Substitutionsverhältnis. Ein *Gleichgewicht* auf

---

[14] Dies ist auch bei den zur Gruppe der Realaktiva gehörenden Kunstwerken beobachtbar, die ansonsten nur einen immateriellen Nutzenstrom abgeben.

[15] Dies liegt daran, daß es nicht von seinem Träger losgelöst werden kann und Arbeitskräfte als solche (bis auf bestimmte Grenzfälle z.B. im Fußballgeschäft) heute nicht wie in einer Sklavenwirtschaft gehandelt werden dürfen.

dem Vermögensmarkt ist dann erreicht, wenn die Wirtschaftssubjekte den in Umfang und Struktur gewünschten Vermögensbestand halten und dabei die Rendite r, d.h. die aus dem periodischen Ertragsstrom E und dem Vermögenswert V gebildete *Ertragsrate*, bei allen Objekten prinzipiell übereinstimmt.

$$r_1 = r_2 = \ldots = r_j = \ldots = r_m \quad \text{mit} \quad r_j = \frac{E_j}{V_j} \quad [1.21]$$

Zu beachten ist dabei allerdings, daß sich die einzelnen Aktiva im Hinblick auf
- die *Fristigkeit* der eingegangenen Bindungen,
- ihren *Liquiditätsgrad*, d.h. die Möglichkeit einer raschen Veräußerung, und
- ihr *Risiko*, d.h. die Möglichkeit von Ertrags- und Wertminderungen,

unterscheiden. Sind die Präferenzen der Vermögensbesitzer tendenziell eher auf kurzfristige, liquide und risikolose Anlagen gerichtet, so müssen andere Objekte zum Ausgleich eine höhere Rendite versprechen, um ins Portefeuille genommen zu werden.

Abgesehen von dieser Modifikation kann die Gleichgewichtsbedingung [1.21] durch eine Anpassung der Ertragsströme E_j oder der Kapitalwerte V_j erreicht werden. Teilweise werden diese Größen in Vertragsvereinbarungen auf dem Vermögensmarkt jedoch fixiert (Tabelle 1.6):

(1) Das klassische Sparbuch illustriert einen Fall, in dem sowohl der Wert einer eingezahlten Summe wie auch die Zinszahlung festgeschrieben sind. Dies hat für den Sparer den Vorteil, daß der Nominalwert seines Vermögens garantiert ist. Steigt jedoch die Ertragsrate anderer Anlagen, ist eine unmittelbare Angleichung nicht möglich.

(2) Dieser Nachteil wird dann vermieden, wenn eine mögliche Anpassung der periodischen Zinszahlung während der Laufzeit eines Kreditvertrages vereinbart wird. Dies bedeutet andererseits für den Schuldner eine weniger gut berechenbare Entwicklung seiner Zinsbelastung.

		Ertrag E	
		fixiert	variabel
Vermögens-wert V	fixiert	(1) Sparbuch	(2) Kredit mit variabler Verzinsung
	variabel	(3) festverzinsliches Wertpapier	(4) Aktie

Tabelle 1.6:
Nominal fixierte und variable Ertragsströme bzw. Vermögenswerte

(3) Aus diesem Dilemma bietet das festverzinsliche Wertpapier einen Ausweg, indem es nicht die Zinszahlung, sondern - durch die Handelbarkeit der Kreditforderung - den Kapitalwert flexibilisiert. Bei dieser Form der Kreditaufnahme erhält der Schuldner von einem primären Gläubiger einen Geldbetrag F gegen Überlassung eines Wertpapiers, in dem die Rückzahlung dieses Betrages zu einem festen Termin und eine (i.d.R. jährliche) bestimmte Zinszahlung E zugesichert werden. Diese muß so gewählt werden, daß die sich aus Zinszahlung und Kreditbetrag ergebende Ertragsrate dem auf dem Kapitalmarkt aktuell herrschenden Zinssatz i_0 entspricht; der *Kurs* V_0 des Papiers, d.h. sein Kauf- und Verkaufspreis, stimmt zunächst mit dem Kreditbetrag F überein:

$$i_0 = \frac{E}{F} \quad \Rightarrow \quad F = V_0 = \frac{E}{i_0} \qquad [1.22]$$

Ändert sich nun nach einiger Zeit die allgemeine Rendite des Vermögensmarktes und damit auch der Kapitalmarktzins, so wird dieses Schuldpapier vom Markt neu bewertet, wobei sich der Kurs von der ursprünglichen Kreditsumme löst. Beträgt die Laufzeit des Wertpapiers n Jahre, so folgt die Bewertung der allgemeinen *Kapitalisierungsformel*

$$V = \sum_{t=1}^{n} \frac{E}{(1+i)^t} + \frac{F}{(1+i)^n} = \frac{E\left[(1+i)^n - 1\right]}{(1+i)^n\, i} + \frac{F}{(1+i)^n} \qquad [1.23]$$

Sie drückt das allgemeine *Prinzip der Ermittlung des aktuellen Kapitalwertes eines Vermögensobjektes* aus: Laufende und zukünftig erwartete Nettoerträge E (ggf. einschließlich einer Restzahlung F) werden mit Hilfe des Zinssatzes i auf den Gegenwartswert V "abdiskontiert".[16]

Im Grenzfall einer unendlichen Laufzeit vereinfacht sich [1.23] zu der häufig verwendeten Formel

---

[16] Ein Betrag X_0, angelegt zum Zins i, wächst nach einem Jahr an auf

$$X_1 = X_0\,(1+i)$$

Umgekehrt hat eine in einem Jahr zu erwartende Zahlung von X_1 heute einen *abgezinsten* Wert von

$$X_0 = \frac{X_1}{1+i}$$

Eine regelmäßige jährliche Zahlung von X bis zum Jahr n wird heute bewertet mit

$$X_0 = \frac{X}{1+i} + \frac{X}{(1+i)^2} + \ldots + \frac{X}{(1+i)^n}$$

Diese geometrische Reihe wird durch die Summenformel in Gleichung [1.23] abgebildet (in der zusätzlich noch eine Tilgungszahlung F nach der letzten Periode aufgeführt ist).

$$V = \frac{E}{i} \qquad [1.24]$$

Bei $i = E/F$ ergibt sich aus [1.23] wieder $V = V_0$. Während der gesamten Laufzeit des Wertpapiers kann der Kurs jedoch entsprechend den Veränderungen des Kapitalmarktzinses frei schwanken und sichert damit dem jeweiligen Erwerber eine marktübliche Rendite. Am Ende der Laufzeit hat der Schuldner den *ursprünglichen* Kreditbetrag F als Tilgung an den letzten Halter des Wertpapiers zu zahlen. Entsprechend nähert sich der Kurs dann wieder dem Kreditbetrag an ($V \to F$).

(4) Bei Unternehmensanteilrechten sind schließlich nicht nur die Kurse, sondern auch die Ertragszahlungen, die Dividenden, variabel. Die Aktienkurse entwickeln sich tendenziell so, daß die Dividende eine dem Kapitalmarktzins vergleichbare Rendite darstellt. Daneben sind auch langfristige Erwartungen über den Ertrags- und Substanzwert der betreffenden Unternehmen sowie die unterschiedlichen Risiken zwischen Finanz- und Realaktiva kursbestimmend.[17]

Ein Vermögensmarktgleichgewicht wird in erster Linie dadurch erreicht, daß die Anleger besonders rentable Objekte vermehrt nachfragen und dabei ihre Marktpreise so herauftreiben, bis schließlich die Rendite aller Aktiva gleich ist. Bei vielen Vermögensobjekten wird ihr jeweils aktueller Marktpreis auch von *spekulativen Faktoren* beeinflußt. Dies ist darauf zurückzuführen, daß Vermögenswerte vor allem von zukünftigen, d.h. erwarteten Ertragsströmen abhängen. Ein Anleger muß den heutigen Wert einer Immobilie oder Aktie auch danach bemessen, wie *andere* Wirtschaftssubjekte diese Aktiva in der Zukunft einschätzen werden. Dabei kann es über kollektive "Mitläufereffekte" zu starken Schwankungen in der Preisentwicklung kommen.

1.2.3 Grundlagen der Investitionsentscheidung

Bezeichnet man in [1.23] mit E die erwartete jährliche Nettomieteinnahme eines Hauses und mit F den Restwert (oder negativ die Abbruchkosten) nach n Jahren, so gibt V den Kapitalwert dieses Hauses an. Ein Anleger wird dann für ein auf dem Immobilienmarkt angebotenes Haus maximal den Betrag V zahlen. Bei einem höheren Preis würde seine Rendite unter den Zinssatz i sinken, den er bei einer alternativen Anlage seines Geldes am Kapitalmarkt erzielen könnte.

Der Vermögens- oder Nachfragepreis V kann bei produzierbaren Vermögensobjekten mit dem Produktions- oder Angebotspreis p^s verglichen werden, der bei einem Neubau des Hauses zu zahlen ist. Solange

---

[17] Zum Effekt der Inflation auf Real- und Finanzaktiva siehe Kapitel 2.5.2.

$$V\left(\underset{+\ -}{E, i}\right) \geq p^s \qquad [1.25]$$

gilt, ist ein Neubau eine vorteilhafte Vermögensanlagestrategie. Sind dagegen die (hypothetischen) Baukosten höher, unterbleibt der Neubau. Der Kapitalwert V ist die entscheidende Restriktion für den Produktionsprozeß; er wird nicht von den Produktionskosten bestimmt, sondern hängt nach [1.25] (ausgedrückt durch die Vorzeichen unter den Funktionselementen) positiv von den erwarteten Erträgen und negativ vom Zins ab.

Dieser Zusammenhang findet entsprechend auch bei Produktivkapital Anwendung. Der Ertragsstrom E entspricht hier dem Unternehmensgewinn, der durch den Betrieb der betreffenden Produktionsanlage und den Verkauf der hergestellten Güter *erwartet* wird. Solange die Bedingung [1.25] erfüllt ist, übertrifft der Vermögenswert von Kapitalgütern ihren Produktionspreis. In diesem Fall findet eine *Investition* statt, d.h. es werden Maschinen, Fabriken usw. zum Preis p^s gekauft und ein Produktionsprozeß in Gang gesetzt oder ausgedehnt. Die Investitionsentscheidung wird somit auf dem Vermögensmarkt getroffen, ihre Auswirkungen zeigen sich hingegen auf dem Gütermarkt in Form einer Nachfrage nach Kapitalgütern.

Die Investitionsentscheidung gemäß [1.25] wird als *Kapitalwertmethode* bezeichnet. Ein dazu korrespondierendes Verfahren ist die *Methode des internen Zinsfußes*. Hierbei wird zunächst derjenige hypothetische Zinssatz ermittelt, bei dem der nach [1.23] errechnete Kapitalwert dem Angebotspreis p^s gleich wird (zur Vereinfachung sind die periodischen Nettoerträge wieder als identisch angenommen; von einem Restwert wird abstrahiert):

$$V = \sum_{t=1}^{n} \frac{E}{(1 + r^e)^t} = p^s \qquad [1.26]$$

Dieser Zinssatz wird als "Grenzleistungsfähigkeit des Kapitals" r^e bezeichnet. Das hochgestellte "e" weist explizit darauf hin, daß es sich um eine *erwartete* Ertragsrate des Sachkapitals handelt[18], die zum einen die Nettoerlöse aus Produktion und Verkauf, zum anderen die Anschaffungskosten der Kapitalgüter widerspiegelt.

Im nächsten Schritt wird die Grenzleistungsfähigkeit mit dem Kapitalmarktzins i verglichen, weil dieser (näherungsweise) die Kosten der Kapitalbeschaffung bzw. die Rendite einer Alternativanlage in Finanzaktiva darstellt. Die Sachinvestition wird gewählt bei

$$r^e \geq i \qquad [1.27]$$

Die *Investitionsfunktion* in der makroökonomischen Theorie wird in An-

---

[18] Diese Notation wird in analogen Fällen im gesamten Buch angewendet.

lehnung an [1.27] allgemein geschrieben als

$$I = I\left(\underset{-}{i}, \underset{+}{r^e}\right) \qquad [1.28]$$

Hinter dieser Funktion steht die Frage nach dem *optimalen Kapitalbestand* einer Unternehmung. Damit sind zwei Problemstellungen verbunden:[19]
- Der Kauf einzelner Kapitalgüter bei unverändertem Beschäftigungsvolumen dient der Effizienzsteigerung und zielt auf ein optimales *Faktoreinsatzverhältnis*, d.h. auf die Realisierung der Minimalkostenkombination.
- Die *Kapazitätsentscheidung* stellt dagegen auf den Produktionsumfang ab und führt zu einer (mehr oder weniger) proportionalen Mehr- oder Minderbeschäftigung aller Produktionsfaktoren; aus Sicht der mikroökonomischen Produktionstheorie handelt es sich um eine Bewegung auf dem "Expansionspfad".

Ein optimaler Kapitalbestand im letztgenannten Sinn läßt sich einzelwirtschaftlich - bei gegebenem Kapitalmarktzins - nur dann bestimmen, wenn die Höhe der erwarteten Rendite von der Größe des Kapitalstocks abhängt; andernfalls wäre bei $r^e > i$ die optimale Kapazität unendlich groß, bei $r^e < i$ gleich Null. Es lassen sich jedoch Argumente dafür anführen, daß die Grenzleistungsfähigkeit des Kapitals bei einer Vergrößerung des Kapitalstocks sinkt:

(1) Eine Erhöhung des Angebotspreises p^s bei wachsender Nachfrage nach Kapitalgütern würde zu einer mit dem Investitionsumfang sinkenden Grenzleistungsfähigkeit führen. Unter den Bedingungen vollständiger Konkurrenz hat allerdings ein einzelner Käufer keinen Einfluß auf den Marktpreis, so daß dieses Argument zur Begründung einer sinkenden Grenzleistungsfähigkeit im allgemeinen nicht herangezogen werden kann.

(2) Analog dazu wird üblicherweise angenommen, daß ein Unternehmen auf dem Absatzmarkt zum gegebenen Konkurrenzpreis beliebige Mengen verkaufen kann. Selbst wenn diese Annahme im Rahmen der *Produktionsentscheidung* (Angebot bei gegebener Kapazität) zutreffen mag, so kann das Unternehmen bei der *Investitionsentscheidung* (Wahl der Kapazitätsgröße) kaum davon ausgehen, daß die Aufnahmefähigkeit des Marktes für die von ihm produzierten Güter unbegrenzt ist. Bei sprunghaften, kapazitätsbedingten Erhöhungen des Güterangebots wird der Marktpreis bei einer gegebenen preiselastischen Nachfragekurve nachgeben. Das bedeutet, daß der Ertragsstrom E und damit auch die Ertragsrate r^e invers zur Größe des Kapitalstocks variiert (Abbildung 1.7).

Die Gegenüberstellung von gegebenem Zins und fallender Grenzleistungsfähigkeit liefert in A den optimalen Kapitalbestand. Ist z.B. K_0 der gegebene

---

[19] Die erste wird eher in der neoklassischen, die zweite in der keynesianischen Investitionstheorie thematisiert.

Grundbeziehungen der Vermögenswirtschaft 37

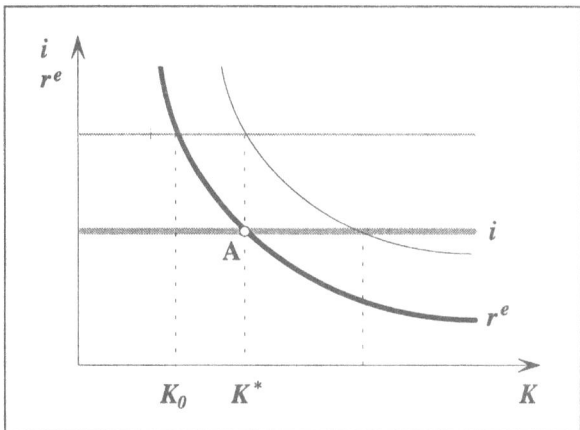

*Abbildung 1.7: Grenzleistungsfähigkeit,
Zins und optimaler Kapitalbestand*

Kapitalbestand, so folgt aus der Differenz ($K^* - K_0$) eine geplante Nettoinvestition. Änderungen des Zinssatzes oder der Ertragserwartungen verändern K^* und beeinflussen darüber - wie in [1.28] beschrieben - die Investitionstätigkeit.

Das einzelwirtschaftliche Investitionskalkül richtet sich auf eine geplante Güterangebotsentscheidung auf dem Absatzmarkt unter der Annahme eines bestimmten gegebenen Niveaus der gesamtwirtschaftlichen Nachfrage. Bei gleichgerichtetem Investitionsverhalten vieler Einzelunternehmen wirkt die damit einhergehende makroökonomische Nachfrageänderung in einem positiven Rückkoppelungseffekt auf die mikroökonomischen Investitionsentscheidungen zurück. Anfängliche Gewinnerwartungen können durch die tatsächliche Gewinnentwicklung bestätigt und übertroffen werden. Dies ist eine Triebfeder konjunktureller Aufschwungprozesse. Ein analoger Zusammenhang zwischen Investitionszurückhaltung und Nachfrageschwäche besteht in der Rezession.

1.2.4 Die Finanzierungssalden der Sektoren

Die verschiedenen Vermögensformen werden nun im Kontext der Volkswirtschaftlichen Gesamtrechnung betrachtet. Für jedes Wirtschaftssubjekt läßt sich eine *Vermögensbilanz* aufstellen, die auf der Aktivseite Sachwerte und Finanzforderungen sowie auf der Passivseite Finanzschulden und - als Saldo - das Reinvermögen enthält; die Differenz zwischen Forderungen und Verbindlichkeiten ist das Geldvermögen (Tabelle 1.7). Aggregiert man diese Bilanzen aller Wirtschaftssubjekte, so heben sich in einer geschlossenen Ökonomie Forderungen und Verbindlichkeiten auf; das Reinvermögen einer Volkswirtschaft besteht dann allein aus den Sachwerten. In einer offenen Volkswirtschaft wird das Reinvermögen durch Nettoauslandsforderungen oder -schulden modifiziert. Sie repräsentieren Ansprüche gegen das ausländische bzw. inländische Sachvermögen.

Sachvermögen	Verbindlichkeiten
Forderungen	Reinvermögen

Tabelle 1.7: Einzelwirtschaftliche Vermögensbilanz

Dieser Zusammenhang gilt entsprechend für *Vermögensänderungen*. Die Nettoinvestition ist der Zuwachs des Sachvermögens, die Ersparnis der Zuwachs des Reinvermögens. Der *Finanzierungssaldo* ist doppelt bestimmt: zum einen als Differenz zwischen Investition und Ersparnis, zum anderen als Summe der Veränderungen der Forderungen und Verbindlichkeiten. Für jeden Kreislaufpol läßt sich ein solches Vermögensänderungs- und Finanzierungskonto aufstellen (Tabelle 1.8).

| | *Finanzierungssaldo* |
Nettoinvestition (Δ Sachvermögen)	(Δ Verbindlichkeiten - Δ Forderungen)
	Ersparnis (Δ Reinvermögen)

Tabelle 1.8: Vermögensänderungs- und Finanzierungskonto

Aus der Sicht des Gütermarktes erscheinen Ersparnis und Investition als *Einkommensverwendung*, indem Ressourcen eine Umwidmung von einer konsumtiven zu einer investiven Verwendung erfahren. Die mikrotheoretische Fundierung der Spar- und Investitionsentscheidungen zeigt jedoch, daß es um Wahlhandlungen auf dem Vermögensmarkt geht: In beiden Fällen erfolgt eine *Anlageentscheidung*, die sich auf die Realisierung eines gewünschten Bestandes von Vermögenswerten richtet.

Im Kalkül der Haushalte dient die Ersparnis dem Aufbau einer Vermögenshaltung, die insbesondere ein Vorsorge- und Sicherheitsbedürfnis befriedigt. Zu diesem Zweck erwerben die Sparer Forderungen und Wertpapiere auf dem Vermögensmarkt. Das damit in den folgenden Perioden entstehende Zinseinkommen fließt zwar z.T. wieder in den Konsum, der Vermögenswert als solcher wird jedoch als Bestandsgröße gehalten. Umgekehrt können Vermögensbestände liquidiert und zur Finanzierung von Konsumausgaben verwendet werden. Da die Haushalte definitionsgemäß nicht investieren, ist allein durch die Ersparnis ein positiver Finanzierungssaldo bestimmt, dem in der Finanzierungsrechnung eine Geldvermögensbildung entspricht. Dies schließt

Vermögensänderung der Haushalte	
Finanzierungssaldo	Haushaltsersparnis
Finanzierung der Haushalte	
Geldvermögens- bildung	Kreditaufnahme
	Finanzierungssaldo
Vermögensänderung der Unternehmen	
Bruttoinvestition	Abschreibungen Unternehmensersparnis
	Finanzierungssaldo
Finanzierung der Unternehmen	
Geldvermögensbildung	Kredit- aufnahme
Finanzierungssaldo	

Tabelle 1.9: Vermögensänderungs- und Finanzierungskonten der Haushalte und Unternehmen

nicht aus, daß einzelne Haushalte Kredite aufnehmen, um einen über ihr Einkommen hinausgehenden Konsum zu finanzieren (Tabelle 1.9).

Auf der anderen Seite zielt die Investition auf den Erhalt und die Erweiterung eines Sachvermögensbestandes, der als Wertgröße jene Zinsen abwerfen muß, die letztlich an die Halter der Geldvermögenstitel zu zahlen sind. Die Geldvermögensbildung der Haushalte stellt somit indirekt eine Forderung gegen das von den Unternehmen gebildete Sachvermögen dar. Während der Haushaltssektor wegen der positiven Differenz zwischen Einkommen und Konsum ein *Überschußsektor* ist, sind die Unternehmen typischerweise *Defiziteinheiten*, weil ihre Ausgaben für Güterkäufe ihr Einkommen übersteigen. Der negative Finanzierungssaldo verweist auf die Notwendigkeit einer Kreditaufnahme bei anderen Kreislaufsektoren; gleichwohl findet in vielen Unternehmen auch eine Geldvermögensbildung statt.

Unter Einschluß des Staatssektors und des Auslands lassen sich die Beziehungen zwischen Geldvermögensbildung (*GVB*), Kreditaufnahme (*KA*) und Finanzierungssaldo (*F*) in folgenden Gleichungen zusammenfassen:

$$\begin{aligned} S_H &= F_H = GVB_H - KA_H \\ Q_U + D - I_{brutto} &= F_U = GVB_U - KA_U \\ T - G &= F_{St} = GVB_{St} - KA_{St} \\ Im - Ex &= F_A = GVB_A - KA_A \end{aligned}$$ [1.29]

Ein negativer staatlicher Finanzierungssaldo (bei $T < G$) bedeutet eine steigende Staatsverschuldung. Ein positiver Außenbeitrag ($Im < Ex$) geht mit einer Nettokreditaufnahme des Auslands im Inland ($KA_A > GVB_A$) einher und erhöht die Nettoforderungsposition der Volkswirtschaft gegenüber dem Ausland.

Die Finanzierungsgleichung des Unternehmenssektors läßt sich so umstellen, daß der vermögenswirtschaftliche Kern des Unternehmensverhaltens deutlich wird: eigene und fremde Finanzierungsmittel (*Kapitalaufbringung*) optimal auf Real- und Finanzinvestitionen zu verteilen (*Kapitalanlage*):

$$I_{brutto} + GVB_U = Q_U + D + KA_U \qquad [1.30]$$

Abbildung 1.8 illustriert die Entwicklung dieser Größen im Zeitablauf; sie enthält zusätzlich staatliche Investitionszuschüsse als Vermögensübertragungen. Es zeigt sich, daß in konjunkturellen Krisenzeiten (wie in den frühen 80er und 90er Jahren) die unverteilten Gewinne negativ werden und daß der Unternehmenssektor in einem beträchtlichen Ausmaß Finanzinvestitionen tätigt.

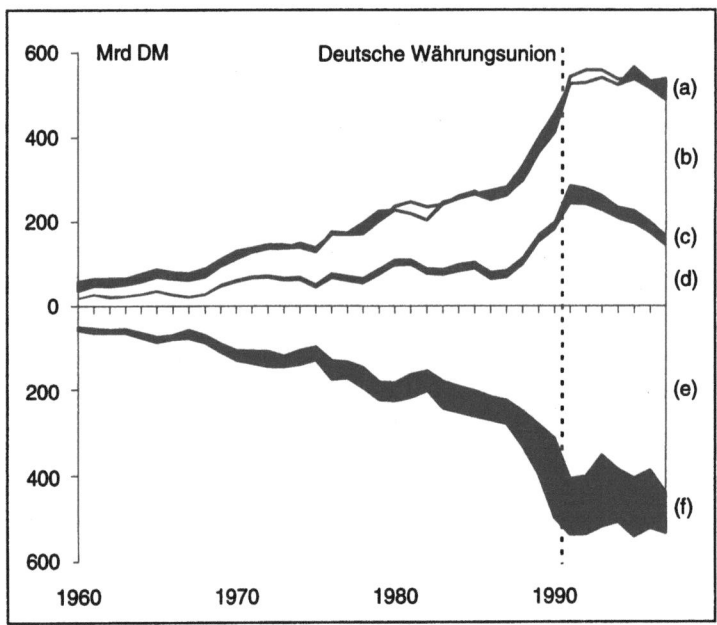

Abbildung 1.8: Kapitalaufbringung und Kapitalanlage der Produktionsunternehmen in Deutschland: (a) Unverteilte Gewinne, (b) Abschreibungen, (c) Vermögensübertragungen, (d) Kreditaufnahme, (e) Bruttoinvestitionen, (f) Geldvermögensbildung

Aufgrund des Kreislaufzusammenhangs zwischen den Sektoren gilt, daß die *Summe aller Finanzierungssalden gleich Null* sein muß: Wenn ein Sektor mehr ausgibt, als er einnimmt, muß umgekehrt ein anderer Sektor einen Einnahmeüberschuß gebildet haben:

$$\underbrace{(S_H)}_{Haushalte} + \underbrace{(Q_U + D - I_{brutto})}_{Unternehmen} + \underbrace{(T - G)}_{Staat} + \underbrace{(Im - Ex)}_{Ausland} \equiv 0 \qquad [1.31]$$

Diese Beziehung zwischen den Finanzierungssalden der Sektoren ergibt sich auch aus der Umstellung der Investitions-Ersparnis-Identität [1.20]. Die Fragestellung ist nun jedoch eine andere: Ging es dort um die güterwirtschaftliche Übereinstimmung zwischen Investition und Nichtkonsum, so ist hier nach den Einnahmen-Ausgaben-Differenzen der Kreislaufpole gefragt. Eine wichtige Schlußfolgerung aus [1.31] ist, daß nicht alle Sektoren gleichzeitig ihre Ausgaben- oder Einnahmenüberschüsse unabhängig voneinander verändern können. Eine Abschwächung der Investitionstätigkeit (d.h. der Neuverschuldung) der Unternehmen wird so tendenziell die Verschuldung des Staates und des Auslands erhöhen und die Überschüsse des Haushaltssektors verringern.

1.2.5 Investieren und Sparen im vermögenswirtschaftlichen Zusammenhang

Die Finanzierungssalden werden auf dem Vermögensänderungskonto so verbucht, daß die Elemente der volkswirtschaftlichen Ersparnis einen Zufluß, Investitionen, Budgetdefizit und Außenbeitrag dagegen einen Abstrom verkörpern (vgl. Abbildung 1.4). Dieses Bild vermittelt die Vorstellung einer Bewegung *von* der Ersparnis *zur* Investition: Scheinbar ist ein Konsumverzicht notwendig, bevor Unternehmen, Staat oder Ausland zusätzliche Finanzmittel bzw. Ressourcen erhalten können. Dies wäre jedoch eine Fehlinterpretation. Tatsächlich bedeutet die Richtung der Pfeile im allgemeinen *nicht*, daß die Haushaltsersparnis eine Voraussetzung der Investition ist.

> Owing to the ambiguous nature of the word *capital* there is a tendency to confuse the supply of finance with the supply of saving.
> Joan Robinson (1951: 14)

Grundlegend für den Zusammenhang von Sparen und Investieren in einer *Geldwirtschaft*[20] ist, daß eine Aneignung von Ressourcen nur durch Geldzahlung möglich ist. Damit stellt die *Finanzierung* von Investitionsausgaben[21] das primäre Problem dar. Der Investor benötigt primär *Geld*, keinen Konsumverzicht. Sparen verschafft den Unternehmen keine Liquidität. Im Gegenteil: Än-

---

[20] Theoriegeschichtlich wurde der Spar-Investitions-Zusammenhang oft am Fall einer *Tauschwirtschaft* dargestellt: Sparer verzichten temporär auf Ressourcen und verleihen diese an Investoren. Diese Güterleihe entspricht einer *Vermietung*. Die hieraus entwickelte Kredit- und Zinstheorie kann nicht unmittelbar auf eine Geldwirtschaft übertragen werden.

[21] Die folgenden Ausführungen gelten analog für ein staatliches Budgetdefizit.

dern die Haushalte bei konstantem Einkommen ihre Einkommensverwendung zulasten des Konsums, wird der ansonsten direkt zu den Unternehmen fließende Zahlungsstrom entsprechend schmaler (vgl. Abbildung 1.3). Zwar bleibt den Unternehmen die Möglichkeit einer den Liquiditätsverlust kompensierenden Kreditaufnahme; im Ergebnis jedoch erhalten sie dadurch liquide Mittel über eine - mit einer Zinsbelastung verbundene - *Verschuldung*, während der Haushaltskonsum direkt die Unternehmens*einkommen* erhöht hätte.

Änderungen der Haushaltsersparnis bei konstantem Einkommen führen zu *keiner* gesamtwirtschaftlichen Geldvermögensbildung, sondern nur zu einer *Umverteilung* des bestehenden Geldvermögens. Dies wird auch deutlich im umgekehrten Fall einer Abnahme der Haushaltsersparnis: Der verringerten Geldvermögensbildung der Haushalte steht dann ceteris paribus, d.h. bei konstanten Investitionen, eine Zunahme der Unternehmenseinkommen und entsprechend eine erhöhte Unternehmensersparnis gegenüber.

> Das Sparen erzeugt gerade erst Kreditbedarf bei verringertem Umsatz, umgekehrt wird, wenn Sparer frühere Ersparnisse aufzehren, die Liquidität der Banken wie der Unternehmungen gesteigert und zugleich das Unternehmereinkommen.
> *Wilhelm Lautenbach* (1952: 62)

Der Zusammenhang zwischen Kreditvergabe, Investition und Ersparnis wird im folgenden unter zwei alternativen volkswirtschaftlichen Rahmenbedingungen untersucht. Dabei zeigt sich die primäre Rolle von *Vermögensanlageentscheidungen*, die vermittelt über die Güternachfrage eine Einkommensbildung generieren; aus der Verwendung dieses Einkommens ergibt sich dann die Geldvermögensbildung.

(1) In der makroökonomischen Theorie wird häufig zur Vereinfachung ein *Modell ohne Geschäftsbanken* betrachtet. Das Geldvermögen der Marktakteure setzt sich dann zusammen aus Bargeld und Kreditforderungen, d.h. dem bestehenden Kreditangebot. Eine zusätzliche Kreditvergabe basiert auf einer vermögenswirtschaftlichen Portfolioentscheidung und erfolgt grundsätzlich aus dem *Geldvermögensbestand* - unabhängig davon, ob der Vermögensbesitzer in der laufenden Periode spart oder nicht. Stets muß ein Gläubiger dazu bewegt werden, seinen Vermögensbestand von der Geldhaltung zugunsten von Kreditforderungen umzustrukturieren (Abbildung 1.9 a). Da diese Portfolioumschichtung zu einer weniger liquiden Vermögensform eine Einbuße im Liquiditätsgrad der Vermögenshaltung bedeutet, erfordert eine vermehrte Kreditvergabe im allgemeinen einen höheren Zinssatz.[22]

Die Verausgabung der Finanzmittel durch den Investor führt dann zu einer Verwendung von Geld zur Finanzierung von Gütermarkttransaktionen, das bisher als Vermögensaktivum gehalten wurde. Die somit steigende Kapitalgü-

---

[22] Vgl. Kapitel 1.2.1.

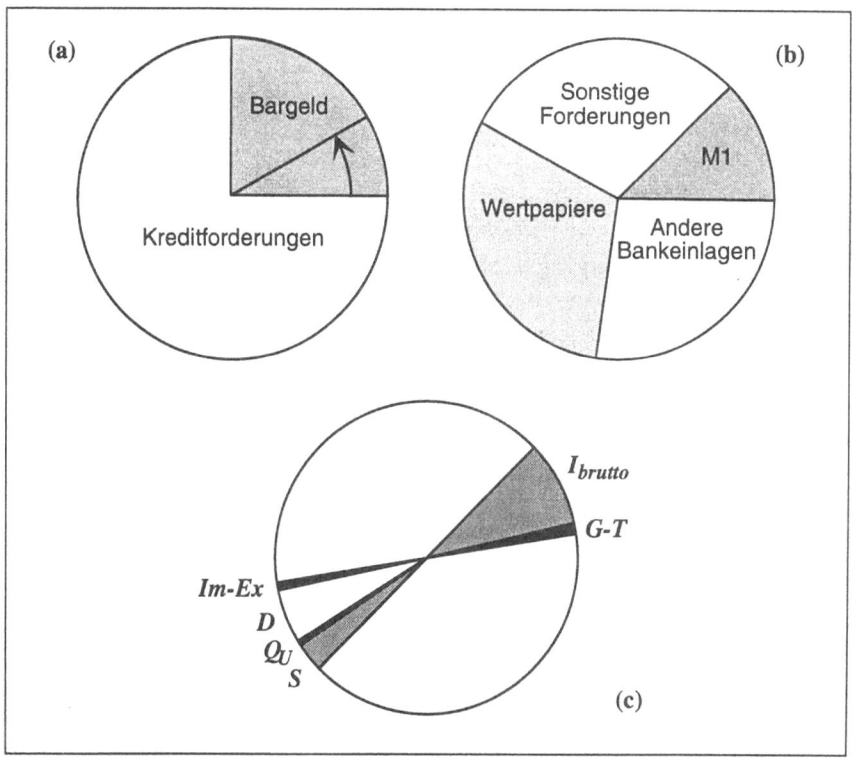

Abbildung 1.9:
(a) Portfolioveränderung bei Kreditvergabe; (b) Struktur des Geldvermögensbestandes der inländischen nicht-finanziellen Sektoren (M1 = Bargeld und Sichteinlagen);
(c) Finanzierungssalden der Sektoren in Relation zum Geldvermögensbestand;
Größenverhältnisse bei (b) und (c) entsprechen den Werten für Deutschland im Jahr 1994

ternachfrage stellt eine *nominale* Einkommenssteigerung dar, die zunächst bei den Verkäufern der Kapitalgüter anfällt und sich danach (über induzierte Käufe von Vorprodukten und Konsumausgaben neubeschäftigter Arbeitskräfte) durch die gesamte Wirtschaft (im In- und Ausland) fortsetzen kann.

Die Angebotsbedingungen auf Güter- und Arbeitsmarkt entscheiden nun darüber, in welchem Ausmaß die *realen* Investitionsziele (der Ausbau der Sachanlagen) erreicht werden. Wenn es keine Engpässe beim Arbeitsangebot gibt und die Kapazitätsauslastung niedrig ist, so kann die Produktion elastisch auf die Nachfragesteigerung reagieren. Im Falle von Angebotsbeschränkungen wird die Übernachfrage zu Preissteigerungen führen. In dieser Situation können die realen Investitionen nur dann im gewünschten Ausmaß zunehmen, wenn die Haushalte ihre Einkommensverwendung zugunsten der Ersparnis ändern und dadurch zusätzliche Ressourcen für Investitionszwecke verfügbar machen würden.

Unabhängig jedoch vom Ausmaß der Angebotsbeschränkungen und Preissteigerungen implizieren die *nominalen* Investitionsausgaben eine ebenso große volkswirtschaftliche Sparsumme, die nach [1.12] bei Haushalten und/oder Unternehmen anfällt.[23] Diese Geldbeträge stellen eine Geldvermögensbildung dar, die entsprechend der Struktur des Vermögensbestandes wiederum auf Bargeldhaltung und Kreditangebot verteilt wird. Der Rückstrom von Geld zum Kreditmarkt führt dazu, daß die durch die Kreditnachfrage ausgelöste anfängliche Zinssteigerung teilweise wieder ausgeglichen wird.[24]

(2) Der gesamte Vorgang wird durch die *Einbeziehung von Geschäftsbanken* nicht wesentlich verändert. Das Geldvermögen des Nichtbankensektors zeigt nun ein größeres Spektrum von Anlageformen (Abbildung 1.9 b):
- Bargeld und Sichteinlagen bei Banken (sog. Geldmenge M1),
- Termin- und Spareinlagen,
- Festverzinsliche Wertpapiere, Aktien und Investmentfonds,
- Sonstige Forderungen (u.a. gegen Bausparkassen und Versicherungen).

Nach wie vor findet eine direkte Kreditvergabe der Haushalte an die Unternehmen statt, z.B. über einen Wertpapiererwerb am Kapitalmarkt. Der Großteil des Kreditgeschäfts läuft jedoch über die Banken (vgl. Abbildung 1.6). Auch die Bankkreditvergabe wird nicht durch einen unzureichenden Konsumverzicht der Haushalte, sondern durch eine mangelnde Verfügbarkeit von Geld beschränkt, weil erfahrungsgemäß ein Teil der mit der Kreditvergabe entstehenden Depositen bar abgezogen wird. Die Liquiditätslage der Banken bleibt von den Spar- bzw. Konsumentscheidungen der Haushalte praktisch unberührt: Die Sparbeträge werden auf Bankkonten (oder direkt am Kapitalmarkt) angelegt; die Konsumausgaben landen vollständig auf den Bankkonten *der Unternehmen* und erhöhen so den Geldbestand der Banken.

Die Banken können Investitionen somit durch Kreditschöpfung finanzieren, ohne *zuvor* zusätzliche Einlagen in gleicher Höhe einwerben zu müssen. Das Kreditvolumen beträgt ein Vielfaches der Barreserven der Banken; zudem ist diese Relation flexibel. Gleichwohl ist denkbar, daß die Banken steigende Zinsen bieten müssen, um sich von der Notenbank oder den Nichtbanken zusätzliche Liquidität zu verschaffen. Dagegenzurechnen ist, daß dem Banksektor im Zuge der Verausgabung der Investitionsmittel wiederum Einlagen zufließen; es ist sekundär, ob es sich dabei - vom Motiv der Einleger her - um *Spar*depositen handelt.

Im Fall der Bankkreditvergabe wird besonders deutlich, daß der *Kreditgeber nicht spart*, sondern über die Finanzierung einer Investition indirekt einen Einkommensstrom und damit Ersparnisse bei anderen Akteuren erzeugt. Als monetäre Geldausgabe ist die Investition nicht durch die Ersparnis beschränkt.

---

[23] Die Entstehung dieser Ersparnisse im *Marktprozeß* wird im folgenden Kapitel 1.3 näher untersucht.
[24] Die Zinseffekte der hier beschriebenen Finanzierungsvorgänge werden in Kapitel 1.6.3 genauer analysiert.

Investiert wird stets *Geld*, das als Bestandsgröße auf dem Kreditwege verfügbar gemacht werden muß. In diesem Zusammenhang ist zu beachten, daß die *Finanzierungssalden* der Defizit- bzw. Überschußsektoren gemessen am gesamten Geldvermögen eher klein sind (Abbildung 1.9 c).

Investition und Ersparnis bilden das Scharnier zwischen Vermögens- und Gütermarkt. Dabei erzeugt die Investition einen Einkommensstrom, aus dem simultan *neue* Ersparnisse gebildet werden. Auf der anderen Seite verringert eine zusätzliche Haushaltsersparnis den Einkommensstrom und erhöht damit zunächst nur *einzelwirtschaftlich* den Geldvermögensbestand, da der Konsumausfall das Unternehmenseinkommen schmälert und - bei dadurch bewirkten Produktions- und Beschäftigungseinschränkungen - an anderer Stelle zur Verringerung der Haushaltsersparnis führen muß. In der Interaktion zwischen Vermögens- und Gütermarkt ist daher die Investition insoweit in der Führungsrolle.

> Wenn die Unternehmungstätigkeit rege ist, wird Vermögen angesammelt, wie immer die Spartätigkeit beschaffen sein mag; wenn die Unternehmungstätigkeit träge ist, verfällt das Vermögen, wie immer sich die Spartätigkeit verhalten mag.
> *John Maynard Keynes* (1930: 416)

Zusammenfassung von Kapitel 1.2

(1) Ökonomische Transaktionen basieren auf Verträgen, die in Geldeinheiten nominiert und durch Geld als Zahlungsmittel zu erfüllen sind. Geld ist damit der Wertstandard aller wirtschaftlichen Planungen und Entscheidungen. Die Zahlungsmitteleigenschaft des Geldes begründet die Liquiditätsprämie als nicht-pekuniären Ertrag der Geldhaltung. Der Kredit als zeitweilige Überlassung von Geld erfordert eine Zinszahlung zum Ausgleich des temporären Liquiditätsverzichts des Gläubigers. Geschäftsbanken vergeben Kredite an Nichtbanken und refinanzieren sich durch Annahme verzinslicher Einlagen seitens der Nichtbanken sowie durch Verkäufe von Kreditforderungen an die Zentralbank. Der Ankauf von Aktiva durch die Zentralbank bedeutet eine Geldschöpfung; dabei wird der kurzfristige Zins als Preis für Zentralbankgeld bestimmt.

(2) Die heutige Anlage von Geld zu einem bestimmten Zinssatz führt zu einem entsprechend höheren "aufgezinsten" Betrag in der Zukunft. Umgekehrt hat eine zukünftige Zahlung infolge des Zinsphänomens heute einen geringeren Gegenwartswert. Vermögen ist allgemein eine Wertgröße, deren Gegenwartswert sich durch "Abzinsung" erwarteter Zahlungen bzw. Ertragsströme ergibt. Finanzvermögen werfen Zinszahlungen, Realvermögen Gewinne oder Mieten als Erträge ab. Produktion ist eine Form der Vermögensanlage, bei der die Unternehmen als Schuldner durch die Kalkulation der Verkaufspreise auf dem Gütermarkt Zins und Tilgung des Kredits an die Eigen- und Fremdkapitalgeber zu zahlen haben. Ein Vermögensmarktgleichgewicht verlangt eine Übereinstimmung der Renditen aller Vermögensformen. Es wird zumeist durch eine Anpassung der Marktpreise der Vermögensobjekte erreicht, indem sich die Nachfrage der Anleger auf besonders rentierliche Aktiva richtet und so eine Angleichung der Renditen bewirkt.

(3) Übersteigt der Vermögenswert von Kapitalgütern ihren Produktionspreis, ergibt sich ein Anreiz zum vermehrten Kauf dieser Kapitalgüter (Investition). Die In-

vestitionsentscheidung kann dabei anhand des Vergleichs von Vermögenswert und Produktionspreis (Kapitalwertmethode) oder anhand des Vergleichs von Marktzins und erwarteter Ertragsrate neuer Kapitalgüter (Grenzleistungsfähigkeit des Kapitals) geschehen (Interne-Zinsfuß-Methode). Die einzelwirtschaftliche Investitionsentscheidung ist auf einen optimalen Sachkapitalbestand der Unternehmung gerichtet. Dieser ist u.a. dadurch bestimmt, daß die Grenzleistungsfähigkeit mit der Kapazitätserweiterung sinkt.

(4) Der Finanzierungssaldo eines Wirtschaftssubjekts oder Kreislaufsektors ist einerseits durch die Differenz seiner Investition und Ersparnis (bzw. seiner Ausgaben und Einnahmen) und andererseits durch die Differenz zwischen seiner Geldvermögensbildung und Kreditaufnahme bestimmt. Die Summe aller Finanzierungssalden in einer Volkswirtschaft ist stets gleich Null. Ein positiver Finanzierungssaldo gegenüber dem Ausland erhöht das Nettoauslandsvermögen der Volkswirtschaft. Die Unternehmen legen Eigenmittel (Abschreibungen und unverteilte Gewinne) und Fremdmittel (Kredite) in Real- und Finanzinvestitionen an.

(5) Als monetäre Vermögensanlage ist die Investition von der Angebotsseite nicht durch die Ersparnis, sondern durch die Bereitschaft zur Kreditvergabe aus einem zu jedem Zeitpunkt gegebenen Geldvermögensbestand beschränkt. Der Investition stehen infolge des Kreislaufzusammenhangs von Ausgaben und Einkommen neue Ersparnisse gegenüber, die zu Neuanlagen am Finanzmarkt führen und damit das Geldvermögen vergrößern. Eine Erhöhung der Spartätigkeit bei gegebenem Einkommen läßt hingegen das gesamtwirtschaftliche Geldvermögen unverändert und verbessert weder den Liquiditätsstatus der Unternehmen noch der Banken. Bei Vollauslastung der Kapazitäten ist jedoch ein Konsumverzicht, d.h. eine Freisetzung von Ressourcen notwendig, um das realwirtschaftliche Ziel einer Investition, den Kapazitätsausbau, zu erreichen.

1.3 Gesamtwirtschaftliche Nachfrage und Einkommensbildung

1.3.1 Der Preiseffekt: Veränderungen der Unternehmensgewinne

Im folgenden wird untersucht, wie sich Produktion und Einkommen an die gesamtwirtschaftliche Nachfrage anpassen. Damit ist zugleich ein *Einstieg in die makroökonomische Theorie* verbunden, die - im Gegensatz zur Volkswirtschaftlichen Gesamtrechnung - nicht auf die konzeptionelle und statistische *Erfassung*, sondern auf die analytische *Erklärung* makroökonomischer Zusammenhänge gerichtet ist. Eine wichtige Vereinfachung in der nun im Vordergrund stehenden modelltheoretischen Betrachtung ist, daß zwar weiterhin die Produktion von der Nachfrageseite in verschiedene Verwendungszwecke unterteilt wird, nicht jedoch auf der Angebotsseite. Produziert wird ein homogenes "Ein-Gut", das für beliebige Zwecke verwendet werden kann.

Eben weil das primäre Interesse der Makroökonomie dem *Niveau*, weniger der Struktur der wirtschaftlichen Aktivität gilt, wird so weit wie möglich von großen homogenen Aggregaten ausgegangen. Dies ist auf der Angebotsseite des Gütermarktes deshalb möglich, weil die Logik der Produktionsentscheidung im wesentlichen unabhängig von der physischen Substanz der produzierten Güter ist. Die Nachfrage ist dagegen disaggregiert zu behandeln, weil Konsum und Investition, aber auch Staatsausgaben und Exporte, von teilweise unterschiedlichen Bestimmungsfaktoren und Entscheidungskalkülen abhängen. Von *strukturellen* Anpassungsproblemen zwischen Angebot und Nachfrage wird dabei abstrahiert; man nimmt an, daß sie durch den Wettbewerbsprozeß, den Allokationsmechanismus der relativen Preise, umgehend gelöst werden. Implizit wird eine flexible Anpassung der Produktionsstruktur bei Änderungen der Nachfragestruktur unterstellt.

Mit dem Übergang zur makroökonomischen Theorie erhält der *Begriff des Gütermarktgleichgewichts* eine neue Bedeutung. Im Rahmen der Volkswirtschaftlichen Gesamtrechnung wurde gezeigt, daß sich der Zusammenhang zwischen Produktion, Einkommensentstehung und -verwendung in der Investitions-Ersparnis-Beziehung darstellen läßt. Die daraus abgeleitete Kreislaufidentität [1.12] bzw. [1.20] besagt, daß Investition und Ersparnis stets gleich groß sind. Aber dies markiert nur eine *buchhalterische* Übereinstimmung dieser Größen. Von einem *Gleichgewicht* im ökonomischen Sinne kann jedoch erst gesprochen werden, wenn mit der Übereinstimmung von Güterangebot und -nachfrage auch eine Konstellation gegeben ist, in der die *Wirtschaftspläne der Marktakteure erfüllt* sind. In [1.20] sind jedoch auch Posten enthalten, die nicht Reflex freiwilliger Entscheidungen der Wirtschaftssubjekte sind. Wie im folgenden gezeigt wird, fungieren insbesondere die Unternehmensersparnisse (unverteilte Gewinne) und die Lagerbestandsveränderungen als Puffer. Sie stellen "Korrekturposten" dar, die im rechnerischen Sinne eine Gleichheit von Investition und Ersparnis anzeigen, obwohl die Gleichgewichtsbedingung i.e.S. verletzt sein kann.[25]

Bei Diskrepanzen zwischen geplantem Güterangebot und geplanter Güternachfrage lassen sich *drei Anpassungsmechanismen auf der Angebotsseite* unterscheiden: Preis-, Lager- und Produktionsanpassungen. Zunächst werden die Preisanpassungen und die damit verbundenen Konsequenzen für die unverteilten Unternehmensgewinne behandelt.

Ist die Produktionsmenge kurzfristig nicht veränderbar, so kommt es bei einem Nachfrageüberschuß zu *knappheitsbedingten Preissteigerungen*, die die Nachfrage real so beschränken, daß diese mit dem verfügbaren Angebot übereinstimmt. Damit nehmen unmittelbar die unverteilten Gewinne Q_U zu, die zusammen mit der Lohnsumme W und den ausgeschütteten Gewinnen Q_H das Volkseinkommen von der Verteilungsseite bilden:[26]

---

[25] Die Unterscheidung zwischen ökonomischem Gleichgewicht und statistischer Gleichheit von Investition und Ersparnis wird durch die Begriffspaare "geplant versus ungeplant" sowie "freiwillig versus unfreiwillig" beschrieben. Die ebenfalls gebräuchliche Zuordnung "ex ante versus ex post" ist dagegen unsauber, da die buchhalterische Investitions-Ersparnis-Identität zu jedem Zeitpunkt und nicht erst ex post, d.h. am Periodenende, erfüllt ist.

[26] Variable, die Produktions- bzw. Güterströme anzeigen (Y, C, I, S etc.) sind im folgenden als reale Größen definiert. Aufgrund der Ein-Gut-Annahme ist ihre Addition möglich (z.B.

$$Y^n = W + Q_H + Q_U \qquad [1.32]$$

Zur Vereinfachung wird nun angenommen, daß *im Gleichgewicht* stets sämtliche Gewinne an die Haushalte ausgeschüttet werden, also hier Q_U gleich Null ist.

Nach [1.5] ist das Preisniveau die Relation zwischen nominalem und realem Sozialprodukt.[27] Unter Berücksichtigung von [1.20] und [1.32] ergibt sich daraus:

$$P = \frac{Y^n}{Y} = \frac{W}{Y} + \frac{Q_H}{Y} + \frac{(I^n - S_H^n) + (G^n - T^n) + (Ex^n - Im^n)}{Y} \qquad [1.33]$$

Zur Vereinfachung wird im folgenden der Fall einer geschlossenen Volkswirtschaft ohne staatliche Aktivität betrachtet; damit werden in [1.33] der staatliche Ausgabenüberschuß und der Exportüberschuß ausgeblendet.

Es zeigen sich nun zwei *Triebkräfte der Preisentwicklung*:

(1) Auf der *Angebotsseite* sind dies einerseits die Lohnstückkosten W/Y und andererseits die an die Haushalte, d.h. die Unternehmenseigner ausgeschütteten Stückgewinne Q_H/Y. Man kann davon ausgehen, daß diese Gewinne auf eine "normale" Geschäftsentwicklung hin kalkuliert sind und insoweit die Konstellation im Gütermarktgleichgewicht widerspiegeln.

(2) Die unverteilten Stückgewinne Q_U/Y lassen sich als *nachfrageseitige* Bestimmungsfaktoren des Preisniveaus verstehen. Nach [1.11] steigt Q_U, wenn die Investitionsausgaben zunehmen oder die Haushaltsersparnisse zurückgehen. Bei konstantem Produktionsvolumen, d.h. Güterangebot Y führt dies zu einem Nachfrageüberschuß auf dem Gütermarkt: Steigt z.B. bei gegebenem Haushaltseinkommen und unveränderter Haushaltsersparnis die Investitionsnachfrage der Unternehmen, so wird die konstante Produktionsmenge zu höheren Preisen verkauft.

Damit erleiden die Haushalte eine reale Einkommenseinbuße, die sie zu einer entsprechenden realen Konsumeinschränkung zwingt. Dieses "Zwangssparen" geht mit einem nominalen Einkommensstrom an die Unternehmen einher. Der (unfreiwillige) Konsumverzicht wird also von den *Haushalten* geleistet, während der mit der Ersparnis verbundene Vermögenszuwachs (Q_U) direkt bei den *Unternehmen* anfällt. Unter Berücksichtigung der Eigentumsrechte an den Unternehmen findet letztlich eine Einkommens- und Vermögensumverteilung zugunsten der Kapitaleigner statt. Eine Erhöhung der Gewinnausschüttung wird den Preisanstieg vergrößern, weil der Konsum der Gewinnbezieher dann einen weiteren Nachfrageimpuls auslöst. *Gewinne ver-*

$Y = C + I$). Ein hochgestelltes "n" zeigt eine Bewertung mit Preisen an. Einkommenszahlungen (W und Q) sind weiterhin als nominale Größen zu verstehen.

[27] Da Y als "Ein-Gut" definiert ist, vereinfacht sich der Preisindex P zum Preis des homogenen Outputs.

schwinden nicht durch ihre Verausgabung, sondern werden dadurch im Wirtschaftskreislauf reproduziert.

Der Kapazitätsauslastungsgrad entscheidet darüber, in welchem Maße eine nominale Güternachfragesteigerung zu Realeinkommens- oder Preiserhöhungen führt. Bei Produktionsengpässen bewirkt die Konkurrenz zwischen Investoren und Konsumenten um knappe Ressourcen Preissteigerungen. Die *realen Investitions- und Konsumpläne* können dann nur teilweise verwirklicht werden. Anders ausgedrückt: Selbst im Fall der absoluten Vollbeschäftigung ermöglicht das inflationsbedingte Zwangssparen der Haushalte eine gewisse Erhöhung des Realkapitalbestandes einer Volkswirtschaft.[28] Der *Einkommenseffekt der Investition*, d.h. der durch eine Erhöhung der nominalen Investitionsausgaben bewirkte Nachfrageimpuls, ist unabhängig vom Grad der Kapazitätsauslastung. Auftretende Preissteigerungen verringern hingegen die realen Neuinvestitionen und damit ihren *Kapazitätseffekt*, d.h. die angestrebte Vergrößerung des Sachkapitalbestandes.

Das Auftreten unverteilter Gewinne ist ein Reflex von Schwankungen im Verhältnis von Angebot und Nachfrage auf dem Gütermarkt. Damit ergibt sich eine einfache Beziehung zwischen der Gütermarktkonstellation und der Relation zwischen Investition und Ersparnis (Tabelle 1.10). Völlig analog zur Konstellation eines Nachfrageüberschusses entstehen bei einem Nachfragerückgang durch sinkende Preise Unternehmensverluste, wenn die Produktion kurzfristig nicht gedrosselt werden kann und weiterhin die kontraktbestimmten Einkommen ausgezahlt werden müssen.

Investitions-Spar-Relation	Gütermarkt-konstellation	Preisniveaueffekt	Einkommenseffekt
$I^n > S_H^n$	*Nachfrageüberschuß*	*Preissteigerung*	$Q_U > 0$
$I^n = S_H^n$	*Marktgleichgewicht*	*Preiskonstanz*	$Q_U = 0$
$I^n < S_H^n$	*Angebotsüberschuß*	*Preissenkung*	$Q_U < 0$

Tabelle 1.10: Makroökonomische Konsequenzen alternativer Konstellationen von Investitionen und Ersparnis

1.3.2 Der Mengeneffekt: Lager- und Produktionsanpassungen

Im weiteren Verlauf dieses Kapitels 1 wird angenommen, daß auf der Angebotsseite grundsätzlich keine Produktionsbeschränkungen vorliegen. Dies bedeutet, daß

---

[28] In einer offenen Volkswirtschaft wird durch eine Erhöhung der Importe der Konsumverzicht teilweise auf ausländische Haushalte abgewälzt (vgl. Kapitel 1.3.5 und 4.2.5).

- freie Sachkapazitäten verfügbar sind,
- Arbeitskräfte entlassen oder zusätzlich zu konstanten Lohnsätzen beschäftigt werden können, und
- die Produktion zu konstanten Stückkosten eingeschränkt oder ausgedehnt werden kann.

Zugleich wird grundsätzlich auch eine *Konstanz des Preisniveaus* unterstellt.[29] Mit der Normierung $P=1$ fallen nominale und reale Größen zusammen.

Die Annahme fixierter Preise bedeutet, daß auch bei Marktungleichgewichten keine unverteilten Gewinne entstehen. Wegen $Q_U = 0$ wird [1.12] zu

$$S_H \equiv I \qquad [1.34]$$

Die buchhalterische Übereinstimmung zwischen Investition und Ersparnis bleibt zu jedem Zeitpunkt gesichert, weil die Investition einschließlich geplanter und ungeplanter Lageränderungen definiert ist (vgl. Tabellen 1.1 und 1.2). Wenn neben den Preisen kurzfristig auch die Produktionsmenge fixiert ist, werden Gütermarktungleichgewichte durch *Variationen des Lagerbestandes* abgefangen. So wird z.B. eine Zunahme der Konsumnachfrage bei gegebenem Einkommen (Verringerung von S_H) durch einen Lagerabbau gedeckt, der als *Desinvestition* verrechnet wird (Verringerung von I). Umgekehrt werden z.B. bei verringerten Käufen von Investitionsgütern die Lagerbestände erhöht.

Nach ungeplanten Lageränderungen sind mittelfristig *Produktionsanpassungen* zu erwarten: Wenn die Unternehmen einen bestimmten Lagerbestand R^* aufrechterhalten möchten, so wird der Produktionsumfang nach einem Nachfrageanstieg bzw. -rückgang so variiert, daß die zunächst eingetretene Lageränderung ΔR wieder ausgeglichen wird.

Dieser Anpassungsmechanismus wird in Abbildung 1.10 illustriert: Hier wird ein konstantes Nachfragevolumen einer prinzipiell variablen Produktionsmenge gegenübergestellt. Auf der 45°-Linie stimmen Nachfrage und Angebot überein. Beim Produktionsniveau Y_1 liegt ein Nachfrageüberschuß vor, der zu einem Lagerabbau führt und eine Produktionsausweitung bewirkt. Umgekehrt hat der Angebotsüberschuß in Y_2 eine Lagerzunahme und entsprechend eine Produktionseinschränkung zur Folge. Das Gütermarktgleichgewicht liegt bei Y^*, weil hier keine ungeplanten Lageränderungen, d.h. keine ungeplanten Investitionen auftreten. Es handelt sich um ein *stabiles* Gleichgewicht, weil bei Abweichungen von Y^* endogene, d.h. aus dem Marktmechanismus heraus entstehende Reaktionen ausgelöst werden, die eine Tendenz zurück zum Gleichgewicht bewirken.

Als allgemeines Ergebnis ist festzuhalten, daß ein Nachfrageüberschuß auf dem Gütermarkt sich oft zunächst in Gewinnsteigerungen sowie in einem La-

---

[29] Auf einzelne Abweichungen von diesen Annahmen völlig elastischer Angebotsbedingungen und konstanter Preise wird besonders hingewiesen.

Gesamtwirtschaftliche Nachfrage und Einkommensbildung 51

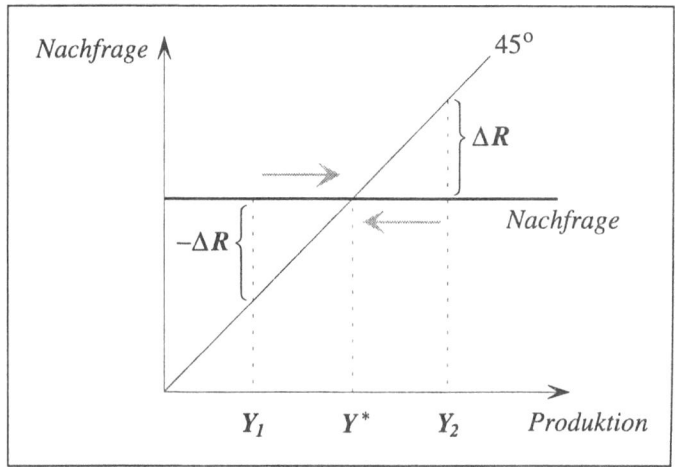

Abbildung 1.10: Nachfrage, Produktion und Lagerbestandsänderungen

gerabbau niederschlagen wird, bevor eine dadurch induzierte Produktionserhöhung das Gleichgewicht wieder herstellt. Dieser *Umschlag vom Preiseffekt zum Mengeneffekt* wird verzögert oder bleibt ganz aus, wenn

• der Kapazitätsauslastungsgrad in der Volkswirtschaft bereits hoch ist und eine Vollauslastung der Ressourcen besteht, so daß bei knappheitsbedingten Preissteigerungen kein güterwirtschaftlicher Spielraum zu einer Produktionsausweitung vorhanden ist, oder

• die Unternehmen die Nachfrageerhöhung als nicht dauerhaft ansehen und erhebliche Kosten bei einer späteren Produktionseinschränkung (z.B. Abfindungszahlungen bei Entlassungen von Arbeitskräften) zu erwarten sind.

1.3.3 Einkommensabhängige Nachfrage: Die Konsum- und Sparfunktion

Das oben gewonnene Bild des Gütermarktes wird nun vervollständigt, indem die Nachfrage disaggregiert und auf ihre Bestimmungsgründe hin untersucht wird. Der mit Abstand größte Posten der gesamtwirtschaftlichen Nachfrage ist der Verbrauch der privaten Haushalte (vgl. Tabelle 1.2). Im Hinblick auf die Erklärung des Konsum- bzw. Sparverhaltens wird häufig auf den *Zins* verwiesen, weil sich bei steigenden Zinsen mehr Sparen "lohnt": Für einen größeren Konsumverzicht wird man mit mehr Zinseinkommen belohnt. Wer andererseits auf eine bestimmte Summe anspart, kommt bei steigenden Zinsen schneller ans Ziel; danach könnte die Ersparnis mit steigenden Zinsen eher reduziert werden.

Angesichts dieser Ambivalenz spricht vieles für einen zweiten Bestimmungsfaktor des Konsums: das (verfügbare) *Einkommen*. Vor dem Hintergrund der empirischen Evidenz (Abbildung 1.11) bietet sich eine einfache, nur

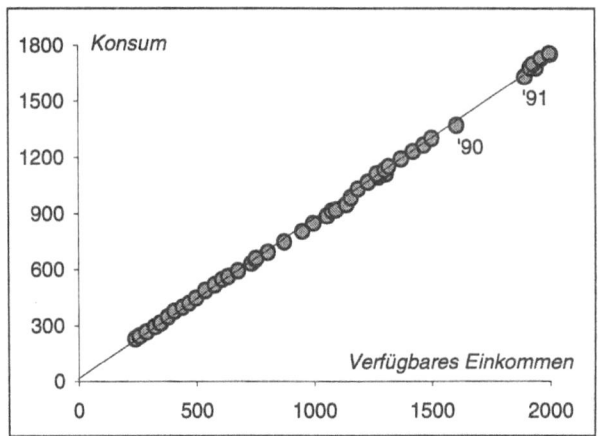

Abbildung 1.11:
*Konsumverhalten und Konsumfunktion (C = 9,41 + 0,86 Y)
für Deutschland 1950-97, Mrd DM, in Preisen von 1991*

einkommensabhängige Konsumfunktion C(Y) an. Danach wird ein bestimmter Mindestbetrag einzelwirtschaftlich auch dann konsumiert, wenn das Einkommen gleich Null ist; dieser autonome Konsum C_0 kann z.B. durch den Verkauf von Vermögenswerten finanziert werden. Gesamtwirtschaftlich setzt dies die Existenz von Lagerbeständen voraus.[30]

$$C = C_0 + cY \qquad [1.35]$$

Der größere Teil des Konsums wird durch die *marginale Konsumneigung c* bestimmt. Der Parameter $c<1$ mißt die zusätzlichen Konsumausgaben, die bei einer Einkommenserhöhung um eine Einheit getätigt werden, und entspricht formal der Steigung der Konsumfunktion dC/dY. Die *durchschnittliche Konsumneigung (Konsumquote)* C/Y bezieht die gesamten Konsumausgaben auf das Einkommen; sie ist bei Existenz eines autonomen Konsums stets größer als c, nimmt jedoch mit steigendem Einkommen ab. Beide Relationen sind in Abbildung 1.12 durch verschiedene Streckenverhältnisse dargestellt:

$$\frac{C}{Y} = \frac{AY^*}{0Y^*} > \frac{AE}{0Y^*} = \frac{AE}{BE} = \frac{dC}{dY} \qquad [1.36]$$

Da die Haushalte ihr Einkommen auf Konsum und Ersparnis aufteilen (vgl. Tabelle 1.4), ergibt sich die Ersparnis als nicht verausgabter Einkommensrest. Der autonome, nicht einkommensabhängige Konsum muß logischerweise durch Entsparen, d.h. eine negative Ersparnis finanziert worden sein: d.h.

---

[30] Langfristig ist freilich nicht vorstellbar, daß eine Gesellschaft ohne Einkommen, d.h. ohne Produktion ihren autonomen Konsum dauerhaft aufrechterhalten kann. Letzterer darf deshalb nicht als Existenzminimum verstanden werden.

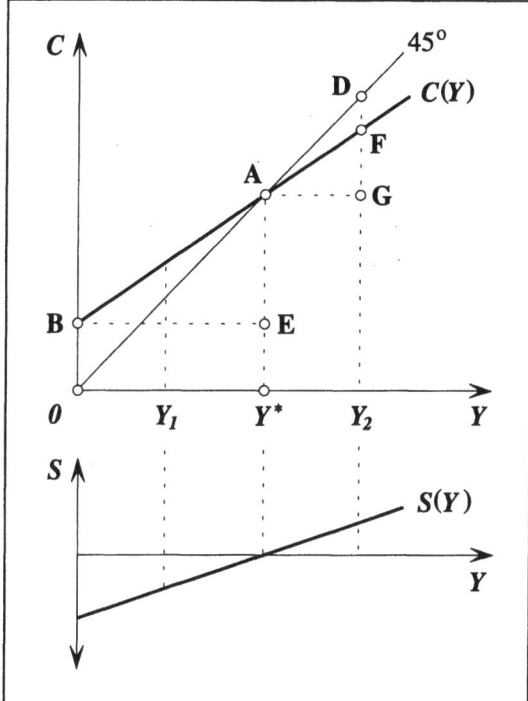

Abbildung 1.12: Konsum- und Sparfunktion

$C_0 = -S_0$. Die *marginale Sparneigung* s folgt aus der marginalen Konsumneigung: $s = 1 - c$. Die Sparfunktion $S(Y)$ ist damit das Spiegelbild der Konsumfunktion:

$$S_H = Y - C(Y) = S_0 + sY \qquad [1.37]$$

Der Zusammenhang zwischen Konsum- und Sparfunktion bedeutet grafisch, daß ihre Achsenabschnitte absolut gesehen gleich groß sind. Wenn die Haushalte aufgrund ihres autonomen Konsums erst ab der Einkommenshöhe Y^* Ersparnisse bilden, so muß folglich die Sparfunktion auf dieser Höhe die Einkommensachse schneiden.

Bei einer Nettoinvestition von Null wird das makroökonomische Einkommensniveau allein durch die Konsumnachfrage bestimmt:

$$Y = C \qquad [1.38]$$

Nach Einsetzen von [1.35] läßt sich daraus das gleichgewichtige Produktions- und Einkommensniveau berechnen:

$$Y^* = \frac{C_0}{1-c} \qquad [1.39]$$

Die anhand von Abbildung 1.10 angestellte Stabilitätsanalyse bringt im Fall der Abbildung 1.12 analoge Ergebnisse:
- Liegt das Produktionsvolumen bei Y_1, so übersteigt die (Konsum-) Nachfrage bei gleichzeitigem Entsparen das Angebot. Dies geht unmittelbar mit einem Lagerabbau einher. Daraufhin wird die Produktion ausgedehnt. Aufgrund der vermehrten Beschäftigung wachsen die Lohneinkommen und (bei annahmegemäß konstanten Stückgewinnen) auch die Gewinneinkommen. Bei somit steigenden Haushaltseinkommen nimmt nach [1.35] auch die Konsumnachfrage zu, aber wegen der unter Eins liegenden Konsumneigung nicht im gleichen Maße. Der Nachfrageüberschuß wird deshalb bei Annäherung an das gleichgewichtige Produktionsniveau kleiner und verschwindet in Y^*.
- Umgekehrt schlägt sich der Angebotsüberschuß bei Y_2 als unfreiwilliger Lageraufbau nieder. Bei der nachfolgenden Produktionseinschränkung sinken Haushaltseinkommen und Konsumnachfrage. Dabei geht wegen $c < 1$ das Angebot stärker als die Nachfrage zurück: Beim Anpassungsprozeß von Y_2 auf Y^* gilt GA = DG > FG.

Für die Stabilität des Gleichgewichts ist somit entscheidend, daß die Konsumneigung kleiner als Eins ist.[31] Bei Abweichungen von Y^* ändert sich die Nachfrage in beiden Richtungen jeweils in einem geringen Umfang als das Angebot. Bei einer Produktionsverringerung entsteht damit ein Nachfrageüberschuß, bei einer Ausdehnung ein Angebotsüberschuß. In beiden Fällen werden die Unternehmen zu einer Korrektur ihrer Produktionsänderung bewegt.

1.3.4 Der Multiplikatorprozeß bei autonomen Investitionsänderungen

Neben der einkommensabhängigen Konsumnachfrage wird nun die Investition (zunächst als parametrisch gesetzte Nachfragegröße) in die Betrachtung einbezogen. Das Einkommen wird dann durch die Nachfragegleichung

$$Y = C(Y) + I \qquad [1.40]$$

bestimmt. Unter Berücksichtigung von [1.35] ergibt sich daraus das Gleichgewichtseinkommen als

$$Y^* = \frac{C_0 + I}{1 - c} \qquad [1.41]$$

Grafisch bedeutet die Einbeziehung einer konstanten Investitionsausgabe, daß die Nachfragekurve um den Betrag I über der Konsumfunktion liegt (Abbil-

---

[31] Der Fall $c > 1$ ist auch einzelwirtschaftlich wenig plausibel, da die Haushalte dabei permanent "über ihre Verhältnisse leben".

Gesamtwirtschaftliche Nachfrage und Einkommensbildung 55

dung 1.13). Durch die Hinzufügung der Investitionsnachfrage hat sich das Gleichgewichtseinkommen von Y_0^* auf Y_1^* verschoben; nur bei diesem Produktionsniveau sind Güterangebot und -nachfrage ausgeglichen.

Aus der Nachfragegleichung [1.40] und der Einkommensaufteilung

$$Y = C(Y) + S(Y) \qquad [1.42]$$

wird deutlich, daß im Gleichgewicht

$$S(Y) = I \qquad [1.43]$$

gelten muß (die Punkte A und A' korrespondieren zueinander). Diese *Gleichgewichtsbedingung* [1.43] ist streng von der *Kreislaufidentität* $S \equiv I$ zu unterscheiden. Letztere ist zu jedem Zeitpunkt erfüllt, weil die Investition hier *einschließlich* Lageränderungen definiert ist, die als buchhalterische Korrekturposten fungieren. Die Gleichgewichtsbedingung fragt hingegen nach jenem Nachfrage-, Angebots- und Einkommensniveau, bei dem weder ungeplante Investitionen (Lageränderungen) noch ungeplante Ersparnisse (unverteilte Gewinne) auftreten. Dies ist in Punkt A' der Fall: Wegen der Übereinstimmung von Ersparnis und Investition wird der durch den Konsumverzicht bewirkte Nachfrageausfall gerade durch eine Kapitalgüternachfrage kompensiert, so

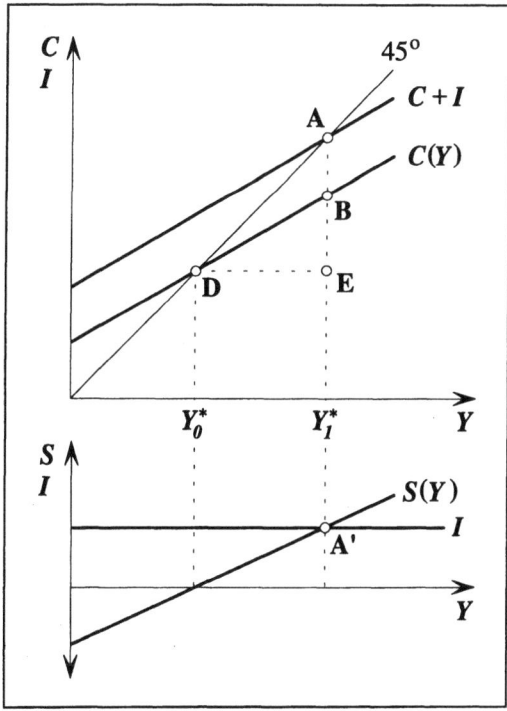

Abbildung 1.13: Investition, Konsum und Ersparnis

daß das Niveau von Produktion und Einkommen unverändert bleibt.[32]

Nimmt die Sparneigung bei konstanter Investition zu, kommt es aufgrund des allgemeinen Nachfragerückgangs zu einer Produktionsverringerung. Ersparnis und Investition werden bei einem niedrigeren Einkommen ausgeglichen (Abbildung 1.14). Dies ist das "Sparparadoxon": Obwohl die Haushalte mehr sparen wollen (A → B), bleibt die Sparsumme gesamtwirtschaftlich konstant, weil mit dem Rückgang von Produktion und Beschäftigung die Spartätigkeit einkommensbedingt sinkt (B → C).[33]

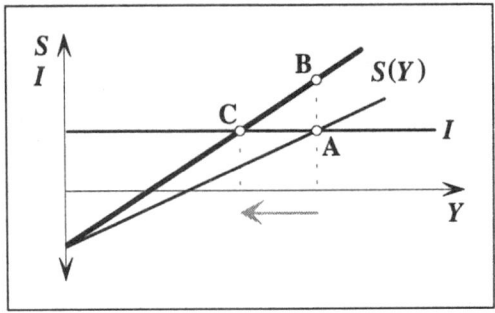

Abbildung 1.14: Das Sparparadoxon

Aus Abbildung 1.13 ist ersichtlich, daß die Hinzufügung einer autonomen Investition zu einer - im Vergleich dazu - stärkeren Zunahme des Einkommens geführt hat (AB < DE). Das ist die Wirkung des *Multiplikators*: Eine Erhöhung einkommensunabhängiger Nachfrageelemente bewirkt schließlich eine überproportionale Vergrößerung des Einkommens, weil nach der direkten Einkommenssteigerung durch den autonomen Nachfrageimpuls (*Primäreffekt*) die einkommensabhängige Nachfrage ebenfalls steigt und damit das Einkommen weiter erhöht (*Sekundäreffekt*). Der Verlauf eines solchen Expansionsprozesses wird im folgenden am Beispiel einer dauerhaften Zunahme der Investition von I auf I' genauer untersucht (Abbildung 1.15):

• Die Erhöhung der Investition in Punkt A um den Betrag ΔI bedeutet einen Nachfrageüberschuß, der unmittelbar durch einen Lagerabbau ($-\Delta R_0$) gedeckt wird.

• Die nachfolgende Produktionssteigerung mit dem Ziel einer Wiederherstellung des Lagerbestandes führt zu einer Beschäftigungsausweitung und damit

---

[32] Somit läßt sich das Gleichgewichtseinkommen auch aus [1.37] und [1.43] errechnen:

$$S = S_0 + sY = I \quad \Rightarrow \quad Y^* = \frac{I - S_0}{s}$$

Wegen $S_0 = -C_0$ und $s = 1 - c$ ist dies äquivalent zu Y^* in [1.41].

[33] In Abbildung 1.13 ließe sich derselbe Effekt durch die Abflachung der gesamtwirtschaftlichen Nachfragefunktionen demonstrieren. Vgl. zum Sparparadoxon auch Kapitel 1.2.5.

Gesamtwirtschaftliche Nachfrage und Einkommensbildung 57

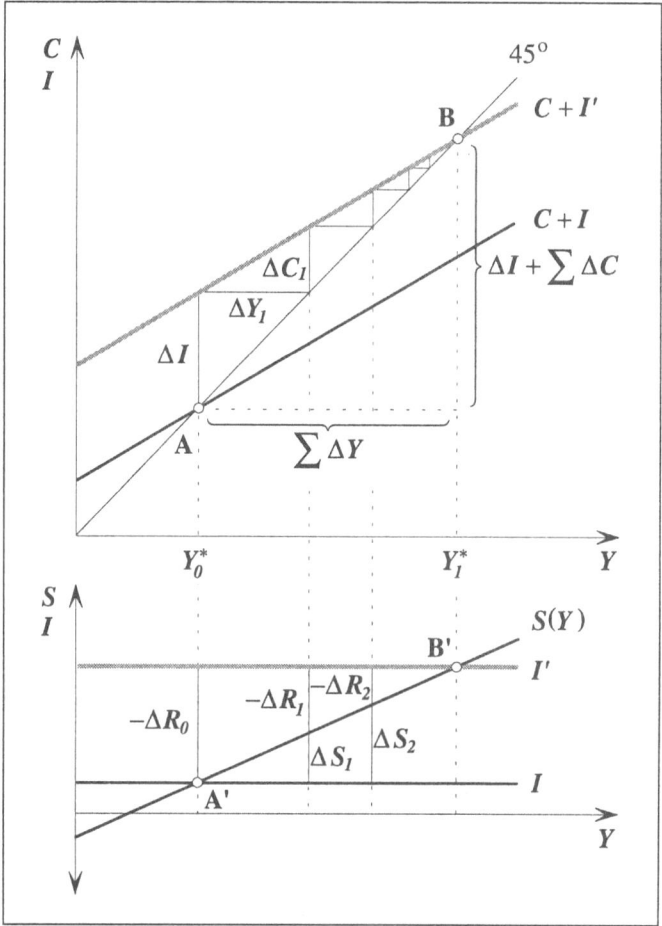

Abbildung 1.15: Multiplikatorprozeß bei Investitionserhöhung

zu einem Zuwachs der Haushaltseinkommen um $\Delta Y_1 = \Delta I$.
• Diese Einkommenserhöhung bewirkt jedoch einen neuerlichen Nachfragezuwachs, da nun die Haushalte gemäß der Konsumfunktion $C(Y)$ ihre Verbrauchsausgaben um ΔC_1, aber auch ihre Ersparnis um ΔS_1 erhöhen. Der Nachfrageüberschuß ist deshalb geringer als in der ersten Periode; er wird durch einen ebenfalls kleineren Lagerabbau ($-\Delta R_1$) gedeckt.
• Im Ausmaß dieses Lagerabbaus wird nun wiederum die Produktion gesteigert. Dies zieht weitere Zuwächse bei Einkommen und Konsum nach sich. Infolge der ebenfalls jeweils zunehmenden Ersparnis werden Lagerabbau und Nachfrageüberschuß in jeder Runde des Prozesses kleiner, bis sich in B bzw. B' ein neues Gleichgewicht einstellt.

Folgende Ergebnisse sind festzuhalten:
• Die Summe der Einkommenssteigerungen von Y_0^* auf Y_1^* entspricht der

Summe der autonomen und (einkommensabhängig) induzierten Nachfragesteigerungen.
• Zu jedem Zeitpunkt des Prozesses ist entlang der Sparfunktion $S(Y)$ die Ersparnis identisch mit der um die Lageränderung bereinigten Investition. Der Multiplikatorprozeß setzt sich solange fort, wie die *geplante* Investition größer als die Ersparnis ist.
• Der Multiplikator ist größer als Eins, weil eine autonome Nachfrageerhöhung einkommensinduzierte Nachfragesteigerungen nach sich zieht.
• Der Multiplikator ist kleiner als Unendlich, d.h. der Prozeß tendiert zu einem neuen stabilen Gleichgewicht, weil in jeder Runde ein Teil des erzeugten Einkommens als Ersparnis gleichsam "stillgelegt" wird. Der Nachfrageüberschuß wird deshalb sukzessive abgebaut.

Die Größe des Multiplikators ergibt sich aus der Differenzierung der Bestimmungsgleichung des Gleichgewichtseinkommens [1.41] nach der variierten autonomen Nachfragegröße, hier der Investition (eine Erhöhung des autonomen Konsums C_0 führt zum gleichen Ergebnis):

$$\frac{dY^*}{dI} = \frac{dY^*}{dC_0} = \frac{1}{1-c} = \frac{1}{s} \geq 1 \qquad [1.44]$$

Der Multiplikator entspricht somit dem Kehrwert der Sparneigung. Eine Verringerung der Sparneigung vergrößert den Sekundäreffekt eines primären Nachfrageschubes. Zur Erreichung eines stabilen neuen Gleichgewichts ist $s > 0$ notwendig. Im Grenzfall einer Sparneigung von Eins ist auch der Multiplikator gleich Eins; dann bleibt nur der Primäreffekt der autonomen Nachfrageänderung auf das Einkommen bestehen, während die sekundären, durch den Konsum bewirkten Einkommenseffekte entfallen.

1.3.5 Staatsausgaben und Steuern, Exporte und Importe

Die oben getroffenen einschränkenden Annahmen im Hinblick auf Staatstätigkeit und Außenwirtschaftsbeziehungen werden nun aufgehoben.

(1) Die autonom, d.h. politisch gewählten Staatsausgaben für Güter und Dienstleistungen G werden als weiterer Posten der gesamtwirtschaftlichen Nachfrage berücksichtigt.

$$Y = C + I + G \qquad [1.45]$$

Andererseits fallen Staatseinahmen T durch eine Besteuerung der Haushaltseinkommen an, wobei ein auf das Einkommen als Steuerbasis bezogener konstanter Steuersatz t angenommen wird (von indirekten und sonstigen Unternehmenssteuern sowie von Subventionen an Haushalte und Unternehmen wird zur Vereinfachung abstrahiert). Durch die Besteuerung wird das Haushaltseinkommen zum *verfügbaren Einkommen* Y_v reduziert, das dann zur Grundlage der Konsum- bzw. Sparentscheidung wird:

$$C = C_0 + c\,Y_v \quad \text{mit} \quad Y_v = Y - T = Y - tY = (1-t)\,Y \qquad [1.46]$$

Nach der Substitution von [1.46] in [1.45] ergibt sich das Gleichgewichtseinkommen:

$$Y^* = \frac{C_0 + I + G}{1 - c\,(1-t)} \qquad [1.47]$$

Verändert sich eine der im Zähler von [1.47] genannten autonomen Nachfragegrößen, so folgt daraus - analog zum Fall einer Investitionsänderung - eine Einkommensvariation, deren Ausmaß sich wiederum mittels des Multiplikators berechnen läßt:

$$\frac{dY^*}{dI} = \frac{dY^*}{dC_0} = \frac{dY^*}{dG} = \frac{1}{1 - c\,(1-t)} < \frac{1}{1-c} \qquad [1.48]$$

Im Vergleich zu [1.44] ist der Multiplikator nun kleiner, d.h. eine Erhöhung der Investition oder der Staatsausgaben führt zu einer relativ geringeren Einkommenssteigerung. Die ökonomische Erklärung ergibt sich aus dem Effekt der Besteuerung des Haushaltseinkommens: In jeder Runde des Prozesses wird ein Teil des zusätzlichen Einkommens als Steuereinnahme stillgelegt und fällt als zusätzliche Konsumnachfrage aus.

(2) Im nächsten Schritt werden Handelstransaktionen mit dem Ausland in die Analyse einbezogen. Der Export hängt unter den getroffenen Annahmen (konstante Preise und Wechselkurse) in erster Linie von der Nachfrageentwicklung des Auslands ab und ist daher aus der Sicht des Inlands eine exogene Größe.

$$Y = C + I + G + (Ex - Im) \qquad [1.49]$$

Der Import wird vereinfacht als konstanter Teil der Inlandsnachfrage, d.h. des Inlandseinkommens betrachtet; die *Importneigung m* ist kleiner als Eins:

$$Im = m\,Y \quad \text{mit} \quad m < 1 \qquad [1.50]$$

Aus [1.46], [1.49] und [1.50] läßt sich das Gleichgewichtseinkommen berechnen:

$$Y^* = \frac{C_0 + I + G + Ex}{1 - c\,(1-t) + m} \qquad [1.51]$$

Der Multiplikator bei allen autonomen Nachfrageänderungen ist wegen der

Importnachfrage kleiner als in der geschlossenen Wirtschaft: In jeder Runde des Prozesses wandert ein Teil des zusätzlichen Einkommens ins Ausland, er wird deshalb als zusätzliche Konsumnachfrage im Inland nicht aktiv.

$$\frac{dY^*}{dI} = \frac{dY^*}{dC_0} = \frac{dY^*}{dG} = \frac{dY^*}{dEx} = \frac{1}{1 - c(1-t) + m}$$ [1.52]

Zusammenfassung von Kapitel 1.3

(1) Buchhalterisch besteht zu jedem Zeitpunkt eine Identität zwischen Ersparnis und Investition, wenn beide Variablen unter Einschluß ungeplanter Größen entsprechend weit definiert werden, d.h. wenn die Ersparnis die unverteilten Unternehmensgewinne und die Investitionen die Lagerbestandsänderungen enthalten. Ein Gleichgewicht zwischen Ersparnis und Investition verlangt demgegenüber die Erfüllung der einzelwirtschaftlichen Wirtschaftspläne. Ungleichgewichte auf dem Gütermarkt, d.h. Schwankungen der Nachfrage bei kurzfristig gegebenem Angebot, schlagen sich bei flexiblen Preisen in den unverteilten Unternehmensgewinnen nieder. Eine Übernachfrage führt zu einem preisbedingten Zwangssparen, d.h. zu einem unfreiwilligen Konsumverzicht der Haushalte, dem eine Geldvermögensbildung der Unternehmen gegenübersteht. Der nominale Einkommenseffekt einer Investitionssteigerung setzt sich bei Preissteigerungen nicht in einen entsprechenden realen Kapazitätseffekt um.

(2) Bei fixen Preisen führen Ungleichgewichte am Gütermarkt zunächst zu Lagerbestandsänderungen. Mittelfristig kommt es zur Anpassung der Produktion an die Nachfrage, wenn die Unternehmen einen bestimmten Lagerbestand aufrechterhalten wollen, die Nachfrageänderung als dauerhaft angesehen wird und keine prohibitiven Kosten von Produktionsänderungen zu erwarten sind.

(3) Die Konsumnachfrage hängt vor allem vom Haushaltseinkommen ab. Die Reaktion des Konsums auf Einkommensänderungen wird durch die marginale Konsumneigung ausgedrückt. Die Relation der gesamten (auch einkommensunabhängigen) Konsumausgaben zum Einkommen ist die Konsumquote. Die Ersparnis ergibt sich - als Restgröße - als der nicht zu Konsumzwecken verausgabte Teil des Einkommens. Marginale Sparneigung und marginale Konsumneigung addieren sich zu Eins. Ist das Güterangebot größer oder kleiner als die Nachfrage, so lösen Produktionseinschränkungen bzw. -ausdehnungen eine Anpassung zum Gleichgewicht aus. Bei einer Konsumneigung unter Eins ist das Gleichgewicht stabil, weil eine Abweichung nach unten einen Nachfrageüberschuß, eine Abweichung nach oben einen Angebotsüberschuß bewirkt.

(4) Besteht die gesamtwirtschaftliche Nachfrage aus Konsum und Investition, so liegt das Gütermarktgleichgewicht bei jenem Produktions- und Einkommensniveau, bei dem die geplante Ersparnis gleich der geplanten Investition ist, weil nur hier der durch den Konsumverzicht bewirkte Nachfrageausfall gerade durch eine Kapitalgüternachfrage kompensiert wird. Eine Zunahme der Sparneigung läßt bei konstanter Investition die Sparsumme unverändert, weil die Verringerung der Konsumnachfrage die Produktion und damit die einkommensabhängige Ersparnis reduziert. Eine Veränderung autonomer, d.h. einkommensunabhängiger Nachfrageelemente bewirkt eine überproportionale Einkommensänderung, weil sich im Zuge des Anpassungsprozesses die einkommensabhängige Konsumnachfrage ebenfalls verändert und damit den primären Impuls verstärkt. Der Multiplikator mißt den

> Einkommenseffekt einer marginalen autonomen Nachfragevariation; er entspricht dem Kehrwert der Spareigung und ist damit größer als Eins.
>
> (5) In einer offenen Volkswirtschaft mit staatlicher Aktivität treten Exporte und Staatsausgaben als weitere autonome Nachfrageelemente auf. Nach Besteuerung des Haushaltseinkommens verbleibt das verfügbare Einkommen als Basis der Konsumnachfrage. Der Multiplikator wird damit kleiner, weil z.B. in einem Expansionsprozeß zusätzliche Steuerzahlungen zu leisten sind und deshalb die einkommensinduzierte Konsumnachfrage geringer ausfällt. Eine einkommensabhängige Importnachfrage hat zur Folge, daß bei inländischen Einkommenssteigerungen ein Teil der induzierten Nachfrage ins Ausland abfließt, wodurch sich der Multiplikator ebenfalls verringert.

1.4 Interaktion zwischen Vermögens- und Gütermarkt

1.4.1 Der Gütermarkt: Die *IS*-Kurve

Im folgenden wird die Interaktion zwischen Vermögens- und Gütermarkt anhand eines einfachen Modells analysiert. Aus den partiellen Gleichgewichtsbedingungen für den Güter- und Vermögensmarkt wird dabei in einer Synthese ein allgemeines makroökonomisches Gleichgewicht abgeleitet, das durch eine bestimmte Kombination von Einkommen und Zinssatz geprägt ist. Weiterhin wird von einem elastischen Güterangebot und einem konstanten Preisniveau ausgegangen. Staat und Ausland sind zunächst ausgeklammert.

Die *Bedingung für ein Gütermarktgleichgewicht* ist die Übereinstimmung von (freiwilliger) Ersparnis und Investition. In Abbildung 1.13 war diese Bedingung bei nur *einem* bestimmten Einkommensniveau erfüllt. Wenn jedoch die Investition nicht parametrisch gegeben ist, sondern als Variable vom Zins abhängt, läßt sich eine Gleichgewichtslinie alternativer Zins-Einkommens-Kombinationen ableiten, bei denen der Gütermarkt im Gleichgewicht ist.

Die Investitionsfunktion [1.28] im II. Quadranten von Abbildung 1.16 drückt aus, daß bei konstanter Grenzleistungsfähigkeit r^e die Investitionsnachfrage zunimmt, wenn der Zins sinkt. Auf der anderen Seite wird der direkte Einfluß von Zinsänderungen auf die individuellen Sparentscheidungen als gering eingeschätzt und deshalb vernachlässigt. Die Sparfunktion [1.37] im IV. Quadranten ist deshalb nur vom Einkommen abhängig.

Mit Hilfe der im III. Quadranten geforderten Gleichheit von Investition und Ersparnis läßt sich im I. Quadranten die Linie derjenigen Kombinationen von Zins und Einkommen abbilden, bei denen $I = S$ ist und somit ein Gütermarktgleichgewicht vorliegt. Diese *IS*-Kurve hat einen fallenden Verlauf, weil (bei Konstanz von r^e) mit sinkendem Zins die Investition zunimmt und die Übereinstimmung mit der einkommensabhängigen Ersparnis nur bei einem höheren Einkommensniveau erreicht werden kann. Punkte unterhalb der *IS*-Kurve (A) zeigen einen Nachfrageüberschuß auf dem Gütermarkt an, weil bei

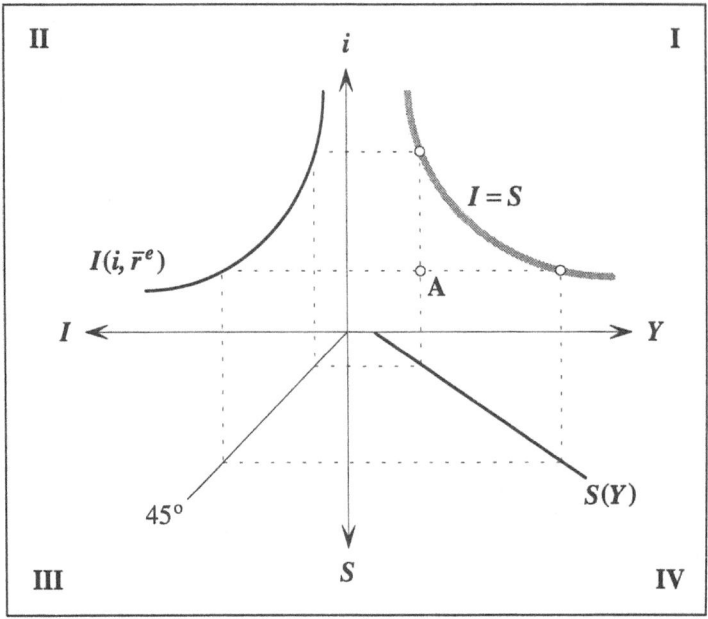

Abbildung 1.16: Ableitung der IS-Kurve

einem relativ niedrigen Zins die Investition die Ersparnis übersteigt, was einen Lagerabbau und eine Produktionsausweitung nach sich zieht. Das Umgekehrte gilt für Punkte oberhalb von *IS*.

1.4.2 Walras' Gesetz und der Vermögensmarkt

Die Ableitung einer zur *IS*-Kurve korrespondierenden Gleichgewichtsbedingung des Vermögensmarktes läßt sich erleichtern, indem zunächst der *Zusammenhang aller Makromärkte* betrachtet wird. Dabei bleibt der Geschäftsbankensektor ausgeklammert; das Spektrum der finanziellen Vermögensaktiva wird damit auf Geld und festverzinsliche Wertpapiere beschränkt.[34] Im Hinblick auf die Art dieser Wertpapiere wird zur analytischen Vereinfachung eine spezielle Annahme getroffen: Es handelt sich um Schuldpapiere mit einer unendlichen Laufzeit, die mit einer einheitlichen Zinszahlung von *1* DM pro Jahr ausgestattet sind. Dies bedeutet:

---

[34] Vgl. dazu die Ausführungen in Kapitel 1.2.1 und 1.2.5. Realkapital tritt allein in der Form von Kapitalgütern auf (vgl. Tabelle 1.5) und wird nur in der Investitionsentscheidung der Unternehmen erfaßt. Von einem Handel mit Aktien wird abstrahiert. Damit werden Komplikationen in der Analyse der Investition ausgeschaltet, die beim Vergleich von Vermögens- und Angebotspreis des Sachkapitals durch die Berücksichtigung schwankender Aktienkurse auftreten können. Nicht reproduzierbare Vermögensobjekte (wie Grund und Boden) bleiben unberücksichtigt.

Interaktion zwischen Vermögens- und Gütermarkt 63

- Der *Wert* dieser "Bonds" ist dann gemäß [1.24] bestimmt durch den

$$Kurs = \frac{Zinszahlung}{Kapitalmarktzins} = \frac{1 \text{ DM}}{i} \qquad [1.53]$$

- Ein bestimmtes *Finanzierungsvolumen* ist damit durch B/i gegeben, wobei B die Anzahl der Forderungsrechte bezeichnet, die einen Anspruch auf einen Zinsbezug von *1* DM pro Jahr repräsentieren.
- Zugleich mißt B den jährlichen Strom der *Zinszahlungen* $i \cdot (B/i)$, die bei dem Finanzierungsvolumen B/i anfallen.

Damit lassen sich folgende *Budgetbeschränkungen* aufstellen, die die Ausgaben und Einnahmen der drei betrachteten Sektoren aufzeichnen (im Hintergrund steht wiederum die Produktion eines homogenen Ein-Gutes mit dem Preis P):

Das Lohneinkommen der *Haushalte* ergibt sich aus den (in Stunden gemessenen) Arbeitsleistungen N und dem Nominallohn w; ihr Gewinneinkommen besteht aus den Zinseinnahmen B, die aus ihrem Bestand an Wertpapierforderungen fließen. Das Einkommen wird verwendet zur Nachfrage nach Konsumgütern C und zur Ersparnis, die zum Kauf weiterer Wertpapiere oder zur Erhöhung der Bargeldhaltung L führt.[35]

$$P C^d + \frac{\Delta B^d}{i} + \Delta L_H = w \cdot N^s + B^d \qquad [1.54]$$

Die *Unternehmen* verkaufen die Produktion an Konsumenten, Investoren und den Staat; sie erhalten weitere Geldmittel durch das Angebot neuer Schuldpapiere. Auf der anderen Seite geben sie selbst Geld für Investitionskäufe aus, zahlen eine Lohnsumme gemäß ihrer Arbeitsnachfrage und Zinsen auf den Bestand ihrer Wertpapierverschuldung; schließlich können sie ebenfalls ihre Bargeldhaltung aufstocken.

$$P I^d + w N^d + B^s + \Delta L_U = P C^s + P I^s + P G^s + \frac{\Delta B^s}{i} \qquad [1.55]$$

Der *Staat* finanziert seine Güterkäufe durch einen direkten Kredit ΔK_{St} seitens der Notenbank (es gibt keine Steuern):

$$P G^d = \Delta K_{St} \qquad [1.56]$$

Diese Kreditvergabe ist unmittelbar mit einer Geldschöpfung ΔM verbunden (Verlängerung der Notenbankbilanz):

---

[35] Das hochgestellte "s" bezeichnet eine Angebotsgröße (supply), "d" eine Nachfragegröße (demand). Diese Notation wird analog im gesamten Buch beibehalten.

$$\Delta K_{St} = \Delta M \qquad [1.57]$$

Aggregiert man die Bilanzen von Notenbank und Staat[36], so fällt die interne Kredit- und Schuldbeziehung heraus, und man erhält:

$$P G^d = \Delta M \qquad [1.58]$$

Die drei Budgetbeschränkungen [1.54-55 und 1.58] lassen sich unter Verwendung von $Y = C + I + G$ und $\Delta L = \Delta L_H + \Delta L_U$ zusammenfassen zu

$$w\left(N^d - N^s\right) + P\left(Y^d - Y^s\right) + \frac{1}{i}\left(\Delta B^d - \Delta B^s\right) = \Delta M - \Delta L \qquad [1.59]$$

Die Veränderungsgrößen bei Wertpapiernachfrage und -angebot sowie bei Geldschöpfung und -haltung werden als Differenzen zwischen den aktuellen Bestandswerten und den jeweiligen Ausgangswerten (versehen mit dem Suffix "0") geschrieben:

$$\begin{aligned}\Delta B^d &= B^d - B_0^d \\ \Delta B^s &= B^s - B_0^s \\ \Delta M &= M - M_0 \\ \Delta L &= L - L_0\end{aligned} \qquad [1.60]$$

Weiterhin ist die Annahme sinnvoll, daß in der Ausgangslage Gleichgewicht bestanden hat, d.h. $B_0^d = B_0^s$ und $M_0 = L_0$. Damit ergibt sich:

$$w\underbrace{\left(N^d - N^s\right)}_{Arbeitsmarkt} + P\underbrace{\left(Y^d - Y^s\right)}_{Gütermarkt} + \frac{1}{i}\underbrace{\left(B^d - B^s\right)}_{Wertpapiermarkt} = \underbrace{\left(M - L\right)}_{"Geldmarkt"} \qquad [1.61]$$

Gleichung [1.61] präzisiert die bereits in der Einleitung erwähnte Interdependenz zwischen den Makromärkten einer Volkswirtschaft. Auf der linken Seite findet sich die Summe der mit ihren Preisen bewerteten Überschußnachfragen auf Arbeits-, Güter- und Wertpapiermärkten, auf der rechten Seite der kreislauftheoretische Reflex aller monetären Transaktionen, der sich in erster Linie in der Kassenhaltung L niederschlägt (bei einem ausgeglichenen Staatsbudget, hier bei $G = 0$, wäre $M = M_0 = konstant$). Anders ausgedrückt: Es gibt drei Märkte und drei Preise, und alle Transaktionen werden durch Geldzahlungen vermittelt. Die Gegenüberstellung von Geldbestand M und Geldhaltung L wird in der makroökonomischen Theorie als "Geldmarkt" bezeichnet, obgleich es sich hierbei nicht um einen Markt im institutionellen Sinne han-

---

[36] Vgl. dazu Kapitel 1.2.1 und 5.1.2. Die für sich genommen unrealistische Konstellation einer direkten Notenbankfinanzierung des Staates wird hier nur aus Vereinfachungsgründen gewählt.

delt.[37]

Bringt man $(M-L)$ ebenfalls auf die linke Seite von [1.61], so zeigt sich *Walras' Gesetz*: Die Summe aller mit ihren Preisen bewerteten Überschußnachfragen eines Marktsystems (unter Einschluß des Geldmarktes) ist gleich Null. Anders formuliert: Nur $n-1$ Gleichgewichtsbedingungen eines Marktsystems mit n Märkten sind voneinander unabhängig. Daraus ergeben sich zwei Implikationen:

(1) Es scheint nicht möglich, daß sich nur ein Markt im Ungleichgewicht befindet. Wenn auf einem Markt ein Nachfrageüberschuß vorliegt, so sollte auf mindestens einem anderen ein Angebotsüberschuß bestehen. Diese stabilitätstheoretische Beziehung wird an anderer Stelle näher untersucht.[38]

(2) In analytischer Hinsicht verdeutlicht Walras' Gesetz, daß ein Markt aus der Betrachtung ausgeschlossen werden kann, weil sich seine Angebots-Nachfrage-Konstellation aus den Vorgängen auf den übrigen $n-1$ Märkten ergibt. Üblicherweise wird deshalb der Wertpapiermarkt in der makroökonomischen Theorie nicht explizit behandelt. Der gesamte Komplex der Geldvermögensbildung und -haltung wird folglich im Rahmen der Analyse des Geldmarktes untersucht. Dabei geht es insbesondere um die *Geldhaltung*, weil das Geldangebot durch die Notenbank, d.h. "außerhalb" des Marktes bestimmt wird.

1.4.3 Der Geldmarkt: Die *LM*-Kurve

Die Geldhaltung oder *Geldnachfrage* richtet sich auf einen gewünschten Geldbestand. Es handelt sich stets um eine Portfolioentscheidung zwischen Geld und Wertpapieren, die strikt von der Einkommensverwendung (Sparen oder Konsumieren) zu unterscheiden ist. Gleichwohl sind nicht alle Geldnachfragemotive direkt vermögenswirtschaftlicher Art. Im wesentlichen lassen sich aus mikroökonomischer Sicht drei Motive nennen:

(1) Die *Transaktionskasse* L_T repräsentiert eine gewünschte Geldhaltung, die der Finanzierung laufender Käufe dient. Abzuwägen ist hierbei der Zinsvorteil, der sich bei sofortiger und vollständiger Vermögensanlage jeder Einkommenszahlung ergäbe, und die Annehmlichkeit, nicht vor jedem Kauf von Konsumgütern zunächst Teile dieser zinstragenden Anlagen verkaufen zu müssen (Einsparung von Transaktionskosten). Im einfachsten Fall steigt die Transaktionskasse proportional mit dem nominalen Einkommen (IV. Quadrant in Abbildung 1.17). Anders ausgedrückt: Es wird ein bestimmter Teil (k) des Realeinkommens in Form einer realen Transaktionskasse gehalten; dies

---

[37] Er ist nicht zu verwechseln mit dem eigentlichen Geldmarkt, auf dem die Geschäftsbanken Zentralbankgeld und kurzfristige Wertpapiere handeln. Bei diesem Markt handelt es sich nach der Logik der ökonomischen Theorie um einen *Kreditmarkt* (vgl. Kapitel 1.2.2). Er wird hier nicht betrachtet, weil auch die Geschäftsbanken ausgeklammert sind.
[38] Vgl. Kapitel 3.1.1.

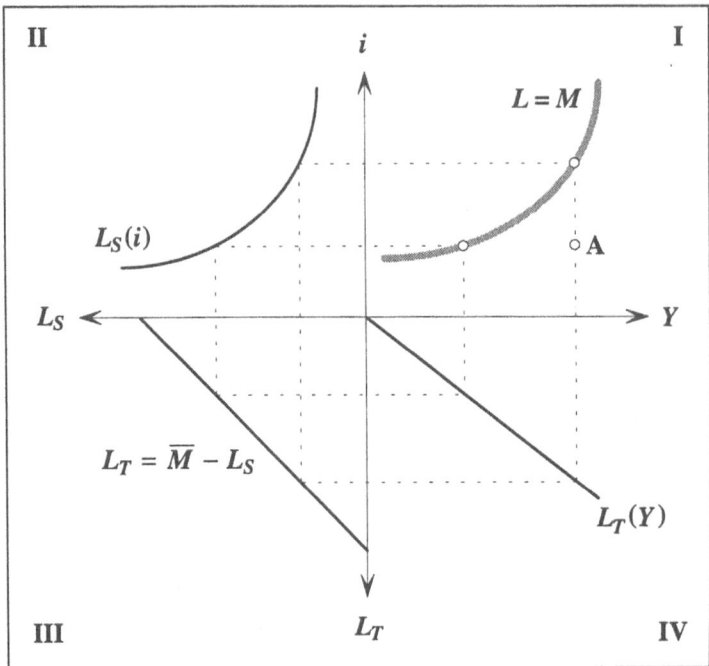

Abbildung 1.17: Ableitung der LM-Kurve

unterstreicht die durch die Geldhaltung erfüllte reale Dienstleistung.[39]

$$L_T = kPY \qquad [1.62]$$

(2) Die *Spekulationskasse* L_S ist unmittelbar eine Form der Geldvermögenshaltung. Generell werden zwar verzinsliche Wertpapiere präferiert, so daß die unverzinsliche Geldhaltung insbesondere bei hohen Marktzinsen gering ist (II. Quadrant). Mit sinkendem Zins nimmt jedoch die Geldhaltung zu, weil erstens die Transaktionskosten des Wertpapierkaufs relativ stärker ins Gewicht fallen. Zweitens drohen beim Erwerb festverzinslicher Wertpapiere (temporäre) Kapitalverluste. Je niedriger der Zins ist, desto eher sind wieder Zinssteigerungen zu erwarten, die beim Wertpapierbestand zu Kurseinbußen führen: Beträgt der Marktzins zum Zeitpunkt t_0 z.B. *4 %*, so werden an der Börse Bonds mit einer Verzinsung von *1* DM bei einer unendlichen Laufzeit nach [1.53] zum Kurs von *25* DM gehandelt. Steigt der Marktzins in t_1 auf *5 %*, so fällt der Wert der Papiere auf *20* DM. Damit tritt in t_1 ein Kapitalverlust auf, der durch das Zinseinkommen nicht kompensiert wird (dieser Verlust wird allerdings nur im Fall des Verkaufs der Papiere realisiert).

Erwarten in t_0 bei einem bestimmten Zinssatz *alle* Akteure eine Zinssteige-

---

[39] Aufgrund der durch den Zins gegebenen Opportunitätskosten kann der Kassenhaltungskoeffizient k in [1.62] negativ auf Zinserhöhungen reagieren.

rung, so würde das Geldvermögen vollständig in der Spekulationskasse gehalten. Nimmt man dagegen *unterschiedliche* Zinsänderungserwartungen der individuellen Vermögensbesitzer an, so steigt mit sinkenden Zinsen die Zahl derjenigen, die Zinserhöhungen erwarten und deshalb die Kassenhaltung vorziehen. Daraus folgt eine fallende L_S-Kurve; die Spekulationskasse ist eine abnehmende Funktion der Differenz zwischen laufendem und erwartetem Zinssatz:

$$L_S = L_S \left(\underset{-}{i - i^e}, \underset{+}{q} \right) \qquad [1.63]$$

(3) Schließlich dient die Geldhaltung allgemein der *Befriedigung des Liquiditätsbedürfnisses*, das insbesondere in Krisenzeiten mit der allgemeinen Unsicherheit auf den Märkten zunimmt. Finanzaktiva werden Realaktiva vorgezogen, kurzfristige Anlagen den langfristigen, bei Zweifeln an der Solidität der Schuldner wird die Bargeldhaltung zulasten verzinslicher Forderungen gestärkt. Diese *Liquiditätspräferenz q* läßt sich als Lageparameter der Spekulationskassenfunktion [1.63] erfassen; eine Erhöhung von q steigert die Geldnachfrage und damit den Zins .

Bei einer von der Notenbank vorgegebenen Geldmenge $\overline{M}$ muß sich die Geldhaltung insgesamt auf Transaktions- und Spekulationskasse aufteilen. Unter Berücksichtigung dieser Vermögensrestriktion des Geldmarktes (III. Quadrant in Abbildung 1.17) wird im Zins-Einkommens-Koordinatensystem (I. Quadrant) die Linie aller Gleichgewichte von Geldbestand und Geldhaltung abgebildet.

Alle Kassenhaltungsmotive lassen sich in einer *integrierten Geldnachfragefunktion* zusammenfassen, die homogen vom Grad Eins im Preisniveau ist; dies drückt aus, daß die Akteure eine reale Geldmenge nachfragen, d.h. frei von Geldillusion handeln. Danach reagiert zwar die nominale, jedoch nicht die reale Geldnachfrage auf Preisniveauänderungen.[40] Das *Geldmarktgleichgewicht* wird somit (unter Vernachlässigung der Lageparameter) durch die *LM*-Kurve

$$M = P L \left(\underset{+}{Y}, \underset{-}{i} \right) \qquad [1.64]$$

beschrieben. Sie hat eine positive Steigung, weil bei einem steigendem Zins die Spekulationskasse, d.h. die Geldhaltung aus dem Vermögensmotiv, sinkt

---

[40] Bei einer additiven Verknüpfung von L_T- und L_S-Kasse entsteht allerdings eine im Preisniveau inhomogene Geldnachfragefunktion, weil die Spekulationskasse nur auf erwartete Zinsänderungen reagiert; diese hängen zwar (wie in Kapitel 2.5.2 gezeigt wird) von der Inflationsrate, nicht jedoch vom Preisniveau ab. In der modernen Theorie wird dieses formale Problem durch eine bereits im Ansatz integrierte Funktion - Gleichung [1.64] - umgangen, die die Bestimmungsfaktoren der Geldnachfrage in allgemeiner Form enthält.

und eine kompensierend wachsende Transaktionskasse nur bei einem höheren Einkommen ein Geldmarktgleichgewicht ermöglicht.

Weil es sich bei M und L lediglich um eine angebots- und nachfrageseitige Erfassung *eines* Geldbestandes handelt, bestimmt die aggregierte Geldhaltung bei konstantem Geldangebot nicht die Geld*menge*, sondern den *Preis*, d.h. den Zinssatz, zu dem die Akteure bereit sind, die von der Notenbank emittierte Geldmenge zu halten. Ist die gewünschte Geldnachfrage kleiner als das Geldangebot, so werden Wertpapiere gekauft; dabei steigt ihr Kurs und nach [1.53] fällt der Zins. Umgekehrt liegt unterhalb der *LM*-Kurve (Abbildung 1.17, Punkt A) wegen des relativ niedrigen Zinssatzes eine Überschußnachfrage nach Geld vor. Die Folge sind Wertpapierverkäufe und eine Zinssteigerung.

1.4.4 Das makroökonomische *IS-LM*-Gleichgewicht

Die $I = S$- und die $L = M$ - Kurven lassen sich nun zum *IS-LM*-Diagramm zusammenfügen (Abbildung 1.18). Während auf jeder einzelnen Kurve eine prinzipiell unendliche Menge von Zins-Einkommens-Kombinationen *partielle* Güter- bzw. Geldmarktgleichgewichte ermöglichen, determiniert ihr Schnittpunkt A eine einzige Kombination als *allgemeines* Gleichgewicht.[41] Dieses Gleichgewicht ist *stabil*, weil bei Abweichungen vom Gleichgewichtspunkt Marktkräfte wirksam werden, die eine Tendenz zurück zum Gleichgewicht bewirken:

- Unterhalb der *IS*-Kurve besteht eine Überschußnachfrage auf dem Gütermarkt. Deshalb nimmt das Einkommen zu, verdeutlicht durch den Pfeil nach rechts. Oberhalb von *IS* tritt dagegen umgekehrt eine Einkommenssenkung ein. Die Einkommensänderung ist somit eine positive Funktion der Differenz zwischen Investition und Ersparnis.

$$dY = \delta \left[I(i) - S(Y) \right] \qquad [1.65]$$

- Unterhalb der *LM*-Kurve besteht eine Überschußnachfrage auf dem Geldmarkt. Dies setzt eine Zinssteigerung in Gang, angezeigt durch den Pfeil nach oben. Oberhalb von *LM* erfolgt entsprechend eine Zinssenkung. Die Zinsänderung ist somit eine positive Funktion der Differenz zwischen Geldnachfrage und -angebot.

$$di = \varepsilon \left[L(Y,i) - \frac{M}{P} \right] \qquad [1.66]$$

Die wechselseitigen Anpassungen in Güter- und Geldmarkt enden schließ-

---

[41] Der Arbeitsmarkt wird allerdings erst in den Kapiteln 2 und 3 explizit in die Analyse einbezogen.

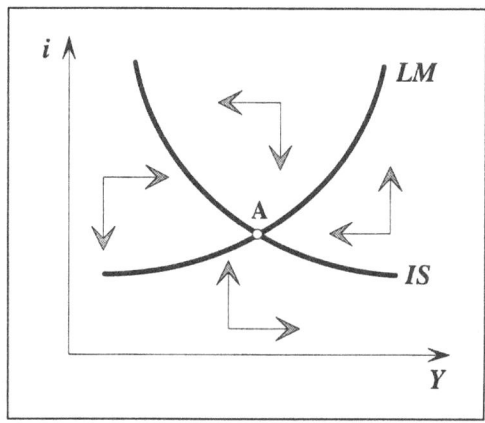

Abbildung 1.18:
Stabilität der Anpassungsprozesse im IS-LM-System

lich im allgemeinen Gleichgewicht A. Dabei kann man realistischerweise annehmen, daß die Anpassungsgeschwindigkeit auf dem Geldmarkt größer als auf dem Gütermarkt ist ($\varepsilon > \delta$). Ungleichgewichte auf dem Geldmarkt sind unter den heutigen Marktbedingungen überhaupt kaum vorstellbar, da es den Wirtschaftssubjekten fast jederzeit möglich ist, zwischen Kasse und Wertpapieren zu wechseln. Damit laufen die Anpassungsprozesse praktisch durch Bewegungen *auf* der *LM*-Kurve ab.

1.4.5 Veränderungen der Spar-, Investitions- und Liquiditätsneigung

Im folgenden wird der Anpassungsprozeß bei bestimmten Verhaltensänderungen der Wirtschaftssubjekte näher untersucht. Dabei bleiben jeweils die übrigen exogenen Größen (Geldmenge, Staatsausgaben etc.) konstant.

(1) Das "Sparparadoxon" beschreibt einen Marktprozeß, bei dem die Bereitschaft der Haushalte, bei jedem Einkommensniveau durch Verringerung des autonomen Konsums bzw. der Konsumneigung eine höhere Ersparnis zu bilden, gesamtwirtschaftlich lediglich zu einer Schrumpfung von Nachfrage und Einkommen führt, während die volkswirtschaftliche Gesamtersparnis unverändert bleibt.[42] Dieses Ergebnis hängt von der Annahme einer konstanten Investition ab und ist deshalb bei einer einkommenselastischen Geldnachfrage sowie einer zinselastischen Investitionsnachfrage zu modifizieren.

Trotz Erhöhung der Sparneigung im Ausgangspunkt A können die Haushalte den angestrebten Punkt A* nicht erreichen (Abbildung 1.19). Bei unveränderten Investitionsausgaben bewirkt der durch den Konsumausfall ausgelöste kontraktive Nachfrageeffekt vielmehr eine Einkommensverminderung

---

[42] Vgl. Kapitel 1.3.4.

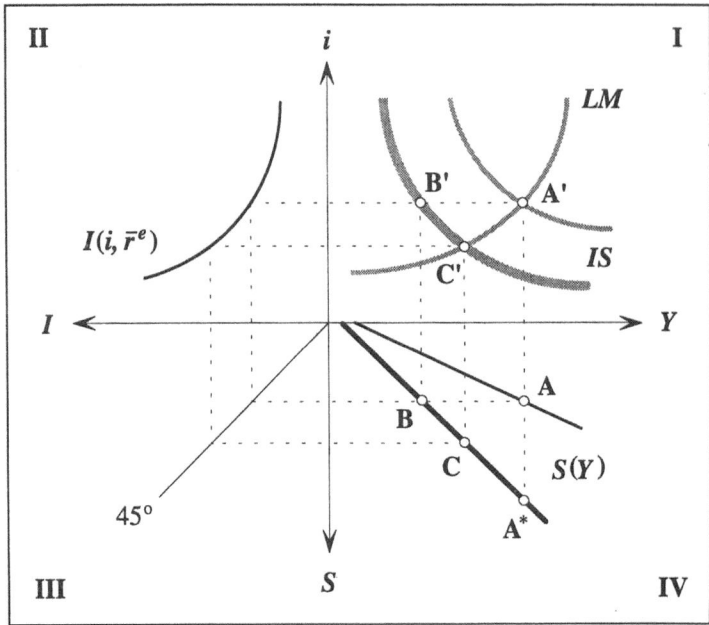

Abbildung 1.19: Wirkung einer erhöhten Sparneigung

(Bewegung von A nach B, gleichbedeutend mit einer Verschiebung der *IS*-Kurve nach links). In B' besteht nun jedoch aufgrund des gesunkenen Einkommens ein Überschußangebot an Geld. Die Verwendung dieser Mittel zum Wertpapierkauf führt zu Zinssenkungen, die eine vermehrte Investitionstätigkeit auslösen. Diese Bewegung auf der neuen *IS*-Kurve endet schließlich im Gleichgewicht C'. Hier ist das Einkommen zwar immer noch geringer als im Ausgangspunkt, die gesamtwirtschaftliche Ersparnis hat über die indirekt hervorgerufene Investitionserhöhung zugenommen (Punkt C), sie ist jedoch immer noch geringer als es der Summe der individuellen Präferenzen bei *unverändertem* Einkommen entspräche (Punkt A*). Zu beachten ist auch, daß die ausgelöste Zinssenkung nicht die unmittelbare (Preis-) Wirkung des Konsumverzichts, sondern die Folge des gesunkenen Einkommens ist.

Dieser Prozeßverlauf ist allerdings keineswegs zwingend. Die der Vergrößerung der Sachkapazitäten dienende Nettoinvestition kann sich nur auf die *Erwartung* einer künftig höheren Nachfrage (nach Kapital- und Konsumgütern) stützen. Auf der anderen Seite kann die Ersparnis zwar der Finanzierung eines geplanten künftigen Mehrkonsums dienen; sie vermittelt den Produzenten jedoch kein Signal für einen Zukunftskonsum *bestimmter* Güter. Deshalb ist es zweifelhaft, ob eine erhöhte Sparneigung in ihrer kontraktiven Wirkung auf Einkommen und Beschäftigung durch eine Zunahme der Investitionen kompensiert wird; trotz sinkender Zinsen könnten die Investitionen sogar infolge verschlechterter Absatz- und Rentabilitätserwartungen zurückgehen. Eine Verringerung der erwarteten Profitrate r^e verschiebt die Investitionsfunktion nach unten und wirkt der zinsbedingten Investitionserhöhung entgegen. Das Ergebnis des Marktprozesses nach einer Erhöhung der Spareigung ist somit unbestimmt.

> Ein Akt einzelner Ersparnis bedeutet sozusagen einen Entschluß, heute kein Mittagessen zu haben. Aber er bedingt *keinen* Entschluß, nach einer Woche oder einem Jahr ein Mittagessen zu haben oder (...) irgendeine bestimmte Sache an irgendeinem bestimmten Zeitpunkt zu verbrauchen. Er bedrückt somit das Geschäft der Zubereitung des heutigen Mittagessens, ohne das Geschäft der Vorsorge für einen zukünftigen Verbrauchsakt anzuregen. (...) Überdies stützt sich die Erwartung künftigen Verbrauches so stark auf die laufende Erwartung gegenwärtigen Verbrauches, daß eine Verminderung des letzteren voraussichtlich die erstere herunterdrücken wird, mit der Folge, daß der Akt der Ersparnis nicht nur den Preis der Verbrauchsgüter drücken und die Grenzleistungsfähigkeit des bestehenden Kapitals unberührt lassen wird, sondern tatsächlich dazu neigen kann, auch die letztere herunterzudrücken.
>
> John Maynard Keynes (1936: 176)

(2) Eine Verbesserung der Ertragserwartungen der Investoren bedeutet, daß sich bei gegebenem Zins die Investitionsausgaben erhöhen (Bewegung von A nach B in Abbildung 1.20). Damit hat sich auch die *IS*-Kurve nach rechts verschoben. Die Strecke A'B' zeigt den Einkommenseffekt des einfachen Gütermarktmultiplikators. Infolge des gestiegenen Einkommens besteht

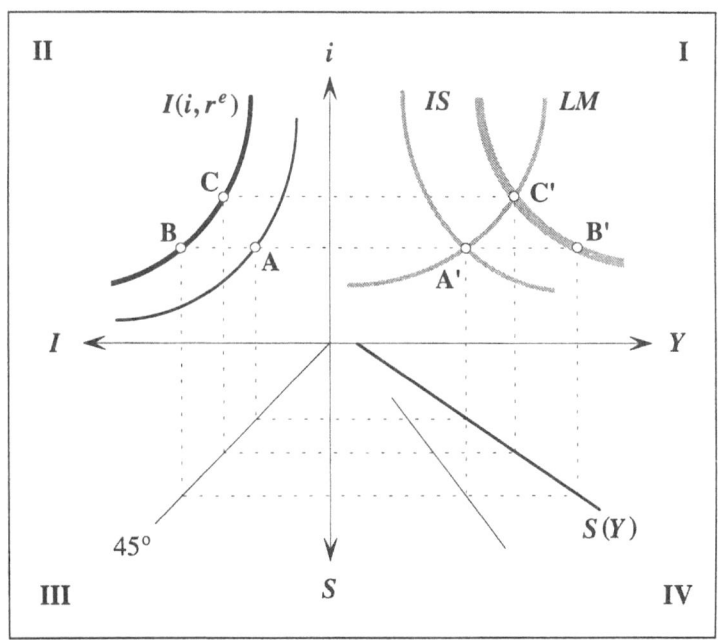

Abbildung 1.20: Wirkung einer erhöhten Investitionsneigung

nun in Punkt B' eine Übernachfrage nach Geld; die Anpassung der Transaktionskasse an das gestiegene Realeinkommen erzwingt über den Verkauf von Wertpapieren eine Zinssteigerung. Damit tritt ein *Verdrängungseffekt* ("Crowding-out") auf: Der zinsabhängige Teil der Investitionsausgaben geht zurück (Bewegung von B nach C). Die Stärke dieses Verdrängungseffektes hängt von den Steigungen der *IS*- und *LM*-Kurven ab, also von der Zinselastizität der Investitions- und Geldnachfragefunktionen. Das neue Güter- und Geldmarktgleichgewicht liegt in C'.

Würde sich parallel zur Investitionssteigerung die Sparneigung erhöhen (angedeutet durch die Verschiebung der Sparfunktion im IV. Quadranten), so würde der Crowding-out-Effekt ausbleiben. Dies hat allerdings nichts mit der zuweilen betonten "Finanzierungsleistung" des Sparens zu tun, sondern bedeutet nur, daß die Absenkung der Konsumnachfrage den Einkommenseffekt der erhöhten Investitionsnachfrage kompensiert (ein Rückgang jeder anderen Nachfragekomponente hätte den gleichen Effekt). Der Transaktionskassenbedarf ändert sich folglich nicht, weil das Einkommen in A' konstant bleibt. Lediglich die Nachfragestruktur hat sich geändert.

(3) Zur Analyse von Veränderungen im Bereich der Geldnachfrage wird zunächst Abbildung 1.17 so vereinfacht, daß alle Kassenhaltungsmotive wie in Gleichung [1.64] in *einer* Geldnachfragefunktion $L(Y, i)$ zusammengefaßt sind; im II. Quadranten der Abbildung 1.21 stellen Einkommen und Liquiditätspräferenz Lageparameter der zinsabhängigen Geldnachfragekurven dar. In der Ausgangssituation werde die Geldnachfrage durch $L(Y_0)$ beschrieben. Bei gegebener *IS*-Kurve und Geldmenge $\overline{M}$ besteht ein allgemeines Gleichgewicht in A'.

Ein steigendes Liquiditätsbedürfnis bedeutet nun, daß die Wirtschaftssubjekte bei jedem Einkommensniveau eine höhere Kassenhaltung wünschen. Die Geldnachfragekurve verlagert sich zu $L'(Y_0)$ und die *LM*-Kurve verschiebt

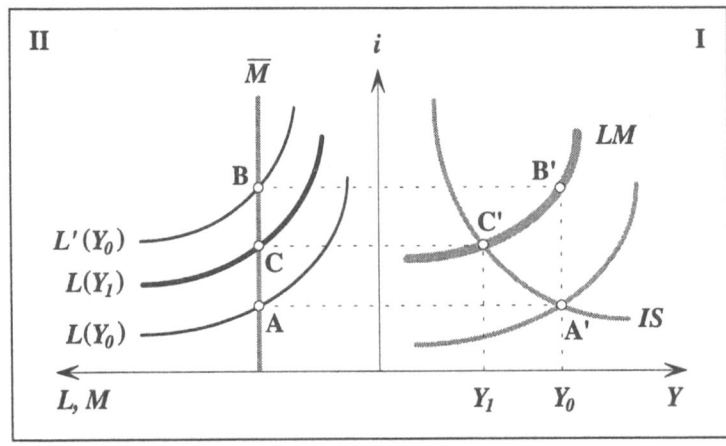

Abbildung 1.21: Wirkung einer erhöhten Liquiditätspräferenz

sich entsprechend nach oben. Die erhöhte Liquiditätspräferenz muß bei unverändertem Geldangebot zu einer Zinssteigerung führen (Punkt B bzw. B'). Infolgedessen geht die zinsabhängige Investitionsnachfrage zurück, bis in C' das neue Güter- und Geldmarktgleichgewicht erreicht ist. Die Geldnachfragekurve hat sich hier - bei unverändert hoher Liquiditätspräferenz - infolge des gesunkenen Einkommens auf $L(Y_1)$ zurückverlagert. Im Ergebnis hat das gestiegene Liquiditätsbedürfnis zu einem höheren Zins und zu einem geringeren Einkommen geführt.

Zusammenfassung von Kapitel 1.4

(1) Im *IS-LM*-Modell wird der Zusammenhang zwischen Vermögens- und Gütermarkt erfaßt. Angenommen ist dabei ein elastisches Güterangebot. Ein Gütermarktgleichgewicht verlangt eine Übereinstimmung zwischen zinsabhängiger Investition und einkommensabhängiger Ersparnis. Diese Bedingung ist auf allen Punkten der *IS*-Kurve erfüllt, die mit negativer Steigung im Zins-Einkommens-Koordinatensystem liegt. Die Ertragserwartungen der Investoren sind ein Lageparameter dieser Kurve.

(2) Die Budgetbeschränkung eines Akteurs oder Sektors zeigt, mit welchen Einnahmen seine Ausgaben finanziert werden. Aus dem kreislauftheoretischen Zusammenhang zwischen den Budgetbeschränkungen aller Sektoren folgt Walras' Gesetz: Die Summe der Überschußnachfragen aller Märkten ist gleich Null. Weil damit die Angebots-Nachfrage-Konstellation jeweils eines Marktes durch die Bedingungen auf den *n-1* anderen Märkten erklärt wird, kann ein Markt (i.d.R. der Wertpapiermarkt) aus der Analyse ausgeklammert werden.

(3) Der Geldmarkt stellt in der makroökonomischen Theorie das Spiegelbild aller geldlichen Transaktionen auf den übrigen Märkten dar. Einnahmen und Ausgaben schlagen sich per Saldo in einer bestimmten Geldhaltung nieder. Die gewünschte Geldnachfrage ergibt sich erstens aus dem Bedürfnis, laufende Transaktionen sofort bar abwickeln zu können; diese Transaktionskasse ist proportional zum Einkommen. Zweitens ist trotz positiver, aber niedriger Zinsen eine Geldhaltung aus dem Vermögensmotiv sinnvoll, wenn steigende Zinsen, d.h. Kursverluste der Wertpapiere erwartet werden; diese Spekulationskasse steigt mit sinkendem Zins. Das Geldangebot wird durch die Kreditvergabe bzw. die Wertpapierkäufe der Notenbank bestimmt. Bei gegebener Geldmenge verläuft die Geldmarktgleichgewichtskurve *LM* mit positiver Steigung im Zins-Einkommens-Koordinatensystem.

(4) Die allgemeine Marktinterdependenz bedeutet, daß die Güternachfrage über den Zins von Veränderungen auf dem Geldmarkt abhängig ist und die Geldnachfrage über das Einkommen von Veränderungen auf dem Gütermarkt. Ein simultanes Strom- und Bestandsgleichgewicht von Güter- und Geldmarkt ist durch den Schnittpunkt von *IS* und *LM* gegeben. Innerhalb des einfachen Modellrahmens ist dieses Gleichgewicht stabil, d.h. nach Störungen erfolgt eine marktendogen angetriebene Rückkehr zum Gleichgewicht. Dabei ist die Anpassungsgeschwindigkeit auf dem Geldmarkt höher als auf dem Gütermarkt.

(5) Eine Erhöhung der Spameigung reduziert Nachfrage und Einkommen; infolge der dann niedrigeren Transaktionskassennachfrage sinkt der Zins; die Investitionen können zinsbedingt zunehmen; das ursprüngliche Einkommensniveau wird jedoch nicht wieder erreicht. Verbesserte Ertragserwartungen erhöhen die Investi-

tionsnachfrage; die einkommensbedingt wachsende Transaktionskassennachfrage steigert den Zins; dadurch geht die zinsabhängige Investitionsnachfrage zurück (Crowding-out-Effekt); der Nettoeffekt auf das Einkommensniveau bleibt positiv. Eine Zunahme der Liquiditätspräferenz bewirkt eine Zinserhöhung; damit gehen Investitionen und Einkommen zurück; infolge der niedrigeren Transaktionskassennachfrage wird die Zinssteigerung teilweise kompensiert.

1.5 Nachfragepolitik bei konstanten Preisen

1.5.1 Die Wirkung von Geldmengenvariationen

Eine Beeinflussung der gesamtwirtschaftlichen Nachfrage kann mittels Geld- und Fiskalpolitik erfolgen; die Fiskalpolitik unterteilt sich weiter in Ausgaben- und Steuerpolitik. Die nachfragepolitischen Instrumente unterscheiden sich in ihrem Ansatzpunkt und in ihrer Wirkungsweise (Tabelle 1.11).

Typologie der Nachfragepolitik	Geldpolitik	Fiskalpolitik	
		Ausgabenpolitik	*Steuerpolitik*
Ansatzpunkt und primärer Wirkungsmechanismus (ohne Multiplikatoreffekte)	indirekte Beeinflussung zinsabhängiger Nachfrageelemente (insbesondere der Investition) über geldangebotsseitig bewirkte Zinsänderungen	direkte Veränderung der Nachfrage durch Variation der Staatsausgaben (investiv oder konsumtiv)	indirekte Beeinflussung der Nachfrage durch Veränderung des verfügbaren Haushaltseinkommens (wirkt auf Konsum) oder durch Veränderung der Gewinne (wirkt auf Investition)

Tabelle 1.11: Formen und Wirkungsmechanismen der Nachfragepolitik

Im folgenden ist angenommen, daß die *Geldmenge* exogen von der Notenbank festgelegt wird. Sie ist das einzige geldpolitische Instrument. Veränderungen der Geldmenge erfolgen durch An- und Verkauf von festverzinslichen Wertpapieren durch die Notenbank (Offenmarktpolitik).[43] Wenn das Kursni-

---

[43] Von anderen Verfahren der Geldschöpfung und -vernichtung wird in Zusammenhang mit der Ausblendung des Geschäftsbankensektors abstrahiert. Damit bleibt unberücksichtigt, daß in der Praxis der geldpolitische Aktionsparameter in erster Linie der kurzfristige Zins, die Geldmenge eine z.T. endogene Zwischenzielgröße und der langfristige Zins eher eine Marktvariable darstellen. Für die hier im Vordergrund stehende makroökonomische und stabilitätspolitische Fragestellung ist es jedoch sekundär, ob die Notenbank die Geldmenge direkt oder indirekt steuert. Die Einflüsse der Auslandszinsen, der Inflations- und Wechselkurserwartungen auf den langfristigen Zinssatz werden in den Kapiteln 2.5.2 bzw.

veau der Bonds durch Notenbankkäufe von *20* auf *25* erhöht wird, so bedeutet eine weiterhin auf diesen Wertpapierbestand zu zahlende Verzinsung von *1* DM nun eine Absenkung der effektiven Rendite von *5* auf *4* %. Der Wertpapierkurs $1/i$ bzw. der langfristige Zins stellt das zentrale Scharnier im Transmissionsprozeß zwischen Geldpolitik und Markt dar.[44]

Aus der Sicht des privaten Sektors bedeutet eine Vermehrung der Geldmenge von M_0 auf M_1, daß das Publikum zu steigenden Kursen bereit ist, Wertpapiere an die Notenbank zu verkaufen. Bei fallenden Zinsen und zunächst unverändertem Einkommen Y_0 erhöhen die Akteure ihre Geldhaltung entlang der Geldnachfragefunktion $L(Y_0)$ von A bis zum neuen Geldmarktgleichgewicht in B (Abbildung 1.22; zur Vereinfachung werden die Funktionen des *IS-LM*-Modells im folgenden linear dargestellt). Aufgrund des gesunkenen Zinses liegt in B' jedoch ein Gütermarktungleichgewicht vor. Die Investitionen und damit das Einkommen nehmen zu, bis in C' ein neues allgemeines Gleichgewicht erreicht ist. Aufgrund des hier auf Y_1 gestiegenen Einkommens hat sich die Transaktionskasse erhöht und die Geldnachfragefunktion nach oben auf $L(Y_1)$ verlagert.

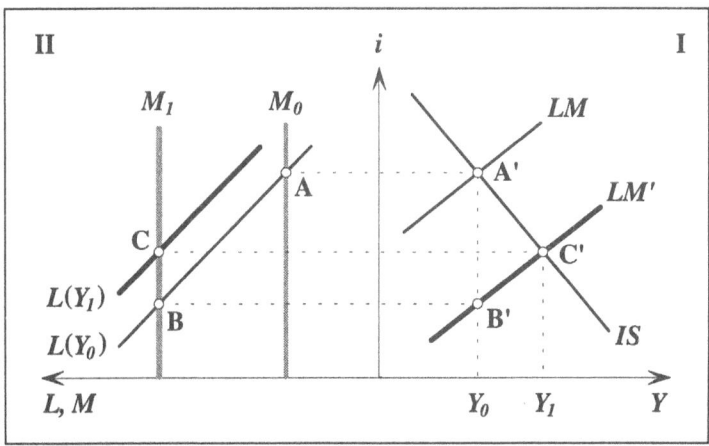

Abbildung 1.22:
Verschiebung der LM-Kurve durch eine Geldmengenerhöhung

Eine expansive Geldpolitik führt somit zu sinkenden Zinsen und steigenden Einkommen. Als *indirekt* wirkende Form der Nachfragepolitik ist die

---

4.3.2 behandelt. Vgl. zum folgenden die Theorie der Spekulationskasse in Kapitel 1.4.3.

[44] Realiter werden die Zinszahlungen auf festverzinsliche Wertpapiere bei der Emission dem jeweils herrschenden Zinssatz angeglichen, so daß der Emissionskurs bei *100* liegt. Wenn bei einer Zinszahlung von *5* DM der Kurs von *100* auf *125* steigt, so fällt der Marktzins von *5* auf *4* %. Neuemissionen zu *100* DM werden dann entsprechend mit einer geringeren Verzinsung von *4* DM ausgestattet. Altpapiere und Neuemissionen können sich deshalb im Kurs unterscheiden, werfen aber stets die gleiche Rendite ab.

Geldpolitik jedoch darauf angewiesen, daß die Investitionsentscheidungen auf Zinsveränderungen in der gewünschten Weise reagieren. Dies setzt eine "normale" Zinselastizität der Investitionsnachfrage und eine Konstanz der übrigen investitionsbestimmenden Faktoren (insbesondere der Grenzleistungsfähigkeit des Kapitals) voraus.

1.5.2 Die Wirkung von Staatsausgaben- und Steuervariationen

Für den Staatshaushalt gilt die grundlegende Beziehung, daß ein Überschuß der Staatsausgaben G für Güter und Dienstleistungen über die Steuereinnahmen T, d.h. das Budgetdefizit BD, nach [1.16] durch eine (Netto-) Kreditaufnahme zu finanzieren ist ("Deficit Spending").[45]

(1) Aus Vereinfachungsgründen wird zunächst $T = 0$ gesetzt, um die isolierten Wirkungen der *Ausgabenpolitik* zu untersuchen. Eine Erhöhung der Staatsausgaben G setzt wie jeder autonome Nachfrageimpuls einen Multiplikatorprozeß in Gang, in dessen Verlauf aufgrund der primären Einkommenserhöhung auch induzierte Nachfragesteigerungen auftreten, vor allem beim einkommensabhängigen Konsum. Schreibt man die nachfrageseitige Einkommensbestimmung [1.45] als

$$S(Y) = I(i) + G \qquad [1.67]$$

so wird deutlich, daß die Staatsausgaben aus kreislauftheoretischer Sicht den Investitionen gleichgestellt sind. Die *IS*-Kurve des Gütermarktgleichgewichts wird also durch die Staatsausgaben nach rechts verschoben (Abbildung 1.23).

Die durch die vermehrten staatlichen Güterkäufe insgesamt bewirkte Einkommenserhöhung dY, also nicht nur die primäre Ausgabenerhöhung dG, wird durch die Strecke AB angezeigt. Bei konstanter Geldmenge zeigt sich nun beim Einkommen Y_2 eine Überschußnachfrage nach Geld (B liegt unterhalb der unveränderten *LM*-Kurve). Damit tritt analog zum Fall einer Steigerung der autonomen Investitionen[46] ein Crowding-out-Effekt auf: Während des Zinssteigerungsprozesses von i_0 auf i_1 wird ein Teil der zinsabhängigen (Investitions-) Nachfrage verdrängt. Der Expansionseffekt auf das Einkommen ist demnach geringer als bei isolierter Betrachtung des Gütermarktes (der volle Effekt des Gütermarktmultiplikators wäre nur bei einer gleichzeitig expansiven Geldpolitik zu erreichen, die - über eine Rechtsverschiebung der *LM*-Kurve - den Zins konstant hält). Das neue Gleichgewicht C zeigt im Ver-

---

[45] Ausgabensteigerungen und Steuersenkungen vergrößern nicht nur das laufende Defizit, sondern bringen auch künftige Belastungen des Staatshaushalts in Form der steigenden Zinszahlungen für den erhöhten Schuldenstand mit sich. Darauf wird in Kapitel 5.1.3 näher eingegangen.

[46] Vgl. Kapitel 1.4.5.

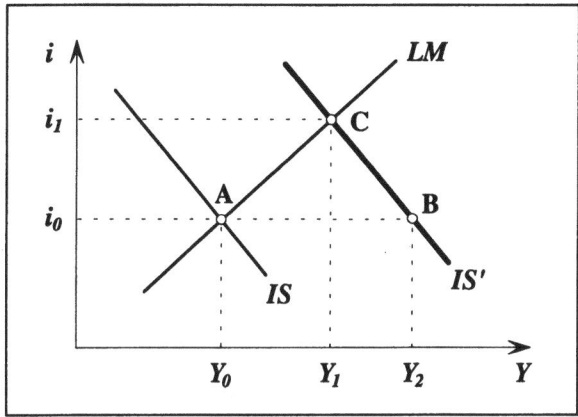

Abbildung 1.23: Expansive Fiskalpolitik

gleich zum Ausgangspunkt A ein höheres Einkommen bei einem gestiegenen Zinssatz.

(2) Die Analyse der *Steuerpolitik* wird auf den Fall der direkten Besteuerung der Haushaltseinkommen beschränkt. Der Konsum hängt gemäß der Konsumneigung c vom verfügbaren Einkommen Y_v ab, das nach Abzug der Steuersumme T vom Bruttoeinkommen verbleibt. Der fiskalpolitische Handlungsparameter ist dabei der Steuersatz t. Das totale Differential von [1.45] ergibt unter Berücksichtigung von [1.46] bei Konstanz von Zins, Investition und autonomen Konsumausgaben

$$dY = c\,(dY - dT) + dG \qquad [1.68]$$

Die Änderung der Steuersumme setzt sich aus dem Effekt der Einkommensänderung und dem Effekt der Steuersatzvariation zusammen:

$$dT = t\,dY + Y\,dt \qquad [1.69]$$

Damit errechnet sich die Einkommensänderung allgemein als

$$dY = \frac{dG}{1 - c\,(1-t)} - \frac{c\,Y\,dt}{1 - c\,(1-t)} \qquad [1.70]$$

Eine Steuersatzerhöhung bei konstanten Staatsausgaben bewirkt gemäß [1.70] eine Einkommenssenkung. Die *IS*-Kurve wird damit nach links verschoben.[47] Die Steuererhöhung wirkt ähnlich wie eine Verringerung der Konsumneigung. Analog zur Ausgabenpolitik wird das endgültige Ausmaß der Einkommensänderung im Schnittpunkt von unveränderter *LM*- und neuer *IS*-Kurve durch die

---

[47] Dabei ist angenommen, daß sich die Konsumneigung bei einer Steuervariation nicht ändert; eine andere Reaktion des Konsumverhaltens wird in Kapitel 1.6.1 diskutiert.

Konstellation auf dem Geldmarkt mitbestimmt.

(3) Vergleicht man die Effekte einer Ausgabenerhöhung und einer Steuersenkung bei gleichem Volumen der beiden Strategien, also bei gleichem Finanzierungsdefizit, so wird deutlich, daß direkte Staatsnachfrageänderungen das Einkommen stärker beeinflussen, also insoweit "effizienter" sind. Gleichung [1.68] läßt sich umstellen zu:

$$dY = \frac{1}{1-c} dG - \frac{c}{1-c} dT \qquad [1.71]$$

Ist dT (dem absoluten Betrag nach) gleich dG, so ist der Einkommenseffekt der Ausgabenpolitik größer, weil mit den staatlichen Güterkäufen die Nachfrage in der ersten Runde direkt steigt. Steuerpolitik wirkt demgegenüber indirekt, vermittelt über die Änderung des verfügbaren Einkommens; aufgrund der unter Eins liegenden Konsumneigung wird der Nachfrageimpuls dabei abgeschwächt. Die auf den ersten Blick scheinbar paradoxe Konsequenz ist, daß eine gleichzeitige Erhöhung von Ausgaben *und* Steuern um den gleichen Betrag nachfragepolitisch nicht neutral ist, sondern expansiv wirkt. Bei $dG = dT$ ergibt sich aus [1.71] ein Multiplikator von Eins. Die ökonomische Erklärung für dieses sog. "Haavelmo-Theorem" ist, daß die Erhöhung der Steuern nur die *induzierten* Nachfragesteigerungen des Ausgabenimpulses neutralisiert, so daß das Einkommen um den Betrag der Ausgabenerhöhung steigt.

1.5.3 Zur Rollenverteilung zwischen Geld- und Fiskalpolitik

Mit der Geld- und Fiskalpolitik stehen prinzipiell *zwei* Instrumente für das eine Ziel der Nachfragesteuerung zur Verfügung. Zwar geht eine expansive Budgetpolitik mit einem *höheren* Zins einher, während eine expansive Geldpolitik über eine Zins*senkung* wirkt; gleichwohl besteht eine Wahlfreiheit zwischen dem Einsatz der Geld- und Fiskalpolitik. Allerdings ist eine geldpolitische Nachfragesteigerung mit einer vermehrten Investition verbunden, während ein Deficit Spending eher private Investitionen verdrängt und für sich genommen oft einen konsumtiven Charakter hat; dieser Unterschied kann langfristig für das Wachstum bedeutsam sein.[48]

Die relative Effizienz einer Variation der Geldmenge M und der Staatsausgaben G läßt sich anhand einer formalen Modellanalyse beurteilen (aus Vereinfachungsgründen wird im folgenden von der Steuerpolitik abstrahiert). Aus dem System der allgemeinen Güter- und Geldmarktgleichungen

---

[48] Vgl. Kapitel 5.1.1. In der offenen Volkswirtschaft muß zudem im Interesse der Wahrung eines Zahlungsbilanzgleichgewichts der Einfluß des Zinssatzes auf die internationalen Kapitalbewegungen berücksichtigt werden (vgl. Kapitel 4.1.2).

$$S(Y) - I(i) = G$$
$$L(Y,i) = M \qquad [1.72]$$

lassen sich die Vorzeichen und - bei empirischer Kenntnis der Elastizitäten der Spar-, Investitions- und Geldnachfragefunktionen - auch die Größenordnungen der einzelnen Multiplikatoren berechnen[49] (Tabelle 1.12):

	dM	dG
dY	$I'_i/J > 0$	$L'_i/J > 0$
di	$S'_Y/J < 0$	$-L'_Y/J > 0$

Tabelle 1.12:
Multiplikatoren der Geld- und Fiskalpolitik

Bei bestimmten Konstellationen kann die Geld- oder Fiskalpolitik in bezug auf Einkommens- oder Zinssatzänderungen wirkungslos werden. Von besonderem Interesse sind dabei die Fälle einer völlig elastischen oder unelastischen Geldnachfragekurve sowie eine fehlende oder extrem starke Reaktion der Investition auf Zinsänderungen (Abbildung 1.24).

Fall (a) zeigt die außergewöhnliche Konstellation einer "Liquiditätsfalle" ($L'_i = \infty$). Ist der Zinssatz bereits so niedrig, daß sich eine Anlage überschüssiger Finanzmittel (angesichts von Transaktionskosten usw.) nicht lohnt, oder erwarten alle Akteure ein Steigen des Zinses, was eine Geldanlage zum jetzi-

---

[49] Dazu wird das Gleichungssystem [1.72] zunächst total differenziert und in Matrixform dargestellt. Die folgende Matrix zeigt die partiellen Ableitungen der beiden Gleichungen nach den endogenen Größen Y und i; dabei steht z.B. I'_i für den partiellen Differentialquotienten $\partial I/\partial i$, d.h. die Reaktion der Investition auf eine Zinsänderung. Der nebenstehende Vektor enthält die Änderungen der endogenen Größen Y und i und der Vektor auf der rechten Seite die Änderungen der wirtschaftspolitischen Handlungsparameter G und M:

$$\begin{bmatrix} S'_Y & -I'_i \\ L'_Y & L'_i \end{bmatrix} \begin{bmatrix} dY \\ di \end{bmatrix} = \begin{bmatrix} dG \\ dM \end{bmatrix}$$

Die Anwendung der Cramerschen Regel führt dann zu den Bestimmungsgleichungen für die Veränderungen von Y und i:

$$dY = \frac{\text{Det} \begin{vmatrix} dG & -I'_i \\ dM & L'_i \end{vmatrix}}{J} = \frac{L'_i}{J} dG + \frac{I'_i}{J} dM$$

$$di = \frac{\text{Det} \begin{vmatrix} S'_Y & dG \\ L'_Y & dM \end{vmatrix}}{J} = \frac{S'_Y}{J} dM - \frac{L'_Y}{J} dG$$

$$J = \text{Det} \begin{vmatrix} S'_Y & -I'_i \\ L'_Y & L'_i \end{vmatrix} < 0$$

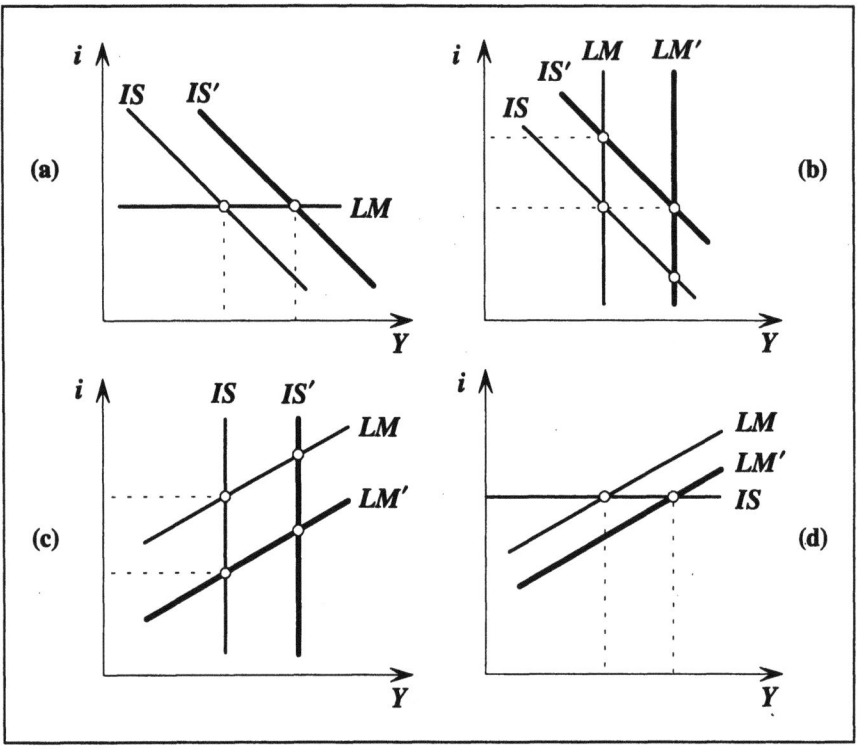

Abbildung 1.24: Partielle Wirkungslosigkeit von Geld- und Fiskalpolitik

gen Zeitpunkt als unvorteilhaft erscheinen läßt, so werden freiwerdende Beträge zusätzlich bar gehalten. Eine expansive Geldpolitik hat hier keine Wirkungen mehr, weil das Publikum zwischen Geld und Wertpapieren indifferent geworden ist. In diesem Fall kann nur eine staatliche Nachfrageerhöhung das Einkommen steigern (wobei die zusätzliche Staatsverschuldung zu konstantem Zins erfolgen kann).

Fall (b) illustriert das andere Extrem einer Geldknappheit ($L'_i = 0$). Hier wird das gesamte Geldangebot infolge eines relativ hohen Einkommens für Transaktionszwecke nachgefragt; es sind somit keine zu Vermögenszwecken gehaltenen Finanzmittel verfügbar, die bei steigenden Zinsgeboten gegen Wertpapiere substituiert werden und somit Raum für die Finanzierung weiterer Gütermarkttransaktionen schaffen könnten. Da somit aus dem privaten Sektor keine Finanzmittel mobilisiert werden können, erschöpft sich eine staatliche Nachfragesteigerung ausschließlich in Zinserhöhungen (vollständiges Crowding-out). In diesem Fall bestimmt die Lage der *IS*-Kurve allein den Zinssatz (und darüber die Struktur der gesamtwirtschaftlichen Nachfrage), während das Einkommensniveau ausschließlich vom Geldangebot abhängt.

Fall (c), die früher verbreitete Ansicht einer geringen Zinselastizität der Investition ("Investitionsfalle" bei $I'_i = 0$), wird heute als unrealistisch angesehen. Nimmt die Investition trotz niedrigerer Zinsen nicht zu, so ist dies eher darauf zurückzuführen, daß die Ertragserwartungen ebenfalls gesunken sind. Auch dann hat jedoch nur die Fiskalpolitik reale Effekte, während die Geldpolitik den - temporär unwichtig gewordenen - Zinssatz steuert.

Fall (d) demonstriert die Konstellation einer hochempfindlich auf Zinsänderungen reagierenden Investitionstätigkeit ($I'_i = \infty$). Zusätzliche, bei konstanter Geldmenge den Zins erhöhende Staatsausgaben bewirken eine Verdrängung von Investitionsnachfrage in gleicher Höhe (perfektes Crowding-out), so daß sich nur die Struktur, jedoch nicht das Niveau der Gesamtnachfrage ändert. Hier kann nur die Geldpolitik das Einkommen erhöhen.

Zusammenfassung von Kapitel 1.5

(1) Die grundlegenden Instrumente der Nachfragepolitik sind die Staatsausgaben, die Steuern und die Geldmenge. Geldmengenänderungen wirken über Zinsänderungen auf die Investition. Unter den getroffenen Annahmen allgemeiner Unterbeschäftigung der Ressourcen sowie fixer Löhne und Preise ist damit ein realer Einkommenseffekt verbunden, wenn die Investitionsneigung konstant bleibt.

(2) Die Ausgabenpolitik verändert über die effektive Nachfrage direkt das Einkommen, die steuerpolitische Variation des verfügbaren Haushaltseinkommens hat nur bei unveränderter Konsumneigung den gewünschten Nachfrageeffekt. Aufgrund ihrer indirekten Wirkungsweise muß bei Einsatz der Steuerpolitik ein im Vergleich zur Ausgabenpolitik größeres Budgetdefizit in Kauf genommen werden, wenn jeweils ein gleich hoher Einkommenseffekt erzielt werden soll. Eine Einkommenserhöhung über die Fiskalpolitik ist im Gegensatz zur Geldpolitik mit steigenden Zinsen verbunden, weil bei konstanter Geldmenge und steigender Nachfrage eine relative Verknappung der Transaktionskasse eintritt. Dadurch kommt es teilweise zu einer Verdrängung der Investitionen.

(3) In der geschlossenen Volkswirtschaft besteht ein Freiheitsgrad in der Wahl zwischen Geld- und Fiskalpolitik, weil Konsequenzen von Zinsänderungen auf die Zahlungsbilanz entfallen. Die Entscheidung zwischen Geld- und Fiskalpolitik kann sich dann danach richten, mit welchem Instrument bei unterschiedlichen Elastizitäten der Investitions- und Geldnachfragefunktionen die größere Wirkung auf das Einkommen erzielt werden kann. Insbesondere bei einer sehr zinselastischen Geldnachfrage und wenig zinselastischen Investitionsnachfrage ist die Fiskalpolitik wirksamer als die Geldpolitik.

1.6 Vermögenseffekte in der Geld- und Güternachfrage

1.6.1 Das Konzept des permanenten Einkommens

In den vorstehenden Kapiteln wurden die Kalküle der Vermögenshaltung und Einkommensverwendung weitgehend unabhängig voneinander dargestellt. Dabei erschienen Investoren und Konsumenten als verschiedene Akteursgruppen. Die von Friedman begründete monetaristische Theorie hebt diese institutionelle Trennung auf und betrachtet auf einer abstrakten Ebene Entscheidungen von *prinzipiell homogenen Wirtschaftssubjekten*. Im Mittelpunkt steht dabei das individuelle Ziel einer Vermögenssicherung und -mehrung, das durch die Wahl der Haltung verschiedener Aktiva angestrebt wird. Der Vermögensbegriff wird dabei sehr weit gefaßt: Er schließt neben Geld, Finanzforderungen und Beteiligungen an Realkapital auch allgemein physische Güter und menschliches Arbeitsvermögen (Humankapital) ein (vgl. Tabelle 1.5).

Die Erträge dieser Aktiva sind teils pekuniärer Art (Zinsen, Gewinne, Löhne), teils nicht-pekuniärer Art (die von Konsumgütern ausgehenden Nutzenströme, die Annehmlichkeiten der Bargeldhaltung durch die Sicherheit der Verfügung über das in der Volkswirtschaft liquideste Aktivum). Die Summe dieser Erträge läßt sich als das "permanente Einkommen" Y^p definieren. Es ist erstens umfassender definiert als die Einkommenskategorie der Volkswirtschaftlichen Gesamtrechnung und zweitens eine langfristig angelegte Erwartungsgröße. Deshalb ist es im Zeitablauf stabiler als das aus vielen Gründen schwankende pekuniäre Markteinkommen. Das permanente Einkommen läßt sich als allgemeiner Ertragsstrom des sich nur langsam ändernden realen Gesamtvermögens V^r verstehen:

$$Y^p = r V^r \qquad [1.73]$$

Die Nachfrage nach den einzelnen Vermögensarten V_j^r (bzw. ihr Anteil am Gesamtportefeuille V^r) hängt neben den Präferenzen von der Struktur ihrer jeweiligen Nutzenströme bzw. Ertragsraten ab:

$$V_j^r = f(r_1, \ldots, r_j, \ldots, r_m) V^r \qquad [1.74]$$

Diese Formulierung bedeutet, daß jede einzelne Vermögensnachfrage positiv mit dem Wert des Gesamtvermögens variiert (Vermögensniveaueffekt) und daß eine Änderung *einer* Ertragsrate sich direkt auf die Nachfrage nach *allen* Vermögensarten auswirkt (Preiseffekt). Die praktische Konsequenz ist, daß exogene Störimpulse (aber auch wirtschaftspolitische Interventionen) von einer Vielzahl von Marktreaktionen abgefedert und damit abgeschwächt werden können. Ein Nachfrageausfall auf einem Einzelmarkt etwa, der dort die Profitabilität des Kapitals und die Verdienstmöglichkeiten der Lohnbezieher senkt, löst eine Suche der betroffenen Akteure nach nun relativ rentableren Vermögensformen aus. Eine Mehrnachfrage nach Finanzforderungen etwa wird aber auch deren Zinsen senken und damit indirekt auch wieder die Güternachfrage anregen.

Wichtig bei diesem "Transmissionsmechanismus der relativen Preise" (d.h. Ertragsraten) ist vor allem, daß die Reihenfolge, in der die einzelnen Märkte im Substitutionsprozeß der Vermögensbesitzer berührt werden, nicht an die "Einbahnstraßenlogik" des einfachen Multiplikatorprozesses gebunden ist: Dort mußte eine Zinssenkung zunächst Investition und Produktion anregen, bevor über eine gestiegene Beschäftigung das Lohneinkommen und darüber die Konsumnachfrage erhöht wurde. Ohne daß diese Wirkungskette geleugnet wird, kann sich die Nachfrage nach (insbesondere langlebigen) Konsumgütern aber auch direkt infolge einer Zinssenkung auf den Finanzmärkten erhöhen, eben weil z.B. Automobile ein direktes Substitut für Wertpapiere sind (der reale Nutzenstrom des Konsumgutes wird mit dem Zinsertrag der Finanzaktiva verglichen). Die kritische Schwachstelle eines Konjunkturaufschwungs - die Investitionsentscheidung - wird gleichsam umgangen.

> Es gibt (...) keine theoretische Begründung für die Annahme, daß die Wirkungskette vom Geld zu den Ertragssätzen monetärer Aktiva und zu den Ausgaben für eine bestimmte Gruppe von begriffsmäßig und statistisch als 'Sachinvestition' abgegrenzten Realaktiva verlaufen muß, statt vom Geld zu allen im Portefeuille gehaltenen Aktiva sowohl monetärer wie realer Art, wobei zu den letzteren (...) z.B. langlebige Konsumgüter gehören, welche normalerweise nicht als Investition erfaßt werden und keine auf dem Markt beobachtbaren Erträge abwerfen.
> *Harry G. Johnson* (1975: 39)

Der Umstand, daß die Konsumnachfrage vom gesamten Vermögen bzw. vom *permanenten* Einkommen abhängig ist, impliziert eine Variabilität der auf das *laufende* Einkommen bezogenen Konsumneigung; diese wird größer, wenn in einer Konjunkturabschwächung die Entwicklung des laufenden Einkommens hinter derjenigen des permanenten Einkommens zurückbleibt, die Haushalte jedoch ihr langfristig kalkuliertes Konsumniveau aufrechterhalten. Möglich ist auch, daß die Haushalte ihre laufende Konsumneigung konträr zu Variationen der Steuersätze verändern, mit denen die Fiskalpolitik die effektive Nachfrage beeinflussen will. Rechnen die Wirtschaftssubjekte damit, daß die Be- oder Entlastungen alsbald wieder revidiert werden, kann der angestrebte Nachfrageeffekt der Steuerpolitik durch eine gegenläufige Veränderung der Ersparnis neutralisiert werden.[50]

Eine Voraussetzung für die grundsätzliche Unabhängigkeit der Konsumnachfrage vom laufenden Einkommen ist allerdings, daß die Wirtschaftssubjekte Vermögenswerte zur Finanzierung der Güterkäufe einsetzen können. Eine Möglichkeit ist das Eigentum an leicht und ohne größere Verluste liquidierbaren Vermögensbeständen ("buffer stocks"), eine andere die Kreditaufnahme. Da aber hierbei zumeist wiederum eigene Vermögenswerte als Sicherheit geboten werden müssen, bedeutet das empirische Faktum einer ungleichen Vermögensverteilung, daß viele Akteure auf dem Kreditmarkt einer Beschränkung unterliegen. In diesem Zusammenhang spielt auch eine Rolle, daß das Arbeitsvermögen als Vermögenswert nicht marktfähig und beleihbar ist. Als Konsequenz steht für viele Haushalte doch nur das laufende Einkommen als Finanzierungsquelle des Konsums zur Verfügung. Die Konsumfunktion

---

[50] Vgl. Kapitel 1.5.2.

$C(Y)$ ist dann so zu interpretieren, daß die Konsumausgaben durch das laufende Einkommen beschränkt werden.

Das Konzept des permanenten Einkommens setzt weiterhin voraus, daß die Wirtschaftssubjekte über eine hinreichende Voraussicht über die Höhe ihres individuellen Lebenseinkommens verfügen und stets Marktpositionen erreichen können, die innerhalb ihrer durch Ressourcenausstattung und Budgetbeschränkung gesetzten Möglichkeiten liegen. Unfreiwillige Arbeitslosigkeit etwa wird dadurch a priori ausgeschlossen. Trotz seiner logischen Geschlossenheit hat das Konzept des permanenten Einkommens praktisch nur eine begrenzte Bedeutung. Im folgenden wird deshalb (wenn nichts anderes vermerkt ist) unter dem Einkommen Y das laufende Markteinkommen verstanden.

1.6.2 Realvermögen, Realverschuldung und Realkasse

Auch wenn das Konzept des permanenten Einkommens einige Schwachstellen aufweist, so kann doch nicht ausgeschlossen werden, daß der Konsum neben dem laufenden Einkommen auch vom Wert des vom privaten Sektor gehaltenen Vermögensbestandes abhängt. Deshalb sind nun Güternachfrageeffekte von Vermögenswertänderungen zu untersuchen, die aus der Sicht der Wirtschaftssubjekte als exogen erscheinen, z.B. Kurssteigerungen auf Aktienmärkten, Sachkapitalzerstörungen durch Katastrophen oder Realwertänderungen des Finanzvermögens infolge von Preisniveaubewegungen. Einige Konsequenzen des letztgenannten Falles werden nun behandelt.[51]

(1) Der *Realvermögens-Konsum-Effekt* (nach seinem Entdecker auch "Pigou-Effekt" genannt) beruht darauf, daß der Konsum neben dem Einkommen auch vom realen Vermögen V^r abhängt; dabei geht es hier nicht um die eigentlichen Sachvermögensaktiva, sondern um den realen, d.h. preisbereinigten Wert von Finanzaktiva. Die Konsumausgaben orientieren sich insoweit teilweise am permanenten Einkommen:

$$C = C\left(\underset{+}{Y}, \underset{+}{V^r}\right) \qquad [1.75]$$

Da der reale Wert des von den Haushalten gehaltenen Finanzvermögens mit sinkenden Güterpreisen wächst, wird entsprechend der Konsum zunehmen. Das Preisniveau ist somit ein Lageparameter der *IS*-Kurve; bei sinkenden Preisen verschiebt sich die *IS*-Kurve nach rechts. Die besondere Bedeutung dieses Effektes liegt darin, daß er direkt auf die Güternachfrage wirkt.

(2) Allen Posten des Finanzvermögens entsprechen jedoch ebenso hohe Verpflichtungen. Das typische Beispiel sind Bankeinlagen der Haushalte, de-

---

[51] Trotz dieser Frage nach den makroökonomischen *Wirkungen flexibler Preise* bleibt die Untersuchung der *Ursachen von Preisveränderungen* dem Kapitel 2 vorbehalten.

nen Bankschulden der Unternehmen (bzw. ihrer Eigentümer) gegenüberstehen. Diese Finanzaktiva werden deshalb auch als *Innengeld* bezeichnet. Die reale ökonomische Position der Schuldner verschlechtert sich infolge des Preisverfalls: Sie müssen ihre Schulden in "härterem" Geld zurückzahlen und erleiden insoweit einen Vermögensverlust. Die real gewachsenen Tilgungslasten werden verschuldete Haushalte zu einer Konsumeinschränkung und die Unternehmen zu einer Verringerung ihrer Investitionen zwingen. Dies ist der (von Irving Fisher betonte) *Realverschuldungseffekt*.

Der Pigou-Effekt wird insoweit größtenteils neutralisiert. Seine Wirkung ist allein auf Bargeld beschränkt: Nur dieser Bestandteil des Finanzvermögens stellt für den privaten Sektor ein Nettovermögen dar. Die dem gegenüberstehende Schuldnerposition wird formal von der Notenbank eingenommen.[52] Für sie sind jedoch sämtliche auf inländisches Zentralbankgeld lautende "Schulden" rein fiktiv. Da die Notenbank außerhalb der privaten Gläubiger-Schuldner-Beziehungen steht, läßt sich das Bargeld als *Außengeld* definieren.

Der Fisher-Effekt wird den Pigou-Effekt sogar überkompensieren, wenn die Ausgabenneigung der Schuldner größer als diejenige der Gläubiger ist (und deshalb sind sie ja Schuldner); die Nettowirkung fallender Preise auf die Güternachfrage ist dann negativ, d.h. tendenziell destabilisierend.

(3) Der *Realkassen-Zins-Effekt* beschreibt die Wirkung auf die Güternachfrage, die von einer Veränderung im Realwert des Kassenbestandes und einer nachfolgenden Anpassung der Geldnachfrage ausgeht. Dieser Effekt kann durch Preisniveau- oder (nominale) Geldmengenvariationen ausgelöst werden. Dies läßt sich anhand eines komprimierten *IS-LM*-Modells darstellen.

Die gesamtwirtschaftliche Güternachfrage hängt vom Zinssatz i sowie von autonomen Nachfragekomponenten ab, für die hier vereinfachend die Staatsausgaben G stehen; die selbst wieder vom Einkommen abhängige (Konsum-) Nachfrage ist damit indirekt erfaßt:

$$Y = Y\left(\underset{-}{i}, \underset{+}{G}\right) \qquad [1.76]$$

Die Geldmarktgleichung [1.64] läßt sich zu der Fragestellung umkehren, welche Faktoren (bei gegebener Liquiditätspräferenz) die Höhe des Zinssatzes bestimmen. Realeinkommens- und Preisniveauerhöhungen wirken über den Transaktionskassenbedarf zinssteigernd, während Geldmengenerhöhungen für sich genommen den Zins senken. Die beiden nominalen Kategorien, Geldmenge und Preisniveau, lassen sich zur realen Geldmenge, der sog. *Realkasse* M/P zusammenfassen:

---

[52] Vgl. Kapitel 1.2.1., Abbildung 1.5.

$$i = i\left(\underset{-}{M/P}, \underset{+}{Y}\right) \qquad [1.77]$$

Durch Einsetzen von [1.77] in [1.76] ergibt sich eine allgemeine Güternachfragefunktion, die die Konstellation auf dem Geldmarkt in indirekter Form enthält:

$$Y = Y\left(\underset{+}{M/P}, \underset{+}{G}\right) \qquad [1.78]$$

Sie zeigt, daß die Güternachfrage positiv auf Erhöhungen der realen Geldmenge und der autonomen realen Nachfrage reagiert.

Geldmengenänderungen haben demnach nur dann einen Einfluß auf Nachfrage und Einkommen, wenn sie größer sind als eventuell gleichzeitig auftretende, gleichgerichtete Preisniveauänderungen. Umgekehrt führen Preisniveauänderungen auch bei konstanter Geldmenge zu einer Verschiebung der LM-Kurve; diese Variante des Realkassen-Zins-Effektes wird auch als "Keynes-Effekt" bezeichnet. Seine makroökonomische Bedeutung besteht in seiner tendenziell stabilisierenden Wirkung: Preiserhöhungen vermindern die Güternachfrage und wirken daher preisdämpfend. Preissenkungen andererseits haben für sich genommen einen nachfragefördernden Effekt.[53]

Die Güternachfrage läßt sich somit auch als direkte (zur Vereinfachung: lineare) Funktion der realen Geldmenge darstellen (Abbildung 1.25). Eine

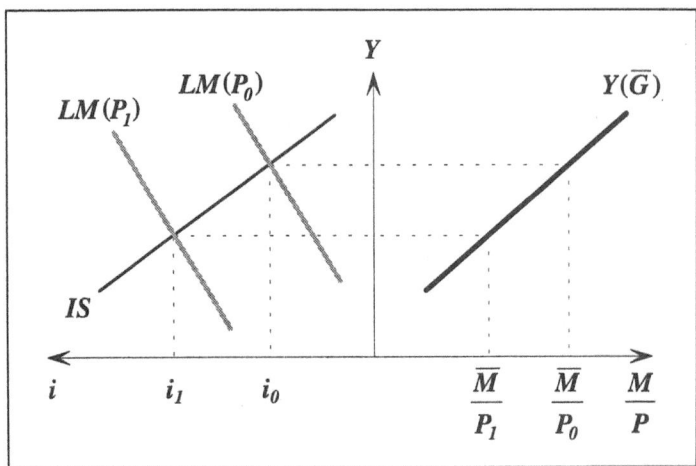

Abbildung 1.25: Güternachfrage und Realkasse (mit $P_1 > P_0$)

---

[53] Diese stabilitätstheoretischen Probleme werden in Kapitel 2.4 genauer untersucht.

Verschiebung der *IS*-Kurve bedeutet eine Veränderung des Lageparameters G der Güternachfragekurve. Der letztendlich bewirkte Realeinkommenseffekt von Preisniveauänderungen ist das Resultat von vier partiellen Marktreaktionen (er bleibt aus, wenn nur eine dieser Reaktionen blockiert ist[54]):
- der Reaktion der Geldnachfrage auf Preisniveauänderungen ($\partial L/\partial P$),
- der Reaktion des Zinssatzes auf Änderungen der Geldnachfrage ($\partial i/\partial L$),
- der Reaktion zinsabhängiger Nachfragekomponenten, d.h. vor allem der Investition, auf Zinsänderungen ($\partial I/\partial i$) und
- der Reaktion des Einkommens auf Nachfrageänderungen ($\partial Y/\partial I$).

1.6.3 Vermögenseffekte der Fiskalpolitik

Auch Aktionen der Wirtschaftspolitik können Vermögensänderungen im privaten Sektor mit entsprechenden Konsequenzen für seine Geld- und Güternachfrage hervorrufen. Die in diesem Buch unterstellte Form der Geldpolitik als Offenmarktpolitik kann allerdings als vermögensneutral angesehen werden. Eine zusätzliche Geldmenge fällt nicht wie "Manna vom Himmel", sondern kommt nur dadurch in den Besitz privater Akteure, daß sie Wertpapiere an die Notenbank verkaufen.

Die Wirkung der Fiskalpolitik kann dagegen eher durch Vermögenseffekte modifiziert werden. Ein kreditfinanziertes Budgetdefizit erhöht (analog zum Fall einer Investitions- oder Exportsteigerung) über die volkswirtschaftliche Gesamtersparnis das Geldvermögen. Damit können sich Veränderungen der Güter- und der Geldnachfrage ergeben:
- Im Falle einer einkommens- *und* vermögensabhängigen Konsumfunktion [1.75] wird der expansive Nachfrageeffekt eines Budgetdefizits (A → B in Abbildung 1.26) noch verstärkt: Wenn die Halter neu emittierter Staatsschuldtitel diese als zusätzliches Nettovermögen betrachten, wird die erhöhte Staatsnachfrage durch einen Konsumeffekt ergänzt. Die *IS*-Kurve würde sich über *IS'* nach *IS''* verschieben.
- Entspricht in Anwendung von [1.74] die Geldhaltung stets einem konstanten Anteil des individuellen Gesamtvermögens, so würde dies bei wachsendem Wertpapiervermögen zu einer höheren Geldnachfrage, d.h. zu einer Linksverschiebung der *LM*-Kurve nach *LM'* führen (die Bewegung A → B erfaßt nur den Zinseffekt, der infolge des vermehrten Bedarfs an Transaktionskasse entsteht).

Beide vermögensbedingten Kurvenverschiebungen bewirken eine Zinssteigerung (B → C), während die Richtung des Nettoeffekts auf das Einkommen unbestimmt bleibt.

---

[54] Derartige Blockaden wurden im Zusammenhang mit Geldmengenänderungen in Kapitel 1.5.3 dargestellt.

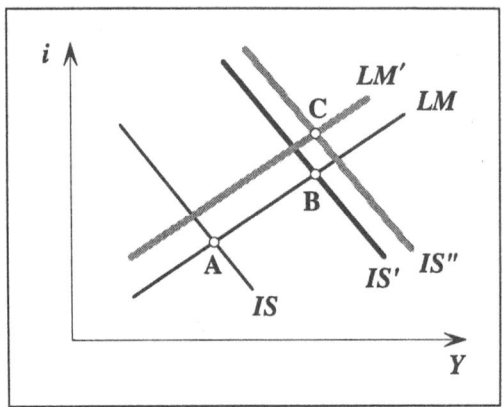

Abbildung 1.26:
Vermögenseffekte eines Deficit Spending

Im Hinblick auf diese Vermögenseffekte eines Deficit Spending sind mehrere Punkte zu diskutieren:

(1) Das "Äquivalenztheorem" behauptet, daß die Ersetzung einer Steuer- durch eine Kreditfinanzierung bei einem gegebenen Volumen an Staatsausgaben keine expansive Wirkung hat: Die bei einer Steuersenkung notwendige Ausgabe neuer Wertpapiere erhöht nicht das Nettovermögen des privaten Sektors, weil bei einer späteren Rückzahlung der gestiegenen Staatsverschuldung eine Anhebung der Steuern zu erwarten ist. Das verfügbare Einkommen wird dann sinken und die Haushalte zu einer Konsumeinschränkung zwingen. Das Deficit Spending verschiebt lediglich den Zeitpunkt der Steuererhöhung. Das erwartete *permanente* Nettoeinkommen bleibt (bis auf die veränderte zeitliche Verteilung) konstant. Wenn die Haushalte ihren langfristigen Konsumpfad beibehalten wollen, müssen sie heute vermehrt Ersparnisse bilden, um die Restriktionswirkung der zukünftigen Steuererhöhung zu neutralisieren. Die steigende Sparneigung kompensiert dann die Steuersenkung, so daß die makroökonomischen Wirkungen von Kredit- und (sofortiger) Steuerfinanzierung der Staatsausgaben letztlich identisch sind.

Für dieses Theorem gibt es allerdings kaum empirische Evidenz,

- weil der Planungshorizont der Individuen faktisch offenbar doch kürzer ist als in der Theorie des permanenten Einkommens angenommen (eine bei hoher Zeitpräferenz und unsicherer Zukunft durchaus rationale Einstellung),
- weil eine mögliche spätere Steuererhöhung nicht notwendigerweise verteilungsneutral sein muß und
- weil es ohnehin nur selten Rückzahlungen von Staatsschulden, sondern faktisch nur ein wechselndes Tempo der Neuverschuldung zu konstatieren gibt.

(2) Der Erwerb staatlicher Schuldtitel stellt für den primären Kreditgeber keinen Vermögenszuwachs dar, wenn die Kreditvergabe durch die Umstruktu-

rierung eines gegebenen Portfolios erfolgt.[55] Andererseits werden die Akteure, die im Zuge des durch ein Deficit Spending ausgelösten Multiplikatorprozesses neue Ersparnisse bilden, nur dann ihr Konsumverhalten ändern, wenn der Vermögenszuwachs die Folge eines für sie exogenen Marktereignisses wäre. Jedoch geht der Wertpapiererwerb in diesem Fall auf eine freiwillige Sparentscheidung zurück, die das Bedürfnis nach Erhöhung des (Geld-) Vermögensbestandes ausdrückt. Wenn nutzenmaximierende Akteure über Einkommensverwendung und Vermögenshaltung simultan in einem integrierten Optimierungskalkül entscheiden und die gewünschte Vermögenshaltung in Umfang und Struktur auch realisiert werden kann, gibt es im Prinzip keinen Grund für eine Rückwirkung der Vermögensbildung auf das Konsumverhalten. Damit entfällt die Verschiebung von IS' nach IS''.

(3) Ein Anpassungsproblem entsteht jedoch dadurch, daß das erhöhte Vermögensangebot allein in Form zusätzlicher Staatsschuldtitel auftritt, während die zusätzliche Ersparnis zu einer Nachfrage nach verschiedenen Aktiva führt: Das zusätzliche Wertpapierangebot $\Delta B^s/i$ entspricht dem Umfang der Erhöhung der Staatsausgaben ΔG. Dadurch werden im Multiplikatorprozeß zusätzliche Ersparnisse ΔS im gleichen Umfang erzeugt. Diese werden jedoch nur in Höhe des bisherigen Anteils γ der Wertpapierhaltung am Gesamtvermögensbestand zum Kauf neuer Papiere $\Delta B^d/i$ verwendet; bei unveränderten Ertragsraten entspricht die Nachfragestruktur der Struktur des gesamten Vermögensbestandes.

$$\Delta G = \Delta B^s/i > \Delta B^d/i = \gamma \Delta S = \gamma \Delta G \qquad [1.79]$$

Wegen $\gamma < 1$ liegt ein Überschußangebot an Wertpapieren, anders formuliert: eine Mehrnachfrage nach Geld vor. Dies entspricht der Linksverschiebung der LM-Kurve nach LM' in Abbildung 1.26. Steigende Zinsen sind dann notwendig, um die Struktur der Vermögenshaltung zu ändern und das zusätzliche Wertpapierangebot am Markt abzusetzen.

Diese Vorgänge werden nun mit Blick auf den Wertpapiermarkt genauer geschildert (Abbildung 1.27): Der gegebene Bestand an Bonds ist B_0^s, die zinsabhängige Nachfrage dieses Bestandes ist B^d (bei höheren Zinsen, d.h. niedrigeren Kursen würden die Akteure mehr Papiere halten wollen); das Marktgleichgewicht ist A. Hinzugefügt wird nun ein zinsabhängiges Neuangebot an Bonds, d.h. eine zinsabhängige Nachfrage nach neuen Krediten[56], so daß $B_0^s + \Delta B^s$ das gestiegene Gesamtangebot an Bonds darstellt. Dieses wird bei gegebenem Geldvermögen und unveränderter Bereitschaft zur Bondsnachfrage nur bei einer Zinssteigerung ins Portefeuille genommen; es tritt also eine

---

[55] Vgl. Kapitel 1.2.5.
[56] Die Zinsreagibilität der staatlichen Kreditaufnahme wird faktisch als eher gering eingeschätzt. Die hier illustrierte Konstellation entspricht jedoch vollständig dem Fall einer kreditfinanzierten privaten Investitionszunahme. Vgl. Kapitel 1.2.5 und 1.4.2.

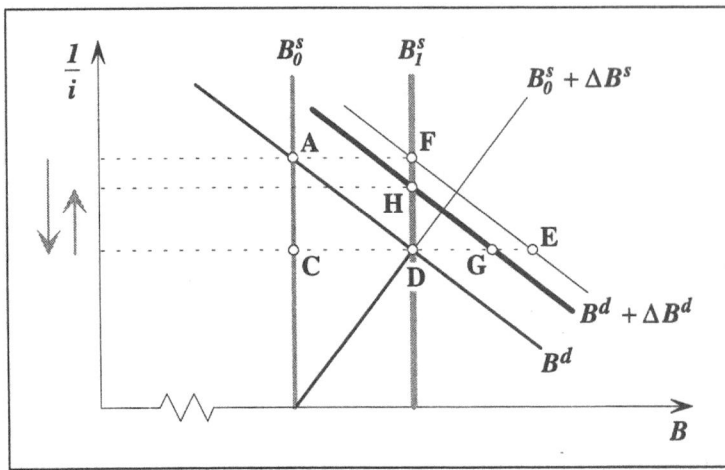

Abbildung 1.27: Stocks und Flows auf dem Wertpapiermarkt

Kurssenkung ein. Das neue temporäre Gleichgewicht in D bestimmt das Ausmaß der Kreditaufnahme, den Umfang des Deficit Spending und den neuen Wertpapierbestand B_1^s.

Am Ende des Multiplikatorprozesses sind freiwillige Ersparnisse in Höhe des Budgetdefizits entstanden: $CD/i = DE/i$. Würden sie in voller Höhe zur Wertpapiernachfrage verwendet, so läge das neue Gleichgewicht in F: Die neue Bondsnachfrage ΔB^d bewirkt eine vollständige Neutralisierung des anfänglichen Kursverfalls. Tatsächlich aber wird aber ein Teil der Geldvermögensbildung der Kassenhaltung zugeführt; die Rechtsverschiebung der Bondsnachfragekurve fällt deshalb geringer aus (DG < DE) und das endgültige Gleichgewicht ist H. Damit kann die durch die Ersparnis erfolgte Neuanlage von Finanzmitteln am Wertpapiermarkt die ursprüngliche Zinssteigerung nur teilweise kompensieren. Die Nettokurssenkung FH entspricht der Zinssteigerung, die im *IS-LM*-Diagramm durch die Verlagerung der *LM*-Kurve auf *LM'* abgebildet wird (vgl. Abbildung 1.26). Die Rechtsverschiebung der *IS*-Kurve bei einer kreditfinanzierten Nachfragesteigerung ist also grundsätzlich von einer Linksverschiebung der *LM*-Kurve begleitet. Allerdings ist dieser Vermögenseffekt auf den Zins bei einem großen Geld- und Wertpapierbestand eher gering[57] und wird daher in der theoretischen Betrachtung oft ignoriert.

1.6.4 Nachfrageveränderungen bei Vollbeschäftigung und flexiblen Preisen

Die bisherige Annahme ungenutzter Ressourcen auf Güter- und Arbeitsmärkten wird im folgenden Kapitel 2 aufgehoben. Bei Nachfragesteigerungen kön-

---

[57] Zu den relativen Größenordnungen vgl. Abbildung 1.9 (c).

nen somit (infolge von Sachkapazitäts- oder Arbeitskräfteknappheiten) *Angebotsbeschränkungen* auftreten. Auch wenn die Produktion deshalb nicht über Y^* hinaus gesteigert werden kann, so löst eine expansive Geldpolitik nach wie vor einen nominalen Nachfrageimpuls aus (Abbildung 1.28):

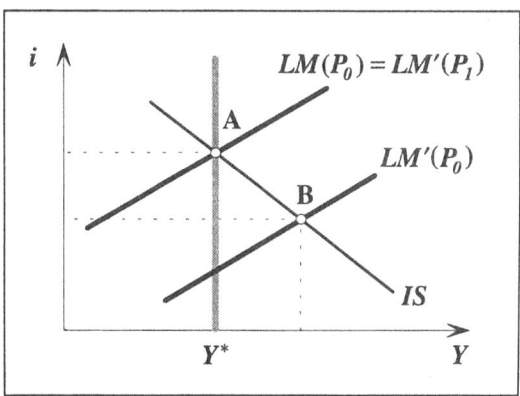

Abbildung 1.28:
Expansive Geldpolitik bei Vollbeschäftigung ($P_1 > P_0$)

Die *LM*-Kurve verschiebt sich von Punkt A ausgehend nach *LM'*; in B liegt nun jedoch ein Nachfrageüberschuß auf dem Gütermarkt vor, der zu Preissteigerungen führt ($P_0 \rightarrow P_1$). Bleibt die nominale Geldmenge konstant, ergibt sich ein kontraktiver Keynes-Effekt. Die *LM*-Kurve wird dabei wieder in ihre alte Position zurückgeschoben. Die Güternachfrage wird durch Zinssteigerungen zurückgedrängt, bis das neue (und alte) Gleichgewicht A beim Produktionsvolumen Y^* erreicht ist. Gegenüber dem Ausgangspunkt hat sich allein das Preisniveau parallel zur Geldmenge erhöht.

Eine direkte Zunahme der Güternachfrage hat einen ähnlichen Effekt (Abbildung 1.29). Eine Verschiebung der *IS*-Kurve nach *IS'* führt bei konstanter Geldmenge zunächst zu einer transaktionskassenbedingten Zinssteigerung (B → C). Die nachfolgende Preiserhöhung läßt den Zins durch die Verschiebung der *LM*-Kurve weiter steigen, bis in D wieder ein Gütermarktgleichgewicht mit konstantem Preisniveau erreicht ist. Über den Crowding-out-Effekt ist zinsabhängige Nachfrage durch die anfänglich erhöhte autonome Nachfrage verdrängt worden, so daß sich die Nachfragestruktur geändert hat.

Die durch Veränderungen des Preisniveaus bewirkte Verschiebung der *LM*-Kurve hat auch bei einem anfänglichen Güternachfragerückgang (*IS'* → *IS*) einen prinzipiell stabilisierenden Effekt: In Punkt E liegt ein Angebotsüberschuß auf dem Gütermarkt vor, der eine Senkung des Preisniveaus von P_1 nach P_0 mit sich bringt. Die damit verbundene reale Geldmengenerhöhung senkt den Zins, so daß sich in A wieder ein Gütermarktgleichgewicht einstellt. Der Ausfall autonomer Nachfrage ist durch eine zinsbedingte Mehrnachfrage

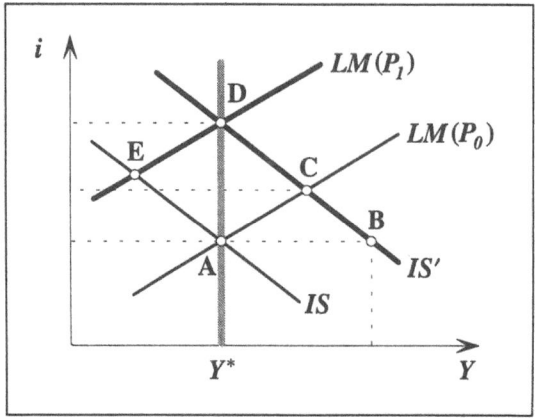

Abbildung 1.29:
Güternachfrageänderungen bei Vollbeschäftigung

kompensiert worden; damit hat gleichsam ein "Crowding-in" stattgefunden.
Die Angebotsseite des Gütermarktes und die hier nur kurz skizzierten Anpassungsprozesse werden im folgenden Kapitel ausführlicher analysiert.

Zusammenfassung von Kapitel 1.6

(1) Vermögenshaltung und Einkommensverwendung stehen in einem engen Zusammenhang. Das gesamte Lebenseinkommen läßt sich als Ertragsstrom des individuellen Vermögens interpretieren. Selbst wenn sich der Konsum grundsätzlich nach diesem langfristig erwarteten, permanenten Einkommen richtet, so können die Konsumausgaben bei Schwankungen des kurzfristigen Markteinkommens aber nur dann finanziert werden, wenn die Akteure keiner Kreditbeschränkung unterliegen bzw. eigene Vermögenswerte verkaufen können. Aufgrund der ungleichen Vermögensverteilung, der mangelnden Beleihbarkeit des Arbeitsvermögens, der Möglichkeit unfreiwilliger Arbeitslosigkeit und der mangelnden Information über das Lebenseinkommen stellt das laufende Einkommen für die meisten Haushalte die letztlich entscheidende Konsumbeschränkung dar.

(2) Bei einer vermögensabhängigen Konsumfunktion können Preisniveauänderungen über ihre Wirkung auf den Realwert des Finanzvermögens die Güternachfrage beeinflussen (Verschiebung der IS-Kurve). Auf der Basis des Bargeldes führen fallende Preise somit zu einem steigendem Konsum (Realvermögens-Konsum- oder Pigou-Effekt). Dem Realvermögensgewinn steht jedoch ein Realvermögensverlust der Geldschuldner gegenüber. Da deren Ausgabenneigung zumeist relativ größer ist, haben fallende Preise insoweit einen Nachfragerückgang zur Folge (Realverschuldungs- oder Fisher-Effekt). Eine Erhöhung des Preisniveaus steigert den Transaktionskassenbedarf, so daß bei konstantem nominalen Geldangebot die Geldhaltung zu Vermögenszwecken eingeschränkt werden muß. Dies erhöht den Zins und verringert die Güternachfrage. Umgekehrt sinkt der Zins bei fallenden Preisen. Dieser Keynes-Effekt wirkt analog zu Geldmengenänderungen über eine Verschiebung der LM-Kurve. Die Wirkung von Änderungen der realen Geldmenge auf das Einkommen wird als Realkassen-Zins-Effekt bezeichnet.

(3) Erwartet man spätere Steuererhöhungen zur Finanzierung der Tilgung einer

gestiegenen Staatsverschuldung, so können gegenwärtig emittierte Staatspapiere nicht als Nettovermögenszuwachs betrachtet werden; folglich bliebe ein Vermögenseffekt auf die Güternachfrage aus. Eine vermögensbedingte Konsumerhöhung entfällt auch dann, wenn der Erwerb dieser Wertpapiere auf freiwilligen Sparentscheidungen beruht, die eine simultane Optimierung in bezug auf Einkommensverwendung und Vermögenshaltung ausdrücken. Ein Vermögenseffekt auf die Geldnachfrage bewirkt eine Zinserhöhung, weil das zusätzliche Angebot an Vermögenswerten nur aus Wertpapieren besteht, während die gesteigerte Vermögenshaltung nach Maßgabe der bestehenden Portfoliostruktur nur anteilig zu einer Nachfrage nach diesen Papieren führt.

(4) Kann die Produktion aufgrund von Angebotsbeschränkungen nicht über ein bestimmtes Niveau gesteigert werden, so führen monetär verursachte oder autonome Nachfragesteigerungen zu einem Nachfrageüberschuß auf dem Gütermarkt und damit zu Preissteigerungen. Bei einer dann konstanten nominalen Geldmenge wird ein kontraktiver Realkassen-Zins-Effekt ausgelöst, der über eine Nachfrageeinschränkung wieder ein Gütermarktgleichgewicht bei konstantem Preisniveau herstellt. Ein analoger Anpassungsprozeß tritt bei Nachfrageausfällen auf; Preis- und Zinssenkungen können einen Wiederanstieg der Güternachfrage bewirken.

Literatur zu Kapitel 1

Arrow, K. J. (1984): Reale und nominelle Größen in der Wirtschaftstheorie. In: Bell, D. / Kristol, I., Hg.: Die Krise in der Wirtschaftstheorie (1981). Berlin u.a., 175-189.
Asimakopulos, A. (1983): Kalecki and Keynes on Finance, Investment and Saving. Cambridge Journal of Economics, 7, 221-233.
Barro, R. J. (1989): The Ricardian Approach to Budget Deficits. Journal of Economic Perspectives, 3, 2, 37-54.
Bofinger, P. u.a. (1996): Geldpolitik - Ziele, Institutionen, Strategien und Instrumente. München.
Dieckheuer, G. (1985): Portfolioselektion im finanziellen und nichtfinanziellen Sektor. Kredit und Kapital, Beiheft 9: Der volkswirtschaftliche Sparprozeß, 365-403.
Dillard, D. (1987): Money as an Institution of Capitalism. Journal of Economic Issues, 21, 1623-1647.
Größl-Gschwendtner, I. (1991): Vermögenseffekte - Die Diskrepanz zwischen ihrer Bedeutung in ökonomischen Modellen und ihrer theoretischen Fundierung. Kredit und Kapital, 24, 271-293.
Haslinger, F. (1995): Volkswirtschaftliche Gesamtrechnung. 7. Aufl. München.
Hicks, J. (1974): The Crisis in Keynesian Economics. Oxford, Kapitel I, II.
Hübl, L. (1992): Wirtschaftskreislauf und Gesamtwirtschaftliches Rechnungswesen. In: Vahlens Kompendium der Wirtschaftstheorie und Wirtschaftspolitik. Bd. 1, 5. Aufl. München, 49-85.
Johnson, H. G. (1975): Inflation - Theorie und Politik. München, Kapitel II.
Ketterer, K.-H. / Vollmer, R. (1985): Zusammenhänge zwischen Sachinvestition, Finanzanlagen und Geldhaltung. Kredit und Kapital, Beiheft 9: Der volkswirtschaftliche Sparprozeß, Berlin, 405-417.
Keynes, J. M. (1930): Vom Gelde. Berlin 1931.
Keynes, J. M. (1936): Allgemeine Theorie der Beschäftigung, des Zinses und des Geldes. Berlin, Kapitel 8-18.
Keynes, J. M. (1937): Alternative Theories of the Rate of Interest. In: Moggridge, D., Hg.: The Collected Writings of John Maynard Keynes, Bd. 14: The General Theory and After, Teil II: Defence and Development. London / Basingstoke 1973, 201-215.
Klausinger, H. (1995): Der Wertpapiermarkt im Keynesschen Modell - Einige kritische Anmerkungen. Jahrbücher für Nationalökonomie und Statistik, 214, 226-237.

Klein, M. (1992): Neoklassische und keynesianische Investitionstheorien - Synopse und Synthese. Jahrbücher für Nationalökonomie und Statistik, 209, 207-222.

Kregel, J. A. (1980): Markets and Institutions as Features of a Capitalistic Production System. Journal of Post Keynesian Economics, 3, 32-48.

Kregel, J. A. (1984/85): Constraints on the Expansion of Output and Employment - Real or Monetary? Journal of Post Keynesian Economics, 7, 139-152.

Kregel, J. A. (1988): Multiplikator und Liquiditätspräferenz - Zwei Seiten der Theorie der effektiven Nachfrage. In: Barens, V. / Caspari, V., Hg.: Das IS-LM-Modell - Entstehung und Wandel. Marburg 1994, 171-193.

Lautenbach, W. (1952): Zins, Kredit und Produktion. Tübingen.

Leijonhufvud, A. (1968): Über Keynes und den Keynesianismus. Köln 1973, Kapitel VI.2.

Minsky, H. P. (1975): John Maynard Keynes - Finanzierungsprozesse, Investition und Instabilität des Kapitalismus. Marburg 1990.

Oberhauser, A. (1996): Die Bedeutung der Kreislauftheorie der Verteilung für Wirtschaftstheorie und Wirtschaftspolitik. Jahrbücher für Nationalökonomie und Statistik, 215, 129-142.

Preiser, E. (1955): Multiplikatorprozeß und dynamischer Unternehmergewinn. Jahrbücher für Nationalökonomie und Statistik, 167, 89-126.

Riese, H. (1989): Geld, Kredit, Vermögen - Begriffliche Grundlagen und preistheoretische Implikationen der monetären keynesianischen Ökonomie. In: Riese, H. / Spahn, H.-P., Hg.: Internationale Geldwirtschaft. Regensburg, 1-59.

Robinson, J. (1951): The Rate of Interest. In: Dies.: The Generalisation of the General Theory and other Essays (1952). London / Basingstoke 1979, 135-164.

Terzi, A. (1986/87): The Independence of Finance from Saving - A Flow-of-Funds Interpretation. Journal of Post Keynesian Economics, 9, 188-197.

Tobin, J. (1980): Vermögensakkumulation und wirtschaftliche Aktivität. München / Wien 1981, Kapitel I, III.

KAPITEL 2   VOLLBESCHÄFTIGUNG UND INFLATION

Kapitelüberblick

In Kapitel 1 wurde der Wirtschaftsprozeß unter der (unrealistischen) Annahme völlig elastischer Angebotsbedingungen auf Güter- und Arbeitsmärkten untersucht. Nun wird im Gegensatz dazu grundsätzlich von einer Vollbeschäftigungskonstellation ausgegangen, wobei allerdings aufgrund von Marktunvollkommenheiten auch offene Stellen und Arbeitslosigkeit nebeneinander bestehen können. Engpässe beim Arbeits- oder Güterangebot stellen Produktionsbeschränkungen dar, so daß eine marktendogene oder wirtschaftspolitisch verursachte Nachfrageerhöhung nur noch geringe bzw. vorübergehende Mengeneffekte bewirken kann. Statt dessen treten nun Preiseffekte in den Vordergrund. Der von der Nachfrage- wie von der Angebotsseite angetriebene Inflationsprozeß ist das Hauptthema dieses Kapitels.

Zunächst werden mikroökonomische Grundlagen des Produktionsprozesses und der Preisbildung analysiert. Abstrahiert man von Kapazitätsbeschränkungen beim Sachkapital, so ist allein Arbeit der knappe Produktionsfaktor. Es wird untersucht, in welcher Weise die Lohnentwicklung einerseits von der Güter- und Arbeitsnachfrage und andererseits von verteilungspolitischen Zielsetzungen beeinflußt wird. Daraufhin werden die verschiedenen Formen der Erwartungsbildung behandelt, um die Rolle der Inflationserwartungen im Marktprozeß zu verdeutlichen. Die Frage ist, welche Auswirkungen die unterschiedlichen Erwartungsbildungsmuster auf die Fähigkeit der Nachfragepolitik haben, Produktions- und Beschäftigungseffekte auszulösen. Sodann interessiert der dynamische Verlauf inflationärer Anpassungsprozesse, wenn der Markt durch exogene bzw. wirtschaftspolitisch ausgelöste Störungen aus dem Gleichgewicht gebracht wird. Schließlich werden auch Engpässe im Bereich der Sachkapazitäten in die Analyse einbezogen.

Eine anhaltende Geldentwertung greift auch auf den Vermögensmarkt über, verändert die Ertragsraten auf Finanz- und Realinvestitionen und kann somit Vermögensumverteilungen zwischen Geld- und Sachvermögensbesitzern zur Folge haben. Ihre Reaktionen und Anlageentscheidungen können auf den Güter- und Arbeitsmarkt zurückwirken und - verstärkt durch Inflationserwartungen - einen kumulativen Prozeß in Gang setzen. Die Inflation kann die Determinanten der Investitionstätigkeit positiv beeinflussen und darüber Nachfrage- und Preissteigerungen antreiben. Allgemein ist bei flexiblen Preisen und variablen Inflationserwartungen die Stabilität des makroökonomischen Systems nicht gesichert. Deshalb ist eine aktive Geldpolitik zur monetären Stabilisierung notwendig.

2.1   Beschäftigung und Gütermarkt

2.1.1   Produktionsfunktion, Arbeitsnachfrage und Reallohn

Das Geld- und Gütermarktgleichgewicht des *IS-LM*-Systems (II. Quadrant der Abbildung 2.1) bestimmt ein Güternachfrageniveau Y_0, an das sich die Unternehmen mit der Produktion anpassen. Nun wird der bislang ausgeblendete *Ar-*

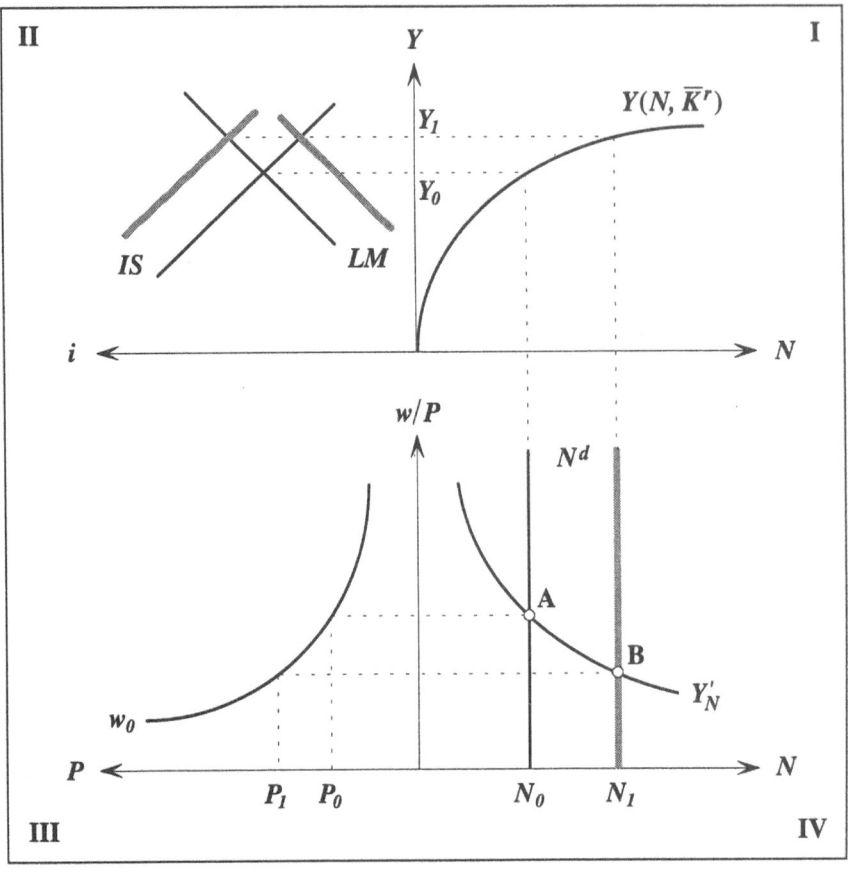

Abbildung 2.1:
Arbeitsnachfrage, Lohnsatz und Preisniveau bei sinkender Grenzproduktivität der Arbeit

beitsmarkt in die Analyse einbezogen, zunächst von der Nachfrageseite her. Der Zusammenhang zwischen Produktion und Beschäftigung sowie zwischen Faktorkosten und Güterpreisen wird durch die *Produktionsfunktion* hergestellt. Danach hängt der Output Y von der Nutzung von Realkapital K^r und der Einsatzmenge N der (homogenen) Arbeitskraft ab. Dabei handelt es sich um Arbeits*stunden*; da die Arbeitszeit pro Kopf im folgenden jedoch als konstant angesehen wird, gilt N zugleich als Maß für die Anzahl der Beschäftigten.

$$Y = Y\left(\underset{+}{N}, \underset{+}{K^r}\right) \qquad [2.1]$$

In der kurzen Frist ist der Sachkapitalbestand konstant. Im Hinblick auf den *Auslastungsgrad* dieses Kapitalstocks sind zwei Fälle zu unterscheiden.

(1) Geht man davon aus, daß er stets voll ausgelastet wird, so kann ein

Mehreinsatz an Arbeit nur sinkende Grenzerträge erbringen. Aus der partiellen Produktionsfunktion (I. Quadrant) läßt sich der zu jedem Produktionsvolumen notwendige Arbeitseinsatz (N_0 im Falle von Y_0) ermitteln. Diese Beschäftigungslinie N^d erscheint somit im Arbeitsmarktdiagramm (IV. Quadrant) als preis- und lohnunabhängige Vertikale.

Infolge der sinkenden Grenzerträge hat die aus der Produktionsfunktion ableitbare *Kurve der Grenzproduktivität der Arbeit* Y'_N im IV. Quadranten eine negative Steigung. Sie ändert ihre Lage nur bei neuen Bedingungen im technischen Bereich, d.h. bei Produktivitätsänderungen, Variationen des Kapitalstocks usw. Die Grenzproduktivitätskurve ist keine Arbeitsnachfragekurve, sondern - da die Beschäftigungshöhe vom Güter- und Geldmarktgleichgewicht abhängt - eine indirekte *Preisbestimmungsfunktion*: Bei einem im III. Quadranten vorgegebenen Nominallohn w_0 (gemessen durch jedes Rechteck unter der gleichseitigen Hyperbel) erfordert eine steigende Beschäftigungsmenge aufgrund der abnehmenden Leistungsfähigkeit des Arbeitseinsatzes ein steigendes Preisniveau P.[1] Nur bei einem sinkenden Reallohn w/P bleibt damit die Produktion entlang der Knappheitsgrenze des Realkapitals rentabel. Diese Beziehung zwischen Beschäftigung und Reallohn ist *nicht* umkehrbar zu dem Satz, daß ein fallender Reallohn in jedem Fall mit einer Beschäftigungsausweitung einhergehen müsse.[2]

Die produktions- und ertragstheoretischen Zusammenhänge schlagen sich in den Kostenstrukturen der Unternehmen nieder. Die gewinnoptimale Übereinstimmung zwischen Grenzprodukt der Arbeit und Reallohn bedeutet, daß die Preise an den Grenzkosten, d.h. der Relation von Nominallohn und Grenzproduktivität auszurichten sind. Dies gilt dann auf gesamtwirtschaftlicher Ebene entsprechend für das Preisniveau:

$$Y'_N = w/P \quad \Leftrightarrow \quad P = \frac{w}{Y'_N} = Grenzkosten \qquad [2.2]$$

(2) Die abnehmende Grenzproduktivität der Arbeit beruht auf der Annahme einer Produktion bei Vollauslastung des Sachkapitals. Die damit implizierte gegenläufige Bewegung von Produktion und Produktivität - bzw. von Produktion und Reallohn, wenn man eine produktivitätsorientierte Entlohnung unterstellt - entspricht jedoch nicht den "stilisierten Fakten" der konjunkturellen Entwicklung. Die empirischen Fakten deuten sogar eher auf eine prozyklische Variation der Reallöhne im Konjunkturverlauf hin. Ein realistischer Mittelweg ist demnach die Annahme, daß zumindest moderate Produktions- und Beschäftigungsveränderungen bei konstanten Grenzerträgen und -kosten möglich sind.

---

[1] Die negative Rückwirkung steigender Preise (vermittelt über den Realkassen-Zins-Effekt) auf Nachfrage und Beschäftigung ist hier vernachlässigt.
[2] Dieses Thema wird in Kapitel 3.1 behandelt.

Produktionstheoretisch läßt sich dies damit erklären, daß kurzfristig zwar der Kapitalstock fix, seine *Nutzung* unterhalb der technisch maximalen Kapazitätsauslastung jedoch variabel ist. Die Unternehmen können den Auslastungsgrad des Kapitalstocks der Nachfrage anpassen, indem sie jeweils Teile ihrer Anlagen in Betrieb setzen oder stillegen. Produktionsänderungen können insoweit durch eine *proportionale* Variation der Faktoreinsatzmengen durchgeführt werden. Im einfachsten Fall (Abstraktion von Skalenerträgen, technischem Fortschritt usw.) ist deshalb die *Durchschnittsproduktivität der Arbeit* $a = Y/N$ konstant und die Produktionsfunktion (im I. Quadranten der Abbildung 2.2) ist gegeben durch

$$Y = aN \qquad [2.3]$$

Während die Beschäftigungsmenge N^d weiterhin aus der (nun linearen) Pro-

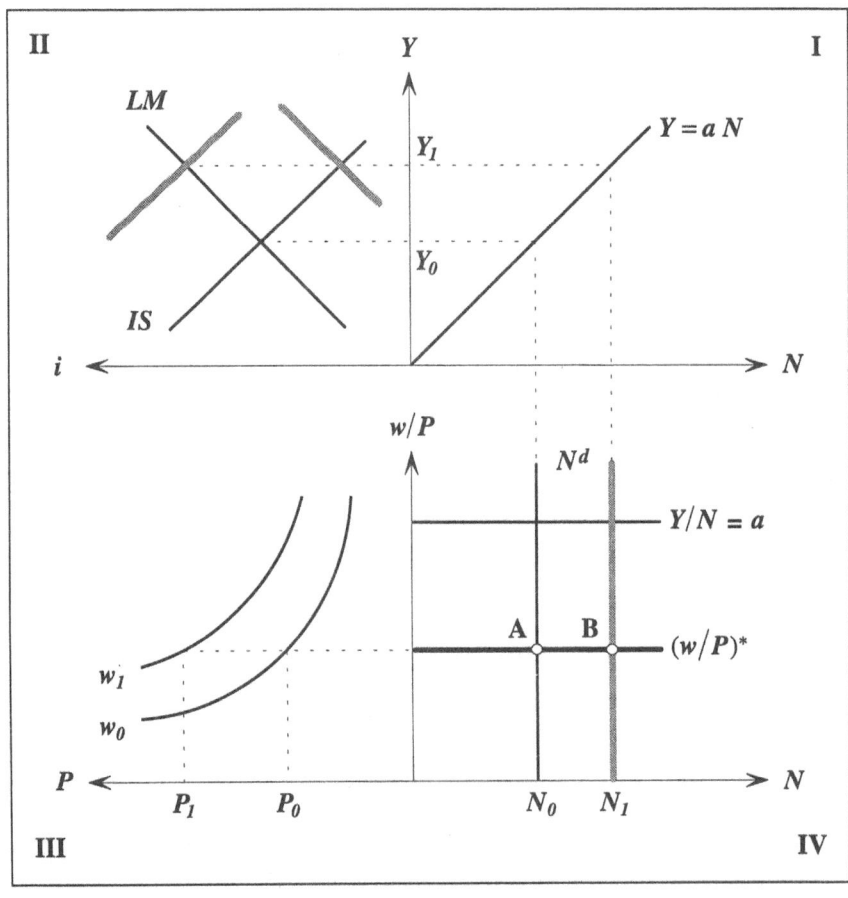

Abbildung 2.2:
Arbeitsnachfrage, Lohnsatz und Preisniveau bei konstanter Arbeitsproduktivität

duktionsfunktion bestimmt werden kann, ist die Bindung des Reallohns an die Grenz- gleich Durchschnittsproduktivität der Arbeit nicht länger möglich: Bei $w/P = Y/N$ würde das gesamte Sozialprodukt an den Faktor Arbeit verteilt. Um die Kapitalkosten (und weitere neben den Löhnen anfallende Produktionskosten) zu decken, müssen die Unternehmen eine zur Grenzkosten-gleich-Preis-Regel alternative Preisbildung praktizieren.

2.1.2 Die Mark-up-Preisbildung

Die im vorstehenden Kapitel zunächst unterstellte Produktion bei permanenter Vollauslastung des Sachkapitals ist auch mikroökonomisch nicht unbedingt optimal. In diesem Fall liegen die einzelwirtschaftlichen Produktionsmengen im Bereich $x > x_2$ (Abbildung 2.3). Dieser Bereich markiert bereits eine graduell zunehmende Überauslastung der Sachkapazitäten. Die sinkenden Grenzerträge der Arbeit zeigen sich praktisch in abnehmender Produktqualität, steigenden Reparaturkosten u.ä.; auch dies wird durch den Anstieg der Grenzkosten (GK) und der variablen Durchschnittskosten (DVK) erfaßt. Dies läßt es sinnvoll erscheinen, in einem Bereich unterhalb der Knappheitsgrenze des Sachkapitals zu produzieren. Bei $x < x_2$ fallen Durchschnitts- und Grenzproduktivität der Arbeit zusammen; die variablen Stückkosten sind konstant und unabhängig von der Produktionsmenge ($GK = DVK$).

Weiterhin ist die Vorstellung eines für die Unternehmen *gegebenen* Preises, an den sie sich mit ihrer Absatzmenge gewinnoptimal anzupassen haben, nicht realistisch. Nur auf Auktionsmärkten wie z.B. der Börse werden die

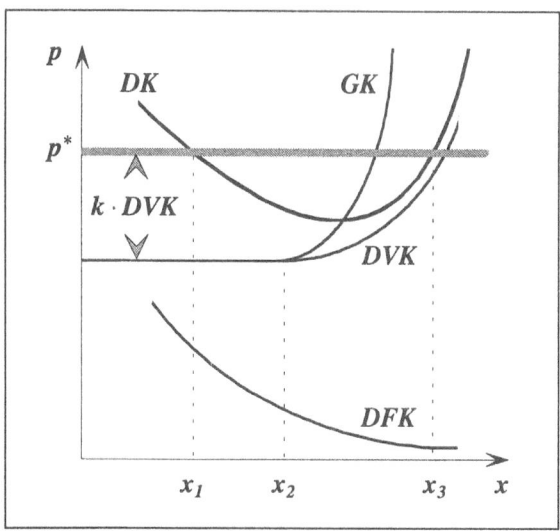

Abbildung 2.3: Mark-up-Preisbildung

Preise von einem neutralen Akteur unter Berücksichtigung der Angebots- und Nachfragewünsche bestimmt. Faktisch agieren die Unternehmen auf *heterogenen* Produktmärkten mit einem hohen Konkurrenzgrad ("monopolistische Konkurrenz") und müssen selbst einen Preis für ihre Produkte festlegen. Üblicherweise wird dabei mittels einer Aufschlagskalkulation ein Angebotspreis p^* gebildet, der um einen bestimmten Gewinnaufschlag ("Mark-up") über den als konstant angesehenen variablen Stückkosten oder - als noch kleinere Bezugsbasis - den Lohnstückkosten liegt.

Über den Gewinnaufschlag sind die restlichen variablen sowie die fixen Kosten (einschließlich des Zinsendienstes für Eigen- und Fremdkapital) zu decken. Mit steigendem Aufschlagssatz k verbessert sich die Möglichkeit des Unternehmens, auch bei größeren Nachfrageschwankungen eine Produktion mit Reingewinn durchführen zu können (in der einzelwirtschaftlichen Perspektive der Abbildung 2.3 liegt p^* im Produktionsintervall $x_1 < x < x_3$ über den gesamten Durchschnittskosten DK). Andererseits wird die Preisforderung nach oben durch den Wettbewerb (Abwanderung der Nachfrager zu anderen Anbietern, Substitutionskonkurrenz, Auftreten neuer Anbieter) begrenzt.

Nachfrageänderungen führen nach dem traditionellen Kalkül einer monopolistischen Preisbildung zu Preisänderungen: Geht z.B. die Nachfrage von x_0^d auf x_1^d zurück, so ergibt sich aus dem Schnittpunkt der neuen Grenzerlöskurve GE_1 mit der gegebenen Grenzkostenlinie GK der neue gewinnoptimale Cournotsche Punkt C_1 (Abbildung 2.4). Hält das Unternehmen jedoch den Preis p_0 konstant, so zeigt der Vergleich der beiden schraffierten Rechtecke, daß der Gewinn in C_0' nur wenig kleiner als im Optimum C_1 ist; dem verringerten Absatz steht ein höherer Stückgewinn gegenüber.

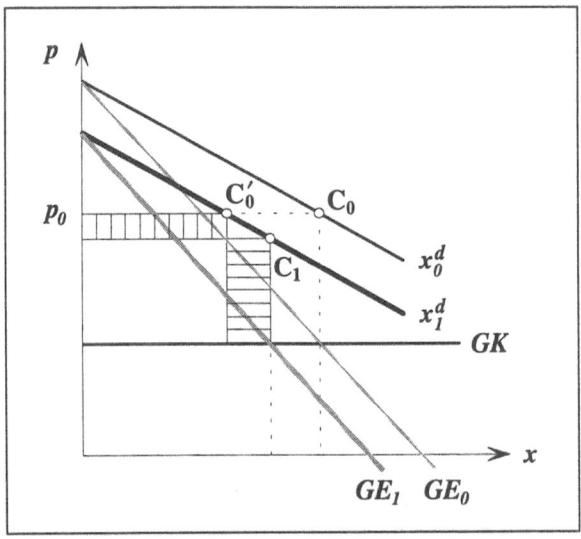

Abbildung 2.4: Cournot- und Second-best-Lösungen

Zieht man nun einerseits die Kosten der Preisänderung in Betracht (diese "menu costs" bestehen z.B. im Aufwand für neue Preislisten auf allen Vertriebsebenen) und berücksichtigt andererseits die Konsequenzen einer Preissenkung in der Konstellation einer monopolistischen Konkurrenz (sie kann als Startsignal eines an sich unerwünschten Preisunterbietungswettbewerbs fehlgedeutet werden), so spricht einiges dafür, bei moderaten Nachfrageschwankungen den Preis aus praktischen wie aus wettbewerbsstrategischen Gründen unverändert zu lassen.

Kostensteigerungen werden dagegen zumeist direkt im Preis weitergegeben, insbesondere dann, wenn sie alle Unternehmen gleichermaßen treffen und somit die einzelnen Anbieter keine Wettbewerbsverzerrung befürchten müssen. Damit führen Nachfragesteigerungen auf dem Gütermarkt oft erst vermittelt über die damit verbundene Faktormehrnachfrage und die Faktorpreiserhöhungen zu einem allgemeinen Preisniveauanstieg.

Wegen der Aussicht auf Reingewinne (d.h. Bruttogewinne, die die Zinskosten übersteigen) werden sich bei freiem Marktzutritt langfristig über die Investitionstätigkeit der übrigen Unternehmen die Gesamtkapazitäten in den einzelnen Partialmärkten im Verhältnis zur Güternachfrage erhöhen. Infolgedessen werden die Unternehmen eher im unteren Auslastungsbereich $x_1 < x < x_2$ arbeiten (Abbildung 2.3). Bei der Produktionsmenge x_1 sind wegen $DK = p^*$ die Reingewinne gleich Null. Nachfragerückgänge führen so rasch zu Verlusten; kostenbedingte Preiserhöhungen sind dann auch kaum am Markt durchzusetzen. Andererseits nehmen die Reingewinne wegen des fallenden Verlaufs von DK bei Nachfragesteigerungen auch pro Stück zu. Erst bei sehr hoher Kapazitätsauslastung (bei $GK > p^*$) sind knappheitsbedingte Preiserhöhungen möglich; wird diese Auslastung jedoch als dauerhaft angesehen, erfolgt eine Kapazitätserhöhung.[3]

Wird dieses Preissetzungsverfahren von allen Unternehmen der Volkswirtschaft praktiziert, so hängt das Preisniveau P nicht von der Ausbringungsmenge, sondern vom Aufschlagssatz k und von den Lohnstückkosten W/Y ab; letztere entsprechen der Relation von gesamtwirtschaftlicher Lohnsumme W und gesamtwirtschaftlicher Produktionsmenge Y, d.h. der Relation von Nominallohn w und durchschnittlicher Arbeitsproduktivität a.

$$P = (1+k)\frac{W}{Y} = (1+k)\frac{wN}{Y} = (1+k)\frac{w}{Y/N} = (1+k)\frac{w}{a} \qquad [2.4]$$

---

[3] Die hier skizzierte "Vollkostenpreisbildung" (Durchschnittskosten plus Gewinnaufschlag) in der Unternehmenspraxis steht aus methodologischer Sicht keineswegs der theoretischen Regel "Grenzerlös (Preis) gleich Grenzkosten" entgegen: Die Wahl einer durchschnittlichen Kapazitätsauslastung unterhalb des technischen Maximums und die Wahl eines Gewinnaufschlags lassen sich vielmehr als konkrete Anwendungsfälle des für die ökonomische Entscheidungstheorie konstitutiven Prinzips einer Nutzenmaximierung unter jeweils konkreten Marktbedingungen verstehen.

Der den Rentabilitätsbedingungen der Unternehmen genügende Reallohn ergibt sich nun indirekt aus ihrer Mark-up-Preisbildung. Aus [2.4] folgt, daß dieser Gleichgewichtsreallohn von der technologischen Leistungsfähigkeit des Produktionsprozesses (der Arbeitsproduktivität) und den Verteilungsansprüchen der Vermögensbesitzer (dem die Zinskosten widerspiegelnden Gewinnaufschlag) abhängt. Zu jedem Nominallohn (z.B. w_0 oder w_1 im III. Quadranten in Abbildung 2.2) wird das Preisniveau (P_0 bzw. P_1) so festgelegt, daß Gewinnlage und Reallohn unverändert bleiben.

$$(w/P)^* = \frac{a}{1+k} \qquad [2.5]$$

Damit sind auf dem Arbeitsmarkt in Punkt A (IV. Quadrant) Beschäftigungsmenge und Reallohn ohne Mitwirkung der Arbeitsangebotsseite bestimmt. Aufgrund der linearen Beziehung zwischen Produktion und Beschäftigung sind Produktionssteigerungen, die durch eine Rechtsverschiebung der *IS*- oder *LM*-Kurve ausgelöst werden und mit einer entsprechenden Verlagerung der Beschäftigungslinie N^d einhergehen (Punkt B), bei konstantem Lohnsatz auch zu konstanten Preisen möglich.

2.1.3 Güterangebot und Güternachfrage

Die oben behandelten Zusammenhänge zwischen Erträgen, Kosten und Preisen drücken sich in der Form der *gesamtwirtschaftlichen Güterangebotsfunktion* aus. Sie zeigt, welche Produktionsmenge die Unternehmen bei unterschiedlichen Preisen anbieten, wobei Produktionsbedingungen und Lohnsatz gegeben sind.

(1) Im *Fall einer abnehmenden Grenzproduktivität* der Arbeit kann die Produktion nur bei einem sinkendem Reallohn erhöht werden (III. und IV. Quadrant der Abbildung 2.5). Bei einem *gegebenen* Nominallohn w_0 (II. Quadrant) setzen sich nach Gleichung [2.2] sinkende Grenzerträge in steigende Grenzkosten um. Aus der unternehmerischen Gewinnmaximierung folgt, daß bei einem Mengenanpassungsverhalten ein Outputniveau zu wählen ist, bei dem Absatzpreis und Grenzkosten übereinstimmen. Aus der Aggregation aller einzelwirtschaftlichen Grenzkosten-, d.h. Angebotskurven ergibt sich dann die makroökonomische Güterangebotsfunktion Y^s im Preis-Output-Diagramm (I. Quadrant). Der Produktionsumfang kann kostenbedingt nur mit einem steigenden Preisniveau zunehmen. Eine *Erhöhung* des Nominallohns auf w_1 bewirkt eine Verlagerung dieser Angebotsfunktion nach oben.

(2) Bei *konstanter Arbeitsproduktivität* sind auch die Grenzkosten konstant. Die Unternehmen setzen einen (in einem bestimmten Produktionsintervall) festen Angebotspreis. Dementsprechend verläuft die gesamtwirtschaftliche Angebotsfunktion Y^s hier horizontal (Abbildung 2.6 b). Wiederum gilt,

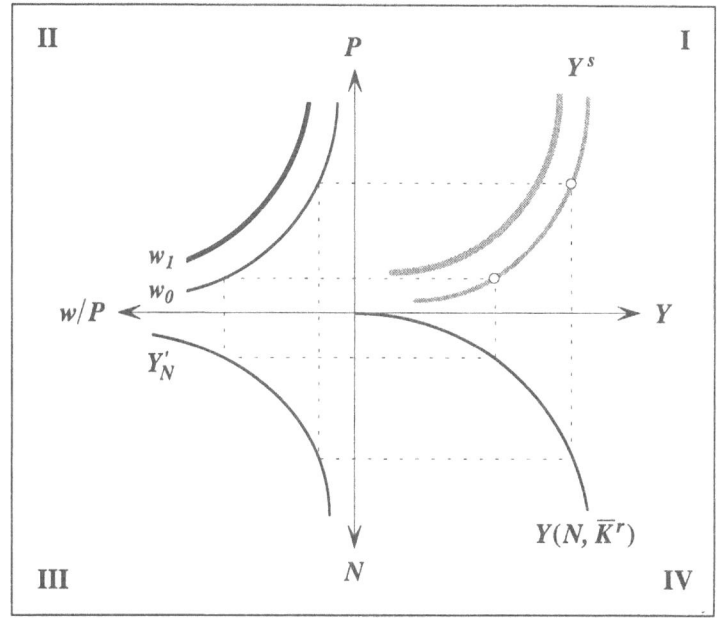

Abbildung 2.5:
Angebotsfunktion bei sinkender Grenzproduktivität der Arbeit

daß sie bei einem höheren Nominallohn nach oben geschoben wird.

Auch eine *gesamtwirtschaftliche Nachfragefunktion* läßt sich in diesem Preis-Output-Diagramm darstellen: Preisniveauänderungen verschieben die LM-Kurve und bewirken darüber gegenläufige Veränderungen der Güternachfrage.[4] Dieser Zusammenhang wird in einer negativ vom Preisniveau abhängigen Güternachfragefunktion Y^d erfaßt. Veränderungen der Geldmenge M oder der autonomen Nachfrage G bedeuten eine Verschiebung der Y^d-Kurve.

Alle Konstellationen der IS- und LM-Kurven lassen sich somit in der Güternachfragefunktion Y^d darstellen. Dies unterstreicht den nachfragetheoretischen Charakter des IS-LM-Modells. Da es auf der Angebotsseite eine lineare Produktionstechnik, Kapazitätsunterauslastung und fixierte Löhne unterstellt, lösen Nachfrageänderungen allein Mengeneffekte, d.h. Einkommens- und Beschäftigungsänderungen aus. Das Preisniveau bleibt konstant und stellt aus der Perspektive dieses Ansatzes eine *exogene* Größe dar. Sie hängt insbesondere vom Nominallohn sowie von der Arbeitsproduktivität und vom Gewinnaufschlag ab. Diese Faktoren sind in der Angebotsfunktion Y^s zusammengefaßt. Änderungen bei diesen Angebotsbedingungen erzeugen im IS-LM-Modell Preisniveau- und Einkommensänderungen: Steigt z.B. vom Punkt A ausgehend der Nominallohn von w_0 auf w_1 (Abbildung 2.6), so ergibt sich im Preis-Output-Diagramm das neue Gleichgewicht B durch den kontraktiven

---

[4] Vgl. Kapitel 1.6.2.

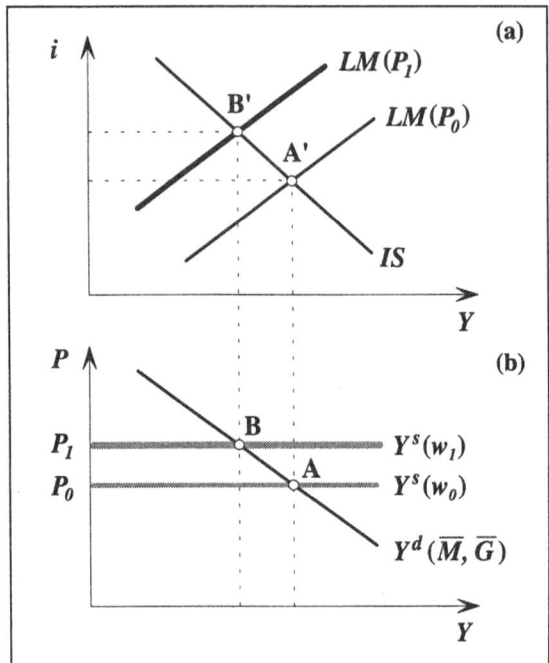

Abbildung 2.6: Angebots- und Nachfragefunktion bei konstanter Arbeitsproduktivität

Realkassen-Zins-Effekt im Zins-Output-Diagramm (Bewegung A' → B'). Aufgrund dieser Modellkonstruktion befindet sich die Ökonomie stets in einem Schnittpunkt der Y^s- und Y^d-Kurven.

Zusammenfassung von Kapitel 2.1

(1) Das gesamtwirtschaftliche Beschäftigungsvolumen wird indirekt durch das Güter- und Geldmarktgleichgewicht, d.h. von der Nachfrageseite bestimmt. Die technische Vermittlung zwischen Produktions- und Beschäftigungsvolumen erfolgt über die Produktionsfunktion. Wenn nicht alle Produktionsfaktoren parallel zum Arbeitseinsatz erhöht werden können, weist die Produktionsfunktion fallende Grenzerträge auf. In diesem Fall kann eine Beschäftigungsausweitung nur bei sinkenden Reallöhnen erfolgen. Die Grenzproduktivitätskurve dient dabei als Preisbestimmungsfunktion, die bei gegebenem Nominallohn zu jeder Beschäftigungsmenge das gewinnmaximale Preisniveau anzeigt. Beim realistischeren Fall konstanter Grenzerträge ist der Reallohn unabhängig von der Beschäftigungsmenge.

(2) Weil die Unternehmen aus technischen und wettbewerbsstrategischen Gründen zumeist in einem Kapazitätsauslastungsbereich produzieren, der unterhalb des Knappheitsbereichs des konstanten Faktors Sachkapital liegt, muß die grenzproduktivitätstheoretisch bestimmte Preisbildung durch eine an konstanten Durchschnittserträgen und -kosten orientierte Preisbildung ersetzt werden. Dabei wird eine Preisaufschlagskalkulation angewendet, bei der der gewählte Produktions- bzw. Angebotspreis vom Nominallohn, der Arbeitsproduktivität und einem

Gewinnaufschlag abhängt. Kurzfristig sind Lohnänderungen der wichtigste Faktor für Preisänderungen; bei konstanten Löhnen sind dagegen Anpassungen der Produktion an Nachfrageschwankungen zu ebenfalls konstanten Preisen möglich.

(3) Die gesamtwirtschaftliche Güterangebotsfunktion hat bei abnehmender Grenzproduktivität der Arbeit im Preisniveau-Output-Diagramm einen ansteigenden Verlauf, bei konstanter Arbeitsproduktivität ist sie horizontal. In jedem Fall verschiebt sie sich mit Veränderungen des Nominallohnes. Die gesamtwirtschaftliche Güternachfragefunktion hat infolge des Realkassen-Zins-Effektes im Preisniveau-Output-Diagramm eine negative Steigung.

2.2 Die Lohninflation

2.2.1 Arbeitslosigkeit und offene Stellen: Die Beveridge-Kurve

Im folgenden wird untersucht, wie sich das obige Bild des Gütermarktes durch die *Einbeziehung des Arbeitsmarktes* ändert. Bislang wurde nur die Nachfrageseite dieses Marktes berücksichtigt: Aus dem Zusammenspiel von Vermögens- und Gütermarkt (vermittelt über die Produktionstechnik) wurde die Beschäftigungsmenge bestimmt; über den Nominallohn, die Arbeitsproduktivität und den Gewinnaufschlag ergab sich der (aus Unternehmenssicht) gleichgewichtige Reallohn. Hinzugefügt wird nun eine Arbeitsangebotsfunktion N^s, die positiv vom Reallohn abhängt (Abbildung 2.7). Dies besagt, daß die Wirtschaftssubjekte nur in Erwartung eines steigenden Realeinkommens bereit sind, auf den Freizeitnutzen zu verzichten und im Rahmen von Lohnarbeitsverträgen ihre Arbeitskraft anzubieten.[5]

Der Arbeitsmarkt unterscheidet sich von den übrigen Makromärkten dadurch, daß hier in besonderem Maße nicht standardisierte Dienste gehandelt werden und auf beiden Marktseiten vielfältige Besonderheiten und Unvollkommenheiten vorliegen.[6] Deshalb besteht zumeist auch dann Arbeitslosigkeit, wenn im gesamtwirtschaftlichen Sinne Vollbeschäftigung herrscht. Diese nicht konjunkturell bzw. nachfragebedingte Unterbeschäftigung wird als *strukturelle Arbeitslosigkeit* i.w.S. bezeichnet; sie ist allgemein durch mikroökonomische Faktoren und allokative Probleme des Arbeitsmarktes bestimmt:

- *Saisonale* Arbeitslosigkeit wechselt sich mit Zeiten einer temporären Überbeschäftigung ab.
- Die Arbeitslosigkeit kann sich in bestimmten *Regionen* oder *Branchen* konzentrieren, während an anderen Stellen Arbeitskräfte gesucht werden.
- In einem permanenten Prozeß der Stellensuche und des Stellenwechsels ("labour turnover") suchen einerseits Arbeitslose und Beschäftigte (bessere) Arbeitsplätze und andererseits Unternehmen geeignete Mitarbeiter. *Friktionel-*

---

[5] Vgl. dazu die Ausführungen zu Gleichung [1] in der Einleitung.
[6] Darauf wird ausführlicher in Kapitel 3.2 eingegangen.

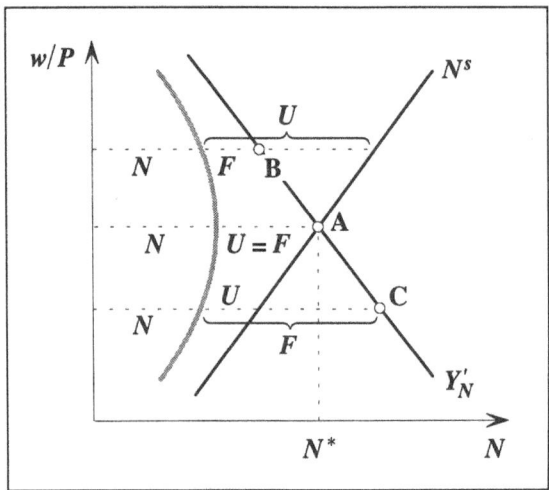

Abbildung 2.7: Offene Stellen und Arbeitslosigkeit bei unterschiedlichem Beschäftigungsgrad

le Arbeitslosigkeit umfaßt die bei diesen Arbeitsplatzwechseln auftretenden Phasen der Nichtbeschäftigung.

• Arbeitslosigkeit und offene Stellen können nebeneinander bestehen, wenn es auf einer oder beiden Marktseiten an der nötigen *Information* mangelt, wenn *Mobilität* oder *Qualifikation* der Arbeitskräfte ungenügend sind oder wenn die angebotenen und nachgefragten Arbeitsleistungen nicht *homogen* sind, d.h. wenn ein "mismatch" der Profile des Arbeitsplatzes und der Arbeitskräfte vorliegt.

Der Punkt A zeigt eine makroökonomische *Vollbeschäftigungskonstellation*. Die Beschäftigungsmenge N^* markiert ein Arbeitsmarktgleichgewicht, weil hier die Reallohnvorstellung der Arbeitsanbieter mit dem von Unternehmensseite aus akzeptablen Reallohn übereinstimmt.[7] Gleichwohl liegt das effektive Beschäftigungsvolumen nur bei N; zugleich gibt es offene Stellen und (strukturell) Arbeitslose. Diese Konstellation ist deshalb auch aus makroökonomischer Perspektive als Arbeitsmarktgleichgewicht anzusehen, weil die Zahl der Arbeitslosen U und der offenen Stellen F gleich groß ist; dies kann so interpretiert werden, daß sich partielle Ungleichgewichte auf Teilarbeitsmärkten gegenseitig aufheben.

In Punkt B liegt dagegen eine *Unterbeschäftigungskonstellation* vor. Bei dem in B herrschenden Reallohn übertrifft das Arbeitsangebot die Nachfrage. Dennoch kommt es bei dieser Nachfrage nur zu einer effektiven Beschäftigung von N; aufgrund von Strukturproblemen bleiben trotz einer relativ gro-

---

[7] Aus darstellerischen Gründen (um Fälle der Voll-, Unter- und Überbeschäftigung in einem Diagramm behandeln zu können) ist hier der Fall einer abnehmenden Grenzproduktivität der Arbeit unterstellt.

ßen Unterbeschäftigung U noch F Stellen unbesetzt.

Punkt C läßt sich schließlich als *Übernachfrage* bzw. *Überbeschäftigung* charakterisieren, weil bei dem hier herrschenden Reallohn die Arbeitsnachfrage das Angebot übertrifft. Infolgedessen bleiben F Stellen unbesetzt, U davon aus strukturellen Gründen.[8]

In allen Fällen entspricht die Unterbeschäftigung U der Differenz zwischen Arbeitsangebot N^s und Beschäftigung N. Die offenen Stellen F andererseits ergeben sich stets als Differenz zwischen der gewünschten Arbeitsnachfrage (entlang Y'_N) und der tatsächlichen Beschäftigung N. Die Beziehung zwischen der Zahl der offenen Stellen und der Arbeitslosen läßt sich weiter präzisieren: Bei allgemeiner Unterbeschäftigung, d.h. bei hohem U, ist F im Vergleich zum Vollbeschäftigungsszenario klein, weil die Unternehmen bei einem großen Bewerberüberschuß leichter die vorhandenen freien Stellen besetzen können; strukturelle Profildiskrepanzen zwischen Arbeitsangebot und -nachfrage spielen insoweit eine geringere Rolle. Ein analoges Ergebnis zeigt sich bei Überbeschäftigung: Hier führt die Überschußnachfrage nach Arbeitskräften schneller zur Besetzung freier Stellen, da sich die Unternehmen bei Arbeitskräftemangel keine lange Suchzeit leisten können; U ist deshalb relativ gering.

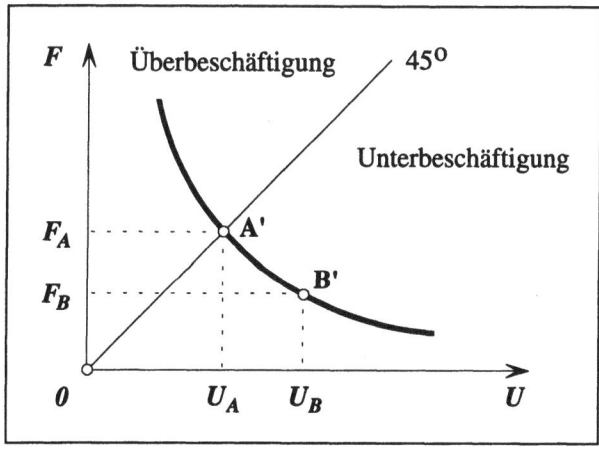

Abbildung 2.8: Beveridge-Kurve

Diese Beziehung zwischen offenen Stellen und Arbeitslosigkeit wird durch die *Beveridge-Kurve* wiedergegeben (Abbildung 2.8). Sie läßt sich als Hyperbel mit der allgemeinen Form

---

[8] Wenn somit das tatsächliche Beschäftigungsvolumen bei N liegt, so ist angenommen, daß die Arbeitsangebotsfunktion eine effektive Beschränkung der Produktion darstellt. In den folgenden Kapiteln wird jedoch gezeigt, daß bei Übernachfrage kurzfristig auch Punkte jenseits von N^s realisiert werden können. In diesem Fall einer echten Überbeschäftigung wird es deshalb zu Lohnsteigerungstendenzen kommen.

$$F = \frac{\phi}{U} \qquad [2.6]$$

beschreiben. Punkte auf der 45°-Linie bedeuten wegen $F=U$ Vollbeschäftigung. Das Ausmaß der Strukturprobleme auf dem Arbeitsmarkt wird durch den Parameter ϕ ausgedrückt. Eine Zunahme von ϕ bedeutet mehr strukturelle Arbeitslosigkeit und verschiebt die Beveridge-Kurve nach außen.

Nachfrageseitig bewirkte Beschäftigungsänderungen werden durch Bewegungen *auf* der Beveridge-Kurve erfaßt. Ausgehend von A' nimmt bei zunehmender Unterbeschäftigung U zu und F ab (umgekehrt bei Überbeschäftigung). In A' (entspricht A in Abbildung 2.7) ist die strukturelle Arbeitslosigkeit gleich $0U_A = 0F_A$, bei allgemeiner Unterbeschäftigung in B' (entspricht B in Abbildung 2.7) gleich $0F_B$. Wie beschrieben geht die strukturelle Arbeitslosigkeit bei Abweichungen vom Vollbeschäftigungsgleichgewicht zurück.

2.2.2 Lohn- und Preisdynamik: Die Phillips-Kurve

Die Determinanten der Nominallohnentwicklung lassen sich zwei Ursachenkomplexen zuordnen: dem Beschäftigungsgrad und verteilungspolitischen Zielsetzungen.

(1) Ein Arbeitsmarktgleichgewicht ist durch die Konstanz des durchschnittlichen Lohnsatzes charakterisiert. Dies verlangt nicht, daß es weder offene Stellen noch Arbeitslose gibt, sondern lediglich, daß ihre Zahl gleich groß ist. Bei Unter- und Überbeschäftigung ist nicht eine einmalige Absenkung bzw. Erhöhung des Lohnniveaus, sondern solange eine *anhaltende* Veränderung der Löhne zu erwarten, bis das Ungleichgewicht auf dem Arbeitsmarkt wieder beseitigt ist. Das Lohnwachstum ist eine positive Funktion der Differenz von F und U:

$$\hat{w} = \alpha' (F - U) \qquad [2.7]$$

Der Parameter α' mißt die Reaktion der Nominallöhne auf Nachfrage- und Angebotsüberschüsse am Arbeitsmarkt und gibt insoweit den Konkurrenzgrad zwischen Beschäftigten und Arbeitslosen wieder: Er ist niedrig, wenn sich die Beschäftigten bei ihren Lohnforderungen von einer bestehenden Arbeitslosigkeit nicht beeindrucken lassen (z.B. wenn diese einem anderen Teilarbeitsmarkt zugerechnet wird); er ist hoch, wenn befürchtet wird, daß hohe Lohnforderungen die Sicherheit des eigenen Arbeitsplatzes gefährden.

Substituiert man F aus [2.6] und ersetzt die Zahl der Arbeitslosen U durch die Arbeitslosenquote

$$u = \frac{U}{N^{pot}} = \frac{N^{pot} - N}{N^{pot}} \qquad [2.8]$$

Die Lohninflation

so ergibt sich eine nicht-lineare Beziehung zwischen der Wachstumsrate der Nominallöhne und der Arbeitslosenquote.[9] Sie ging Ende der 50er Jahre aus einer empirischen Untersuchung hervor und wurde (nach ihrem Entdecker) als *Phillips-Kurve* bezeichnet:

$$\hat{w} = \alpha' \left(\frac{\phi}{u} - u \right) \qquad [2.9]$$

(2) Neben dem Beschäftigungsgrad wird das Nominallohnwachstum auch durch *verteilungspolitische Zielsetzungen* der Arbeitnehmer geprägt. Die gesamtwirtschaftliche Lohnquote l ist definiert als

$$l = \frac{W}{PY} = \frac{wN}{PY} = \frac{w/P}{Y/N} = \frac{w/P}{a} \qquad [2.10]$$

Eine Konstanz der Lohnquote ist somit bei

$$\hat{w} = \hat{p} + \hat{a} \qquad [2.11]$$

gesichert. Da die Tariflöhne i.d.R. für ein Jahr ausgehandelt und fixiert werden, sind für die Lohnforderung die *erwarteten* Werte für Inflationsrate und Produktivitätswachstum maßgeblich. Zusätzlich könnten Umverteilungszielsetzungen zugunsten der Lohnquote (symbolisiert durch dl^*) verfolgt werden:

$$\hat{w} = \hat{p}^e + \hat{a}^e + dl^* \qquad [2.12]$$

Aus [2.12] und einer zur Vereinfachung linearisierten Version von [2.9] ergibt sich eine integrierte *Bestimmungsgleichung der Nominallohndynamik*:

$$\hat{w} = \alpha \left(u^* - u \right) + \hat{p}^e + \hat{a}^e + dl^* \qquad [2.13]$$

Der Parameter α drückt - analog zu α' in [2.9] - die Stärke der Lohnreaktion bei Änderungen im Beschäftigungsgrad aus und ist insofern eine Meßgröße für die Flexibilität des Arbeitsmarktes. Die strukturelle Arbeitslosenquote u^* bezeichnet das gesamtwirtschaftliche Arbeitsmarktgleichgewicht, d.h. Vollbeschäftigung im makroökonomischen Sinne. Die Nominallöhne können auch bei Unterbeschäftigung ($u > u^*$) steigen, wenn z.B. hohe Inflationsraten und Produktivitätszuwächse erwartet werden (Abbildung 2.9).

Mit Blick auf die Unternehmen wird nun im folgenden stets - wenn nichts anderes vermerkt ist - der Fall einer konstanten Arbeitsproduktivität unterstellt. Gemäß ihrer Mark-up-Kalkulation geben die Unternehmen dann Lohn-

---

[9] Im Gegensatz zum Vorgehen in Kapitel 2.2.1 wird die Arbeitslosigkeit hier nicht am Arbeitsangebot, sondern am Arbeitspotential N^{pot} gemessen. Dieses wird aus Vereinfachungsgründen als konstant betrachtet. Siehe dazu auch Kapitel 5.4.3.

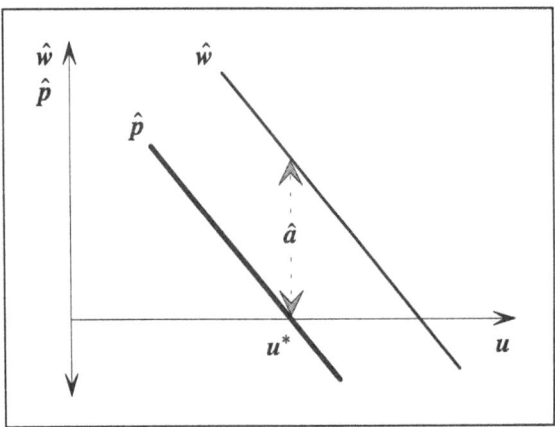

Abbildung 2.9: Lohndynamik und Phillips-Kurve

steigerungen in voller Höhe in ihren Absatzpreisen weiter. Nach [2.4] hängt die Inflationsrate von der Lohnsteigerungsrate, dem Produktivitätswachstum und der Veränderung des Gewinnaufschlags dk ab:

$$\hat{p} = \hat{w} - \hat{a} + \frac{dk}{1+k} \qquad [2.14]$$

Nach Einsetzen der Lohngleichung [2.13] ergibt sich daraus die *modifizierte Phillips-Kurve* [2.15], die eine *Beziehung zwischen Arbeitslosigkeit und Inflation* zeigt (Abbildung 2.9). Zur Vereinfachung ist hier angenommen, daß das erwartete dem realisierten Produktivitätswachstum entspricht ($\hat{a}^e = \hat{a}$) und beide Marktseiten auf Umverteilungsbestrebungen verzichten ($dl^* = dk = 0$), d.h. die Einkommensverteilung ist bei Bewegungen auf dieser Kurve konstant. Der Gleichgewichtspunkt stabiler Preise liegt bei der gleichgewichtigen Arbeitslosenquote u^*.

$$\hat{p} = \hat{p}^e + \alpha \left(u^* - u \right) \qquad [2.15]$$

Dies führt zur *Vorstellung einer Wahlmöglichkeit zwischen Inflation und Arbeitslosigkeit*: Ist die Phillips-Kurve langfristig stabil und konstant, so stellt jeder Punkt auf dieser Kurve ein makroökonomisches Gleichgewicht dar. Die Regierung könnte dann - z.B. um die Chancen ihrer Wiederwahl zu erhöhen - nach Maßgabe der vermuteten individuellen Präferenzen der Bürger einen bestimmten Punkt wählen und mittels expansiver oder restriktiver Makropolitik ansteuern. Die Neigung der Phillips-Kurve $(-\alpha)$ bestimmt dabei die wechselseitigen Opportunitätskosten (den "Trade-off") der beiden Ziele, d.h. konkret: wieviele Prozentpunkte Inflation zusätzlich in Kauf zu nehmen sind, um die Arbeitslosigkeit um einen Prozentpunkt zu verringern.

2.2.3 Akzelerierende Inflation bei Überbeschäftigung

Inflation ist ein Prozeß des Anstiegs der absoluten, d.h. in Einheiten des nominellen Wertstandards Geld gemessenen Preise. Eine naheliegende Inflationserklärung setzt auf der Nachfrageseite des Gütermarktes an: Wenn die gesamtwirtschaftliche Nachfrage das Angebotspotential übersteigt, können die Produzenten knappheitsbedingte Preiserhöhungen durchsetzen. Daraus kann sich jedoch allein keine Inflation, d.h. ein Prozeß *andauernder* Preissteigerungen entwickeln. Denn einerseits erfolgt auf der Angebotsseite eine Anpassung an einen Nachfrageüberhang: Aufgrund der höheren Preise steigt erstens die Profitabilität der inländischen Produktion, was tendenziell zu Kapazitätserweiterungen führt, und zweitens der Nettogüterimport, wodurch sich die Angebotsmöglichkeiten der Volkswirtschaft unmittelbar erweitern. Andererseits würde bei konstanten Nominallöhnen das Realeinkommen der Arbeitnehmer fortlaufend sinken und somit die (Konsum-) Nachfrage wieder zurückgehen.

Vor allem bei Vollbeschäftigung wird jedoch die Lohnpolitik auf einen Ausgleich für die inflationsbedingten Einkommensverluste drängen. Der Nominallohnentwicklung kommt die tragende Rolle für den Inflationsprozeß zu. Arbeitskraft gehört allgemein zu den kurzfristig nicht vermehrbaren, natürlichen Ressourcen, deren unelastisches Angebot den Engpaß einer konjunkturellen Aufschwungphase bildet. Wenn es sich (wie bei Arbeitskraft) um "Basisgüter" handelt, die in (nahezu) jede Produktion eingehen, so wird ihre zunehmende Verknappung zu Kosten- und damit zu Preissteigerungen führen (und letztendlich überhaupt eine weitere Produktionsausdehnung verhindern).

Damit kann ein nachfragebedingter Preisniveauschub zwar einen Inflationsprozeß auslösen; sein Kern besteht jedoch in einem anhaltenden Steigen aller nominalen, d.h. in Geld gemessenen Preise, insbesondere der Nominallöhne. Die in der öffentlichen und wissenschaftlichen Diskussion verbreitete Separierung des Inflationsprozesses in eine sog. Nachfragesog- und eine sog. Kostendruckinflation suggeriert dagegen ein isoliertes Auftreten dieser beiden "Inflationsarten"; dies ist markttheoretisch nicht überzeugend, da jede einzelne Komponente nur im Zusammenspiel mit der jeweils anderen ihren dynamischen Charakter beibehält.[10]

Ausgangspunkt der folgenden Analyse ist eine Konstellation der Vollbe-

---

10 Eine Beschränkung auf die Nachfrageseite allein kann den Inflationsprozeß nicht erfassen. Die keynesianische Theorie der Nachfragesoginflation baut auf Keynes' Analyse einer *Kriegswirtschaft* auf, in der eine kreditfinanzierte Staatsnachfrage eine Ausweitung der Rüstungsproduktion anstrebte. Dieser Ressourcentransfer verlangte eine reale Zurückdrängung der privaten Konsumnachfrage, was über steigende Preise durchgesetzt wurde. Entscheidend war dabei die *staatliche Fixierung der Nominallöhne*, wodurch eine bei Vollbeschäftigung ansonsten unausweichliche Reaktion der Gewerkschaften auf den Reallohnabbau verhindert wurde. Damit wird deutlich, daß die sehr speziellen Bedingungen dieser Konstellation eine Übertragung dieses inflationstheoretischen Ansatzes auf normale Marktverhältnisse verbieten.

schäftigung. Im Gegensatz zu Abbildung 2.7 werden strukturelle Unterbeschäftigung und offene Stellen im Arbeitsmarktdiagramm der Abbildung 2.10 (a) nicht mehr explizit ausgewiesen. Statt dessen wird das Phillips-Kurven-Diagramm (b) so angekoppelt, daß die gleichgewichtige Arbeitslosenquote u^* mit einem Gleichgewichtsbeschäftigungsniveau N^* übereinstimmt. Die direkte inverse Beziehung zwischen der N- und der u-Achse ($u = 1 - N$) folgt aus [2.8] mit Hilfe der Normierung $N^{pot} = 1$. Das Beschäftigungsvolumen N^* markiert somit Vollbeschäftigung bei einer positiven strukturellen Arbeitslosigkeit. Der Punkt A (bzw. A_0) stellt das Arbeitsmarktgleichgewicht dar, weil bei diesem Beschäftigungsgrad der aus der Sicht der Unternehmen gleichgewichtige Reallohn [2.5] dem Reallohnziel der Arbeitsanbieter entspricht.

Nun sei angenommen, daß die Notenbank dazu übergeht, die (bislang kon-

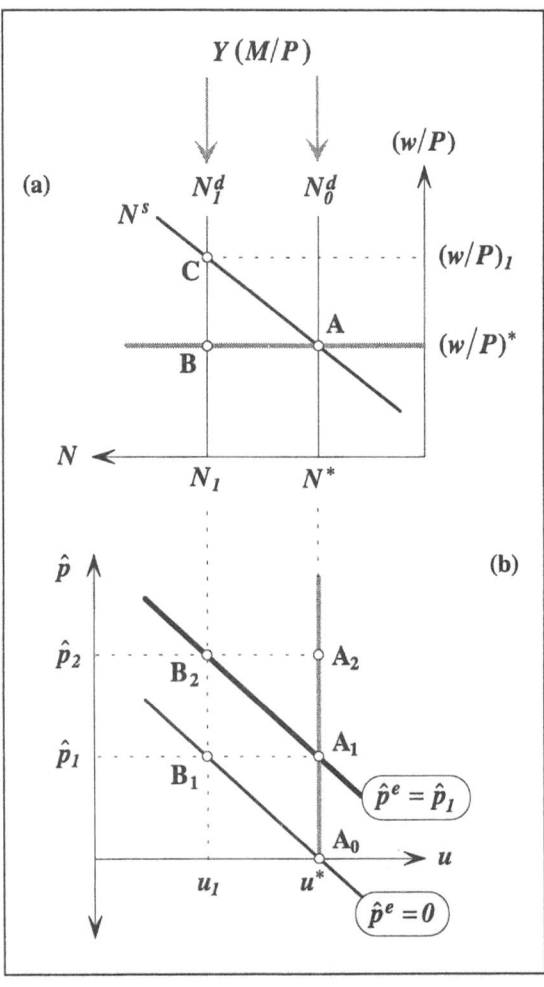

Abbildung 2.10: Arbeitsmarkt und Phillips-Kurve

stante) Geldmenge kontinuierlich zu erhöhen, um eine Beschäftigungsausweitung zu erreichen. Bei zunächst noch unveränderten Preisen bedeutet diese Zunahme des Geldmengenwachstums eine Erhöhung der realen Geldmenge M/P. Dies bewirkt eine reale Nachfragesteigerung auf dem Gütermarkt. Vermittelt über die Produktionsfunktion geht auch die Arbeitsnachfrage über N_0^d hinaus. Auf dem Arbeitsmarkt tritt damit beim herrschenden Reallohn $(w/P)^*$ ein Nachfrageüberschuß auf, der gemäß [2.13] zu Nominallohnsteigerungen führt. Wenn die Arbeitnehmer dies zugleich als Erhöhung des Reallohns deuten, so kann die Beschäftigung zunehmen, womit die Arbeitslosenquote sinkt. Da die Unternehmen jedoch steigende Nominallöhne in den Preisen überwälzen, um die Profitabilität ihres Produktionsprozesses zu wahren, bleibt der Reallohn faktisch unverändert. Zugleich bremst die nun steigende Inflationsrate den ursprünglichen expansiven monetären Impuls ab.

Der Punkt B_1 auf der Phillips-Kurve zeigt ein temporäres Gleichgewicht in diesem Inflationsprozeß.[11] Hier ist die Arbeitslosenquote auf u_1 gesunken und die Beschäftigung auf N_1 gestiegen. Da der Punkt C mit dem erwarteten Reallohn $(w/P)_1$ jedoch nicht erreicht worden ist, besteht in B eine - vom Standpunkt der Arbeitnehmer - unfreiwillige Überbeschäftigung, so daß der Lohndruck anhält.

Entscheidend ist dabei, daß die Erfahrung der bei der Bewegung auf der Phillips-Kurve ($A_0 \rightarrow B_1$) gestiegenen Inflationsrate die "Geschäftsgrundlage" des Lohnbildungsprozesses verändert. Wird von nun an $\hat{p}_1$ erwartet (während bislang eine Inflationserwartung von Null galt), so liegen nach der Lohnanpassungsfunktion [2.13] die geforderten Nominallohnsteigerungen *allgemein*, d.h. unabhängig vom Beschäftigungsgrad, im Niveau höher. Die Phillips-Kurve [2.15] verschiebt sich damit um die veränderte Inflationserwartung nach oben.

Gesamtwirtschaftlich hat dieser neuerliche, nun erwartungsbedingte Inflationsimpuls zur Folge, daß sich die reale Geldmenge und damit die Güternachfrage wieder verringert. Die Arbeitsnachfrage geht auf N_0^d zurück und das neue Gleichgewicht liegt in A bzw. A_1. Das anfänglich erhöhte Geldmengenwachstum muß dabei dauernd aufrechterhalten werden, um bei ebenfalls anhaltenden Preissteigerungen zumindest das ursprüngliche Beschäftigungsniveau N^* zu sichern.

Hält die Geldpolitik dagegen am Ziel der Beschäftigungssteigerung auf N_1 fest, so muß das Geldmengenwachstum weiter gesteigert werden. Analog zur ersten Runde, aber nun auf der Basis der Inflationsrate $\hat{p}_1$, ist dann wiederum ein temporärer Expansionseffekt möglich. In Punkt B_2 folgt jedoch erneut der geschilderte Anpassungseffekt durch die auf $\hat{p}_2$ gestiegene Inflationsrate: Die

---

[11] Die ablaufenden Anpassungs*prozesse* werden hier nur grob geschildert, weil in erster Linie die *Ergebnisse* einer expansiven Geldpolitik interessieren. Die Marktdynamik selbst wird genauer in Kapitel 2.4 untersucht.

Inflationserwartung wird entsprechend erhöht und die reale Nachfrage geht wieder zurück. Das neue Gleichgewicht liegt dann in A_2.

Die allgemeine Erkenntnis ist, daß zu jeder erwarteten Inflationsrate eine eigene Phillips-Kurve existiert; nur bei einer konstanten Inflationserwartung ist eine Bewegung *auf* einer dieser Kurven möglich. Die Nachfragepolitik kann die Beschäftigung über das Arbeitsmarktgleichgewicht hinaus nur durch Ausnutzung einer temporären *Geldillusion* der Akteure erhöhen: wenn die Arbeitnehmer aufgrund einer falschen Inflationserwartung eine Nominallohn- als Reallohnsteigerung ansehen. Falsche Inflationserwartungen werden jedoch früher oder später korrigiert.[12] Die vertikale Verbindungslinie aller Gleichgewichtspunkte A_0, A_1, A_2, ... wird als *langfristige Phillips-Kurve* bezeichnet. Sie bringt zum Ausdruck, daß langfristig keine Wahl zwischen Arbeitslosigkeit und Inflation besteht, sondern nur zwischen wenig oder viel Inflation. Der Versuch, die Arbeitslosigkeit dauerhaft unter dem Gleichgewichtsniveau u^* zu halten, führt nur zu (vermehrter) Inflation; u^* stellt somit die inflationsstabile Arbeitslosenrate dar, die im folgenden als "NAIRU" (*N*on *A*ccelerating *I*nflation *R*ate of *U*nemployment) bezeichnet wird.[13]

Engpässe auf *einzelnen* Arbeits- und Gütermärkten können zu Lohn- und Preissteigerungen führen, während auf anderen, relativ schrumpfenden Märkten keine kompensierenden absoluten Lohn- und Preissenkungen auftreten. Infolgedessen kann das allgemeine Preisniveau bereits vor Erreichen der Vollbeschäftigung auf allen Teilarbeitsmärkten steigen. Dieser Preiseffekt zeigt in makroökonomischer Sicht, d.h. bei Aggregation aller Märkte, bereits einen Nachfrageüberschuß an; die volkswirtschaftlichen Kosten einer allokativen Inflexibilität der Märkte bestehen somit - wenn Preisstabilität gewahrt bleiben soll - in der Hinnahme einer bestimmten Gleichgewichtsarbeitslosigkeit.

Daß eine anhaltende Nachfrageexpansion - sei sie wirtschaftspolitisch angetrieben oder nicht - bei Vollbeschäftigung keine dauerhaften Mengeneffekte bewirken kann, sondern zu einer Lohn- und Preisinflation führt, wurde sowohl von Keynes als auch vom Monetaristen Friedman betont. Im theoretisch-wirtschaftspolitischen Streit der 60er und 70er Jahren verteidigten die Keynesianer jedoch gegen die Monetaristen gewandt die These einer Möglichkeit an-

---

[12] Die Präzisierung der Theorie der Erwartungsbildung und die Herausarbeitung der damit verbundenen wirtschaftspolitischen Konsequenzen erfolgt in Kapitel 2.3.

[13] Die ebenfalls gebräuchliche Bezeichnung der "natürlichen Rate der Arbeitslosigkeit" wird nicht verwendet, weil sich mit diesem Begriff ein theoretisch weitergehendes Konzept verbindet: Danach ist u^* jene Arbeitslosenquote, die auch in einem System perfekter Arbeitsmärkte bestehen würde und die letztlich vor allem - aufgrund verschiedener mikroökonomischer Kalküle - freiwillige Arbeitslosigkeit widerspiegelt. Die NAIRU stellt dagegen ein in erster Linie makroökonomisches (und eher empirisches) Konzept dar, das ein aggregatives Arbeitsmarktgleichgewicht an die Konstanz der Löhne bindet, unabhängig davon, ob das gleichzeitige Auftreten von Arbeitslosigkeit und offenen Stellen auf einzelwirtschaftliche Entscheidungen oder aber auf Marktunvollkommenheiten i.w.S. zurückzuführen ist. Die Annahme einer langfristigen Konstanz der NAIRU wird in Kapitel 3.2.6 und 3.3 überprüft und revidiert.

haltender Beschäftigungseffekte expansiver Makropolitik. Ihre Argumente waren:
- die nicht vollständige Reaktion der Nominallöhne auf Preissteigerungen (ein empirisch feststellbarer Rest an Geldillusion, der seitdem weiter geschwunden ist) und
- die praktische Unschärfe des "gleichgewichtigen" Beschäftigungsgrades, d.h. die empirisch schwierige Unterscheidung zwischen konjunktureller und struktureller Arbeitslosigkeit.

Auf diese Position gestützt haben die Regierungen in vielen Ländern phasenweise inflatorische Tendenzen hervorgerufen oder verstärkt, indem sie ehrgeizige Beschäftigungsziele verfolgten und auch strukturelle Arbeitslosigkeit i.w.S. mit nachfragepolitischen Maßnahmen zu bekämpfen versuchten.

> Mit der Zunahme der wirksamen Nachfrage nimmt (...) die Beschäftigung zu, (...) bis ein Punkt kommt, an dem keine überschüssige Arbeit zum dann bestehenden Reallohn verfügbar ist. (...) Nach diesem Punkt würde (...) eine Arbeitseinheit den Anreiz des Gegenwertes einer vermehrten Menge von Erzeugnissen erfordern [d.h. einen höheren Reallohn; H.-P.S.], während das Erträgnis des Einsatzes einer weiteren Einheit eine verringerte Menge von Erzeugnissen wäre [d.h. ein gesunkenes Grenzprodukt; H.-P.S.]. Die Bedingungen des strengen Gleichgewichts erfordern daher, daß die Löhne und Preise (...) im gleichen Verhältnis wie die Ausgabe steigen, wenn die (...) Menge der Produktion und der Beschäftigung (...) unverändert bleiben soll. Das heißt, wir haben einen Zustand erreicht, in welchem der rohen Mengentheorie des Geldes (...) völlig genügt wird; denn die Produktion ändert sich nicht, und die Preise steigen im genauen Verhältnis zu *MV* [d.h. zur umlaufenden Geldmenge; H.-P.S.].
>
> *John Maynard Keynes* (1936: 245)[14]

Zusammenfassung von Kapitel 2.2

(1) Aufgrund der strukturellen Heterogenität des Arbeitsmarktes treten offene Stellen und Arbeitslosigkeit i.d.R. gleichzeitig auf. Das hierdurch zum Ausdruck kommende Ausmaß einer allgemeinen Marktunvollkommenheit wird in der Beveridge-Kurve abgebildet. Die gesamtwirtschaftliche Konsequenz ist, daß die Schwelle eines allgemeinen Lohnanstiegs und damit das makroökonomische Arbeitsmarktgleichgewicht bei einer positiven Arbeitslosenquote liegt.

(2) Die ursprüngliche Phillips-Kurve zeigt einen inversen Zusammenhang zwischen Arbeitslosigkeit und Nominallohnwachstum. Wenn Lohn- und Gewinnbezieher die bestehende Einkommensverteilung hinnehmen und die Unternehmen die über das Produktivitätswachstum hinausgehenden Nominallohnsteigerungen in den Güterpreisen überwälzen, ergibt sich eine modifizierte Phillips-Kurve als inverser Zusammenhang zwischen Arbeitslosigkeit und Inflationsrate.

---

[14] Keynes argumentiert vor dem Hintergrund einer Arbeitsnachfrage, die durch eine abnehmende Grenzproduktivität der Arbeit bestimmt ist. Dieser Unterschied zur obigen Analyse hat jedoch für die eigentliche Fragestellung, die Wirkung der Nachfragepolitik bei einer an der Arbeitsangebotsfunktion gemessenen Vollbeschäftigung, keine zentrale Bedeutung.

(3) Inflation tritt dann auf, wenn die Nachfrage auf Ressourcen trifft, die einerseits nur zu steigenden Kosten reproduzierbar sind und andererseits in alle Produktionsprozesse eingehen. Der wichtigste, nicht marktmäßig reproduzierbare Produktionsfaktor ist Arbeitskraft. Selbst bei unausgelasteten Sachkapazitäten führt eine Überschußnachfrage auf dem Arbeitsmarkt zu einem inflatorischen Lohn-Preis-Mechanismus. Die Unternehmen müssen im Wettbewerb um zusätzliche Arbeitskräfte höhere Nominallöhne zugestehen, die dann in höheren Preisen auf die Endnachfrager überwälzt werden. Eine nachfragepolitisch bewirkte Beschäftigungssteigerung über das Arbeitsmarktgleichgewicht hinaus kann nur temporär Bestand haben, weil ein nachholender Inflationsausgleich in den Löhnen die reale Geldmenge wieder verringert. Die Phillips-Kurve gilt nur bei konstanten Inflationserwartungen; mit steigenden Inflationserwartungen verschiebt sie sich nach oben. Langfristig ist die Phillips-Kurve in Höhe der strukturellen Arbeitslosenquote, d.h. im makroökonomischen Arbeitsmarktgleichgewicht, vertikal. Eine wirtschaftspolitische Wahl zwischen Beschäftigung (jenseits dieses Gleichgewichts) und Geldwertstabilität besteht insoweit langfristig nicht.

2.3 Die makroökonomische Bedeutung der Erwartungen

2.3.1 Formen der Erwartungsbildung

Der anhand der Phillips-Kurve demonstrierte Inflationsprozeß provoziert die Frage, ob die Wirtschaftssubjekte das regelmäßige Muster der makroökonomischen Entwicklung entlang der Punkte A_0, B_1, A_1, B_2, A_2, ... (Abbildung 2.10) nicht erkennen und entsprechende Schlüsse für ihr Marktverhalten ziehen können. Allgemein ist zu berücksichtigen, daß die Marktteilnehmer bei unvollkommener Information und in die Zukunft gerichteten Entscheidungen insbesondere zur Bildung von Inflationserwartungen gezwungen sind. Analytisch lassen sich vier Typen der Erwartungsbildung unterscheiden:

(1) *Statische* Erwartungen liegen vor, wenn für die Realisierung einer Variablen (z.B. der Inflationsrate) stets ein bestimmter Wert erwartet wird:

$$\hat{p}_t^e = \hat{p}_0 \qquad [2.16]$$

(2) Bei *extrapolativen* Erwartungen wird nach Kenntnis des Wertes einer Variablen in der Periode $t-1$ dieser Wert auch für die Periode t erwartet, also in die Zukunft fortgeschrieben. Die Plausibilität der Schätzung erhöht sich dabei durch die Berücksichtigung früherer Werte, weil so auch der Trend der Variablen zumindest rudimentär erfaßt werden kann (Abbildung 2.11 a); weit zurückliegende Werte haben allerdings kaum noch Aussagekraft ($0 \leq \varepsilon \leq 1$):

$$\hat{p}_t^e = \hat{p}_{t-1} + \varepsilon \, (\hat{p}_{t-1} - \hat{p}_{t-2}) \qquad [2.17]$$

(3) Generell ist bei den ersten beiden Konzepten die Unterstellung zu kritisieren, daß die Individuen aus früheren Erwartungsfehlern nicht lernen. Dies

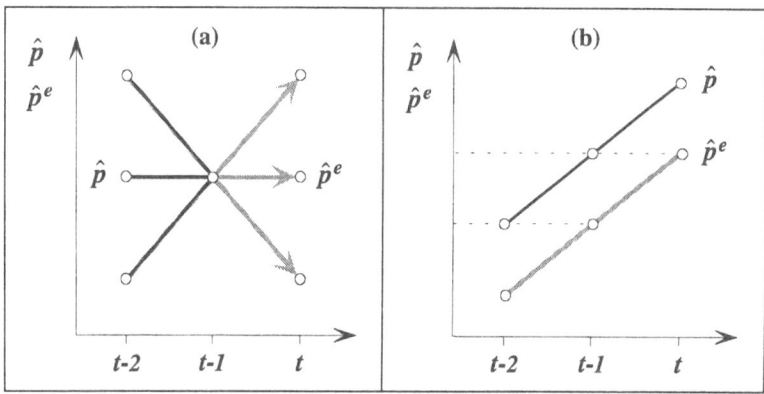

Abbildung 2.11: (a) Extrapolative und (b) adaptive Erwartungen

ist bei den *adaptiven* Erwartungen der Fall:

$$\hat{p}^e_t = \hat{p}^e_{t-1} + \delta \left(\hat{p}_{t-1} - \hat{p}^e_{t-1} \right) \qquad [2.18]$$

Basis ist hier die Inflationserwartung der Vorperiode, korrigiert um den damaligen Erwartungsfehler. Dabei stellt δ den "Lernkoeffizienten" dar: Bei $\delta = 0$ findet kein Lernprozeß statt, bei $\delta = 1$ ergibt sich wieder Fall (1) mit $\varepsilon = 0$ (so daß extrapolative Erwartungen auch als Ergebnis eines speziellen Lernprozesses interpretierbar sind). Das Lernverfahren ist nicht sehr effizient: Zwar konvergiert der Erwartungswert bei einer einmaligen Änderung der Inflationsrate früher oder später mit dem realisierten Wert; wenn sich die Inflationsrate jedoch fortlaufend ändert (z.B. in einem kontinuierlichen Prozeß der Erhöhung), so hinkt die Erwartung immer hinter der faktischen Entwicklung her (Abbildung 2.11 b).

Die Implikation des Ansatzes adaptiver Erwartungen für die Wirtschaftspolitik ist, daß stets zunächst ein Rückgang der effektiven Inflationsrate erfolgen muß, damit die Wirtschaftssubjekte ihre Inflationserwartungen nach unten anpassen. Eine Antiinflationspolitik benötigt somit einen langen Zeitraum, da die Inflationserwartung nur schrittweise sinkt.

(4) *Rationale* Erwartungen schließlich weisen keinerlei systematische Erwartungsfehler auf. Die Akteure nutzen alle im Verhältnis zu ihren Kosten ertragreich scheinenden Informationen über Wirtschaft und Wirtschaftspolitik, ziehen Konsequenzen aus Fehleinschätzungen in der Vergangenheit und lernen insoweit alles, was für die ökonomische Entwicklung relevant ist. Sie können so zwar einmal, aber nicht immer wieder von der Wirtschaftspolitik in der gleichen Weise getäuscht werden. Dabei läuft ein "Wettbewerb der Erwartungen" ab: Akteure mit systematisch falschen Prognosen erfahren ökonomische Nachteile, die anderen gewinnen und die richtigen Erwartungsmuster setzen sich schließlich durch. Bleiben gänzlich unvorhersehbare Ereignisse

("Schocks") aus, so ist die Inflationserwartung korrekt:

$$\hat{p}_t^e = \hat{p}_t \qquad [2.19]$$

2.3.2 Die These einer Wirkungslosigkeit der Makropolitik

Die weitreichenden Konsequenzen rationaler Erwartungen lassen sich aus dem Vergleich von zwei stilisierten Marktprozessen ersehen (Abbildung 2.12). In beiden Fällen wird ein ursprüngliches Vollbeschäftigungsgleichgewicht durch ein erhöhtes Geldmengenwachstum $\hat{m}$ gestört.

Im *Fall adaptiver Erwartungen* - darunter wird im folgenden stets [2.18] mit $\delta = 1$ verstanden - steigert dieser Nachfrageimpuls zunächst Einkommen und Beschäftigung, die Arbeitslosenquote sinkt unter ihren Gleichgewichtswert. Die damit veränderten Knappheitsverhältnisse auf dem Arbeitsmarkt führen zu Nominallohnsteigerungen, die von den Unternehmen in den Preisen überwälzt werden (dies bremst den expansiven monetären Impuls ab). Die Erfahrung einer erhöhten Inflationsrate setzt sich dann in eine entsprechende Inflationserwartung um. Sie geht in die Lohn- und Preisbildung ein, während der knappheitsbedingte Lohndruck nun entfällt: Da die Preissteigerungen die ursprüngliche Realkassenerhöhung neutralisieren, geht die reale Nachfrage

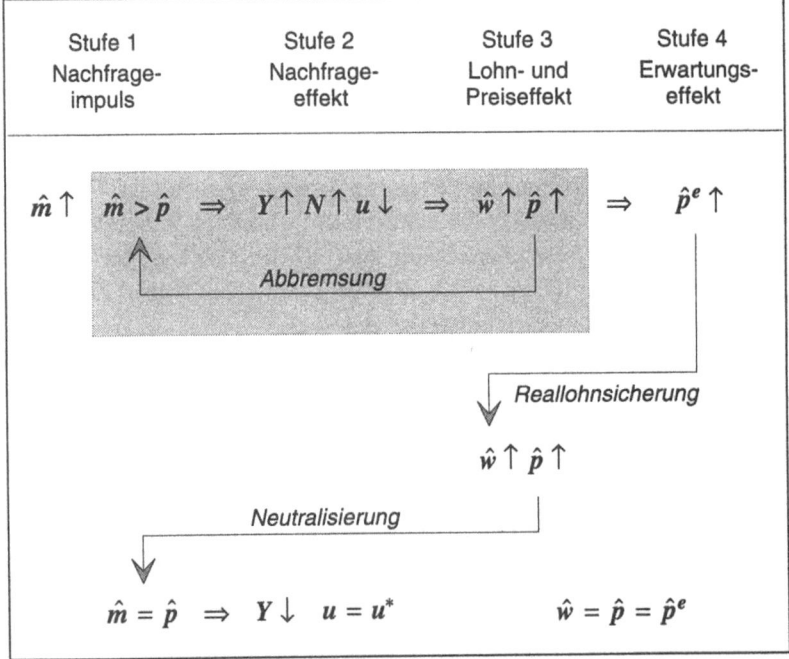

Abbildung 2.12: Marktprozeß bei adaptiven und rationalen Erwartungen

wieder auf das Ausgangsniveau zurück.

Diesem Szenario stellt die neuklassische Makroökonomie in Weiterentwicklung der monetaristischen Theorie den *Fall rationaler Erwartungen* gegenüber. Hier werden die Stufen 2 und 3 in der ersten Runde des Prozesses gleichsam übersprungen; die innerhalb des schattierten Rechtecks symbolisierten Markteffekte entfallen. Das erhöhte Geldmengenwachstum löst vielmehr direkt entsprechend hohe Inflationserwartungen aus, weil die Wirtschaftssubjekte das Marktergebnis des ablaufenden Prozesses antizipieren: Es wird angenommen, daß alle Akteure die volkswirtschaftliche Lage richtig einschätzen können und auf der Grundlage der oben skizzierten theoretischen Wirkungszusammenhänge den Marktprozeß gedanklich simulieren. Die Löhne werden dann unmittelbar infolge der gestiegenen Inflationserwartungen erhöht (und nicht wie oben zunächst infolge des temporären Nachfrageüberschusses am Arbeitsmarkt). Die direkte Überwälzung dieser Lohnsteigerung in den Preisen kompensiert den primären nominalen Expansionseffekt. Da sich die Realkasse nicht ändert, bleibt jeglicher Mengeneffekt aus. Die Beschäftigung kann folglich nicht gesteigert werden.

Formal läßt sich die Wirkungslosigkeit der Nachfragepolitik bei rationalen Erwartungen anhand eines einfachen Makromodells demonstrieren: Die *Angebotsseite* wird durch die Phillips-Kurven-Gleichung [2.15] gegeben. Die *Nachfrageseite* beschreibt den in Abbildung 2.10 illustrierten Einfluß der realen Geldmenge auf die Arbeitslosenquote (vermittelt über Güternachfrage und Beschäftigung): Dies läßt sich allgemein durch die Funktion $u(M/P)$ erfassen. Aus der Dynamisierung dieser Funktion folgt, daß sich die Arbeitslosenquote[15] invers zur Differenz der Geldmengenwachstumsrate und der Inflationsrate verändert. Zur Vereinfachung ist ein linearer Zusammenhang unterstellt; der Parameter β zeigt die Stärke des Realkassen-Zins-Effektes.

$$\hat{p} = \hat{p}^e + \alpha \left(u^* - u \right)$$
$$u - u_{-1} = -\beta \left(\hat{m} - \hat{p} \right)$$
[2.20]

Über $u = u_{-1}$ ergibt sich die Lösung des Differenzengleichungssystems [2.20]:

$$\underline{u} = u^* - \frac{1}{\alpha} \left(\hat{m} - \hat{p}^e \right)$$
$$\underline{\hat{p}} = \hat{m}$$
[2.21]

Sie besagt, daß sich die Arbeitslosenquote bei *gegebener* Inflationserwartung durch eine Erhöhung des Geldmengenwachstums unter u^* drücken läßt, während die Inflationsrate durch die Geldmengenwachstumsrate bestimmt ist.

---

[15] Die tiefgestellte Ziffer "-*1*" bedeutet hier und im folgenden, daß sich eine Variable auf die Vorperiode bezieht.

Wenn die Inflationserwartung jedoch nicht parametrisch, d.h. als exogene Konstante behandelt werden soll, ist das System [2.20] unterbestimmt, da $\hat{p}^e$ als *endogene* Variable auftritt.

Bei *rationalen Erwartungen* bietet sich nun folgender Lösungsweg an: Nach diesem Konzept entwickeln die Akteure eine Vorstellung über die Marktmechanismen einer Volkswirtschaft, d.h. sie legen ihren Erwartungen, Entscheidungen und Handlungen - mehr oder weniger explizit - eine ökonomische Theorie zugrunde. Wenn dabei die obigen Gleichungen (und ihr ökonomischer Hintergrund) als zutreffende Beschreibung des makroökonomischen Geschehens angesehen werden, so dienen sie den Wirtschaftssubjekten auch als Muster ihrer Erwartungsbildung, d.h. die Struktur des theoretischen Modells prägt die Struktur der Erwartungen. Die allgemein in Erwartungsgrößen formulierten Systembeziehungen [2.20]

$$\hat{p}^e = \hat{p}^e + \alpha \left(u^* - u^e\right)$$
$$u^e - u^e_{-1} = -\beta \left(\hat{m}^e - \hat{p}^e\right)$$ [2.22]

wirken deshalb bei der Lösung des Modells mit.[16] Es handelt sich gleichsam um eine Verdopplung der ökonomischen Funktionsbeziehungen in einen wirklichen und einen vorgestellten Prozeßablauf.

Die Lösung des Erwartungssystems [2.22] ist:

$$\underline{u^e} = u^*$$
$$\underline{\hat{p}^e} = \hat{m}^e$$ [2.23]

Weiter ergibt sich aus [2.21] und [2.23]:

$$\underline{u} = u^* - \frac{1}{\alpha} \left(\hat{m} - \hat{m}^e\right)$$ [2.24]

Damit werden zwei wichtige Punkte deutlich:
• Die Inflationserwartung hängt vom erwarteten Kurs der Geldpolitik ab.
• Die gleichgewichtige Arbeitslosenquote kann eben deshalb nur durch eine *unerwartete* Erhöhung des Geldmengenwachstums (d.h. bei $\hat{m} > \hat{m}^e$) gesenkt werden (bei $\hat{m} = \hat{m}^e$ ergibt sich $u = u^*$).

Die Phillips-Kurven-Diskussion zwischen Keynesianismus und Monetarismus hatte zunächst das Ergebnis erbracht, daß die Nachfragepolitik *kurzfristig* entlang einer negativ geneigten Phillips-Kurve Produktion und Beschäftigung erhöhen kann, während *langfristig* die Gleichgewichtsarbeitslosigkeit nicht unterschritten werden kann. Nun zeigt sich, daß die Effekte der Makropolitik nicht von der Fristigkeit der Instrumentenwirkung abhängen, sondern davon,

---

[16] Dabei ist vereinfachend angenommen, daß der erwartete und der faktische Wert der gleichgewichtigen Arbeitslosenquote u^* übereinstimmen.

ob eine solche Politik erwartet wird oder nicht. Wenn die Wirtschaftssubjekte immer wieder die Erfahrung einer letztlich inflationären Nachfragepolitik gemacht haben, ist anzunehmen, daß sie daraus lernen und sich bei entsprechenden Signalen auf dieses Ergebnis frühzeitig einstellen.

Die Phillips-Kurve ist damit auch kurzfristig vertikal. Dabei kann der Preis- bzw. Inflationseffekt sogar bereits *vor* der Durchführung einer expansiven Politik - als bloßer Erwartungseffekt - eintreten: Bereits auf die Erwartung einer expansiven Politik hin werden Löhne und Preise erhöht und damit der intendierte Mengeneffekt der Nachfragepolitik vereitelt. Die Wirkung der Nachfragepolitik läuft gleichsam ihrer Durchführung voraus. Im Extremfall kann sich der erwartungsbedingte Inflationsdruck allein aufgrund einer verbreiteten Vermutung einstellen, daß die Wirtschaftspolitik einen expansiven Kurs einschlagen *könnte*.

Die allgemeine Schlußfolgerung des Konzepts rationaler Erwartungen ist, daß *jegliche systematische und daher vorhersehbare* Makropolitik realwirtschaftlich wirkungslos bleibt.[17] Produktion und Beschäftigung könnten allein durch nach dem Zufallsprinzip ausgewählte nachfragepolitische Aktionen beeinflußt werden; aber für ein solches Konzept fehlt eine wohlfahrtstheoretische Begründung. Der *Geldpolitik* wird eine stetige Geldmengenversorgung empfohlen, um die Erwartungssicherheit der Marktakteure zu erhöhen.[18]

Diese stabilitätspolitischen Konsequenzen zeigen eine ausgeprägte Gegenposition zum Keynesianismus, der Notwendigkeit und Handlungsspielraum der Makropolitik generell höher einschätzt. Die weitreichenden wirtschaftspolitischen Implikationen des insbesondere von Lucas entwickelten Konzepts rationaler Erwartungen resultieren in erster Linie aus seiner Koppelung mit der Hypothese permanenter Markträumung bei einem eindeutig definierten Gleichgewichtswert. Die Problematik konjunktureller, unfreiwilliger Arbeitslosigkeit wird dadurch wegdefiniert.[19] Nur in Zusammenhang mit der strikten Markträumungsthese führen rationale Erwartungen zu einer Ineffektivität von Makropolitik; in einem solchen Szenario ist diese aber auch unnötig. Es fehlt eine Begründung dafür, warum die Politik überhaupt die Nachfrage über das Vollbeschäftigungsniveau hinaus steigern will.[20]

> It is puzzling to find it put forward as a discovery that a higher inflation rate will not increase the full-employment level of employment: Keynes and Keynesians would not have claimed otherwise. (...) The Lucasians, by denying the possibility of invo-

---

[17] Expansive Fiskalpolitik wird diesem Ansatz zufolge bereits auf der Ebene der Güternachfrage durch eine vermehrte private Ersparnis neutralisiert, weil Kredit- und Steuerfinanzierung von Staatsausgaben als äquivalent angesehen werden (vgl. Kapitel 1.6.3). Der Inflationseffekt der Makropolitik bleibt insoweit aus.

[18] Vgl. Kapitel 5.2.4.

[19] Vgl. dazu Kapitel 3.1.

[20] Diese Frage wird in Kapitel 5.2.5 aufgegriffen.

> luntary unemployment - indeed, they profess not to know what it means - have given no reason why anyone should be interested in their trade-off even if it existed. In fact, the world that they describe quite plainly needs no macro-policy. Keynesians were concerned with the problem of pushing the economy to its natural rate, not beyond it. If the economy is already there, we can all go home.
>
> Frank H. Hahn (1982: 74f)

2.3.3 Permanente Markträumung, rationale Erwartungen und Schocks

In diesem Kapitel werden die bereits oben dargestellten inhaltlichen Zusammenhänge noch einmal aus einer formal anderen Perspektive erläutert. Ausgangspunkt ist hier nicht die Phillips-Kurve mit ihrem Charakteristikum dynamischer Lohn- und Preisveränderungen, sondern ein statisches Gleichgewichtsmodell, das in der modernen makrotheoretischen Diskussion eine breite Verwendung gefunden hat. Dieses Modell ist in logarithmischer Schreibweise formuliert, weil so auch nicht-lineare Beziehungen in einfacher mathematischer Form behandelt werden können. Die natürlichen Logarithmen einer Variablen X werden im folgenden mit x bezeichnet, d.h. $LN(X) = x$.[21]

Im Hinblick auf das *Güterangebot* wird eine abnehmende Grenzproduktivität der Arbeit unterstellt; die Annahme einer konstanten Arbeitsproduktivität kann als Grenzfall einbezogen werden. Die Produktion steigt demnach dann über den Ausgangswert y^* (der zugleich als Vollbeschäftigungsoutput angenommen ist), wenn der Reallohn sinkt, d.h. wenn das Preisniveau in Relation zum Nominallohn zunimmt. Weiterhin ist angenommen, daß der Nominallohn w dem erwarteten Preisniveau p^e folgt (um den Reallohn von Vollbeschäftigung ausgehend zu sichern), so daß er durch diese Variable ersetzt werden kann. Hinzugefügt ist eine Störvariable s^s, durch die technisch bedingte Produktionsänderungen (z.B. aufgrund von exogenen und unvorhersehbaren Produktivitätsänderungen) erfaßt werden:[22]

$$y = y^* + \phi\left(p - p^e\right) + s^s \quad \text{mit} \quad p^e = w \qquad [2.25]$$

---

[21] Dabei ist an folgende Rechenregeln zu erinnern:

$$LN(X \cdot Z) = x + z$$
$$LN(X/Z) = x - z$$
$$LN(X^\alpha) = \alpha x$$
$$LN(E^\beta) = \beta \quad \text{mit} \quad E = \textit{Eulersche Zahl}$$
$$LN(1) = 0$$

[22] In nicht-logarithmischer Schreibweise lautet die Angebotsfunktion ohne den Störterm

$$Y = Y^* \left(\frac{P}{P^e}\right)^\phi$$

Abweichungen vom Vollbeschäftigungsoutput können demnach (sieht man von Schocks ab) bei rigiden Löhnen auftreten, die sich z.B. aufgrund von Geldillusion nicht perfekt der Preisentwicklung anpassen.

Alternativ dazu - dies ist die von Lucas angebotene Lesart der Angebotsfunktion [2.25] - kann man auch auf Informationsunvollkommenheiten auf Seiten der Produzenten abstellen: Sie kennen nur den Preis auf ihrem Markt (p), nicht aber das allgemeine Preisniveau (hier symbolisiert durch p^e). Eine Preissteigerung ihres Produkts wird deshalb als *relative* Preiserhöhung gedeutet, die eine verbesserte Profitabilität anzeigt und eine Angebotsausweitung induziert. Erkennen die Unternehmen dagegen, daß sich ihr Angebotspreis parallel zum Preisniveau entwickelt, verbleibt die Produktion beim gegebenen Gleichgewichtsniveau.

Die *Güternachfrage* reagiert positiv auf autonome (Staats-) Ausgaben g. Die Investitionstätigkeit wird indirekt durch den negativen Einfluß des Zinssatzes i erfaßt; π gibt die Zinselastizität der Investitionsnachfrage an. Die Störvariable s^d bildet Präferenz- und Erwartungsänderungen der Marktakteure, zufällige Nachfrageschwankungen u.ä. ab.[23]

$$y = g - \pi i + s^d \qquad [2.26]$$

In der *Geldmarktgleichung* bezeichnet m das Geldangebot und σ die Zinselastizität der Geldnachfrage; ihre Einkommenselastizität ist gleich Eins gesetzt. Liquiditätspräferenzänderungen der Geldhalter (sowie zufällige Geldangebotsänderungen) werden durch die Störvariable s^m ausgedrückt.[24]

$$m = p + y - \sigma i + s^m \qquad [2.27]$$

Gleichungen [2.25-27] stellen ein interdependentes System mit den Unbekannten p, y und i dar. Allerdings ist auch das erwartete Preisniveau p^e als weitere unbekannte Variable endogen zu bestimmen. Bei rationalen Erwartungen ist wiederum (analog zum Vorgehen im vorstehenden Kapitel) davon auszugehen, daß die Marktakteure die Funktionsweise des makroökonomischen Systems "verstehen". Die *erwarteten* Marktbeziehungen werden so zu eigenständigen prozeßbeeinflussenden Faktoren; formal wirken deshalb die Erwartungsversionen der drei Gleichungen bei der Lösung des Systems mit. Dabei

---

[23] Gleichung [2.26] repräsentiert damit die *IS*-Kurve bzw. die Güternachfragefunktion, die sich - wiederum ohne Störterm - als

$$Y = G E^{-\pi i}$$

spezifizieren läßt. Indem der Zinssatz als Exponent der Eulerschen Zahl E erfaßt wird, braucht er nicht logarithmiert zu werden.

[24] In nicht-logarithmischer Form lautet diese *LM*-Gleichung ohne den Störterm

$$M = P Y E^{-\sigma i}$$

ist zu beachten, daß die Störgrößen unsystematische, nicht antizipierbare Ereignisse symbolisieren, die auch mit rationalen Erwartungen nicht antizipiert werden können. Sie haben einen erwarteten Mittelwert von Null mit endlicher Varianz ("white noise"); ihr Erwartungswert ist damit gleich Null.

Unter Verwendung des aus den Gleichungen [2.25-27] abgeleiteten Erwartungssystems

$$y^e = y^* + \phi \left(p^e - p^e \right)$$
$$y^e = g^e - \pi i^e \qquad [2.28]$$
$$m^e = p^e + y^e - \sigma i^e$$

lassen sich nun die Lösungen für die endogenen Variablen p, p^e, y, y^e, i und i^e bestimmen. Von Interesse ist hier nur die Lösung für den Output:

$$\underline{y} = y^* + \frac{\phi \pi \left(m - m^e \right) + \phi \sigma \left(g - g^e + s^d \right) + \pi s^s - \phi \pi s^m}{\pi (1 + \phi) + \phi \sigma} \qquad [2.29]$$

Es zeigt sich erneut, daß *erwartete* Aktionen der Nachfragepolitik wirkungslos bleiben. Zugleich wird aber auch deutlich, daß die Vollbeschäftigung durch möglicherweise auftretende exogene Marktstörungen gefährdet werden kann. Jedoch gibt es für eine diskretionäre, wohlfahrtssteigernde Konjunkturpolitik, die solche Schocks ausgleicht, keinen Raum, wenn diese Störungen für staatliche Instanzen ebenso überraschend und unvorhersehbar sind wie für die Privaten. Wenn der Staat keinen Informations- und Handlungsvorsprung vor dem privaten Sektor hat, ist von diskretionärer Politik abzuraten, weil diese tendenziell hinter der Entwicklung her läuft und daher destabilisierend wirkt.[25]

2.3.4 Die Problematik rationaler Erwartungen

Bei einer kritischen Beurteilung des neuklassischen Konzepts rationaler Erwartungen sind die folgenden Punkte zu bedenken:

(1) Nichts spricht gegen den Grundgedanken rationaler Erwartungsbildung, das elementare Muster des mikroökonomischen Optimierungskalküls auf das Problem der Gewinnung von entscheidungsrelevanten Informationen anzuwenden. Jedoch erlaubt selbst das im Vergleich zu anderen Ansätzen sehr anspruchsvolle und aufwendige Verfahren rationaler Erwartungsbildung keine erfolgreichen *Prophezeiungen*, sondern lediglich ökonomisch fundierte *Prognosen*. Die Theorie rationaler Erwartungen erkennt die Möglichkeit exogener,

---

[25] Der Fall eines positiven Stabilisierungspotentials diskretionärer Politik wird in Kapitel 5.3 untersucht.

irregulär auftretender Schocks an, die grundsätzlich nicht antizipierbar sind. Mit Häufigkeit und Stärke derartiger Störungen sinkt aber der Wert der Prognosen. Eine rationale Erwartungsbildung erscheint dann angesichts der damit verbundenen relativ hohen Kosten vielleicht nicht mehr lohnend: Es könnte deshalb rational sein, auf rationale Erwartungen zu verzichten und einfachere Verfahren zu verwenden. Allgemein ist das statische, nicht evolutorische Weltbild dieses Ansatzes zu kritisieren: Die Menge des erlernbaren Wissens erscheint gegeben; die Redeweise von zufälligen Schocks suggeriert, daß sich Marktkonstellationen und -prozesse nie wesentlich ändern.

(2) Finanz- und Geldpolitik sind in bezug auf reale Größen nur dann wirkungslos, wenn ihre Maßnahmen exakt antizipiert werden. Damit tauchen Probleme der Erwartungsbildung bereits bei der Prognose von politischen Wahlergebnissen sowie bei der Interpretation und Glaubwürdigkeit von Parteiprogrammen auf. Insbesondere ist abzuschätzen, ob und wie Regierung und Notenbank auf unvorhergesehene Störungen der Wirtschaftsentwicklung reagieren. Auch aus diesem Grund empfiehlt der Monetarismus eine strikte Regelbindung der Wirtschaftspolitik, d.h. einen Verzicht auf diskretionäre Maßnahmen, um die Erwartungssicherheit auf Seiten der privaten Akteure zu erhöhen. Da die Befolgung dieser Empfehlung aber nicht sichergestellt werden kann, bleibt das Verhalten der wirtschaftspolitischen Instanzen nur schwer voraussehbar. Die Wirtschaftssubjekte können kaum wissen, an welche ökonomische Theorien diejenigen politischen Akteure glauben, die in der Zukunft an die Macht gelangen.

(3) Darüber hinaus müssen auch Erwartungen über das Verhalten der übrigen *Marktakteure* gebildet werden. Dieses Problem wurde oben durch die Annahme jeweils repräsentativer Wirtschaftssubjekte mit homogenen Verhaltensweisen ausgeschaltet. Praktisch kann man sich einen Wettbewerbsmechanismus zwischen den Individuen vorstellen, in dem sich die Anhänger der "richtigen" Theorie als ökonomisch erfolgreich durchsetzen. Die monetaristisch-neuklassischen Marktergebnisse kommen nur dann zustande, wenn alle an die "Wahrheit" der neuklassischen Theorie glauben.

> Es wäre unsinnig, eine monetaristische Welt mit keynesianisch denkenden Marktteilnehmern zu bevölkern.
> *Manfred J. M. Neumann (1983: 200)*

In methodischer Hinsicht ist damit eine Überdehnung des Rationalitätsbegriffs zu kritisieren: Während üblicherweise damit nur eine Konsistenz der Ziele und Handlungen von Individuen beschrieben wird, verlangt der neuklassische Ansatz darüber hinaus eine Übereinstimmung der Meinung der Akteure mit einer "objektiven Wirklichkeit", die sich aber nur durch die "Brille" einer bestimmten Schule der Nationalökonomie als solche offenbart. Empirisch ist aber gerade im Wissenschaftsbereich der Ökonomie eine Konvergenz zu allgemein akzeptierten Theorien nicht immer beobachtbar. Folglich kann man nicht von der zunehmenden Universalität und Akzeptanz des neuklassischen Ansatzes ausgehen.

Es kann nicht a priori ausgeschlossen werden, daß "schlecht informierte" Wirtschaftssubjekte ihre Entscheidungen *nicht* an dem oben skizzierten Modell orientieren. Weil dann aber auch andere Marktergebnisse eintreten, ist es selbst für Anhänger des neuklassischen Modells nicht rational, die in ihrem Modell abgeleiteten theoretischen Ergebnisse zu erwarten; zumindest kurzfristig drohen dabei Verluste.

> Individuals, just as they have their own subjective preferences, have their own subjective ways of learning from experience and thus will develop their own forecasts. Though each of these forecasts may be perfectly rational in the light of the individual's experience, they may well look irrational in the light of the particular model of an economic observer and they will generally differ from each other.
>
> *Jörg Niehans* (1987: 412)

Das Phillips-Kurven-Problem stellt nur einen Ausschnitt aus dem gesamten, interdependenten volkswirtschaftlichen Geschehen dar; allgemein geht es nicht nur um die Inflationsrate, sondern darüber hinaus um Zinsen, Aktien- und Wechselkurse u.a.m. Investitionen in Real- wie in Finanzkapital müssen die künftigen subjektiven Marktmeinungen aller jeweilig für relevant erachteten Wirtschaftssubjekte berücksichtigen.

> Die berufliche Investition [kann] mit jenen Zeitungswettbewerben verglichen werden, bei denen die Teilnehmer die sechs hübschesten Gesichter von hundert Lichtbildern auszuwählen haben, wobei der Preis dem Teilnehmer zugesprochen wird, dessen Wahl am nächsten mit der durchschnittlichen Vorliebe aller Teilnehmer übereinstimmt, so daß jeder Teilnehmer nicht diejenigen Gesichter auszuwählen hat, die er selbst am hübschesten findet, sondern jene, von denen er denkt, daß sie am ehesten die Vorliebe der anderen Teilnehmer gewinnen werden, welche alle das Problem vom gleichen Gesichtspunkt aus betrachten. Es handelt sich nicht darum, jene auszuwählen, die nach dem eigenen Urteil wirklich die hübschesten sind, ja sogar nicht einmal jene, welche die durchschnittliche Meinung wirklich als die hübschesten betrachtet. Wir haben den dritten Grad erreicht, wo wir unsere Intelligenz der Vorwegnahme dessen widmen, was die durchschnittliche Meinung als das Ergebnis der durchschnittlichen Meinung erwartet.
>
> *John Maynard Keynes* (1936: 131f)

Vor diesem Hintergrund erscheint es nicht plausibel, daß die Vielzahl individueller Erwartungen über die Entwicklung makroökonomischer Variablen zu eindeutigen Gleichgewichtswerten konvergiert. Wie wenig eine Tendenz zu einwertigen Erwartungen den Erfahrungen in der Realität entspricht, kann man an den eher steigenden Umsätzen auf Vermögensmärkten (Wertpapier-, Immobilien-, Devisenmärkte) sehen: Käufe und Verkäufe beruhen hier gerade auf Erwartungs*unterschieden* im Hinblick auf die Rendite der gehandelten Objekte.[26] Wiederum gilt, daß bei divergierenden Erwartungen nicht zwangsläufig die vom neuklassischen Ansatz abgeleiteten Ergebnisse zustande kommen. Veränderungen im Spektrum der Erwartungen haben dann über die Beeinflussung der Marktpreise reale Effekte, die nicht prognostizierbar sind.

> Es ist eine beunruhigende Eigenschaft aggregierter Modelle, die einheitliche Erwartungen unterstellen, daß sie nicht erklären, warum überhaupt Transaktionen von vorhandenen Vermögenstiteln stattfinden.
> *James Tobin* (1980: 33)

(4) Es ist auch umstritten, welche *Art* von Informationen von den Wirtschaftssubjekten benötigt wird. Der neo- und neuklassischen Theorie zufolge sind nur Erwartungen über *Preise* erforderlich, weil hier das mikroökonomische Bild eines Mengenanpassungsverhaltens im Hintergrund steht; dabei ist angenommen, daß Verkäufer zu den gegebenen Preisen beliebige Mengen absetzen können. Die keynesianische Theorie hält dagegen, daß Unternehmen für ihre Investitions- und Beschäftigungsentscheidungen zusätzliche Informationen über mögliche Absatz*mengen* benötigen, eben weil temporär auch Gleichgewichte jenseits der hypothetischen Markträumungspunkte denkbar sind.

Zusammenfassung von Kapitel 2.3

(1) Bei statischen Erwartungen wird stets der gleiche konstante Wert einer Variablen erwartet. Extrapolative Erwartungen werden dadurch gebildet, daß vergangene Werte der betreffenden Größen in die Zukunft fortgeschrieben werden. Bei adaptiven Erwartungen werden dagegen vergangene Erwartungsfehler berücksichtigt. Alle diese Verfahren sind vergangenheits- und nicht zukunftsbezogen. Bei rationalen Erwartungen versuchen die Wirtschaftssubjekte dagegen, die beste Schätzung für einen künftigen Wert zu erreichen, indem sie alle ihnen zugänglichen Informationen nutzen, aus ihren Erfahrungen in den Marktprozessen lernen und nicht andauernd systematischen Erwartungsfehlern erliegen.

(2) Im Rahmen der neuklassischen Makroökonomie sind mit der Annahme rationaler Erwartungen die weitergehenden, problematischen Hypothesen verbunden, daß sich bei allen Marktakteuren tendenziell der Glaube an eine einzige Wirtschaftstheorie (die neuklassische) durchsetzt und eindeutige Erwartungen über die Gleichgewichtswerte aller wichtigen volkswirtschaftlichen Variablen gebildet werden. Weiterhin seien alle Märkte über flexible Preise permanent geräumt. Unter diesen Bedingungen hat die Nachfragepolitik auch kurzfristig keinen realwirtschaftlichen Einfluß. Mittels Inflation läßt sich das unterstellte Vollbeschäftigungs-

---

[26] Ein Gleichgewicht auf *Strommärkten* (für Güter und Dienstleistungen) verlangt eine Übereinstimmung von Angebot und Nachfrage bei i.d.R. positiven Umsätzen, ein Gleichgewicht auf *Bestandsmärkten* (z.B. für Wertpapiere) dagegen eine Übereinstimmung von Angebot und Nachfrage bei einem Transaktionsvolumen von Null, eben weil im Gleichgewicht jeder Akteur über diejenigen Aktiva verfügt, die er halten möchte (vgl. Kapitel 1.2.2).

niveau nicht überschreiten.

(3) Abweichungen vom Gleichgewicht treten nur bei unerwarteten Aktionen der Wirtschaftspolitik sowie bei exogenen Störungen auf. Selbst eine passive Abwehr dieser Störungen ist nicht möglich, wenn die Politik über keinen Informations- oder Handlungsvorsprung vor den privaten Akteuren verfügt.

(4) Rationale Erwartungsbildung erlaubt nur die Antizipation regelmäßiger Ereignisse. Bei häufig auftretenden unvorhersehbaren Störungen und Politikentscheidungen kann daher das Kosten-Nutzen-Kalkül der Informationsbeschaffung auch die Anwendung einfacher, mechanischer Erwartungsbildungsverfahren (wie die Fortschreibung der heutigen Werte ökonomischer Variablen in die nähere Zukunft) sinnvoll erscheinen lassen. Die generelle Aussage des neuklassischen Ansatzes, im Marktsektor würden sich tendenziell einheitliche, auf der neuklassischen Theorie aufbauende Erwartungen für alle ökonomischen Variablen durchsetzen, ist in einem evolutorischen Marktsystem unrealistisch und unplausibel.

2.4 Die Dynamik des Inflationsprozesses

2.4.1 Die Angebotsfunktion

Die inflatorischen Wirkungen der Nachfragepolitik wurden oben anhand der Phillips-Kurve auf eher komparativ-statische Weise behandelt. Nun wird der dynamische Anpassungs*prozeß* bei angebots- und nachfrageseitigen Störungen eines Vollbeschäftigungsgleichgewichts näher untersucht. Dabei interessieren vor allem zwei Fragen:
• Durch welche Größen wird das "Gravitationszentrum", d.h. der mögliche Fixpunkt der Anpassungsprozesse bestimmt?
• Wodurch wird sichergestellt, daß dieses Gleichgewicht letztendlich auch erreicht wird? Ist das Gleichgewicht stabil?

Der Inflationsprozeß wird im folgenden nicht im Rahmen einer Arbeitsmarkt-, sondern einer Gütermarktbetrachtung behandelt. Der Gütermarkt wird (in Gegensatz zu Abbildung 2.6) in einem *Inflations*-Output-Koordinatensystem dargestellt, um einen unmittelbaren Zugang zu den wirtschaftspolitisch interessierenden Variablen zu erreichen: *Veränderungen* in der Entwicklung des Geldwertes sind direkt ablesbar. Arbeitslosenquote und Beschäftigungsniveau bleiben auf einfache Weise mit dem Produktionsvolumen verknüpft.

Aufgrund der einfachen Produktionsfunktion [2.3], d.h. der Annahme einer vom Auslastungsgrad unabhängigen Arbeitsproduktivität $a = Y/N$ läßt sich die Definitionsgleichung der Arbeitslosenquote [2.8] in eine Beziehung zwischen Arbeitslosenquote und Outputniveau transformieren; dabei bezeichnet Y^{pot} das dem Arbeitspotential N^{pot} entsprechende Produktionsvolumen:

$$u = 1 - \frac{Y}{Y^{pot}} \qquad [2.30]$$

Die Dynamik des Inflationsprozesses

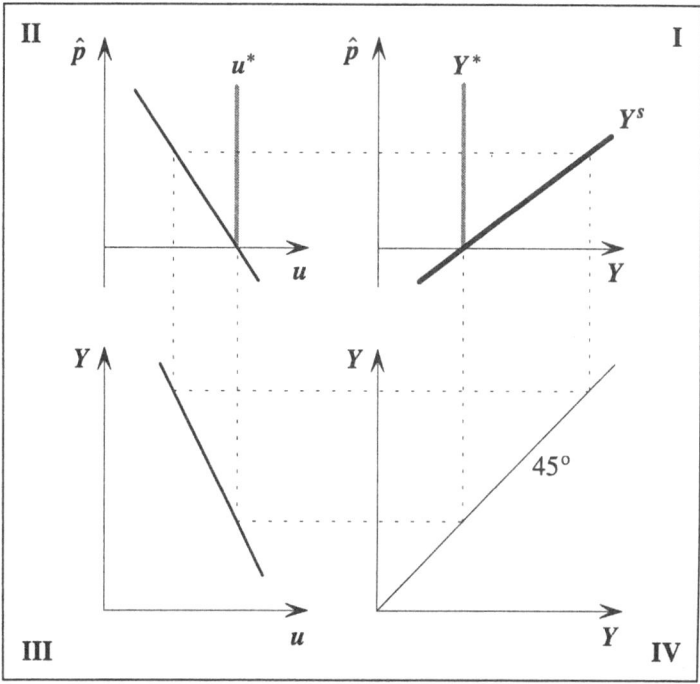

Abbildung 2.13: Phillips-Kurve und Güterangebotsfunktion

Mit Hilfe von [2.30], dargestellt im III. Quadranten von Abbildung 2.13, läßt sich die Phillips-Kurve [2.15] aus dem II. Quadranten in die Güterangebotsfunktion Y^s im I. Quadranten überführen. Normiert man zur Vereinfachung $Y^{pot} = 1$, ergibt sich die Angebotsfunktion als

$$\hat{p} = \hat{p}^e + \alpha \left(Y - Y^* \right) \qquad [2.31]$$

Y^* bezeichnet hier das zu Vollbeschäftigung (d.h. zur strukturellen Arbeitslosigkeit u^*) gehörende Produktionsniveau.[27]

Da [2.31] eine Lineartransformation der Phillips-Kurve ist, spielen auch bei dieser Angebotsfunktion wieder die Erwartungen eine große Rolle:
- Bei *konstanten* Inflationserwartungen gibt es - vermittelt über die Reaktion der Löhne auf Änderungen im Beschäftigungsgrad - einen "Trade-off" zwi-

---

[27] Man beachte den Unterschied zwischen den Angebotsfunktionen der Abbildungen 2.5 und 2.13: Im ersten Fall steigt das Preisniveau, hier die Inflationsrate mit dem Produktionsvolumen. Der Grund ist im ersten Fall die abnehmende Produktivität des Arbeitseinsatzes, die eine Produktionsausweitung bei konstantem Nominallohn nur bei einem steigenden Preis*niveau* erlaubt. Im zweiten Fall treten dagegen keine technisch bedingten Kostensteigerungen auf; der Produktionspreis ist für sich genommen unabhängig vom Produktionsumfang. Jedoch wird hier berücksichtigt, daß unter- und oberhalb von Y^* Arbeitsmarktungleichgewichte vorliegen, die zu *anhaltenden* Lohn- und Preisänderungen führen.

schen Inflation und Output, d.h. Inflation und Beschäftigung.
- Bei *Änderung* der Inflationserwartungen kann sich die Inflationsrate unabhängig vom Outputniveau erhöhen oder verringern, indem sich die Angebotsfunktion nach oben bzw. unten verschiebt.[28]
- Bei korrekten Inflationserwartungen ($\hat{p}^e = \hat{p}$) herrscht Vollbeschäftigung ($Y = Y^*$). Der bei rationalen Erwartungen postulierten vertikalen Phillips-Kurve bei u^* entspricht eine ebenfalls vertikale Angebotskurve im Punkt des gleichgewichtigen Produktionsniveaus Y^*.

Da aufgrund der linearen Produktionsfunktion Output- und Beschäftigungswerte auf einfache Weise gegeneinander substituiert werden können, läßt sich die Güterangebotsfunktion [2.31] unter Berücksichtigung von [2.3], [2.8], [2.13] und [2.14] so erweitern, daß sie die Marktbedingungen auf dem Arbeitsmarkt indirekt widerspiegelt:

$$\hat{p} = \left(\hat{p}^e + dl^* + \frac{dk}{1+k} - \alpha \frac{N^*}{N^{pot}} \right) + \frac{\alpha}{a\,N^{pot}} Y \qquad [2.32]$$

Der Achsenabschnitt, d.h. die Lage dieser Funktion hängt zunächst positiv von der erwarteten Inflationsrate, sowie von Umverteilungsbestrebungen der Lohnbezieher dl^* und Unternehmen dk ab. Weiterhin spielt die Relation $N^*/N^{pot} \leq 1$ eine Rolle, die als Maßgröße von Strukturproblemen auf dem Arbeitsmarkt gelten kann: Je mehr sie sich ihrem Grenzwert Eins nähert, desto vollkommener und homogener ist der Arbeitsmarkt, weil prinzipiell alle vorhandenen Arbeitskräfte nach Maßgabe ihrer Qualifikation beschäftigt werden können und aufgrund einer hohen Flexibilität und Anpassungsbereitschaft der Arbeitskräfte keine lohnsteigernden Engpässe auf Teilarbeitsmärkten auftreten. Folglich geht die NAIRU u^* dann gegen Null, Y^* nimmt umgekehrt entsprechend zu und der Inflationsdruck läßt angebotsseitig nach. Andererseits verschiebt sich die Angebotsfunktion bei zunehmender struktureller Verfestigung der Arbeitslosigkeit mit positivem Effekt auf die Inflationsrate nach oben.

Eine Zunahme des Arbeitspotentials N^{pot} und ein Niveausprung der Arbeitsproduktivität a bewirken eine Abflachung der Steigung der Angebotsfunktion mit inflationssenkendem Effekt. Eine größere Reagibilität α der Löhne auf Änderungen des Beschäftigungsgrades hat dagegen eine ambivalente Wirkung (Abbildung 2.14): Der kleinere Achsenabschnitt bedeutet, daß die beschäftigungs- und outputunabhängige "Basisinflation" geringer wird.

---

[28] Der Zusammenhang läßt sich auch in einem Preisniveau-Output-System darstellen. Aus der Definition der Inflationsrate [1.6] und [2.31] folgt, daß das heutige Preisniveau dem der Vorperiode entspricht, korrigiert um den Faktor der Inflationserwartungen und um den vom Beschäftigungsgrad abhängigen Lohnsteigerungseffekt:

$$P = P_{-1} \left[(1 + \hat{p}^e) + \alpha (Y - Y^*) \right]$$

Die Dynamik des Inflationsprozesses 131

Andererseits nehmen Lohn- und Preissteigerungen bei Produktionserhöhungen rascher zu. Ausgehend von einer Situation bei Vollbeschäftigung geht die Inflation in der Rezession schneller zurück, nimmt aber im Aufschwung auch rascher zu. Wenn die Lohnflexibilität gegen Unendlich geht, dreht sich die Angebotskurve zur Senkrechten über dem Vollbeschäftigungsproduktionsniveau Y^*. Dies bedeutet eine Rückkehr zum neuklassischen Modell, in dem Änderungen nominaler Größen wie der Inflationsrate auch kurzfristig keine realen Effekte haben.[29]

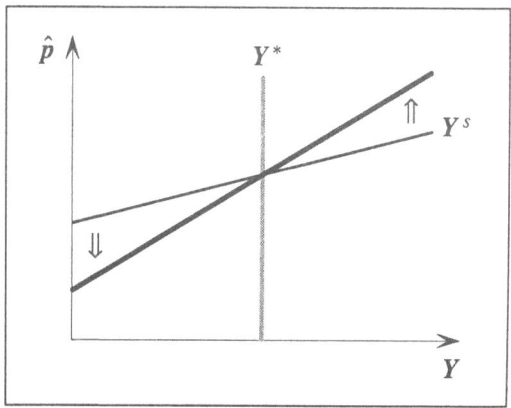

Abbildung 2.14:
Angebotsfunktion bei steigender Lohnreagibilität

2.4.2 Die Nachfragefunktion

Um die Dynamik auf der Nachfrageseite des Gütermarktes analysieren zu können, wird die sich aus der Integration von *IS*- und *LM*-Kurve ergebende allgemeine Nachfragefunktion [1.78] in Veränderungsgrößen geschrieben und zugleich so spezifiziert, daß der separierte Einfluß der autonomen (Staats-) Ausgaben sowie der realen Geldmenge auf die Nachfrage deutlich wird:

$$\Delta Y = \lambda \, \Delta G + \beta \, (\hat{m} - \hat{p}) \qquad [2.33]$$

Mit $\Delta Y = Y - Y_{-1}$ läßt sich diese Nachfragefunktion nach $\hat{p}$ auflösen und wie die Angebotsfunktion in einem Inflations-Output-Diagramm darstellen (Abbildung 2.15):

---

[29] Vgl. Kapitel 2.3.2. Die hier erwähnten Bestimmungsfaktoren der Angebotsfunktion sind nicht unabhängig voneinander zu sehen. So ist z.B. damit zu rechnen, daß ein wachsendes Arbeitspotential über die Erhöhung des Wettbewerbsdrucks auf dem Arbeitsmarkt auch die geschätzten Risiken der Lohnpolitik verändert, so daß die Löhne möglicherweise nun flexibler auf Änderungen des Beschäftigungsgrades reagieren.

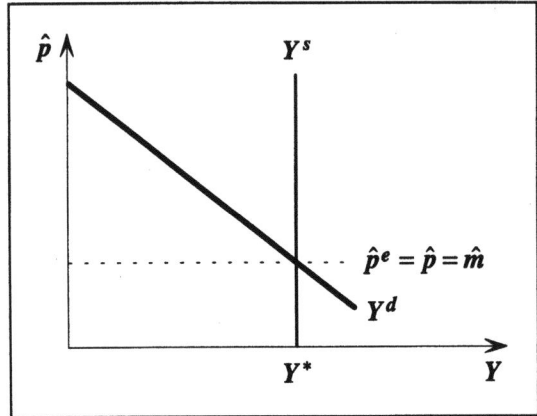

*Abbildung 2.15: Güternachfragefunktion
mit Angebotsfunktion bei rationalen Erwartungen*

$$\hat{p} = \left[\hat{m} + \frac{1}{\beta}(Y_{-1} + \lambda \Delta G)\right] - \frac{1}{\beta} Y \qquad [2.34]$$

Die negative *Steigung* dieser Kurve ergibt sich aus dem Realkassen-Zins-Effekt: Bei konstantem Geldmengenwachstum, d.h. einem unveränderten Kurs der Geldpolitik, bedeutet eine höhere Inflationsrate eine Liquiditätsverknappung, die über eine Zinserhöhung zu einem Nachfragerückgang führt.

Die *Lage* der Nachfragekurve hängt zunächst vom Einkommensniveau der Vorperiode ab. Darin kommt zum Ausdruck, daß die Nachfrageentwicklung nicht wie das Angebot (mit Y^*) über einen festen "Anker" verfügt; vielmehr verbleibt die Nachfrage bei jedem beliebigen erreichten Wert, wenn keine neuen nachfragewirksamen Impulse auftreten. Die Nachfragefunktion *verschiebt* sich bei Änderungen der geld- und fiskalpolitischen Aktivität. Zur Vereinfachung wird jedoch im folgenden von Fiskalimpulsen abstrahiert (d.h. $\Delta G = 0$).

$$Y = Y_{-1} + \beta (\hat{m} - \hat{p}) \qquad [2.35]$$

Damit wird die Dynamik der Nachfrageentwicklung deutlich: Das Einkommen bleibt beim Wert der Vorperiode, wenn Geldmengenwachstum und Inflationsrate übereinstimmen. Bei Veränderungen der Realkasse - seien diese von der Geldpolitik oder von Vorgängen auf der Angebotsseite ausgelöst - wird dagegen ein expansiver oder kontraktiver Prozeß ausgelöst, der solange anhält, bis wiederum die Konstellation $\hat{m} = \hat{p}$ erreicht ist.[30]

---

[30] Siehe dazu Kapitel 2.4.

2.4.3 Das Marktgleichgewicht

Die Entwicklung auf dem Gütermarkt wird nun durch die Interaktion der Angebots- und Nachfragefunktionen bestimmt. Der einfachste Fall ergibt sich bei rationalen Erwartungen: Mit $\hat{p}^e = \hat{p}$ liegt nach [2.31] das Einkommensniveau bei Vollbeschäftigung ($Y = Y^*$). Fügt man eine solche vertikale Angebotsfunktion, korrespondierend zur vertikalen Phillips-Kurve, in Abbildung 2.15 ein, so wird deutlich, daß Verschiebungen der Nachfragefunktion Y^d nur einen Effekt auf die Inflationsrate haben.

Dieser Fall ist jedoch empirisch eher irrelevant und theoretisch fragwürdig. Aus den bereits behandelten Gründen[31] wird statt dessen im folgenden eine einfachere, unter realistischen Bedingungen aber keineswegs irrationale Verhaltensweise unterstellt, nach der die Akteure erwarten, daß die Inflationsrate der Vorperiode auch in der laufenden Periode realisiert werden wird (adaptive Inflationserwartungen):

$$\hat{p}^e = \hat{p}_{-1} \qquad [2.36]$$

Im Unterschied zu [2.31] wird dann der Achsenabschnitt der Angebotskurve von der Inflationsrate der Vorperiode bestimmt. Damit entsteht - analog zur Nachfragefunktion - eine rekursive Beziehung: Solange das Outputniveau vom Gleichgewichtswert Y^* abweicht, ändert sich die Inflationsrate (die Angebotsfunktion verschiebt sich).

$$\hat{p} = \hat{p}_{-1} + \alpha \left(Y - Y^* \right) \qquad [2.37]$$

Aus den Angebots- und Nachfragefunktionen wird nun deutlich, daß das Marktgeschehen durch zwei gleichzeitig ablaufende Anpassungsprozesse geprägt wird (Abbildung 2.16):
- Die Inflationsrate steigt (fällt), wenn das Einkommen über (unter) dem Vollbeschäftigungsniveau liegt.
- Das Einkommen steigt (fällt), wenn die Realkasse zunimmt (abnimmt), d.h. wenn die Inflationsrate kleiner (größer) als das - zunächst als konstant unterstellte - Geldmengenwachstum ist.

Betrachtet man beide Bewegungen zusammen, so führt diese Marktdynamik in ein allgemeines Gleichgewicht, in dem beide Variablen, Inflationsrate und Output, stationäre Werte erreichen, d.h. sich nicht mehr ändern. Durch Einsetzen dieser Bedingungen, $\hat{p} = \hat{p}_{-1}$ und $Y = Y_{-1}$, in die Angebots- und Nachfragefunktionen [2.37] bzw. [2.35] erhält man die Gleichgewichtswerte:

$$\underline{Y} = Y^*$$
$$\underline{\hat{p}} = \hat{m} \qquad [2.38]$$

---

[31] Vgl. Kapitel 2.3.4.

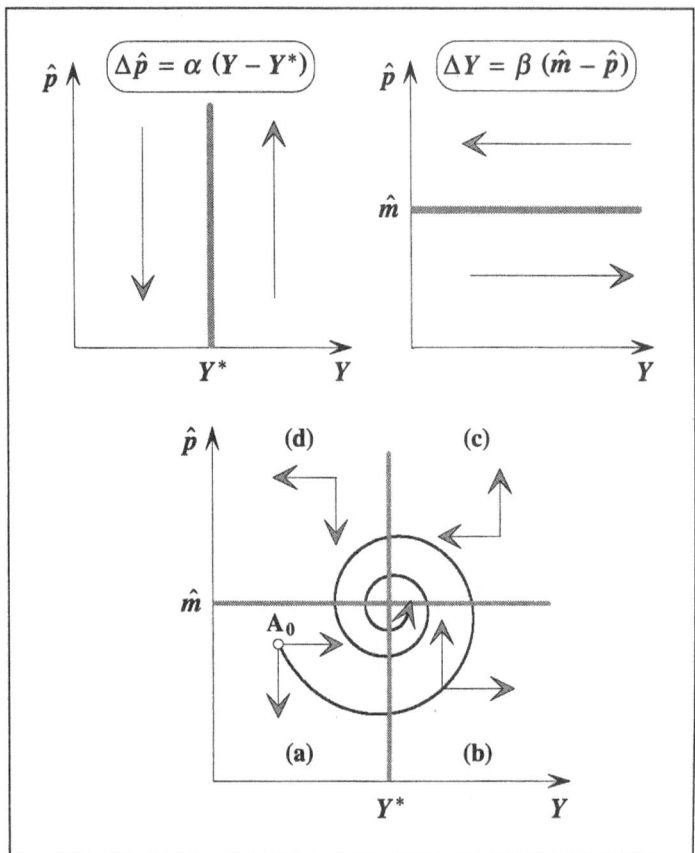

Abbildung 2.16: Inflations-Output-Dynamik bei adaptiven Erwartungen

Es handelt sich dabei um ein *stabiles* Gleichgewicht: Unabhängig von der Art der Marktkonstellation im Ausgangspunkt enden die in Linksschleifen verlaufenden Anpassungsprozesse stets im Schnittpunkt der Y^*- und $\hat{m}$-Linien. Die ökonomische Erklärung für die Stabilität des Gleichgewichts ist, daß das partielle *Ergebnis* der Marktdynamik einer Funktion dämpfend auf die *Antriebskräfte* der jeweils anderen Funktion einwirkt:

Befindet sich das System nach einer Störung (hervorgerufen z.B. durch einen Nachfragerückgang) in A_0 in Feld (a), so steht der vertikale Pfeil für einen Rückgang der Inflationsrate, weil sich das Einkommensniveau unterhalb des Vollbeschäftigungsoutputs befindet. Der horizontale Pfeil zeigt die Nachfragesteigerung, die durch den positiven Keynes-Effekt hervorgerufen wird. Entscheidend ist nun, daß der Nettoeffekt aus beiden Veränderungsprozessen nicht zu einer linearen, sondern zu einer nach innen gekrümmten Bewegung führt: Der Inflationsabbau stärkt fortlaufend den aus der Differenz von $\hat{m}$ und $\hat{p}$ resultierenden Realkassen-Zins-Effekt, so daß sich die Nachfragezunahme beschleunigt. Andererseits schwächt sich eben aus diesem Grund der Inflationsrückgang ab, weil die Differenz zwischen Y^* und Y kleiner wird.

In Feld (b) wechselt dann die Inflationsveränderung das Vorzeichen. Zwar geht die Nachfrageexpansion wegen $\hat{p} < \hat{m}$ weiter, wird aber wegen der Zunahme der Inflationsrate schwächer. Gleichzeitig sorgt das bloße Anhalten des Nachfrageeffektes dafür, daß sich die Inflation aufgrund der steigenden Differenz $(Y - Y^*)$ noch beschleunigt.

Diese nun dominierende Bewegung leitet dann in Feld (c) eine Umkehr der Nachfragedynamik ein. Weil sich somit die Überschußnachfrage auf dem Arbeitsmarkt verringert, lassen nun die lohngetriebenen Preissteigerungen mehr und mehr nach. Aber da $\Delta\hat{p}$ gleichwohl positiv bleibt, verschärft sich die reale Liquiditätsanspannung weiter, so daß die Nachfrage immer deutlicher zurückgeht.

In Feld (d) verliert bei nun fallender Inflationsrate der kontraktive Keynes-Effekt an Kraft. Der Nachfragerückgang schwächt sich deshalb ab, vergrößert aber dennoch die Differenz $(Y^* - Y)$ weiter. Die Konsequenz ist eine rascher sinkende Inflationsrate.

Allgemein wechselt in den vier unterschiedlichen Phasen des Anpassungsprozesses die Geschwindigkeit der Veränderung der beiden Variablen jeweils so, daß daraus eine spiralförmige Bewegung zum allgemeinen Gleichgewicht resultiert (diese "überschießende", d.h. über den neuen Gleichgewichtswert jeweils hinausgehende Bewegung der Variablen ist allgemeinen allerdings kein notwendiges Charakteristikum des Anpassungsprozesses). Die Stabilität des Gleichgewichts wird durch eine positive (negative) Lohnreaktion bei Überschußnachfrage (Überschußangebot) am Arbeitsmarkt sowie durch den inversen Zusammenhang zwischen Inflation und Güternachfrage bei gegebenem Geldmengenwachstum gesichert.[32] Dabei ist jedoch zu beachten, daß außer den endogenen Variablen Inflation und Output im Modell alle anderen ökonomischen Größen als konstant angenommen wurden. Bei komplizierteren Marktmechanismen, endogenen Erwartungs- und Verhaltensänderungen usw. muß nicht in jedem Fall gelten, daß das System zu einem allgemeinen Gleichgewicht konvergiert.[33]

---

[32] Die Gleichgewichtslösung des oben beschriebenen Anpassungsprozesses sowie die Bedingungen der Stabilität lassen sich aus einem formalen Modell ersehen: Die Angebots- und Nachfragefunktionen bilden ein - hier in Matrixschreibweise notiertes - System von linearen Differenzengleichungen:

$$\begin{bmatrix} 1 & -1/\alpha \\ 1 & \beta \end{bmatrix} \begin{bmatrix} Y \\ \hat{p} \end{bmatrix} + \begin{bmatrix} 0 & 1/\alpha \\ -1 & 0 \end{bmatrix} \begin{bmatrix} Y_{-1} \\ \hat{p}_{-1} \end{bmatrix} = \begin{bmatrix} Y^* \\ \beta\hat{m} \end{bmatrix}$$

Daraus ergeben sich die genannten Lösungswerte sowie die Schlußfolgerung stabilisierender, in Oszillationen verlaufender Bewegungen zum Gleichgewicht. Die Stabilität ist mathematisch dadurch gegeben, daß die Parameter α und β beide positiv sind.

[33] Dieses Problem wird in Kapitel 2.5.3 noch einmal aufgegriffen.

2.4.4 Wirtschaftspolitische Interventionen und exogene Störungen

Die oben illustrierte Marktdynamik wird nun an einigen Beispielen ausführlicher behandelt.

(1) Im ersten Fall geht es um den *Effekt einer expansiven Geldpolitik*. Im Ausgangspunkt A entspricht die Inflationsrate $\hat{p}_0$ der Geldmengenwachstumsrate $\hat{m}_0$ (Abbildung 2.17). Wird das Geldmengenwachstum *dauerhaft* auf $\hat{m}_1$ erhöht, so muß das neue Gleichgewicht schließlich in B liegen. In der ersten Periode verschiebt sich die Nachfragekurve von Y^d gemäß der Differenz $(\hat{m}_1 - \hat{m}_0)$ auf Y_0^d zum ersten temporären Gleichgewicht A_0. Die Angebotskurve Y_0^s bleibt dabei wegen der noch nicht sofort angepaßten Inflationserwartung unverändert. Die realisierte Inflationsrate erhöht sich jedoch, weil die Löhne aufgrund des gestiegenen Beschäftigungsgrades rascher zunehmen.

In der nächsten Periode wird das zweite, unabhängig vom Beschäftigungsgrad wirkende Inflationselement aktiv: Da nun die in A_0 herrschende höhere Inflationsrate erwartet wird, verschiebt sich die Angebotskurve auf Y_1^s. Andererseits ist aber auch diese Inflationsrate noch niedriger als das neue Geldmengenwachstum $\hat{m}_1$ und so hält der nachfragefördernde monetäre Impuls trotz der in A_0 bereits realisierten Einkommenssteigerung an; die Nachfragekurve gelangt in die Position Y_1^d. Aus dem Zusammenspiel von Y_1^s und Y_1^d ergibt

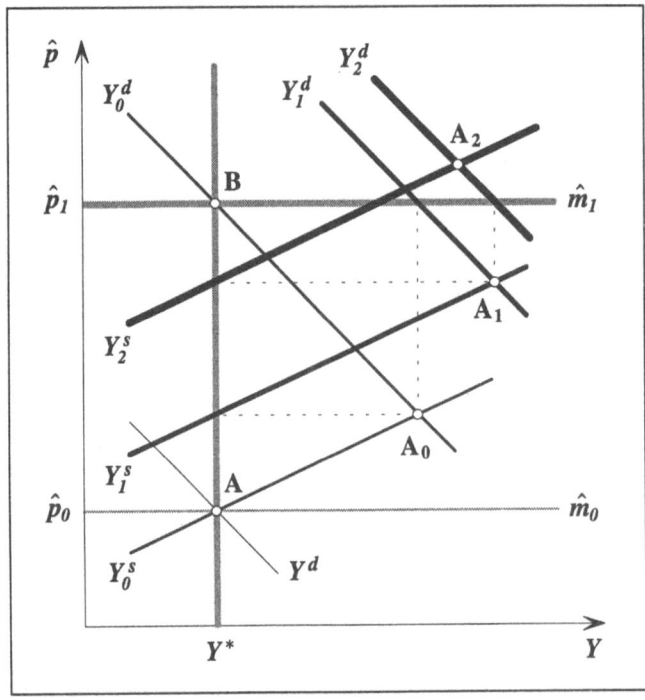

Abbildung 2.17:
Anpassung an ein dauerhaft höheres Geldmengenwachstum

sich der Punkt A_1 als weiterer Zwischenschritt zum Gleichgewicht.

Wiederum werden sich daraufhin Inflationserwartung und Nachfrage erhöhen, so daß Y_2^s und Y_2^d das neue temporäre Gütermarktgleichgewicht A_2 bestimmen. Hier ist das Einkommensniveau infolge des nun negativ wirkenden Realkassen-Zins-Effektes bereits wieder relativ zurückgegangen, während die Inflationsrate noch weiter steigt. Im weiteren Verlauf sinkt das Einkommen zunächst sogar unter Y^* und bewirkt damit eine Umkehr des Inflationstrends. Unterhalb der $\hat{m}$-Linie kommt es dann wieder zu Einkommens- und Beschäftigungssteigerungen.[34]

Der Prozeß setzt sich fort, bis das endgültige Gleichgewicht in B erreicht ist, das ein stabiles Güter- *und* Arbeitsmarktgleichgewicht anzeigt: Bei Vollbeschäftigung verschwindet die lohnbedingte Inflationsdynamik; die Nachfrage bleibt konstant, da der nominale Impuls eines höheren Geldmengenwachstums durch die auf $\hat{p}_1$ gestiegene Inflationsrate neutralisiert wird. Letztendlich hat die expansive Geldpolitik damit keinen realwirtschaftlichen, sondern nur einen nominalen Effekt erzielt. Nur im Verlauf des Anpassungsprozesses ergaben sich zeitweise reale Einkommenseffekte.

Bei einer *Verringerung* der Geldmengenwachstumsrate von $\hat{m}_0$ auf $\hat{m}_1$ (Abbildung 2.18) läuft ein analoger Anpassungsprozeß von A nach B ab, der

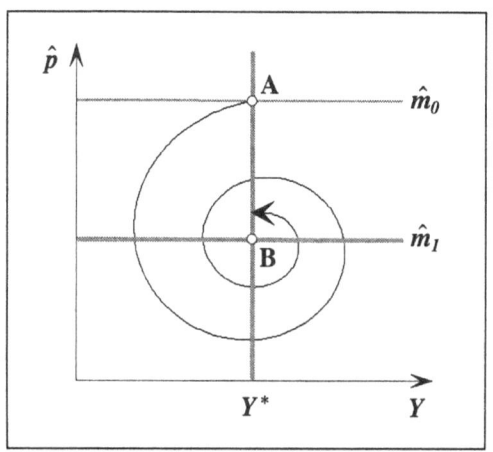

Abbildung 2.18: Anpassung an ein dauerhaft niedrigeres Geldmengenwachstum

---

[34] Die Kurvenverschiebungen werden durch folgende Mechanik geprägt: Die Angebotskurve hat einen konstanten Bezugspunkt im Vollbeschäftigungsniveau Y^*. Im dynamischen Prozeß verläuft sie hier stets durch den Punkt der vorherigen Inflationsrate. Aus jedem temporären Gleichgewicht findet sich daher die neue Lage der Angebotskurve durch eine Horizontale zur Y^*-Linie. Die Nachfragekurve hat keinen derartigen festen Anker. Die reale Nachfrage verändert sich, wenn die laufende Inflationsrate nicht dem Geldmengenwachstum entspricht; bei $\hat{p} = \hat{m}$ ist es konstant. Aus jedem temporären Gleichgewicht findet sich deshalb die neue Lage der Nachfragekurve durch eine Vertikale zur $\hat{m}$-Linie.

mit temporären Produktions- und Beschäftigungsverlusten einhergeht.[35] Bei einer nur *einmaligen* Veränderung des Geldmengenwachstums, das danach wieder den Wert $\hat{m}_0$ annimmt, würde der Anpassungsprozeß zu Punkt A zurückführen. In analoger Weise wirken andere Störungen auf der Nachfrageseite (Änderungen der Staatsausgaben, der Auslandsnachfrage oder der autonomen Komponenten bei Konsum und Investition).

(2) *Störungen auf der Angebotsseite* können ebenfalls auf mehreren Ursachen beruhen. Ausgangspunkt der folgenden Analyse sei eine *einmalige*, jedoch erhebliche Verteuerung eines wichtigen Rohstoffs (z.B. Erdöl). Analog zu autonomen Lohnsteigerungen verschiebt dieser Preisniveaueffekt die Angebotsfunktion Y^s nach oben: Rechnerisch bedeutet die Preissteigerung in der laufenden Periode eine Erhöhung der Inflationsrate um AB. Weil die Nachfragefunktion Y_0^d zunächst unverändert bleibt, wird jedoch in A_0 eine etwas niedrigere Inflationsrate realisiert (Abbildung 2.19). Von A ausgehend ist das Einkommen gesunken, weil das Geldmengenwachstum konstant gehalten wurde und somit die reale Liquiditätsverknappung zu einem Nachfragerückgang geführt hat.

In den folgenden Perioden läuft ein im Vergleich zum oben geschilderten Fall analoger Anpassungsprozeß ab. Der erste Schritt ist die Verlagerung der Angebotskurve Y_0^s nach unten auf Y_1^s: Zwar entfällt nun der primäre Preissteigerungseffekt, aber die in A_0 gestiegene Inflationsrate sorgt nun für eine auf Reallohnsicherung bedachte Lohnpolitik. Zugleich verlagert sich die Nachfragekurve auf die Position Y_1^d, weil vom Einkommensniveau in A_0 ausgehend der kontraktive Realkassen-Zins-Effekt einen weiteren Nachfragerückgang erzwingt. Das durch die beiden neuen Angebots- und Nachfragekurven erzeugte temporäre Gleichgewicht liegt in A_1. Über A_2 verläuft der weitere Prozeß wiederum in einer Linksschleife zurück zum alten (und neuen) Gleichgewicht in Punkt A.

Autonome Kosten- und Preissteigerungen - gleich welchen Ursprungs - müssen per Saldo mit zeitweiligen Produktions- und Beschäftigungsverlusten bezahlt werden. Dieser negative Beschäftigungseffekt wirkt dämpfend auf die Lohnforderungen ein und leitet eine Bewegung zurück zum Ausgangsgleichgewicht ein. Eine dauerhafte "Kostendruck*inflation*", die allein von einer aggressiven Lohnpolitik (oder anderen exogenen angebotsseitigen Störungen) angetrieben wird, gibt es nicht.

Allerdings kann sich in der Folge eines derartigen Impulses ein Inflationsprozeß entwickeln, wenn die Geldpolitik z.B. lohnbedingte Kostensteigerungen durch ein ebenfalls erhöhtes Geldmengenwachstum alimentiert. In einem solchen Fall wird der realwirtschaftlich restriktive Effekt der expansiven Lohnpolitik vermieden, aber es kommt dann zu einer noch kräftigeren Steigerung der Inflationsrate. Da die Arbeitnehmer ihr Ziel - eine Reallohnverbesse-

---

35 Darauf wird in Kapitel 3.1.4 und 5.2.2 noch genauer eingegangen.

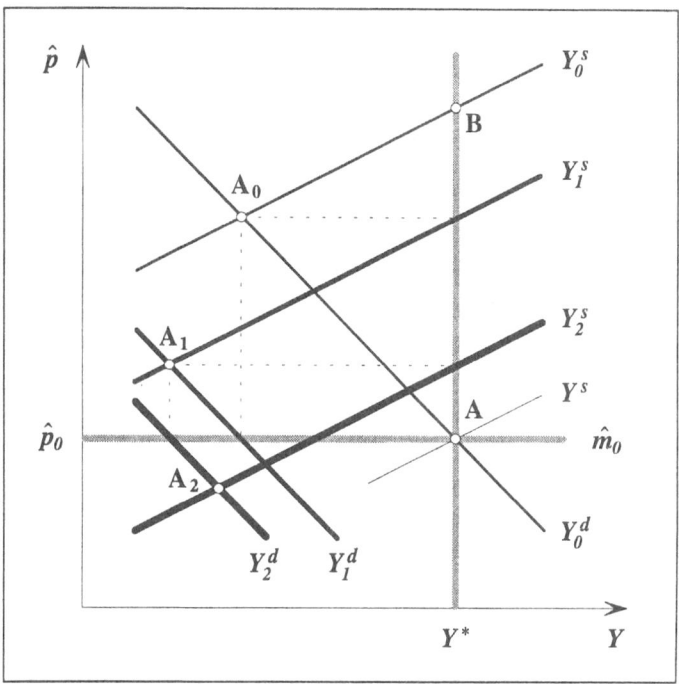

Abbildung 2.19: Anpassung an einen einmaligen Angebotsschock

rung - somit nicht erreichen und gleichzeitig die Risiken einer verteilungsorientierten Lohnpolitik - vermehrte Unterbeschäftigung - infolge der expansiven Geldpolitik nicht deutlich werden, wird sich der autonome Lohndruck verstärken. Die Geldpolitik muß dann wiederum entscheiden, ob sie den inflatorischen Lohn-Preis-Mechanismus finanzieren will oder nicht. Früher oder später muß aber doch die Überwälzung der Lohnsteigerungen gestoppt und eine erhöhte Arbeitslosigkeit hingenommen werden, weil die Alternative ein völliger Verlust der monetären Kontrolle wäre. Eine sich immer schneller drehende Lohn-Preis-Spirale droht in einer tendenziellen Erosion des Geldsystems zu enden.

> Im Kern des Inflationsprozesses stehen die Interessen im Kampf um die Einkommensverteilung. (...) Eine Stabilisierungskrise ist ein verspätetes Disziplinieren dieses Kampfes. (...) So ist in einem Land mit kräftiger Inflation eine vermiedene Stabilisierungskrise immer nur eine vertagte Stabilisierungskrise, wobei der Zeitvorteil nach aller Erfahrung mit höheren Kosten erkauft werden muß.
> Sachverständigenrat (1975: Zf. 379, 376)

Die beiden Beispiele zeigen, daß das *Gütermarktgleichgewicht* eine doppelte Verankerung aufweist:
- Das *Arbeitsmarktgleichgewicht* determiniert den Vollbeschäftigungsoutput

und sichert eine Konstanz des outputabhängigen Bestandteiles der Lohnentwicklung (*realer Anker*);

• das *Geldmengenwachstum* bestimmt die gleichgewichtige Inflationsrate und darüber die Erwartungskomponente der Lohnentwicklung (*monetärer Anker*).

Bei *Gleichgewichtsstörungen* ist die dynamische Interaktion zwischen gesamtwirtschaftlichem Angebot und gesamtwirtschaftlicher Nachfrage durch Output- und Inflationsveränderungen geprägt, die (unter günstigen Rahmenbedingungen) wieder in ein neues Gleichgewicht führen. Die Liste möglicher Störungen auf der Angebots- oder Nachfrageseite ist prinzipiell unbegrenzt; es kann sich um marktendogene oder politikinduzierte Schocks handeln: Änderungen der Investitions- und Konsumneigungen, der Rohstoffpreise, der Technologie und der Produktivitätsentwicklung, der Marktbedingungen (Vermachtungsgrad usw.), der institutionellen Regulierung von Transaktionen und Kontrakten (z.B. Mechanismen der Lohnbildung), der wirtschaftspolitischen Zielsetzungen sowie der Intensität des Einsatzes nachfragepolitischer Instrumente. Dabei können sich mehrere Einflußfaktoren in ihrer Wirkung überlagern, neutralisieren oder verstärken.

Kontraktive Angebotsschocks (z.B. Ölpreissteigerungen und Umverteilungsbestrebungen der Lohnpolitik) gefolgt von restriktiver Nachfragepolitik (durch eine auf Inflationsbekämpfung gerichtete Geldpolitik) erzeugen zunächst Preissteigerungen und sodann erhebliche Rückgänge bei Produktion und Beschäftigung. Diese "Stagflation" ist dadurch geprägt, daß der nachfragebedingte Outputeffekt auf die Beschäftigung die Lohn- und Preisinflation abdämpft (*Bewegung auf der Angebotskurve*), während die Erwartung zukünftig rascher steigender Preise - etwa infolge einer vermuteten, auf Beschäftigungssicherung gerichteten Intervention der Wirtschaftspolitik - dem entgegenwirkt und die Inflation antreibt (*Verschiebung der Angebotskurve*). Dabei kann die Inflationserwartung faktisch - im Gegensatz zum obigen Modell - ihren adaptiven Charakter verlieren und sich stärker am laufenden oder erwarteten Geldmengenwachstum orientieren.

2.4.5 Der Lohn-Preis-Mechanismus im quantitätstheoretischen Kontext

Der Inflationsprozeß wurde in den vorstehenden Kapiteln mit Hilfe eines dynamischen Modells analysiert, das einerseits in Wachstumsraten (bei der Inflationsrate) und andererseits in Niveaugrößen (bei der Produktionsmenge) formuliert war. Das Zusammenspiel zwischen Güterangebot und -nachfrage bei möglichen Störungen wird in diesem Kapitel noch einmal anhand eines durchgängig auf Wachstumsraten bezogenen Modells demonstriert, das in seiner Struktur einfacher ist (allerdings auch nur ein gröberes Bild der dynamischen Anpassungsprozesse zeichnet).

(1) Einen Ansatzpunkt zur theoretischen Analyse der *Nachfrageseite* des

Die Dynamik des Inflationsprozesses 141

Inflationsprozesses bietet die - hier in Wachstumsraten formulierte - *Quantitätsgleichung*

$$\hat{m} + \hat{v} \equiv \hat{p} + \hat{y} \qquad [2.39]$$

Diese Identität besagt, daß die mit dem Wachstum des nominalen Sozialprodukts ($\hat{p} + \hat{y}$) verbundenen Transaktionen durch ein entsprechendes Geldmengenwachstum $\hat{m}$ oder durch eine Änderung der Umlaufgeschwindigkeit, d.h. der Kassenhaltung $\hat{v}$ finanziert werden müssen.

Gleichung [2.39] läßt sich zu einer einfachen Güternachfragefunktion umformulieren; sie drückt aus, daß das reale Güternachfragewachstum vom realen Geldmengenwachstum und von der Veränderung der Geldnachfrage abhängt:

$$\hat{y}^d = \hat{m} - \hat{p} + \hat{v} \qquad [2.40]$$

Diese Beziehung läßt sich in einem Gütermarktkoordinatensystem mit der Inflationsrate als unabhängiger Größe darstellen (Abbildung 2.20). Die Geldmengenwachstumsrate $\hat{m}$ bestimmt als Politikinstrument die Lage der negativ geneigten Nachfragekurve.[36]

(2) Der Ausgangspunkt zur Analyse der *Angebotsseite* des Inflationsprozesses ist wiederum die Phillips-Kurven-Gleichung. Nun wird jedoch zur Ab-

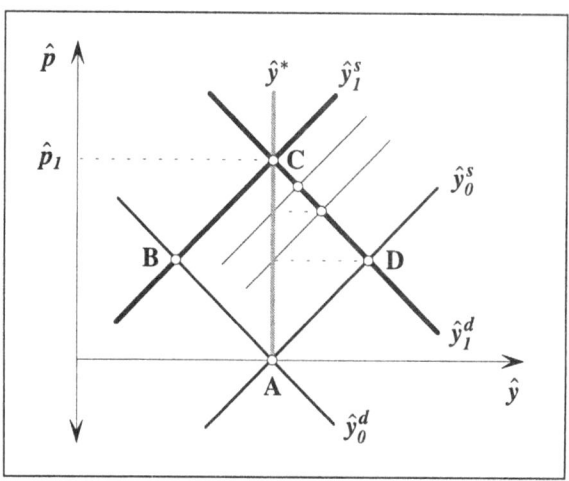

Abbildung 2.20:
Inflationserwartungen und Geldmengenwachstum

---

[36] Gleichung [2.40] entspricht in etwa der Nachfragefunktion [2.35] und betont damit den Realkassen-Zins-Effekt. Eine Zunahme autonomer Nachfrageelemente wie z.B. der Staatsausgaben läßt sich im quantitätstheoretischen Modell nur indirekt, durch eine Erhöhung der Umlaufgeschwindigkeit des Geldes, erfassen.

leitung einer Güterangebotsfunktion nicht wie in Kapitel 2.4.1 die Beziehung $u = 1 - Y$ verwendet, sondern das aus der Produktionsfunktion [2.3] und der Definition der Arbeitslosenquote [2.8] ableitbare "Okunsche Gesetz"

$$du = -\varepsilon \left(\hat{y} - \hat{y}^*\right) \quad [2.41]$$

Mit dieser Formel wird in der empirischen Makroökonomie untersucht, wieviel Prozent Wirtschaftswachstum oberhalb des Vollbeschäftigungswachstums $\hat{y}^*$ nötig sind, um die Arbeitslosenquote um einen Prozentpunkt zu senken. Zwischen der Veränderung der Arbeitslosigkeit und dem Wirtschaftswachstum besteht eine negative, wenn auch nicht sehr enge Beziehung (Abbildung 2.21).

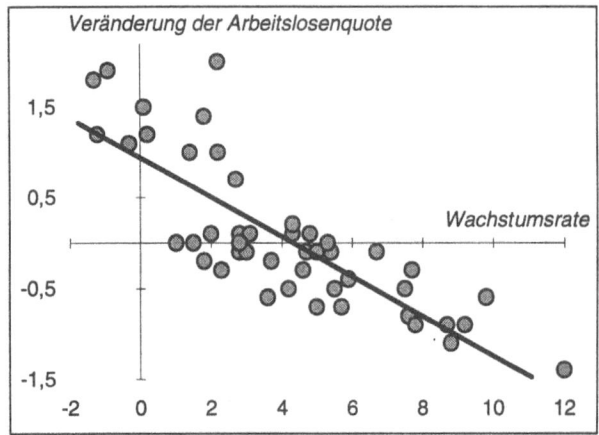

Abbildung 2.21:
Okuns Gesetz für Deutschland 1951-1997, Streudiagramm
und geschätzte lineare Regression: $du = -0{,}22\,(\hat{y} - 4{,}3)$

Ersetzt man den Ausdruck $\alpha(u^* - u)$ in der Phillips-Kurven-Gleichung [2.15] durch den Term $(\hat{y} - \hat{y}^*)$ aus Okuns Gesetz[37], so ergibt sich eine Güterangebotsfunktion, die - korrespondierend zur Nachfragegleichung - ebenfalls durchgängig in Wachstumsraten formuliert ist:

$$\hat{p} = \hat{p}^e + \hat{y} - \hat{y}^* \quad [2.42]$$

Durch $\hat{p}^e$ werden autonome, durch Inflationserwartungen und Umverteilungsabsichten bedingte, durch $(\hat{y} - \hat{y}^*)$ knappheitsbedingte Lohnsteigerungen erfaßt, die jeweils in den Preisen überwälzt werden. Die Angebotsfunktion $\hat{y}^s$ weist eine positive Steigung auf (Abbildung 2.20).

---

[37] Diese Gleichsetzung ist als eine grobe Näherung dann erlaubt, wenn keine Änderung der strukturellen Arbeitslosigkeit vorliegt.

Die Dynamik des Inflationsprozesses

Im Ausgangspunkt bestehe ein Gleichgewicht in A. Angebotsstörungen verschieben die Angebotsfunktion nach oben. Bleibt das nominale Geldmengenwachstum unverändert, so tritt infolge des kontraktiv wirkenden Realkassen-Zins-Effektes im neuen Schnittpunkt B von $\hat{y}_1^s$ und $\hat{y}_0^d$ Unterbeschäftigung auf. Infolge des gesunkenen Beschäftigungsgrades ist ein nachlassender Lohndruck und damit ein Rückgang der Inflation zu erwarten. Das raschere Wachstum der realen Geldmenge bewirkt dann mittelfristig wieder eine Rückkehr zum Vollbeschäftigungswachstum (B → A).

Bei passiver Lohnpolitik wird die Art der Erwartungsbildung bedeutsam. Im Falle rationaler Erwartungen wird eine Zunahme der monetären Nachfrage von $\hat{y}_0^d$ auf $\hat{y}_1^d$ direkt zum neuen Gleichgewicht in C führen. Bei adaptiven Erwartungen tritt hingegen ein schrittweiser Anpassungsprozeß auf: Da in Punkt D die tatsächliche die erwartete Inflationsrate von Null übersteigt, nehmen die Lohnforderungen zu und die Angebotsfunktion verschiebt sich entlang der Nachfragefunktion $\hat{y}_1^d$ solange, bis C erreicht ist.

Eine Verringerung des Geldmengenwachstums wird von C ausgehend Arbeitslosigkeit hervorrufen (Punkt B), wenn die Inflationserwartung zunächst noch auf $\hat{p}_1$ gerichtet ist. Die Wirtschaftspolitik kann derartige Kosten der Inflationsbekämpfung nur dann vermeiden, wenn parallel zur monetären Restriktion eine Lohnzurückhaltung eintritt, so daß Nachfrage- und Angebotsfunktion gleichzeitig nach unten verschoben werden.[38] Langfristig muß wegen der Anpassung $\hat{p} = \hat{p}^e$ das effektive Marktangebot auf der Vertikalen $\hat{y}^*$ liegen. Zugleich kann bei einer bestimmten Höhe bzw. Entwicklung der monetären Nachfrage, bei $\hat{m} + \hat{v} = \hat{y}^*$, Preisstabilität bestehen. Aus diesem Zusammenhang läßt sich dann eine auf Geldwertstabilität angelegte Strategie der Geldpolitik ableiten.[39]

Zusammenfassung von Kapitel 2.4

(1) Arbeitslosenquote und Beschäftigungsniveau stehen in einem definitorischen Zusammenhang, weil Beschäftigung und Output über die Produktionsfunktion verknüpft sind. Die Phillips-Kurve läßt sich somit in eine Güterangebotsfunktion im Inflations-Output-Diagramm überführen. Ihre positive Steigung hängt in erster Linie davon ab, wie stark das Nominallohnwachstum auf Veränderungen im Beschäftigungsgrad reagiert; ihre Lage wird durch die Inflationserwartungen und das Ausmaß struktureller Anpassungsprobleme am Arbeitsmarkt bestimmt.

(2) Im Inflations-Output-Diagramm ergibt sich die negative Steigung der Nachfragekurve aus dem Keynes-Effekt, d.h. der bei gegebenem Geldmengenwachstum kontraktiven Wirkung einer höheren Inflationsrate auf die gesamtwirtschaftliche Nachfrage. Lageveränderungen hängen von autonomen Ausgabenänderungen sowie von geld- und fiskalpolitischen Impulsen ab.

(3) Bei rationalen Erwartungen haben Nachfrageänderungen entlang einer ver-

---

[38] Zur Rolle der Lohnpolitik bei der Inflationsbekämpfung siehe Kapitel 5.2.2.
[39] Siehe dazu Kapitel 5.2.4.

tikalen Angebotskurve nur Preiseffekte. Bei adaptiven Inflationserwartungen verschiebt sich die Angebotsfunktion solange, wie Einkommensänderungen im Vergleich zur Vorperiode auftreten. Angebot und Nachfrage bilden dann ein interaktives dynamisches System, das nach beliebigen Störungen zu einem allgemeinen Gleichgewicht tendiert, das durch das zu Vollbeschäftigung kompatible Produktionsniveau und durch das Geldmengenwachstum bestimmt ist. Die Stabilität dieses Systems ist allgemein durch die Lohnreaktionen auf Abweichungen vom Arbeitsmarktgleichgewicht und durch den Realkassen-Zins-Effekt gesichert.

(4) Eine expansive Nachfragepolitik, z.B. eine dauerhafte Steigerung des Geldmengenwachstums, führt langfristig nur zu einer entsprechenden Steigerung der Inflationsrate. Während des Anpassungsprozesses kommt es zu Produktions- und Beschäftigungssteigerungen. Der Übergang zu einer auf Umverteilung abzielenden Lohnpolitik stellt einen angebotsseitigen Inflationsimpuls dar, indem die Angebotskurve nach oben verschoben wird. Daraus entwickelt sich ein Inflationsprozeß, wenn die Geldpolitik die höhere Lohnsteigerungsrate alimentiert und das Geldmengenwachstum steigert. Andernfalls bricht der Lohn-Preis-Mechanismus infolge einer endogenen, durch den Realkassen-Zins-Effekt bewirkten Nachfragerestriktion wieder zusammen und es folgt nach einer zwischenzeitlichen Erhöhung der Arbeitslosigkeit eine Rückkehr zum Ausgangsgleichgewicht.

(5) Die Quantitätsgleichung bezeichnet den tautologischen Zusammenhang zwischen nominalem Wirtschaftswachstum, Geldmengenwachstum und Veränderung der Umlaufgeschwindigkeit des Geldes; daraus ergibt sich eine einfache Güternachfragefunktion. Okuns Gesetz beschreibt den empirischen Zusammenhang zwischen realem Wirtschaftswachstum und Veränderung der Arbeitslosenquote; daraus läßt sich in Zusammenhang mit der Phillips-Kurve eine Güterangebotsfunktion ableiten. Beide Funktionen ergeben ein in Wachstumsraten formuliertes Modell der Interaktion zwischen angebots- und nachfrageseitigen Faktoren des Inflationsprozesses.

2.5 Interaktion der Märkte bei monetärer Instabilität

2.5.1 Einkommens- und Gewinninflation

Bislang wurde angenommen, daß die Inflation allein durch Verknappungserscheinungen auf dem Arbeitsmarkt ausgelöst bzw. in Gang gehalten wird. Nun sind auch Angebotsbeschränkungen beim Sachkapital zu berücksichtigen. Damit können zwei weitere preistreibende Faktoren auftreten:

• Eine Produktion bei voll ausgelasteten Kapazitäten impliziert sinkende Grenzerträge und steigende Grenzkosten (vgl. Abbildungen 2.1 und 2.5). Eine Produktionsausweitung führt deshalb selbst bei konstanten Löhnen zu einer kostenbedingten Preiserhöhung.

• Bei einem Nachfrageüberschuß auf dem Gütermarkt haben die Unternehmen die Möglichkeit, über einen erhöhten Mark-up ihre Stückgewinne zu steigern.

Der Inflationsprozeß läßt sich nun anhand der aus dem volkswirtschaftlichen Kreislaufzusammenhang abgeleiteten Definitionsgleichung des Preisniveaus [1.33] in einen einkommenstheoretischen Kontext stellen. Das Preisniveau ergibt sich aus einer Interaktion von Güternachfrage und Faktoreinkommen. Seine Veränderung wird durch zwei Komponenten bestimmt, die sich während konjunktureller Auf- und Abschwungphasen zumeist gleichgerichtet entwickeln:

$$P = \frac{wN}{Y} + \frac{Q_H + Q_U}{Y} = \frac{w}{a} + \frac{Q_H + (I^n - S^n)}{Y} \qquad [2.43]$$

- Die "Einkommensinflation" wird durch steigende Nominallöhne und eine Abnahme der durchschnittlichen Arbeitsproduktivität geprägt,
- die "Gewinninflation" bezeichnet die Entwicklung der Relation der Gewinne bzw. ihrer Determinanten[40] zum realen Sozialprodukt; dabei wird in Phasen eines makroökonomischen Ungleichgewichts von den unverteilten Gewinnen Q_U eine größere Dynamik als von den verteilten Gewinnen Q_H ausgehen.[41]

Mit den erhöhten Gewinnaufschlägen können sich die Preissteigerungen phasenweise von den Lohnsteigerungen lösen. Die damit forcierte Gewinninflation würde für sich genommen zu einer Umverteilung zugunsten der Gewinneinkommen führen.[42] Gerade bei einem hohen Beschäftigungsstand werden die Arbeitnehmer dies allerdings nicht hinnehmen und mit höheren Lohnforderungen nicht nur für gestiegene Preise einen Ausgleich suchen, sondern möglicherweise auch eigene Umverteilungsziele verfolgen. Dabei können sich verstärkt antizipativ angelegte Inflationserwartungen zu einem weiteren inflationsbeschleunigenden Faktor entwickeln.

Damit tritt die Einkommensinflation neben die Gewinninflation. Beide Triebkräfte können sich nun wechselseitig in gleicher Richtung verstärken, weil ein Nachfrageüberschuß auf dem Gütermarkt - die Gewinninflation - einen Nachfrageüberschuß auf dem Arbeitsmarkt nach sich zieht, der den Arbeitnehmern die notwendige Marktmacht verschafft, um höhere als kosten-

---

[40] In einer offenen Volkswirtschaft mit staatlicher Aktivität zählen neben dem IS-Ungleichgewicht dazu Exportüberschuß und Budgetdefizit.

[41] Keynes verzichtete deshalb in dieser von ihm so bezeichneten "Fundamentalgleichung" [2.43] überhaupt auf die explizite Behandlung der an die Haushalte verteilten Gewinne.

[42] Da die damit entstehenden Gewinne auf einer *Ressourcenknappheit* beruhen, handelt es sich gemäß der Logik der Einkommenstheorie um *Renten*. Derartige knappheitsbedingte Gewinne einzelner Unternehmen wurden bei Marshall deshalb als "Quasirenten" bezeichnet. Die Knappheit kann im einfachsten Fall durch eine Voll- bzw. Überauslastung der Sachkapazitäten gegeben sein; im weiteren Sinne lassen sich auch andere Marktlagengewinne als Quasirenten definieren, die beispielsweise auf der für *andere* Unternehmen begrenzten Verfügbarkeit eines Produktionsfaktors oder eines bestimmten technischen Wissens beruhen. Sie stellen somit temporäre, aber stets neu auftretende Erscheinungen im Wettbewerbsprozeß dar. Im makroökonomischen Gleichgewicht ist die *Summe* der einzelwirtschaftlichen Marktlagengewinne jedoch gleich Null, da diesen Gewinnen auch wettbewerbsbedingte Verluste anderer Unternehmen gegenüberstehen. Die Q_U-Gewinne zeigen dagegen ein makroökonomisches, konjunkturelles Ungleichgewicht an, das von einer Knappheit an Realkapital gekennzeichnet ist und somit ein Mißverhältnis zwischen gesamtwirtschaftlicher Nachfrage und gesamtwirtschaftlichem Angebot ausdrückt.

neutrale Löhne durchzusetzen - die Einkommensinflation. Dieser kumulative, von Verteilungsauseinandersetzungen geprägte Prozeß kann zwar letztlich in bezug auf die Einkommensverteilung neutral bleiben, droht jedoch ohne wirtschaftspolitische Stabilisierung in eskalierenden Inflationsraten zu enden.

Der Verlauf des Inflationsprozesses hängt auch von möglichen Verhaltensänderungen auf der Nachfrageseite ab, die bislang ausgeblendet waren:
• Die Konsumneigung kann infolge von Inflationserwartungen zunehmen (vorgezogener Konsum).
• Die Investitionsnachfrage wird sich erhöhen, wenn ihre Determinanten - Grenzleistungsfähigkeit des Kapitals und Zinssatz - durch den Inflationsprozeß in entsprechender Weise beeinflußt werden. Die erwartete Rendite neuer Sachanlagen r^e wird dann zunehmen, wenn angenommen wird, daß die späteren Absatzpreise schneller steigen als die heutigen Faktorkosten. Selbst wenn bei absoluter Vollauslastung der volkswirtschaftlichen Produktionskapazitäten das realwirtschaftlich-technische Ziel einer vermehrten Investition, eine Kapazitäts- und Produktionsausweitung, nur eingeschränkt verwirklicht wird, so kann die Inflation die Investitions*entscheidung* durchaus rechtfertigen (und insoweit ein Vermögensmarktgleichgewicht anzeigen), weil gerade bei steigenden Güterpreisen die nominale Verwertung der investierten Geldsummen leichter erscheint. Andererseits müssen die Investoren mittelfristig auch die Möglichkeit einer restriktiven Wirtschaftspolitik mit dem Ziel der Inflationsbekämpfung in Betracht ziehen.

Die Investitionsentscheidung wird auf dem *Vermögensmarkt* getroffen. Damit wird nun deutlich, daß die Inflation - als ein dynamischer Ungleichgewichtsprozeß auf dem Gütermarkt - ihre Impulse nicht nur vom Arbeitsmarkt (d.h. von Lohnsteigerungen) bezieht, sondern auch von den Dispositionen über finanzielle und reale Vermögensbestände beeinflußt wird. Die Analyse des Inflationsprozesses muß deshalb auf den Geld- und Vermögensmarkt ausgedehnt werden.

2.5.2 Inflation und Zins: Das Fisher-Theorem

Die Inflation führt zu Anpassungen in der Nachfrage nach einzelnen Vermögensarten. Die Haltung von *unverzinslichem Geld* wird allgemein durch eine Geldnachfragefunktion

$$L = L\left(\underset{+}{Y}, \underset{+}{P}, \underset{-}{i}, \underset{-}{\hat{p}}\right) \qquad [2.44]$$

beschrieben, die - als Erweiterung von Gleichung [1.64] - auch die Inflationsrate als Funktionselement enthält. Variationen der Inflationsrate üben einen - im Vergleich zum Preisniveau - konträren Effekt auf die Geldhaltung aus: So ist ein höheres Preis*niveau* mit einer im Niveau ebenfalls vergrößerten Bargeldhaltung verbunden, weil ihre Dienstleistung der Transaktionsfinanzierung sonst eingeschränkt würde; zugleich verringert aber eine zunehmende Preissteigerungs*rate* den Ertrag des Geldes als Vermögenswert und löst folglich eine Substitution zugunsten anderer Aktiva aus. Der Nettoeffekt auf die Geldhaltung hängt dann von Stärke und Verlauf des Preissteigerungsprozesses ab. Bei hohen Inflationsraten geht die Geldhaltung deutlich zurück. Dies bedeutet, daß die "Finanzierung" des Inflationsprozesses phasenweise durch eine Zunahme der Umlaufgeschwindigkeit des Geldes erfolgt.

Verzinsliche Geldvermögensbestände stehen in einer Anlagekonkurrenz zu Sachkapital. Der Vermögensrückfluß von zwei gleich hohen Geldbeträgen, die in Realkapital K und Finanzaktiva F investiert werden, und ihre Ertragssummen $r \cdot K = Q$ bzw. $i \cdot F$ stimmen bei konstantem Preisniveau überein:

$$K(1+r) = K\left(1 + \frac{Q}{K}\right) = F(1+i) \qquad [2.45]$$

Im Falle der Inflation unterliegen jedoch alle Geldvermögenstitel - Geld, Kreditforderungen, festverzinsliche Wertpapiere - einem Wertverlust. Die Finanzforderung F bzw. ihr Tilgungsbetrag und ihre Zinszahlung werden real in Höhe der Inflationsrate $\hat{p}$ entwertet. Wenn man andererseits davon ausgeht, daß der Nominalwert von Sachaktiva und ihre Erträge (z.B. die Preise von Produktionsanlagen und der damit erzeugten Güter) mit der Inflation steigen, so bleiben Vermögenswert K und Ertragsstrom Q real unverändert:

$$\frac{K(1+\hat{p})\left[1 + \frac{Q(1+\hat{p})}{K(1+\hat{p})}\right]}{(1+\hat{p})} = K(1+r) > \frac{F(1+i)}{(1+\hat{p})} \qquad [2.46]$$

Folglich ist nun das individuelle Portfoliogleichgewicht gestört, da die reale Verzinsung von Finanzanlagen gesunken ist. Um eine Übereinstimmung der realen Renditen aller im Portfolio gehaltenen Aktiva zu erreichen, müßte der nominale Zinssatz steigen, so daß der Nachteil von Finanzanlagen kompensiert wird. Aus [2.46] folgt dann bei $K = F$ die (auf Irving Fisher) zurückgehende Gleichgewichtsbedingung

$$i = r + \hat{p}^e + r \cdot \hat{p}^e \qquad [2.47]$$

Dabei ist auf die *erwartete* Inflationsrate $\hat{p}^e$ abzustellen, da Vermögensanlageentscheidungen stets in die Zukunft gerichtet sind; die beiden Fristen, d.h. die "Länge" des prognostizierten Inflationsprozesses und die Laufzeit von Kreditverträgen bzw. Wertpapieren, müssen dabei übereinstimmen. Die Erhöhung des Nominalzinssatzes um $\hat{p}^e$ sichert den Realwert des Geldvermögensbestandes, $r \cdot \hat{p}^e$ den Realwert der Zinszahlungen (dieser letzte Term ist bei moderaten Zins- und Inflationsraten sehr klein und wird daher oft vernachlässigt).[43]

Ein *Mechanismus der Realisierung dieser Gleichgewichtsbedingung* besteht darin, daß Finanzaktiva (z.B. festverzinsliche Wertpapiere) angesichts ihrer real gesunkenen Rentabilität solange verkauft werden, bis aufgrund des damit verbundenen Kursverfalls ihre effektive Verzinsung auf das durch [2.47] bestimmte Niveau gestiegen ist. Andererseits werden Sachaktiva wie Kapitalgüter in einem inflationären Boom nicht nur aus konjunkturellen Gründen (d.h. um Kapazitätsengpässe zu überwinden) verstärkt nachgefragt, sondern auch, weil sie wie gezeigt als (z.T. spekulative) Wertanlageobjekte einen besseren Schutz des individuellen Vermögens gegen Inflationsverluste bieten. Oft werden Immobilien ("Betongold") zu diesem Zweck gekauft und es kommt zu einer besonders starken Nachfrage in der Bauwirtschaft, deren Rückwirkungseffekte in der Gesamtwirtschaft den allgemeinen Inflationsprozeß weiter anheizen können. Die "Flucht in die Sachwerte" bringt somit einen nachfrageseitigen Impuls zur Beschleunigung der allgemeinen Geldentwertung mit sich, weil die Preise von Sachaktiva über die mit der "normalen" Inflationsrate gewachsenen Produktionskosten steigen und somit ein Anreiz zur Produktionserhöhung besteht.

Die in [2.47] implizit unterstellte Konstanz der Realrendite von Sachaktiva ist jedoch fragwürdig. Schon generell können Schwankungen dieser Ertragsrate im Zeitablauf - und damit auch in Inflationsphasen - nicht a priori ausgeschlossen werden. Wenn nun in der Inflation besonders gefragte Sachwerte Knappheitspreise erzielen, kann sich ihre reale Rendite verringern, da der Erwerber bereits im Kaufpreis zumindest einen Teil des Inflationsverlustes zahlt, dem er durch die Substitution von Finanz- durch Realaktiva zu entgehen hoffte. Weiterhin können die relativen Preissignale des Marktes insofern "falsch" sein, als die besondere Rentabilität vieler Objekte und Produktionsprozesse allein von der inflationsbedingten Nachfrage abhängt. Bei einer Rückkehr zur Preisstabilität zeigt sich die Fehlallokation der Ressourcen dann in Strukturproblemen (auf eine Phase von Immobilien- und Wohnungsknappheit folgt eine Phase mit Überkapazitäten in der Bauwirtschaft).

> Es ist schwierig, aus dieser [Fishers; H.-P.S.] Theorie (...) einen Sinn abzuleiten, weil es nicht klar ist, ob die Änderung im Geldwert als vorausgesehen oder nicht vorausgesehen angenommen wird. Es gibt keinen Ausweg aus dem Dilemma, daß, wenn sie nicht vorausgesehen wird, sie keinen Einfluß auf die laufenden Angelegenheiten haben wird; während, wenn sie vorausgesehen wird, die Preise von bestehenden Gütern sofort so berichtigt werden, daß die Vorteile, Geld zu halten und Güter zu halten, sich wieder ausgleichen.
> *John Maynard Keynes* (1936: 120)

---

[43] Diese Gleichgewichtsbedingung ist in der Praxis zu modifizieren, wenn nominale Zins- und Profiteinkommen unterschiedlich besteuert werden.

Aus einigen Gründen ist somit zu bezweifeln, ob der Marktprozeß den Geldvermögensbesitzern einen vollständigen Inflationsschutz gewährt:

(1) Die Vermögensbesitzer werden durch die Inflation in ihrer Dispositionsfreiheit eingeschränkt, da sie zu einer primär nicht gewünschten Reallokation ihrer Portefeuilles zugunsten von Sachwerten bewegt werden. Dabei müssen sie berücksichtigen, daß der Rentabilitäts- und Liquiditätsgrad der "unfreiwillig" erworbenen Sachaktiva von der Inflation selbst abhängig ist und bei spekulativen Überhitzungen in bestimmten Marktsegmenten die Marktfähigkeit einzelner Aktiva rasch sinken kann. Dies erklärt ihre z.T. geringe Bereitschaft zu einem Umstieg von Finanz- auf Sachaktiva. Möglicherweise erfolgt eher eine Umschichtung von langfristigen zu kurzfristigen Finanzmarkttiteln, um langfristige Bindungen zu vermeiden und flexibel auf veränderte Marktbedingungen reagieren zu können. In diesen Fällen bleibt der Anstieg des Nominalzinses hinter dem von der Fisher-Formel bestimmten Ausmaß zurück.

(2) Die Nominalzinssteigerung fügt den *Haltern* festverzinslicher Wertpapiere temporäre Kurs-, d.h. Kapitalverluste zu; erst bei der Tilgung nähert sich der Marktwert dieser Schuldtitel wieder ihrem Ausgabekurs an.[44] Der Inflations-Zins-Effekt schützt also in erster Linie die *Erwerber* von Finanzaktiva.

(3) Eine vollständige Anpassung der Zinsen an die Inflation gelingt dann nicht, wenn die Akteure die künftigen Preissteigerungen unterschätzen. Da die Inflationsentwicklung nicht zuletzt vom Kurs der Geldpolitik abhängt, ist somit eine Prognose der Entscheidungen der Notenbank notwendig.[45]

Auf empirischer Ebene zeigt sich, daß der inflationsbereinigte Kapitalmarktzins

$$i^r = i - \hat{p} \qquad [2.48]$$

in einigen Ländern eine starke, negative Inflationsreagibilität aufweist und phasenweise sogar negativ war (Abbildung 2.22). Zwar liefert [2.48] insofern ein verzerrtes Bild des "Realzinses" auf dem Kapitalmarkt, weil zur Vereinfachung die laufende und nicht die erwartete Inflationsrate bei der Berechnung verwendet wurde; dennoch spricht nicht viel dafür, daß i^r einen engen Kontakt zur (direkt nicht beobachtbaren) Entwicklung der Profitrate auf Realkapital hat.

Aus den theoretischen Überlegungen wie aus der empirischen Erfahrung läßt sich damit schließen, daß die Nominalzinsentwicklung die Geldentwertung nicht immer hinreichend neutralisiert. Dies bedeutet, daß Geldgläubiger in der Inflation verlieren und Geldschuldner gewinnen ("Gläubiger-Schuldner-Hypothese"). Die Folge ist, daß die Bereitschaft insbesondere zur langfristigen

---

[44] Vgl. Kapitel 1.2.2.
[45] Dieses Problem wird in Kapitel 5.2.5 aufgegriffen.

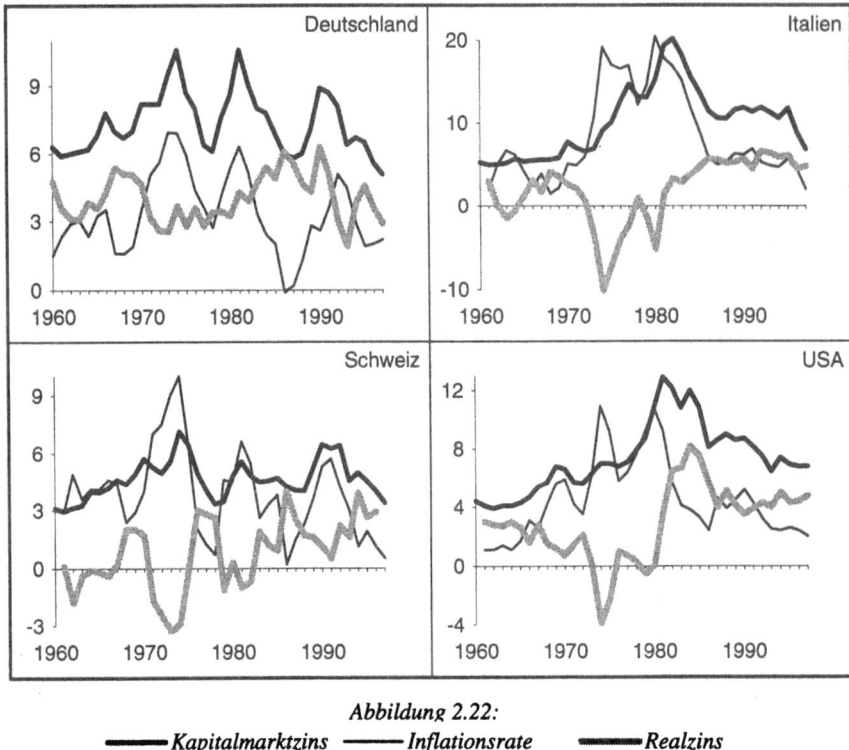

Abbildung 2.22:
━━━ Kapitalmarktzins ─── Inflationsrate ▬▬▬ Realzins

Kreditvergabe tendenziell abnehmen und die Neigung zu einer kreditfinanzierten Investitionstätigkeit tendenziell zunehmen wird. Selbst wenn man davon ausgeht, daß die Grenzleistungsfähigkeit des Kapitals r^e durch eine (erwartete) Inflation nicht berührt wird, weil Kosten und Erträge in gleicher Weise steigen, so verringert sich doch die reale Alternativrendite einer Finanzanlage, wenn und weil der Nominalzins nicht im Ausmaß der erwarteten Inflation steigt.

$$I = I\left(\underset{+}{r^e}, \underset{-}{i^r}\right) \qquad [2.49]$$

2.5.3 Instabilitätstendenzen bei flexiblen Preisen und Erwartungen

Wenn steigende Inflations*erwartungen* den realen Kapitalmarktzins verringern, so regen sie die Güternachfrage an und wirken prozyklisch. Die makroökonomisch stabilisierende Wirkung des Realkassen-Zins-Effektes, die von einer *faktisch* steigenden Inflationsrate ausgeht, wird insoweit konterkariert. Der Inflationsprozeß tendiert deshalb aufgrund der Rückkoppelung mit den Inflationserwartungen zur Selbstverstärkung (wobei die Umlaufgeschwindigkeit des Geldes zunimmt). Dies bedeutet wirtschaftspolitisch, daß die bloße Konstanthaltung des Geldmengenwachstums möglicherweise zur Bekämpfung der Inflation nicht ausreicht und eine forcierte Restriktionspolitik notwendig werden kann.

Der von den Inflationserwartungen ausgehende Instabilitätseffekt im Gütermarkt wird formal deutlich, wenn die Determinanten der Investitionstätigkeit explizit in der Güternachfragefunktion aufgeführt werden. Anstelle von [1.78] ergibt sich dann eine allgemeine Nachfragefunktion, die auch die erwartete Ertragsrate der Investition sowie die erwartete Inflationsrate als Argumente enthält:

$$\left. \begin{array}{l} Y = C(Y) + I(r^e, i^r) + G \\ i^r = i - \hat{p}^e \\ M = P L(Y, i) \end{array} \right\} \Rightarrow Y = Y(M/P, G, r^e, \hat{p}^e) \quad [2.50]$$

Approximiert man [2.50] unter Verwendung von Wachstumsraten, so zeigt sich das Instabilitätsproblem in den unterschiedlichen Vorzeichen der *tatsächlichen* Inflationsrate und der *erwarteten* Inflationsveränderung:

$$\hat{y} = \beta (\hat{m} - \hat{p}) + \lambda \hat{g} + \theta (dr^e + d\hat{p}^e) \quad [2.51]$$

Ersetzt man die weiter oben verwendete, einfache Nachfragefunktion [2.40] durch [2.51], so zeigt sich, daß ein inflatorischer Prozeß leicht außer Kontrolle geraten kann (Abbildung 2.23): Wird von A ausgehend das Geldmengenwachstum erhöht, verschiebt sich die Nachfragekurve in die Position

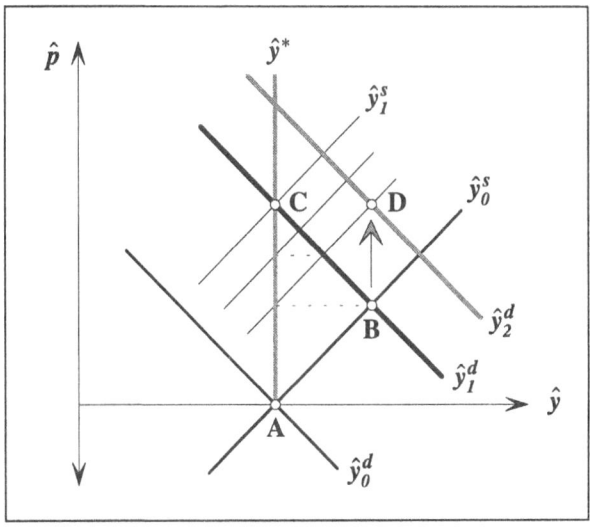

Abbildung 2.23: Explosiver Inflationsprozeß

$\hat{y}_1^d$. Die nachfolgenden Lohn- und Preisanpassungen würden für sich genommen zu einem neuen Gleichgewicht in C führen, indem sich die Angebotsfunktion mehr oder weniger schnell nach $\hat{y}_1^s$ bewegt. Neben dem lohntreibenden Effekt der Inflationserwartungen auf der Angebotsseite ist nun aber auch ihre Wirkung auf der Nachfrageseite zu berücksichtigen. Die erwartete Absenkung des Realzinses kann die Investitionstätigkeit beschleunigen, wobei sich die Nachfragekurve z.B. auf $\hat{y}_2^d$ verlagert. Ein erstes temporäres Gleichgewicht könnte dann Punkt D sein.

Je nach Stärke dieses prozyklischen Nachfrageeffektes von erwarteten Inflationsänderungen kann der stabilisierende, d.h. zu $\hat{y}^*$ zurückführende Realkassen-Zins-Effekt gebremst, neutralisiert oder sogar überkompensiert werden. Letzeres wird insbesondere dann eintreten, wenn auch die Ertragserwartungen der Investoren positiv auf eine erwartete Inflationszunahme reagieren ($dr^e/d\hat{p}^e > 0$); die Rechtsverlagerung der Nachfragekurve $\hat{y}^d$ würde sich dann verstärken. In jedem Fall wird jedoch der Inflationsprozeß an Dynamik gewinnen. Monetär wird dabei die Nachfrageentwicklung durch eine sinkende Kassenhaltung gespeist, so daß das Geldangebot eine Zeitlang seine Funktion als "Budgetbeschränkung" des Gütermarktes verlieren wird (langfristig kann sich der Inflationsprozeß allerdings nur bei einem beschleunigten Geldmengenwachstum fortsetzen). Eine monetäre Stabilisierung verlangt einen scharfen Restriktionskurs der Geldpolitik, der die effektiven Preissteigerungen und die Inflationserwartung bekämpft.

Zusammenfassung von Kapitel 2.5

(1) Die Inflation erfaßt alle Märkte des makroökonomischen Systems. Vor dem Hintergrund steigender Inflationserwartungen können lohnpolitische Versuche zur Wahrung oder Verbesserung der Verteilungsposition und Kapazitätsengpässe im Produktionsbereich zu einem Aufschaukeln von Einkommensinflation (steigende Lohnstückkosten) und Gewinninflation (steigende Stückgewinne infolge knappheitsbedingter Preiserhöhungen) führen. Der Inflationsprozeß kann durch eine erhöhte Konsum- und Investitionsneigung angetrieben werden, wenn in Erwartung weiterer Geldentwertung der zeitlich vorgezogene Erwerb von Konsumgütern bzw. die Inbetriebnahme zusätzlicher Produktionsanlagen vorteilhaft erscheinen.

(2) Um der Entwertung von Bargeld und Geldvermögensforderungen in der Inflation zu entgehen, erfolgt eine Umstrukturierung der Vermögensportfolios zugunsten von Sachaktiva. Der damit einhergehende Kursverfall der Wertpapiere bewirkt eine Zinssteigerung und entschädigt die Geldvermögensbesitzer teilweise für ihren Inflationsverlust. Eine vollständige Realwertsicherung des Finanzvermögens gelingt i.d.R. nicht, weil der Zinsanstieg den gehaltenen Bestand von festverzinslichen Wertpapieren entwertet, weil angesichts der relativ größeren Risiken des Sachvermögens die Substitution von Finanz- durch Realaktiva im Ausmaß ungenügend bleibt und weil die Inflation nur ungenau antizipiert werden kann. Infolgedessen kommt es zu einer realen Vermögensumverteilung von Geldgläubigern zu Geldschuldnern.

(3) Wenn Inflationserwartungen den realen Kapitalmarktzins absenken und die

Ertragserwartungen erhöhen, werden die Investitionen zunehmen. Die Inflation wird dadurch von der Nachfrageseite angetrieben, was weitere Inflationserwartungen auslöst. Dieser Mechanismus wirkt dem Realkassen-Zins-Effekt entgegen, der bei steigender Inflation und gegebenem Geldmengenwachstum die Nachfrage bremst. Wenn der prozyklische Effekt überwiegt, wird eine kumulativ instabile Entwicklung in Gang gesetzt, die nur durch eine scharfe monetäre Restriktionspolitik gestoppt werden kann.

Literatur zu Kapitel 2

Blanchard, O. / Diamond, P. (1989): The Beveridge-Curve. Brookings Papers on Economic Activity, 1-60.

Blinder, A. S. (1987): Keynes, Lucas, and Scientific Progress. American Economic Review, Papers and Proceedings, 77, 130-136.

Cassel, D. (1992): Inflation. In: Vahlens Kompendium der Wirtschaftstheorie und Wirtschaftspolitik. Bd. 1. 5. Aufl. München, 267-318.

Chari, V. V. (1998): Nobel Laureate Robert E. Lucas, Jr. - Architect of Modern Macroeconomics. Journal of Economic Perspectives, 12, 1, 171-186.

Franz, W. / Gordon, R. J. (1993): German and American Wage and Price Dynamics - Differences and Common Themes. European Economic Review, 37, 719-762.

Frenkel, M. (1994): P* Model, the Price Adjustment Process and Inflation Theory. Jahrbuch für Sozialwissenschaft, 45, 211-227.

Friedman, B. M. (1980): Price Inflation, Portfolio Choice, and Nominal Interest Rates. American Economic Review, 70, 32-48.

Friedman, M. (1968): Die Rolle der Geldpolitik. In: Ders.: Die optimale Geldmenge. Frankfurt 1976, 135-156

Frisch, H. (1980): Die Neue Inflationstheorie. Göttingen.

Gebauer, W. (1982): Realzins, Inflation und Kapitalzins - Eine Neuinterpretation des Fisher-Theorems. Berlin u.a.

Hahn, F. H. (1982): Money and Inflation. Oxford, Kapitel III.

Hicks, J. (1974): The Crisis in Keynesian Economics. Oxford, Kapitel III.

Hirsch, F. / Goldthorpe, J. H., Hg. (1978): The Political Economy of Inflation. Oxford.

Illing, G. / Lindner, A. (1998): Ein Ansatz zur Mikrofundierung des Keynesianismus - Monopolistischer Wettbewerb und Menükosten. WiSt - Wirtschaftswissenschaftliches Studium, 27, 116-120.

Jarchow, H.-J. (1993): Theorie und Politik des Geldes - I. Geldtheorie. 9. Aufl. Göttingen, Kapitel IV.

Keynes, J. M. (1936): Allgemeine Theorie der Beschäftigung, des Zinses und des Geldes. Berlin, Kapitel 11, 12.

Leijonhufvud, A. (1977): Costs and Consequences of Inflation. In: Ders.: Information and Coordination. New York 1981, 227-269.

Lucas, R. E. (1996): Nobel Lecture - Monetary Neutrality. Journal of Political Economy, 104, 661-682.

Maddock, R. / Carter, M. (1982): A Child's Guide to Rational Expectations. Journal of Economic Literature, 20, 39-51.

Neumann, M. J. M. (1983): Monetaristische Theorie der kurzen Frist und die Rolle der Erwartungen. In: Bombach, G. u.a., Hg.: Makroökonomik heute - Gemeinsamkeiten und Gegensätze. Tübingen, 183-209.

Niehans, J. (1987): Classical Monetary Theory, New and Old. Journal of Money, Credit, and Banking. 19, 409-424.

Phelps, E. S. (1972): Inflation Policy and Unemployment Theory - The Cost-Benefit Approach to Monetary Planning. London.

Pohl, R. (1981): Theorie der Inflation. München.

Riese, H. (1979): Theoretische Grundlagen stabilitätspolitischer Kontroversen. Kyklos, 32,

219-235.
Riese, H. (1986): Theorie der Inflation. Tübingen.
Rothschild, K. W. (1971): Die Phillips-Kurven-Diskussion - Eine Übersicht. In: Nowotny, E., Hg.: Löhne, Preise, Beschäftigung. Frankfurt 1974, 15-59.
Rothschild, K. W. (1994): Theorien der Arbeitslosigkeit. 2. Aufl. München / Wien, Kapitel VIII.
Sachverständigenrat (1975): Jahresgutachten 1975/76. Vor dem Aufschwung. Kapitel 3, V.
Samuelson, P. A. / Solow, R. M. (1960): Analytische Aspekte einer Anti-Inflations-Politik. In: Nowotny, E., Hg.: Löhne, Preise, Beschäftigung. Frankfurt 1974, 197-207.
Santomero, A. M. / Seater, J. J. (1978): The Inflation-Unemployment Trade-off - A Critique of the Literature. Journal of Economic Literature, 16, 499-544.
Sardoni, C. (1994): The General Theory and the Critique of Decreasing Returns. Journal of the History of Economic Thought, 16, 61-85.
Steindl, F. G. (1990): The Fisher Effect in General Equilibrium Models. Kredit und Kapital, 23, 215-227.
Stützel, W. (1979): Über einige Nachlässigkeiten beim ersten Aufriß der Struktur des Inflationsproblems am Beispiel gängiger Inflationstheorien. In: Woll, A., Hg.: Inflation. München, 38-67.
Tobin, J. (1972): Inflation und Arbeitslosigkeit. In: Nowotny, E., Hg.: Löhne, Preise, Beschäftigung. Frankfurt 1974, 213-241.
Tobin, J., (1980): Vermögensakkumulation und wirtschaftliche Aktivität. München / Wien 1981, Kapitel II.
Wagner, H. (1985): Einfluß der Inflation auf die Realkapitalbildung. Kredit und Kapital, Beiheft 9: Der volkswirtschaftliche Sparprozeß, 201-233.

KAPITEL 3 ARBEITSMARKT UND ARBEITSLOSIGKEIT

> *Kapitelüberblick*
>
> Im Gegensatz zu Kapitel 2 wird nun angenommen, daß das Geschehen auf Geld- und Gütermärkten zu einem Produktionsniveau geführt hat, das am Arbeitsmarkt mit einer allgemeinen Unterbeschäftigung verbunden ist. Die erste Frage ist dann, ob und auf welche Weise das makroökonomische System aus eigener Kraft, d.h. ohne Intervention der Wirtschaftspolitik, zu einem Arbeitsmarktgleichgewicht zurückfinden kann. Dabei wird zunächst eine flexible Lohnpolitik als Reaktion auf die bestehende Arbeitslosigkeit unterstellt. Die makroökonomischen Konsequenzen von Lohnänderungen wirken über den Arbeitsmarkt hinaus und beeinflussen Angebot und Nachfrage auf dem Güter- und Vermögensmarkt. Hier werden Anpassungen ausgelöst, die ihrerseits wieder - mit unsicherem Ergebnis - auf die Determinanten der Beschäftigung zurückwirken.
>
> Faktisch zeigen die Löhne jedoch auch bei Arbeitslosigkeit ein relativ hohes Maß an Rigidität. Damit stellt sich die Frage, ob diese mangelnde Reaktion ein Marktversagen des Arbeitsmarktes und ein "Verschulden" der Arbeitslosen anzeigt oder ob sich mikroökonomische Gründe dafür finden lassen, daß sowohl Arbeitnehmer wie Unternehmen vergleichsweise wenig Vorteile in einem aktiven Lohnunterbietungsprozeß sehen. In diesem Zusammenhang geht es insbesondere um Strategien der ökonomischen Interessenverfolgung bei unvollkommener Information auf Seiten der Arbeitsanbieter und -nachfrager.
>
> Die Vollbeschäftigung bzw. eine strukturelle Arbeitslosigkeit erscheinen zumeist als gegebene Gravitationszentren für konjunkturelle Prozesse. Empirische Erfahrungen in einigen Ländern deuten jedoch auf einen auffälligen Anstieg der makroökonomisch gleichgewichtigen Arbeitslosenquote. Dieses Phänomen könnte einerseits auf strukturelle Ursachen (Zunahme von Marktunvollkommenheiten u.ä.) zurückzuführen sein. Andererseits ist auch zu untersuchen, ob nicht die makroökonomische Entwicklung selbst Rückwirkungen auf das Arbeits- und Produktionspotential hat, so daß kurzfristige Schwankungen im Auslastungsgrad der Ressourcen zu langfristig wirksamen Anpassungen auf der Angebotsseite der Volkswirtschaft führen.

3.1 Marktprozesse bei Unterbeschäftigung

3.1.1 Arbeitslosigkeit aus makroökonomischer Sicht

Im folgenden wird von einem Geld- und Gütermarktgleichgewicht ausgegangen. Das dadurch gegebene Einkommensniveau bestimmt - vermittelt über die Produktionsfunktion - die Arbeitsnachfrage N^d und die Beschäftigungsmenge N_0. Bei gegebener Arbeitsangebotsfunktion N^s liegt dann oberhalb von A_0 Arbeitslosigkeit vor, weil bei jedem größeren Reallohn als w_0/P_1 das Arbeitsangebot die Arbeitsnachfrage übertrifft (Abbildung 3.1). Zugleich ist diese Arbeitslosigkeit *unfreiwillig*, wenn die Arbeitsangebotsfunktion N^s die Präfe-

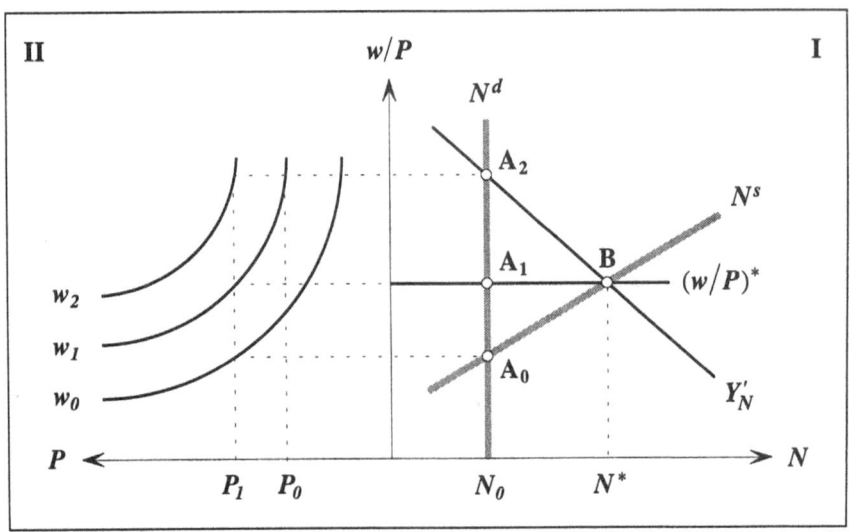

Abbildung 3.1: Arbeitsmarkt bei Unterbeschäftigung

renzen der Arbeitnehmer ausdrückt. Das bedeutet, daß z.B. in A_1 unbeschäftigte Arbeitskräfte im Umfang N_0N^* bereit sind, zu einem niedrigeren Reallohn als $w_1/P_1 = (w/P)^*$ zu arbeiten. Es ist nun zu prüfen, ob dies eine Gleichgewichtskonstellation darstellen kann.

(1) Betrachtet man die Unterbeschäftigung im Rahmen des Systems aller Märkte in der Volkswirtschaft, so wäre zu erwarten, daß sich neben dem Arbeitsmarkt auch mindestens ein anderer Markt im Ungleichgewicht befindet.[1] Denn die Wirtschaftssubjekte bieten Arbeitskraft an, um mit dem erhaltenen Geldeinkommen wiederum Güter oder Wertpapiere zu kaufen. Wenn demnach aus einer Konstellation eines allgemeinen Gleichgewichts in einer Volkswirtschaft ein Überangebot an Arbeit auftritt, so bedeutet dies, daß auch eine den Kauf- und Anlagewünschen der unbeschäftigten Arbeitsanbieter entsprechende Überschußnachfrage auf dem Güter- bzw. Wertpapiermarkt vorliegen muß. Dann aber würde bei Arbeitslosigkeit kein Geld- und Gütermarkt*gleichgewicht* bestehen. Die *Realisierung* der parallel zum Arbeits(über)angebot gewünschten Wertpapierkäufe würde über eine Zinssenkung auf indirektem Wege, die *Realisierung* gewünschter Güterkäufe auf direkte Weise Produktion und Beschäftigung vermehren und somit der Arbeitslosigkeit entgegenwirken; nur wenn die Einkommenszahlung in den Aufbau einer Geldhaltung fließen würde, bliebe dieser direkte Weg zur Wiederherstellung eines allgemeinen Gleichgewichts blockiert.

Nun lautet das "Grundgesetz" der Geldwirtschaft jedoch, daß (Kauf-) Verträge stets mit Geld zu erfüllen sind. Das bedeutet praktisch, daß die Arbeits-

---

[1] Dies war die Aussage von Walras' Gesetz (vgl. Kapitel 1.4.2).

losen *zuerst* über ein zusätzliches Geldeinkommen verfügen müssen, um *dann* z.B. zusätzliche Konsumausgaben tätigen zu können. Aus Sicht der Unternehmen erscheint aber umgekehrt eine Erhöhung der Beschäftigung erst *dann* als lohnend, *nachdem* sie am Markt eine höhere Güternachfrage registriert haben. Die für das Zustandekommen neuer Beschäftigungsverträge nötigen Signale - ein verfügbares Arbeitsangebot und eine erhöhte Güternachfrage - werden durch den Markt *nacheinander*, und nicht wie es nötig wäre, *gleichzeitig* vermittelt. Der Gütermarkt erscheint somit im Gleichgewicht, weil die potentielle Überschußnachfrage nach Gütern nicht *effektiv* wird.

Das entscheidende Problem - die *Finanzierung* der geplanten Güternachfrage von Arbeitslosen - wird realiter durch den Erhalt von Arbeitslosengeld, durch Entsparen (d.h. den Rückgriff auf vorhandene Vermögensbestände) oder durch Kreditaufnahme zwar gemildert, aber nicht grundlegend aufgehoben.[2] Für die meisten Arbeitnehmerhaushalte bleibt das laufende Einkommen eine für sie vom Markt weitgehend exogen vorgegebene Größe, durch die ihre Konsumpläne beschränkt werden. Der oben beschriebene Stabilisierungsmechanismus ist deshalb durchbrochen. Unterbeschäftigung erscheint insoweit mit einem makroökonomischen Gleichgewicht vereinbar. Sie muß deshalb auch keineswegs mit enttäuschten Erwartungen auf Seiten der Unternehmen einhergehen. Ihre langfristigen Investitions- und kurzfristigen Produktionsplanungen können trotz Arbeitslosigkeit durch die laufenden Umsätze erfüllt sein, so daß von ihrer Seite kein Anlaß zu einer Revision der Beschäftigungsentscheidungen besteht.

(2) Im nächsten Schritt ist zu untersuchen, ob nun nicht aber vom Arbeitsmarkt selbst Reaktionen zu erwarten sind, die dann eine Rückkehr zur Vollbeschäftigung ermöglichen. Arbeitslosigkeit erscheint auf den ersten Blick als ein Problem zu hoher Reallöhne. Dies gilt unabhängig von den jeweils herrschenden Produktionsbedingungen:

- Im Falle einer linearen Produktionsfunktion und dem Ausgangspunkt A_1 ist der bestehende Reallohn $(w/P)^*$ angebotsseitig bereits mit Vollbeschäftigung vereinbar (Abbildung 3.1). Ist der Gütermarkt jedoch geräumt, könnte allein eine Lohnsenkung (über die damit verbundene Erwartung zusätzlicher Gewinne je Beschäftigten in Höhe von anfänglich A_1A_0) die Unternehmen zu einer Produktionsausweitung entlang der Arbeitsangebotsfunktion N^s motivieren, bis bei N^* dieser Gewinn wegkonkurriert, d.h. in Form wieder gestiegener Reallöhne an die Arbeitnehmer verteilt ist.
- Im Falle einer abnehmenden Grenzproduktivität der Arbeit ist ausgehend von Punkt A_2 sogar eine dauerhafte Reallohnsenkung notwendig, da das Vollbeschäftigungsgleichgewicht B ansonsten infolge mangelnder Profitabilität nicht erreicht werden kann.

In beiden Fällen wäre von Seiten der Arbeitnehmer ein Versuch zur Real-

---

[2] Siehe dazu die Ausführungen zum permanenten Einkommen in Kapitel 1.6.1.

lohnsenkung zu erwarten, wenn die Funktion N^s ihre Präferenzen widerspiegelt. Der von den Arbeitslosen bewirkte Lohndruck sollte für die Unternehmen eine Beschäftigungsausweitung rentabel machen. Eine partialökonomische, d.h. auf den Arbeitsmarkt beschränkte Betrachtung könnte zu der Schlußfolgerung gelangen, daß sich über die Anpassung des Reallohnes so ein markträumendes Gleichgewicht (Punkt B) einstellen wird. Demnach könnte umgekehrt anhaltende Unterbeschäftigung nur bei *starren* Löhnen auftreten - und wäre somit letztlich immer als freiwillige Arbeitslosigkeit einzustufen.

Bei der Erfassung des Geschehens auf dem Arbeitsmarkt muß jedoch zwischen Nominal- und Reallohnbewegungen unterschieden werden.[3] Dies markiert den zentralen Unterschied zu anderen Partialmärkten: Auch dort geht es bei einem Überschußangebot um eine Anpassung des *relativen* Preises p_j/P; aber der Anbieter kann hier i.d.R. davon ausgehen, daß eine Verringerung von p_j keinen spürbaren Einfluß auf die übrigen Preise haben wird, so daß er es stets in der Hand hat, über eine relative, d.h. *reale* Preissenkung seinen Absatz bis zur Markträumung zu erhöhen. Im Gegensatz dazu gehen die Löhne direkt in die Produktionskosten aller Güter ein und stellen zugleich den volkswirtschaftlich wichtigsten Einkommensbestandteil dar; Nominallohnsenkungen haben deshalb vermittelt über Kosten- und Nachfrageänderungen einen gleichgerichteten Einfluß auf das Preisniveau.

Eine mangelnde Anpassung des Reallohnes bei einem Überschußangebot an Arbeit kann somit auf zwei verschiedenen Ursachen beruhen:
- Es liegt ein Widerstand gegen Reallohnsenkungen vor, der sich (bei gegebenem Preisniveau) in einer mikroökonomisch bedingten Starrheit der Nominallöhne ausdrückt.[4]
- Trotz nachgebender Nominallöhne erweist sich der Reallohn "ex post" als rigide; in diesem Fall liegt ein unfreiwillig überhöhter Reallohn vor. Arbeitslosigkeit resultiert hierbei nicht aus einem bestimmten Verhalten von Akteuren auf *einem* Markt, sondern ist das ungewollte Ergebnis einer makroökonomischen Markt*interaktion*. Dieser Fall wird nun ausführlicher analysiert.

3.1.2 Wirkungen der Lohnpolitik auf Verteilung, Kosten und Nachfrage

Beim Preisniveau P_1 werde eine Nominallohnsenkung von w_2 auf w_1 durchgeführt (Bewegung von A_2 nach A_1 in Abbildung 3.1). Das bedeutet, daß die Lohnpolitik einen mit Vollbeschäftigung vereinbaren Kurs verfolgt, so daß eine dennoch anhaltende Unterbeschäftigung demnach nicht einem überzogenen "Anspruchsverhalten" der Arbeitnehmer angelastet werden könnte. Die unmittelbare Folge der Lohnsenkung ist ein *Verteilungseffekt* bei zunächst unverän-

---
[3] Vgl. zum folgenden die Erläuterungen zu Gleichung [1] in der Einleitung.
[4] Dieser Fall wird in Kapitel 3.2 untersucht.

derter Beschäftigungshöhe N_0. Den Unternehmen fällt ein Extragewinn zu, sie können die bisherige Produktionsmenge zu niedrigeren Kosten erstellen. Die Wettbewerbstheorie lehrt nun, daß eine Produktions- und Beschäftigungsausweitung erfolgen wird, weil angesichts der gestiegenen Gewinnspannen neue Anbieter in den Markt treten. Aber diese Schlußfolgerung ergibt sich direkt nur aus einer partialökonomischen Betrachtungsweise eines *einzelnen* Gütermarktes, unter der Annahme, daß jedes Unternehmen die von ihm unter Konkurrenzbedingungen angebotene Produktionsmenge auch absetzen kann. Aus volkswirtschaftlicher Sicht ist diese Annahme jedoch gerade das entscheidende Problem. Die Nominallohnsenkung müßte eine reale Nachfragesteigerung auslösen, damit die Unternehmen insgesamt eine Mehrbeschäftigung als lohnend erachten.

Ausgedrückt aus der Perspektive der Marktinteraktion heißt dies: Durch Verhaltensänderung am Arbeitsmarkt allein ist eine Rückkehr zur Vollbeschäftigung nicht zu erwarten. Notwendig ist vielmehr eine Beeinflussung der dem Arbeitsmarkt gleichsam vorgelagerten Güter- und Geldmärkte: Die Güternachfrage muß sich so erhöhen, daß sich die Beschäftigungslinie zum Vollbeschäftigungsniveau N^* verschiebt. Die Lohnpolitik muß somit Verhaltensänderungen auf *anderen* Märkten bewirken; andernfalls verbleibt der Arbeitsmarkt in einer durch die Nachfrage beschränkten Ungleichgewichtssituation (z.B. A_1).

Die von der Lohnsenkung ausgelösten Effekte sind jedoch ambivalent. Die im folgenden aufgelisteten Prozeßverläufe stellen keine Alternative dar; vielmehr wirken die Effekte mehr oder weniger simultan und verstärken oder neutralisieren sich in ihrer Gesamtwirkung auf die Beschäftigung.

(1) Bei gesunkenem Lohnsatz und zunächst unveränderter Beschäftigung geht die Lohnsumme, d.h. das Arbeitnehmereinkommen und dementsprechend die reale Konsumnachfrage aus Lohneinkommen zurück. Dagegenzurechnen sind die erwähnten gestiegenen Stückgewinne, die bei unveränderter Produktion ein steigendes Gewinneinkommen und einen Konsumzuwachs bedeuten. Der Nettoeffekt ist theoretisch nicht zu bestimmen. Zumeist ist jedoch die Konsumneigung bei den Lohneinkommen größer als bei den Gewinneinkommen, so daß die Änderung der Einkommensverteilung zulasten der Löhne insoweit sogar einen Nachfrage- und Beschäftigungs*rückgang* zur Folge haben müßte.[5] Orientieren sich beide Einkommensgruppen dagegen an ihrem langfristig erwarteten Einkommen, so blieben - eine Konstanz dieser Erwartungsgrößen vorausgesetzt - die Konsumausgaben insgesamt unverändert; einem Entsparen der Lohnbezieher stünde eine vermehrte Ersparnis der Gewinnbezieher gegenüber.

(2) Ähnlich unbestimmt ist die Reaktion der Investitionsnachfrage auf die

---

[5] Einkommensverteilung und Konsumneigungen stellen Lageparameter der *IS*-Kurve dar. Diese würde sich bei einer sinkenden Lohnquote nach links verschieben.

Lohnsenkung. In Kenntnis oder Erwartung der unter (1) skizzierten Prozesse werden die Investoren nicht von einer (Konsum-) Nachfragesteigerung ausgehen können. Die gestiegenen Stückgewinne könnten gleichwohl einzelne Unternehmen dazu motivieren, mittels neuer Investitionen einen Verdrängungswettbewerb gegen die etablierten Produzenten zu starten. Ihre zusätzlichen Investitionen würden dann doch, u.U. verstärkt durch den Multiplikatorprozeß, zu einer generellen Nachfrageerhöhung führen. Aber dieser Verlauf ist keineswegs zwingend. Die Investitionsentscheidung wird in einem hohen Maße von der Erwartung über die weitere Entwicklung der Lohnkosten beeinflußt. Nur wenn das aktuelle Lohnniveau als ein Tiefpunkt eingeschätzt wird, von dem aus die Löhne nur noch steigen können, ist eine Investition zum jetzigen Zeitpunkt günstig. Erwartet man dagegen ein weiteres Nachgeben der Löhne, z.B. auf w_0, ist es vorteilhafter, die Investition noch hinauszuschieben, wenn sich dadurch die relative Wettbewerbsposition noch verbessert.

(3) Weiterhin ist eine Reaktion der *relativen* Nachfrage nach Produktionsfaktoren auf die veränderte Relation der Faktorpreise denkbar. Betrachtet man Arbeit und Kapital als substituierbare Faktoren, so könnte man bei niedrigerem Lohn und konstantem Zins aufgrund elementarer mikroökonomischer Überlegungen den Übergang zu einer arbeitsintensiveren Produktion erwarten. Daraus würde eine höhere Arbeitsnachfrage und eine geringere Nachfrage nach Kapitalgütern folgen. Einige Punkte sprechen jedoch gegen diese Argumentation:

• Der erwähnte Rückgang der Kapitalgüternachfrage würde seinerseits einen negativen Beschäftigungseffekt mit sich bringen.

• Grundsätzlich ist zu bezweifeln, ob die Kapitalintensität K/N in eindeutiger und merklicher Weise auf die aktuelle Veränderung der Lohn-Zins-Relation reagiert; denn auch die Kapitalgüter werden durch Lohnsenkungen billiger und es ist zu vermuten, daß die Reaktion der komplexen, gesamtwirtschaftlichen Produktionstechnik infolge einer möglicherweise nur kurzfristigen Verschiebung der Faktorpreise nicht sehr ausgeprägt sein wird. Immerhin könnte eine stärkere *Differenzierung der Löhne* Beschäftigungsmöglichkeiten im Niedriglohnsektor, insbesondere im Bereich der Dienstleistungen, eröffnen.

> Beschäftigungstheoretisch macht es (...) keinen Sinn, Arbeit und Kapital als unterschiedliche Produktionsfaktoren anzusehen und die Frage nach der in der Volkswirtschaft eingesetzten Arbeitsmenge im Zusammenhang mit der Faktorpreisrelation zu beantworten. Das Verhältnis der Faktorpreise ist - im Zusammenhang mit den Grenzproduktivitätsbedingungen - entscheidend dafür, wie viele Arbeitskräfte auf Produktionsumwege geschickt werden, wie viele in die direkte Produktion. Für das Beschäftigungsniveau ist es im Prinzip ohne Bedeutung.
> *Olaf Sievert* (1979: 823n)

(4) In einer offenen Volkswirtschaft ist schließlich der Beschäftigungseffekt der Lohnsenkung ceteris paribus eindeutig positiv. Bei gegebenen Preisen

und Löhnen im Ausland sowie bei konstanten Wechselkursen verbessert sich die internationale Wettbewerbsfähigkeit der heimischen Produktion (dies schlägt sich in einer Rechtsverschiebung der *IS*-Kurve nieder). Allerdings kann dieser Vorteil durch Lohnreaktionen im Ausland oder durch eine marktinduzierte Währungsaufwertung wieder neutralisiert werden.[6]

(5) Die Kosten- und Nachfrageeffekte von Lohnsenkungen können nun auch zu entsprechenden *Preisänderungen* führen. Damit erweitert sich das Spektrum möglicher Prozeßverläufe. Nimmt man beispielsweise an, daß die Unternehmen unter starkem Wettbewerbsdruck stehen, werden sie aus der anfänglichen lohninduzierten Kostensenkung kaum einen Vorteil in Form höherer Gewinne ziehen können. Müssen die Kostensenkungen voll in Preissenkungen weitergegeben werden, so sinkt das Preisniveau von P_1 auf P_0 (Abbildung 3.1). Damit bliebe trotz Nominallohnsenkung der Reallohn konstant bei $w_2/P_1 = w_1/P_0$. Er ist nach wie vor zu hoch, da er das Erreichen von Vollbeschäftigung von der Rentabilitätsseite beschränkt. Jedoch sind nicht überhöhte Lohnforderungen, sondern nach unten flexible Preise die Ursache des Problems. Die Bereitschaft der Arbeitnehmer, auch reale Einkommenseinbußen "im Tausch" gegen mehr Beschäftigung hinzunehmen, muß sich in der makroökonomischen Marktinterdependenz nicht notwendigerweise durchsetzen. Der ökonomische Gehalt des Begriffs "unfreiwillige Arbeitslosigkeit" wird hier besonders deutlich.[7]

> Es ist möglich, daß es kein Mittel gibt, durch daß die Arbeiterklasse ihren *Real*lohn auf einen gegebenen Betrag kürzen kann, indem sie die *Geld*abkommen mit den Unternehmen ändert.
> *John Maynard Keynes* (1936: 11)

3.1.3 Die Instabilitätsgefahr in der Deflation

Selbst wenn parallele Lohn- und Preissenkungen den Reallohn zunächst unverändert lassen, so lösen sie doch Vermögenseffekte aus, die dann zu einer

---

[6] Stabilitätsprobleme der offenen Volkswirtschaft werden in Kapitel 4 untersucht.

[7] Diese Möglichkeit eines nach unten starren Reallohnes bei flexibel auf die Arbeitslosigkeit reagierendem Nominallohn hatte die neoklassische Theorie vor Keynes infolge einer gedanklichen Aufspaltung des Wirtschaftsprozesses nicht betrachtet: Danach galten alle nominalen Größen des Systems - insbesondere das Preisniveau - in quantitätstheoretischer Tradition als durch die Geldmenge bestimmt, während auf den Güter- und Arbeitsmärkten die realen Größen sowie die relativen Preise bestimmt wurden; nach dieser "neoklassischen Dichotomie" mußte somit eine Nominallohnänderung bei konstanter Geldmenge eine ebensolche Reallohnänderung bedeuten. Dieser Ansatz ist jedoch methodisch inkonsequent, da auch der Nominallohn ein absoluter Preis ist und sich deshalb grundsätzlich parallel zu Preisniveau und Geldmenge entwickelt. Vor allem aber kann die Bewegung des Preisniveaus aus markttheoretischen Gründen nicht von den Angebots- und Nachfragekräften abgekoppelt werden, die auch die einzelnen Preise regulieren.

Steigerung der Güternachfrage führen können:[8]
- Da das Preisniveau ein Lageparameter der *LM*-Kurve ist, wird die nun eintretende Erhöhung der realen Geldmenge zu einer Zinssenkung führen. Allerdings wirkt dieser Keynes-Effekt dann nicht, wenn der Zins auf die Liquiditätsvermehrung nicht (mehr) reagiert oder die Investitionstätigkeit zinsunelastisch ist.
- Wenn der Konsum auch vom realen Vermögen abhängt und dieses bei sinkenden Preisen zunimmt, kommt es zu einer Rechtsverschiebung der *IS*-Kurve. Diesem Pigou-Effekt steht jedoch der Fisher-Effekt entgegen: Da Preissenkungen nicht nur Finanzforderungen, sondern auch Finanzschulden real aufwerten, wird der Konsum der Schuldner vermögensbedingt zurückgehen.

Die nun naheliegende Frage nach der Nettowirkung dieser verschiedenen Effekte greift zu kurz. Denn die Vermögenseffekte lassen sich nicht auf ihre gleichsam statische Wirkungsmechanik beschränken. Im Verlauf eines Deflationsprozesses kann es vielmehr zu *Erwartungs- und Verhaltensänderungen* der Akteure kommen, so daß sich aus der Interaktion zwischen Arbeits-, Güter- und Vermögensmarkt ein depressiver Zirkel entwickelt, der (wie in der Weltwirtschaftskrise der frühen 30er Jahre) in einen wirtschaftlichen Zusammenbruch mündet:
- Laufende Investitions- und Produktionsprozesse, die auf der Erwartung konstanter Preise basierten, werden aufgrund der fallenden Preise unrentabel. Die Unternehmen machen Verluste und ihre reale Schuldenlast steigt.
- Demzufolge treten Schwierigkeiten bei der Rückzahlung fälliger Schulden auf. Bei Bankrotten der Schuldner erleiden die Gläubiger Vermögensverluste, die ihre deflationsbedingten Realkassengewinne übersteigen können - mit entsprechenden Konsequenzen für ihren vermögensabhängigen Konsum. Unterbrechungen in Zahlungskreisläufen und Kreditketten bewirken Liquiditätskrisen und Bankzusammenbrüche mit nachfolgenden negativen Multiplikatoreffekten auf dem Gütermarkt.
- Da die Unternehmen Geldvorschüsse im laufenden Produktionsprozeß wiederum in *Geld* zurückzuerstatten haben, werden sie sich - wenn die Deflation in ihre Erwartungen eingeht - durch Produktionseinschränkungen gegen weitere Verluste zu schützen versuchen. Damit muß die Arbeitslosigkeit steigen und der Konsum aus Lohneinkommen sinken.
- Die Verschuldungsneigung geht zurück und Planungen für *neue* Investitionsprojekte werden zurückgestellt: Ein fortlaufender Preisverfall bedeutet, daß die zukünftigen Verkaufserträge relativ hinter den heutigen Kosten bei der Erstellung von Produktionsanlagen zurückbleiben. Eine Rentabilität der Projekte wäre u.U. nur bei einem *negativen* nominalen Zinssatz gewährleistet. Dieser ist am Markt jedoch nicht durchsetzbar, da potentiellen Kreditgebern stets die vorteilhafte Alternative einer Geldhaltung offensteht; im äußersten

---

[8] Vgl. zum folgenden Kapitel 1.6.2.

Fall könnte der Zins auf Null sinken. Die Anpassung des Nominalzinses an Veränderungen des Geldwertes, die im Fall der Inflation zumindest teilweise gelingt[9], versagt im Fall der Deflation.

• Schon eine Nominalzinssenkung auf Null tritt jedoch nicht ein, weil die steigende Kreditnachfrage zur Bedienung von Altschulden auf eine erhöhte Liquiditätspräferenz der Vermögensbesitzer trifft. Die Geldhaltung entwickelt sich zur dominanten Investitionsstrategie, weil diese nun eine *pekuniäre* Ertragsrate in Höhe der Deflationsrate abwirft. Da der Wert des Geldes in Relation zu den Gütern steigt, führt die Deflation somit zu einer "Flucht aus den Gütern ins Geld". Die generelle Folge ist ein Anstieg des realen Finanzmarktzinses, was in Verbindung mit der deflationsbedingt sinkenden oder negativen Ertragsrate auf Sachkapital einen ausgeprägt kontraktiven Effekt auf die gesamte Wirtschaftsaktivität ausübt.

Der Fishersche Realverschuldungseffekt prägt somit den Interaktionsprozeß zwischen Vermögens- und Gütermarkt gerade dadurch, daß Verhaltensänderungen in der Geld- und Investitionsnachfrage auftreten: Eine steigende Liquiditätspräferenz und eine sinkende Investitionsneigung treiben das System in eine kumulative Destabilisierung. Aus der Perspektive der Interaktion von Güter- und Arbeitsmarkt läßt sich dieser Prozeß aus dem Zusammenspiel von *Gewinn- und Einkommensdeflation*[10] beschreiben: Nachfrageausfälle fügen den Unternehmen Verluste zu, die durch Lohnsenkungen nicht kompensiert werden können. Die Folge sind vielmehr Produktions- und Beschäftigungseinschränkungen verbunden mit Lohn-, Preis- und Gewinnverfall. Die von einer falschen, weil nur partialökonomisch argumentierenden Theorie genährte Empfehlung, die Weltwirtschaftskrise der 30er Jahre über Lohnsenkungen zu kurieren, hat damals nicht nur die wirtschaftliche, sondern auch die politische Stabilität des Kapitalismus untergraben.

> Ein noch weiter andauernder Sturz der Preise unter die Produktionskosten mag die Unternehmer zu der Überzeugung kommen lassen, daß es für sie keinen anderen Ausweg gibt als einen Angriff auf die Nominaleinkommen der Produktionsfaktoren. Das ist in einer Gesellschaft, die sowohl kapitalistisch wie demokratisch ist, ein gefährliches Unterfangen. (...) Das Niveau, auf dem die Preisbaisse schließlich zum Stillstand kommt, wird davon abhängen, ob zuerst eine Senkung des Zinsfußes oder ein erfolgreicher Angriff auf die Erträge der Produktionsfaktoren vorgenommen wird; denn sofern das letzte zuerst kommt und eine Einkommensdeflation durchgeführt wird, wird das Gleichgewichtspreisniveau, nachdem die Gewinninflation ihr Ende erreicht hat, entsprechend niedriger sein. Die Gefahr besteht darin, daß (...) eine wiederkehrende Gewinndeflation eintritt, die zu einer wiederkehrenden Einkommensdeflation und einem wegsackenden Preisniveau führt. Wenn das eintritt, so wird das gegenwärtige Regime des kapitalistischen In-

---

[9] Vgl. Kapitel 2.5.2.

[10] Die in Kapitel 2.5.1 behandelten Marktmechanismen der Einkommens- und Gewinninflation lassen sich sinngemäß auch auf den Fall der Deflation übertragen.

> dividualismus sicherlich durch einen weitgehenden Sozialismus ersetzt werden.
> *John Maynard Keynes (1930: 608f)*

> Hitler hatte bereits herausgefunden, wie man Arbeitslosigkeit besiegen kann, bevor Keynes die Erklärung beendet hatte, wieso sie entstand.
> *Joan Robinson (1972: 51)*

Die verheerende Wirkung der Deflation in der Weltwirtschaftskrise ergab sich nicht zuletzt daraus, daß die Preiserwartungen letztlich an keinen nominalen Anker mehr gebunden waren. Teilweise ließen die Notenbanken auch ein Schrumpfen der Geldmenge zu. Die wichtigste wirtschaftspolitische Lehre aus dieser Zeit ist sicherlich, daß - welche Störung auch immer anfänglich für Nachfragerückgänge und Arbeitslosigkeit verantwortlich ist - die Entstehung von Deflationserwartungen und anhaltende Preissenkungen vermieden werden sollten. Das *Geldmengenwachstum* sollte deshalb grundsätzlich positiv sein.

Die *Lohnpolitik* sollte dementsprechend auch bei anhaltender Unterbeschäftigung keine allgemeinen absoluten Lohnsenkungen zulassen. Durch die lohnpolitische Praxis der Gewerkschaften war dies in den entwickelten Industrieländern in der Nachkriegszeit tendenziell institutionalisiert. Bei steigender Arbeitslosigkeit sank nur die *Wachstumsrate* der Nominallöhne. Damit ging in aller Regel sowohl ein Rückgang der Inflationsrate als auch ein geringeres Reallohnwachstum einher (Abbildung 3.2). Die Rigidität der Nominallöhne nach unten stellt somit keine Marktunvollkommenheit, sondern eine makroökonomische Stabilitätsbedingung der Geldwirtschaft dar. Die gegenwärtigen Tendenzen einer Flexibilisierung des Arbeitsmarktes, einer Erosion der Gewerkschaften sowie der Übergang zu betriebsbezogenen Lohnabschlüssen können jedoch dazu führen, daß sich die Reaktion der Löhne auf Änderungen im Beschäftigungsgrad - in beiden Richtungen - wieder verstärken wird.

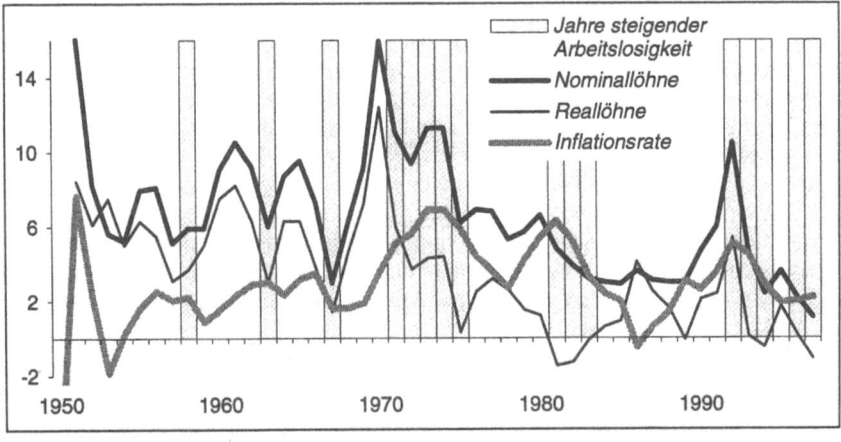

Abbildung 3.2: Lohn- und Preisentwicklung in Deutschland

3.1.4 Ertragspessimismus und Lohnrigiditäten in der Disinflation

Die für den Fall der Deflation beschriebenen negativen Nachfrageeffekte können in abgeschwächter Form auch in der Disinflation, d.h. bei sinkenden, aber noch positiven Inflationsraten auftreten. Dies läßt sich anhand des in Kapitel 2.4.5 und 2.5.3 entwickelten Makromodells zeigen, das auf der Angebotsseite an der Phillips-Kurven-Beziehung anknüpft und auf der Nachfrageseite Veränderungen in den Ertrags- und Inflationserwartungen berücksichtigt:

$$\hat{p} = \hat{p}^e + \hat{y} - \hat{y}^*$$
$$\hat{p} = \hat{m} + \frac{\theta}{\beta}\left(dr^e + d\hat{p}^e\right) - \frac{1}{\beta}\hat{y} \qquad [3.1]$$

Vom Hochinflationsgleichgewicht A ausgehend werde das Geldmengenwachstum so verringert, daß auf der neuen Nachfragefunktion $\hat{y}_1^d$ prinzipiell in Punkt C ein Vollbeschäftigungswachstum bei Preisstabilität erreichbar ist (Abbildung 3.3). Wenn die Inflationserwartungen der Arbeitsanbieter nicht sofort auf Null gehen, so wird zunächst Punkt B realisiert; danach würde sich die Angebotsfunktion schrittweise nach $\hat{y}_1^s$ verschieben. Der erwartete Rückgang der Inflation bremst jedoch über die Konsequenz eines tendenziell steigenden Realzinses (und möglicherweise über die Verschlechterung der Ertragserwartungen bei $dr^e/d\hat{p}^e > 0$) auch die Investitionsneigung. Dies verlagert die Nachfragekurve weiter nach unten in Richtung auf D, wo sich ein temporäres Gleichgewicht bei Unterbeschäftigung und Preisstabilität einstellt.
Da sich hier (bei adaptiven Erwartungen auf der Angebotsseite) die Ange-

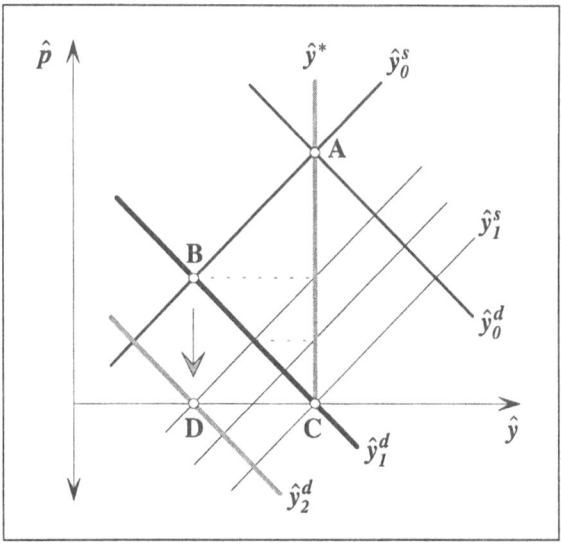

Abbildung 3.3: Endogene Verschärfung der Rezession

botsfunktion nach $\hat{y}_1^s$ verschiebt, müßte der weitere Anpassungsprozeß im Bereich negativer Inflationsraten ablaufen. Es ist jedoch wie gezeigt fraglich, ob mittels eines Deflationsprozesses die Vollbeschäftigungskonstellation C erreicht werden kann. Berücksichtigt man nun die institutionelle Gegebenheit nicht-negativer Inflationsraten, so kann die Ökonomie ohne eine neuerliche geldpolitische Expansion in Punkt D gleichsam hängenbleiben. Damit zeigt sich ein *stabilitätspolitisches Dilemma*: Zwar verhindert der Ausschluß von absoluten Lohn- und Preissenkungen das Abkippen einer Rezession in die Deflation; zugleich wird damit aber auch die - zumindest potentiell - nachfragefördernde Wirkung des Realkassen-Zins-Effektes unterbunden.

Die Blockierung dieses Effektes läßt sich auch in einem dynamischen Phillips-Kurven-Modell demonstrieren, das auf der Nachfrageseite zur Vereinfachung auf die Einbeziehung von erwarteten Ertrags- und Inflationsveränderungen verzichtet:[11]

$$\hat{p} - \hat{p}_{-1} = \alpha \left(u^* - u\right)$$
$$u - u_{-1} = -\beta \left(\hat{m} - \hat{p}\right)$$
[3.2]

Ausgangspunkt ist A mit $\hat{m} = \hat{p}^e = \hat{p}_0$ (Abbildung 3.4). Wird das Geldmengenwachstum auf Null reduziert, ergibt sich bei adaptiven Erwartungen in B zunächst eine gegenüber u^* gestiegene Arbeitslosigkeit. Da hier die Inflation auf $\hat{p}_1$ zurückgegangen ist, verlagert sich die Phillips-Kurve in der nächsten Periode nach unten und verläuft durch B_1. Zugleich setzt sich trotz der nun konstanten Geldmenge wegen $\hat{p}_1 > \hat{m} = 0$ der kontraktive Nachfrageeffekt fort: Die Logik der Nachfragefunktion in [3.2] weist aus, daß nur bei $\hat{p} = \hat{m}$ die Unterbeschäftigung von der Nachfrageseite her konstant sein kann; die Nachfragekurve verlagert sich deshalb nach unten zu B_0, wo $\hat{p} = \hat{m}$ gilt.[12]

Der neue - hypothetische - Schnittpunkt von Angebot und Nachfrage liegt in C. Schließt man jedoch negative Inflationsraten von der Angebotsseite her aus, so wird die Phillips-Kurve an der u-Achse praktisch zur Horizontalen; sie knickt bei C_0 ab und verläuft dann waagerecht nach rechts weiter. Das Marktgleichgewicht liegt somit faktisch in B_0.

Wenn sich dann die Inflationserwartung auf $\hat{p}^e = 0$ anpaßt, verschiebt sich die Phillips-Kurve weiter nach unten, knickt jedoch bei D_0 ab. Die Position der Nachfragekurve bleibt hingegen unverändert, weil in B_0 bereits $\hat{p} = \hat{m}$ erfüllt war. Das hypothetische Gleichgewicht in D wird nicht realisiert; vielmehr ist auch in dieser Periode B_0 das Marktgleichgewicht und stabilisiert sich dort in der Folgezeit.

---

[11] Dieses Modell wurde vor dem Hintergrund rationaler Erwartungen in Kapitel 2.3.2 behandelt.
[12] Zur Erklärung der Bewegung der Angebots- und Nachfragekurven siehe Kapitel 2.4.4, insbesondere Fn. 34.

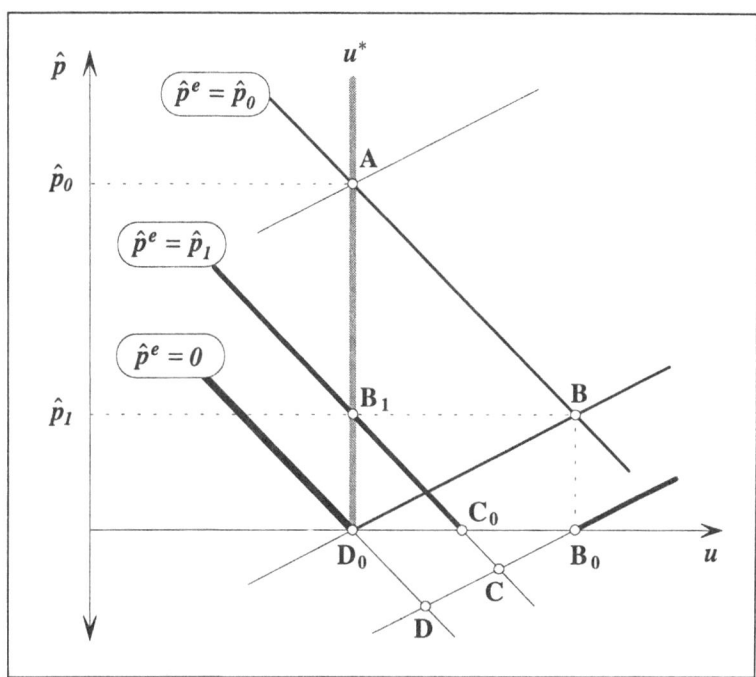

Abbildung 3.4: Disinflationsprozeß bei Ausschluß absoluter Preissenkungen

Zu beachten ist allerdings, daß selbst ein Nullwachstum der Nominallöhne aufgrund des Produktivitätsfortschritts sinkende Preise nicht ausschließt. Häufig gilt daher das erwartete Produktivitätswachstum als Untergrenze der Nominallöhne. In anderen Fällen zielt eine weiter nachgiebige Lohnpolitik auf eine Umverteilung zugunsten der Gewinne, von der man sich eine Investitions- und Beschäftigungsausweitung erhofft. Gegenposten der Lohnzurückhaltung soll hier ein höher Gewinnaufschlag sein, so daß nach Gleichung [2.14] absolute Preissenkungen ausbleiben. Wenn jedoch die Investitionstätigkeit nicht unmittelbar wie erhofft auf die lohnpolitische Zurückhaltung reagiert, so werden die Gewinnmargen bei Nachfragemangel und Wettbewerbsdruck wieder nachgeben; die Bereitschaft zur Umverteilung im Interesse einer Stärkung der Investitionsneigung verpufft in einem bloßen Deflationseffekt.

Zur Überwindung einer Unterbeschäftigung bei nahezu stabilen Preisen und niedrigen Inflationserwartungen ist demnach eine expansive Makropolitik hilfreich. Die von der Lohnpolitik ausgehenden Effekte sind ambivalent; sie wirken stärker auf die Preise als auf Nachfrage und Beschäftigung.

Zusammenfassung von Kapitel 3.1

(1) Unfreiwillige Arbeitslosigkeit liegt bei Beschäftigungs-Reallohn-Kombinationen oberhalb der Arbeitsangebotsfunktion vor, wenn nicht beschäftigte Arbeitneh-

mer zu einem niedrigeren als dem herrschenden Reallohn arbeiten wollen. Diese Konstellation kann mit einem Gleichgewicht auf dem Güter- und Geldmarkt verbunden sein, wenn die geplante Güter- und Wertpapiernachfrage der Arbeitslosen infolge ihres fehlenden Markteinkommens nicht effektiv wird. Damit erscheint der Gütermarkt aus Sicht der Unternehmen als geräumt und eine Beschäftigungsausweitung als nicht sinnvoll. Das "Unterbeschäftigungsgleichgewicht" ist durch eine Tendenz zur Lohnunterbietung seitens der Arbeitslosen gekennzeichnet. Ihr Aktionsparameter ist dabei der Nominallohn. Der Reallohn kann jedoch auf dem Arbeitsmarkt nicht direkt bestimmt werden; er ergibt sich als makroökonomisch endogene Größe aus dem Zusammenspiel der Kosten- und Nachfrageentwicklung in der Volkswirtschaft.

(2) Ein Wiedererreichen der Vollbeschäftigung durch die Marktkräfte ist nicht gesichert. Die unmittelbaren Effekte einer nachgebenden Lohnpolitik auf Kosten, Einkommensverteilung, Faktoreinsatzverhältnis und Güternachfrage sind im Hinblick auf die Beschäftigungsentwicklung uneindeutig. Die Konsumnachfrage wird tendenziell sinken. Steigende Stückgewinne und sinkende Gewinnerwartungen beeinflussen die Investitionsentscheidungen in widersprüchlicher Weise. Im Ergebnis kann der Reallohn unverändert (zu) hoch bleiben, wenn sich das Preisniveau parallel zu den Nominallöhnen bewegt.

(3) Die mit Lohn- und Preissenkungen verbundenen Vermögenseffekte wirken auf Nachfrage und Einkommen eher restriktiv. In der Deflation verstärkt sich die Vermögensumverteilung von Schuldnern zu Gläubigern. Da der Nominalzins nicht negativ werden kann, steigt der reale Kapitalmarktzins an. Schuldner werden zahlungsunfähig, Kreditketten brechen zusammen, die stark zunehmende Geldhaltung als in der Deflation profitabelste Investitionsstrategie treibt die Wirtschaft über eine Liquiditätskrise in den Zusammenbruch. Die allgemeine Flexibilität von Löhnen und Preisen kann somit bei zufällig auftretenden oder stabilitätspolitisch bewirkten Angebotsüberschüssen auf Güter- und Arbeitsmärkten in eine kumulative Instabilität umschlagen. Eine gewisse institutionelle Absicherung gegen diese Deflationsgefahr ist gegeben, wenn die gewerkschaftliche Lohnpolitik keine absoluten Lohnkürzungen zuläßt.

(4) Auch in der Disinflation wird ein Nachfragerückgang endogen verstärkt, wenn der erwartete Inflationsrückgang den Realzins erhöht und die Ertragserwartungen verringert. Mit dem Ausschluß absoluter Preissenkungen wird zwar die Gefahr einer krisenhaften Deflationsspirale vermieden; ebenfalls wird jedoch der nachfragefördernde Realkassen-Zins-Effekt abgeblockt. Deshalb kann eine expansive Nachfragepolitik notwendig sein, um die Volkswirtschaft aus einem Niedriginflationsgleichgewicht bei Unterbeschäftigung herauszuführen. Eine Lohnzurückhaltung mit dem Ziel einer Umverteilung zugunsten der Gewinne und einer Erhöhung der Investitionsneigung wird ohne gleichzeitige Nachfragesteigerung eher nur einen Deflationseffekt bewirken.

3.2 Allokations- und Wettbewerbsprozesse am Arbeitsmarkt

3.2.1 Risikotausch, relative Lohnstarrheiten und Strukturprobleme

Im vorstehenden Kapitel 3.1 war die Starrheit des Reallohns bei Unterbeschäftigung die unfreiwillige Folge einer makroökonomischen Marktinteraktion, bei der eine Nominallohnsenkung (bzw. -mindersteigerung) zu einer entsprechenden Preissenkung (bzw. zu einem Inflationsrückgang) führte. Diese Konstellation wird als *keynesianische Arbeitslosigkeit* bezeichnet, die bei ungünstigen Marktbedingungen nur durch eine exogene oder wirtschaftspolitisch vermittelte Nachfragesteigerung überwunden werden kann.

Die Herausbildung einer Nominallohnstarrheit nach unten ist zwar für die makroökonomische Systemstabilität vorteilhaft, erklärt jedoch nicht, aus welchen einzelwirtschaftlichen Gründen sich Arbeitsanbieter und ihre Interessengruppen gegen absolute Lohnsenkungen wehren. Diese Faktoren sind im folgenden zu untersuchen.

Der Fall einer *mikroökonomisch* begründeten Reallohnstarrheit, die auf einen Widerstand der Marktakteure gegen Reallohnsenkungen zurückgeht, wird als *klassische Arbeitslosigkeit* bezeichnet. Offenbar liegen hier angebotsseitige Probleme vor, deren Ursache durch Nachfragepolitik direkt nicht zu beheben sind. In Abbildung 3.1 wird diese Konstellation durch den Punkt A_2 (bei abnehmender Grenzproduktivität der Arbeit) oder A_1 (bei linearer Produktionsfunktion) illustriert, wenn sich bei gegebener Preisentwicklung keine Nominallohnzurückhaltung zeigt. Das Ausbleiben einer Lohnreaktion bei Unterbeschäftigung läßt sich streng genommen allerdings so deuten, daß sich die Arbeitnehmer *auf* ihrer Angebotsfunktion befinden (N^s müßte dann durch A_2 bzw. A_1 verlaufend gezeichnet werden); folglich könnte überhaupt nicht von Arbeitslosigkeit gesprochen werden. Eine genauere Analyse zeigt jedoch, daß Lohnrigiditäten durchaus mit Unterbeschäftigung vereinbar sein können. Ein Gleichgewicht verlangt keineswegs eine physische Räumung der Märkte, sondern nur, daß die Marktakteure es aus bestimmten Gründen nicht sinnvoll erachten, ihre Situationseinschätzungen, Verhaltensweisen und Preisforderungen zu ändern.

> An economy is in equilibrium when it generates messages which do not cause agents to change the theories which they hold or the policies which they pursue.
> *Frank H. Hahn* (1973: 25)

(1) Die *Theorie der impliziten Kontrakte* betont das Interesse von Arbeitgebern und Arbeitnehmern an langfristigen Kooperationsbeziehungen im Unternehmen; dabei geht es für die einen um Potentiale zur Produktivitätssteigerung i.w.S., für die anderen um die Wahrung von Einkommenssicherheit. Daraus können (u.U. stillschweigende) Vereinbarungen hervorgehen, die für beide Seiten von Nutzen sind.

In einem ersten Schritt läßt sich so eine *Lohnstarrheit* ableiten: Es wird angenommen, daß trotz konjunktureller Störungen Vollbeschäftigung durch Lohnschwankungen zwischen w_0 und w_2 bewahrt werden könnte (Abbildung 3.5). Die Beschäftigten ziehen jedoch einen sicheren Lohnsatz w_1 vor, weil sie im ungünstigsten Fall einen Verlust an Nutzen U in Höhe von BD, im gün-

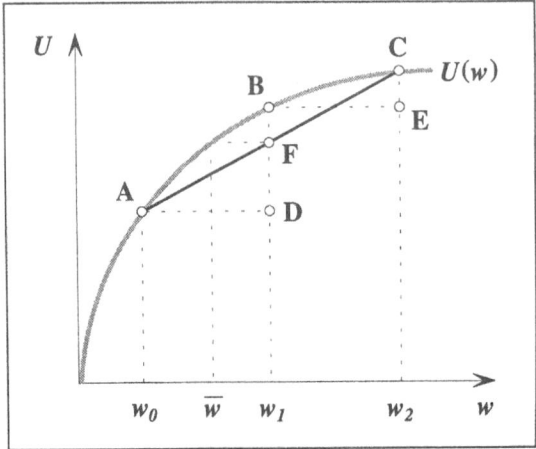

Abbildung 3.5: Risikoaversion beim Lohneinkommen

stigsten Fall jedoch nur einen Gewinn von EC erzielen könnten. Der sinkende Grenznutzen des Einkommens begründet somit eine Risikoaversion der Arbeitnehmerhaushalte (die Unternehmen gelten als risikoneutral). Wenn die Wahrscheinlichkeiten des Eintretens von w_0 und w_2 übereinstimmen, ist w_1 der Erwartungswert des Lohneinkommens. F repräsentiert den dazu korrespondierenden *erwarteten* Nutzen; er ist niedriger als der Nutzen der *sicheren* Zahlung w_1 in B.

Da die Zusicherung eines fixierten Lohnsatzes bei schwankender Güternachfrage für die Unternehmen Kosten mit sich bringt, sind sie nicht bereit, den im Zeitablauf *durchschnittlich* zu erwartenden Gleichgewichtslohn w_1 festzuschreiben. Der bei einer Fixierung von w_1 entstehende Nutzengewinn der Beschäftigten in Höhe von BF eröffnet nun aber einen Verhandlungsspielraum. Der niedrigste Fixlohnkontrakt, dem die Arbeitnehmerseite noch zustimmen kann, ergäbe sich bei einer Einigung auf $\overline{w}$, weil dieser Lohn nutzenmäßig noch äquivalent zur Alternative einer *ungeregelten* Lohnbildung zwischen A und C mit dem Erwartungswert w_1 ist. Faktisch schließen also Unternehmen und Arbeitnehmer neben dem Beschäftigungs- einen Versicherungsvertrag ab, der einen Risikotausch regelt: Die Arbeitnehmer übertragen das unerwünschte Risiko von Einkommensschwankungen an die Unternehmen und zahlen dafür einen Preis in Höhe der Differenz zum durchschnittlich erwarteten Marktlohn.

Damit ist jedoch noch nicht das Auftreten von *Arbeitslosigkeit* erklärt; denn die Unternehmen bleiben durch diesen Lohnkontrakt in der Lage, die bei Nachfrageschwankungen auftretenden Gewinneinbußen im Zeitablauf intern auszugleichen. Dabei wird die Versicherungsdienstleistung der Unternehmen durch die Lohndifferenz $(w_1 - \overline{w})$ entgolten.

In einem zweiten Schritt gibt die Theorie der impliziten Kontrakte daher den Bezugspunkt einer prinzipiell über Lohnflexibilität sicherbaren Vollbeschäftigung auf. Statt dessen wird angenommen, daß die Unternehmen den Arbeitnehmern am Beginn einer Vertragsperiode eine Vereinbarung anbieten, die je nach Absatzlage auch die Möglichkeit vorsieht, den Beschäftigungsumfang zu variieren.[13] Es ist nun keineswegs sicher, daß die Arbeitnehmer statt dessen auf einer Regelung bestehen, die einen auch nur temporären Beschäftigungsverlust unter allen Umständen ausschließt:

- Zum einen wäre der dabei erzielbare Kontraktlohn niedriger.
- Zum anderen ist aufgrund bestimmter Usancen im Kündigungsverhalten der Unternehmen das Risiko, von einer Freisetzung betroffen zu werden, für die zahlenmäßig überwiegende "Stammbelegschaft" geringer als für diverse Gruppen der "Randbelegschaft".
- Schließlich wird die Drohung der Nichtbeschäftigung durch Freizeitnutzen und Arbeitslosenunterstützung weiter relativiert.

Damit kann es für die Arbeitnehmer vorteilhafter sein, einen Fixlohnkontrakt trotz eines Beschäftigungsrisikos zu wählen, wenn nämlich der Nutzen hierbei höher erscheint als bei der anderen Variante einer durchgehenden Vollbeschäftigung zu einem niedrigen Lohnsatz. Aufgrund dieser Entscheidung muß allerdings eine in diesem Fall auftretende Arbeitslosigkeit letztlich als freiwillig eingestuft werden.

(2) Eine weitere Erklärung des oft beobachtbaren Widerstands gegen Lohnsenkungen bei Unterbeschäftigung setzt an dem möglichen Interesse der Arbeitnehmer an der Verteidigung bestimmter Lohn*relationen* an. Es ist denkbar, daß die Arbeitsanbieter durchaus Reallohnsenkungen hinnehmen würden, die *alle gleichermaßen* betreffen, die also z.B. durch einen Anstieg des Preisniveaus entstehen. Bei einer allgemeinen Reallohnsenkung via Geldpolitik tritt das Problem folglich nicht auf. Der andere Weg zu einer Reallohnsenkung über Zugeständnisse bei den Nominallöhnen birgt aus Sicht der Arbeitnehmer jedoch die Gefahr, daß sie in ihrer Verteilungsposition nicht nur absolut im Vergleich zu den Gewinnen, sondern auch relativ gegenüber anderen Lohnbeziehern zurückfallen, wenn diese ihre Einkommen hartnäckiger verteidigen (z.B. weil sie von Arbeitslosigkeit weniger stark betroffen sind). Die Frage, ob eine aus dieser Verhaltensweise folgende anhaltende Arbeitslosigkeit als freiwillig oder unfreiwillig zu gelten hat, ist damit nicht eindeutig zu beantworten.

> Der Kampf um die Geldlöhne beeinflußt in erster Linie die *Verteilung* der Summe der Reallöhne zwischen den verschiedenen Arbeitergruppen (...). Die Vereinigung einer Gruppe von Arbeitern bewirkt den Schutz des *verhältnismäßigen* Reallöh-

---

[13] Dabei kann es sich um Kurzarbeit, aber auch um ein "temporary lay-off" handeln. Letzteres beschreibt eine insbesondere in den USA übliche Praxis der Unternehmen, Beschäftigte bei schlechter Geschäftslage zeitweilig zu entlassen; sie bleiben aber formal an das Unternehmen gebunden und werden auch bevorzugt wieder eingestellt.

> nes. Das *allgemeine* Niveau der Reallöhne hängt von den anderen Kräften der Wirtschaftsordnung ab. (...) Jede Gewerkschaft wird gegen eine Kürzung der Geldlöhne einen gewissen (...) Widerstand leisten. Da es aber keiner Gewerkschaft auch nur im Traum einfallen würde, jedesmal, wenn die Lebenskosten steigen, zu streiken, setzen sie einer Zunahme der Gesamtbeschäftigung nicht den Widerstand entgegen, den ihnen die klassische Schule zuschiebt.
>
> *John Maynard Keynes* (1936: 12f)

(3) Eine *allgemeine* gesamtwirtschaftliche Nachfrageschwäche bedeutet immer auch eine besondere, krisenhafte Situation für *bestimmte* Anbieter (Unternehmen, Branchen, Regionen usw.): Der für marktwirtschaftliche Systeme konstitutive permanente Allokations- und Wettbewerbsprozeß bringt zu jedem Zeitpunkt "Verlierer" hervor; im konjunkturellen Aufschwung haben diese Akteure jedoch vorwiegend nur relative Einkommensrückstände hinzunehmen, während im Abschwung ihre ökonomische Existenz überhaupt gefährdet ist (was sich in Produktions- und Beschäftigungsverlusten ausdrückt).

Konjunkturelle Krisen erscheinen so als "Strukturkrisen" - obwohl dies oft nur eine optische Täuschung ist: Die *allgemeine* Verschlechterung der Ertragslage bewirkt nur, daß die Meßlatte für ökonomischen Erfolg nun höher hängt und deshalb einige Akteure im Wettbewerb nicht mehr mithalten können. Dabei werden notwendigerweise diejenigen Anbieter von Gütern und Dienstleistungen betroffen, die zum Zeitpunkt des konjunkturellen Abschwungs - möglicherweise zufällig - am unteren Ende der Skala der Leistungsfähigkeit stehen. Eigentliche *Strukturprobleme* entstehen aus solchen Konstellationen oft erst dadurch, daß die Wirtschaftspolitik im Interesse der Beschäftigungssicherung den Verlierern des Wettbewerbsprozesses mit selektiven Maßnahmen zu Hilfe kommt und damit den langfristig notwendigen Strukturwandel behindert.

Die fortwährende allokative Bewegung auf den Märkten auch in konjunkturellen Wechsellagen hat zur Konsequenz, daß Arbeitslosigkeit in der Rezession nicht notwendigerweise gleichverteilt zwischen den einzelnen Unternehmen, Branchen und Regionen auftritt. In den "Problembereichen" ist infolge der konzentrierten Beschäftigungsverluste auch der Lohnanpassungsdruck relativ am größten. Konjunkturelle Lohnzurückhaltung fällt insoweit mit Anpassungen der relativen Löhne zur Kompensation der mangelnden Wettbewerbsfähigkeit einzelner Anbieter zusammen. Dies ist nun aber aus allokations- und wachstumspolitischer Sicht nicht unproblematisch, da sich der Strukturwandel verlangsamt und die Volkswirtschaft somit auf mögliche Effizienzgewinne verzichtet.

Daraus ergibt sich, daß eine besondere Lohnzurückhaltung in von der Krise betroffenen Bereichen nicht unbedingt empfehlenswert ist, weil das *Auftreten* der Strukturprobleme eine Folge der Konjunkturentwicklung ist und insoweit eine *makroökonomische* Reaktion verlangt, während die Strukturprobleme selbst eine güterwirtschaftliche Anpassung zur Erhöhung der Wettbewerbsfähigkeit erfordern; eine Konservierung unrentabler Aktivitäten mittels "Lohndumping" ermöglicht vielleicht kurzfristige Beschäftigungsgewinne, ist aber langfristig eher wohlfahrtsschädlich. Der oben erwähnte Widerstand der Arbeitnehmer gegen partielle Lohnsenkungen aus Angst vor relativen Einkommensverlusten erweist sich somit als durchaus rational. Auch relative Lohnstarrheiten *können* aus volkswirtschaftlicher Sicht sinnvoll sein.

3.2.2 Produktivitätssicherung durch Effizienzlöhne und Arbeitslosigkeit

Der Effizienzaspekt kann auch aus einzelwirtschaftlicher Sicht genutzt werden, um eine mangelnde Nachgiebigkeit der Löhne bei Unterbeschäftigung zu erklären. Der auf den ersten Blick überraschende Grundgedanke ist aber nun, daß hierbei die *Unternehmen* nicht an Lohnsenkungen interessiert sind. Der Ansatzpunkt der folgenden Argumentation ist das verbreitete Faktum, daß der Arbeitsvertrag im Interesse der Wahrung der betriebsinternen Flexibilität i.w.S. nicht vollständig spezifiziert ist, so daß den Arbeitskräften ein Gestaltungsspielraum verbleibt. Zugleich besteht auf Seiten der Unternehmen unvollständige Information: Die individuellen Arbeitsleistungen können oft nicht perfekt oder nur unter hohen Kosten kontrolliert werden.

Unter diesen Bedingungen kann es für die Unternehmen vorteilhaft sein, über die Zahlung eines sog. "Effizienzlohnes", der über den durchschnittlichen Verdienstchancen am Arbeitsmarkt liegt, die Beschäftigten zu einer höheren Produktivität zu motivieren. Einem Arbeitnehmer, dem aufgrund *entdeckter* schlechter Leistung gekündigt wird, droht ein entsprechender Einkommensverlust, weil er - Vollbeschäftigung zunächst vorausgesetzt - nur zum niedrigeren Normallohn wieder einen Arbeitsplatz findet. Daher wirkt das Interesse an der Bewahrung dieser Einkommensdifferenz positiv auf die individuelle Arbeitsleistung n. Sie ist eine Funktion der Differenz zwischen dem unternehmensspezifischen Lohn w und den unternehmensexternen Einkommensmöglichkeiten h $(<w)$. Diese allgemeine Effizienzfunktion $n(w,h)$ läßt sich (nach einem Modell von Summers) folgendermaßen spezifizieren:

$$n = n_0 (w - h)^\delta \qquad [3.3]$$

Die Stärke des Anreizeffektes der Lohndifferenz wird durch den Parameter δ $(0 \leq \delta < 1)$ gemessen.

Der variable Produktionsfaktor der *effektiven* Arbeitsleistungen $A = n \cdot N$ bestimmt bei konstantem Kapitalstock nach Maßgabe der Produktionselastizität $\varepsilon \leq 1$ den Output:[14]

---

[14] Im Fall $\varepsilon = 1$ entspricht die individuelle Arbeitsleistung der durchschnittlichen Arbeitsproduktivität ($n = Y/N = a$).

$$Y = (n\,N)^{\varepsilon} \qquad [3.4]$$

Die Minimierung der Lohnstückkosten $W/Y = w \cdot N/Y$ (nach Einsetzen von [3.4] und [3.3]) durch die Variation von w führt dann zur Bestimmung des Effizienzlohns w^*:[15]

$$w^* = \frac{h}{1 - \delta\,\varepsilon} \qquad [3.5]$$

Die unternehmensexternen Einkommensoptionen h bestehen darin, mit der Wahrscheinlichkeit $(1-u)$ eine andere Beschäftigungsmöglichkeit mit dem marktüblichen Durchschnittslohn $\tilde{w}$ ($< w^*$) finden oder mit der Wahrscheinlichkeit u ein Arbeitslosengeld b beziehen zu können; u bezeichnet die Arbeitslosenquote.

$$h = (1-u)\,\tilde{w} + u\,b \qquad [3.6]$$

Verhalten sich nun aber alle Unternehmen in dieser Weise, so müssen sich Effizienz- und Marktlohn angleichen ($w^* = \tilde{w} = w$). Nach Substitution von [3.6] in [3.5] ergibt sich damit in [3.7] eine Gleichgewichtsarbeitslosenquote u^*, die allein mikroökonomische Produktivitäts- und Anreizeffekte widerspiegelt. Die Effizienzfunktion wandelt sich von $n(w, h)$ zu $n(u)$. Das Ausmaß der "effizienten" Arbeitslosigkeit hängt positiv vom Anreizparameter δ ab, wobei der ursprüngliche Produktivitätseffekt der Lohndifferenz nun durch die Drohung der Arbeitslosigkeit ersetzt wird. Dementsprechend steigt u^* mit der am Lohn gemessenen relativen Höhe der Arbeitslosenunterstützung b, weil diese die mit der Arbeitslosigkeit verbundenen Nachteile abmildert:

$$u^* = \frac{\delta\,\varepsilon}{1 - b/w} \qquad [3.7]$$

In gewisser Weise kann die abgeleitete Arbeitslosigkeit als freiwillig gedeutet werden, da sie aus einer unternehmerischen Abwehrreaktion gegen eine mangelnde Arbeitsmotivation der *Beschäftigten* resultiert. "Bestraft" werden hingegen die *Arbeitslosen*: Ihre Angebote, zu einem niedrigeren Lohn als w^* zu arbeiten, werden von den Unternehmen nicht angenommen, weil dies zu Produktivitätsverlusten führt:
- Werden relativ hochbezahlte Beschäftigte gegen niedriger entlohnte ehemalige Arbeitslose ausgetauscht, so werden die Beschäftigten dies als einen Bruch der impliziten Vereinbarung empfinden, derzufolge bei normaler bzw. hoher Leistung individuell gerade keine Kündigung zu befürchten ist. Der An-

---

[15] Das übliche Verfahren einer Maximierung des Unternehmensgewinns führt zum gleichen Ergebnis. Allgemein liegt der Effizienzlohn stets bei jenem Lohnsatz, bei dem die Elastizität der Effizienzfunktion $n(w)$ den Wert Eins annimmt, d.h. bei $\partial n/\partial w = n/w$.

reizmechanismus könnte in diesem Fall zusammenbrechen (d.h. $\delta \to 0$).
- Hält man am Prinzip "Gleicher Lohn für gleiche Arbeit" fest, so wird eine *allgemeine* Lohnsenkung im Betrieb infolge der nun *negativen* Lohndifferenz zum Marktlohn vermittelt über den Anreizmechanismus eine Verringerung der Arbeitsleistung bewirken. Zudem kann die interne Effizienz auch dadurch Schaden nehmen, daß die verbliebenen Beschäftigten eine Kooperation mit "Lohndrückern" ablehnen.

Die Effizienzlohntheorie liefert eine *Bestimmung der gleichgewichtigen Arbeitslosenquote*. Das traditionelle Arbeitsmarktgleichgewicht - Vollbeschäftigung bei einheitlichen Löhnen - erscheint in diesem Ansatz als ineffiziente Konstellation: Da die Beschäftigten annahmegemäß bei Verlust ihres Arbeitsplatzes sofort einen neuen mit gleichem Einkommen finden, ist die mögliche Kündigung bei entdeckter schlechter Arbeitsleistung keine ernsthafte Drohung. Die Produktivität ist dementsprechend gering. Vollbeschäftigung stellt aus mikroökonomischer Sicht kein Gleichgewicht dar, da die Unternehmen hier versuchen, die Arbeitsleistungen über Lohnanreize zu erhöhen.

Ein *mikroökonomischer Kritikpunkt* richtet sich gegen die Annahme der Effizienzlohntheorie, die Produktivität im Unternehmen könne allein über externe Lohndifferenzen zum Marktlohn bzw. durch die Drohung der Arbeitslosigkeit gesichert werden. Theoretisch denkbar sind auch andere Anreizmechanismen: So könnten Arbeitsverträge eine Klausel enthalten, nach der Beschäftigte bei entdeckter "Bummelei" eine Strafzahlung an das Unternehmen zu leisten haben. Im Gegensatz zum obigen Modell ist auch die Möglichkeit permanenter interner Lohndifferenzen zu berücksichtigen. In der Praxis wirkt insbesondere die Aussicht auf innerbetriebliche Aufstiegsmöglichkeiten leistungsmotivierend. Dabei spielen auch Formen einer Senioritätsentlohnung eine Rolle, bei denen das individuelle Einkommen mit der Betriebszugehörigkeit ansteigt. Liegt der Lohn dabei zunächst unter und später über der Produktivität, so ist dies für das Unternehmen im langfristigen Durchschnitt kostenneutral, während für die Beschäftigten der Anreiz besteht, durch gute Leistungen eine Kündigungsgefahr zu vermeiden, da die Entlohnung in einem anderen Betrieb wieder auf einer niedrigeren Stufe einsetzt. Mikroökonomische Lösungen des Anreizproblems sind also möglich, so daß gerade eine entwickelte Volkswirtschaft nicht auf das Mittel der Arbeitslosigkeit zur Produktivitätssicherung angewiesen sein muß.

Aus *makroökonomischer Sicht* ist nicht gesichert, ob das theoretisch bestimmte Effizienzlohngleichgewicht bei positiver Arbeitslosenquote [3.7] *im Marktprozeß* auch tatsächlich erreicht wird: Die Frage ist, ob ausgehend von einer Vollbeschäftigungssituation *infolge* der Zahlung von einzelwirtschaftlich motivierten Lohnzuschlägen gesamtwirtschaftlich Arbeitslosigkeit entsteht. Der Versuch aller Unternehmen, gleichzeitig ihre Lohnsätze *relativ* zum Marktdurchschnitt zu erhöhen, kann logischerweise nicht gelingen. Nur wenn der Prozeß der gegenseitigen Lohnüberbietung der Unternehmen bei den Beschäftigten (z.B. aufgrund unvollkommener Information) zumindest temporär den gewünschten Motivationseffekt auslöst, kann es zu einem Anstieg der Produktivität kommen. In diesem Fall können zwei Effekte auftreten, die einen tendenziellen Anstieg der Unterbeschäftigung bewirken:

- Wenn mit höherer Produktivität auch der Reallohn zunimmt, ergibt sich am Markt gemäß der Funktion $N^s(w/P)$ ein höheres Arbeitsangebot.
- Bei *unveränderter* Güternachfrage bedeutet eine höhere Produktivität eine geringere Arbeitsnachfrage.

Die gesamtwirtschaftliche Güternachfrage ist in der Effizienzlohntheorie jedoch eine exogene Größe (darin zeigt sich der mikroökonomische Charakter dieser Theorie). Es kann aber nicht ausgeschlossen werden, daß die Zunahme von Produktivität und Reallohn zu einer *Erhöhung* der Nachfrage führt und damit die Herausbildung einer für das Gleichgewicht nötigen Unterbeschäftigung verhindert.[16] Bleibt andererseits der von den Unternehmen erhoffte Produktivitätseffekt aus, so schlagen die Lohnzuschläge auf die Stückkosten durch. Damit werden die Preise steigen und der Anstieg des Reallohns wird neutralisiert. Bei konstanter Geldmenge ist nun als indirekte Folge *nominaler* Lohnzuschläge ein restriktiver Nachfrageeffekt denkbar - während jedoch die Logik des Effizienzlohnansatzes auf überhöhte *Real*löhne zielt.

Angesichts dieser gesamtwirtschaftlich nicht eindeutigen Aussagen der Effizienzlohntheorie läßt sich ihre Stoßrichtung vielleicht umdrehen: Sie erklärt eher ein Kostendruckproblem als die Arbeitslosigkeit. Zyklische oder trendmäßige Veränderungen der Unterbeschäftigung lassen sich mit diesem Ansatz direkt kaum erklären. Im Rahmen einer *makroökonomischen Analyse* ist der Beschäftigungsgrad durch die gesamtwirtschaftliche Nachfrage bestimmt. Das Effizienzlohnproblem zeigt sich dann als eine *kosten- und preistreibende Angebotsbeschränkung*: Nimmt etwa in einem Konjunkturaufschwung die Arbeitslosigkeit ab, so folgt aus der Umkehrung von [3.7] ein wachsender Lohndruck. Das Ziel der Unternehmen, die bei steigendem Beschäftigungsgrad drohende Verringerung der Produktivität zu verhindern, erzwingt höhere Löhne.

$$w = w\left(\underset{-\ +\ +}{u, \delta, b}\right) \quad [3.8]$$

Da die Beschäftigten jedoch früher oder später erkennen, daß damit keine *relative* Besserstellung verbunden ist, bleibt der erhoffte Produktivitätseffekt

---

[16] Ein sicherer und einfacher Weg, über vermehrte Arbeitslosigkeit die Produktivität wieder zu erhöhen, wäre eine restriktive Nachfragepolitik. Kalecki prognostizierte deshalb bereits 1943 einen "politischen" Konjunkturzyklus: Bei Unterbeschäftigung würden die Gewerkschaften eine expansive Nachfragepolitik durchsetzen können. Bei Vollbeschäftigung jedoch befürchteten Unternehmen und ihnen wohlgesonnene Regierungen infolge der Erosion der Arbeitsdisziplin eine ökonomische und politische Schwächung des kapitalistischen Systems, so daß mittels eines Kurswechsels zu einer restriktiven Wirtschaftspolitik die Machtposition der Arbeiter wieder unterhöhlt würde.

aus. Die Annäherung an die Vollbeschäftigung ist deshalb aufgrund der (teilweise) sinkenden Arbeitsdisziplin und der (teilweise) erfolglosen Effizienzlohnzuschläge mit einem wachsenden Kostendruck verbunden, der (zusammen mit dem Effekt knappheitsbedingter Lohnerhöhungen) zu rasch steigenden Preisen führt. Das Effizienzlohnproblem steht damit in einer Reihe mit anderen Angebotsbeschränkungen, die bei zunehmender Auslastung der Ressourcen auf Arbeits- und Gütermärkten die Effizienz des Produktionsprozesses verringern und daher den Kosten- und Preisdruck erhöhen.

3.2.3 Insider und Outsider: Die Marktposition der Arbeitslosen

Eine endogene Stabilisierung eines Nachfragerückgangs ist vor allem daran gebunden, daß infolge der entstandenen Arbeitslosigkeit ein Lohnunterbietungsprozeß einsetzt, der vermittelt über den Realkassen-Zins-Effekt eine Erholung der gesamtwirtschaftlichen Nachfrage einleitet. Das Auftreten von Lohnreaktionen hängt wiederum davon ab, ob und wie sich die Marktbedingungen für die Akteure verändern. Lediglich die zahlenmäßig i.d.R. relativ weniger ins Gewicht fallenden Arbeitslosen würden eine (temporäre) Lohnreduktion hinnehmen, um wieder in den Markt zu gelangen. Die Beschäftigten haben kein unmittelbares Interesse an einer Situationsveränderung. Folglich wird insbesondere dann eine Lohnstarrheit zu beobachten sein, wenn bei Nachfrageschwankungen die Beschäftigungsanpassungen innerhalb der Arbeitnehmerschaft nicht gleichmäßig oder zufällig verteilt sind, sondern bestimmte Gruppen systematisch stärker vom Risiko der Arbeitslosigkeit betroffen werden als andere. So ist teilweise zu beobachten, daß Stammbelegschaften unter vergleichsweise sicheren Einkommens- und Beschäftigungsverhältnissen arbeiten, während die konjunkturellen Risiken auf Randbelegschaften abgewälzt werden.

Allgemein beruht die in der Ökonomie übliche These, bei einem Angebotsüberschuß sei eine Preissenkung zu erwarten, auf der Voraussetzung einer perfekten Homogenität der gehandelten Güter. Im Falle des Arbeitsmarktes heißt dies: Sind aus der Sicht der Unternehmen Beschäftigte und Arbeitslose vollständig und kostenlos substituierbar, so erzwingt bei Unterbeschäftigung die Konkurrenz zwischen ihnen Lohnsenkungen. Blieben diese aus, müßte dies so gedeutet werden, daß die Arbeitnehmer *in ihrer Gesamtheit* die Arbeitslosigkeit akzeptieren und diese mithin als freiwillig zu bezeichnen wäre. Selbst wenn man im Hinblick auf die Qualifikation an der Annahme einer grundsätzlichen Identität der Arbeitskräfte festhält, so ist die Möglichkeit eines für die Unternehmen kostenlosen Austausches von Beschäftigten und Arbeitslosen jedoch nicht gegeben. Es treten dabei vielmehr "labour turnover costs" auf, u.a. weil die neuen Mitarbeiter nicht über das *betriebsspezifische* Wissen der nun entlassenen Altbeschäftigten verfügen und zunächst eingearbeitet werden müssen.[17] Die Existenz derartiger Transaktionskosten ist allerdings kein unmittelbar zwingendes Hindernis für eine Lohnkonkurrenz. Die Stellenbewerber müßten nur bereit sein, zu so niedrigen Löhnen zu arbeiten, daß die Unternehmen für alle entstehenden Nachteile entschädigt würden.

Eine weitere institutionelle Strukturierung des Arbeitsmarktes ergibt sich daraus, daß die Arbeitnehmer in den Tarifverhandlungen durch *Gewerkschaften* vertreten werden, die erfahrungsgemäß eher die (Einkommens-) Interessen der Beschäftigten als die (Arbeitsplatz-) Interessen der Arbeitslosen verfolgen. Deren Mitglieds- und Mitbestimmungsrechte innerhalb der Gewerkschaften sind oft durch formelle und informelle Regeln beschränkt.[18] Obwohl damit die Marktchancen der Arbeitslosen nachhaltig verringert sind, könnten sie dennoch die bestehende Marktorganisation der Alternative einer freien Lohnkonkurrenz vorziehen: Dem kurzfristigen möglichen Vorteil, auf dem Wege einer individuellen Unterbietung der Marktlöhne wieder eine Beschäftigung zu finden, steht der langfristig befürchtete Nachteil gegenüber, daß die Marktposition der Arbeitnehmer insgesamt ohne eine institutionalisierte kollektive Interessenvertretung geschwächt würde. Es mag attraktiver erscheinen, die Gewerkschaften auf das Ziel möglichst hoher Realeinkommenszuwächse zu verpflichten (wobei man die Arbeitslosen durch eine staatliche Unterstützung abgesichert weiß) als von ihnen zu verlangen, mit dem makroökonomisch unsicheren Mittel bedingungsloser Lohnzugeständnisse[19] eine Beschäftigungssicherung für alle zu verfolgen.

Die Gewerkschaften werden eine Lohndifferenzierung zwischen Alt- und Neubeschäftigten ablehnen, weil dies auf Dauer auch die Lohnposition der Stammbelegschaft gefährden kann. Die Unternehmen wiederum haben ein gemeinsames Interesse an einheitlichen Tarifverträgen, weil dies die Investitions- und Produktionsplanungen erleichtert und überdies einen "unlauteren" Wettbewerb mittels "Lohndumping" verhindert (das Tariflohnsystem stellt für sie gleichsam ein öffentliches Gut dar).

Damit verfügen die von den Gewerkschaften vertretenen Beschäftigten - die "Insider" - über eine gewisse Marktmacht, die sie dazu nutzen können, durch eine Verteidigung ihrer relativ hohen Löhne die Marktchancen der Arbeitslosen - der "Outsider" - zu begrenzen. Denn die Zulassung einer ungeregelten Lohnkonkurrenz bei Unterbeschäftigung würde institutionelle und informelle Arrangements zwischen Unternehmen und ihren Mitarbeitern unterhöhlen, die bislang zu beiderseitigem Vorteil bestanden haben. Angesichts der Bedeutung dieser sozialen Rahmenbedingungen im Produktionsprozeß wird

---

[17] Im übrigen wird die Belegschaft diesen Austausch von Beschäftigten und Arbeitslosen als Verletzung ungeschriebener Normen der "Fairneß" deuten, was weitere Produktivitätseinbußen zur Folge haben kann (vgl. Kapitel 3.2.2).

[18] Damit verliert auch das Konzept der Arbeitsangebotsfunktion an Eindeutigkeit, weil nun offen ist, welche Präferenzen sie widerspiegelt.

[19] Vgl. Kapitel 3.1.

das Interesse an den mit individuellen Lohnunterbietungen verbundenen kurzfristigen Vorteilen vermutlich nicht allzu hoch sein.

> Der Lohn ist weder fix noch willkürlich noch flexibel. Er ist, was er ist, weil kein Wirtschaftssubjekt es vorteilhaft findet, ihn zu verändern. Die 'Unsichtbare Hand' hat vor Vollendung ihrer Arbeit den Dienst quittiert.
> *Frank H. Hahn* (1977: 252)

Eine anhaltend hohe oder sogar steigende Arbeitslosigkeit ist aber mit den obigen Argumenten kaum zu erklären. Denn *neu gegründete* Unternehmen könnten ohne Rücksicht auf etablierte Insider-Interessen mit der Beschäftigung von Arbeitslosen einen Wettbewerbsvorsprung erzielen, da gerade wegen der schwachen Marktstellung dieser Outsider ihre Lohnforderungen vergleichsweise gering sind. Die Differenzierung der Arbeitnehmer in Insider und Outsider stellt eher eine Beschreibung als eine Erklärung anhaltender Unterbeschäftigung dar. Wenn sich Beschäftigte und Arbeitslose nur durch ihren *formalen* Status unterscheiden, so haben Arbeitgeber stets den Anreiz, u.a. auf dem Umweg von Unternehmensneugründungen aus der Beschäftigung von Outsidern ökonomische Vorteile zu ziehen.

Eine mangelnde Konkurrenz zwischen Beschäftigten und Arbeitslosen ist deshalb letztlich nur erklärbar, wenn sich diese beiden Gruppen auch durch substantielle *sachliche* Merkmale unterscheiden, so daß ihre Verwendung im Unternehmen eine entsprechend unterschiedliche Produktivität und Profitabilität mit sich bringt. In der makroökonomischen Analyse wird hingegen zumeist auch auf dem Arbeitsmarkt von der *Homogenitätsannahme* ausgegangen: Dies bedeutet, daß alle im Arbeitspotential erfaßten Personen, Beschäftigte und Arbeitslose, als prinzipiell gleich leistungsfähig gelten (äquivalent dazu ist die Analyse von Teilarbeitsmärkten, wobei unterschiedliche Arbeitsleistungen durch eine entsprechend gefächerte Lohnstruktur erfaßt werden). Da diese Modellstruktur den Allokationsprozeß am Arbeitsmarkt nicht hinreichend widerspiegelt, ist im folgenden der Aspekt der Heterogenität der Arbeitskräfte näher zu betrachten.

3.2.4 Beschäftigung und Entlassungen bei heterogenen Arbeitskräften

Unter der Annahme homogener Arbeitskräfte sind Entlassungsentscheidungen der Unternehmen nur schwer zu begründen: Bei Absatzproblemen wäre eher eine Produktionseinschränkung durch eine generelle Verringerung der Arbeitszeit pro Kopf (Kurzarbeit) die naheliegende Konsequenz. Wenn dagegen aus betriebsinternen Gründen eine Vollzeittätigkeit notwendig ist, so müßte letztlich das Los über die Kündigung entscheiden. Aus der Tatsache, daß ein solches Verfahren praktisch nicht vorkommt, folgt zweierlei:
• Die Unternehmen haben eine Vorstellung über die *unterschiedliche* Qualifi-

kation und Produktivität ihrer Mitarbeiter.
- Dieses Leistungsprofil der Belegschaft wird nicht durch eine entsprechend gefächerte Lohnstruktur optimal abgebildet. Denn ansonsten könnte man wiederum die Kündigungsentscheidung per Los fällen, weil die Entlassung eines relativ schlecht Qualifizierten keinen ökonomischen Vorteil mit sich bringen würde.

Folglich ist es sinnvoll, zur Erklärung von Arbeitslosigkeit von der *Annahme heterogener Arbeitskräfte* auszugehen. Damit lassen sich die Rahmenbedingungen des Beschäftigungs- und Lohnkontrakts wie folgt beschreiben: Die einzelnen Arbeitskräfte sind gedanklich nach der Höhe ihrer individuellen Leistungsfähigkeit x geordnet, so daß die fallende Linie $x(N)$ der Grenzproduktivitätskurve Y'_N ähnelt (vgl. Abbildung 2.1). Die Ursache für den abnehmenden Grenzertrag aus einer Mehrbeschäftigung ist jedoch nicht die zunehmende Knappheit des Sachkapitals, sondern die abnehmende Leistungsfähigkeit des Faktors Arbeit (bei einem nicht voll ausgelasteten Kapitalstock), wenn bei einer Produktionsausweitung immer schlechter qualifizierte oder befähigte Arbeitskräfte beschäftigt werden müssen.[20] Die Beschäftigungsmenge wird mit $N^d(Y) = N_0$ indirekt vom Gütermarkt bestimmt (Abbildung 3.6).

Die Wahrung der Profitabilität im Unternehmen wird durch eine Gleichgewichtsbedingung zwischen Nominallohn und Wertproduktivität gesichert. Ersetzt man die konstante Arbeitsproduktivität $a = Y/N$ in Gleichung [2.5] durch $x(N)$, so ergibt sich:

$$w = \frac{P x}{1 + k} = X \qquad [3.9]$$

Bei Gültigkeit von [3.9] würden die Unternehmen allerdings doppelt gewinnen: Zum einen erhalten sie über den Gewinnaufschlag k den normalen Profit, zum anderen profitieren sie davon, daß sie *alle* Arbeitskräfte nach der Leistung des schlechtesten "Grenzarbeiters" bezahlen. Denkbar ist deshalb eine Lohnverhandlung, bei der die Arbeitnehmerseite darauf zielt, den *durchschnittlichen* Arbeitsertrag (verringert um den Mark-up) auf die Löhne zu verteilen und den Unternehmen nur den Normalgewinn zu belassen. Abbildung 3.6 zeigt diese Konstellation einer "solidarischen Lohnpolitik": Die Wertproduktivität der guten Arbeitskräfte liegt über, diejenige der schlechten Arbeitskräfte unterhalb des Lohnsatzes w^*. Im Durchschnitt hebt sich diese Umverteilung auf (die schattierten Dreiecke sind gleich groß). Erwartungen über Absatzmenge und -preis sind notwendig, um zu einem solchen Lohnkontrakt zu gelangen.[21]

---

[20] Dies war auch Keynes' Begründung für die Annahme einer fallenden Grenzertragskurve.
[21] Im Rahmen der Modellbetrachtung wird zur Vereinfachung von Inflation abstrahiert. Im Falle einer positiven oder negativen Veränderungsrate der Absatzpreise wäre w^* entsprechend durch eine Lohnsteigerungsrate zu ersetzen.

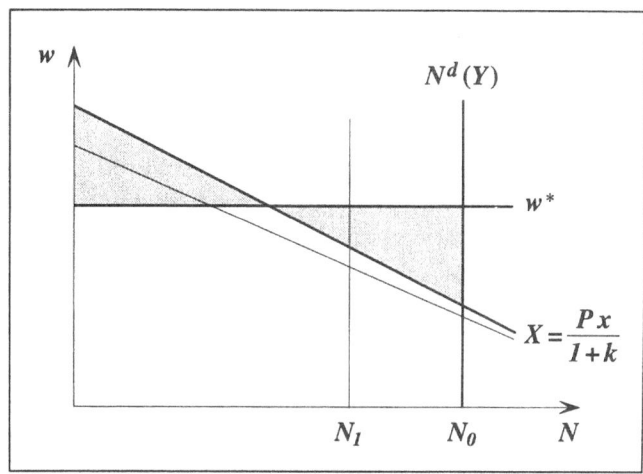

Abbildung 3.6:
Lohn-Beschäftigungs-Konstellationen bei heterogenen Arbeitskräften

Auch aus Sicht der Unternehmen kann eine solche Lösung attraktiv erscheinen:
• Die Alternative einer Entlohnung nach der individuellen Produktivität wäre mit höheren Informations- und Verhandlungskosten verbunden und scheitert in vielen Fällen auch an der Existenz impliziter Sozialnormen ("Gleicher Lohn für gleiche Arbeit").
• Zwar bringt die Bezahlung nach einem einheitlichen Lohnsatz im Hinblick auf die besseren Arbeitskräfte ein Anreizproblem mit sich, weil sich für sie scheinbar "Leistung nicht lohnt"; andererseits wird bei einer Gruppenentlohnung tendenziell auch ein Gruppenzwang auf schlechtere Mitarbeiter ausgeübt, ihre Anstrengungen im Interesse der Gemeinschaft zu erhöhen.[22]
• Der Versuchung, bei *konstanter* Absatzlage schlechte Arbeitskräfte zu entlassen, um die Differenz zwischen Lohn und Wertproduktivität zu sparen, werden die Unternehmen nicht nachgeben. Dabei wären wegen der verringerten Produktion Verluste von Marktanteilen zu befürchten; zudem wären Nachverhandlungen der Beschäftigten mit dem Ziel einer Angleichung des Lohnes an die gestiegene Durchschnittsproduktivität zu erwarten.

Im Falle eines Güternachfragerückgangs werden die Unternehmen die leistungsschwächsten Mitarbeiter entlassen (sofern nicht institutionelle, z.B. aus dem Kündigungsschutz folgende Restriktionen dem entgegenstehen). Dies bedeutet eine Steigerung der durchschnittlichen Arbeitsproduktivität. Die quantitative Anpassung - die Verringerung der Beschäftigung von N_0 auf N_1 - geht also mit einer Effizienzsteigerung einher. Bei konstanten Löhnen und Preisen

---

[22] Diese Verlagerung des Anreizproblems auf die Mitarbeiterebene kann damit auch eine Alternative zur Zahlung von individuellen Effizienzlöhnen darstellen (vgl. Kapitel 3.2.2).

führt dies zu höheren Stückgewinnen. Dies könnte - trotz Nachfragerückgang - bei den *Beschäftigten* sogar Forderungen nach Loh*nerhöhungen* auslösen.

Geht der Nachfragerückgang hingegen auch mit sinkenden Absatzpreisen einher, so verlagert sich die Wertproduktivitätskurve X nach unten. Der positive Gewinneffekt des Beschäftigungsabbaus wird insoweit kompensiert und kann - bei ausgeprägten Preissenkungen - auch Lohnsenkungen notwendig machen, um den Normalgewinn zu sichern. In Abbildung 3.6 ist beispielhaft ein solch moderater Preisrückgang angenommen, daß sich bei der Lohn-Beschäftigungs-Konstellation (w^*, N_1) die durchschnittlichen Stückgewinne nicht ändern.

Hier interessiert jedoch weniger eine mögliche Lohnanpassung von Seiten der Beschäftigten, sondern die Marktposition der Arbeitslosen. Ihre Wiedereinstellung wäre leicht möglich, wenn die Unternehmen im Zuge einer exogen auftretenden Nachfragesteigerung zusätzliche Arbeitskräfte benötigen. Ohne einen solchen Nachfrageimpuls müßten sich die Arbeitslosen in einem "Verdrängungswettbewerb" gegen beschäftigte Arbeitnehmer durchsetzen. Für die Unternehmen wäre eine solche Substitution jedoch nachteilig, da die Leistungsfähigkeit der arbeitslosen Bewerber niedriger als die der Beschäftigten ist.[23] Die Bereitschaft von Arbeitslosen, zu niedrigeren Löhnen zu arbeiten, ist aus Unternehmenssicht wenig attraktiv, da dies die Aufhebung der transaktionskostengünstigen Gruppenentlohnung bedeuten und Lohnzuschläge bei den besseren Mitarbeiter nach sich ziehen würde. Eine allgemeine Absenkung des Durchschnittslohns hingegen könnte Widerstand und Leistungsverweigerung auf Seiten der Stammbelegschaft provozieren. Grundsätzlich eröffnet die durch Entlassungen erreichte Anhebung der durchschnittlichen Produktivität den Unternehmen bessere Perspektiven als die denkbare Alternative einer Umstellung in Richtung auf eine "Billigproduktion" zu niedrigeren Löhnen.

Damit zeigt sich, daß das Auftreten von Arbeitslosigkeit die Konkurrenzbedingungen auf dem Arbeitsmarkt ändern kann. Die Wohlfahrtskosten bestehender Qualifikations- und Leistungsdefizite am unteren Ende der "Rangliste" der Arbeitskräfte werden von allen gemeinsam - in Form relativ niedriger Reallöhne - getragen, solange alle Beschäftigungsverhältnisse aufrechterhalten bleiben; sie fallen hingegen nach einer "Gesundschrumpfung" der Unternehmen allein auf die Entlassenen - in Form verminderter Wiederbeschäftigungschancen. Die Leistungsskala der Arbeitskräfte wird zu einer Qualifikationsgrenze zwischen Beschäftigten und Arbeitslosen; diese beruht zwar auf mikroökonomischen Faktoren, ihre Lage hängt jedoch von makroökonomischen Bedingungen ab.

---

[23] Es wird hier angenommen, daß den Unternehmen die Leistungsfähigkeit von Bewerbern bekannt ist. Einstellungsentscheidungen bei unvollkommener Information werden in Kapitel 3.2.6 untersucht.

3.2.5 Arbeitsplatzsuche bei unvollkommener Information

Eine wichtige Abweichung vom unrealistischen Bild eines perfekten Marktes besteht vor allem darin, daß die Wirtschaftssubjekte über ihre Handlungsmöglichkeiten und -beschränkungen nicht vollkommen informiert sind. Der Umgang der Akteure mit nicht idealen Marktbedingungen läßt sich ebenfalls ökonomisch analysieren. Dabei wird angenommen, daß Wirtschaftssubjekte sich zusätzliche Informationen beschaffen, um ihre Marktentscheidungen besser zu fundieren; diesem Ertrag der Informationsbeschaffung stehen jedoch auch Kosten gegenüber, so daß sich nach elementaren mikroökonomischen Überlegungen ein optimales Ausmaß der Suchaktivitäten bestimmen läßt.

In der Praxis ist dies für die Stellensuche und den Stellenwechsel von Arbeitnehmern von Bedeutung. Läßt man die wirklichkeitsfremde Annahme eines homogenen Arbeitsmarktes mit einem einheitlichen Lohnsatz fallen, so kann man nicht davon ausgehen, daß die Arbeitnehmer über ihre individuell optimalen Beschäftigungs- und Verdienstchancen stets vollständig informiert sind. Deshalb ist die Annahme des erstbesten Arbeitsplatzangebots keine rationale Entscheidung. Vielmehr ist ein Suchprozeß sinnvoll, der jedoch die *laufenden* Verdienstmöglichkeiten verringern und im Extremfall sogar die Aufrechterhaltung eines gleichzeitig bestehenden Beschäftigungsverhältnisses ausschließen kann.

Der Ausgangspunkt der Stellensuche eines Arbeitnehmers ist die subjektive Festsetzung eines "Reservationslohns" w', den er unter Berücksichtigung seines Qualifikationsniveaus und der Einschätzung der Marktsituation auf seinem (Teil-) Arbeitsmarkt wählt. Während der Stellensuche fungiert dieser Lohnsatz als Mindestlohn: Die Suche wird solange fortgesetzt, bis ein Stellenangebot unter Einrechnung aller qualitativen Aspekte (Arbeitsbedingungen usw.) mindestens die Konditionen bietet, die dem Anspruch des Arbeitnehmers genügen; d.h. eine Annahme erfolgt bei $w \geq w'$. Die Kosten der Ablehnung eines Beschäftigungsangebots bestehen in dem Verzicht auf das damit verbundene Einkommen, zuzüglich der Transaktionskosten des folgenden Suchschrittes, abzüglich einer eventuellen Arbeitslosenunterstützung; der Ertrag besteht im Offenhalten der Option, einen Arbeitsplatz mit dem gewünschten Lohnniveau zu finden. Je höher dieser anfängliche Lohnsatz w' gewählt wird, desto höher wird zwar (bei Vollbeschäftigung in der Gesamtwirtschaft) das letztlich erzielbare Einkommen sein; jedoch steigt entsprechend die Wahrscheinlichkeit, daß auch die Suchdauer zunehmen wird.

Damit wird deutlich, daß friktionelle Arbeitslosigkeit zwischen aufeinanderfolgenden Beschäftigungsverhältnissen keineswegs nur als Wohlfahrtsverlust anzusehen ist; sie zeigt sich nun vielmehr als eine produktive Tätigkeit - es handelt sich dabei eigentlich nicht um Arbeitslosigkeit, sondern um eine investive Eigenarbeit. Daraus erwachsen auch volkswirtschaftliche Vorteile, weil sich letztlich die Abstimmung zwischen den Profilen der Arbeitskräfte und den Erfordernissen der Arbeitsplätze verbessert und somit die allgemeine Effizienz des Produktionsprozesses erhöht.

Andererseits bedeutet der freiwillige Charakter der Sucharbeitslosigkeit (weil sie aus individuellen Wahlhandlungen resultiert) keineswegs, daß ihr Ausmaß zugleich auch gesellschaftlich optimal ist. Schätzen die Arbeitnehmer ihre Marktchancen falsch ein, z.B. durch eine Verwechslung konjunktureller und struktureller Störungen, können sich deutlich erhöhte Suchzeiten ergeben, die oft auch völlig erfolglos bleiben. Die Wirtschaftspolitik kann die Höhe der Sucharbeitslosigkeit durch mikroökonomisch wirkende Maßnahmen verringern, die das Entscheidungskalkül der Akteure beeinflussen: Denkbar wären Beiträge zur Erhöhung der Markttransparenz, um den Informationsstand der Akteure zu heben, oder auch Absenkungen der Arbeitslosenunterstützung, um die Kosten des Suchprozesses zu erhöhen.[24]

Die *Kritik* an der Theorie der Sucharbeitslosigkeit läßt sich in drei Punkten zusammenfassen:

- Die Aufgabe eines bestehenden Beschäftigungsverhältnisses ist nicht zwingend notwendig, um Suchaktivitäten zu entfalten. In der Praxis kann dies zumeist während oder außerhalb der regulären Arbeitszeit geschehen.[25]
- Die implizite Annahme, es sei allen Arbeitsuchenden grundsätzlich möglich, Stellenangebote zu erhalten, ist problematisch, da damit allgemein Vollbeschäftigung unterstellt ist und die Ursache von partieller Arbeitslosigkeit einseitig als Folge überstiegener Ansprüche der Arbeitnehmer erscheint.
- Der Ansatz erklärt freiwillige Kündigungen von Seiten der Arbeitnehmer, nicht jedoch Entlassungen von Seiten der Unternehmen. Letztere überwiegen jedoch gerade in konjunkturellen Krisenzeiten. Die Reichweite dieser Theorie ist damit begrenzt; das makroökonomische Problem der unfreiwilligen Arbeitslosigkeit wird durch sie nicht berührt.

3.2.6 Die Spaltung des Arbeitspotentials infolge von Arbeitslosigkeit

Im folgenden geht es um das spiegelbildliche Problem auf Seiten der Unternehmen, geeignete Mitarbeiter zur Besetzung freier Arbeitsplätze zu finden. Entscheidungen über einen Beschäftigungsvertrag folgen bei beiden Kontraktparteien einem *langfristigen* Kalkül und stützen sich wie alle in die Zukunft gerichteten Transaktionen in hohem Maße auf *Erwartungen*. Da aufgrund von

---

[24] Entgegen der verbreiteten These eines positiven Zusammenhangs zwischen Höhe der Arbeitslosenunterstützung und dem Ausmaß der Arbeitslosigkeit ist jedoch festzuhalten, daß nur ein (mit der Dauer der Arbeitslosigkeit abnehmender) Teil der Arbeitslosen überhaupt anspruchsberechtigt ist. Für die übrigen ergibt sich eher der Anreiz, rasch eine Stelle anzunehmen, um wieder in den Kreis der Anspruchsberechtigten zu gelangen.

[25] Zudem gibt es - wie im folgenden Kapitel 3.2.6 zu zeigen ist - gerade aus informationstheoretischer Sicht Argumente dafür, daß arbeitslose Bewerber bei der Besetzung freier Stellen schlechtere Chancen haben als Beschäftigte.

institutionell gegebenen Kündigungshindernissen die Freiheit zur Auflösung von Arbeitsverträgen auf Seiten der Unternehmen zumeist beschränkt ist, bedeutet für sie die Beschäftigung des "variablen" Faktors Arbeitskraft faktisch eine mehr oder weniger langfristige Bindung und verlangt ein sorgfältiges "Investitionskalkül". Insoweit ähneln Arbeitsmarktentscheidungen eher den Dispositionen auf Vermögens- als denjenigen auf Gütermärkten. Kurzfristige Preisvorteile werden deshalb auch in offenkundigen Ungleichgewichtskonstellationen dann keine Revision individueller Marktstrategien bewirken, wenn langfristige Erwartungen ein Festhalten am Status quo nahelegen.

Bei der Besetzung freier Arbeitsplätze durch Unternehmen treten analoge Probleme wie bei der Stellensuche der Arbeitnehmer auf:

(1) Während es dem Arbeitnehmer darum geht, eine Beschäftigung zu finden, die ihm eine ertragreiche Anwendung und zukunftsorientierte Weiterentwicklung seines *Humankapitals* verspricht, sucht das Unternehmen Arbeitskräfte, die eine Verwertung des im Betrieb investierten *Sachkapitals* ermöglichen. Die Auswahl geeigneter Bewerber wird dabei dadurch beschränkt, daß eine zu jedem Zeitpunkt gegebene Produktionstechnik eine bestimmte Quantität *und Qualität* der Faktoren verlangt. Die Leistung eines Mitarbeiters hängt zunächst von dem am Arbeitsplatz investierten Kapital ab; sodann bestimmt seine Qualifikation und Motivation, ob die *potentielle Produktivität des Arbeitsplatzes* auch realisiert wird. Die Beschäftigung eines Mitarbeiters mit - daran gemessen - unzureichenden Fähigkeiten würde für das Unternehmen selbst bei einem niedrigeren Lohn eine Entwertung oder den Verlust des investierten Kapitals bedeuten. Zumeist ist es somit nicht möglich, schlechtere Fähigkeiten kontinuierlich durch entsprechend geringere Löhne zu kompensieren. Daher werden für freie Arbeitsplätze stets Bewerber mit einer gewissen Mindestqualifikation gesucht.

(2) Während der Arbeitnehmer keine vollständige *Information* über die für ihn erreichbaren Beschäftigungs- und Einkommensmöglichkeiten hat, mangelt es dem Unternehmen an zuverlässiger Information über Qualifikation und (zukünftige) Motivation der Bewerber. Unternehmen begegnen diesem Informationsproblem dadurch, daß sie aus Zeugnissen, Eignungstests und der "Biographie" von Bewerbern Prognosen über ihr künftiges Arbeitsverhalten abzuleiten versuchen; zudem können die Bewerber bestimmten, durch Alter, Geschlecht, Häufigkeit von Stellenwechseln, Art und Lohnhöhe der letzten Beschäftigung u.a. definierten Merkmalsgruppen zugeordnet werden, aus denen sich auf der Grundlage von Erfahrungswerten Rückschlüsse auf die individuelle Leistungsfähigkeit und -bereitschaft gewinnen lassen.

Vor diesem Hintergrund wären individuelle Lohnunterbietungen von Seiten arbeitsloser Bewerber keineswegs unbedingt von Vorteil, da sie u.U. eine vergleichsweise schlechte Befähigung signalisieren; die Unternehmen suchen vielmehr Mitarbeiter oft auf dem Wege überdurchschnittlicher Lohnangebote, um diejenigen Bewerber anzuziehen, die sich selbst als besonders qualifiziert einschätzen. Aus ähnlichen Gründen erweist es sich für Arbeitslose als durchaus rational, zunächst eine Zeitlang die Suche nach einem "angemessenen" Arbeitsplatz aufrechtzuerhalten und nicht beliebige, als vorübergehend gedachte Beschäftigungsmöglichkeiten aufzugreifen; ein solcher "Karriereknick" könnte als dauerhafter Qualifikations- und Motivationsverlust gedeutet werden.

> Workers who lose 'good' jobs worry about being stigmatized by taking 'bad' jobs. (...) Unemployed steelworkers do not want potential employers thinking of them as hamburger flippers.
>
> Alan S. Blinder (1988: 5)

Allerdings ist zu beachten, daß auch der *Status der Arbeitslosigkeit als negatives Merkmal eines Bewerbers* angesehen wird. Bei einem permanenten Prozeß des Stellenwechsels und z.B. einer Arbeitslosenquote von *10 %* ist im Durchschnitt unter zehn Bewerbern für eine freie Stelle ein Arbeitsloser. Ein Unternehmen wird selten einen Grund sehen, gerade ihn einzustellen; schon die bloße Tatsache, daß die übrigen neun Bewerber in einem Beschäftigungsverhältnis stehen, spricht gegen ihn:

• Ist ihm in seiner letzten Arbeitsstelle gekündigt worden, wird das Unternehmen im Regelfall vermuten, daß schlechte Leistungen i.w.S. dafür ausschlaggebend waren. Auch wenn Kündigungen konjunkturelle Gründe haben, so versucht man doch eher, die leistungsschwächeren Arbeitnehmer zu entlassen.

• Hat er selbst gekündigt, so könnte dies als besonderes Bemühen um einen beruflichen Aufstieg gesehen werden und damit für ihn sprechen. Aber die Suche nach einem besseren Arbeitsplatz ist zumeist auch "on the job" möglich. Zumindest eine längere Arbeitslosigkeit läßt vermuten, daß der Betreffende seine Marktchancen offenbar überschätzt hat.[26]

Das Auftreten konjunktureller Arbeitslosigkeit ändert somit die Konkurrenzsituation am Arbeitsmarkt selbst dann, wenn im Ausgangsgleichgewicht bei Vollbeschäftigung alle Arbeitskräfte vollständig homogen und substituierbar waren. Arbeitslosigkeit signalisiert den Unternehmen, daß es verschiedene Typen von Arbeitskräften gibt, wobei deren Beschäftigungsstatus Erwartungen im Hinblick auf ihre jeweilig unterschiedliche Produktivität begründet. Die inhaltliche Berechtigung dieser Erwartung ergibt sich vor allem daraus, daß Arbeitslose von der Bewahrung und Weiterentwicklung ihrer Qualifikation abgeschnitten werden: Der für eine Marktwirtschaft konstitutive Evolutions- und Wettbewerbsprozeß geht mit einer permanenten Veränderung der Marktbedingungen und der Technologie i.w.S. einher. Damit stellen sich in

---

[26] Eben weil Arbeitslosigkeit stigmatisierend wirkt und die individuellen Marktchancen verringert, ist die von der Theorie der Sucharbeitslosigkeit beschriebene Verhaltensweise einer freiwilligen Kündigung zum Zwecke einer leichteren Stellensuche wenig rational (vgl. Kapitel 3.2.5).

den Betrieben ständig neue Aufgaben, die die Beschäftigten zur Erprobung neuer Problemlösungsverfahren zwingen. Arbeitslose werden von diesem kontinuierlichen Lernprozeß ausgeschlossen und verlieren damit sukzessive ihr Humankapital. Dies gilt nicht nur im Hinblick auf die eigentliche berufliche Qualifikation, sondern auch bezüglich der sozialen und psychologischen Fähigkeiten, die Grundvoraussetzungen zur aktiven Teilnahme am Berufsleben darstellen.

Weil sich dieser Dequalifikationsprozeß im Stadium der Nichtbeschäftigung immer weiter vertieft, werden die Unternehmen auch die *Dauer der Arbeitslosigkeit* eines Bewerbers als Qualitätskriterium verwenden; Langzeitarbeitslosen wird deshalb allgemein eine geringe Produktivität zugeordnet. Ihr Status ist aus der Sicht der Unternehmen dadurch erklärbar, daß sie entweder sich wenig Mühe bei der Suche nach einem Arbeitsplatz gegeben haben oder häufig von anderen Firmen abgelehnt wurden - beides spricht gegen sie.

Auch das Marktverhalten der Arbeitslosen kann zur Entstehung von Langzeitarbeitslosigkeit beitragen: Tiefe Wirtschaftskrisen können eine Entwertung des Humankapitals der freigesetzten Arbeitskräfte bewirken, wenn ihre Arbeitsplätze dauerhaft wegfallen. Damit wären sie gezwungen, in anderen Branchen oder Regionen mit möglicherweise deutlich niedrigeren Löhnen einen Neuanfang zu suchen. Die Zahlung eines am letzten Verdienst orientierten Arbeitslosengeldes ermöglicht es ihnen, der unmittelbaren Realisierung dieses Vermögensverlustes zu entgehen. Sie wählen einen relativ hohen Reservationslohn und entfalten nur geringe Suchaktivitäten. Damit wächst freilich die Gefahr, daß sie keinen Arbeitsplatz mehr finden.

Am Arbeitsmarkt finden zu jedem Zeitpunkt erhebliche Umschichtungsprozesse statt (Abbildung 3.7): Strömen in die Arbeitslosigkeit stehen Abströme in die Beschäftigung gegenüber; ihr Saldo bestimmt die Veränderung des Arbeitslosenbestandes. Bei diesen Bewegungen läuft ein "Sortiermechanismus"

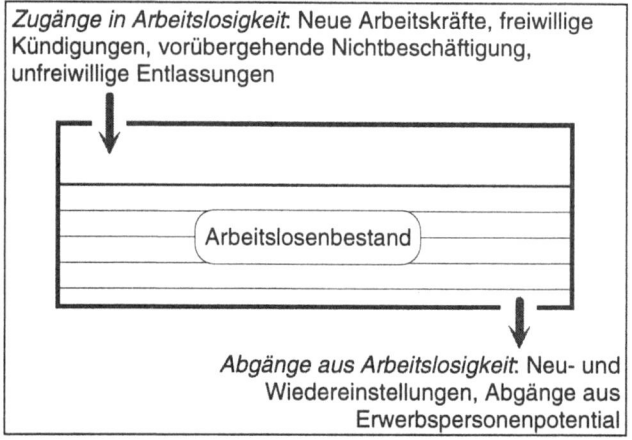

Abbildung 3.7: Strom- und Bestandsgrößen am Arbeitsmarkt

ab: Vergleichsweise besser qualifizierte Arbeitnehmer verlassen den Pool der Arbeitslosen rascher als andere. Insbesondere in Krisenzeiten steigt das Anspruchsniveau der Unternehmen bei der Auswahl neuer Mitarbeiter, zum einen weil eine verschlechterte Ertragslage den Zwang zur Produktivitätssteigerung erhöht, zum anderen weil bei einem hohen Arbeitsangebotsüberschuß die Suche nach relativ gut qualifizierten Bewerbern lohnend erscheinen kann.

Die Chancen der Langzeitarbeitslosen sinken dabei immer weiter ab und ihr Anteil an der gesamten Unterbeschäftigung erhöht sich (Abbildung 3.8). Die Dynamik der Arbeitsmarktbewegungen produziert damit auf endogene Weise Outsider.[27] Das Auftreten von Arbeitslosigkeit verursacht Qualifikationsverluste der Betroffenen und verringert damit ihre Marktchancen. Erst eine allgemein steigende Arbeitsnachfrage, die es den Unternehmen nicht mehr erlaubt, sich vorrangig aus dem Pool der Stellenwechsler zu bedienen, erhöht die Marktchancen der Arbeitslosen. Für die Langzeitarbeitslosen kann dies aber bereits zu spät sein; ihnen bleibt nach einer erfolglosen Suche oft nur noch der Rückzug vom Arbeitsmarkt überhaupt.

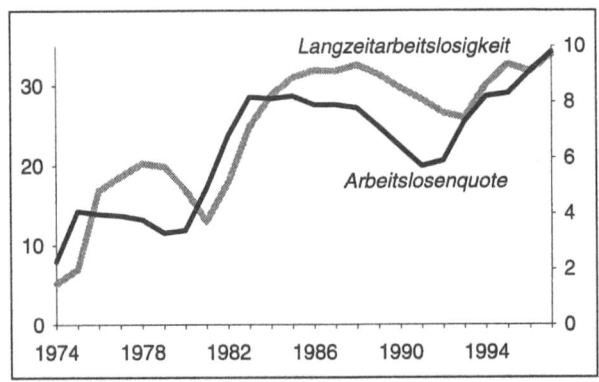

Abbildung 3.8:
Arbeitslosenquote (rechte Skala) und Anteil der Arbeitslosen mit einer Dauer der Arbeitslosigkeit von mehr als 12 Monaten an der Gesamtarbeitslosigkeit (linke Skala) in Deutschland

Wenn bei konstanter Arbeitsnachfrage die Arbeitslosen mehr und mehr aus dem Markt gedrängt werden, weil sie aus der Sicht der Unternehmen als Konkurrenten der Beschäftigten praktisch nicht in Frage kommen, so läßt auch der

---

[27] Der Sortiermechanismus läßt sich (nach Budd u.a.) am Beispiel eines Blumenladens verdeutlichen: Zu jedem Zeitpunkt befindet sich ein unverkaufter Bestand an Blumen (die Arbeitslosen) im Laden. Täglich werden Blumen verkauft (der Strom in die Beschäftigung) und neue zur Wiederauffüllung des Bestandes geliefert (der Strom in die Arbeitslosigkeit). Die Käufer wählen stets die frischesten Exemplare; die Chance jeder einzelnen Blume, verkauft zu werden, sinkt deshalb mit jedem Tag. Am Ende der Woche bleibt ein unverkäuflicher Restbestand, der im Laufe der Zeit immer weiter wächst und schließlich vernichtet werden muß (realiter scheiden die Arbeitslosen irgendwann aus dem Erwerbsleben aus).

von den Arbeitslosen ausgehende Lohnsenkungsdruck nach. Dies zeigt sich auch empirisch (vgl. Abbildung 3.2): Von absoluter Lohnrigidität kann nicht die Rede sein; in konjunkturellen Krisenzeiten sinken sowohl Nominal- wie Reallohnsteigerungsraten. Aber bei einer mangelnden Rückbildung der Arbeitslosigkeit nach Überwindung einer Wirtschaftskrise fällt die Lohnzurückhaltung nicht deutlicher aus und hält nicht länger an. Offenbar beeinflußt die Bedrohung durch Arbeitslosigkeit die Lohnentwicklung nur vorübergehend, weil der Konkurrenzgrad zwischen Beschäftigten und Arbeitslosen einer endogenen Erosion unterliegt.

> The very act of becoming unemployed changes the individual concerned in a manner detrimental to his or her future labour market prospects. There may, for example, be a loss of human capital brought about by enforced inactivity. This is likely to be particularly marked if individuals remain unemployed for a long period. There is liable to be a general loosening of their attachment to the labour force as they simply get out of the habit of working, which may have two effects. On the one hand they may become less active in searching for work (...) and on the other hand they may become less desirable to employers. Both effects have the same implication since they reduce the effective excess supply of labour at any given level of unemployment. Since it is the effective excess supply of labour which influences wages, this analysis suggests that the impact of unemployment on wages will become attenuated as the proportion who have been without work for a considerable period increases. If true, it also has important dynamic implications. When unemployment falls, the proportion of long-term unemployed tends to rise initially since falls in unemployment have, historically, been brought about not only by an increased outflow but also by temporary reductions in the inflow. It is this latter effect which tends to generate a more than proportionate fall in the short-term unemployed. However, in the longer run, the proportion of long-term unemployed actually falls as the general level of unemployment declines. (...) Falling unemployment reduces the downward pressure on wages as the pool of job seekers then contains a higher proportion of those less easily assimilated into the ranks of the employed.
>
> *Stephen Nickell* (1988: 264f)

Zusammenfassung von Kapitel 3.2

(1) Im Gegensatz zur Situation "keynesianischer" Arbeitslosigkeit ist die mangelnde Nachgiebigkeit des Reallohns im Fall "klassischer" Arbeitslosigkeit auf einen Widerstand der Arbeitnehmer zurückzuführen. Es ist denkbar, daß sie grundsätzlich stabile Lohneinkommen höher bewerten als die Gefahr temporärer Arbeitslosigkeit. Ein weiteres Motiv ist das Ziel der Verteidigung relativer Einkommenspositionen. Einzelne Gewerkschaften scheuen deshalb vor Lohnzugeständnissen zurück, weil sie befürchten, daß andere Gewerkschaften nicht zu entsprechenden Lohneinbußen bereit sind. Eine Preisniveauerhöhung als ein strukturneutraler Weg der Reallohnsenkung würde hingegen von allen akzeptiert. Da in konjunkturellen Krisen die Arbeitslosigkeit zumeist nicht gleichverteilt, sondern verstärkt in "strukturschwachen" Bereichen auftritt, wäre hier eine besondere Bereitschaft zum Lohnverzicht kurzfristig angemessen; langfristig würde durch diese lohnpolitische Begünstigung der Strukturwandel mit negativen Konsequenzen für

das Wachstum gehemmt.

(2) Eine Konstellation mit Unterbeschäftigung und stabilen Löhnen kann auch aus Sicht der Unternehmen ein Gleichgewicht darstellen, da die Beschäftigten aus Angst, bei schlechten Leistungen in die Arbeitslosigkeit entlassen zu werden, mit höherer Produktivität arbeiten. Die Zulassung einer Lohnkonkurrenz durch die Arbeitslosen ermöglicht zwar unternehmensspezifische Lohnsenkungen; sie bedeuten aber einzelwirtschaftlich dann keinen Vorteil, wenn über die negative Differenz zum Marktlohn die Bindung der Beschäftigten an das Unternehmen und damit die Arbeitsleistungen nachlassen. Umgekehrt können die Unternehmen bei Vollbeschäftigung versuchen, die Produktivität durch interne Lohnzuschläge zu heben, die die Beschäftigten verlieren, wenn ihnen aufgrund schlechter Leistungen gekündigt wird und sie nur zum niedrigeren Marktlohn wieder beschäftigt werden. Verhalten sich jedoch alle Unternehmen in gleicher Weise, werden die angestrebten Lohndifferenzen nicht realisiert. Allgemein verstärkt sich damit der Lohnkosten- und Preisauftrieb in einem konjunkturellen Aufschwung.

(3) Lohnreaktionen bei Unterbeschäftigung sind an die Konkurrenz zwischen Beschäftigten und Arbeitslosen gebunden. Sie fallen folglich dann gering aus, wenn der Austausch von Beschäftigten durch Arbeitslose für die Unternehmen mit zu hohen Kosten (z.B. für die Einarbeitung) verbunden ist oder wenn die Arbeitslosen aufgrund bestimmter institutioneller Regelungen (Gewerkschaften) in ihrer ökonomischen Interessenverfolgung behindert werden. Solange sich jedoch Beschäftigte und Arbeitslose in ihrer Qualifikation nicht grundsätzlich unterscheiden, sorgt der Konkurrenzprozeß tendenziell für die Integration der Arbeitslosen in das Beschäftigungssystem.

(4) Aus informations- und effizienztheoretischen Gründen erfolgt in den Betrieben häufig eine Gruppenentlohnung, bei der unterschiedlich leistungsfähige Mitarbeiter einen einheitlichen Lohn erhalten, der sich an ihrer durchschnittlichen Produktivität orientiert. Bei einem Nachfragerückgang werden die unproduktivsten Arbeitskräfte entlassen. Die quantitative Produktionsanpassung geht deshalb mit einer Effizienzsteigerung einher. Aufgrund ihres Qualifikationsdefizits können die freigesetzten Arbeitskräfte bei unveränderter Güternachfrage nur schwer mit den Beschäftigten um die gegebenen Arbeitsplätze konkurrieren.

(5) Bei unvollkommener Information über Verdienst- und Beschäftigungsmöglichkeiten ist es für Arbeitnehmer sinnvoll, Zeit und Kosten für die Suche nach einem - angesichts ihrer Qualifikation - optimalen Arbeitsplatz aufzuwenden. In ungünstigen Fällen kann die Kündigung eines bestehenden Beschäftigungsverhältnisses notwendig sein, um eine neue und bessere Stelle suchen zu können. Die Wirtschaftspolitik kann Umfang und Dauer dieser Sucharbeitslosigkeit durch Verbesserung der Markttransparenz und Erhöhung der Suchkosten verringern.

(6) Da die Rentabilität des investierten Sachkapitals auch von der Qualifikation der Mitarbeiter abhängt und bestehende Beschäftigungsverhältnisse zumeist nur unter kostenträchtigen Beschränkungen aufgelöst werden können, gehen die Unternehmen mit neuen Arbeitsverträgen eine langfristige Bindung ein, die ein sorgfältiges Auswahlverfahren erfordert. Aufgrund unvollkommener Information über Fähigkeit und Motivation von Stellenbewerbern gründen die Unternehmen ihre Beschäftigungsentscheidung auf eine Reihe von Indikatoren, zu denen auch die Art der bisherigen Tätigkeit der Bewerber gehört. Arbeitslose haben daher geringere Arbeitsmarktchancen als Beschäftigte, weil die Unternehmen vermuten können, daß sie aufgrund relativ schlechter Leistungen ihren Arbeitsplatz verloren haben, und weil sie während der Dauer ihrer Arbeitslosigkeit vom technologischen Lernprozeß im Betrieb ausgeschlossen bleiben. Insbesondere Langzeitarbeitslose fallen damit tendenziell aus dem marktfähigen Arbeitspotential heraus.

3.3 Ressourcenpotential und gesamtwirtschaftliche Nachfrage

3.3.1 Horizontale und vertikale Verschiebungen der Phillips-Kurve

Zeichnet man die jährlichen Werte der Arbeitslosen- und Inflationsrate in ein entsprechendes Koordinatensystem ein, so sollte die entstehende Punkteschar in etwa eine Linie mit negativer Steigung ergeben, wenn die ursprüngliche (insbesondere von Keynesianern vertretene) Vorstellung eines dauerhaften "Trade-off" zwischen Arbeitslosigkeit und Inflation zutreffen würde. Dagegen würde eine senkrechte Linie die monetaristische bzw. neuklassische Theorie mit ihren Thesen (mehr oder weniger) permanenter Vollbeschäftigung und realwirtschaftlicher Neutralität der Inflation stützen. Ein Blick auf die Daten bestätigt jedoch weder die eine noch die andere Position. Die empirische Entwicklung läßt - besonders deutlich in Deutschland - vier wesentliche Merkmale erkennen (Abbildung 3.9):

(1) Das Bild einer Bewegung *auf* einer negativ geneigten Phillips-Kurve zeigte sich am ehesten in den 60er Jahren. Inflation und Arbeitslosigkeit waren hier zudem - im Vergleich zum Niveau späterer Werte - eher niedrig.

(2) In den 70er und 80er Jahren waren phasenweise vertikale Bewegungen,

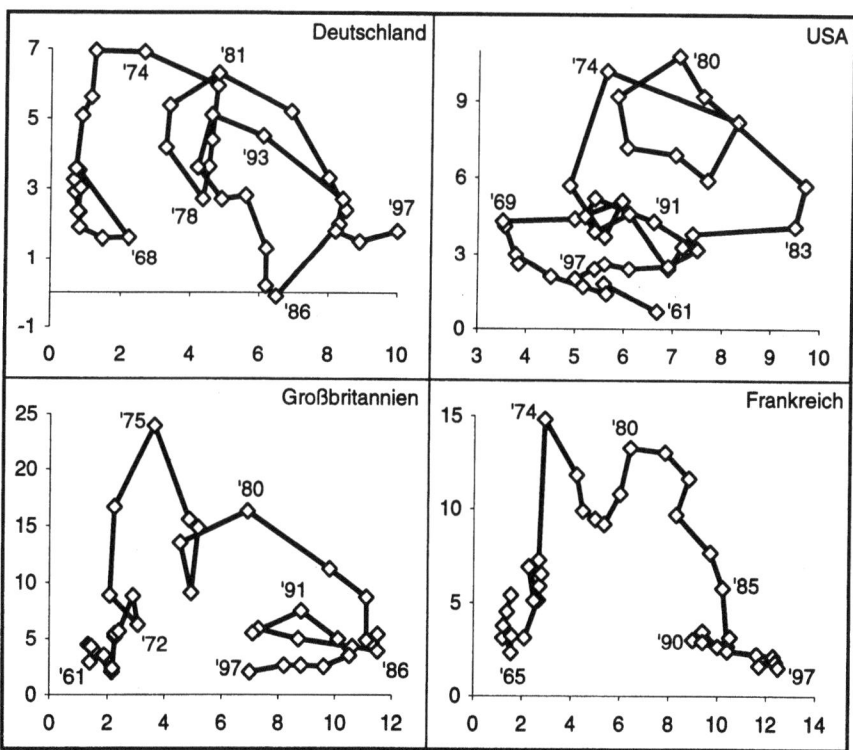

Abbildung 3.9: Entwicklung der Phillips-Kurven-Konstellation 1961-1997
(Inflation auf der Ordinate, Arbeitslosigkeit auf der Abszisse)

d.h. Veränderungen der Inflationsrate bei wenig veränderter Arbeitslosenquote beobachtbar. Überwiegend handelte es sich dabei um Fälle zunehmender Preissteigerungen; der Inflationsabbau vollzog sich dagegen eher bei wachsender Unterbeschäftigung. Der Übergang von einer "keynesianischen" zu einer "monetaristischen" Phillips-Kurven-Bewegung läßt sich mit einer allmählichen Berücksichtigung der Inflationserwartungen in der Lohnpolitik sowie mit expansiver bzw. restriktiver Nachfragepolitik in Höhe des Vollbeschäftigungsoutputs erklären.

(3) Der Prozeßverlauf, d.h. die Dynamik von Arbeitslosigkeit und Inflation, war phasenweise durch *Rechtsschleifen* gekennzeichnet. Dies ist mit der oben gezeigten dynamischen Interaktion von Güterangebot und Güternachfrage vereinbar.[28]

(4) Unabhängig von der Art und Stärke makropolitischer Interventionen und gesamtwirtschaftlicher Störungen prognostiziert das dynamische Modell (ähnlich der monetaristischen Sichtweise zur Phillips-Kurve) letztendlich stets eine Rückkehr zum ursprünglichen Vollbeschäftigungsgleichgewicht. Gerade dies war aber nicht beobachtbar; vielmehr hat die Arbeitslosigkeit seit den 70er Jahren mit Ausnahme der USA allgemein zugenommen und konnte in einigen Ländern erst in den letzten Jahren wieder etwas abgebaut werden.

Dieses bemerkenswerte und erklärungsbedürftige Phänomen läßt sich jedoch nicht als Begleiterscheinung einer anhaltenden, sich verschärfenden Wirtschaftskrise verstehen. In Deutschland ist vielmehr ein treppenförmiger Anstieg der Arbeitslosigkeit erkennbar[29], die sich nach der Überwindung der letzten Wirtschaftskrisen nicht mehr sofort - wie noch nach 1967 - zurückbildete, sondern zunächst für einige Jahre auf dem jeweils erhöhten Niveau verblieb. Die Persistenz der Arbeitslosigkeit bei einem verhaltenen Konjunkturaufschwung deutet eher auf ein *Gleichgewicht* auf dem Arbeitsmarkt hin; denn hätten die Arbeitsmarktparteien die Konstellation als Unterbeschäftigungs*ungleichgewicht* eingeschätzt, so hätte man eine deutlichere Rückbildung der Lohn- und Preisinflation erwarten müssen. Umgekehrt kann man vermuten, daß eine expansivere Nachfragepolitik - um die gleichwohl hohe Arbeitslosigkeit abzubauen - möglicherweise eher zu einer Zunahme der Inflation als zu nachhaltigen Beschäftigungsgewinnen geführt hätte.

Abbildung 3.10 faßt die Bewegungsform makroökonomischer Prozesse im Phillips-Kurven-Diagramm analytisch zusammen. Ausgangspunkt sei A mit der NAIRU u_0^* und der Inflationserwartung $\hat{p}^e = 0$.

• Veränderungen der gesamtwirtschaftlichen Nachfrage zeigen sich im ein-

---

[28] Vgl. Kapitel 2.4.3. Dort verliefen Anpassungsprozesse in *Linksschleifen*, da die Mengenbewegung am Output gemessen wurde; dargestellt als Bewegung der Arbeitslosenquote muß die Dynamik dieser Prozesse ein umgekehrtes Vorzeichen aufweisen. Das unterschiedliche Vorzeichen von u- und Y-Änderungen ist aus der Funktion $u = 1 - Y/Y^{pot}$ (III. Quadrant von Abbildung 2.13) ersichtlich.

[29] Siehe dazu auch Abbildung 4 in der Einleitung.

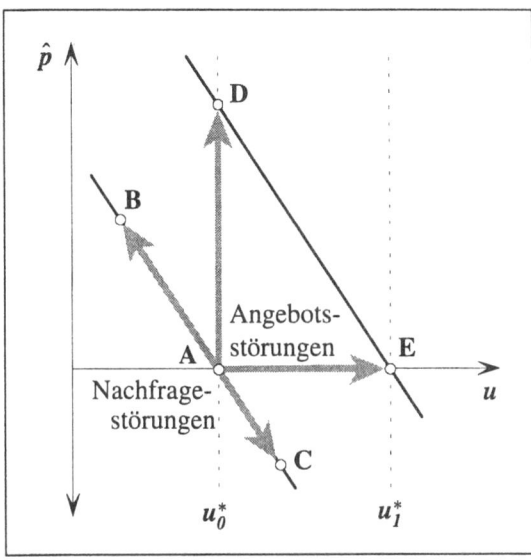

Abbildung 3.10:
Bewegungen auf und Verschiebungen der Phillips-Kurve

fachsten Fall als Bewegungen *auf* einer Phillips-Kurve (A → B oder A → C).
• Preisliche Angebotsstörungen wie z.B. verteilungskampfbedingte Lohn- und Preisschübe (auch erhöhte Inflationserwartungen lassen sich hierunter subsumieren) bewirken eine vertikale Verschiebung der Phillips-Kurve (A → D).
• Mengenmäßige Angebotsstörungen wie z.B. eine Erhöhung der strukturellen Arbeitslosenquote (d.h. eine Verringerung des marktfähigen Arbeitspotentials) verschieben die Phillips-Kurve horizontal nach rechts (A → E).

Das empirische Bild deutet darauf hin, daß diesem letzten Fall eine große Bedeutung zukommt. Ein Anstieg der strukturellen Arbeitslosenquote läßt sich z.B. damit erklären, daß im Zuge der technologischen Entwicklung die notwendige Spezialisierung des Wissens zunimmt und Beschäftigte, die im Wettbewerbsprozeß freigesetzt werden, damit oft eine Entwertung ihres Humankapitals hinnehmen müssen und deshalb weniger leicht an andere Arbeitsplätze wechseln können. Dies zeigt sich dann als strukturelle Arbeitslosigkeit infolge eines "mismatch" der angebotenen und nachgefragten Qualifikationen und schlägt sich in einer Rechtsverschiebung der Beveridge-Kurve nieder. Allgemein wird daraus deutlich, daß der Strukturwandel bei niedrigerem Wachstum weniger reibungslos abläuft, weil sich dann der Reallokationsprozeß der Ressourcen zwischen Branchen und Regionen nicht nur über unterschiedliche *Zuwachsraten* der Beschäftigung vollziehen kann, sondern auch *absolute* Freisetzungen erfordert.

Der insbesondere in Deutschland beobachtbare treppenförmige Anstieg der Arbeitslosigkeit deutet jedoch darauf hin, daß die Strukturprobleme auf dem Arbeitsmarkt nicht - wie es eine rein allokationstheoretische Erklärung nahelegen könnte - graduell, sondern im Anschluß an eine konjunkturelle Krise zugenommen haben. Trifft dies zu, so stellt die gleichgewichtige, strukturelle Arbeitslosigkeit kein unverrückbares Gravitationszentrum, sondern eine *endogene* Variable der makroökonomischen Entwicklung dar:

Der "typische" Konjunkturprozeß verläuft danach zunächst über steigende Inflationsraten bei Vollbeschäftigung (A → B → D in Abbildung 3.10), gefolgt von einer auf Inflationsbekämpfung gerichteten restriktiven Stabilisierungspolitik (D → E). Das traditionelle Modell des Disinflationsprozesses leitet nun über die Rückbildung der Inflationserwartungen, d.h. über eine Verschiebung der Phillips-Kurve nach unten, eine Rückkehr zum Ausgangspunkt A ab. Die Analyse der Allokationsmechanismen auf dem Arbeitsmarkt hat nun aber Anhaltspunkte dafür geliefert, daß Arbeitslose einem marktendogenen Dequalifikationsprozeß unterliegen, wodurch ihre Wiederbeschäftigungschancen sinken und sie schließlich aus dem Markt herausfallen. Da von ihnen deshalb keine wirksame Lohnkonkurrenz mehr ausgeht, ist die NAIRU von u_0^* auf u_1^* gestiegen. Das neue Marktgleichgewicht ist der Punkt E.

Die allgemeine Schlußfolgerung ist, daß sich die Arbeitsangebotsfunktion nach dem Auftreten von konjunktureller Arbeitslosigkeit faktisch nach links verschiebt. Die Arbeitslosen sind zwar noch in der Sozialstatistik (der Arbeitsämter und Unterstützungskassen) vorhanden, nicht aber als marktfähige Arbeitsanbieter. Im Extremfall kann dann wieder Vollbeschäftigung (i.S. eines Marktgleichgewichts) bestehen: Der Arbeitsmarkt ist aus ökonomischer Sicht geräumt, weil sich das effektive Arbeitsangebot an das vom Gütermarkt her bestimmte Beschäftigungsniveau angepaßt hat.

3.3.2 Hysteresis: Konjunkturabhängigkeit der strukturellen Arbeitslosenquote

Das Arbeitsmarktgleichgewicht kann nun nicht länger als exogen gegebenes Gravitationszentrum, als "realer Anker" für konjunkturelle Beschäftigungsänderungen angesehen werden, weil sich das *marktfähige* Arbeitspotential während der fortlaufenden Anpassungsprozesse qualitativ und quantitativ verändert und damit in letzter Konsequenz gar nicht unabhängig von der Arbeitsnachfrage definierbar ist. In diesem Fall weist der Arbeitsmarkt als dynamisches System "Hysteresis"-Eigenschaften auf: Nach einer Störung tendiert das System nicht zu seinem ursprünglichen, langfristigen Gleichgewichtswert zurück; vielmehr ändert sich dieser Referenzpunkt selbst in Abhängigkeit von der Störung. Man spricht deshalb auch von einem "pfadabhängigen Gleichgewicht".[30]

Die gleichgewichtige Arbeitslosenquote u^* hängt damit nicht nur von mi-

---

[30] Der Begriff "Hysteresis" stammt aus der Physik und bezeichnet das Fortdauern einer Wirkung nach Wegfall der Ursache.

kroökonomischen, strukturellen Faktoren ab, die sich in dem Wert $\bar{u}$ niederschlagen, sondern auch von der vergangenen Entwicklung der faktischen Arbeitslosenquote u: Wenn diese in der Vorperiode den strukturellen Wert $\bar{u}$ übertroffen hatte, so haben weitere Arbeitslose infolge der oben beschriebenen Mechanismen teilweise ihre Marktfähigkeit verloren. Konjunkturelle, nachfragebedingte Unterbeschäftigung hat sich zu struktureller Arbeitslosigkeit verfestigt. Umgekehrt zeigt die Logik der folgenden Bestimmungsgleichung der NAIRU, daß u^* sinkt, wenn in der Vorperiode $u_{-1} < \bar{u}$ war:[31]

$$u^* = \bar{u} + \lambda \left(u_{-1} - \bar{u}\right) = (1 - \lambda)\,\bar{u} + \lambda\,u_{-1} \qquad [3.10]$$

Das Ausmaß dieser Transformation zwischen makro- und mikroökonomischer Arbeitslosigkeit wird durch den Hysteresis-Parameter λ gemessen:
- Bei $\lambda = 0$ gilt wieder der traditionelle Ansatz, nach dem u^* unabhängig von der laufenden Beschäftigungsentwicklung allein von exogenen, strukturellen Faktoren bestimmt wird ($u^* = \bar{u}$).
- Im umgekehrten Extremfall $\lambda = 1$ passen sich diese Faktoren innerhalb einer Periode an die laufende Marktentwicklung an und das Arbeitsmarktgleichgewicht entspricht deshalb der Konstellation der Vorperiode ($u^* = u_{-1}$).

Wenn auf diese Weise die inflationsstabile Arbeitslosenquote u^* im allgemeinen Fall $0 \leq \lambda \leq 1$ zu einer endogenen Größe in der Interaktion der Makromärkte wird, so hat dies Konsequenzen für die Lohn- und Preisdynamik. In der Bestimmungsgleichung der Lohninflation

$$\hat{w} - \hat{p}^e - \hat{a}^e = \alpha \left(u^* - u\right) \qquad [3.11]$$

führt die Substitution von u^* aus [3.10] zu

$$\hat{w} - \hat{p}^e - \hat{a}^e = \alpha\,(1 - \lambda)\,(\bar{u} - u) - \alpha\,\lambda\,(u - u_{-1}) \qquad [3.12]$$

Wie bisher nimmt danach die Lohnsteigerungsrate zu, wenn die Arbeitslosenquote unter die i.e.S. mikroökonomisch bestimmte Rate $\bar{u}$ sinkt. Zugleich tritt aber infolge des Hysteresis-Effektes ein weiterer, den Lohndruck erhöhender Faktor bei einer bloßen Verringerung der laufenden Arbeitslosenquote gegenüber der Vorperiode auf.

Die Lohnforderungen der Beschäftigten werden durch die Drohung der Arbeitslosigkeit in Schranken gehalten. Das Risiko der Beschäftigten ist dabei, daß "ihr" Unternehmen bei zu hohen Löhnen im Wettbewerb nicht bestehen kann und sie auf dem Arbeitsmarkt weniger leicht andere Arbeitsplätze finden oder daß sie durch entsprechend qualifizierte Arbeitslose im Betrieb ersetzt

---

[31] Dieser umgekehrte Fall einer Rückverwandlung von strukturell Arbeitslosen in ein grundsätzlich beschäftigungsfähiges Arbeitspotential ist allerdings jenseits der formalen Logik der Gleichung in der Praxis wesentlich schwieriger.

werden. Wenn sich aber nun der *marktfähige* Teil der Arbeitslosen infolge von Dequalifikationsprozessen verringert, so läßt der "disziplinierende" Konkurrenzdruck nach. Mit steigendem λ werden die Lohnforderungen immer weniger vom bestehenden Unterbeschäftigungs*niveau* (in Relation zur strukturellen Rate $\bar{u}$) beeinflußt; schließlich schlägt sich nur noch eine *Änderung* der makroökonomischen Aktivität, die zu einer entsprechenden *Veränderung* der Arbeitslosenquote führt, in der Lohnpolitik nieder. Bei $\lambda = 1$ gilt dann

$$\hat{w} - \hat{p}^e - \hat{a}^e = -\alpha (u - u_{-1}) = -\alpha \Delta u \qquad [3.13]$$

Dies bedeutet, daß nicht ein hohes *Niveau*, sondern erst eine weitere *Zunahme* der Arbeitslosenquote eine Verminderung der Lohnforderungen bewirkt, weil erst dies den Beschäftigten eine Veränderung der Marktbedingungen, d.h. ein höheres Arbeitsmarktrisiko signalisiert; umgekehrt wird sich das Lohnwachstum - auch bei einem noch hohen Unterbeschäftigungsniveau - beschleunigen, wenn die Arbeitslosenquote sinkt.

Die Lohnsteigerungen werden auf dem Wege einer weiterhin unterstellten Mark-up-Preisbildung direkt auf den Gütermarkt überwälzt. Bei einem konstanten Gewinnaufschlag und unter Verwendung der Beziehung $Y = 1 - u$ ergibt sich die allgemeine Bestimmungsgleichung für die Inflationsrate in Form einer gesamtwirtschaftlichen Angebotsfunktion

$$\hat{p} = \hat{p}^e + \alpha (1 - \lambda) (Y - \bar{Y}) + \alpha \lambda (Y - Y_{-1}) \qquad [3.14]$$

$\bar{Y}$ bezeichnet hier (analog zum Gleichgewichtsoutput Y^*) ein Produktionsvolumen, das auf dem Arbeitsmarkt mit einer rein strukturellen Arbeitslosenquote in Höhe von $\bar{u}$ verbunden ist.[32] Die *temporäre Entwicklung* der Inflationsrate wird demnach durch das Ausmaß der Outputveränderung ΔY mitbestimmt: Eine nachfragepolitisch forcierte *rasche* Erholung aus einer Rezession führt (unabhängig von Inflationserwartungen) zu einem Inflationsdruck, selbst wenn sich das Produktionsvolumen noch unterhalb von $\bar{Y}$ befindet, d.h. bei

$$\Delta Y > \frac{1 - \lambda}{\lambda} (\bar{Y} - Y) \qquad [3.15]$$

Die wirtschaftspolitische Implikation ist, daß eine immerhin denkbare Strategie, mit nachfragepolitischen Mitteln Arbeitslosigkeit als "Versicherung" gegen eine Lohn- und Preisinflation aufrechtzuerhalten, langfristig an Effektivität verliert. Der Lohndruck kann nur durch konjunkturelle, nicht durch

---

[32] Aufgrund der unterstellten linearen Zusammenhänge zwischen Arbeitslosenquote, Beschäftigung und Produktion gelten bei Hysteresis analog zu [3.10] die Beziehungen:

$$N^* = (1 - \lambda) \bar{N} + \lambda N_{-1}$$
$$Y^* = (1 - \lambda) \bar{Y} + \lambda Y_{-1}$$

strukturelle Arbeitslosigkeit gebremst werden. Erstere wird jedoch durch die Allokationsmechanismen auf dem Arbeitsmarkt mehr und mehr in letztere umgewandelt.

3.3.3 Makrodynamik bei endogenem Arbeitsangebot

Die infolge des Hysteresis-Effektes veränderte gesamtwirtschaftliche Angebotsfunktion [3.14] wird nun durch zwei Annahmen weiter vereinfacht:
* Zum einen wird wiederum die Erwartungshypothese $\hat{p}^e = \hat{p}_{-1}$ verwendet;
* zum anderen wird zunächst der Extremfall $\lambda = 1$ unterstellt, um den Kontrast zum traditionellen Modell ohne Hysteresis[33] herauszuarbeiten.

Diese Angebotsfunktion und die unverändert aus Kapitel 2.4.2 übernommene Nachfragefunktion [2.35] ergeben nun das folgende System interdependenter Differenzengleichungen:

$$\hat{p} = \hat{p}_{-1} + \alpha \ (Y - Y_{-1})$$
$$Y = Y_{-1} + \beta \ (\hat{m} - \hat{p})$$
[3.16]

Daraus wird ersichtlich, daß im allgemeinen Gleichgewicht (bei $\hat{p} = \hat{p}_{-1}$ und $Y = Y_{-1}$) zwar noch die Inflationsrate eindeutig (durch das Geldmengenwachstum) bestimmt ist, nicht aber das Produktionsvolumen. Während im Fall ohne Hysteresis die Gütermarktdynamik eine reale Verankerung in einem am Arbeitsmarkt angebotsseitig definierten Vollbeschäftigungsgleichgewicht findet, das unabhängig von der makroökonomischen Marktinteraktion und insoweit exogen vorgegeben ist, ist hier jedes Gütermarktgleichgewicht *labil*: Bei einer Störung wandert die ursprüngliche Inflations-Output-Konstellation in eine neue temporäre Ruhelage, wobei die Störimpulse durch Rückkoppelungseffekte zwischen Angebots- und Nachfragefunktionen verstärkt werden.

Als Beispiel wird eine restriktive Geldpolitik untersucht. Bei einer dauerhaften Absenkung der Geldmengenwachstumsrate auf $\hat{m}_1$ wird - von A ausgehend - zunächst die Konstellation A_0 auf der ursprünglichen Angebotsfunktion realisiert (Abbildung 3.11). In den folgenden Perioden treten jeweils zwei Rückkoppelungsmechanismen auf:[34]

(1) Die in den temporären Gleichgewichten A_0, A_1 usw. noch bestehenden Diskrepanzen zwischen der jeweiligen Inflationsrate und $\hat{m}_1$ zeigen ein Fortwirken des kontraktiven Realkassen-Zins-Effektes an. Als partielle Schritte zum Gleichgewicht verschiebt sich deshalb jeweils die Nachfragefunktion nach unten zum Schnittpunkt mit der $\hat{m}_1$-Horizontalen, der für sich genommen

---

[33] In der wissenschaftlichen Diskussion wird oft nur der Extremfall $\lambda = 1$ als Hysteresis bezeichnet; bei $0 < \lambda < 1$ spricht man statt dessen von "Persistenz".

[34] Zur ausführlicheren Beschreibung der Anpassungsprozesse und zum Vergleich der Ergebnisse im traditionellen Fall ohne Hysteresis siehe Kapitel 2.4.4.

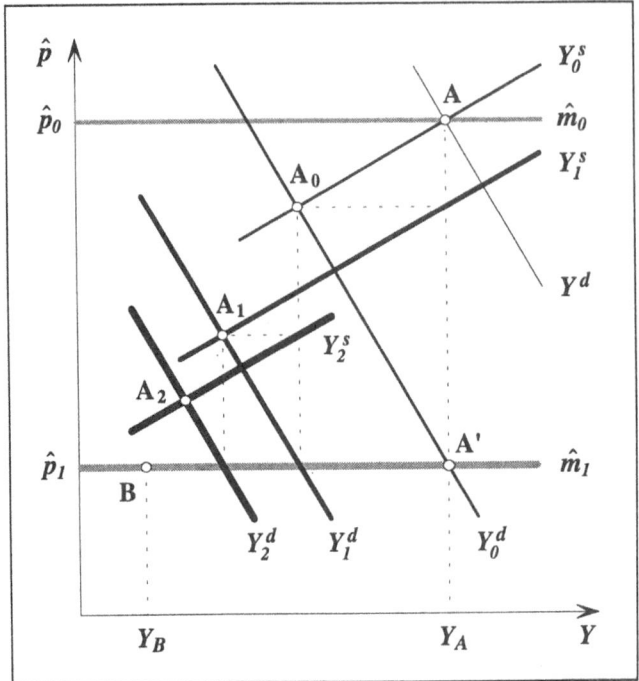

Abbildung 3.11: Restriktive Nachfragepolitik bei Hysteresis

jeweils eine Konstanz der Nachfrage anzeigt.

(2) Der Hysteresis-Effekt schlägt sich im Anpassungsprozeß der Angebotskurve nieder. Sie "sucht" jeweils dasjenige Produktionsvolumen, das die vom Beschäftigungsgrad abhängige Komponente der Lohnentwicklung bei Null hält, d.h. den zu Vollbeschäftigung korrespondierenden Output. Im traditionellen Fall erfolgt aus jedem temporären Gleichgewicht A_0, A_1 usw. eine horizontale Verschiebung der Angebotskurve bis zum Schnittpunkt mit der Senkrechten über dem Gleichgewichtsproduktionsniveau Y^*. Bei vollständiger Hysteresis ($Y^* = Y_{-1}$) verlagert sich die Angebotskurve jedoch nur bis zur Höhe des *jeweils letzten* Produktionsvolumens, eben weil dieses bei rascher Dequalifikation der Arbeitslosen faktisch Vollbeschäftigung bedeutet. Aus diesem Grund *kann* eine Restriktionspolitik nicht realwirtschaftlich neutral bleiben und nur die erwünschte Inflationsverringerung auf $\hat{p}_1$ realisieren; statt des angestrebten Punktes A' wird B erreicht. Der Erfolg bei der Inflationsbekämpfung wird mit einem *dauerhaft* geringeren Gleichgewichtsoutput Y_B und mit einer höheren "Normalarbeitslosigkeit" erkauft.

Die Auswirkungen *unterschiedlich starker* Hysteresis-Effekte auf die Ergebnisse der Anpassungsprozesse am Güter- und Arbeitsmarkt lassen sich anhand einer Modellsimulation illustrieren. Anstelle der Mengenvariable Output wird dabei wieder die Entwicklung der Arbeitslosenquote betrachtet. Ausgangspunkt ist wie oben der Übergang zu einer restriktiven Geldpolitik (Abbildung 3.12): In allen Fällen tendiert die Inflationsrate zu einem eindeutigen - durch das niedrigere Geldmengenwachstum bestimmten - Gleichgewichtswert. Dabei sind die Oszillationen im Anpassungsprozeß bei höhergradigen Hysteresis-Effekten vergleichsweise geringer. Dies liegt daran, daß das Überschußangebot bzw. die Überschußnachfrage am Arbeitsmarkt in bezug auf das *marktfähige* Arbeitsangebot bei größerem λ jeweils kleiner sind und deshalb die Lohnreaktionen auf Marktungleichgewichte schwächer ausfallen.

Mit Ausnahme des Falles $\lambda = 1$ nähert sich die Arbeitslosenquote schließlich wieder dem ursprünglichen (Vollbeschäftigungs-) Wert. Je größer jedoch λ ist, desto deutlicher setzt sich der Anstieg der Arbeitslosigkeit nach dem

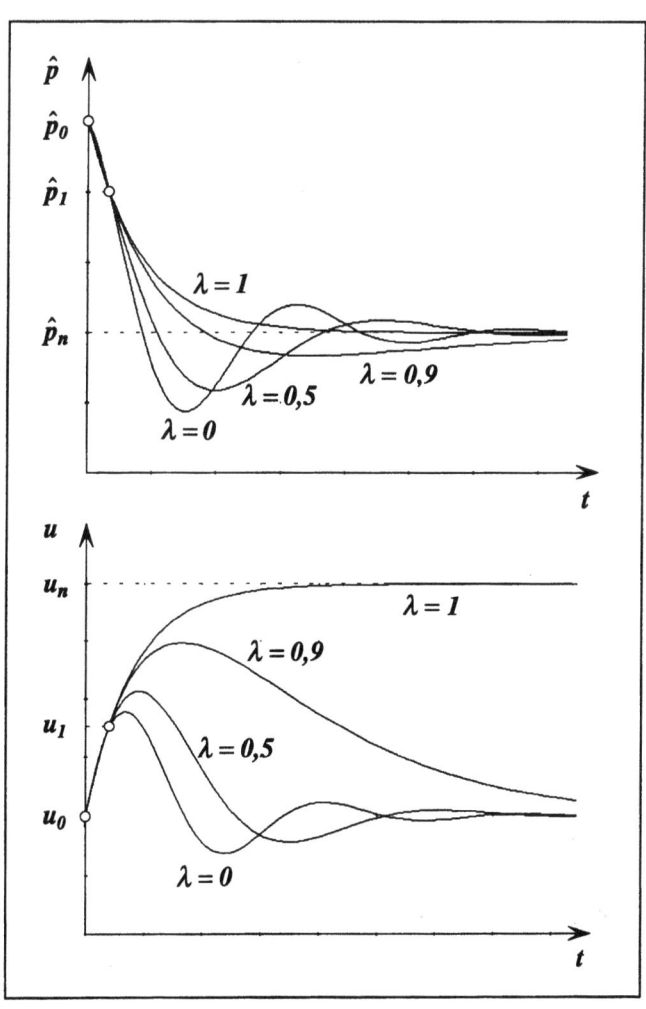

Abbildung 3.12: Entwicklung von Inflationsrate und Arbeitslosenquote bei unterschiedlichen Graden von Hysteresis

primären Nachfragerückgang auf dem Gütermarkt zunächst fort, weil der Rückgang der Lohnsteigerungsraten dann weniger ausgeprägt ist und der endogen stabilisierende Keynes-Effekt damit später einsetzt; auch dauert es dann viel länger, bis die Vollbeschäftigung wieder erreicht ist. Nur bei $\lambda = 1$ tendiert die Unterbeschäftigung zu einer neuen und deutlich höheren strukturellen Arbeitslosenrate.[35]

In empirischen Studien sind je nach Land und Zeitraum unterschiedliche Hysteresis-Werte geschätzt worden (was sich durch zeit- und raumspezifische Besonderheiten des Arbeitsmarktes und seiner Institutionen erklären läßt). Der Extremfall $\lambda = 1$ konnte zwar (erwartungsgemäß) nicht nachgewiesen werden, aber bei (häufig beobachteten) Werten zwischen *0,5* und *0,9* zeigt sich die Dauer des Erholungsprozesses am Arbeitsmarkt als ein erstrangiges wirtschaftspolitisches Problem: Es macht einen Unterschied, ob sich die Beschäftigungsverluste einer Antiinflationspolitik nach zwei oder erst nach zehn Jahren wieder ausgleichen.

Möglicherweise zeichnet die Modellsimulation noch ein zu günstiges Bild: Die Logik von Gleichung [3.10] beschreibt in gleicher Weise eine endogene *Erhöhung* wie einen *Abbau* der strukturellen Arbeitslosigkeit. Der Anpassungsprozeß wird jedoch mit einem "bias" zulasten der Beschäftigung verlaufen, wenn sich die Entwertung der Marktfähigkeit von Arbeitslosen nicht in analoger Weise wieder rückgängig machen läßt. Die "Nutzung" des Hysteresis-Effektes in expansiver Richtung verlangt - in Umkehrung des bisher betrachteten Szenarios - eine *Erhöhung* der Leistungsfähigkeit des Arbeitspotentials, erfordert somit i.w.S. eine *(Re-) Qualifizierung* der Arbeitslosen. Wenn dies möglich wäre, so ergäbe sich prinzipiell die Chance, mittels Nachfragepolitik auch strukturelle Arbeitslosigkeit bekämpfen zu können.[36]

3.3.4 Kapitalmangelarbeitslosigkeit und potentialorientierte Wirtschaftspolitik

Hysteresis ist kein auf den Arbeitsmarkt beschränktes Phänomen. Wirtschaftsprozesse, die in *historischer Zeit* ablaufen, sind oft durch zumindest partielle Irreversibilitäten gekennzeichnet, so daß bestimmte Variablen nach einer Stö-

---

[35] Aus der Angebotsfunktion [3.14], der Nachfragefunktion [2.35] und der Erwartungshypothese $\hat{p}^e = \hat{p}_{-1}$ ergibt sich nach der Substitution $Y = 1 - u$ das System

$$\begin{bmatrix} 1 & \alpha \\ 1 & -1/\beta \end{bmatrix} \begin{bmatrix} \hat{p} \\ u \end{bmatrix} + \begin{bmatrix} -1 & -\alpha\lambda \\ 0 & 1/\beta \end{bmatrix} \begin{bmatrix} \hat{p}_{-1} \\ u_{-1} \end{bmatrix} = \begin{bmatrix} \alpha(1-\lambda)\bar{u} \\ \hat{m} \end{bmatrix}$$

In der Simulation wurden die Werte $\alpha = 0{,}5$, $\beta = 1$, $\bar{u} = u_0 = 3\%$ und $\hat{p}_0 = 5\%$ verwendet; $\hat{m}$ wurde nach 5 % im Ausgangspunkt auf 2 % gesenkt. Damit ergaben sich $u_1 = 5\%$, $\hat{p}_1 = 4\%$, $u_n = 9\%$ und $\hat{p}_n = \hat{m} = 2\%$.

[36] Probleme einer hier ansetzenden Strategie der Wirtschaftspolitik werden in Kapitel 5.2.3 untersucht.

rung nicht zu ihrem Ausgangspunkt zurückkehren, sondern in einem neuen (temporären) Gleichgewichtswert verharren.[37] In einer evolutorischen Ökonomie verändern wirtschaftliche Handlungen das Umfeld, das die Bedingungen für diese Handlungen abgegeben hatte; ihre Revision führt deshalb nicht zum "Status quo ante" zurück.

Dieser allgemeine Sachverhalt ist in Abbildung 3.13 erfaßt, in der y eine Variable mit einem primären Gleichgewicht in A und x eine Störgröße bezeichnen. Nach Wegfall eines negativen Schocks, der zunächst nach B geführt hat, tendiert die Variable nicht nach A zurück, sondern nach C (im Extremfall nach C'). In einem System mit symmetrischen Hysteresis-Eigenschaften kann das ursprüngliche Gleichgewicht A zwar wieder erreicht werden. Allerdings ist dazu eben nicht nur die Beendigung der Störung in B, sondern ein weiterer Störimpuls mit umgekehrtem Vorzeichen in C notwendig (dabei muß die Wirtschaftspolitik hier ein *Ungleichgewicht* herbeiführen), um über D wieder nach A zurückzugelangen.

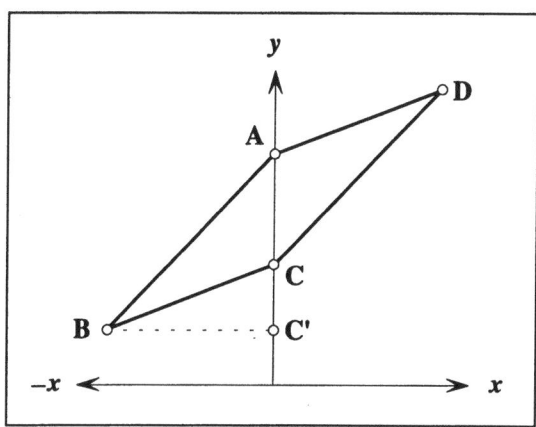

Abbildung 3.13:
Partiell irreversible Anpassungsprozesse

Die für die Güter- und Arbeitsmarktentwicklung einer Volkswirtschaft wichtigste makroökonomische Variable ist die Investition.[38] Einzelwirtschaftliche Investitionsentscheidungen beeinflussen die weiteren Optionen der betreffenden Firma und darüber hinaus auch das wirtschaftliche Umfeld anderer

---

[37] In traditionellen neoklassischen Modellen wurden demgegenüber Allokationsprozesse unter der fiktiven Annahme vollständiger (und kostenloser) Reversibilität analysiert. Dieses Wirtschaften in *logischer* Zeit baut auf der fragwürdigen Annahme auf, daß auf der Zeitachse eine Bewegung in *beiden* Richtungen möglich ist.

[38] Sie ist auch aus einzelwirtschaftlicher Sicht eine Form der Vermögensanlage, die durch eine mangelnde Reversibilität gekennzeichnet ist: Investiertes Sachkapital kann i.d.R. nur mit hohen Verlusten demontiert und wiederverkauft werden ("sunk costs"); deshalb ist sein Liquiditätsgrad - im Vergleich zu Finanzaktiva - gering.

Akteure sowie der Volkswirtschaft insgesamt. Sobald die Unternehmen auf Störungen oder veränderte Marktbedingungen nicht nur mit kurzfristigen Verhaltensanpassungen, sondern mit einer Revision ihrer langfristigen Erwartungen sowie der entsprechenden Investitions- und Kapazitätsplanung reagieren, ergeben sich Konsequenzen für den langfristigen Entwicklungspfad der Ökonomie. Im Verlauf einer tiefen und langanhaltenden Wirtschaftskrise steigt so der Kapazitätsauslastungsgrad wieder an, wenn und weil sich das Produktionspotential an eine dauerhaft als niedriger eingeschätzte Nachfrage anpaßt. Der Gütermarkt ist damit geräumt; auf dem Arbeitsmarkt erscheint die nach Normalisierung des Konjunkturgeschehens anhaltende Unterbeschäftigung als "Kapitalmangelarbeitslosigkeit". Es fehlen nun die Arbeitsplätze, um alle Arbeitsuchenden beschäftigen zu können.[39]

Eine solche Diagnose ist allerdings nur unter der Voraussetzung begründet, daß das makroökonomische Faktoreinsatzverhältnis, d.h. die Kapitalintensität, nicht wesentlich geändert werden kann. Geht man statt dessen von einer traditionellen neoklassischen Produktionsfunktion aus, so könnte mit einem gegebenen Kapitalstock im Prinzip eine beliebig große Beschäftigungsmenge kombiniert werden, wenn nur die dabei sinkende Grenzproduktivität der Arbeit durch einen entsprechend niedrigeren Reallohn kompensiert würde (vgl. Abbildung 2.1). Faktisch produziert jede Volkswirtschaft jedoch mit einer sich nur langsam ändernden Produktionstechnik und "besetzt" einen bestimmten Platz in der weltwirtschaftlichen Arbeitsteilung. Dieses Angebotsprofil, der Charakter der Lohnpolitik und die übrigen institutionalisierten Rahmenbedingungen des Wirtschaftens stehen in einem systematischen Zusammenhang und können nicht isoliert voneinander verändert werden. Der Übergang eines "Hochlohnlandes" zu einer vermehrten "Billigproduktion" stellt einen grundlegenden Strategiewechsel der Wirtschaftspolitik dar, der einen langwierigen Prozeß gesellschaftlichen Wandels verlangt, aber aus wohlfahrtstheoretischen Gründen ohnehin kaum empfehlenswert ist.

Eine Entwertung und Vernichtung von Sachkapital in der Krise, gefolgt von einer Periode schwachen Wachstums, kann somit zu einer Kapitalmangel- oder Stagnationsarbeitslosigkeit führen. Gelingt die Reintegration der Arbeitslosen nicht rasch, so folgt im Laufe der Zeit auch eine Entwertung und Vernichtung von Humankapital. Exogene Impulse können dann einen Übergang

---

[39] Kapitalmangelarbeitslosigkeit ist in gewisser Weise das Gegenstück zur "technologischen Arbeitslosigkeit". Danach entsteht Unterbeschäftigung indirekt als Folge eines (zu) hohen Kapitaleinsatzes, der den Produktivitätsfortschritt stark erhöht. Nimmt dabei das reale Wirtschaftswachstum nicht ebenso zu, geht die nachgefragte Arbeitsmenge zurück. Dieser Zusammenhang ergibt sich aus der in Wachstumsraten geschriebenen einfachen Produktionsfunktion [2.3]: $\hat{n} = \hat{y} - \hat{a}$. Das falsche Rezept wäre ein Versuch, das Produktivitätswachstum im Interesse der Beschäftigung zu bremsen, weil dies die Kosten- und Wettbewerbslage der (heimischen) Unternehmen verschlechtern und darüber das Wirtschaftswachstum beeinträchtigen kann. Kann das Wirtschaftswachstum nicht forciert werden, so wären Arbeitszeitverkürzungen ein Weg zur Annäherung an die Vollbeschäftigung.

zu einer Phase wieder verstärkten Wachstums erleichtern, die mit einer neuerlichen Akkumulation von Sach- und Humankapital einhergeht. Man sieht, daß auf diese Weise der Wirtschaftsprozeß in langfristiger Perspektive durch eine tendenzielle "Vollbeschäftigung der (marktfähigen) Ressourcen" gekennzeichnet ist, indem die Dynamik auf der Nachfrageseite entsprechende Anpassungen auf der Angebotsseite des Arbeits- und Gütermarktes nach sich zieht. Die Ressourcenausstattung einer Volkswirtschaft wird zu einer partiell endogenen Größe, die vor allem von der Nachfragedynamik bestimmt wird.

Schematisch läßt sich dies wiederum anhand von Abbildung 3.13 verdeutlichen, in der y nun das Produktionspotential und x nachfragebedingte Abweichungen vom durchschnittlichen bzw. gleichgewichtigen Auslastungsgrad des Produktionspotentials bezeichnen: Nach Überwindung einer Wirtschaftskrise (B) sind in C die Angebotsmöglichkeiten der Volkswirtschaft sowohl von den sachlichen Produktionsmitteln wie vom Arbeitspotential her geringer als zuvor in A. Umgekehrt verfügt eine Volkswirtschaft im Vergleich zu einem Szenario gleichgewichtigen Wachstums (in C) nach einer Phase der "Überbeanspruchung" ihres Produktionspotentials (in D) über höhere Angebotsmöglichkeiten (in A), wenn die Unternehmen als Reaktion auf die übernormale Kapazitätsauslastung ihren Produktionsapparat erweitern und ein zusätzliches Arbeitspotential, das durch Qualifizierung, Wanderungsbewegung oder Änderung der Erwerbsneigung gewonnen wurde, im Markt verbleibt.

Eine perfekte Symmetrie dieser Hysteresis-Effekte wird allerdings in der Praxis selten zu beobachten sein. Betrachtet man den Wirtschaftsprozeß im Zeitablauf, so folgt die Entwicklung des Produktionspotentials mit einer gewissen Verzögerung dem Wachstum des Bruttoinlandsprodukts (Abbildung 3.14). Der (zeitverzögerte) Zusammenhang zwischen beiden Kurven wird durch den Einkommens- und Kapazitätseffekt der Investitionstätigkeit hergestellt. Ein Wachstumsrückgang (wie in den Zeiten der Wirtschaftskrise 1981/ 82 und 1992/93) bewirkt eine nachfolgende Einschränkung der Angebotsmöglichkeiten, so daß ein späterer Aufschwung entsprechend früher durch Gütermarktengpässe und Preissteigerungen gebremst werden kann.

Dadurch wird das Konzept einer potentialorientierten Wirtschaftspolitik zunächst darin bestätigt, eine Verstetigung der Nachfrageentwicklung entlang des möglichen bzw. erwünschten Wachstumspfades anzustreben. Ein Verfehlen dieses Zielwertes hat für die Volkswirtschaft nicht nur kurzfristige Kosten, sondern auch langfristige Nachteile aufgrund einer endogenen Einschränkung der Wachstumsmöglichkeiten (die allerdings durch eine forcierte Nachfragepolitik u.U. wieder aufgelöst werden kann). Jedoch wird auch deutlich, daß sich eine schematische Trennung zwischen Konjunktur- und Wachstumspolitik und ihren Aufgabenbereichen nicht durchhalten läßt. Angebots- und Nachfrageseite der Volkswirtschaft sind voneinander abhängig, Struktur- und Niveauprobleme interdependent. Arbeits- und Produktionspotential lassen sich in letzter Konsequenz nicht unabhängig von der gesamtwirtschaftlichen Nach-

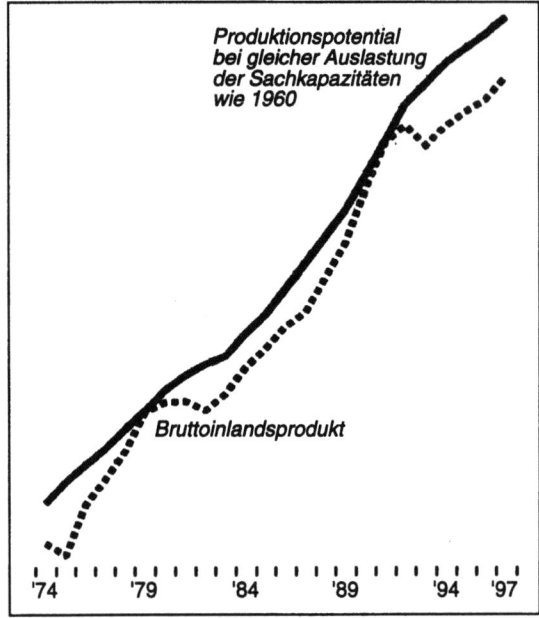

*Abbildung 3.14: Produktionspotential
und Bruttoinlandsprodukt in Deutschland
(früheres Bundesgebiet, logarithmischer Maßstab)*

frage und ihren Determinanten bestimmen. "Natürliche", rein realwirtschaftlich definierte Gleichgewichtspunkte bzw. -pfade, die allenfalls von einer mikroökonomisch angelegten Angebotspolitik[40] modifiziert werden könnten, gibt es nicht.

Das neuklassische Theorem einer Ineffektivität der Nachfragepolitik verliert damit seinen wichtigsten Baustein: Zwar ist eine Tendenz zur Markträumung nicht zu bestreiten; aber diese bezieht sich nur auf die *marktfähigen* Produktionsfaktoren, der hypothetische Fixpunkt allfälliger Marktschwankungen ist selbst wiederum von derartigen Störungen und nicht zuletzt vom Kurs der Makropolitik abhängig. Das keynesianische Postulat einer Wirksamkeit der Nachfragepolitik erfährt eine indirekte Bestätigung. Auch das Phillips-Kurven-Problem erscheint in einem neuen Licht: Es geht nicht länger um eine kurzfristige Wahl zwischen unterschiedlichen Arbeitslosen- und Inflationsraten bei gegebenen Angebotsbedingungen; vielmehr hat die Wirtschaftspolitik zu berücksichtigen, daß eine kurzfristige Hinnahme von Unterbeschäftigung (etwa im Rahmen einer nachfrageseitigen Inflationsbekämpfung) negative Rückwirkungen auf die Angebotsseite der Volkswirtschaft haben kann. Infolgedessen wird die Bewahrung von Vollbeschäftigung auch zu einem langfristigen Ziel der Wirtschaftspolitik.

---

[40] Vgl. dazu Kapitel 5.1.1.

3.3.5 Das Vollbeschäftigungsproblem in dogmengeschichtlicher Perspektive

Die aus wirtschaftspolitischer Sicht erstrangige Frage, ob das marktwirtschaftliche System von sich aus Vollbeschäftigung sichert, wird von der klassischen, neoklassischen und keynesianischen Ökonomie unterschiedlich beantwortet. Die makroökonomischen Märkte werden dabei in ihrer Stellung nicht gleichrangig gesehen; ein Gütermarktgleichgewicht stellt keine hinreichende Bedingung für Vollbeschäftigung dar. Ein erheblicher Unterschied besteht zudem darin, ob eine Markträumung auf dem Arbeitsmarkt über Anpassungen des Arbeitsangebots oder der Nachfrage erreicht wird.

(1) Der Stabilitätsoptimismus in der *klassischen Ökonomie* wird zumeist mit einem Rekurs auf "Says Gesetz" begründet. Es besagt in populärer Verkürzung, daß sich jedes Angebot seine Nachfrage schafft. Diese Aussage gilt natürlich nicht für jeden einzelnen Markt (auch hier werden freilich partielle Überschüsse und Fehlmengen durch den Wettbewerbsmechanismus beseitigt), sondern auf *gesamtwirtschaftlicher* Ebene: Es kann kein Überschußangebot auf dem aggregierten Gütermarkt geben, wenn alle Anbieter ihre aus den Verkaufserlösen stammenden Einkommen in vollem Umfang wieder zur Güternachfrage verwenden.

In einer Wirtschaft ohne Geld, in der bestimmte Güter die Geldfunktionen übernehmen, ist Says Gesetz notwendigerweise erfüllt. Denn selbst wenn die Akteure einen Teil ihres Einkommens nicht konsumieren, so handelt es sich dann bei den zum Zwecke der Wertaufbewahrung oder der Investition nachgefragten Gütern wiederum um (Arbeits-) Produkte. Folglich wird das gesamte Güterangebot stets abgesetzt und Veränderungen im Nachfrageverhalten können lediglich zu strukturellen Anpassungsproblemen führen.

Wenn dagegen ein *nicht-reproduzierbares Aktivum als Geld* fungiert, so kann ein Sparen in Geld einen Nachfrageausfall bewirken. Allerdings erschien den Klassikern dieser Fall im allgemeinen als unwahrscheinlich, da *zinstragende* Vermögenswerte offensichtlich vorteilhaftere Wertaufbewahrungsmittel darstellen. Derartige Vermögenstitel werden von Seiten der entsparenden oder investierenden Akteure gerade deshalb emittiert, um mit dem aufgenommenen Geld Güterkäufe finanzieren zu können, so daß auch in einer Geldwirtschaft der Kreislauf zwischen Sparen und Investieren geschlossen ist. Zudem ging die klassische Ökonomie vereinfachend davon aus, daß Sparer und Investoren identische Akteure waren: die Unternehmerkapitalisten, die ihren Gewinn voll investieren, während die Lohnarbeiter ihr Einkommen voll konsumieren. Says Gesetz ist dann deshalb erfüllt, weil der Profit (d.h. die Unternehmensersparnis) analog zum Fall einer geldlosen Wirtschaft wiederum in (Kapital-) Gütern gehalten wird. Das Problem der Anpassung zwischen unterschiedlichen Investitions- und Sparplänen entfällt damit; die Frage, über welche makroökonomische Variable eine solche Anpassung bewirkt wird (Zins oder Einkommen), muß nicht entschieden werden.

> Es ist daher möglich zu folgern, daß das 'Saysche Gesetz' bei Ricardo nicht das Ergebnis einer Analyse des Investitions-Spar-Prozesses war, sondern vielmehr das Ergebnis des *Mangels* einer derartigen Analyse.
>
> *Pierangelo Garegnani* (1978/79: 202)

Ungeachtet der so begründeten generellen Stabilitätstendenz wurde stets die Möglichkeit *temporärer* Störungen gesehen. Sie führen zu einer Verschlechterung der Ertragserwartungen und schlagen sich in einer erhöhten Geldnachfrage (keynesianisch gesprochen: in einer erhöhten Liquiditätspräferenz) nieder. Dies bedeutet einen Rückgang der Ausgabenneigung auf dem Gütermarkt sowie eine Zurücknahme der Kreditvergabe infolge einer niedriger eingeschätzten Bonität potentieller Schuldner. Der Überschußnachfrage nach Geld entspricht dann - wie in Walras' Gesetz beschrieben[41] - ein allgemeines Überschußangebot an Ressourcen (Gütern und Arbeitskräften). Eine derartige Wirtschaftskrise wird durch die Rückkehr optimistischer Erwartungen überwunden, ohne daß hier die Notwendigkeit einer wirtschaftspolitischen Intervention explizit betont wurde.[42]

> At such times (during a commercial crisis - H.-P.S.) there is really an excess of all commodities above the money demand: in other words, there is an under-supply of money. From the sudden annihilation of a great mass of credit, every one dislikes to part with ready money, and many are anxious to procure it at any sacrifice. Almost everybody therefore is a seller, and there are scarcely any buyers; so that there may really be, though only while the crisis lasts, an extreme depression of general prices, from what may be indiscriminately called a glut of commodities or a dearth of money. But it is a great error to suppose (...) that a commercial crisis is the effect of a general excess of production. It is simply the consequence of an excess of speculative purchases. (...) Its immediate cause is a contraction of credit, and the remedy is, not a diminution of supply, but the restoration of confidence.
>
> *John Stuart Mill* (1871: 561)

Eine grundsätzlich stabile Güternachfrage begünstigt eine entsprechend stabile Beschäftigungsentwicklung. Der klassische Arbeitsmarkt ist auch durch Vollbeschäftigung charakterisiert. Allerdings unterscheidet sich der postulierte Allokationsmechanismus von der neoklassischen Sichtweise: Grundlegend für die klassische Verteilungstheorie ist die Annahme eines gleichsam natürlich gegebenen Subsistenzlohnes; dies ist diejenige Gütermenge $\bar{x}$, die einem Lohnarbeiter (und seiner Familie) eine Reproduktion ermöglicht. Dieser Reallohn $w/P = \bar{x}$ legt die Arbeitsangebotsfunktion als Horizontale fest, da für den

---

[41] Vgl. Kapitel 1.4.2.

[42] Zu beachten ist dabei, daß in der Ära der klassischen Ökonomie die institutionellen und instrumentellen Voraussetzungen wirtschaftspolitischer Interventionen praktisch auch noch nicht hinreichend entwickelt waren. Von einer Geldpolitik im heutigen Sinne kann man z.B. in England erst seit der Mitte des 19. Jahrhunderts sprechen, und diese hatte bis in die 30er Jahre dieses Jahrhunderts vorrangig das Zahlungsbilanzgleichgewicht im Auge.

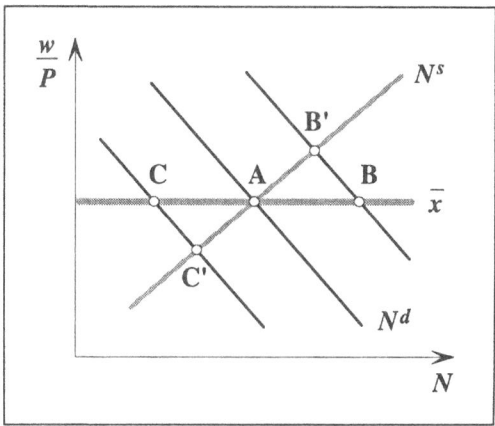

Abbildung 3.15:
Arbeitsmarkt in der klassischen Ökonomie

Arbeiter keine Alternativen zur Lohnarbeit (d.h. keine Wahlmöglichkeit zwischen Freizeit und Einkommen) bestehen (Abbildung 3.15).

Unter diesen Bedingungen ist der Arbeitsmarkt immer geräumt. Das Arbeitspotential paßt sich über das "klassische Bevölkerungsgesetz" stets der Nachfrage N^d an. Diese ist hier als invers reallohnabhängig dargestellt: Im Rahmen der klassischen Ökonomie läßt sich dieser Kurvenverlauf in erster Linie damit begründen, daß sinkende Reallöhne über damit verbundene höhere Gewinne die Akkumulation steigern, wobei es zu einem erhöhten Einsatz *aller* Produktionsfaktoren kommt. Demgegenüber ist die Ableitung einer Faktornachfragekurve aus einem mit den relativen Faktorpreisen invers variierenden Faktoreinsatz*verhältnis* eher ein neoklassisches Konzept.

Geht man von einem Gleichgewicht in A aus, so bewirkt eine Nachfragesteigerung im Zuge einer verstärkten Kapitalakkumulation bei gegebenem Bevölkerungsumfang eine temporäre Verknappung des Arbeitsangebots, die sich formal in einer Drehung der Angebotsfunktion auf N^s niederschlägt. Mit der Beschäftigungsausweitung steigt deshalb zunächst auch der Reallohn (Punkt B'). Die Folge höherer Haushaltseinkommen ist jedoch eine Zunahme der Eheschließungen und Geburten, so daß - nachdem dies zur Erhöhung der arbeitsfähigen Bevölkerung geführt hat - sich ein neues Gleichgewicht in B einstellt. Umgekehrt führt eine Wachstumsabschwächung und Nachfrageverringerung zunächst zu einem Reallohnabbau (C'), dann aber - weil unter diesen Bedingungen eine Reproduktion nicht mehr möglich ist - zu einer Schrumpfung der Bevölkerung (C).

"Vollbeschäftigung" wird im klassischen System nicht zuletzt dadurch gesichert, daß die Arbeitslosen verhungern und somit das überschüssige Arbeitspotential verschwindet. Ein in sozialer Hinsicht weniger brutaler Anpassungsmechanismus bestand in einem Wanderungsprozeß zwischen den in das frühindustrielle System integrierten Bewohnern der Städte und der Bevölkerung im ländlichen Raum, der lange Zeit noch als ein autonomes Subsystem der Gesellschaft und als Reservoir potentieller Arbeitskräfte fungierte. Von hier wurde der Strom in die industrielle Beschäftigung gespeist; zugleich wurden Arbeitslose hier wieder aufgenommen und mitversorgt.

(2) Während sich somit in der klassischen Ökonomie die Bestandsgröße Arbeitspotential (analog zur Bestandsgröße Sachkapital) der Dynamik des Gütermarktgeschehens anpaßt, kehrt sich diese Beziehung in der *neoklassischen Ökonomie* um. Die Präferenzen der Haushalte (Arbeitsleid und Konsumwünsche) steuern den Marktprozeß.[43] Die klassische Logik des Arbeitsangebotes wird in zwei Punkten modifiziert:

- Der simple Konnex zwischen Realeinkommen und Bevölkerungswachstum wird aufgehoben, da sich der zum Lebensunterhalt notwendige Subsistenzlohn in einer reicheren Gesellschaft immer weniger rein biologisch definieren läßt und zudem eher eine gegenläufige Beziehung zwischen Wohlstand und Kinderzahl beobachtet wird. Die (Arbeits-) Bevölkerung wird deshalb in der Beschäftigungstheorie als eine parametrisch gegebene Größe behandelt.
- Zugleich wird den Akteuren eine Wahlmöglichkeit zwischen Arbeit und Freizeit zugestanden, so daß die im üblichen Arbeitsmarktdiagramm zunächst *vertikale* Linie des gegebenen Arbeitspotentials zu einer mit dem gebotenen Reallohn ansteigenden Arbeitsangebotsfunktion N^s wird.

Die klassische Frage nach der Reproduktionsmöglichkeit tritt damit in den Hintergrund. In dieser Hinsicht muß *angenommen* werden, daß der Marktprozeß eine Vollbeschäftigung bei einem ausreichend hohen Reallohn gewährleistet. Andernfalls wäre vorauszusetzen, daß sozialstaatliche Absicherungsmaßnahmen oder Möglichkeiten zur Eigenarbeit bestehen (d.h. Arbeitslose und Niedrigverdiener können sich ihren Lebensunterhalt mit selbständiger Tätigkeit erarbeiten).

Die Stabilität der Güternachfrage ist auch im neoklassischen Modell durch Says Gesetz gesichert. Allerdings wird dabei nun berücksichtigt, daß Sparen und Investieren durch verschiedene Akteure und auf der Grundlage unterschiedlicher Kalküle erfolgt: Die Haushalte sind bei steigenden Zinsen bereit, auf Gegenwartskonsum zu verzichten; die Unternehmen fragen die so freiwerdenden Ressourcen bei sinkenden Zinsen vermehrt zu Investitionszwecken nach. Ersparnis und Nettoinvestition bestimmen so auf dem Kreditmarkt den Zins. Er regelt die Aufteilung der laufenden Produktion in Konsum und Investition, d.h. die *Struktur* des Realeinkommens, während dessen *Höhe* auf dem

---

[43] Theoriegeschichtlich ist damit auch ein *normativ* neuer Akzent verbunden: Dem Ideal politischer Demokratie entsprechend wird nach der Funktionsweise einer Marktwirtschaft gefragt, die sich in allen Bereichen nach den Bedürfnissen und Entscheidungen freier Bürger richtet und sich damit vom mechanischen Bild des klassischen Wirtschaftsprozesses unterscheidet, in dem die Akteure ohne besondere Wahlmöglichkeiten funktional definierte Rollen auszufüllen hatten.

Arbeitsmarkt bestimmt wird.[44]

Die Präferenzen der Haushalte steuern damit auf zweifache Weise den Wirtschaftsprozeß: Ihre *Arbeitsangebotsentscheidung* - die Wahl zwischen Arbeit und Freizeit - ist im Zusammenspiel mit der Höhe und der Effizienz des bestehenden Kapitalstocks maßgeblich für Einkommen und Beschäftigung; ihre *Sparentscheidung* - die Wahl zwischen heutigem und zukünftigem Konsum - bestimmt letztlich das Nettoinvestitionsvolumen und damit die vom Kapitalbestand abhängige Produktivität der Arbeit in der Zukunft (und beeinflußt damit den künftigen Reallohn). Die entscheidenden preistheoretischen Grundlagen des neoklassischen Vollbeschäftigungsoptimismus sind die (Nominal-) Lohnreaktionen bei Unterbeschäftigung und der dadurch ausgelöste Keynes-Effekt; dies bewirkt eine derartige Anpassung der Entscheidungen auf Vermögens- und Gütermärkten, daß sich die Arbeitsnachfrage über einen sinkenden Reallohn einem gegebenen Arbeitsangebot angleicht.

(3) In der *keynesianischen Ökonomie* wird die Eindeutigkeit dieser zuletzt genannten Marktreaktionen bezweifelt. Der Vermögensmarkt kann bei Arbeitslosigkeit durchaus im Gleichgewicht sein, da die bloße Existenz nicht beschäftigter Ressourcen für sich genommen keine Planrevisionen bewirkt - und die Konsequenzen sinkender Faktorpreise die erwartete Investitionsrentabilität nicht notwendigerweise positiv berühren. Allgemein bedeutet der Interaktionszusammenhang zwischen allen Makromärkten einer Volkswirtschaft nicht zwangsläufig eine ökonomische Gleichrangigkeit der auf diesen Märkten getroffenen Entscheidungen. Bei einer *Markthierarchie* wirken die Reaktionen des jeweils "dominierten" Marktes zwar auf die Entscheidungen auf dem "steuernden" Markt zurück, haben aber nur einen schwachen Einfluß. In keynesianischer Sicht nimmt der Vermögensmarkt in der Hierarchie der Makromärkte die Führungsrolle ein, während dem Arbeitsmarkt insoweit eine untergeordnete Rolle beigemessen wird.

Solange jedoch marktfähige Angebotsüberschüsse auf Güter- und Arbeitsmärkten einen Preis- und Lohnanpassungsprozeß in Gang halten, wird kein allgemeines Gleichgewicht erreicht. Die theoretische Begründung der keynesianischen These eines "Gleichgewichts bei Unterbeschäftigung" ergibt sich erst aus der Erkenntnis, daß die Ressourcenausstattung einer Volkswirtschaft eine endogene Variable darstellt. Nicht genutzte physische Produktionsfaktoren, aber auch nicht beschäftigte menschliche Arbeitskräfte erleiden einen fortschreitenden Qualitätsverlust, verlieren ihre ökonomische Marktfähigkeit und können schließlich im Produktionsprozeß nicht mehr eingesetzt werden. Die ökonomische Aktivität paßt sich insoweit nicht einem gegebenen Arbeitsangebot an; vielmehr hat der Arbeitsmarkt auch von den Mechanismen der

---

[44] Dieser Spar-Investitions-Markt entstammt dem Modell einer geldlosen Ökonomie ohne Bestandsgrößen und wird daher den Funktionsmechanismen einer monetären Kreditwirtschaft nicht gerecht (vgl. Kapitel 1.2.5).

Angebotsseite her eine ähnlich untergeordnete Stellung wie im klassischen System. Analog zum Bevölkerungsgesetz bewirkt der Hysteresis-Effekt eine endogene Anpassung des Arbeitspotentials an die im Gütermarkt bestimmte Arbeitsnachfrage.

Der Keynesianismus läßt sich so nicht nur - wie in seiner traditionellen Interpretation - als Theorie der *Auslastung*, sondern auch als Theorie der *Produktion* von Ressourcen verstehen. Damit kehrt sich Says Gesetz um: Die Nachfrage schafft sich langfristig ihr Angebot - dies könnte man als Keynes' Gesetz bezeichnen.

Zusammenfassung von Kapitel 3.3

(1) Im Phillips-Kurven-Diagramm lassen sich drei Typen makroökonomischer Prozesse unterscheiden: Nachfrageveränderungen führen bei gegebener Inflationserwartung zu Bewegungen auf einer Phillips-Kurve; Angebotsstörungen wie autonome Lohn- oder Preisschübe und steigende Inflationserwartungen bewirken eine vertikale, Veränderungen der strukturellen Arbeitslosigkeit eine horizontale Verschiebung der Phillips-Kurve.

(2) Eine Erhöhung der strukturellen Arbeitslosenquote kann auf mikroökonomischen, technologischen oder angebotsseitigen Ursachen i.w.S. beruhen, kann aber auch die Spätfolge eines konjunkturellen Nachfragerückgangs sein: Die hierbei entstandene Unterbeschäftigung wird schrittweise in strukturelle Arbeitslosigkeit transformiert, weil die Arbeitslosen aufgrund vielfältiger Dequalifikationsprozesse ihre Marktfähigkeit verlieren und damit nicht mehr zum ökonomischen Arbeitsangebot rechnen. Die vom Beschäftigungsgrad abhängige Komponente der Lohn- und Preisentwicklung verliert damit tendenziell ihren Bezugspunkt, der ansonsten durch die konstante Rate der strukturellen Arbeitslosigkeit gegeben ist, und wird von der bloßen Veränderung der Beschäftigung gesteuert.

(3) Wenn das Ausmaß der strukturellen Arbeitslosigkeit von der Konjunktur abhängt, so führt das Zusammenspiel von outputabhängigen Lohn- und Preisänderungen einerseits und Realkassen-Zins-Effekt andererseits nach exogenen Störungen nicht mehr zum vorherigen Vollbeschäftigungsgleichgewicht zurück. Ein Nachfragerückgang kann so eine höhere Gleichgewichtsarbeitslosigkeit zur Folge haben. Der reale Anker der konjunkturellen Lohn- und Preisdynamik ist nicht exogen bzw. durch mikroökonomische Faktoren bestimmt, sondern selbst ein Ergebnis des makroökonomischen Prozesses. Das Marktsystem weist Hysteresis-Eigenschaften auf: Seine Gleichgewichtspunkte sind nicht unabhängig von zufälligen Störungen und den damit bewirkten Anpassungen. Bei bestimmten Parameterkonstellationen können labile, multiple Gleichgewichte auftreten: Aufgrund einer vollständigen Anpassung des marktfähigen Arbeitspotentials an die jeweilig vom Gütermarkt bestimmte Arbeitsnachfrage gibt es mehrere inflationsstabile Produktions- und Beschäftigungsgleichgewichte. Der Stellenwert des Vollbeschäftigungsziels nimmt zu, weil seine Verletzung auch langfristige Kosten mit sich bringt.

(4) Neben dem Humankapital hängen auch die durch das Sachkapital gegebenen Angebotsmöglichkeiten einer Volkswirtschaft langfristig von der Entwicklung der Nachfrage ab. Brachliegende Kapazitäten werden abgebaut, Kapazitätsengpässe induzieren Erweiterungsinvestitionen. Als Spätfolge einer konjunkturellen Krise kann sich so ein (Sach-) Kapitalmangel herausbilden. Eine Umstellung der Volkswirtschaft auf eine weniger kapitalintensive Produktion ist mit großen Anpas-

sungsproblemen verbunden, vor allem im Hinblick auf die volkswirtschaftliche Marktposition im Feld der internationalen Arbeitsteilung. Die Interdependenz zwischen der Ressourcenausstattung auf der Angebotsseite und der Entwicklung der gesamtwirtschaftlichen Nachfrage macht eine strikte Grenzziehung zwischen den Aufgabenbereichen der Wachstums- und Konjunkturpolitik unmöglich.

(5) Eine über den Gütermarkt gesicherte stabile Arbeitsnachfrage impliziert nicht notwendigerweise Vollbeschäftigung. Die klassische Ökonomie postuliert langfristig eine Anpassung des Arbeitspotentials, die sich über eine endogene, lohnbedingte Veränderung der Bevölkerungsgröße vollzieht. Der Hysteresis-Effekt beschreibt analog einen über die Qualität des Arbeitspotentials verlaufenden Anpassungsprozeß. Die neoklassische Theorie will zeigen, daß bei konstantem Arbeitspotential die Lohn- und Preiseffekte eines Arbeitsangebotsüberschusses die Güternachfrageentscheidungen so beeinflussen, daß sich Vollbeschäftigung über eine Anpassung der Arbeitsnachfrage einstellt. Gemäß der keynesianischen Hypothese der Hierarchie der Märkte haben die vom Arbeitsmarkt ausgehenden Signale jedoch nur einen schwachen und uneindeutigen Einfluß auf Investitions-, d.h. Vermögensmarktentscheidungen.

Literatur zu Kapitel 3

Akerlof, G. A. u.a. (1996): The Macroeconomics of Low Inflation. Brookings Papers on Economic Activity, 1-76.
Bean, C. R. (1989): Capital Shortages and Persistent Unemployment. Economic Policy, 8, 11-53.
Blanchard, O. (1991): Wage Bargaining and Unemployment Persistence. Journal of Money, Credit, and Banking, 23, 277-292.
Blanchard, O. J. / Summers, L. H. (1986): Hysteresis and the European Unemployment Problem. In: Cross, R., Hg.: Unemployment, Hysteresis and the Natural Rate Hypothesis. Oxford 1988, 306-364.
Blinder, A. S. (1988): The Challenge of High Unemployment. American Economic Review, Papers and Proceedings, 78, 1-15.
Borchardt, K. (1984): Wege aus der Arbeitslosigkeit - Die Diskussion in Deutschland in den frühen dreißiger Jahren. Vierteljahreshefte zur Wirtschaftsforschung, Heft 1, 6-16.
Budd, A. u.a. (1988): Unemployment, Vacancies and the Long-Term Unemployed. Economic Journal, 98, 1071-1091.
Cross, R., Hg. (1995): The Natural Rate of Unemployment - Reflections on 25 Years of the Hypothesis. Cambridge.
Flassbeck, H. (1998): Reallöhne und Arbeitslosigkeit - Eine einfache empirische Widerlegung der neoklassischen Beschäftigungstheorie. WSI-Mitteilungen, 51, 226-232.
Franz, W., Hg. (1992): Mikro- und makroökonomische Aspekte der Arbeitslosigkeit. Beiträge zur Arbeitsmarkt- und Berufsforschung, 165, Nürnberg, 212-222.
Franz, W. (1996): Arbeitsmarktökonomik. 3. Aufl. Berlin u.a.
Freeman, R. (1995): The Limits of Wage Flexibility to Curing Unemployment. Oxford Review of Economic Policy, 11, 1, 63-72.
Funke, M. (1991): Das Hysteresis-Phänomen. Zeitschrift für Wirtschafts- und Sozialwissenschaften, 111, 527-551.
Gahlen, B. u.a., Hg. (1996): Arbeitslosigkeit und Möglichkeiten ihrer Überwindung. Tübingen.
Galbraith, J. K. (1997): Time to Ditch the NAIRU. Journal of Economic Perspectives, 11, 1, 93-108.
Garegnani, P. (1978/79): Bemerkungen über Konsum, Investition und effektive Nachfrage. In: Ders.: Kapital, Einkommensverteilung und effektive Nachfrage - Beiträge zur Renaissance des klassischen Ansatzes in der Politischen Ökonomie. Marburg 1989, 193-252.

Giersch, H. (1983): Arbeit, Lohn und Produktivität. Weltwirtschaftliches Archiv, 119, 1-18.
Göcke, M. (1996): Formen ökonomischer Hysteresis. Zeitschrift für Wirtschafts- und Sozialwissenschaften, 116, 31-57.
Glyn, A. (1995): The Assessment - Unemployment and Inequality. Oxford Review of Economic Policy, 11, 1, 1-25.
Greenwald, B. / Stiglitz, J. (1993): New and Old Keynesians. Journal of Economic Perspectives, 7, 1, 23-44.
Hagemann, H. (1997): Die gesamtwirtschaftlichen Beschäftigungswirkungen von Lohnsenkungen. In: Sadowski, D. / Schneider, M., Hg.: Vorschläge zu einer neuen Lohnpolitik - Optionen für mehr Beschäftigung I. Frankfurt / New York, 47-69.
Hahn, F. H. (1973): On the Notion of Equilibrium in Economics. Cambridge.
Hahn, F. H. (1977): Keynessche Theorie und Allgemeine Gleichgewichtstheorie - Überlegungen zu einigen aktuellen Debatten. In: Hagemann, H. u.a., Hg.: Die neue Makroökonomik - Marktungleichgewicht, Rationierung und Beschäftigung. Frankfurt / New York 1981, 240-259.
Kalecki, M. (1943): Politische Theorie der Vollbeschäftigung. In: Frey, B. S. / Meißner, W., Hg.: Zwei Ansätze der Politischen Ökonomie - Marxismus und ökonomische Theorie der Politik. Frankfurt 1974, 176-185.
Keynes, J. M. (1930): Vom Gelde. Berlin 1931, Kapitel 37, IV.
Keynes, J. M. (1936): Allgemeine Theorie der Beschäftigung, des Zinses und des Geldes. Berlin, Kapitel 2.
Landmann, O. (1989): Verteilungskonflikte, Kapitalbildung und Arbeitslosigkeit. In: Ramser, H. J. / Riese, H., Hg.: Beiträge zur angewandten Wirtschaftsforschung. Berlin / Heidelberg, 59-85.
Ljungqvist, L. / Sargent, T. J. (1998): The European Unemployment Dilemma. Journal of Political Economy, 106, 514-550.
Mill, J. S. (1871): Principles of Political Economy. 7. Aufl. Fairfield 1987, Buch III, Kapitel 14.
Minsky, H. P. (1982): Debt Deflation Processes in Today's Institutional Environment. Banca Nazionale del Lavoro, Quarterly Review, 375-393.
Nickell, S. (1988): Why Is Wage Inflation in Britain So High? In: Cross, R., Hg.: Unemployment, Hysteresis and the Natural Rate Hypothesis. Oxford, 256-283.
Nickell, S. (1997): Unemployment and Labor Market Rigidities - Europe versus North America. Journal of Economic Perspectives, 11, 3, 55-74.
Olson, M. (1995): The Secular Increase in European Unemployment Rates. European Economic Review, 39, 593-599.
Robinson, J. (1972): Die zweite Krise der ökonomischen Theorie. In: Vogt, W., Hg.: Seminar - Politische Ökonomie. Frankfurt 1973, 37-55.
Rothschild, K. W. (1990): Arbeitslose - Gibt's die? Marburg.
Rothschild, K. W. (1994): Theorien der Arbeitslosigkeit. 2. Aufl. München / Wien.
Sachverständigenrat (1994): Jahresgutachten 1994/95. Den Aufschwung sichern, Arbeitsplätze schaffen. Kapitel 5.
Setterfield, M. (1997): Should Economists Dispense With the Notion of Equilibrium? Journal of Post Keynesian Economics, 20, 1, 47-76.
Sievert, O. (1979): Die Steuerbarkeit der Konjunktur durch den Staat. In: Weizsäcker, C. C. von, Hg.: Staat und Wirtschaft. Schriften des Vereins für Socialpolitik, 102, Berlin, 809-846.
Solow, R. M. (1990): The Labor Market as a Social Institution. Cambridge.
Summers, L. H. (1988): Relative Wages, Efficiency Wages, and Keynesian Unemployment. American Economic Review, Papers and Proceedings, 78, 383-388.
Tobin, J. (1993): Price Flexibility and Output Stability - An Old Keynesian View. Journal of Economic Perspectives, 7, 1, 45-65.
Vogt, W. (1995): Makroökonomische Auswirkungen von beschränkter Marktmacht auf dem Güter- und Arbeitsmarkt. In: Flemmig, J., Hg.: Moderne Makroökonomik - Eine kritische Bestandsaufnahme. Marburg, 167-208.
Yellen, J. L. (1984): Efficiency Wage Models of Unemployment. American Economic Review, Papers and Proceedings, 74, 200-205.

KAPITEL 4   DIE OFFENE VOLKSWIRTSCHAFT

> *Kapitelüberblick*
>
> Alle wirtschaftlichen Transaktionen einer Volkswirtschaft mit dem Ausland werden in der Zahlungsbilanz aufgezeichnet und bestimmen auf dem Devisenmarkt den Wechselkurs als internationalen Preis der heimischen Währung. Güter- und Finanzmärkte einer offenen Volkswirtschaft sind vielfältigen Weltmarkteinflüssen ausgesetzt. Das inländische Gleichgewichtseinkommen wird durch Ex- und Importe, der inländische Gleichgewichtszins durch internationale Kapitalbewegungen beeinflußt.
>
> Damit muß die Volkswirtschaft eine neue Rahmenbedingung in Form des Zahlungsbilanzgleichgewichts beachten. Vor dem Hintergrund einer Grundentscheidung über einen fixen oder flexiblen Wechselkurs ist zu analysieren, wie ausländische Konjunktur- und Zinsänderungen die makroökonomische Situation im Inland beeinflussen und es sind die Möglichkeiten der nationalen Geld- und Fiskalpolitik bei der Nachfragesteuerung zu bestimmen. Dabei wird zunächst (analog zu Kapitel 1) eine völlig elastische Angebotsfunktion, d.h. eine allgemeine Unterbeschäftigung bei konstanten Löhnen und Preisen unterstellt.
>
> Im nächsten Schritt werden die Bestimmungsgründe des Wechselkurses untersucht. Er ist einerseits als relativer Preis im Welthandel von den Faktoren abhängig, die die internationale Wettbewerbsfähigkeit einer Volkswirtschaft beeinflussen; hier spielen insbesondere die unterschiedlichen nationalen Inflationsraten eine Rolle. Andererseits stellt der Wechselkurs die Vergleichbarkeit der in verschiedenen Währungen nominierten Vermögensaktiva her; er wird daher seinerseits auch von den transnationalen Kapitalbewegungen bestimmt. In diesem Zusammenhang sind die Motive von Anlageentscheidungen auf dem internationalen Vermögensmarkt zu analysieren.
>
> Bei flexiblen Löhnen, Preisen, Wechselkursen und Zinsen besteht die Möglichkeit eines allgemeinen Gleichgewichts mit Zahlungsbilanzausgleich und Vollbeschäftigung. Durch das Zusammenspiel von Inflations- und Wechselkursänderungserwartungen kann die makroökonomische Stabilität einer offenen Volkswirtschaft jedoch gefährdet werden, wenn außenwirtschaftliche Störungen auftreten oder wenn die Wirtschaftspolitik einen vorrangig an internen Zielen orientierten Kurs verfolgt. Vor dem Hintergrund einer gewachsenen Bedeutung der internationalen Kapitalbewegungen stellt sich damit die Frage nach den Zwangslagen und Spielräumen der nationalen Wirtschaftspolitik.

4.1   Zahlungsbilanz und außenwirtschaftliches Gleichgewicht

4.1.1   Leistungs-, Kapital- und Devisenbilanz

Die wirtschaftlichen Transaktionen einer Volkswirtschaft mit dem Ausland werden in der *Zahlungsbilanz* verzeichnet. Sie enthält (in Widerspruch zum Bilanzbegriff) Stromgrößen und Bestandsveränderungen und läßt sich wie folgt unterteilen (Tabelle 4.1):

(a) **Leistungsbilanz**		2
• Außenhandel (Waren)	115	
• Dienstleistungen, *darunter:*	-56	
Reiseverkehr		-52
Patente und Lizenzen		-3
• Faktoreinkommen	-4	
Erwerbseinkommen		-2
Vermögenseinkommen (Kapitalerträge)		-2
• Übertragungen*⁾, *darunter:*	-53	
Zahlungen an die EU		-29
(b) **Kapitalbilanz**		-13
• Deutsche Nettokapitalanlagen im Ausland	-386	
Direktinvestitionen		-58
Wertpapieranlagen		-161
Kredite (und sonstige Anlagen)		-167
• Ausländische Nettokapitalanlagen in Deutschland	373	
Direktinvestitionen		0
Wertpapieranlagen		151
Kredite (und sonstige Anlagen)		222
(c) Statistisch nicht erfaßte Transaktionen		2
(d) **Devisenbilanz** (a+b+c) (Veränderung der Währungsreserven)		-9

*Tabelle 4.1: Zahlungsbilanz Deutschlands für 1997 (Mrd DM), positives (negatives) Vorzeichen: Zahlungseingänge (-ausgänge), *⁾ einschließlich Vermögensübertragungen*

- In der *Leistungsbilanz* (a) wird zum einen der grenzüberschreitende Handel mit Gütern und Dienstleistungen erfaßt, der als Export- bzw. Importüberschuß den "Außenbeitrag" zur inländischen Einkommensbildung darstellt; zum anderen wird hier der Saldo der Erwerbs- und Vermögenseinkommen festgehalten, die von Inländern im Ausland bzw. von Ausländern im Inland verdient werden.[1] Des weiteren werden hier laufende Übertragungen, d.h. unentgeltliche Leistungen (Transfers usw.) verzeichnet.
- Die *Kapitalbilanz* (b) enthält alle Vermögenstransaktionen. Um das gewachsene Ausmaß finanzieller Verflechtungen in der Weltwirtschaft zu verdeutlichen, werden die Anlagen von Inländern im Ausland (Kapitalexport) und die Anlagen von Ausländern im Inland (Kapitalimport) getrennt ausgewiesen. Darüber hinaus lassen sich die Transaktionen in Finanzanlagen und Direktinvestitionen (Erwerb von Realaktiva) unterteilen; eine weitere Untergliederung nach der Fristigkeit der Anlagen ist ebenfalls möglich.

Verkäufe von Gütern und Vermögenswerten an das Ausland sowie Rückzahlungen von Schulden aus dem Ausland führen zu einem Zustrom von Aus-

---

[1] Dieser Saldo macht die Differenz zwischen Bruttosozial- und Bruttoinlandsprodukt aus (vgl. Kapitel 1.1.1).

landswährung, d.h. zu einem Devisenangebot, das auf dem *Devisenmarkt* in Inlandswährung zu wechseln ist, um die Ansprüche der inländischen Verkäufer bzw. Gläubiger zu erfüllen. Umgekehrt erfordern Käufe von ausländischen Gütern und Vermögenswerten sowie Rückzahlungen von Schulden an das Ausland eine Nachfrage nach Devisen. Angebot von und Nachfrage nach Devisen bestimmen den *Wechselkurs e* als Preis der Auslandswährung, gemessen in Einheiten der Inlandswährung (DM):

$$e = \frac{x\,DM}{1\,Einheit\,Auslandswährung} \quad [4.1]$$

Eine Erhöhung von *e* drückt eine Abwertung, eine Verringerung eine Aufwertung der Inlandswährung aus.

Die Zahlungsbilanz ist formal stets ausgeglichen, weil alle Transaktionen doppelt verbucht werden: Käufe und Verkäufe von Gütern und Vermögenswerten werden entweder mittels kurz- oder langfristiger Kredite "bezahlt", so daß in der Kapitalbilanz eine Gegenbuchung erfolgt, oder sie führen zu einer Barzahlung über den Devisenmarkt. Dabei gibt es wiederum zwei Alternativen:

- Soll der Wechselkurs *konstant* gehalten werden, so muß ein Überschußangebot an Devisen von der Notenbank angekauft bzw. ein Fehlbetrag von ihr verkauft werden. Dies schlägt sich in der *Devisenbilanz* (d) als Veränderung im Währungsreservenbestand der Notenbank nieder.
- Bei *flexiblen* Wechselkursen interveniert die Notenbank nicht auf dem Devisenmarkt; die Devisenbilanz wird also nicht berührt. Die aus der Summe der Leistungs- und Kapitaltransaktionen resultierenden Devisenüberschüsse bzw. -fehlbeträge ändern nun den Wechselkurs. Auf- und Abwertungen wirken insbesondere auf den Handelsverkehr zurück, indem sie die preisliche Wettbewerbsfähigkeit der handeltreibenden nationalen Volkswirtschaften ändern. Ein Devisenmarktgleichgewicht muß so über eine *Anpassung der Leistungsbilanz* erreicht werden.[2]

Aufgrund von Informationsmängeln werden nicht alle Transaktionen statistisch erfaßt. Dieser "Fehlerposten" (c) läßt sich indirekt über die registrierten Leistungs-, Kapital- und Devisenbilanzbewegungen ermitteln.

Bei unveränderter Devisenbilanz muß einem Leistungsbilanzdefizit ein Kapitalbilanzüberschuß gegenüberstehen (et vice versa). Damit zeigt sich wiederum der Zusammenhang zwischen güter- und vermögenswirtschaftlicher Sphäre: Ein Importüberschuß (Leistungsbilanzdefizit) bedeutet, daß die Volkswirtschaft mehr Güter nachfragt als sie produziert. Aufgrund des Zusammenhangs zwischen den Finanzierungssalden der Sektoren gilt, daß in diesem Fall ein Budgetdefizit und/oder ein Überschuß der Investition über die

---

[2] Dieser Anpassungsmechanismus wird in den Kapiteln 4.2.4 und 4.3.4 beschrieben.

Ersparnis vorliegen muß:

$$(Im - Ex) \equiv (G - T) + (I - S) \qquad [4.2]$$

Die Differenz zwischen Ausgaben und Einkommen der nationalen Volkswirtschaft muß durch eine Auslandsverschuldung (Kapitalimport) finanziert werden. Umgekehrt geht ein Exportüberschuß mit dem Aufbau einer Forderungsposition gegenüber dem Ausland einher (Kapitalexport).[3] Anhaltende Leistungsbilanzungleichgewichte führen somit zu Veränderungen der Gläubiger-Schuldner-Positionen in der Weltwirtschaft.

4.1.2 Devisenmarktgleichgewicht bei unterschiedlichen Zins-Einkommens-Kombinationen

Zur Vereinfachung der theoretischen Behandlung der Außenwirtschaftsbeziehungen werden nun folgende Annahmen getroffen:
- Die Leistungsbilanz sei allein durch den Waren- und Dienstleistungsverkehr, d.h. durch die sog. *Handelsbilanz* beschrieben; von den übrigen Posten wird abstrahiert.
- Analog zum Vorgehen in Kapitel 1 wird zunächst Unterbeschäftigung angenommen und das Preisniveau auf $P = 1$ fixiert.

Unter diesen Voraussetzungen wird nun nach den Bedingungen gefragt, die ein Devisenmarktgleichgewicht ermöglichen. Dabei werden die Devisenbilanzeffekte der Güter- und Kapitalbewegungen zunächst getrennt untersucht, wobei ein konstanter Wechselkurs angenommen ist.

(1) Der Außenbeitrag H, d.h. die Differenz von realen Ex- und Importen ist eine Funktion der Einkommen im In- und Ausland: Aufgrund der positiven Importneigung steigt die Nachfrage nach ausländischen Gütern und Diensten bei einer Einkommenssteigerung im Inland und senkt damit den Außenbeitrag; umgekehrt erhöht er sich bei Nachfragesteigerungen im Ausland, wobei aus Vereinfachungsgründen angenommen sei, daß die Importneigungen im In- und Ausland gleich groß sind.[4] Die *IS*-Kurve ist damit

$$Y = C(Y) + I(i) + G + H(Y, Y^A) \quad \text{mit} \quad H'_Y = -H'_{Y^A} < 0 \qquad [4.3]$$

Zugleich wird der *Wert* der Handelsströme, d.h. der nominale Außenbeitrag H^n, in der Leistungsbilanz registriert (wegen $P = 1$ gilt jedoch $H^n = H$). Der Leistungsbilanzsaldo erscheint damit im IV. Quadranten der Abbildung 4.1 bei konstantem Auslandseinkommen Y^A als eine negativ geneigte Linie

---

[3] Eine analoge Beziehung besteht zwischen den Kreislaufpolen in der Binnenwirtschaft (vgl. Kapitel 1.2.4, insbesondere Gleichung [1.31]).

[4] Auslandsgrößen werden generell durch ein hochgestelltes "A" gekennzeichnet.

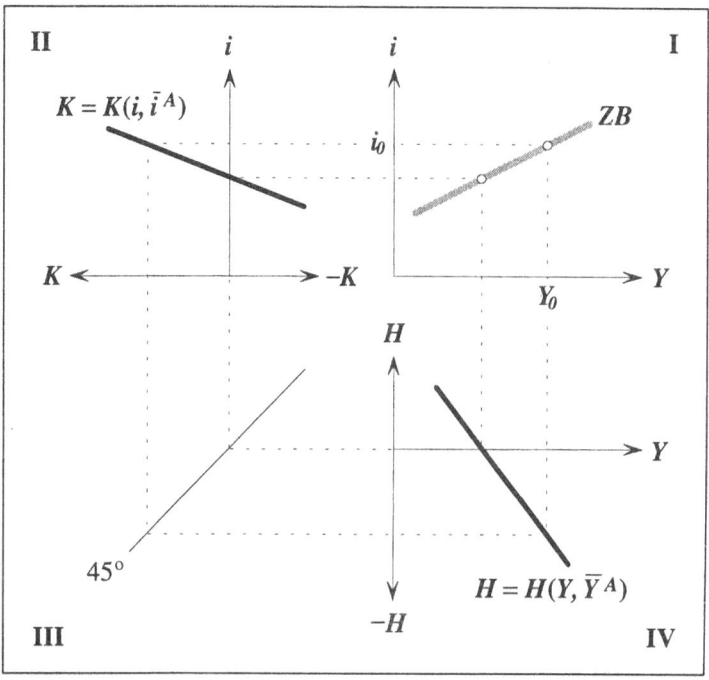

Abbildung 4.1: Die ZB-Linie des außenwirtschaftlichen Gleichgewichts

$H(Y)$. Eine höhere Auslandsnachfrage, d.h. aus der Sicht des Inlands formuliert: ein höherer autonomer Export, verschiebt diese Linie nach oben. Bei einem bestimmten Einkommensniveau ergibt sich ein Handels-, d.h. Leistungsbilanzausgleich.

(2) Die internationalen Kapitalbewegungen richten sich - unter den hier getroffenen Annahmen[5] - nach den Zins*differenzen* zwischen In- und Ausland. Der Nettokapitalimport K, die Differenz zwischen Kapitalimport und Kapitalexport, nimmt mit steigendem Inlandszins zu; bei konstantem Auslandszins i^A gewährleistet ein bestimmter Inlandszins das Gleichgewicht der Kapitalbilanz. Ein höherer Auslandszins fördert den Kapitalabfluß und schiebt die K-Linie im II. Quadranten nach oben.

$$K = K(i, i^A) \quad \text{mit} \quad K'_i = -K'_{i^A} > 0 \qquad [4.4]$$

(3) Leistungsbilanzüberschuß und Nettokapitalimport bewirken einen Devisenzustrom D. Ein Ausgleich der *Devisenbilanz* verlangt, daß die Summe der

---

[5] Wegen der unterstellten Konstanz von Preisen und Wechselkursen wird auch von Inflations- und Wechselkursänderungserwartungen abgesehen. Weiterhin werden qualitativ gleichwertige Währungen angenommen, die sich in Marktstellung, Reputation usw. nicht unterscheiden. Damit gilt für Finanzanlagen in verschiedenen Währungen das "law of one price", d.h. sie müssen (tendenziell) einen einheitlichen Zins abwerfen.

nominalen Salden der Leistungs- und Kapitalbilanz gleich Null ist und somit auf dem Devisenmarkt das Angebot von Fremdwährung ihrer Nachfrage entspricht. Dies läßt sich als *Zahlungsbilanzgleichgewicht i.e.S.* bezeichnen.

$$D = H(Y, Y^A) + K(i, i^A) = 0 \qquad [4.5]$$

Soll der Nettodevisenzustrom gleich Null sein, so muß einem positiven (negativen) Leistungsbilanzsaldo stets ein negativer (positiver) Kapitalbilanzsaldo von gleicher Höhe gegenüberstehen, d.h. H und $(-K)$ müssen sich entsprechen. Diese Bedingung ist auf der 45°-Linie im III. Quadranten erfüllt. Die Saldengleichgewichte lassen sich in den I. Quadranten projizieren; ihre Verbindungslinie ist die *ZB*-Kurve, die damit die güter- und finanzwirtschaftlichen Beziehungen zum Ausland zusammenfaßt und der geometrische Ort aller Zahlungsbilanzgleichgewichte ist. Sie hat im Zins-Einkommens-Koordinatensystem eine positive Steigung, weil bei steigendem Zins der Nettokapitalimport zunimmt und damit ein höheres Leistungsbilanzdefizit finanzierbar wird; aufgrund der positiven Importneigung erlaubt dies ein höheres Inlandseinkommen.

Ein Zahlungsbilanzgleichgewicht ist demnach auch im Falle eines Importüberschusses (beim Einkommen Y_0) möglich, wenn über die Kapitalbilanz (beim Zins i_0) ein ausreichender Nettokapitalimport stattfindet. Das externe Gleichgewicht verlangt somit nicht notwendigerweise auch einen Ausgleich der außenwirtschaftlichen Teilbilanzen; zumindest kurz- und mittelfristig kann ein Leistungsbilanzdefizit durch einen Kapitalbilanzüberschuß bzw. ein Leistungsbilanzüberschuß durch ein Kapitalbilanzdefizit kompensiert werden.[6]

Alle Punkte unterhalb von *ZB* bedeuten ein Zahlungsbilanzdefizit, d.h. einen Devisenverlust. Ein Ausgleich verlangt dann entweder eine Einkommenseinschränkung mit dem Ziel einer Importsenkung oder eine Zinserhöhung mit dem Ziel, den Kapitalzustrom zu steigern. Umgekehrt kann sich eine Volkswirtschaft in Konstellationen oberhalb von *ZB* ein größeres Einkommen und/ oder niedrigere Zinsen "leisten" und damit den Zahlungsbilanzüberschuß abbauen.

Aus dem totalen Differential der *ZB*-Gleichung [4.5] lassen sich (für $D=0$) Steigung und Lageparameter der *ZB*-Kurve ersehen:

$$H'_Y \, dY - H'_Y \, dY^A + K'_i \, di - K'_i \, di^A = 0 \qquad [4.6]$$

Ohne ausländische "Störeffekte", d.h. bei $dY^A = di^A = 0$, ergibt sich daraus

---

[6] Probleme langfristig anhaltender Leistungsbilanzungleichgewichte werden in Kapitel 4.2.5 und 5.3.3 angesprochen.

$$\frac{di}{dY} = -\frac{H'_Y}{K'_i} > 0 \qquad [4.7]$$

Die *Steigung* der ZB-Kurve ist danach durch die Einkommensabhängigkeit der Handelsströme, d.h. die Importneigung, und die Zinsreagibilität der Kapitalbewegungen bestimmt und damit stets positiv. Wenn man von einer hohen Flexibilität der Kapitalbewegungen (d.h. einem großen Wert von K'_i) ausgeht, ist die Steigung flacher als die der *LM*-Kurve. Wenn im Extremfall $K'_i = \infty$ ist, wird die ZB-Kurve horizontal. Eine derartige perfekte Zinselastizität der Kapitalbewegungen ist bei vollständig substituierbaren Wertpapieren durch die stark gesunkenen Transaktions- und Informationskosten auf den internationalen Finanzmärkten zu erklären.

Der Einfluß exogener Größen auf die *Lage* der ZB-Kurve läßt sich durch ihre vertikale Positionsverschiebung bei ausländischen Einkommens- bzw. Zinsänderungen darstellen. Gefragt ist dabei nach der inländischen Zinsänderung, die notwendig ist, um bei konstantem Inlandseinkommen ($dY = 0$) die jeweilige Devisenmarktstörung zu neutralisieren. Aus [4.6] folgt

$$\frac{di}{dY^A} = \frac{H'_Y}{K'_i} < 0$$
$$\frac{di}{di^A} = 1 \qquad [4.8]$$

Ein höheres Auslandseinkommen Y^A schiebt die ZB-Linie nach unten, was gleichsam eine Aufweichung der außenwirtschaftlichen "Budgetbeschränkung" der Volkswirtschaft bedeutet (dies gilt allerdings nur bei $K'_i < \infty$). Die zunehmende Auslandsnachfrage steigert den Exportüberschuß bei konstantem Inlandseinkommen und erbringt für sich genommen einen (zusätzlichen) Devisenüberschuß. Dieser kann auf verschiedene Weise verwendet werden:
• Er erlaubt eine höhere Inlandsnachfrage, indem er den einkommensabhängigen Import finanziert, und/oder
• einen niedrigeren Zinssatz (mit wiederum realwirtschaftlich expansiven Effekten), weil nun geringere Kapitalimporte zum Devisenmarktausgleich notwendig sind.

Ein steigender Auslandszins i^A schiebt die ZB-Linie nach oben und überträgt so einen restriktiven Impuls auf die nationale Volkswirtschaft. Da der unmittelbare Effekt ein Rückgang des Nettokapitalimports ist, muß zum Zahlungsbilanzausgleich eine Beschränkung der Güternachfrage erfolgen, um den Devisenverlust durch Importabbau aufzufangen, oder ebenfalls der Zinssatz erhöht werden, was sowohl positiv auf den Kapitalimport als auch - via Investitionsmultiplikator und Importneigung - dämpfend auf den Import wirkt.

Zusammenfassung von Kapitel 4.1

(1) Die Zahlungsbilanz registriert die ökonomischen Verflechtungen einer Volkswirtschaft mit dem Ausland. Sie teilt sich in die Leistungs- und Kapitalbilanz auf, die den Handel mit Gütern und Dienstleistungen sowie die Übertragungen bzw. die Transaktionen von realen und finanziellen Vermögensobjekten verzeichnen. Die mit all diesen Transaktionen verbundenen Zahlungsvorgänge erzeugen auf dem Devisenmarkt ein Angebot von und eine Nachfrage nach Auslandswährungen und bestimmen damit den Wechselkurs. Bei fixen Wechselkursen verändern Überschüsse bzw. Fehlbeträge von Devisen die Währungsreserven der Notenbank und damit die Devisenbilanz.

(2) Die güter- und finanzwirtschaftlichen Beziehungen der Volkswirtschaft zum Ausland lassen sich im Zins-Einkommens-Koordinatensystem in einer Zahlungsbilanzgleichgewichtslinie *ZB* zusammenfassen. Sie hat bei einem negativ einkommensabhängigen Handelsbilanzsaldo und einer positiven Zinselastizität der Kapitalbewegungen eine positive Steigung. Die *ZB*-Linie läßt sich bei festen Wechselkursen als volkswirtschaftliche Budgetbeschränkung interpretieren: Sie gibt diejenigen Zins-Einkommens-Kombinationen an, die ein Devisenmarktgleichgewicht ermöglichen. Ihre Lage hängt insbesondere vom Auslandszins ab, bei nicht vollständig zinselastischen Kapitalbewegungen auch vom Auslandseinkommen.

4.2 Makropolitik bei festen und flexiblen Wechselkursen

4.2.1 Wirtschaftspolitische Rollenverteilung und außenwirtschaftliche Strategien

Ein allgemeines Gleichgewicht in einer offenen Volkswirtschaft ist durch den gemeinsamen Schnittpunkt von *IS*-, *LM*-, *ZB*- und Y^*-Linien gekennzeichnet (Punkt B in Abbildung 4.2). Zahlungsbilanz- und Vollbeschäftigungslinie repräsentieren dabei die Ebene wirtschaftspolitischer Ziele; allerdings stellt die außenwirtschaftliche Zahlungsfähigkeit eher eine volkswirtschaftliche Budgetbeschränkung als ein frei wählbares Ziel dar. Die Lage der *IS*- und *LM*-Kurven ist u.a. vom wirtschaftspolitischen Instrumenteneinsatz abhängig.

Bei einem Zahlungsbilanzungleichgewicht, insbesondere bei einem Defizit, muß entweder eine *Anpassung* oder eine *Finanzierung* erfolgen: Im ersten Fall ist die gesamtwirtschaftliche Aktivität so zu steuern, daß ein Ausgleich über die Leistungsbilanz stattfindet. Im zweiten Fall muß über Zinsveränderungen die internationale Kreditvergabe so beeinflußt werden, daß das Zahlungsbilanzgleichgewicht über Kapitalbewegungen erreicht wird.

Damit stellt sich auch die Frage nach der Aufgabenverteilung zwischen Geld- und Fiskalpolitik. Während in der geschlossenen Volkswirtschaft beide nachfragepolitischen Instrumente für das eine Ziel der Beschäftigungsförderung zur Verfügung stehen[7], entspricht nun in der offenen Volkswirtschaft die

---

[7] Vgl. Kapitel 1.5.3.

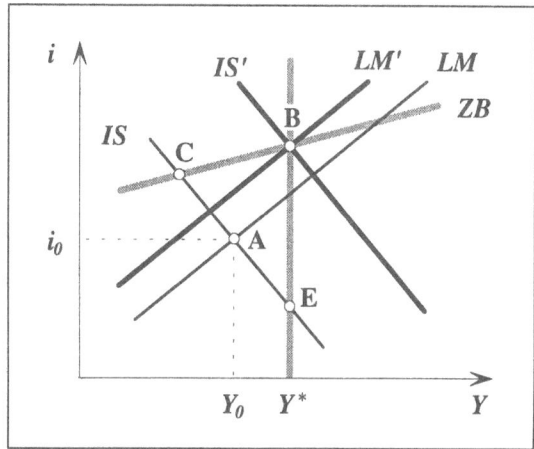

Abbildung 4.2:
Policy-Mix bei Zahlungsbilanzdefizit und Arbeitslosigkeit

Zahl der Instrumente derjenigen der Ziele, da neben dem Güter- bzw. Arbeitsmarktgleichgewicht auf den Zahlungsbilanzausgleich zu achten ist.

Allgemein stellt die Zahlungsbilanzschranke eine zusätzliche Begrenzung des Handlungsspielraumes der Wirtschaftspolitik einer offenen Volkswirtschaft dar. Die Politik kann darauf in verschiedener Weise reagieren:

(1) Bei *festen Wechselkursen* sind Fiskal- und Geldpolitik gemeinsam so zu führen, daß ein Devisenmarktgleichgewicht, d.h. eine Konstellation auf der ZB-Linie erreicht wird. Eine gleichsam "automatische" bzw. erzwungene Anpassung der Geldpolitik ergibt sich bei Devisenmarktungleichgewichten daraus, daß die Zentralbank durch den notwendigen An- oder Verkauf fremder Währungen die inländische Geldmenge ebenso verändert wie durch Offenmarkttransaktionen in langfristigen Wertpapieren[8] (Tabelle 4.2):

Aktiva	Passiva
Währungsreserven	Zentralbankgeld
Wertpapiere	

Tabelle 4.2: Bilanz der Notenbank

- Ein Überschußangebot von Devisen führt so zu einer Geldmengenerhöhung und bewirkt eine Zinssenkung. Diese wiederum bremst einerseits den Kapitalimport und fördert andererseits die Güternachfrage, womit auch die Importe wachsen; beide Reaktionen verringern den anfänglichen Zahlungsbilanzüber-

---

[8] Vgl. Kapitel 1.2.1 und 1.5.1.

schuß.
- Im Fall eines Zahlungsbilanzdefizits läuft analog ein Anpassungsprozeß mit restriktiver Wirkung in der Binnenwirtschaft ab: Der Verkauf von Devisen läßt die Geldmenge schrumpfen, die Zinsen steigen, der Kapitalimport nimmt zu und die Güterimporte gehen einkommensbedingt zurück. Die Folge ist ein Abbau der Überschußnachfrage nach Devisen.

Die Geldmengeneffekte der Devisenmarktinterventionen der Zentralbank halten solange an, bis das Devisenmarktgleichgewicht wieder erreicht ist. Da die geldpolitischen Aktionen in einem Regime fester Wechselkurse vom Devisenmarkt bestimmt sind, verliert die Notenbank insoweit ihre wirtschaftspolitische Autonomie in der Wahl binnenwirtschaftlicher Ziele.

Interne Stabilisierungsziele können dann allein durch die Fiskalpolitik verfolgt werden. Abbildung 4.2 zeigt im Ausgangspunkt A den Fall einer Koinzidenz von Zahlungsbilanzdefizit und Unterbeschäftigung. Der hier nötige Devisenverkauf würde für sich genommen einen *restriktiven* Geldmengeneffekt bewirken und die *LM*-Kurve nach C verschieben. Mittels einer gleichzeitig *expansiven* Fiskalpolitik kann jedoch das Vollbeschäftigungsgleichgewicht B auf der ZB-Linie erreicht werden. In anderen Konstellationen ist in analoger Weise ein anderer "Policy-Mix", d.h. eine geeignete Kombination von Geld- und Fiskalpolitik zu wählen, wobei die Wirkungsrichtungen der jeweiligen Maßnahmen je nach Lage des Falles parallel oder gegenläufig sein können.

(2) Die Geldpolitik kann sich (zumindest eine Zeitlang) eine größere Autonomie bewahren, wenn sie die erzwungenen Geldmengeneffekte von Devisenmarktinterventionen durch entgegengerichtete Offenmarktgeschäfte neutralisiert; dies wird als *Sterilisierungspolitik* (oder *Neutralisierungspolitik*) bezeichnet. Tabelle 4.2 zeigt, daß die Geldmenge konstant bleibt, wenn sich die außen- und binnenwirtschaftlichen Komponenten der Geldschöpfung in ihrem quantitativen Effekt gerade ausgleichen; damit könnte die Vollbeschäftigung im Prinzip auch allein mittels expansiver Geldpolitik (Verschiebung der *LM*-Kurve nach E in Abbildung 4.2) erreicht werden. Das Zahlungsbilanzungleichgewicht vergrößert sich dabei allerdings; wenn nach anhaltenden Devisenverkäufen der Bestand an Währungsreserven erschöpft ist, wird die Wirtschaftspolitik schließlich doch zu einem Kurswechsel gezwungen.

(3) Eine grundlegende Alternative stellt der Übergang zu *flexiblen Wechselkursen* dar. Angebots- oder Nachfrageüberschüsse auf dem Devisenmarkt führen zu Wechselkursänderungen; die Zentralbank ist nicht länger zu Interventionen gezwungen. Die Wirtschaftspolitik kann sich uneingeschränkt auf binnenwirtschaftliche Ziele richten; insoweit entfällt das Problem außenwirtschaftlicher Anpassungszwänge. Die Wechselkurseffekte ausgeprägter Devisenmarktungleichgewichte können allerdings störend auf die Binnenwirtschaft zurückwirken.[9]

---

[9] Diese Problematik wird in Kapitel 4.4 behandelt.

Diese drei außenwirtschaftspolitischen Strategien werden im folgenden bei jeweils gleichen Problemstellungen analysiert. Dabei ist das Preisniveau fixiert und es besteht Unterbeschäftigung (zur Vereinfachung wird in den grafischen Darstellungen auf eine explizite Berücksichtigung der Y^*-Linie verzichtet). Im Ausgangspunkt sind Leistungs- und Kapitalbilanz stets ausgeglichen.

4.2.2 Die Sterilisierung von Devisenbewegungen

Das makroökonomische System wird bei fixen Preisen und Wechselkursen durch die folgenden Gleichungen der *IS*-, *LM*- und *ZB*-Kurven erfaßt, die das Güter-, Geldmarkt- bzw. Zahlungsbilanzgleichgewicht beschreiben.

$$S(Y) - I(i) - H(Y, Y^A) = G$$
$$L(Y, i) = M \qquad [4.9]$$
$$H(Y, Y^A) + K(i, i^A) = D$$

Zunächst wird der Fall der Sterilisierungspolitik untersucht, bei dem die Notenbank Überschüsse bzw. Fehlbeträge auf dem Devisenmarkt durch Variation ihrer Währungsreserven ausgleicht und zugleich die damit einhergehenden Geldmengeneffekte durch entgegengerichtete Wertpapiertransaktionen neutralisiert. Somit wird neben Y und i der Nettozustrom an Devisen D zu einer endogenen Variablen, während die Geldmenge neben den Staatsausgaben ein Instrument der Makropolitik bleibt. Zudem können Änderungen von Auslandseinkommen und -zinssatz als exogene Störfaktoren auftreten.[10] Veränderungen von G, M, Y^A oder i^A haben Auswirkungen auf alle endogenen makroökonomischen Variablen. Diese Effekte lassen sich aus der Lösung des Gleichungssystems [4.9] berechnen.[11] Die Vorzeichen dieser Multiplikatoren sind in Tabelle 4.3 zusammengefaßt.

---

[10] Zur Vereinfachung werden diese Störeffekte hier und im folgenden isoliert untersucht, obwohl realiter z.B. eine Einkommenserhöhung im Ausland durchaus mit einer dortigen Zinsveränderung einhergehen kann.

[11] Nach dem in Kapitel 1.5.3, Fn. 49 beschriebenen Verfahren erhält man als Lösung für das total differenzierte Gleichungssystem [4.9]:

$$dY = \frac{1}{J}\left[H'_Y L'_i \, dY^A - L'_i \, dG - I'_i \, dM\right]$$

$$di = \frac{1}{J}\left[-H'_Y L'_Y \, dY^A + L'_Y \, dG + (H'_Y - S'_Y) \, dM\right]$$

$$dD = \frac{1}{J}\left\{H'_Y \left[L'_Y (I'_i - K'_i) + L'_i S'_Y\right] dY^A + (K'_i L'_Y - H'_Y L'_i) \, dG \right.$$
$$\left. - \left[H'_Y (I'_i - K'_i) + K'_i S'_Y\right] dM\right\} - K_i \, di^A$$

$$J = (H'_Y - S'_Y) L'_i - I'_i L'_Y > 0$$

	(a) dG	(b) dY^A	(c) dM	(d) di^A
dY	+	+	+	0
di	+	+	−	0
dD	(+)	+	−	−

Tabelle 4.3:
Multiplikatoren bei der Sterilisierungsstrategie (Vorzeichen in Klammern: abhängig von relativ flacher ZB-Kurve)

(a) Eine expansive Budgetpolitik verschiebt die *IS*-Kurve (A → B in Abbildung 4.3 a). Der damit verbundene Einkommenseffekt bewirkt über die Zunahme der Nettoimporte eine Passivierungstendenz der Leistungsbilanz. Da zugleich jedoch Zinsen und Nettokapitalimport steigen, wird das Leistungsbilanzdefizit dann durch den Kapitalbilanzüberschuß überkompensiert, wenn der Kapitalverkehr stärker auf die Zinsänderung als der Handelsverkehr auf die Einkommensänderung reagiert. Genau dies ist - wie anhand von Abbildung 4.1 nachzuvollziehen ist - die Bedingung für eine relativ flache *ZB*-Kurve. In B liegt deshalb ein Zahlungsbilanzüberschuß vor. Die Zentralbank kauft das Devisenüberschußangebot an und verkauft zugleich Wertpapiere, so daß die Geldmenge (und damit die Lage der *LM*-Kurve) unverändert bleibt.

(b) Eine Erhöhung des Auslandseinkommens verschiebt - wie aus Gleichungssystem [4.9] ersichtlich - sowohl die *IS*- wie die *ZB*-Kurve. Zum einen steigen infolge des exogenen Nachfrageimpulses (bei gegebener Geldmenge) Einkommen und Zins. Zum anderen ergibt sich unabhängig von den Steigungen der *LM*- und *ZB*-Kurven ein Devisenzustrom, weil sich auch die *ZB*-Kurve mit steigendem Auslandseinkommen nach rechts verlagert[12]; das neue Gleichgewicht C liegt deshalb definitiv im Überschußbereich der Zahlungsbilanz (Abbildung 4.3 b). Die Sterilisierungspolitik hält die *LM*-Kurve konstant.

(c) Eine expansive Geldpolitik stellt sich als Rechtsverschiebung der *LM*-Kurve dar. Die Zinssenkung bewirkt eine Einkommenserhöhung. Da der Punkt E im Defizitbereich der Zahlungsbilanz liegt, kann er nur durch den Abbau von Devisenreserven gehalten werden (Abbildung 4.3 c).

(d) Eine Erhöhung der ausländischen Zinsen bleibt für Einkommen und Zins im Inland folgenlos. Zwar verschiebt sich die *ZB*-Kurve im Ausmaß der Zinssteigerung im Ausland (A → A') zunächst nach oben und der Kapitalexport müßte für sich genommen die ausländische Zinssteigerung mit ihren restriktiven Folgewirkungen ins Inland übertragen (Abbildung 4.3 d); jedoch wird dieser Effekt vollständig durch den Einsatz von Devisenreserven abge-

---

[12] Aus den totalen Differentialen der *IS*- und *ZB*-Gleichungen folgt, daß sich bei einer Änderung des Auslandseinkommen die *ZB*-Kurve weiter horizontal nach rechts verschiebt als die *IS*-Kurve.

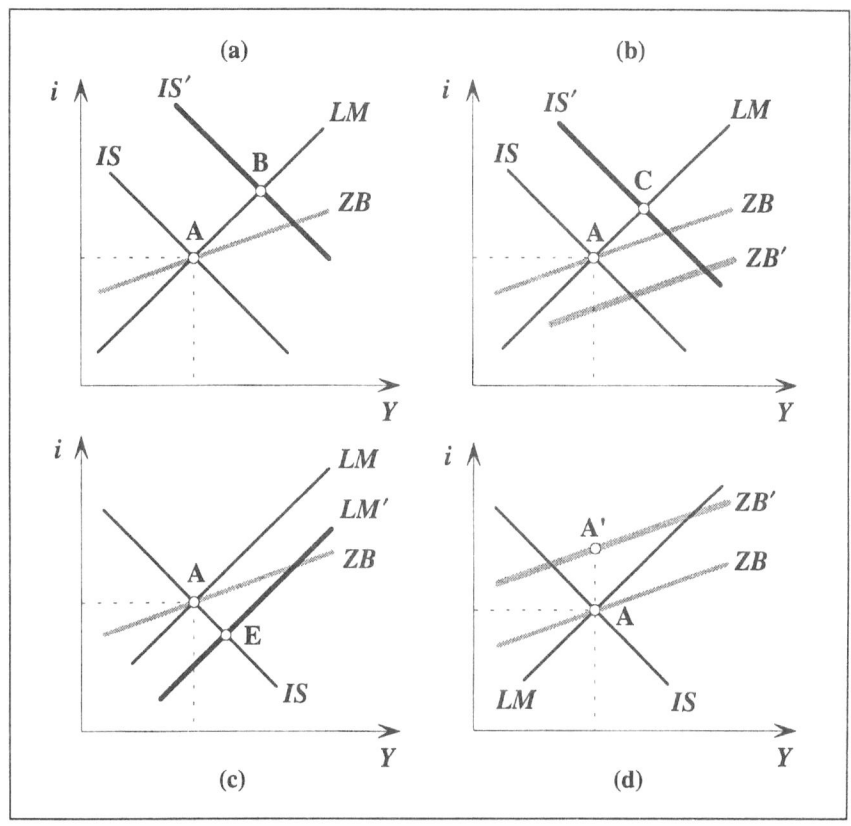

Abbildung 4.3:
Zahlungsbilanzungleichgewichte bei Erhöhung (a) der inländischen Staatsausgaben, (b) des Auslandseinkommens, (c) der inländischen Geldmenge und (d) des Auslandszinses

fangen. Der einzusetzende Betrag $dD = -K'_i \cdot di^A$ stellt gleichsam den Preis für die Abkoppelung vom Auslandseinfluß dar. Dieser Preis steigt mit dem Grad der Zinsreagibilität der Kapitalbewegungen. Im Fall einer perfekten Kapitalmobilität (d.h. $K'_i = \infty$), in dem bei einer horizontalen ZB-Kurve stets $i = i^A$ gilt, wäre der Devisenverlust theoretisch unendlich groß.

Die *Grenzen der Sterilisierungsstrategie* liegen damit auf der Hand:

• Bei einer *Überschußnachfrage* nach Fremdwährung ist die Abgabe von Devisenreserven zur Herstellung des Marktausgleichs offensichtlich immer nur eine temporäre Lösung, da auch ein noch so großer Devisenbestand sich einmal erschöpft. Dies muß die Politik letztlich doch zu einer Revision ihrer Strategie zwingen: Der zur Konstanz der Geldmenge nötige Ankauf von Wertpapieren ist einzustellen und eine Zinserhöhung ist anzustreben, die den Devisenmarkt wieder ins Gleichgewicht bringt.

• Bei einem *Überschußangebot* an Devisen ergibt sich formal zunächst eine analoge Grenze der Sterilisierungspolitik durch den ebenfalls begrenzten Bestand an Wertpapieren im Besitz der Notenbank; allerdings wird diese Grenze faktisch kaum effektiv, da dieser Wertpapierbestand zumeist wesentlich größer als der Devisenbestand ist. Das Problem besteht eher darin, den privaten Sektor zur Haltung der von der Notenbank angebotenen Wertpapiere zu bewegen. Wenn der private Sektor, der (überschüssige) Devisen anbietet, seine eingetauschten Beträge an Inlandswährung per Saldo nicht vollständig zum Kauf inländischer Wertpapiere, sondern zumindest anteilig zur Aufstockung der Bargeldhaltung verwenden will, so ist der Wertpapierverkauf der Notenbank nur zu steigenden Zinsen möglich. Dadurch werden aber weitere Kapitalimporte induziert, die das Devisenüberangebot vergrößern. Eine Stabilisierung des Devisenmarktes ist dann letztlich nur durch eine Zinssenkung möglich; dies verlangt eine Hinnahme der expansiven und u.U. inflationären Geldmengeneffekte von Devisenkäufen.

4.2.3 Der Verlust der geldpolitischen Autonomie bei festen Wechselkursen

Auch in einem Regime fester Wechselkurse muß die Notenbank Devisen in gerade dem Umfang kaufen bzw. verkaufen, daß Devisenangebot und -nachfrage übereinstimmen. Sie verzichtet jedoch darauf, die mit den Devisenmarktinterventionen verbundenen Geldmengeneffekte zu neutralisieren. Deshalb wird die Geldmenge M im Gleichungssystem [4.10] neben Y und i zur dritten endogenen Größe. Devisenmarktungleichgewichte erscheinen im Modell als Geldmarktungleichgewichte: Bei einem Überschußangebot oder einer Überschußnachfrage an Devisen verschiebt sich die *LM*-Kurve solange, bis der Devisenmarkt im Gleichgewicht ist; der Nettodevisenzustrom D ist deshalb konstant gleich Null gesetzt.

$$S(Y) - I(i) - H(Y, Y^A) = G$$
$$L(Y, i) = M \qquad [4.10]$$
$$H(Y, Y^A) + K(i, i^A) = 0$$

Die Geldmenge steht nun als Instrument der Nachfragesteuerung nicht mehr zur Verfügung. Allein die Fiskalpolitik behält ihren wirtschaftspolitischen Handlungsspielraum. Exogene Größen sind somit die Staatsausgaben G sowie Y^A und i^A als ausländische Störparameter. Die durch sie bewirkten Effekte sind in Tabelle 4.4 zusammengefaßt.[13]

---

[13] Die Lösung des total differenzierten Gleichungssystems [4.10] ist:

$$dY = \frac{1}{J}\left[(I'_i - K'_i) H'_Y dY^A + K'_i dG + I'_i K'_i di^A\right]$$

	(a) dG	(b) dY^A	(c) di^A
dY	+	+	−
di	+	−	+
dM	(+)	+	−

Tabelle 4.4:
Multiplikatoren bei festen Wechselkursen (Vorzeichen in Klammern: abhängig von relativ flacher ZB-Kurve)

(a) Wie im Szenario der Sterilisierungspolitik führt eine expansive Fiskalpolitik zu einer Zins-Einkommens-Kombination im Überschußbereich der Zahlungsbilanz, indem sich die IS-Kurve nach IS' verlagert (vgl. Abbildungen 4.3 a und 4.4 a). Wenn nun die Notenbank jedoch die Geldmengeneffekte der Devisenkäufe durchwirken läßt, verschiebt sich auch die LM-Kurve. Das neue Gleichgewicht liegt in B. Der fiskalische Nachfrageimpuls wird somit durch einen geldpolitischen Impuls verstärkt. Das Einkommen nimmt folglich stärker zu, während der Zinssteigerungseffekt abgeschwächt wird.

(b) Auch eine Einkommenserhöhung im Ausland hat einen noch expansiveren Effekt auf das Inlandseinkommen, weil die mit dem Devisenzufluß einhergehende Geldmengenerhöhung nicht - wie bei der Sterilisierung - wieder zurückgenommen wird. Der expansive geldpolitische Kurs zeigt sich in der verschobenen LM'-Kurve. Da der ausländische Nachfrageimpuls auch die ZB-Kurve nach unten drückt, ist im neuen Gleichgewicht C der Zinssatz niedriger (Abbildung 4.4 b).

Der Vergleich zwischen (a) und (b) macht damit deutlich, warum aus der Sicht des *Inlands* eine Konjunkturankurbelung über eine Nachfragesteigerung des *Auslands* oft als vorteilhafter eingeschätzt wird als eine eigene Nachfragepolitik. Zum einen vermeidet man die Zinskosten eines Deficit Spending, zum anderen die Passivierungstendenz der Leistungsbilanz, die dann hohe Zinsen zum Zahlungsbilanzausgleich erfordert. Jedes einzelne Land hofft, daß sein Nachbar die Rolle der "Konjunkturlokomotive" und dabei für alle Beteiligten die Kosten übernimmt ("Beggar-my-neighbour"-Strategie). Wenn allerdings jedes Land auf die Nachfragepolitik des Auslands wartet, bleibt eine Konjunkturankurbelung weltweit aus. Eine internationale Koordination der Wirt-

$$di = \frac{1}{J} \left[H'_Y S'_Y \, dY^A - H'_Y \, dG - (H'_Y - S'_Y) \, K'_i \, di^A \right]$$

$$dM = \frac{1}{J} \left\{ H'_Y \left[L'_Y (I'_i - K'_i) + L'_i S'_Y \right] dY^A + (K'_i L'_Y - H'_Y L'_i) \, dG \right.$$

$$\left. - \left[(H'_Y - S'_Y) L'_i - I'_i L'_Y \right] K'_i \, di^A \right\}$$

$$J = (I'_i - K'_i) H'_Y + K'_i S'_Y > 0$$

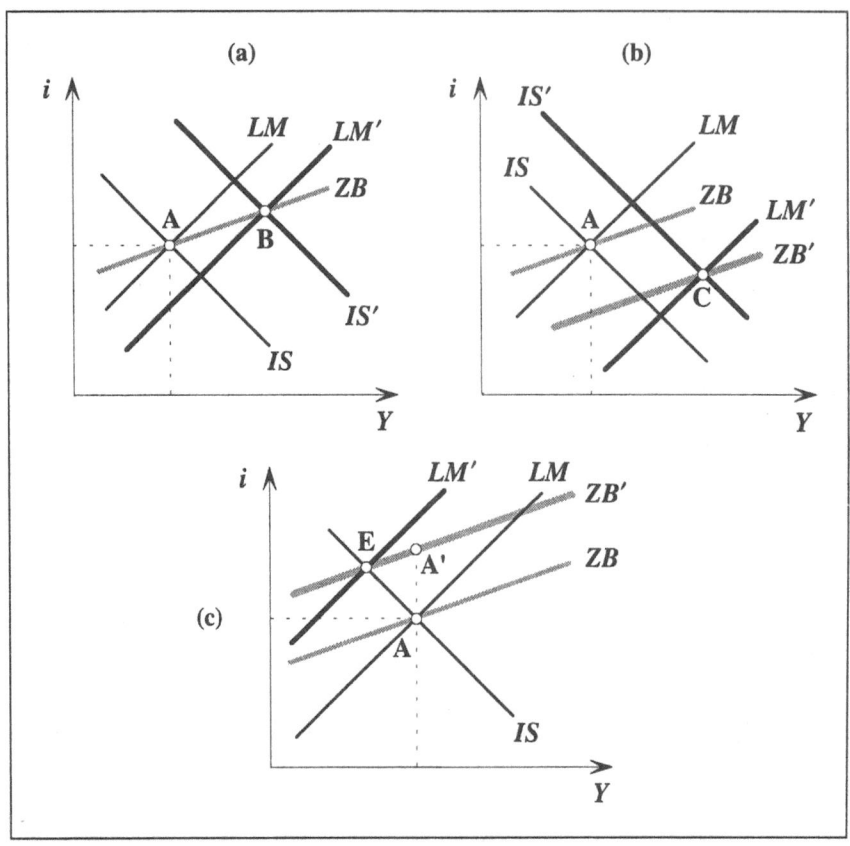

Abbildung 4.4: Erzwungene Geldmengenveränderungen bei Erhöhung (a) der inländischen Staatsausgaben, (b) des Auslandseinkommens und (c) des Auslandszinses

schaftspolitik könnte aus diesem sog. "Gefangenendilemma" herausführen: Eine *gleichzeitige* Nachfrageförderung in allen Ländern verteilt einerseits die Budgetkosten und kann einseitige Zahlungsbilanzungleichgewichte verhindern.

(c) Der deutlichste Unterschied zur Sterilisierungsstrategie zeigt sich im Falle steigender Auslandszinsen. Während ihr restriktiver Effekt dort vollständig durch die Abgabe von Währungsreserven aufgefangen werden konnte, ist nun die Geldpolitik im Interesse der Wahrung des außenwirtschaftlichen Gleichgewichts zu einer Zinserhöhung gezwungen. Diese bleibt im neuen Gleichgewicht E allein deshalb hinter dem Ausmaß der ausländischen Zinssteigerung AA' zurück, weil der restriktive Zinseffekt über Investitionen und Einkommen auch die Importe beschneidet; damit verringert sich der über die Leistungsbilanz bestimmte Devisenbedarf und folglich kann ein gewisser Mittelabfluß in der Kapitalbilanz hingenommen werden (Abbildung 4.4 c). Im Extremfall einer völlig elastischen ZB-Linie wird die ausländische Zinssteigerung allerdings vollständig ins Inland übertragen.

In einem Regime fixer Wechselkurse wird die makroökonomische Lage der Volkswirtschaft in starkem Maße vom Ausland bestimmt. Einkommen und Beschäftigung im Inland hängen von der Auslandskonjunktur ab; damit werden auch rezessive Tendenzen ins Inland übertragen. Die nationale Wirtschaftspolitik verfügt über kein Instrument zum Schutz gegen ausländische Zinssteigerungen. Die Fiskalpolitik ist zwar besonders effektiv, weil sie (bei einer relativ flachen ZB-Kurve) stets durch eine gleichgerichtete Geldpolitik verstärkt wird. Jedoch ist die Geldpolitik allein völlig wirkungslos: Zinserhöhungen oder -senkungen bewirken auf dem Devisenmarkt eine Aufwertungs- bzw. Abwertungstendenz, die die Notenbank wieder zu einem Kurswechsel zwingen. Die Geldpolitik hat aufgrund ihrer Aufgabe der Wechselkursverteidigung keinen "Freiheitsgrad" mehr für die Steuerung der inländischen Konjunktur.

Vor diesem Hintergrund erklärt sich das Interesse am System flexibler Wechselkurse, das eine Abkoppelung von außenwirtschaftlichen Störeinflüssen erlaubt und der nationalen Wirtschaftspolitik trotz der güter- und finanzwirtschaftlichen Verflechtungen mit dem Ausland wieder eine größere Autonomie in ihren Entscheidungen gibt.

4.2.4 Optionen bei flexiblen Wechselkursen

Im Konzept flexibler Wechselkurse hat der *Wechselkurs als Preis* - und nicht eine interventionistische Wirtschaftspolitik - die Aufgabe, für ein Devisenmarktgleichgewicht zu sorgen. Der Anpassungsmechanismus von Devisenangebot und -nachfrage bei einem flexiblen Wechselkurs läßt sich unter vereinfachenden Bedingungen wie folgt begründen: Inlandspreise lassen sich über den Wechselkurs stets in Auslandspreise umrechnen (et vice versa); es gilt die definitorische Beziehung

$$P = e\, P^A \qquad [4.11]$$

Aus dem totalen Differential von [4.11] folgt bei konstanten Inlandspreisen ($dP = 0$) im Falle einer Abwertung ($de > 0$):

$$\frac{dP^A}{de} = -\frac{P^A}{e} < 0 \qquad [4.12]$$

- Demnach können die Exporteure - ohne Abstriche an ihren inländischen Produktionspreisen und Stückgewinnen hinnehmen zu müssen ($dP = 0$) - ihre in Fremdwährung ausgedrückten Preise P^A auf den Auslandsmärkten senken. Aufgrund dieses Gewinns an preislicher Wettbewerbsfähigkeit werden die Exporte zunehmen.

- Entsprechend müssen ausländische Produzenten die in ihrer Währung ausgedrückten Angebotspreise P^A zurücknehmen, um im Inland weiterhin zu konstanten Preisen P anbieten zu können. Infolge dieser Profitabilitätseinbuße wird der ausländische Export (d.h. der inländische Import) sinken.

Im Ergebnis wird der Außenbeitrag, d.h. der (reale) Exportüberschuß bei einer Abwertung zunehmen; wegen $P = 1$ gilt dies auch für den (nominalen) Leistungsbilanzsaldo.[14] Sollte sich also auf dem Devisenmarkt (aus welchem Grund auch immer) ein Überschußangebot der Inlandswährung einstellen, so folgt daraus unmittelbar eine Abwertung, die solange anhält, bis über die Aktivierung der Leistungsbilanz wieder ein Devisenmarktgleichgewicht hergestellt ist. Im Falle eines Überangebotes an Devisen verläuft der Anpassungsprozeß umgekehrt über eine Aufwertung der Inlandswährung.

Mit der *Wechselkurspolitik* steht potentiell auch ein diskretionär anwendbares Instrument der Stabilitätspolitik in einem Regime generell fixer Wechselkurse zur Verfügung: Zahlungsbilanzungleichgewichte, die ansonsten die Variation der Devisenreserven oder die Aufgabe binnenwirtschaftlicher Ziele der Geldpolitik verlangen, sind prinzipiell auch über Neufestsetzungen der Wechselkurse lösbar. Ein Zahlungsbilanzdefizit verlangt demnach eine Währungsabwertung, ein Devisenüberschuß umgekehrt eine Aufwertung.

Naheliegender erscheint jedoch eine *generelle Freigabe des Wechselkurses*. Der Wechselkurs e tritt dabei (mit $H'_e > 0$) als variable Einflußgröße des Außenbeitrags bzw. des Leistungsbilanzsaldos im System der *IS*-, *LM*- und *ZB*-Gleichungen [4.13] auf und wird zugleich neben Einkommen und Zins zur dritten endogenen Variablen.

$$S(Y) - I(i) - H(e, Y, Y^A) = G$$
$$L(Y, i) = M \qquad [4.13]$$
$$H(e, Y, Y^A) + K(i, i^A) = 0$$

Der Devisenbilanzsaldo ist gleich Null und im Gegensatz zum Szenario fixer Wechselkurse stehen wieder Fiskal- *und* Geldpolitik zur Steuerung der Konjunktur zur Verfügung. Tabelle 4.5 zeigt den Einfluß der exogenen Größen G, Y^A, M und i^A auf die endogenen Variablen des Systems.[15]

---

[14] Zur Reaktion des nominalen Leistungsbilanzsaldos auf Wechselkursänderungen bei flexiblen Inlandspreisen siehe Kapitel 4.3.4.

[15] Die Lösung des total differenzierten Gleichungssystems [4.13] ist:

$$dY = \frac{1}{J}\left[L'_i \, dG + K'_i L'_i \, di^A + (I'_i - K'_i)\, dM\right]$$

$$di = \frac{1}{J}\left[-L'_Y \, dG - K'_i L'_Y \, di^A + S'_Y \, dM\right]$$

	(a) dG	(b) dY^A	(c) dM	(d) di^A
dY	+	0	+	+
di	+	0	−	+
de	(−)	−	+	+

*Tabelle 4.5: Multiplikatoren bei flexiblen Wechselkursen
(Vorzeichen in Klammern: abhängig von relativ flacher ZB-Kurve)*

(a) Bei einer Erhöhung der inländischen Staatsausgaben wird über die *IS'*-Kurve zunächst die Zwischenposition B erreicht (Abbildung 4.5 a). Da B oberhalb von *ZB* liegt, setzt nun eine Währungsaufwertung ein. Sie bewirkt - wie aus dem System [4.13] hervorgeht - eine Verschiebung der *IS*- und der *ZB*-Kurve:

- Die *IS*-Kurve bewegt sich bei einer Aufwertung nach links, weil die inländische Produktion auf Binnen- und Auslandsmärkten ceteris paribus an preislicher Wettbewerbsfähigkeit verliert und es deshalb zu einer Nachfrageeinschränkung kommt.[16]
- Die *ZB*-Kurve verschiebt sich bei einer Aufwertung ebenfalls nach links bzw. nach oben, weil der Rückgang der Nettoexporte die Leistungsbilanz verschlechtert und bei unverändertem Stand der Kapitalbilanz zum Devisenmarktausgleich eine Einkommenseinschränkung notwendig ist, um die Importe zu verringern; soll das Einkommen konstant bleiben, müßte über höhere Zinsen der Kapitalimport gestärkt werden.[17]

Die somit zurückverlagerte *IS''*- und die neue *ZB'*-Kurve bestimmen nun

$$de = \frac{H'_Y}{H'_e} dY^A - \frac{1}{H'_e J} \{(H'_Y L'_i - K'_i L'_Y) dG$$
$$+ [L'_i (H'_Y - S'_Y) - I'_i L'_Y] K'_i di^A + [H'_Y (I'_i - K'_i) + K'_i S'_Y] dM\}$$
$$J = L'_Y (I'_i - K'_i) + L'_i S'_Y < 0$$

[16] Formal läßt sich die Richtung dieser Verschiebung aus der totalen Differenzierung der *IS*-Gleichung in [4.13] ersehen. Abstrahiert man von anderen Störeinflüssen (d.h. $dG = dY^A = 0$), so ist die horizontale Reaktion (d.h. $di = 0$) auf Wechselkursänderungen gegeben durch

$$\frac{dY}{de} = \frac{H'_e}{S'_Y - H'_Y} > 0$$

[17] Nach totaler Differenzierung der *ZB*-Gleichung in [4.13] ergibt sich die vertikale Verschiebung (d.h. $dY = 0$) durch den Zinseffekt

$$di = di^A + \underbrace{\frac{H'_Y}{K'_i}}_{-} dY^A - \underbrace{\frac{H'_e}{K'_i}}_{-} de$$

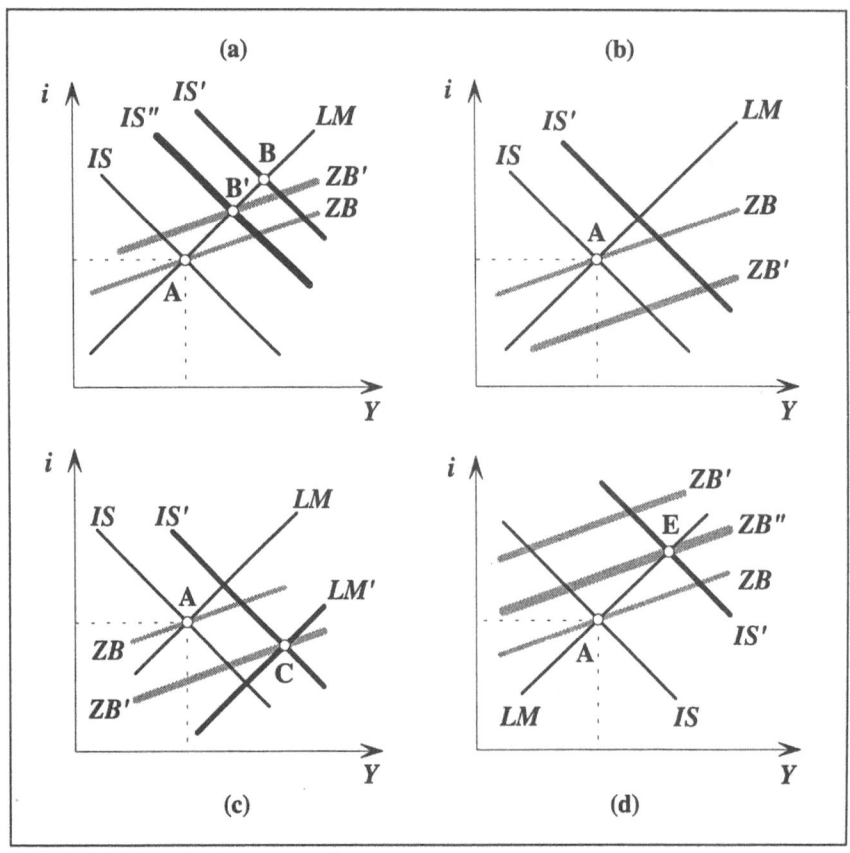

Abbildung 4.5: Wechselkursanpassung bei Erhöhung (a) der inländischen Staatsausgaben, (b) des Auslandseinkommens, (c) der inländischen Geldmenge und (d) des Auslandszinses

das endgültige Gleichgewicht in B'. Der expansive Nachfrageimpuls des Budgetdefizits wird durch die Aufwertung abgeschwächt, weil die Fiskalpolitik über den Wechselkurs einen Teil der Exportnachfrage verdrängt. In der offenen Volkswirtschaft tritt somit neben dem zinsbedingten ein wechselkursbedingter Crowding-out-Effekt auf.

Im Fall perfekt zinselastischer Kapitalbewegungen bleibt die Fiskalpolitik völlig wirkungslos: Die Lage der horizontalen ZB-Kurve ist allein durch den Auslandszins bestimmt, sie reagiert nicht auf Wechselkursänderungen. Infolgedessen bedeutet jeder Zinssatz oberhalb von i^A eine anhaltende Aufwertungstendenz. Damit geht der Anpassungsprozeß im Gütermarkt, d.h. die Rückverlagerung der *IS*-Kurve weiter, bis wieder der Ausgangspunkt A erreicht ist.

(b) Die flexiblen Wechselkurse führen in bezug auf Einkommen und Zins zu einer vollständigen Abschottung gegenüber ausländischen Nachfrageschwankungen. Zwar werden die *IS*- und die *ZB*-Kurve bei einer ausländischen Einkommenserhöhung wie bisher zunächst nach rechts verschoben (Abbildung 4.5 b); da der Ausgangspunkt A nun jedoch im Überschußbereich der Zahlungsbilanz liegt, setzt eine Aufwertung der Inlandswährung ein, die die *IS'*- und *ZB'*-Linien wieder zurückverlagern. Beide Effekte der Aufwertung halten solange an, bis die Ökonomie wieder ihren Ausgangspunkt A erreicht; das Endergebnis der gestiegenen Nachfrage im Ausland ist (auch bei einer horizontalen *ZB*-Kurve) allein die Aufwertung der Inlandswährung.

(c) In den vorstehenden beiden Fällen lag das neue Gleichgewicht stets auf der *LM*-Kurve. Der Wechselkurs ist kein Lageparameter dieser Kurve, wenn - wie hier angenommen - die (Bar-) Geldhaltung nur auf die inländische Währung gerichtet ist.[18] Anderseits, mit Bezug auf das Geldangebot, bedeutet die unveränderte Lage der *LM*-Kurve, daß die nationale Geldpolitik bei flexiblen Wechselkursen ihre volle Autonomie behält. Entscheidet sie sich nun zu einem expansiven Kurs - Bewegung nach *LM'* -, so tritt neben die zinsbedingte Einkommenserhöhung noch ein positiver Abwertungseffekt: Die *IS*- und die *ZB*-Kurve verschieben sich solange nach rechts bzw. nach unten, bis in C das neue Gleichgewicht erreicht ist (Abbildung 4.5 c).

(d) Der Expansionseffekt einer Abwertung zeigt sich auch im Falle einer ausländischen Zinserhöhung. Sie bedeutet für sich genommen (d.h. ohne Wechselkursanpassung) zunächst einen restriktiven Impuls für die inländische Volkswirtschaft: Die Verschiebung der Zahlungsbilanzschranke nach oben auf *ZB'* würde wegen des zinsbedingten Kapitalabflusses eine Einkommenssenkung erzwingen, um den Devisenmarkt über geringere Importausgaben zu entlasten. Bei flexiblen Wechselkursen führt der Kapitalabfluß jedoch zu einer Abwertung, die die Zahlungsbilanzschranke wieder "niedriger hängt" (auf *ZB''*). Der Devisenmarktausgleich wird nun über eine Leistungsbilanzverbesserung erbracht, da die Nettoexporte wegen der Abwertung zunehmen. Letzteres ist auch der Grund für die Rechtsverschiebung der *IS*-Kurve. Das neue Gleichgewicht liegt in E. Der gegenüber A erhöhte Zins ist die Folge der gewachsenen Nachfrage nach Transaktionskasse bei gestiegenem Einkommen und konstanter Geldmenge (Abbildung 4.5 d).

4.2.5 Mechanismen und Grenzen der Auslandsverschuldung

Im folgenden soll die Interaktion binnenwirtschaftlicher und grenzüberschreitender Zahlungs- und Güterströme im oben behandelten Fall einer expansiven Fiskalpolitik bei flexiblen Wechselkursen genauer untersucht werden. Abbildung 4.5 (a) zeigt, daß ein Deficit Spending in einer geschlossenen Volkswirt-

---

[18] Davon zu unterscheiden ist das Halten von Geldvermögenstiteln, die auf ausländische Währung lauten. Die damit verbundenen Aktivitäten sind jedoch in der Kapitalbilanz erfaßt. Bei einer weiten Gelddefinition, die auch verzinsliche Titel einschließt, lassen sich dagegen Wechselkurseffekte in der Geldnachfrage nicht mehr ohne weiteres ausgrenzen.

schaft zu einem Schnittpunkt von *LM-* und *IS'*-Kurve in Punkt B führen würde; im Vergleich dazu bewirken die außenwirtschaftlichen Zusammenhänge im neuen Gleichgewicht B' sowohl eine relative Einkommens- als auch eine relative Zinssenkung. Dieser Zinssenkungseffekt ist jedoch keineswegs die direkte Folge eines mit dem Kapitalimport gestiegenen Kapitalangebots auf dem Wertpapiermarkt. Die verbreitete Redeweise einer "Finanzierung" eines Budgetdefizits durch das Ausland darf nicht darüber hinwegtäuschen, daß die Mittel zum Kauf der neu emittierten staatlichen Schuldtitel stets aus dem binnenwirtschaftlichen Zahlungskreislauf aufgebracht werden müssen.

Abbildung 4.6 illustriert die makroökonomischen Reaktionen am Beispiel einer Erhöhung kreditfinanzierter Staatsausgaben in den USA. Damit ist eine Zinssteigerung im Dollar-Raum verbunden, weil (aus der Sicht des *IS-LM-*Modells) ein höheres Einkommen bei konstanter Geldmenge eine zusätzliche Transaktionskasse verlangt, die nur bei steigendem Zins aus der Spekulationskasse verfügbar wird bzw. weil (aus der Sicht des Kreditmarktes) das erhöhte Wertpapierangebot nur zu fallenden Kursen absetzbar ist. Im DM-Raum entsteht aufgrund dieser Zinsdifferenz der Anreiz zum Kauf zusätzlicher Dollar-Wertpapiere. Der somit einsetzende Kapitalexport führt jedoch zunächst zum Devisenmarkt, wo nun eine Überschußnachfrage nach Dollar auftritt. Wenn diese nicht durch eine der beteiligten Notenbanken befriedigt wird, ist eine DM-Abwertung die notwendige Konsequenz.

Aufgrund der abwertungsbedingt erhöhten Wettbewerbsfähigkeit deutscher Produkte am US-Gütermarkt steigt nun die Importnachfrage im Dollar-Raum.

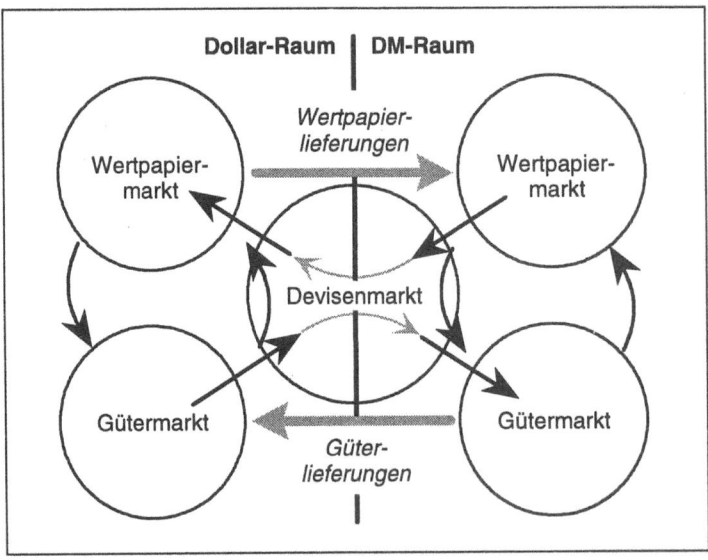

Abbildung 4.6:
Geld- und Güterströme bei "ausländischer Finanzierung" des Budgetdefizits

Die entsprechenden Dollar-Beträge fließen zum Devisenmarkt, um nach Umtausch in D-Mark die Rechnungen deutscher Exporteure zu begleichen. Per Saldo finanziert demnach der deutsche Kapitalexport faktisch die steigende deutsche Exportproduktion, indem die entsprechenden DM-Beträge vom Vermögens- zum Gütermarkt strömen und hier eine Einkommenssteigerung erzeugen; abhängig von Spar- und Anlageneigungen wird dieser Kreislauf dann wieder durch Wertpapierkäufe geschlossen. Zugleich fließen auf der anderen Seite die Dollar-Ausgaben amerikanischer Importeure zum US-Wertpapiermarkt und finanzieren die Wertpapierkäufe deutscher Geldvermögensbesitzer. Auch im Dollar-Raum schließt sich der Geldkreislauf, indem die US-Behörden den Erlös der Wertpapieremission für Zahlungen auf dem Gütermarkt verwenden.

Die ausländische Währung kann also nicht im wörtlichen Sinne Haushaltsdefizite und Produktionsprozesse im Inland finanzieren. Vielmehr werden durch Zins- und Wechselkurseffekte Einheiten der Inlandswährung entsprechend umgelenkt.[19] Der Kapitalimport bewirkt (bei konstanten Geldmengen im In- und Ausland) allein dadurch eine relative Zinssenkung im Vergleich zur Situation in der geschlossenen Volkswirtschaft, daß er über eine Währungsaufwertung die Wettbewerbsfähigkeit der Inlandsproduktion verringert (Crowding-out über den Wechselkurs); die durch den Fiskalimpuls erzielte Einkommenssteigerung wird somit z.T. wieder zurückgedrängt, und dieser Einkommenseffekt in der Geldnachfrage führt zu einem Nachgeben des Zinssatzes.

Sieht man von der Finanzierungssphäre ab, so "tauschen" im obigen Beispiel die beiden Länder Güter gegen Wertpapiere. Der Güterstrom wird gelegentlich auch als "realwirtschaftliche Finanzierung" bezeichnet, da mit dem Import die US-Ökonomie zusätzliche Ressourcen erhält, über die der Staatshaushalt dann verfügen kann. Die Vermehrung des Angebots am US-Gütermarkt verhindert, daß sich die steigende Staatsnachfrage in bloßen Preiserhöhungen erschöpft (zugleich wirkt auch die Aufwertung preisdämpfend). Der reale Konsumverzicht, den ein Budgetdefizit - in einer geschlossenen Volkswirtschaft und bei Vollauslastung der Kapazitäten - ansonsten den inländischen Haushalten abverlangen müßte, wird hier über die Importe dem Ausland auferlegt. Faktisch wird also das Ausland zur güterwirtschaftlichen Deckung der Staatsausgaben "besteuert", d.h. zu einer Ersparnis bewegt.

Aber der Eindruck, die US-Finanzpolitik könne diesen Handlungsablauf erzwingen, täuscht. Denn die maßgebliche Entscheidung liegt bei den deutschen Geldvermögensbesitzern, die - ohne daß eine D-Mark ihr Land verläßt - Forderungen gegen den US-Staatshaushalt erwerben, wobei sie mit dieser Portfo-

---

[19] Bei fixen Wechselkursen würde das US-Budgetdefizit ebenfalls durch - in diesem Fall neu geschaffene - Dollar finanziert, indem die amerikanische Notenbank das anfängliche DM-Überangebot vom Devisenmarkt nimmt.

liodisposition zugleich die Nettovermögensposition des DM-Raumes und damit seine künftigen Zinseinnahmen verbessern. Auch international sitzt letztlich der Gläubiger und nicht der Schuldner am längeren Hebel, weil niemand zur Kreditvergabe gezwungen werden kann.

In diesem Zusammenhang spielt die Frage eine wichtige Rolle, ob sich ein Land überhaupt auf dem Weltmarkt in Schuldtiteln der eigenen Währung verschulden kann. In diesem Fall "schuldet" dieses Land den ausländischen Gläubigern die Zahlung von inländischen Papiergeldnoten, die für das Schuldnerland praktisch kostenlos produzierbar und für die Gläubiger *direkt* wertlos sind. Eine Zahlungsunfähigkeit derartiger Schuldner ist damit ausgeschlossen; allenfalls kann eine Abwertungstendenz der Schuldnerwährung auftreten, die jedoch direkt nur den Gläubigern selbst einen Vermögensverlust zufügt und die Zahlungsbilanzsituation des Schuldnerlandes über die Leistungsbilanzreaktion tendenziell wieder stärkt. Die *Annahme qualitativ gleichrangiger Währungen* ist eine Fiktion. Nur Länder mit einer "kontraktfähigen" Währung, die international anerkannt ist und deren Außenwert grundsätzlich als wertstabil angesehen wird, verfügen über das Privileg der Auslandsverschuldung in heimischer Währung.[20]

Ein Leistungsbilanzdefizit stellt nicht notwendigerweise ein *Ungleichgewicht* dar. Der Begriff "Defizit" suggeriert leicht, daß eine Abweichung von einem makroökonomischen Gleichgewicht vorliegt und daher entweder Marktkräfte zu seiner Korrektur ausgelöst oder wirtschaftspolitische Maßnahmen zur Anpassung erforderlich werden. Auch ein langfristiges Gleichgewicht in einer wachsenden (Welt-) Wirtschaft verlangt nicht unbedingt ausgeglichene Leistungsbilanzen. Länder mit grundsätzlich als wertstabil angesehenen Währungen können durchaus einen permanenten Nettokapitalimport zu konstanten Konditionen aufrechterhalten. Bestimmte Länder[21] ziehen aufgrund der hohen Reputation ihrer Währung gewohnheitsmäßig einen großen Teil von Geldvermögensanlagen international operierender Wirtschaftssubjekte an und üben damit international gleichsam eine Bankfunktion aus. Allerdings sind dabei zwei *Vermögensbestandseffekte* zu beachten:

(1) *Zinszahlungen*: Wenn bei konstanten Anlegerpräferenzen ein bestimmter Teil der jährlichen Geldvermögensbildung in der Welt z.B. in Dollar-Titeln investiert wird[22], so können die USA mit diesem Kapitalimport *dauerhaft* ein ebenso hohes Leistungsbilanzdefizit finanzieren. Allerdings erlaubt dies nicht notwendigerweise zugleich auch ein entsprechendes *Handels*bilanzdefizit: Wenn nämlich anhaltende Kapitalimporte zu einer Nettoschuldnerposition

---

[20] Vor allem viele Entwicklungsländer sind dagegen gezwungen, sich in der Währung des Gläubigerlandes zu verschulden; eine Abwertung der eigenen Währung führt bei ihnen zu einer Aufwertung ihrer Schuldenlast.

[21] Dazu gehören u.a. die USA, in Europa neben Deutschland auch die Schweiz.

[22] Mitte der 80er Jahre wurde dieser Betrag auf *100-150* Mrd Dollar geschätzt.

führen, sind Zinszahlungen an das Ausland zu leisten. Diese Beträge stellen Passivposten der Leistungsbilanz dar und schränken somit den Spielraum für den Güterimport ein.

(2) *Portfoliostruktur*: Die Möglichkeiten zur Auslandsverschuldung hängen allgemein von den grenzüberschreitenden Kapitalanlageentscheidungen der Geldvermögensbesitzer ab. Streben sie (etwa aus Gründen der Risikominimierung) einen bestimmten Währungsmix ihres Portfolios an, so ergibt sich daraus eine währungsmäßig differenzierte Nachfrage nach Schuldtiteln. Weicht das weltweit emittierte Neuangebot an Schuldtiteln von dieser Struktur ab, weil z.B. ein Land ein besonders exzessives Deficit Spending betreibt, tritt ein Überschußangebot von auf die Währung dieses Landes lautenden Finanzaktiva auf. Am internationalen Finanzmarkt können dann diese Wertpapiere nur mit Preisabschlägen untergebracht werden; dies verlangt höhere Zinsen oder eine Währungsabwertung.

Zusammenfassung von Kapitel 4.2

(1) Wenn der Zahlungsbilanzausgleich bei festen Wechselkursen als zweites wirtschaftspolitisches Ziel neben die Vollbeschäftigung tritt, gibt es im Einsatz der Geld- und Fiskalpolitik keinen Freiheitsgrad mehr (wie in der geschlossenen Volkswirtschaft). Je nach Ausgangslage sind die beiden Ziele durch unterschiedliche Kombinationen im Instrumenteneinsatz anzusteuern. Allgemein engt die Zahlungsbilanzschranke den Spielraum der Beschäftigungspolitik ein.

(2) Erwünschte binnenwirtschaftliche Gleichgewichtskonstellationen abseits der ZB-Linie lassen sich temporär aufrechterhalten, indem die bei fixen Wechselkursen auftretenden Zahlungsbilanzungleichgewichte durch Interventionen der Notenbank überspielt werden. Bei dieser Sterilisierungsstrategie werden die am Devisenmarkt fehlenden bzw. überschüssigen Devisen durch die Notenbank angeboten bzw. aufgekauft; gleichzeitig wird der damit einhergehende Geldmengeneffekt durch einen gegenläufigen geldpolitischen Instrumenteneinsatz wieder neutralisiert. Insbesondere der erzwungene Verkauf von Devisen findet jedoch eine Grenze im vorhandenen Bestand an Währungsreserven.

(3) Ohne sterilisierende Geldpolitik schlagen sich bei festen Wechselkursen Devisenmarktüberschüsse in expansiven, Devisenmarktdefizite in kontraktiven Geldmengenveränderungen nieder. Infolge dieser erzwungenen geldpolitischen Anpassung werden nun stets Punkte auf der ZB-Linie erreicht; damit ist die monetäre Politik vollständig dem Ziel des Zahlungsbilanzgleichgewichts untergeordnet. Beschäftigungspolitische Ziele können dann nur noch über den Staatshaushalt verfolgt werden. Die Fiskalpolitik wird dabei unter der Bedingung einer hohen Zinselastizität des Kapitalverkehrs von einer gleichgerichteten Geldpolitik unterstützt, die das von den Folgen der Staatsnachfrage gestörte Devisenmarktgleichgewicht wieder herstellen muß. Da Nachfrage- und Zinsschwankungen des Auslands die Lage der ZB-Linie verändern, kann sich die inländische Volkswirtschaft gegen derartige Störimpulse nicht schützen.

(4) Erst das System flexibler Wechselkurse gibt der Wirtschaftspolitik, insbesondere der Geldpolitik, die zur Verfolgung binnenwirtschaftlicher Ziele notwendige Autonomie. Die Abdämpfung außenwirtschaftlicher Störeinflüsse durch den Wechselkurs bedeutet zwar auch, daß das Inlandseinkommen von ausländischen

Nachfragesteigerungen aufwertungsbedingt weniger profitiert. Es liegt jedoch in der Hand der Notenbank, unerwünschte Aufwertungen - die für sich genommen auch die expansive Budgetpolitik bremsen - durch eine "Politik des billigen Geldes" abzuwehren. Der Abwertungsmechanismus, d.h. mit niedrigen Zinsen Kapital- und Güterexport anzuregen, erscheint damit als ein zusätzlicher Weg der Beschäftigungspolitik, der die traditionelle binnenwirtschaftliche Nachfrageförderung ergänzt. Voraussetzung ist jedoch, daß trotz Wechselkursflexibilität Löhne und Preise fixiert bleiben.

(5) Kapital- und Leistungsbilanzsaldo sind interdependent. Ungleichgewichte in diesen Teilbilanzen sind jedoch nur möglich, wenn die Kapitalbewegungen die Führungsrolle übernehmen. Die Entscheidungen zum Kauf ausländischer Wertpapiere bewirken jene Wechselkursänderungen, die zur Herstellung des zum Nettokapitalexport parallelen Nettogüterexports notwendig sind. Dabei ändern sich die Zahlungsströme im Ausland in der Weise, daß die Mittel zum Kauf der Wertpapiere aus dem ausländischen Geldkreislauf aufgebracht werden können. Die Grenzen der Auslandsverschuldung eines Landes liegen vor allem in der Aufnahmebereitschaft des internationalen Kapitalmarktes für neu emittierte Schuldtitel in der Währung dieses Landes. Länder mit einer weltweit anerkannten Anlagewährung haben einen größeren Spielraum zur Auslandsverschuldung, weil sie sich in heimischer Währung verschulden können, weil Ausländer regelmäßig Teile ihres Geldvermögens in dieser Währung anlegen und weil selbst eine Abwertung dem Schuldnerland keine unmittelbaren Nachteile bringt.

4.3 Der Wechselkurs als Güter- und Finanzmarktpreis

4.3.1 Absolute und relative Kaufkraftparität

Bei flexiblen Wechselkursen stellt sich die Frage nach den Determinanten der Höhe und Entwicklung des Wechselkurses. Dabei sind nun flexible Güterpreise unterstellt. Die Theorie der Kaufkraftparität erklärt den Wechselkurs mit dem "Gesetz des einheitlichen Preises" auf dem internationalen Gütermarkt: Werden homogene Güter in zwei Währungsräumen gehandelt, müssen ihre Preise - ausgedrückt in einem gemeinsamen Standard - gleich sein, weil ansonsten Arbitragegeschäfte lohnend werden. Wenn alle Güter international gehandelt werden und keine sonstigen Transaktionskosten auftreten, muß der Wechselkurs damit aus Wettbewerbsgründen dem Verhältnis der Preisniveaus im In- und Ausland entsprechen.

$$P = e P^A \quad \Rightarrow \quad e = \frac{P}{P^A} \qquad [4.14]$$

Diese *absolute Kaufkraftparität* ist zu modifizieren, wenn es neben Welthandels- auch reine Binnenhandelsgüter gibt. Das Preisniveau ist dann ein gewichteter Durchschnitt aus den Preisen der "Tradables" (T) und der "Non Tradables" (NT), wobei θ das Gewicht der international gehandelten Güter am gesamten Warenkorb darstellt und damit den "Offenheitsgrad" der betrachteten Volkswirtschaft ausdrückt:

$$P = \theta P_T + (1 - \theta) P_{NT} \qquad [4.15]$$

Bezeichnet man den relativen Preis P_{NT}/P_T mit π, so ergibt sich nach Ersetzung des Terms in der eckigen Klammer durch δ:

$$P = \left[\theta + (1 - \theta) \pi\right] P_T = \delta P_T \qquad [4.16]$$

Im Ausland gilt entsprechend

$$P^A = \delta^A P_T^A \qquad [4.17]$$

Der Wechselkurs stellt die Preisgleichheit der Welthandelsgüter her:

$$P_T = e P_T^A \qquad [4.18]$$

Damit ergibt sich als Konsequenz, daß sich der Wechselkurs nur noch proportional zu den in- und ausländischen Preisniveaus entwickelt. Bleiben alle Marktstrukturen konstant (unveränderte Marktanteile und relative Preise, d.h. $\delta^A/\delta = konstant$), so gilt dann die *relative Kaufkraftparität* in der Form, daß die Veränderungsrate des Wechselkurses die Inflationsdifferenzen zwischen In- und Ausland ausgleicht:

$$e = \frac{\delta^A}{\delta} \frac{P}{P^A} \quad \Rightarrow \quad \hat{e} = \hat{p} - \hat{p}^A \qquad [4.19]$$

Auch in diesem Fall wird die preisliche Wettbewerbsfähigkeit der handeltreibenden Länder erhalten, weil sich der *reale Wechselkurs*[23] $e^r = e \cdot P^A/P$ nicht ändert:

$$\hat{e}^r = \hat{e} + \left(\hat{p}^A - \hat{p}\right) = \left(\hat{p} - \hat{p}^A\right) + \left(\hat{p}^A - \hat{p}\right) = 0 \qquad [4.20]$$

Die Kaufkraftparitätentheorie spielt eine zentrale Rolle in der sog. *monetären Zahlungsbilanztheorie*. Sie geht von einer kleinen offenen Volkswirtschaft aus; das reale Einkommen ist beim Vollbeschäftigungsniveau Y^* fixiert und

---

[23] Er entspricht in etwa dem Kehrwert der "Terms of Trade", d.h. dem realen Austauschverhältnis zwischen Export- und Importgütern:

$$ToT = \frac{P_{Ex}}{P_{Im}} = \frac{P_{Ex}}{e P_{Ex}^A} = \frac{\eta}{\eta^A} \frac{P}{e P^A}$$

Die Parameter η und η^A bezeichnen das Verhältnis von Exportpreisen und gesamtwirtschaftlichem Preisniveau im In- bzw. Ausland. Die Terms of Trade sind ein Wohlstandsindikator: Sie messen, wieviele ausländische Gütereinheiten das Inland durch den Export einer heimischen Produkteinheit erhält. Eine reale Aufwertung macht eine Volkswirtschaft somit reicher, obwohl die Beschäftigung zumindest kurzfristig darunter leiden kann.

der Inlandszins entspricht bei freiem Devisenmarkt und perfekt zinselastischen Kapitalbewegungen dem Auslandszins. Damit läßt sich die Ökonomie allein durch eine Devisen- und eine Geldmarktgleichung beschreiben:

$$e = \frac{\delta^A}{\delta} \frac{P}{P^A}$$
$$M = P L(Y^*, i^A)$$ [4.21]

Preisniveau und Wechselkurs sind die verbleibenden endogenen Variablen, die simultan durch die Geldmenge bestimmt werden. Nach totaler Differenzierung von [4.21] erhält man bei Konstanz von Y^*, P^A und i^A:

$$\hat{p} = \hat{e} = \hat{m}$$ [4.22]

Im Zwei-Länder-Fall wird der Wechselkurs bei stabiler Geldnachfrage letztlich durch die Relation der beiden Geldmengen bzw. durch das Geldmengenwachstum im In- und Ausland bestimmt:

$$e = \frac{\delta^A}{\delta} \frac{P}{P^A} = \frac{\delta^A}{\delta} \frac{M/L(\cdot)}{M^A/L^A(\cdot)} \quad \Rightarrow \quad \hat{e} = \hat{m} - \hat{m}^A$$ [4.23]

Aufbauend auf einem einfachen Bild des internationalen Handels liefert der Kaufkraftparitätenansatz eine Theorie des Wechselkurses, die mit der Betonung der parallelen Entwicklung aller nominalen Größen des Systems (siehe Gleichung [4.22]) den Grundaxiomen der Quantitätstheorie entspricht. Der Wechselkurs erscheint allein durch den Einfluß der nationalen Geldpolitik auf die internationalen relativen Preise bestimmt. Aufgrund der Fixierung von Einkommen und Zins sowie der vereinfachten, nur indirekten Erfassung der Kapitalbilanz hat dieser Ansatz jedoch nur einen begrenzten Aussagewert.

4.3.2 Zinsparität und erwartete Wechselkursänderungen

Im folgenden werden die Bestimmungsgründe der Kapitalbewegungen näher untersucht. Betrachtet wird die Anlageentscheidung eines Geldvermögensbesitzers, der zwischen auf verschiedene Währungen lautenden Wertpapieren mit gleicher Laufzeit (z.B. ein Jahr) zu wählen hat. Die Papiere seien vollständig substituierbar und tragen neben möglichen Wechselkursänderungen keine sonstigen Risiken; es bestehen also keinerlei nicht-ertragsorientierte Präferenzen für Aktiva der einen oder anderen Währung. Gewählt wird deshalb das Papier mit der höchsten Rendite. Der anzulegende Betrag sei *1000* DM. Von Transaktionskosten wird abgesehen. Die vorletzte Spalte von Tabelle 4.6 zeigt jeweils den Tilgungsbetrag des Wertpapiers einschließlich der Zinszahlung.

Anlage im ...	DM in t_0	e	$ in t_0	i	$ in t_1	e^e	DM in t_1	r
(a)								
Inland	1000			10,0 %			1100	10,0 %
Ausland	1000	2,00	500	10,0 %	550	2,00	1100	10,0 %
(b)								
Inland	1000			10,0 %			1100	10,0 %
Ausland	1000	2,00	500	10,0 %	550	2,10	1155	15,5 %
(c)								
Inland	1000			15,5 %			1155	15,5 %
Ausland	1000	2,00	500	10,0 %	550	2,10	1155	15,5 %

Tabelle 4.6: Rendite r bei Inlands- und Auslandsanlage von Finanzaktiva bei alternativen Wechselkurserwartungen und Zinssätzen

(a) Wenn der Zinssatz im In- und Ausland *10 %* beträgt, hat die Auslandsanlage - nach Umtausch des DM-Betrages in Dollar zum Wechselkurs von *2 DM/$*, Wertpapierkauf am US-Kapitalmarkt, Erhalt von Tilgungszahlung und Zinsen in Dollar und abschließendem Rücktausch dieses Dollar-Betrages in D-Mark zum unveränderten (erwarteten) Kurs - die gleiche Rendite wie die Inlandsanlage.

(b) Wird nun aber am Ende der Periode eine DM-Abwertung von *5 %*, d.h. ein Kurs von *2,10 DM/$* erwartet, erhöht sich die Auslandsrendite auf *15,5 %*. Es ist vorteilhaft, das Geldvermögen während des Abwertungsprozesses der heimischen Währung in Dollar zu "parken" und damit vor dem Wertverlust zu schützen. Beim Rücktausch kann somit ein Kursgewinn realisiert werden. In diesem Fall würde deshalb die Auslandsanlage gewählt.

(c) Ein Vermögensmarktgleichgewicht, d.h. die Wiederherstellung der Indifferenz zwischen Inlands- und Auslandsanlage, erfordert einen auf *15,5 %* steigenden Inlandszins. Das Ausmaß der notwendigen Zinserhöhung ergibt sich daraus, daß eine Kompensation für den drohenden Umtauschverlust beim Anlagebetrag und bei der Zinszahlung erfolgen muß. Formal läßt sich der gleichgewichtige Inlandszins berechnen, indem der Rückfluß des investierten Betrages *V* (einschließlich Zinszahlung) bei der Inlandsanlage demjenigen bei der Auslandsanlage gleichgesetzt wird; bei letzterer erfolgt zunächst ein Umtausch zum Kurs *e* und später ein Rücktausch zum Kurs e^e:

$$V(1+i) = \frac{e^e}{e} V\left(1+i^A\right) \qquad [4.24]$$

Daraus folgt die *Theorie der Zinsparität*: Der inländische Zins liegt ungefähr um die erwartete Abwertungsrate (Aufwertungsrate) über (unter) dem Auslandszins:

$$i = \frac{e^e}{e} i^A + \frac{e^e - e}{e} \approx i^A + \hat{e}^e \qquad [4.25]$$

Diese Gleichgewichtsbedingung stellt eine Analogie zum Fisher-Theorem (der zur Wahrung eines konstanten Realzinses geforderten Anpassung des Nominalzinses an die Inflationsrate) für die offene Volkswirtschaft dar ("Fisher Open"). Der mit dem Auslandszins i^A multiplizierte Term e^e/e, der die Realwertsicherung der Zinserträge anzeigt, liegt bei kleinen Wechselkursänderungserwartungen nahe bei Eins und wird oft vernachlässigt. Gleichung [4.25] beschreibt die sog. "ungedeckte" Zinsparität, bei der das Risiko von Wechselkursänderungen von den Anlegern getragen wird.[24]

Da die für die Zukunft erwartete Veränderungsrate des Wechselkurses $\hat{e}^e$ wie eine (positive oder negative) Ertragsrate von Finanzinvestitionen wirkt, beeinflußt sie über die transnationalen Kapitalbewegungen die ZB-Linie des Zahlungsbilanzgleichgewichts. Diese läßt sich bei flexiblen Preisen und Wechselkursen wie folgt formalisieren:

$$P\,H\!\left(e, P, P^A, Y, Y^A\right) + K\!\left(i, i^A, \hat{e}^e\right) = 0$$
$$\text{mit} \quad K'_i = -K'_{i^A} = -K'_{\hat{e}^e} > 0 \qquad [4.26]$$

Betrachtet man nur den Einfluß des Wechselkurses und seiner erwarteten Änderungsrate auf die Lage der ZB-Linie, so ergibt sich das scheinbar paradoxe Resultat, daß eine *Abwertung* (d.h. ein höheres Niveau von e) die ZB-Linie nach unten schiebt, eine *erwartete Abwertungsrate* dagegen nach oben. Aus dem totalen Differential der ZB-Gleichung [4.26] erhält man:

$$\frac{di}{de} = -\frac{P\,H'_e}{K'_i} < 0$$
$$\frac{di}{d\hat{e}^e} = 1 \qquad [4.27]$$

Die Erklärung ist einfach: Der erste Effekt beschreibt die positive Wirkung einer Abwertung auf die *Handelsbilanz*, wodurch sich die außenwirtschaftlichen Handlungsmöglichkeiten der Volkswirtschaft erweitern. Dies tritt allerdings nur dann ein, wenn die Zinselastizität der Kapitalbewegungen nicht perfekt ist (d.h. bei $K'_i < \infty$); üblicherweise wird im Zusammenhang mit der Zinsparitätsbedingung allerdings $K'_i = \infty$, d.h. eine horizontale ZB-Linie unterstellt. Der zweite Effekt wirkt dagegen direkt über die *Kapitalbilanz*; er zeigt einen drohenden Kapitalabfluß an, der die nationale Zahlungsbilanzbeschränkung ver-

---

[24] Auf die Möglichkeit, derartige Risiken durch sog. Termingeschäfte abzusichern, kann hier nicht eingegangen werden. Die Laufzeit der durch die Zinssätze verglichenen Anlageformen und die Periode, für die Wechselkursänderungserwartungen gebildet werden, müssen sich entsprechen; demzufolge lassen sich kurz- und langfristige Zinsparitätsbedingungen formulieren. Zum Fisher-Theorem siehe Kapitel 2.5.2.

schärft.

Die Zinsparitätsbedingung [4.25] läßt sich ähnlich der Phillips-Kurve als "menu of political choice" verstehen. In der Form

$$i = i^A + \frac{e^e}{e} - 1 \quad [4.28]$$

zeigt diese ZP-Kurve bei gegebenem Auslandszins und einem bestimmten erwarteten Wechselkurs die Menge aller Zins-Wechselkurs-Kombinationen, die ein Devisenmarktgleichgewicht darstellen (Abbildung 4.7). Infolge von Kapitalbewegungen ergibt sich oberhalb von ZP eine Aufwertungstendenz, unterhalb davon eine Abwertungstendenz. Man ersieht daraus, daß die Theorie der Zinsparität in erster Linie eine Theorie der Wechselkurs-, nicht der Zinsbestimmung ist. Eine Zinsdifferenz zum Ausland kann durch eine Auf- oder Abwertungserwartung kompensiert werden. Nur wenn in A der erwartete dem tatsächlichen Wechselkurs entspricht ($e^e = e_0$), ist die Zinsdifferenz zum Ausland gleich Null.

Analog zur Phillips-Kurve ist auf jeder ZP-Kurve die Wechselkurserwartung konstant. Ändert sich der erwartete Wechselkurs oder der Auslandszins, so verschiebt sich die ZP-Kurve: Tritt die Erwartung auf, daß die inländische Währung abwerten wird ($e^e = e_1$), so verlagert sich die Zinsparitätslinie nach oben auf ZP'. Entweder muß dann der Inlandszins auf i_1 steigen, um in Punkt B beim bestehenden Wechselkurs e_0 ein Finanzmarktgleichgewicht zu ermöglichen, in dem die Anleger im Inland für die erwartete Abwertung der Inlandswährung mit einer Zinsdifferenz zum Ausland entschädigt werden, oder es tritt bei konstantem Zins die erwartete Abwertung ein (Punkt C).

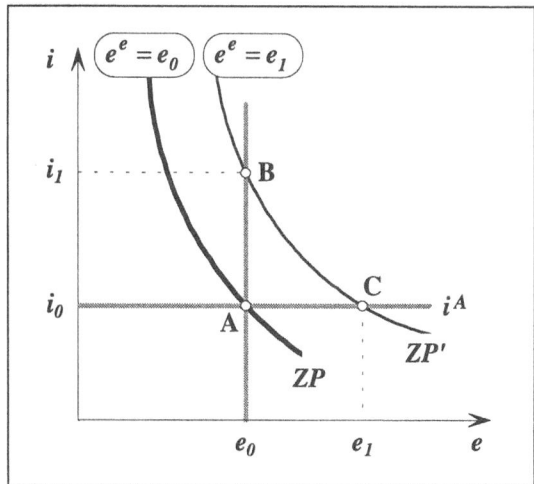

Abbildung 4.7:
Zinsparität bei alternativen Wechselkurserwartungen

Wenn man *anhaltende* Diskrepanzen zwischen erwartetem und realisiertem Wechselkurs ausschließt, so stellen Punkte *auf* der ZP-Kurve kurzfristige Gleichgewichte und der Schnittpunkt von ZP und i^A das langfristige Gleichgewicht dar. Die ZP-Kurve gilt sowohl bei flexiblen wie bei festen Wechselkursen, denn auch im letzteren Fall sind Wechselkursänderungserwartungen keineswegs ausgeschlossen.

Betrachtet man e_0 als gewünschten Gleichgewichtswechselkurs, so läßt sich die durch AB verlaufende Vertikale analog zur senkrechten Phillips-Kurve interpretieren: Dort muß ein mangelndes Vertrauen in die Geldwertstabilität mit einer positiven Inflationsrate "bezahlt" werden[25], hier ein mangelndes Vertrauen in die Stabilität des Wechselkurses mit einer Zinsdifferenz zum Ausland.

4.3.3 Wechselkurserwartungen und Währungswettbewerb

Die erwartete Auf- bzw. Abwertungsrate einer Währung bestimmt die Zinsdifferenz, die zur Wahrung eines Devisenmarktgleichgewichts aufrechterhalten werden muß. Aus diesem Grund erlangt die Frage nach den Bestimmungsgründen von Wechselkursänderungserwartungen wirtschaftspolitische Bedeutung.

Die Theorie der Kaufkraftparität liefert einen auf den ersten Blick naheliegenden Ansatz zur Begründung und Erklärung von Wechselkursänderungserwartungen: Inflationsdifferenzen bewirken danach Handelsbilanzungleichgewichte, die dann den Wechselkurs entsprechend beeinflussen. Aus den Gleichungen [4.21-23] läßt sich somit eine Erwartungsbildungshypothese ableiten, wonach die erwartete Abwertungsrate einer Währung vom erwarteten Inflationsvorsprung des Inlands bzw. von der erwarteten Differenz zwischen inländischem und ausländischen Geldmengenwachstum abhängig ist:

$$\hat{e}^e = \hat{p}^e - \hat{p}^{A,e} = \hat{m}^e - \hat{m}^{A,e} \qquad [4.29]$$

Empirische Untersuchungen deuten jedoch darauf hin, daß die Wechselkurse allenfalls langfristig den Kaufkraftparitäten entsprechen. Folglich kann die Kaufkraftparität insbesondere für kurzfristige Kapitalbewegungen keinen zuverlässigen Fixpunkt der Wechselkursänderungserwartungen abgeben. Tatsächlich werden diese Erwartungen - in uneindeutiger Weise - von mehreren Faktoren beeinflußt:
- Ein *Inflationsvorsprung* eines Landes bewirkt zwar für sich genommen eine Abwertungstendenz seiner Währung. Andererseits ist die Möglichkeit einer geldpolitischen Restriktion zur Inflationsbekämpfung zu beachten, die mit steigenden Inlandszinsen einhergeht, vermehrte Kapitalimporte auslöst und

---

[25] Vgl. Kapitel 2.3.2.

darüber eine Stabilisierung des Außenwertes der Währung erreichen kann.
- Analog dazu läßt ein *Wachstumsvorsprung* eines Landes einerseits über die damit verbundenen Importströme auf die Herausbildung eines zunehmenden Handelsbilanzdefizits schließen, andererseits - bei unverändertem Kurs der Geldversorgung - über die Verknappung der Transaktionskasse auf steigende Zinsen; wiederum weisen beide Signale in bezug auf die Wechselkursentwicklung in verschiedene Richtungen.
- Steigende *Budgetdefizite* werden üblicherweise mit einer Aufwertung verbunden.[26] Sie können jedoch als Signal einer wirtschaftspolitischen Ausrichtung verstanden werden, die dem Beschäftigungsziel Priorität gegenüber der Geldwertstabilität einräumt. In diesem Fall kann infolge einer Verschlechterung der preislichen Wettbewerbsfähigkeit und eines relativ stark steigenden Schuldtitelangebots in der betreffenden Währung[27] auch eine künftige Abwertungstendenz erwartet werden.
- Allgemein können alle politisch-ökonomisch relevanten Ereignisse (Streiks, Wahlergebnisse, internationale Konflikte u.a.) Konsequenzen für die Wechselkurserwartungen haben.

In diesem Zusammenhang ist nochmals die *Annahme grundsätzlich gleichrangiger Währungen* zu problematisieren. Faktisch sind die auf unterschiedliche nationale Währungen lautenden Wertpapiere auf den internationalen Finanzmärkten keine perfekten Substitute; sie unterscheiden sich durch Marktstellung und Reputation der einzelnen Währungen. So weist z.B. eine "Anlagewährung" unabhängig von etwaigen Wechselkursänderungserwartungen typischerweise ein etwas niedrigeres Zinsniveau im Vergleich zu anderen Währungen auf, das den strukturell höheren Liquiditätsgrad von Geldanlagen in diesem "Anlageland" zum Ausdruck bringt.

Die unterschiedliche Qualität der Währungen, die auch ihre Position in den Präferenzen der Anleger widerspiegelt, läßt sich analytisch durch eine *Liquiditätsprämie j* erfassen, die als nicht-pekuniäre Ertragsrate neben den Zinssatz tritt. Sie läßt sich als allumfassende Variable verstehen, die die Solidität und Attraktivität - oder negativ: das Risiko - einer Währung (im Vergleich zu anderen) ausdrückt. Reiht man die nationalen Währungen nach ihren jeweiligen Liquiditätsprämien, ergibt sich das Bild einer "Währungshierarchie". Eine strukturell weniger begehrte Währung muß demnach unter sonst gleichen Umständen einen höheren Zinssatz bieten, um Kapitalimporte anzuziehen. Die Zinsparitätsbedingung [4.25] erweitert sich damit[28] zu

---

[26] Vgl. Kapitel 4.2.4.
[27] Vgl. Kapitel 4.2.5.
[28] Die vielfältigen Risiken von Finanzinvestitionen in ausländischen Währungsräumen (politische Bankrotte, institutionelle Neuregelung von Marktbedingungen bis hin zu Kapitalverkehrskontrollen usw.) lassen sich formal zwar auch in der erwarteten Abwertungsrate $\hat{e}^e$ erfassen; es erscheint jedoch klarer, die i.e.S. preislichen Ertragskomponenten analytisch von qualitativ-strukturellen Währungsmerkmalen zu unterscheiden.

$$i = i^A + \hat{e}^e - j \qquad [4.30]$$

Die Liquiditätsprämie einer Währung kann über relativ lange Zeiträume als eine strukturelle Konstante angesehen werden; grundlegende Kurswechsel der nationalen Wirtschaftspolitik oder nachhaltige Veränderungen auf den Weltmärkten können jedoch auch zu raschen Verschiebungen in der Währungshierarchie führen. Die Liquiditätsprämien werden durch ähnlich spekulativ geprägte Faktoren wie die Auf- und Abwertungserwartungen bestimmt.

Die nationale Wirtschaftspolitik hängt damit vom Vertrauen der transnational agierenden Geldvermögensbesitzer ab. Mit der Wechselkursänderungserwartung und der Liquiditätsprämie beurteilen die Akteure auf den internationalen Finanzmärkten jederzeit die "Stärke" der einzelnen Volkswirtschaften einschließlich ihrer politischen Rahmenbedingungen. Die wirtschaftspolitische Implikation ist, daß ein Land mit einer "schlechten" Währung inländischen und ausländischen Anlegern entsprechend höhere Zinsen bieten muß, um sie zur Geldvermögensbildung in der heimischen Währung bzw. zum Kapitalimport zu bewegen. Umgekehrt vergrößert ein Reputationsgewinn einer Währung die wirtschaftspolitischen Handlungsmöglichkeiten des betreffenden Landes: Eine steigende Liquiditätsprämie bedeutet eine Überschußnachfrage nach Wertpapieren heimischer Währung auf den internationalen Finanzmärkten. Der damit wachsende Kapitalimport begründet eine Aufwertungs- und Zinssenkungstendenz, die einen Spielraum für die Emission zusätzlicher Staatsschuldtitel schafft.[29]

Das Devisenmarktgeschehen wird heute in erster Linie durch Kapitalbewegungen bestimmt, die oft ein Vielfaches der Leistungstransaktionen ausmachen. Sie orientieren sich nur teilweise an langfristigen, güterwirtschaftlichen Bestimmungsfaktoren der Wechselkurse (wie der Kaufkraftparität). Als Finanzmarktpreis ist der Wechselkurs vielmehr in die Bestandshalteentscheidungen auf dem internationalen Vermögensmarkt eingebunden. Damit wird er selbst zu einem phasenweise stark spekulativ bestimmten Preis. Insbesondere kurz- und mittelfristig können Auf- bzw. Abwertungserwartungen durch Spekulationen darüber geprägt sein, ob *andere Vermögenshalter* Wertpapiere einer bestimmten Währung vermehrt nachfragen oder abstoßen werden. Rationale Erwartungsbildung i.S. eines einzelwirtschaftlich erfolgreichen Verhaltens verlangt unter diesen Marktbedingungen die Berücksichtigung auch irrational erscheinender Marktstimmungen, die möglicherweise nur massenpsychologisch und gerade nicht anhand einer "richtigen" Theorie erklärbar sind.[30]

Wenn die Kapitalbewegungen über ihr Gewicht auf dem Devisenmarkt einen maßgeblichen Einfluß auf die Wechselkurse ausüben, so kann eine statistisch beobachtbare Tendenz zur Kaufkraftparität teilweise auch auf einer

---

[29] Darauf wird in Kapitel 4.4.4 näher eingegangen.
[30] Vgl. Kapitel 2.3.4.

Der Wechselkurs als Güter- und Finanzmarktpreis 247

"umgekehrten Kausalität" beruhen: Nicht die Wechselkurse passen sich an die Preise, sondern die Preise den Wechselkursen an. Steigt z.B. die Liquiditätsprämie einer Währung, so bewirkt der nun einsetzende Kapitalimport (bei gegebenen Preisen) zunächst eine reale Aufwertung. Der Verlust an internationaler Wettbewerbsfähigkeit kann nun eine Produktivitätsverbesserung und Lohnzurückhaltung zur Folge haben, wodurch eine Veränderung der Preisentwicklung eingeleitet wird, die die anfängliche Überbewertung revidiert. Eine auf diese Weise erreichte Kaufkraftparität stellt aber für die Wechselkurserwartungen keine zuverlässige Orientierungsmarke dar, weil nicht Gütermarkt und Handelsbewegungen, sondern Vermögensmarkt und Kapitalbewegungen die Führungsrolle besetzen.

4.3.4 Die Dominanz der Kapital- über die Leistungsbilanz

Anhand der Untersuchung der Auslandsverschuldung wurde oben gezeigt, daß ein Budgetdefizit bei flexiblen Wechselkursen nur über den Kapitalimport einen Güterimportüberschuß, d.h. unter Vernachlässigung der Übertragungen: ein Leistungsbilanzdefizit, ermöglicht.[31] Ganz analog kann sich ein Leistungsbilanzüberschuß nur bei einem Nettokapitalexport einstellen. Dies wird sofort deutlich, wenn der Kapitalbilanzsaldo gedanklich fixiert oder überhaupt von Kapitalbewegungen abstrahiert wird:[32] Eine Exportsteigerung aufgrund einer Nachfrageerhöhung im Ausland (oder einer Qualitätsverbesserung der inländischen Produkte) würde zu einer Währungsaufwertung führen, die den Export wieder begrenzt und damit auf dem Devisenmarkt ein Gleichgewicht ermöglicht (vgl. Tabelle 4.5 b). Bei fixen Wechselkursen ergibt sich in diesem Fall durch den Ankauf des Überschußangebots der Auslandswährung eine Geldmengenerhöhung, so daß sich der Leistungs- und Zahlungsbilanzausgleich über die einkommensinduzierte Zunahme der Importe einstellt (vgl. Tabelle 4.4 b).

Anhaltende Leistungsbilanzüberschüsse, die (wie Abbildung 4.8 zeigt) über Jahrzehnte die Nachkriegsentwicklung Deutschlands geprägt haben, sind somit grundsätzlich durch Defizite in der Kapitalbilanz oder Devisenankäufe der Notenbank (mit möglicherweise begleitender Sterilisierung der Geldmengeneffekte) zu erklären, hingegen nicht durch unterschiedliche Wachstumsraten

---

[31] Vgl. Kapitel 4.2.5. Dies gilt im übrigen auch für die Entwicklungsländer. Ihre Leistungsbilanzdefizite sind eine Folge ihrer internationalen Nettokreditaufnahme oder von Entwicklungshilfetransfers; der Ressourcenmangel eines armen Landes ist für sich genommen nur ein Grund für eine Abwertung, nicht jedoch für einen Importüberschuß.

[32] Dieses Szenario läßt sich aus markttheoretischen Gründen nicht umkehren (siehe Gleichung [4.26]): Eine Fixierung des Leistungsbilanzsaldos ist bei flexiblen Kursen nicht denkbar, weil Preise und Mengen der gehandelten Güter auf Wechselkursänderungen reagieren. Die Kapitalbewegungen sind dagegen nicht vom Wechselkurs, sondern von seiner erwarteten Veränderungsrate abhängig.

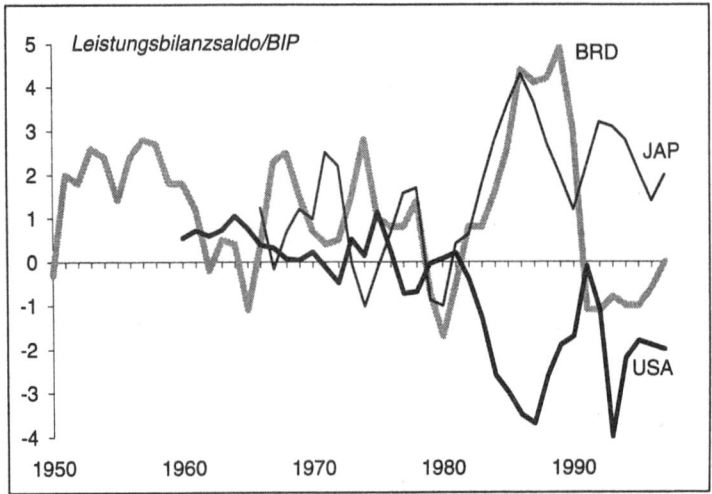

Abbildung 4.8: Leistungsbilanzentwicklung ausgewählter Länder

im In- und Ausland oder durch eine besondere, nicht preisbedingte Wettbewerbsfähigkeit der Exportprodukte. Unterschiede in der güterwirtschaftlichen Leistungsfähigkeit zwischen einzelnen Ländern schlagen sich bei konstantem Kapitalbilanzsaldo im (realen) Wechselkurs nieder, so daß ökonomisch stärkere Länder eine Aufwertung, schwächere eine Abwertung erfahren.

Derartige Leistungsunterschiede begründen insoweit auch keine divergierende Beschäftigungsentwicklung. Dies bedeutet, daß etwa die Förderung des technischen Fortschritts als ein Mittel zur Stärkung der internationalen Wettbewerbsfähigkeit eines Landes für sich genommen kein adäquates Mittel der Beschäftigungspolitik ist. Der Ertrag besteht vielmehr in einer Wohlfahrtssteigerung, weil die mit der Aufwertung verbesserten Terms of Trade die Aneignung einer größeren Menge ausländischer Ressourcen erlauben.[33] Andererseits zahlen die schwächeren Länder für ihre wirtschaftliche Rückständigkeit mit einer relativen Verarmung über den Handelsverkehr, nicht jedoch notwendigerweise mit Arbeitslosigkeit.

Die allgemeine Schlußfolgerung aus den vorstehenden Überlegungen lautet, daß die Salden in den Teilbilanzen der Zahlungsbilanz letztlich durch Kapitalbewegungen bestimmt werden. Anders ausgedrückt: *Die Leistungsströme folgen den Kapitalbewegungen*, indem letztere zu Wechselkursänderungen führen, die dann die Anpassung in den Handelsströmen bewirken. Diese Anpassung wird jedoch eine gewisse Zeit benötigen. Reaktionsverzögerungen des Leistungsbilanzsaldos bei Wechselkursänderungen lassen sich im wesentlichen auf zwei Ursachen zurückführen:

(1) Die *Preiseffekte* von Wechselkursänderungen können kurz- und mittel-

---

[33] Vgl. Kapitel 4.3.1.

fristig dazu führen, daß sich die für Leistungsbilanz und Devisenmarkt entscheidenden Nettohandels*werte* in anderer Weise als die gehandelten Güter*mengen* entwickeln. Dies läßt sich am Beispiel einer Abwertung erkennen:
• Der *Exportwert* nimmt (in Inlandswährung gemessen) eindeutig zu. Nutzen die Exporteure den entstandenen Preissenkungsspielraum im Ausland, so wird bei konstantem Stückerlös der Absatz zunehmen. Lassen sie dagegen ihre Angebotspreise im Ausland konstant, so steigen bei konstantem Absatzvolumen ihre inländischen Stückerlöse.
• Die Reaktion des *Importwertes* (in inländischer Währung) ist jedoch uneindeutig: In dem Maße, wie die Importeure aus Kostengründen zu Preiserhöhungen gezwungen sind, geht zwar die Importmenge zurück; die Preiserhöhungen selbst tragen jedoch zu einer Aufblähung des Importwertes bei. Insbesondere wenn die Importgüter kurzfristig nicht substituiert werden können, wird so die Importrechnung eines Landes zunehmen.

$$\frac{dH^n}{de} = \frac{d[P(Ex - Im)]}{de} = \underbrace{P\,Ex'_e}_{+} + \underbrace{P'_e\,Ex}_{+} - \underbrace{P\,Im'_e}_{+} - \underbrace{P'_e\,Im}_{-} \quad [4.31]$$

Ein sehr starker Importpreiseffekt ($P'_e \cdot Im$) kann auf den nominalen Leistungsbilanzsaldo H^n (die Differenz zwischen Export- und Importwert) insgesamt durchschlagen und ein bestehendes Defizit zunächst weiter erhöhen. Erst nach erfolgtem Substitutionsprozeß auf dem inländischen Gütermarkt wird sich dann die positive Wirkung der Abwertung durchsetzen.[34] Da die Entwicklung des Leistungsbilanzsaldos im Zeitablauf damit einem "*J*" ähnelt, spricht man vom *J-Kurven-Effekt* einer Abwertung.

(2) Der angestrebte Leistungsbilanzeffekt einer Abwertung wird sich aus mikroökonomischen Gründen weiter verzögern, wenn in der vorangegangenen Periode *Marktstrukturanpassungen auf der Angebotsseite* eingetreten sind. Denkbar ist, daß in einer Phase einer relativ hoch bewerteten Inlandswährung
• inländische Anbieter als Reaktion auf die gesunkene Profitabilität die Produktion aufgeben und ihre Sachkapazitäten abbauen, während zugleich
• ausländische Anbieter ihre heimischen Kapazitäten und Vertriebsnetze im Inland erweitern.

Eine Abwertung würde nun *ohne diese erfolgten Kapazitätsveränderungen* die Produktion im Inland fördern und im Ausland einschränken. Da sich der Sachkapitalbestand jedoch inzwischen an den höheren Wechselkurs angepaßt hat, kommt die abwertungsbedingte Umlenkung der Handelsströme erst dann zustande, wenn
• die inländischen Anbieter zunächst wieder eine - mit Markteintrittskosten

---

[34] Diese kann allerdings dann ausbleiben, wenn Lohnsteigerungen - als Reaktion auf den abwertungsbedingt gesunkenen Reallohn - den Wechselkurseffekt auf die internationale Wettbewerbsfähigkeit wieder neutralisieren.

belastete - Investitionsentscheidung für die Aufnahme der Produktion treffen und

• die ausländischen Anbieter Produktionsanlagen und Vertriebsnetze aufgeben. Da letzteres jedoch mit einem Verlust investierten Fixkapitals ("sunk costs") verbunden ist, kann es vorteilhaft erscheinen, den Import weiterzuführen, wenn zumindest die variablen Kosten gedeckt werden (und langfristig wieder ein günstigerer Wechselkurs für möglich gehalten wird).

Dies bedeutet, daß erst eine relativ starke Abwertung die frühere Handelsbilanzkonstellation wiederherstellt. Sie muß über den Umfang der ursprünglichen Aufwertung hinausgehen, die die Handelsbilanzpassivierung bewirkte. Analytisch handelt es sich wiederum um einen *Hysteresis-Effekt*: Schwankungen des Wechselkurses um seinen primären Gleichgewichtswert (der einen Handelsbilanzausgleich gewährleistet) führen über Änderungen im realwirtschaftlichen Bereich zu einer Verschiebung dieses Gleichgewichts.[35] Generell bedeutet eine (kurz- und mittelfristig) geringe Wechselkurselastizität des Leistungsbilanzsaldos nicht, daß die Dominanz der Kapitalbilanz über die Leistungsbilanz aufgehoben wäre; die Konsequenz sind vielmehr stärkere Ausschläge des Wechselkurses, um die für ein Devisenmarktgleichgewicht nötigen Salden zu erzeugen.

Zusammenfassung von Kapitel 4.3

(1) Wird das Devisenmarktgeschehen vorwiegend durch Handelstransaktionen bestimmt, so führt der Wettbewerb zu einem Niveau des Wechselkurses, bei dem die Preisunterschiede zwischen international gehandelten Gütern tendenziell verschwinden. Diese absolute Kaufkraftparität wird bei nicht vollständig offenen Volkswirtschaften (Existenz von reinen Binnenhandelsgütern) und sonstigen Marktunvollkommenheiten zur relativen Kaufkraftparität modifiziert. Hier verändert sich der Wechselkurs so, daß unterschiedliche Inflationsraten im In- und Ausland ausgeglichen werden. Die durch den realen Wechselkurs gemessene preisliche Wettbewerbsfähigkeit der betroffenen Volkswirtschaften bleibt in diesem Fall konstant. Ist in einer kleinen offenen Volkswirtschaft der Output bei Vollbeschäftigung und der Zins durch das Weltmarktniveau fixiert, so entwickeln sich Geldmenge, Preisniveau und Wechselkurs parallel.

(2) Die Zinsparität stellt eine solche Differenz zwischen den Zinssätzen in verschiedenen Währungsgebieten her, daß Geldvermögensbesitzer auch bei (erwarteten) Wechselkursänderungen indifferent zwischen Kapitalanlagen in verschiedenen Währungen sind. Eine Abwertungserwartung in bezug auf die Inlandswährung hat so einen relativ höheren Inlandszins zur Folge. Die Wechselkursänderungserwartung wirkt in gleicher Weise auf die Lage der ZB-Kurve im Zins-Einkommens-Diagramm wie Variationen des Auslandszinses. Bei konstanten Wech-

---

[35] Der Sachverhalt läßt sich wiederum anhand von Abbildung 3.13 veranschaulichen, in der y nun für den Handelsbilanzsaldo und x für die Wechselkursveränderung Δe steht: Eine Aufwertung bewirkt eine Handelsbilanzverschlechterung (A → B) und eine bloß kompensierende Abwertung führt nur zu C zurück. Punkt A kann nur über einen zunächst "übersteuernden" Prozeß via D erreicht werden.

selkurserwartungen zeigt die negativ geneigte Zinsparitätskurve ZP die Menge aller Zins-Wechselkurs-Kombinationen, die ein Finanzmarktgleichgewicht darstellen.

(3) Bei relativ geringer Bedeutung der Leistungstransaktionen für den Devisenmarkt werden Wechselkurse und Wechselkurserwartungen nicht vollständig durch die Kaufkraftparität bestimmt. Teilweise kommt es umgekehrt zur Anpassung der Preise an die Wechselkurse. Wechselkurserwartungen und Kapitalbewegungen orientieren sich daher an einer Vielzahl von Informationen und Signalen, aus denen sich Anhaltspunkte für die künftige Solidität einer Währung gewinnen lassen; dabei spielen phasenweise auch spekulative Aspekte eine große Rolle. Unter der Rahmenbedingung einer "Herrschaft der Kapitalbewegungen" bewerten die internationalen Finanzmärkte mit dem Wechselkurs bzw. der Zinsdifferenz das politisch-ökonomische Gesamtbild einer Volkswirtschaft.

(4) Güterwirtschaftlich bedingte Tendenzen zur Aktivierung oder Passivierung der Leistungsbilanz haben für sich genommen keinen Bestand; sie werden durch eine Aufwertung bzw. Abwertung neutralisiert. Leistungsbilanzsalden sind deshalb die Folge von Kapitalbilanzsalden; die Handelsströme folgen den grenzüberschreitenden Vermögensanlagen. Die positive Wirkung einer Abwertung auf die Leistungsbilanz wird abgeschwächt, wenn die Importpreise stark steigen oder wenn die Handelsströme wegen zwischenzeitlich erfolgter Kapazitätsanpassungen im In- und Ausland nur noch verzögert auf Wechselkursänderungen reagieren.

4.4 Externes und internes Gleichgewicht

4.4.1 Zahlungsbilanzausgleich und Vollbeschäftigung bei flexiblen Preisen und Wechselkursen

Im folgenden werden Stabilitätsprobleme im Zusammenhang zwischen außen- und binnenwirtschaftlichem Gleichgewicht untersucht. Ausgangspunkt ist ein Szenario flexibler Wechselkurse, ergänzt um die Annahme perfekt zinselastischer Kapitalbewegungen, so daß sich eine horizontale ZB-Linie des Zahlungsbilanzgleichgewichts ergibt.[36] Oberhalb dieser Linie bewirkt das Überschußangebot an Devisen eine Aufwertungstendenz, unterhalb tritt eine Abwertungstendenz auf. Der güterwirtschaftliche Anpassungsmechanismus drückt sich in flexiblen Löhnen und Preisen aus, die unterhalb der Vollbeschäftigungslinie Y^* fallen, während sie bei Überbeschäftigung steigen.[37] Zunächst wird noch von Wechselkursänderungs- und Inflationserwartungen ab-

---

[36] Diese letzte Annahme ist für das folgende nicht wesentlich und dient nur zur Vereinfachung.

[37] Da die Kapitalbewegungen auf Zinsdifferenzen rascher reagieren als Löhne und Preise auf Arbeitsmarktungleichgewichte, werden die Abweichungen von der ZB-Kurve faktisch geringer sein als diejenigen von der Y^*-Linie (in Abbildung 4.9 kommt diese Asymmetrie allein aus darstellerischen Gründen nicht zum Ausdruck). Das in Kapitel 4.3.1 beschriebene Modell der Kaufkraftparitätentheorie stellt in diesem Rahmen einen Spezialfall dar, wobei sich die Volkswirtschaft stets im Schnittpunkt B der Y^*- und ZB-Linien befindet.

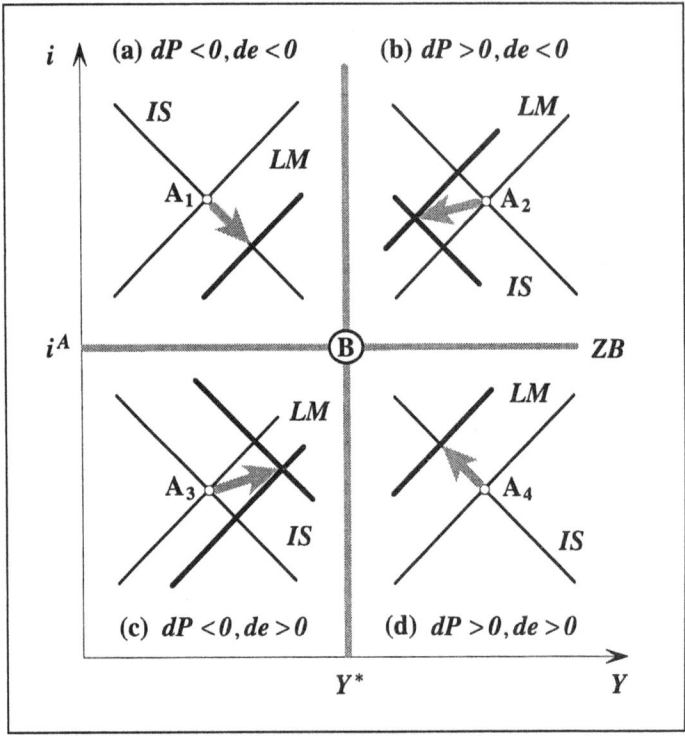

Abbildung 4.9:
Anpassung zum binnen- und außenwirtschaftlichen Gleichgewicht

strahiert. Im Zins-Einkommens-Diagramm lassen sich vier Felder unterscheiden (Abbildung 4.9):

(a) *Unterbeschäftigung und Zahlungsbilanzüberschuß*: Nominale Aufwertung und Preissenkung haben eine entgegengerichtete Wirkung auf den realen Wechselkurs und damit auf den Außenbeitrag. Die Gleichung der *IS*-Kurve bei flexiblen Preisen und Wechselkursen ist:

$$S(P, Y) - I(i) - H(e, P, P^A, Y, Y^A) = G \qquad [4.32]$$
$$\text{mit} \quad H'_e = -H'_P = H'_{P^A} > 0$$

wobei eine inländische Preissenkung auf den Außenbeitrag H wie eine nominale Abwertung und eine ausländische Preissenkung wie eine nominale Aufwertung wirkt. Zugleich bedeutet das sinkende Preisniveau einen expansiven Realvermögenseffekt im Hinblick auf die Konsumnachfrage (Pigou-Effekt). Vereinfachend ist angenommen, daß sich die durch Aufwertung und Preissenkung bewirkten gegenläufigen Nachfrageveränderungen kompensieren und die Lage der *IS*-Kurve somit unverändert bleibt. Eindeutig ist hingegen die Wirkung des Keynes-Effektes im Geldmarkt, wodurch sich von A_1 ausgehend die *LM*-Kurve nach rechts verschiebt und eine Annäherung an das allgemeine Gleichgewicht B bewirkt. Eine expansive Geldpolitik könnte diesen Anpassungsprozeß beschleunigen.

(b) *Überbeschäftigung und Zahlungsbilanzüberschuß*: Die nun eindeutig reale Aufwertung, verstärkt durch einen kontraktiven Pigou-Effekt, führt zu einer Linksverlagerung der *IS*-Kurve. Steigende Preise schieben zugleich die *LM*-Kurve über den Keynes-Effekt nach links. Der Anpassungsprozeß von A_2 nach B könnte durch eine restriktive Fiskalpolitik unterstützt werden.

(c) *Unterbeschäftigung und Zahlungsbilanzdefizit*: Spiegelbildlich zur vorhergehenden Konstellation tritt in A_3 eine reale Abwertung ein, die durch einen expansiven Pigou-Effekt ergänzt wird und somit die *IS*-Kurve nach rechts schiebt. Auch die *LM*-Kurve wird bei sinkenden Preisen nach rechts verlagert. Hilfreich wäre hier eine expansive Fiskalpolitik.

(d) *Überbeschäftigung und Zahlungsbilanzdefizit*: Analog zur ersten Konstellation kann man bei Abwertung und Preissteigerung wieder davon ausgehen, daß der reale Wechselkurs konstant bleibt und auch der restriktive Pigou-Effekt kaum ins Gewicht fällt, so daß sich die *IS*-Kurve nicht ändert. Der Anpassungsprozeß wird deshalb allein vom Keynes-Effekt angetrieben; die Verlagerung der *LM*-Kurve könnte durch eine restriktive Geldpolitik unterstützt werden.

Damit zeigt sich, daß flexible Löhne, Preise und Wechselkurse auch in einer offenen Volkswirtschaft eine endogene Stabilisierungstendenz zu einem Zahlungsbilanzgleichgewicht bei Vollbeschäftigung bewirken können (die in der keynesianischen Theorie betonten destabilisierenden Effekte, die von Deflation und Disinflation auf die reale Schuldenlast und die Investitionsneigung der Unternehmen ausgehen, bleiben hierbei allerdings unberücksichtigt). Dies bedeutet umgekehrt, daß von B ausgehend die Beschäftigung mittels Nachfragepolitik nicht dauerhaft erhöht werden kann. Eine expansive Fiskalpolitik führt zunächst zum Punkt A_2, expansive Geldpolitik zu A_4; in jedem Fall folgt dann eine durch die Marktkräfte bewirkte Rückkehr nach B.

Es läßt sich mathematisch nachweisen, daß die Stabilität des Gleichgewichts in B auch dann gegeben ist, wenn *Rückwirkungen vom Wechselkurs auf das Preisniveau* berücksichtigt werden. Gerade in einer kleinen Volkswirtschaft mit großem Außenhandelsanteil können wechselkursbedingte Veränderungen der Importpreise - zumeist vermittelt über bzw. verstärkt durch Lohnreaktionen - die inländische Preisentwicklung beeinflussen. In den Feldern (a) und (d) beschleunigt diese Rückkoppelung den Anpassungsprozeß, da sich Wechselkurs und Preise in diesen Konstellationen ohnehin in gleicher Richtung verändern. In den Feldern (b) und (c) dagegen dämpft die Aufwertung (Abwertung) den kontraktiven (expansiven) Keynes-Effekt ab; dadurch wird die Stabilisierungstendenz gebremst, aber nicht unterbunden.

Der Mangel des Modells ist jedoch, daß im Falle flexibler Wechselkurse auch *Wechselkursänderungserwartungen* berücksichtigt werden sollten - analog zu den Inflationserwartungen im Fall flexibler Preise in der geschlossenen Volkswirtschaft. Der Verlauf makroökonomischer Anpassungsprozesse kann durch das Auftreten von Wechselkursänderungserwartungen nachhaltig verändert werden.

4.4.2 Der Fall überschießender Wechselkurse

Bei flexiblen Wechselkursen hängen der Verlauf makroökonomischer Anpassungsprozesse sowie Lage und Stabilität des Gleichgewichts entscheidend vom Fixpunkt der Wechselkurserwartungen ab. Im folgenden wird gezeigt, daß "übertreibende" Marktreaktionen selbst dann auftreten können, wenn sich die Wirtschaftssubjekte an der langfristigen Gültigkeit der Kaufkraftparitätentheorie orientieren.[38] Danach erwarten sie, daß sich der Wechselkurs zu einem Gleichgewichtswert hin entwickelt, der durch das Verhältnis der Inlands- und Auslandspreise bestimmt ist (und damit letztlich die Geldmengenentwicklung im In- und Ausland widerspiegelt). Wenn aber die Preise aufgrund vieler Friktionen auf dem Gütermarkt zunächst nur langsam auf Störungen reagieren, die Wechselkursanpassungen auf voll flexiblen Devisenmärkten jedoch sehr rasch erfolgen, kann es zu "überschießenden" Wechselkursänderungen kommen. Hierbei geht eine Auf- oder Abwertung kurzfristig über den Punkt hinaus, der durch eine Veränderung der langfristigen Determinanten des Wechselkurses bedingt ist.

Ausgangspunkt sei ein allgemeines Gleichgewicht bei Vollbeschäftigung, beschrieben durch die Punkte A_0, B_0 und C_0 in Abbildung 4.10. Eine expansive Geldpolitik bewirkt eine Rechtsverschiebung der *LM*-Kurve und führt im I. Quadranten unmittelbar zu A_1. Da der Inlandszins nun unter dem Weltmarktniveau i^A liegt, setzt infolge perfekt zinselastischer Kapitalbewegungen ein rascher Abwertungsprozeß ein, der auch die *IS*-Kurve nach rechts verschiebt. Noch bevor jedoch die durch Zins- und Wechselkurseffekte ausgelöste Übernachfrage auf dem Gütermarkt zu Veränderungen führt, findet eine Anpassung auf dem Devisenmarkt statt, der aufgrund geringer Informations- und Transaktionskosten insbesondere unter heutigen Marktbedingungen durch eine außerordentlich hohe Reaktionsgeschwindigkeit gekennzeichnet ist. Zu unterscheiden sind hier lang- und kurzfristige Effekte:

(1) Aufgrund der Kaufkraftparität ist zu erwarten, daß sich der Wechselkurs (wie im III. Quadranten illustriert) *langfristig* proportional zum Preisniveau entwickeln wird. Wenn die Geldpolitik langfristig keinen Einfluß auf das angebotsseitig bestimmte Vollbeschäftigungsproduktionsniveau Y^* hat, wird dementsprechend mit der Geldmenge später auch das heimische Preisniveau von P_0 auf P_1 steigen. Bei angenommener Konstanz der Auslandspreise erhöht

---

[38] Zur Kritik dieser Annahme siehe Kapitel 4.3.3.

Externes und internes Gleichgewicht 255

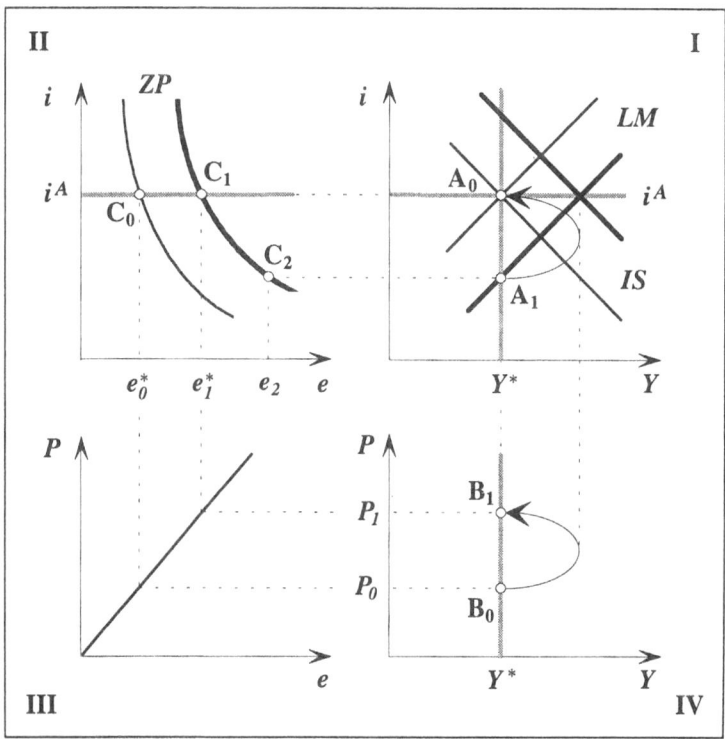

Abbildung 4.10: Zinsparität und überschießende Wechselkurse

sich damit der erwartete Gleichgewichtswechselkurs von e_0^* auf e_1^*, d.h. es wird sich eine *Abwertung* der Inlandswährung ergeben. Die (im II. Quadranten eingezeichnete) Zinsparitätskurve ZP verlagert sich aufgrund der erwarteten Abwertung nach rechts.

(2) *Kurzfristig* ist aber die im Vergleich zum Ausland eingetretene Zinssenkung gemäß der Zinsparitätsbedingung [4.28] nur bei einer *Aufwertungserwartung* mit einem Finanzmarktgleichgewicht vereinbar. Der über den Kapitalabfluß in Gang gesetzte Abwertungsprozeß geht deshalb über den langfristig erwarteten Gleichgewichtswechselkurs e_1^* hinaus und hält solange an, bis bei den Anlegern eine Aufwertungserwartung vorherrscht, die den Zinsnachteil der Inlandswährung kompensiert. Auf der neuen ZP-Kurve wird zunächst der Punkt C_2 mit dem Wechselkurs e_2 realisiert, der eine überschießende Abwertung im Vergleich zum neuen langfristigen Gleichgewichtskurs e_1^* bedeutet.

Auf dem Gütermarkt wird nun der aufgetretene Nachfrageüberschuß effektiv. Mengen und Preise steigen an. Damit wird ein Anpassungsprozeß zum allgemeinen Gleichgewicht in Gang gesetzt. Dabei finden mehrere Bewegungen gleichzeitig statt:

• Am Arbeitsmarkt werden angesichts von Überbeschäftigung und Reallohn-

abbau Lohnsteigerungen durchgesetzt. Damit erfolgt auf dem Gütermarkt eine angebotsseitige Preisniveauerhöhung.
• Diese impliziert einen kontraktiven Realkassen-Zins-Effekt, d.h. einen Nachfragerückgang (Zurückverschiebung der *LM*-Kurve).
• Dabei kommt es zu Zinssteigerungen, die den Kapitalimport verstärken und eine Aufwertung bewirken. Die durch Wechselkurs- und Preiseffekte verursachte reale Aufwertung[39] verringert die internationale Wettbewerbsfähigkeit; damit sinkt der Außenbeitrag (Zurückverschiebung der *IS*-Kurve).
• *LM*- und *IS*-Verschiebung führen im I. Quadranten zum Ausgangspunkt A_0 zurück, im IV. Quadranten bleibt nur die Preiserhöhung bestehen (Punkt B_1).
• Die laufende nominale Aufwertung baut die anfängliche Aufwertungserwartung immer mehr ab, bis in C_1 der aktuelle Wechselkurs mit seinem neuen langfristigen Gleichgewichtswert übereinstimmt. Eben deshalb muß der Inlandszins hier auch wieder dem Auslandszins entsprechen.

Die überschießende Abwertung ist der Reflex von Rigiditäten bei der Lohn- und Preisbildung. Dabei liefert die Kaufkraftparitätentheorie das langfristige, durch Gütermarktbeziehungen bestimmte Gravitationszentrum der Marktdynamik, während die Zinsparität die kurzfristigen, temporären Finanzmarktgleichgewichte im Verlauf des Anpassungsprozesses steuert. Würde das Preisniveau sofort seinen quantitätstheoretisch bestimmten Wert annehmen, so bliebe (wegen der konstanten realen Geldmenge) die Lage der *LM*-Kurve unverändert; ohne Zinssenkung würden sich direkt die zur erhöhten Geldmenge korrespondierenden neuen Gleichgewichtspunkte für Preisniveau und Wechselkurs (B_1 und C_1) einstellen.

Im Fall einer Geldmengenverringerung kann analog eine überschießende Aufwertung eintreten. Überschießende Wechselkursbewegungen können dann stabilitätspolitische Probleme auslösen, wenn sie ihrerseits wieder auf andere makroökonomische Variablen, z.B. auf Inflationserwartungen zurückwirken und darüber kumulative Prozesse in Gang setzen.

4.4.3 Zinsparität und Preisstabilität

Im folgenden wird das Spektrum stabilitätspolitischer Probleme erweitert und zugleich die Analyseebene so gewählt, daß sich die Bedingung des internen Gleichgewichts gemeinsam mit der Zinsparitätsbedingung *ZP* in einem Zins-Wechselkurs-Koordinatensystem darstellen läßt. Das interne Gleichgewicht soll die Konstellation auf dem Güter- und Arbeitsmarkt unter Einschluß der Angebotsseite der Volkswirtschaft erfassen und wird durch ein konstantes Preisniveau beschrieben ($\hat{p} = 0$). Die zu *ZP* korrespondierende Preisstabilitäts-

---

[39] Die Gleichzeitigkeit von Preissteigerung und nominaler Aufwertung widerspricht für sich genommen der theoretischen Norm der Kaufkraftparität; sie ist jedoch hier die zwingende Konsequenz einer im ersten Schritt zu weit gegangenen Abwertung.

linie PS läßt sich wie folgt ableiten:
Die Nominallohnentwicklung hängt von Umverteilungszielsetzungen (repräsentiert durch dl^*), der Produktivitätsentwicklung, den erwarteten Verbraucherpreisen und dem Beschäftigungsgrad ab:

$$\hat{w} = dl^* + \hat{a}^e + \hat{p}_C^e + \alpha \left(Y - Y^*\right) \qquad [4.33]$$

Die Verbraucherpreise werden in einer offenen Volkswirtschaft von den Importpreisen, d.h. vom Wechselkurs und den Auslandspreisen mitbestimmt; θ bezeichnet den Anteil der Importprodukte am inländischen Konsumentenwarenkorb.

$$\hat{p}_C = (1 - \theta) \hat{p} + \theta \left(\hat{e} + \hat{p}^A\right) \qquad [4.34]$$

Die Güternachfrage Y hängt allgemein vom Zins, vom Wechselkurs und von autonomen Nachfrageelementen (G) ab:

$$Y = Y(i, e, G) \qquad [4.35]$$

Bei einer Mark-up-Preisbildung der Unternehmen bedeutet das Ziel eines konstanten Preisniveaus $\hat{p} = \hat{w} - \hat{a} = 0$. Setzt man hier die Gleichungen [4.33-35] ein, so ergibt sich (bei $\hat{a}^e = \hat{a}$) die Bedingung für Preisniveaustabilität als

$$\left[dl^* + (1-\theta) \hat{p}^e + \theta \left(\hat{e}^e + \hat{p}^{A,e}\right)\right] + \alpha \left[Y(i,e,G) - Y^*\right] = 0 \qquad [4.36]$$

Diese Preisstabilitätslinie PS weist in einem Zins-Wechselkurs-Diagramm (Abbildung 4.11) eine positive Steigung auf, weil Zinssteigerungen und Abwertungen gegenläufige Effekte auf die Güternachfrage haben. Soll ein gegebenes, mit einem Gütermarktgleichgewicht verbundenes Nachfrageniveau aufrechterhalten bleiben, so müssen Zins und Wechselkurs stets in gleicher Richtung variieren, damit sich ihre Nachfragewirkungen gerade neutralisieren.[40] In diesem Fall würde das Lohn- und Preisniveau von der Nachfrageseite her konstant bleiben.

Unterhalb der PS-Kurve besteht ein Nachfrageüberschuß auf Güter- und Arbeitsmarkt, der zu Preissteigerungen führt; oberhalb von PS treten umgekehrt Preissenkungen auf (wenn keine Lohnrigiditäten vorliegen). Eine Erhöhung der autonomen Güternachfrage, z.B. der Staatsausgaben, verschiebt die PS-Kurve nach oben und zeigt damit an, daß ein höherer Zinssatz oder eine Aufwertung notwendig ist, um das Gütermarktgleichgewicht zu sichern. Diese

---

[40] Formal folgt die positive Steigung der PS-Linie aus der impliziten Differenzierung von [4.36]:

$$\frac{di}{de} = -\frac{Y'_e}{Y'_i} > 0$$

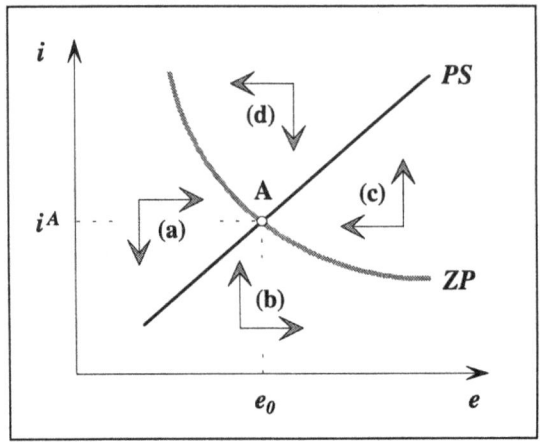

Abbildung 4.11:
Bedingungslinien für Zinsparität und Preisstabilität

Anpassung erfolgt teilweise über die Marktkräfte, da Preissteigerungen zu einer Verknappung der realen Geldmenge führen, die sich in Zinssteigerung und Aufwertung umsetzt. Die Anpassung kann durch die Geldpolitik aktiv unterstützt werden, wenn sie durch eine nominale Geldmengenrestriktion den Zinsanstieg forciert.

Preisstabilität ist grundsätzlich mit Vollbeschäftigung vereinbar ($Y = Y^*$). Dies ändert sich jedoch, wenn der Term in der ersten eckigen Klammer von [4.36] ungleich Null, also i.d.R. positiv wird. Er zeigt angebotsseitige Preisstörungen an: Lohndruck, Inflations- und Abwertungserwartungen. Auch diese Kostendruckfaktoren verschieben die *PS*-Kurve nach oben. Durch den restriktiven Nachfrageeffekt eines entsprechend höheren Zinssatzes kann zwar Preisstabilität gewahrt bleiben, indem die Lohn- und Preiseffekte eines Überschußangebotes auf Arbeits- und Gütermärkten die autonomen Kostendruckfaktoren neutralisieren. Damit tritt aber nun Unterbeschäftigung auf. Die Geldpolitik kann den Zins erst dann wieder auf ein mit Vollbeschäftigung kompatibles Niveau senken, wenn sich die Angebotsstörungen aufgelöst haben.

Nimmt man die Bedingungen für das externe und interne Gleichgewicht zusammen, so sind beide in Punkt A beim Auslandszins i^A und dem Wechselkurs e_0 erfüllt. Es gibt keine Wechselkursänderungserwartungen[41], die Preise sind stabil und die Arbeitslosenquote entspricht dem Gleichgewichtswert u^*. Innerhalb der von den Gleichgewichtslinien *ZP* und *PS* abgeteilten Feldern liegen dagegen Ungleichgewichte vor, die marktendogene Anpassungsprozes-

---

[41] Zu beachten ist dabei, daß sich die Wechselkursänderungserwartungen in den *PS*- und *ZP*-Bedingungen auf verschiedene Perioden beziehen: Die i.d.R. am Periodenbeginn festgelegten Löhne reflektieren nach [4.33-34] den für die laufende Periode erwarteten Wechselkurs, die heutigen Zinsen hingegen nach [4.28] den künftig erwarteten Wechselkurs.

se in Gang setzen:
- Unterhalb der *ZP*-Linie, in den Feldern (a) und (b), löst der gemessen an der Zinsparitätsbedingung zu niedrige Inlandszins eine Abwertungstendenz aus, dargestellt durch die nach rechts zeigenden Pfeile. Analog zeigen die Linkspfeile in den Feldern (c) und (d) eine Aufwertungstendenz.
- Unterhalb der *PS*-Linie, in den Feldern (b) und (c), bewirken steigende Preise (vermittelt über die Geldnachfrage bei konstantem Geldangebot) eine Zinssteigerungstendenz, dargestellt durch die nach oben gerichteten Pfeile. Entsprechend bedeuten in den Feldern (a) und (d) die nach unten zeigenden Pfeile sinkende Zinsen aufgrund sinkender Preise.

Wechselkurs- *und* Zinsanpassung führen bei statischen Erwartungen zum allgemeinen Gleichgewicht A.[42] Jedoch können sich im Verlauf dieser Anpassungsprozesse im Ungleichgewicht die Inflations- und Wechselkurserwartungen verändern. Da diese Erwartungsgrößen Lageparameter der Gleichungen [4.28] und [4.36] sind, werden sich dann die Gleichgewichtslinien *ZP* und *PS* verlagern: Steigende Inflationserwartungen verschieben die *PS*-Linie nach oben, erfordern zur Stabilisierung also (noch) höhere Inlandszinsen. Wenn die Inflationserwartung auch auf den Devisenmarkt überspringt (weil die Akteure von einer mehr oder weniger parallelen Entwicklung des inneren und äußeren Geldwertes ausgehen), wird infolge der Abwertungserwartung auch die *ZP*-Kurve nach oben gedrückt. Eine Abwertungserwartung wird ihrerseits über den Importpreiseffekt wieder auf die Inflationserwartung zurückwirken.

Daraus folgt, daß die Stabilität insbesondere dann gefährdet ist, wenn sich Preise und Wechselkurs in gleicher Richtung verändern; die Erwartungsmechanismen sorgen dann dafür, daß sich beide Marktgleichgewichtslinien von der jeweils bestehenden Zins-Wechselkurs-Kombination wegbewegen. In ungünstigen Fällen, wenn sich die erwarteten schneller als die tatsächlichen Werte verändern, reichen die Anpassungen bei Zinsen, Preisen und Wechselkursen nicht aus, um die Marktkonstellation zu stabilisieren:
- Im Feld (b) droht ein "vicious cycle" von Inflation und Abwertung, der letztlich zu einem krisenhaften Kapitalexport, d.h. einer Flucht aus der Währung, führen kann. Die Geldpolitik muß dann die Zinsen sehr stark erhöhen und dabei zumindest kurz- und mittelfristig Beschäftigungseinbußen hinnehmen (wenn die Marktakteure vermuten, daß die Notenbank aus politischen Gründen diese Kosten scheut, so werden die Erwartungen weiter destabilisiert).
- Umgekehrt zeigt sich in (d) ein - gemessen an der Währungsqualität - "virtuous cycle", der durch Aufwertung und eine abnehmende Inflationsrate geprägt ist; dies kann trotz sinkender Inlandszinsen nach dem Vermögensmarktkalkül zunehmende Nettokapitalimporte auslösen, die den Aufwertungsprozeß in Gang halten. Auch hier können infolge einer (temporären) realen Überbewertung der Inlandswährung Beschäftigungsverluste eintreten.

---

[42] Dies wurde oben anhand des Zins-Einkommens-Diagramms (Abbildung 4.9) gezeigt.

4.4.4 Konflikte zwischen Vollbeschäftigung, Preisstabilität und Zahlungsbilanzausgleich

Im folgenden werden einige Beispiele stabilitätspolitischer Probleme ausführlicher geschildert. Damit stellt sich die Frage nach der jeweils angemessenen Reaktion der Geld- und Fiskalpolitik.

(1) Eine *Zinssenkung im Ausland* von i_0^A auf i_1^A (oder eine Erhöhung der Liquiditätsprämie j der Inlandswährung in [4.30]) verschiebt die Zinsparitätskurve unmittelbar nach ZP' (Abbildung 4.12). Bei *flexiblen Wechselkursen* und zunächst unverändertem Inlandszins führt der Kapitalzustrom zu einer Aufwertung und damit zu einem Punkt oberhalb der Gütermarktgleichgewichtslinie (A → B). Wenn keine Anhaltspunkte für eine spätere Rückkehr zum Wechselkurs e_0 vorliegen und sich die Wechselkurserwartung auf den neuen langfristigen Gleichgewichtskurs e_1 anpaßt, so gilt nun ZP" und es tritt eine überschießende Aufwertung ein (B → C). Eine solche mit Unterbeschäftigung verbundene "Aufwertungskrise" kann nun theoretisch über die expansive Wirkung einer Absenkung des Preisniveaus bzw. der Inflationsrate (d.h. durch den Keynes-Effekt) wieder beseitigt werden, so daß sich ein neues allgemeines Gleichgewicht in D einstellt. Hier sind Güter- und Arbeitsmarkt wieder geräumt und es liegt ein Devisenmarktgleichgewicht i.e.S. (eine Übereinstimmung von erwartetem und realisiertem Wechselkurs) vor.

Aber dieser endogene Stabilisierungsmechanismus ist möglicherweise nicht sehr stark ausgeprägt. In den Produktions- und Investitionskalkülen der exportabhängigen Branchen bleibt es unsicher, ob die reale Aufwertung durch fallende Inflationsraten korrigiert wird. Zudem kann diese Inflationssenkung die Erwartung einer weiteren Aufwertung auslösen, was erneut Kapitalzuflüsse induziert. Auf Inflationsrückgang und Aufwertung gerichtete Erwartungen verlagern die Bedingungslinien des internen und externen Gleichgewichts

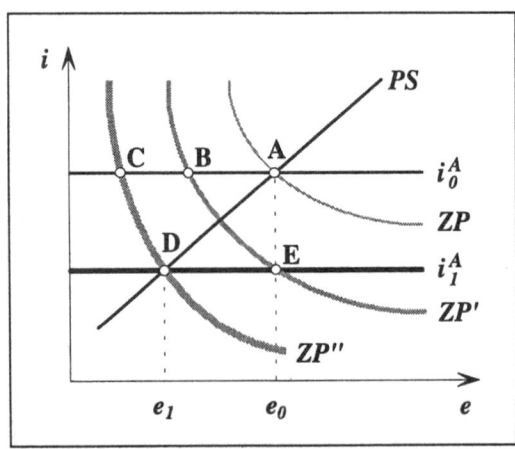

Abbildung 4.12: Zinssenkung im Ausland

Externes und internes Gleichgewicht 261

fortlaufend nach unten. Es kann notwendig sein, durch die Geldpolitik den Zinssenkungsprozeß zu aktiv zu unterstützen (und darüber den Kapitalzustrom abzuwehren) und die Beschäftigung durch expansive Fiskalpolitik (Verschiebung der *PS*-Kurve nach oben) zu fördern.

Tritt dieser Fall einer ausländischen Zinssenkung hingegen bei *fixen Wechselkursen* auf, so muß die Geldpolitik das neue externe Gleichgewicht in E sichern und den Kurs e_0 verteidigen. Der vom Devisenmarkt erzwungene expansive monetäre Kurs bedeutet aber im Inland eine Übernachfrage und löst folglich Preissteigerungen aus. Dies ist der typische Fall einer "importierten Inflation"; zu ihrer Bekämpfung muß dann restriktive Fiskalpolitik eingesetzt werden (Verschiebung der *PS*-Kurve nach unten).

(2) Spiegelbildlich zum vorstehenden Szenario ruft eine *Zinssteigerung im Ausland bei flexiblen Kursen* eine überschießende Abwertung, gefolgt von Preissteigerungen hervor (A → B → C in Abbildung 4.13). Damit droht nun eine kumulativ-instabile Entwicklung, weil Inflation und Abwertung entsprechende Erwartungen nach sich ziehen, die ihrerseits verstärkend auf den Prozeß der internen und externen Geldentwertung zurückwirken. *PS*- und *ZP*-Linien verlagern sich dabei nach oben und vergrößern das Feld monetärer Instabilität, in dem Preise und Wechselkurs steigen. Dieser "vicious cycle", d.h. der Aufschaukelungsprozeß von Geldwertverfall und Kapitalflucht, in dem die Inflations- und Abwertungserwartungen stets bestätigt und bestärkt werden, muß früher oder später durch die Wirtschaftspolitik gestoppt werden. Zur Stabilisierung des Anpassungsprozesses zum neuen Gleichgewicht in D ist eine restriktive Wirtschaftspolitik notwendig.

Soll dagegen der *Wechselkurs e_0 fixiert* bleiben, so kann Punkt A nur dann gehalten, d.h. ein Nachvollzug der ausländischen Zinssteigerung vermieden werden, wenn später (etwa in Form der Neufestsetzung der Paritäten) eine Aufwertung der Inlandswährung vermutet wird. Der in diesem Fall erwartete

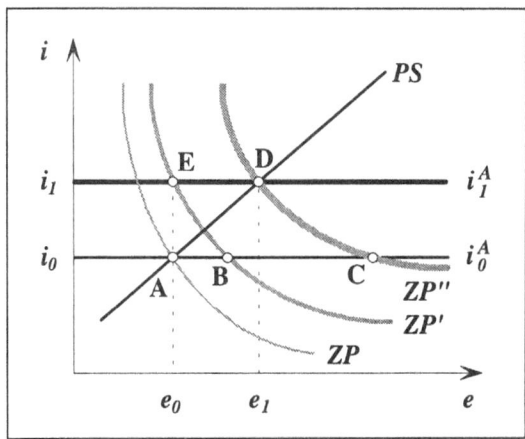

Abbildung 4.13: Zinssteigerung im Ausland

Aufwertungsgewinn bei Finanzanlagen im Inland bietet dann eine Kompensation für die negative Zinsdifferenz zum Ausland.

Ohne eine solche Aufwertungserwartung muß zur Verteidigung des Wechselkurses e_0 der Inlandszins ebenfalls auf i_1 angehoben werden. Da zugleich kein Grund für eine Änderung der Bedingungen des Gütermarktgleichgewichts besteht, wird mit der Zinssteigerung in Punkt E - da er oberhalb von PS liegt - zumindest vorübergehend Unterbeschäftigung eintreten. Sie kann jedoch über die Budgetpolitik bekämpft werden.

(3) Soll eine bestehende *Arbeitslosigkeit* mittels expansiver Geldpolitik beseitigt werden, so stellt ein *Regime flexibler Wechselkurse* bei fixen Löhnen und Preisen eine günstige Rahmenbedingung dar, weil der Zinseffekt einer "Politik des billigen Geldes" noch durch den Abwertungseffekt unterstützt wird.[43] Unter Berücksichtigung von Inflations- und Wechselkurserwartungen ist diese Schlußfolgerung jedoch zu modifizieren.

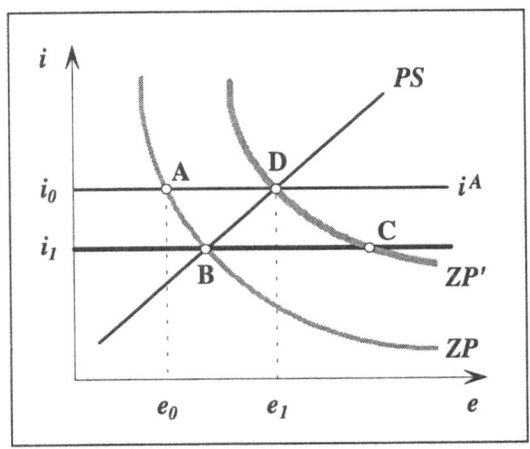

Abbildung 4.14:
Beschäftigungspolitik mit Abwertungserwartungen

Der Ausgangspunkt A in Abbildung 4.14 beschreibt ein externes Gleichgewicht bei Unterbeschäftigung. Auf dem Wege einer Abwertung könnte der Vollbeschäftigungspunkt D erreicht werden, bei dem (wegen $e^e = e_1$) wiederum ein langfristiges Devisenmarktgleichgewicht vorliegt. Eine Zinssenkung entlang ZP führt zunächst zum Gütermarktgleichgewicht B. Angesichts der auf Abwertung zielenden expansiven Nachfragepolitik wird aber nicht länger e_0, sondern möglicherweise direkt e_1 als erwarteter Wechselkurs angesehen. Damit gilt nun ZP' und beim Zinssatz i_1 ergibt sich eine "überschießende" Abwertung in C. Die nun auftretenden Preissteigerungen sind einerseits aufgrund der Zins-Wechselkurs-Kombination nachfragebedingt, beruhen andererseits

---

[43] Vgl. Kapitel 4.2.4.

Externes und internes Gleichgewicht 263

auch infolge steigender Importpreise auf einem zunehmenden Kostendruck (insoweit kann man wiederum von einer importierten Inflation sprechen).

Die Abwertungspolitik erweist sich nun als fragwürdige Strategie der Beschäftigungspolitik, weil sie die Volkswirtschaft in den instabilen Bereich einer Abwertungs-Inflations-Spirale führen kann. Abwertungserwartungen können auch bereits durch die Antizipation einer *möglichen* expansiven Geldpolitik auftreten. Zur Stabilisierung ist dann oft eine Phase restriktiver Wirtschaftspolitik mit anhaltender Unterbeschäftigung notwendig.

> Even the most sophisticated devaluation advocates overlook the distinction between a one-off adjustment and a succession of downward adjustments. The latter become entrenched in the labour as well as the financial markets and become just part of an ongoing inflationary process.
>
> Samuel Brittain (1992)

(4) Treten ausgehend von Punkt A im Inland *inflationäre Spannungen* auf, so verschiebt sich die Preisstabilitätslinie nach oben zu PS' (Abbildung 4.15). Bei einem nachfrageseitigen Inflationsimpuls (z.B. durch eine Steigerung der Staatsausgaben) ist auf PS' wieder Vollbeschäftigung gewahrt; im Falle einer Angebotsstörung (z.B. durch einen expansiven Lohnschub) herrscht dort hingegen Unterbeschäftigung. Angenommen sind zunächst *flexible Wechselkurse*. Entscheidend ist nun die Reaktion der Wechselkurserwartungen:
• Bleibt es bei $e^e = e_0$ (etwa weil international disponierende Vermögenshalter die inländischen Inflationsprobleme als vorübergehend einschätzen), so bewirkt eine geldpolitisch forcierte Zinssteigerung auf i_1 eine Aufwertung nach e_1 (Punkt B). Zinserhöhung und Aufwertung tragen dabei gemeinsam zur Nachfragedämpfung und Gütermarktstabilisierung bei.

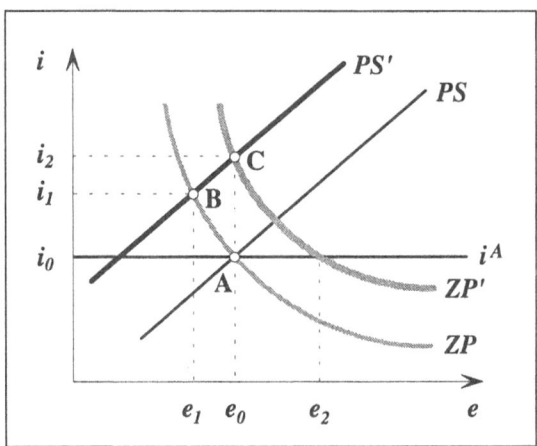

Abbildung 4.15: Inflationsbekämpfung bei alternativen Wechselkurserwartungen

- Wenn sich jedoch parallel zur Gefährdung des inländischen Geldwertes eine Abwertungserwartung einstellt, so verschiebt sich ZP nach oben. Eine Zinserhöhung auf i_2 zur Wahrung des internen Gleichgewichts löst dann keine Aufwertung aus, sondern kompensiert tendenziell die aufgetretene Abwertungserwartung. Wenn (zufälligerweise) e_2 der neue erwartete Wechselkurs ist, so bleibt in C der bestehende Wechselkurs erhalten.

Im Falle *fixer Wechselkurse* muß die Geldpolitik primär das externe Gleichgewicht verteidigen. Bleibt die Wechselkurserwartung bei e_0, kann folglich die Zinspolitik nicht zur Inflationsbekämpfung eingesetzt werden. Zur Nachfragedämpfung steht dann nur die Fiskalpolitik zur Verfügung. Nur wenn Abwertungserwartungen auftreten, wirken Zinserhöhungen gleichermaßen für das interne wie für das externe Gleichgewicht stabilisierend.

Allgemein zeigt sich, daß ausländische oder binnenwirtschaftliche Störimpulse Konflikte zwischen externem und internem Gleichgewicht (und bei ungünstigen Erwartungsreaktionen instabile Marktprozesse) auslösen können. Diese Konflikte sind steuerungstheoretisch der Ausdruck einer *Überbestimmtheit des wirtschaftspolitischen Zielsystems* bzw. eines *Mangels an wirtschaftspolitischen Instrumenten*: Die beiden Ziele Wechselkurs- und Preisstabilität können nicht mit nur einem nachfragepolitischen Instrument erreicht werden. Entweder müssen Fiskal- und Geldpolitik fallweise konträr angewendet werden oder es sind zusätzliche Instrumente auf der Angebotsseite zu suchen.[44] Da die Geldpolitik über ihren Zinseffekt direkt auf den Devisenmarkt ausstrahlt, bietet es sich an, sie zur Stabilisierung des externen und die Fiskalpolitik zur Sicherung des internen Gleichgewichts einzusetzen.

Zusammenfassung von Kapitel 4.4

(1) Bei variablem Einkommen, flexiblen Wechselkursen und Preisen besteht eine Tendenz zum allgemeinen Gleichgewicht, d.h. Vollbeschäftigung und Zahlungsbilanzausgleich, wenn Probleme der Lohnanpassung, Inflations- und Wechselkursänderungserwartungen keine Rolle spielen. Triebkräfte des Anpassungsprozesses sind einerseits der Realkassen-Zins-Effekt und andererseits die internationalen Kapitalbewegungen, die bei Zahlungsbilanzüberschüssen Aufwertung und Zinssenkung sowie bei Zahlungsbilanzdefiziten Abwertung und Zinserhöhung bewirken.

(2) Ist die Preisanpassungsgeschwindigkeit auf dem Devisenmarkt höher als auf dem Gütermarkt, kann eine aktive Geldpolitik zu überschießenden Wechselkursbewegungen führen. Der langfristig gemäß der Kaufkraftparitätentheorie erwartete Wechselkurs verändert sich proportional zur Geldmengenveränderung. Kurzfristig geht jedoch der realisierte Wechselkurs noch über diesen Wert hinaus, um bei zunächst rigiden Preisen eine solche Wechselkursänderungserwartung zu erzeugen, die der Zinsparitätsbedingung genügt.

(3) Die Bedingung für Preisstabilität läßt sich im Zins-Wechselkurs-Koordinatensystem als Linie mit positiver Steigung darstellen, weil der restriktive Nachfrage-

---

[44] Vgl. Kapitel 4.2.1 und 5.2.1.

effekt einer Zinserhöhung durch eine Abwertung kompensiert werden kann; somit bleiben die Preise von der Nachfrageseite her konstant. Bei inflationären Störungen verschiebt sich diese *PS*-Kurve nach oben, weil zur Stabilisierung eine zusätzliche Zinssteigerung bzw. Aufwertung notwendig ist. Die Bedingungslinien für das externe und interne Gleichgewicht (Zinsparitäts- und Preisstabilitätskurven) werden durch ausländische und binnenwirtschaftliche Störimpulse verschoben. Bei stationären Inflations- und Wechselkurserwartungen führen marktendogene Zins- und Wechselkursanpassungsprozesse zu einem neuen allgemeinen Gleichgewicht. Ändern sich die Inflations- und Wechselkurserwartungen im Prozeßverlauf, so können insbesondere bei gleichgerichteten Preis- und Wechselkursbewegungen instabile Entwicklungen auftreten, die eine wirtschaftspolitische Stabilisierung notwendig machen.

(4) Eine Senkung des Auslandszinssatzes kann bei flexiblen Wechselkursen über eine reale Aufwertung zu Beschäftigungsproblemen und bei fixen Wechselkursen zu einem Inflationsimport führen. Steigende Auslandszinsen bewirken bei flexiblen Kursen eine Abwertungs-Inflations-Tendenz und bei fixen Kursen einen Beschäftigungsrückgang. Die beschäftigungspolitische Effizienz einer mit Abwertung verbundenen expansiven Geldpolitik ist dadurch eingeschränkt, daß sie inflationsfördernd wirkt und bei auftretenden Abwertungserwartungen zu Zinserhöhungen führt. In ungünstigen Fällen kann es zu einer Abwertungs-Inflations-Spirale und zu Kapitalflucht kommen. Inflationsstörungen, die das externe und interne Gleichgewicht im unterschiedlichen Maße berühren (Diskrepanzen zwischen Wechselkursänderungs- und Inflationserwartungen) zwingen dazu, entweder den festen Wechselkurs oder die Preisstabilität aufzugeben. Konflikte zwischen externem und internem Gleichgewicht erfordern einen differenzierten Einsatz der Geld- und Fiskalpolitik.

Literatur zu Kapitel 4

Artis, M. (1991): Monetary Policy and the Exchange Rate. Oxford Review of Economic Policy, 7, 3, 128-138.
Baltensperger, E. (1992): Monetäre Außenwirtschaftstheorie. Zeitschrift für Wirtschafts- und Sozialwissenschaften, 112, 505-565.
Begg, D. (1989): Floating Exchange Rates in Theory and Practice. Oxford Review of Economic Policy, 5, 3, 24-39.
Blanchard, O. / Dornbusch, R. (1984): U.S. Deficits, the Dollar, and Europe. Banca Nazionale del Lavoro, Quarterly Review, 89-113.
Blanchard, O. J. / Muet, P. A. (1993): Competitiveness through Disinflation - An Assessment of the French Macroeconomic Strategy. Economic Policy, 16, 11-44.
Bliss, C. (1986): The Rise and Fall of the Dollar. Oxford Review of Economic Policy, 2, 1, 7-24.
Brittain, S. (1992): Devaluation Threat - How '92 Differs. In: Deutsche Bundesbank, Hg.: Auszüge aus Presseartikeln, Nr. 64, 18.9.92.
Caesar, R. (1987): Kontrollierbarkeit der Geldversorgung bei festen Wechselkursen. In: Köhler, C. / Pohl, R., Hg.: Aspekte der Geldpolitik in offenen Volkswirtschaften. Berlin / München, 119-142.
Cansier, D. (1988): Die amerikanischen Budgetdefizite und der Dollarkurs. Kredit und Kapital, 21, 363-382.
De Grauwe, P. (1996): International Money. 2. Aufl. Oxford.
Deutsche Bundesbank (1997): Die Bedeutung internationaler Einflüsse für die Zinsentwicklung am Kapitalmarkt. Monatsbericht Juli, 23-40.
Deutsche Bundesbank (1997): Wechselkurs und Außenhandel. Monatsbericht Januar, 43-

62.
Dieckheuer, G. (1993): Externe Finanzierungssalden, Wechselkurs und internationaler Kapitalmarktzinssatz. Zeitschrift für Wirtschafts- und Sozialwissenschaften, 113, 401-423.
Dieckheuer, G. (1995): Geld- und Fiskalpolitik bei internationalen Rückwirkungen. WISU - Das Wirtschaftsstudium, 21, 201-207.
Dornbusch, R. / Frankel, J. (1988): The Flexible Exchange Rate System - Experience and Alternatives. In: Borner, S., Hg.: International Finance and Trade in a Polycentric World. Basingstoke / London, 155-197.
Dornbusch, R. (1987): Exchange Rate Economics - 1986. Economic Journal, 97, 1-18.
Dornbusch, R. (1996): The Effectiveness of Exchange-Rate Changes. Oxford Review of Economic Policy, 12, 3, 26-38.
Dornbusch, R. u.a. (1995): Currency Crises and Collapses. Brookings Papers on Economic Activity, 219-293.
Gärtner, M. (1990): Makroökonomik flexibler Wechselkurse. Berlin / Heidelberg.
Jarchow, H.-J. (1997): Rationale Wechselkurserwartungen, Devisenmarkteffizienz und spekulative Blasen. WiSt - Wirtschaftswissenschaftliches Studium, 26, 509-516.
Jarchow, H.-J. / Rühmann, P. (1994): Monetäre Außenwirtschaft I - Monetäre Außenwirtschaftstheorie. 4. Aufl. Göttingen.
Krugman, P. R. (1989): Exchange-Rate Instability. Cambridge / London.
Krugman, P. R. (1989): The J-Curve, the Fire Sale, and the Hard Landing. American Economic Review, Papers and Proceedings, 79, 31-35.
Landmann, O. (1984): Löhne, Preise, Einkommen und Beschäftigung in der offenen Volkswirtschaft. In: Bombach, G. u.a., Hg.: Der Keynesianismus V - Makroökonomik nach Keynes. Berlin u.a., 101-218.
Landmann, O. (1984): Lohnbildung und internationaler Konjunkturzusammenhang unter flexiblen Wechselkursen. In: Bombach, G. u.a., Hg.: Perspektiven der Konjunkturforschung. Tübingen, 99-118.
Levich, R. M. (1989): Is the Foreign Exchange Market Efficient? Oxford Review of Economic Policy 5, 3, 40-60.
Lipp, E. M. (1983): Steigende Staatsverschuldung in offener Wirtschaft. In: Hansmeyer, K.-H., Hg.: Staatsfinanzierung im Wandel. Schriften des Vereins für Socialpolitik, 134, Berlin, 401-421.
Riese, H. (1987): Strategien der Wirtschaftspolitik - Wohlfahrtsimport versus Wachstumsimport. DIW-Vierteljahreshefte zur Wirtschaftsforschung, Schwerpunktheft: Zur Rolle von Geld- und Lohnpolitik bei der Bekämpfung von Arbeitslosigkeit. Berlin, 177-180.
Sachs, J. D. (1985): The Dollar and the Policy Mix - 1985. Brookings Papers on Economic Activity, 117-185.
Sachs, J. D. (1988): Global Adjustments to a Shrinking U.S. Trade Deficit. Brookings Papers on Economic Activity, 639-667.
Schneider, E. (1968): Zahlungsbilanz und Wechselkurs. Tübingen.
Schulmeister, S. (1988): Currency Speculation and Dollar Fluctuations. Banca Nazionale del Lavoro, Quarterly Review, 343-366.
Spahn, H.-P. (1997): Wechselkurs, Lohn und Beschäftigung - Die Siebert-Sievert-Kontroverse. Wirtschaftsdienst, 77, 240-244.
Stadermann, H.-J. (1996): Monetäre Theorie der Weltwirtschaft. Tübingen.
Stützel, W. (1983): Über unsere Währungsverhältnisse. Tübingen.
Willms, M. (1992): Währung. In: Vahlens Kompendium der Wirtschaftstheorie und Wirtschaftspolitik. Bd. 1, 5. Aufl. München, 219-264.

KAPITEL 5 STRATEGIEN DER STABILITÄTSPOLITIK

> *Kapitelüberblick*
>
> In den bisherigen Kapiteln wurden nur einzelne wirtschaftspolitische Implikationen makroökonomischer Marktprozesse und Probleme angesprochen. Nun geht es in Umkehrung des Blickwinkels um alternative Strategien der Stabilitätspolitik, mit denen die primären Ziele Vollbeschäftigung und Geldwertstabilität unter Berücksichtigung marktwirtschaftlicher Funktionsmechanismen erreicht werden können. In der wirtschaftshistorischen Entwicklung seit den 30er Jahren wurde zunächst eher der Vollbeschäftigung, ab den 80er Jahren eher der Preisstabilität ein gewisser Vorrang eingeräumt. In diesem Zusammenhang wird auch die These vertreten, daß gerade erst die Orientierung der Wirtschaftspolitik am Vollbeschäftigungsziel zur Verschärfung des Inflationsproblems beigetragen hat.
>
> Zunächst werden die langfristigen Konsequenzen einer primär beschäftigungsorientierten Fiskalpolitik untersucht. Dabei ist zu fragen, in welcher Weise Probleme auf der Angebotsseite des Gütermarktes berücksichtigt werden können und unter welchen Bedingungen ein Deficit Spending langfristig nicht zu einer explosiven, für die Volkswirtschaft nicht tragbaren Entwicklung der Staatsverschuldung führt.
>
> Das Zusammenspiel von Geld- und Lohnpolitik hat einen bedeutenden Einfluß auf die makroökonomische Entwicklung. Deshalb ist einerseits zu untersuchen, ob die Inflationsgefahren einer Vollbeschäftigungspolitik durch die Einkommenspolitik in Grenzen gehalten werden können. Andererseits ist zu prüfen, ob die Effizienz der Geldpolitik dadurch gestärkt werden könnte, daß die Notenbank zu einem strikt regelgebundenen, auf Preisstabilität orientierten Kurs verpflichtet wird. Dabei ist allerdings darauf zu achten, daß der Geldpolitik ein ausreichender Handlungsspielraum zur Bekämpfung gesamtwirtschaftlicher Störungen verbleibt.
>
> Nach einer theoretischen Systematisierung der möglichen gesamtwirtschaftlichen Störungen und Ungleichgewichte wird das empirische Bild der konjunkturellen Entwicklung betrachtet. Einiges spricht dafür, daß die größeren, mit steigender Unterbeschäftigung verbundenen Wirtschaftskrisen zumeist durch eine restriktive Zinspolitik mit dem Ziel der Inflationsbekämpfung eingeleitet worden sind. Dieser praktische Zielkonflikt der Wirtschaftspolitik wirft abschließend die Frage nach den volkswirtschaftlichen Kosten von Arbeitslosigkeit und Inflation auf.

5.1 Instrumentelle und konzeptionelle Probleme der Fiskalpolitik

5.1.1 Nachfrage- versus Angebotspolitik

Makroökonomische Modelle wie das *IS-LM*-Modell beschreiben eine hypothetische "Ein-Gut-Ökonomie", in der zwar nach Nachfrageakteuren und -motiven unterschieden, das Produktionsangebot jedoch als homogen betrachtet wird. Das Output-Gut kann sowohl für Konsum wie für Investition, Staatsbedarf oder Export verwendet werden. Diese Annahme impliziert, daß sich die Produzenten Veränderungen in der *Struktur* der Nachfrage umstandslos anpassen.[1] Derartige Modelle sind gerade aus wirtschaftspolitischer Sicht sinnvoll, um *makroökonomisch* bedingte Probleme zu analysieren. Wenn dabei z.B. die Möglichkeit des Auftretens von unfreiwilliger Arbeitslosigkeit abgeleitet wird, so bedeutet dies, daß Maßnahmen zur Verbesserung der strukturellen Anpassungsfähigkeit auf dem Gütermarkt (Wettbewerbspolitik u.ä.) kaum hilfreich sein werden, da das Unterbeschäftigungsproblem trotz einer bereits unterstellten perfekten Gütermarktflexibilität besteht. Für die Beschäftigungspolitik bedeutet dies, daß es im Grunde unerheblich ist, an welcher Stelle des Systems Nachfrage erzeugt oder gebremst wird.

Während die Geldpolitik aufgrund ihrer indirekten Ansatzpunkte bei Liquiditätsversorgung und Zinsen eher global wirkt und gegenüber der Fiskalpolitik auch unter dem Gesichtspunkt der vielfältigen Zeitverzögerungen ("lags") im Prozeß der wirtschaftspolitischen Willensbildung einen Vorteil hat, ist in der Praxis die oft *unterstellte Strukturneutralität der Fiskalpolitik* kaum gegeben:

Eine privat oder staatlich initiierte Nachfrageexpansion berührt infolge der strukturellen Produktions- und Lieferverflechtungen eine Vielzahl unterschiedlicher Branchen und Unternehmen. Zur Sicherung der im Multiplikatortheorem abgeleiteten Produktions- und Beschäftigungseffekte muß dabei angenommen werden, daß die zusätzliche Nachfrage an allen Stellen auf ungenutzte Kapazitäten oder auf entsprechende Lagerbestände trifft (die nach Verkauf wieder reproduziert werden). Andernfalls sind partielle Preissteigerungen zu erwarten, die den Mengeneffekt abschwächen und Lohnsteigerungen provozieren können; bei pessimistischen Erwartungen der Unternehmen ist auch denkbar, daß ein Lagerabbau keine Neuproduktion induziert. Insoweit liegt die *Forderung nach einer strukturell orientierten Globalsteuerung* nahe, die die Struktur der Kapazitätsauslastung auf der Angebotsseite berücksichtigt. Damit gerät die Makropolitik jedoch mit allokations- und wettbewerbspolitischen Zielsetzungen in Konflikt. Eine Nachfrageförderung in den Bereichen, in denen Unterauslastung und Arbeitslosigkeit besonders ausgeprägt sind, kann hier einen notwendigen Strukturwandel verhindern.

Aufgrund der unvermeidbar gegebenen strukturellen Ausrichtung der fiskalischen Nachfragepolitik werden andererseits bestimmte Branchen - unabhängig von ihrer Ausgangslage - immer wieder zum Objekt und Ansatzpunkt der Globalsteuerung (vor allem die Bauwirtschaft), so daß eine langfristige Investitionsplanung in diesen Bereichen erschwert wird. Werden dabei in Erwartung staatlicher Nachfrage überdimensionierte Kapazitäten aufgebaut, entsteht eine prekäre Abhängigkeit von konjunkturpolitischen Entscheidungen; umgekehrt wächst damit der Regierung eine gewisse Verpflichtung zur Stützung dieser Unternehmen (auch über Subventionen usw.) zu. So können infolge der dauerhaften Praktizierung der Globalsteuerung Strukturprobleme ent-

---

[1] Vgl. Kapitel 1.3.1.

stehen. Auch aus diesem Grund wird zuweilen ein Verzicht auf fiskalische Nachfragepolitik gefordert.

Dies muß jedoch keineswegs mit einem Plädoyer für eine generelle wirtschaftspolitische Abstinenz verbunden sein. Als *Angebotspolitik* lassen sich all jene Maßnahmen verstehen, die
- zur Lösung von Strukturproblemen geeignet erscheinen,
- die Quantität und Qualität des Faktorangebots erhöhen und
- auf die effizientere Nutzung volkswirtschaftlicher Ressourcen gerichtet sind.

Die Angebotspolitik wird deshalb auch als *Allokations-* oder *Mikropolitik* bezeichnet. Ihre Instrumente sind z.T. dieselben wie im nachfragepolitischen Konzept, folgen aber einer anderen Ratio: So sollen z.B. Steuersenkungen im ersten Fall mikroökonomische Anreize zu volkswirtschaftlich nützlichen Leistungen geben, während es im letzten Fall auf den makroökonomischen Nachfrageeffekt des erzeugten Budgetdefizits ankommt.

Zu den Angebotsbedingungen zählt zweierlei: einerseits alles, was den individuellen Ertrag des Wirtschaftens beeinflußt und dadurch die Neigung oder die Fähigkeit zu arbeiten, zu sparen, innovativ zu sein, Risiken zu übernehmen, andererseits aber auch alles, was die Bewältigung des Strukturwandels, die Anpassung an veränderte Rahmendaten und Marktgegebenheiten mitbestimmt. Dazu gehören insbesondere Zinsen und Inflationserwartungen, Lohnhöhe und Lohnstruktur, die Steuer- und Abgabenlast, Anreizwirkungen sozialpolitischer Instrumente, die staatliche Beanspruchung der gesamtwirtschaftlichen Produktion, die Effizienz öffentlicher Leistungserstellung, die Regelung des Marktzugangs, die Sicherung hoher Wettbewerbsintensität und auch die Stärkung des Innovationspotentials einer Gesellschaft.
Sachverständigenrat (1997: Zf. 237)

Ansatzpunkte der Angebotspolitik sind insbesondere jene Bereiche, in denen einzelwirtschaftliche Handlungen externe Effekte, d.h. Erträge für die Gesamtwirtschaft haben, die sich im individuellen Entscheidungskalkül nicht ausreichend niederschlagen. Aus diesem Gesichtspunkt kann z.B. eine staatliche Beteiligung an den Risiken und Kosten unternehmerischer Forschungs- und Entwicklungsvorhaben oder auch eine allgemeine *Investitionsförderung* sinnvoll sein, weil die Volkswirtschaft auch von der Vermehrung des technisch-ökonomischen Wissens und der quantitativen wie qualitativen Verbesserung des Kapitalstocks profitiert. Ein weiteres Beispiel für Angebotspolitik ist die *Arbeitsmarktpolitik*: Sie hat die Aufgabe, die auch bei globaler Übereinstimmung von Arbeitsangebot und Arbeitsnachfrage bestehenden partiellen, strukturellen Beschäftigungsprobleme durch Mobilitätshilfen, Qualifikations- und Umschulungsmaßnahmen u.ä. abzubauen, da die im makroökonomischen Sinne gleichgewichtige Arbeitslosenquote durch geeignete Anreizmechanismen und institutionelle Reformen verringert werden kann.[2]

---

[2] Siehe dazu Kapitel 3.3 und 5.2.3.

Angebotspolitik zielt letztlich auf Effizienzverbesserungen im volkswirtschaftlichen Produktionsprozeß und trägt insoweit stets zu einer Wohlfahrtssteigerung bei. Diesem Gewinn für die Gesellschaft stehen dabei jedoch zumeist Kosten für individuelle Marktakteure gegenüber. So können Erfolge bei der Forcierung des technischen Fortschritts, nämlich gesamtwirtschaftliche Produktivitäts- und Realeinkommenszuwächse (pro Kopf) mit zumindest temporären Beschäftigungsverlusten verbunden sein, wenn über das Wirtschaftswachstum keine Absorption der freigesetzten Arbeitskräfte erreicht werden kann. Daher ist bei derartigen Rationalisierungsprozessen ein politisch oder ökonomischer Widerstand der "Verlierer" zu erwarten. Aus wohlfahrtstheoretischer Sicht empfehlen sich in diesem Fall Kompensationszahlungen, um die Realisierung der volkswirtschaftlichen Gewinne durch technischen Fortschritt nicht zu gefährden. Es kann kein sinnvolles Ziel der Wirtschaftspolitik sein, nicht wettbewerbsfähige Produktionsstrukturen nur um der Beschäftigung willen mittels Protektion und Subvention zu konservieren.

Das *Problem der Angebotspolitik aus makroökonomischer Sicht* ist: Sie kann nicht sicherstellen, daß Effizienzsteigerungen auch zu einer im *Niveau* erhöhten Wirtschaftsaktivität führen, so daß bestehende nachfrageseitige Beschäftigungsdefizite beseitigt werden. In diesen Fällen bleibt ein Einsatz der Nachfragepolitik angezeigt. Dabei ist jedoch ein möglicher Fehlschluß aus dem *IS-LM*-Modell zu vermeiden: Dieses suggeriert, jede private Nachfrageschwäche könne prinzipiell durch (auch konsumtive) Staatsnachfrage ersetzt werden; damit wird die langfristige Bedeutung der privaten Investitionen für Effizienz und Wachstum der Volkswirtschaft heruntergespielt. Nachfragepolitik erscheint so letztlich auf Konsumförderung reduzierbar. Das Ziel einer Stärkung der Investitionstätigkeit wurde denn auch als Element der Angebotspolitik gegen den Keynesianismus gewendet.

Diese Kritik trifft jedoch nicht Keynes selbst, der in der Investition die Schlüsselgröße für Wachstum und Beschäftigung sah. Vor dem Hintergrund eines zu seiner Zeit noch niedrigen Staatsanteils am Sozialprodukt plädierte er für ein grundsätzlich erhöhtes *Niveau* der Investition von staatlichen Institutionen und (halb-) staatlichen Großunternehmen, um die gesamtwirtschaftlichen Konsequenzen der befürchteten Instabilität der privaten Investitionsneigung zu überspielen.[3] Das somit staatlich gestützte Wachstum sollte gleichzei-

---

[3] Keynes hegte auch Befürchtungen hinsichtlich einer möglichen Stagnation, die sich aus Sättigungstendenzen beim privaten Konsum ergeben könnte. Zur Lösung der damit verbundenen Beschäftigungsprobleme empfahl er neben der direkten Nachfrageförderung durch eine langfristig angelegte Wachstumspolitik auch Arbeitszeitverkürzungen sowie eine verteilungsorientierte Steuerpolitik zugunsten der Bevölkerungsschichten mit niedrigerem Einkommen und höherer Konsumneigung. Derartige Stagnationstheorien waren in den 30er Jahren allgemein verbreitet. In diesem Punkt erwies sich Keynes' Zeitgenosse Schumpeter als der (bis heute) bessere Prognostiker. Er nahm an, daß es den Unternehmen gelingen werde, stets ausreichend viele neue Bedürfnisse zu erzeugen, um die Konsumneigung zu stabilisieren.

tig für genügend hohe Steuereinnahmen sorgen, um den Staatshaushalt ausgeglichen zu halten. Budgetdefizite waren für Keynes *kein* dauerhaftes Mittel der Beschäftigungssicherung. Ihr - durch konjunkturbedingte Steuerausfälle verursachtes - Auftreten in der Krise galt ihm vielmehr ein Zeichen dafür, daß der Staat bei der Aufgabe der langfristigen Nachfragesicherung bereits versagt hatte.

5.1.2 Staatliche Budgetbeschränkung und Inflationssteuer

Fiskal- und Geldpolitik wurden bislang als voneinander unabhängige Instrumente der Globalsteuerung vorgestellt. Sie haben in der Praxis jedoch enge Berührungspunkte: Zur Finanzierung von Budgetdefiziten ist eine direkte Kreditaufnahme bei den Banken oder eine Emission von Staatsschuldpapieren am Kapitalmarkt notwendig. Käufer dieser Wertpapiere können wiederum Banken, inländische Haushalte oder Ausländer sein. Auf der anderen Seite wurde die Offenmarktpolitik als das wesentliche Instrument der Notenbank genannt. Wenn nun eine expansive Budgetpolitik, d.h. ein Neuangebot von Staatsschuldtiteln, zeitlich mit einer expansiven Geldpolitik, d.h. einem Wertpapierkauf seitens der Notenbank zusammenfällt, so erfolgt damit per Saldo eine Neuverschuldung des Staates bei der Notenbank. Die expansive Wirkung auf die Geldmenge ist die gleiche, als wenn die Notenbank dem Finanzministerium einen direkten Kredit gewährt hätte.

Eine Unterstützung der Fiskalpolitik durch die Geldpolitik mittels einer *Monetisierung der Staatsverschuldung* kann aufgrund bestimmter politisch-institutioneller Regelungen erzwungen sein, etwa durch eine der Notenbank erteilte Auflage, den Zinssatz auf Staatsschuldtitel konstant zu halten. Das Ziel einer solchen Vorschrift kann zum einen darin bestehen, die Zinskosten für private Investoren und für die staatliche Verschuldung zu begrenzen. Zudem soll damit bei steigendem Wertpapierangebot ein Kursverfall des Schuldtitelbestandes vermieden werden, um die Attraktivität der Staatspapiere in den Augen der Anleger zu wahren ("Kurspflege").

Wenn die Geldpolitik in einem derartigen Regime ihre Unabhängigkeit verloren hat, kann man noch einen Schritt weitergehen und auch formell Staatsbudget und Notenbankbilanz aggregieren. Der Staat finanziert sein Budgetdefizit, indem ein Teil seiner Neuverschuldung (ΔD_1) von der Notenbank angekauft wird, womit zusätzliches Geld (ΔM) geschöpft wird. Die privaten Haushalte teilen ihr Einkommen auf Konsum, Steuerzahlungen und Ersparnis auf und verwenden letztere zur Haltung des neu geschaffenen Geldes und zur Anlage in Staatsschuldtiteln (ΔD_2). Die Bewegungsbilanzen bzw. Finanzierungsrechnungen von Öffentlichem Haushalt, Notenbank und privaten Haushalten haben damit folgendes Aussehen:

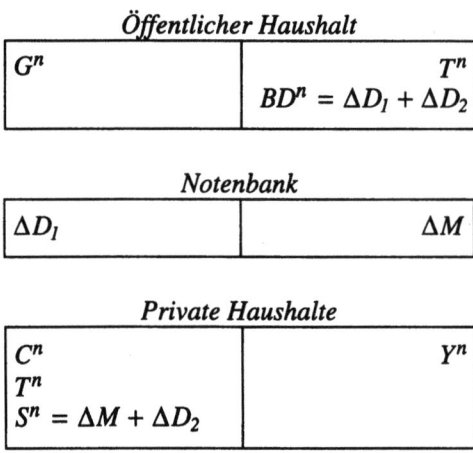

Im nächsten Schritt können Öffentlicher Haushalt und Notenbank zum Sektor "Staat" zusammengefaßt werden. Die Aggregation ihrer Bewegungsbilanzen ergibt nach Saldierung ihrer wechselseitigen Forderungen und Verpflichtungen (ΔD_1):

Staat	
$BD^n = G^n - T^n$	$\Delta M + \Delta D_2$

Diese *staatliche Budgetbeschränkung* zeigt, daß das nominale Budgetdefizit durch eine Neuverschuldung gegenüber dem privaten Sektor finanziert wird, die sich aus einer Geldmengenerhöhung und einer Neuemission staatlicher Wertpapiere zusammensetzt.

Damit erscheint die Geldmenge als "unverzinster Teil der Staatsschuld" und es stellt sich die Frage, in welchem Ausmaß der Staat mittels dieser kostenlosen Finanzierung Ressourcen aus dem privaten Sektor an sich ziehen kann. Um dieses Umverteilungsproblem von Auslastungs- und Beschäftigungsproblemen zu trennen, wird eine Situation der Kapazitätsvollauslastung und Vollbeschäftigung unterstellt. Der Staat kann nun seine Nachfrage erhöhen, indem er zusätzliche Ausgaben mit einem Notenbankkredit, d.h. durch eine Geldmengenerhöhung finanziert. Steigen aber als Folge der Überschußnachfrage die Preise in gleichem Umfang wie die Geldmenge, erhält der Staat *real* nicht mehr Güter als zuvor.

Dies gelingt ihm nur dann, wenn die Preise weniger stark als die Geldmenge steigen. Das wiederum setzt voraus, daß der private Sektor seine nominale Güternachfrage nicht im Ausmaß der Geldmengenerhöhung ausdehnt. Tatsächlich wird auch ein Teil des neu geschaffenen Geldes in den Aufbau der privaten Kassenhaltung fließen, wenn bei steigenden Preisen eine bestimmte reale Geldnachfrage aufrechterhalten werden soll. Mit der Haltung einer zusätzlichen nominalen Geldmenge, d.h. "unverzinslicher Staatsschuld" in entsprechender Höhe erlaubt der private Sektor damit die Finanzierung zusätzlicher Haushaltsdefizite, d.h. er verzichtet insoweit auf eine Güternachfrage und ermöglicht so dem Staat eine Aneignung zusätzlicher Ressourcen.

Die Inflation wirkt somit über die vermehrte Kassenhaltung wie eine *Steuer*. Die reale (Zentralbank-) Geldhaltung ist die Steuerbasis, die Inflationsrate der Steuersatz. Der reale Gesamtertrag dieser Inflationssteuer ("seigniorage") ist dann $\hat{p} \cdot (M/P)$. Dieses Steueraufkommen ist allerdings bei niedrigen Inflationsraten gering und kann auch über eine Forcierung der Inflation nicht unbegrenzt gesteigert werden: Da die Inflation das Geldvermögen entwertet, werden die Akteure die Kassenhaltung "ökonomisieren". Die reale Geldhaltung wird bei immer höheren Inflationsraten so stark eingeschränkt, daß das Inflationssteueraufkommen schließlich sogar sinkt.[4]

Gemäß der Geldmarktgleichung $M = P \cdot L(Y, i)$ nimmt die nominale Geldhaltung bei einer Preiserhöhung um $dM = dP \cdot L(\cdot)$ zu. Real entspricht dies einem Güternachfrageverzicht von $dM/P = (dP/P) \cdot L(\cdot)$. Da zugleich $L(\cdot) = M/P$ gilt, ist der reale Inflationssteuerbetrag $dM/P = \hat{p} \cdot (M/P)$. In Relation zum realen Bruttoinlandsprodukt betrug in Deutschland diese Steuer im Jahr 1992 (beim letzten Inflationsgipfel von *5 %*) nur knapp *0,4 %*.

5.1.3 Staatsverschuldung und Zinsenlast

Die Berechtigung der im vorstehenden Abschnitt gewählten Aggregation von Öffentlichem Haushalt und Notenbank ist in Frage zu stellen. In vielen Ländern setzt sich immer mehr eine politische Autonomie der Notenbank durch. Diese institutionelle (Neu-) Ordnung der Wirtschaftspolitik wird u.a. deshalb gewählt, weil bei einer politisch gesicherten Notenbankfinanzierung des Staatshaushalts die Ausgabendisziplin nachlassen kann und ohne eine unabhängige Notenbank erfahrungsgemäß Geldwertstabilität nur schwer zu realisieren ist.

Infolgedessen ist die Problematik der Finanzierung von Budgetdefiziten nun wieder unter der Annahme einer Konstanz der Geldmenge bzw. des Geldmengenwachstums zu betrachten.[5] Gefragt ist zunächst nach den Determinanten der Entwicklung der *Schuldenquote*, d.h. des Verhältnisses von staatlichem Schuldenstand D und nominalem Sozialprodukt:

---

[4] Vgl. Kapitel 2.5.2.
[5] Auch im Falle einer unabhängigen Geldpolitik bleibt die Notenbank formell in das staatliche Institutionengefüge eingebunden und muß ihren Bilanzgewinn zumeist an das Finanzministerium abführen. Dieser Bilanzgewinn entsteht z.T. aus Kreditgeschäften mit privaten Banken. Indem diese an die Notenbank Zinsen zahlen (vgl. Kapitel 1.2.1), wird dem Kreislauf Zentralbankgeld entzogen, das dann - nach Gewinnabführung - über die Finanzierung staatlicher Käufe wieder in den Gütermarkt fließt. Die Autonomie der Notenbank in ihrer Geldangebotsentscheidung wird durch diese Vorgänge nicht gefährdet.

$$d = \frac{D}{PY} \qquad [5.1]$$

Durch totale Differenzierung dieses Ausdrucks ergibt sich für die Veränderung der Schuldenquote:

$$\Delta d = \frac{\Delta D}{PY} - d\,(\hat{p} + \hat{y}) \qquad [5.2]$$

Der absolute Zuwachs der Staatsschuld ΔD entspricht dem laufenden nominalen Budgetdefizit BD^n. Diese Neuverschuldung läßt sich in zwei Komponenten unterteilen:
- Aus der Nachfrage nach Güter- und Dienstleistungen G^n werden die *Zinsausgaben* für den Bestand der Staatsschuld $i \cdot D$ ausgegliedert. Dieser Posten reflektiert die langfristigen Kosten der Budgetdefizite früherer Perioden.
- Das *primäre Budgetdefizit* ergibt sich dann aus der Differenz zwischen den (nun enger definierten) Staatsausgaben G^n und den Steuereinnahmen T^n.

Die gesamte Neuverschuldung setzt sich aus Zinszahlungen und primärem Defizit zusammen und stellt nun die staatliche Budgetbeschränkung im Szenario einer Unabhängigkeit von Geld- und Fiskalpolitik dar:

$$\Delta D = BD^n = i\,D + G^n - T^n \qquad [5.3]$$

Bezeichnet man die Quote des primären Budgetdefizits mit

$$b = \frac{G^n - T^n}{PY} \qquad [5.4]$$

so erhält man für die Veränderung der Gesamtschuldenquote aus [5.2-4] die Beziehung

$$\Delta d = b + (i - \hat{p} - \hat{y})\,d \qquad [5.5]$$

Die Schuldenstandquote nimmt demnach zu, wenn ein primäres Budgetdefizit vorliegt und/oder der Zinssatz größer als das nominale Wirtschaftswachstum ist, anders formuliert: wenn der inflationsbereinigte, reale Zinssatz $(i - \hat{p})$ die reale Wachstumsrate übertrifft. Das Wirtschaftswachstum ist damit für die langfristige Entwicklung der staatlichen Schuldenlast von entscheidender Bedeutung: Es allein liefert die Mittel, die dem Staat die Aufrechterhaltung eines Deficit Spending und die Bedienung der aufgelaufenen Altschulden ermöglichen. Ist das Wachstum zu gering, steigt mit d auch die Zinslastquote

$$z = \frac{i\,D}{PY} = i\,d \qquad [5.6]$$

Eine steigende Zinslastquote bedeutet, daß die Staatsausgaben in zunehmendem Maße für den Schuldendienst verwendet werden müssen und somit der staatliche Handlungsspielraum in den verschiedenen Aufgabenbereichen der Wirtschaftspolitik immer weiter beschränkt wird.[6]

Daraus folgt, daß eine langfristige Stabilität in den staatlichen und volkswirtschaftlichen Finanzierungsverhältnissen eine konstante Schuldenquote verlangt. Die Gleichgewichtsbedingung $\Delta d = 0$ bedeutet nach [5.5]:

$$-b = (i - \hat{p} - \hat{y})\, d \qquad [5.7]$$

Ist der reale Zins größer als das reale Wirtschaftswachstum, so wird ein laufender primärer Budgetüberschuß notwendig; im umgekehrten Fall kann sich der Staat ein primäres Budgetdefizit leisten. Bei $i - \hat{p} = \hat{y}$ ergibt sich der Spezialfall $b = 0$; auch hier übertreffen zwar die laufenden staatlichen Ausgaben infolge des Zinsendienstes noch die Einnahmen, die Gesamtverschuldung wächst dann aber proportional zum Nominaleinkommen.

Dieser Zusammenhang ist in Abbildung 5.1 illustriert: Sie zeigt Gleichung [5.5] in zwei Varianten, wobei die durch die Steigung der Geraden gemessene Differenz zwischen Realzins und Wachstumsrate im einen Fall negativ, im anderen positiv ist. Der Achsenabschnitt mißt jeweils die Quote des primären Defizits. Die Stabilisierung der Schuldenquote beim Wert d_0 erlaubt bei relativ starkem Wachstum ein laufendes Budgetdefizit (b_1), verlangt aber einen um so größeren Budgetüberschuß ($-b_2$), je mehr der Realzins das Wirtschaftswachstum übersteigt. Die Bedeutung der Relation von Realzins und Wachstum läßt sich anhand einer einmaligen (ungeplanten) Erhöhung des Primärdefizits (Bewegung $d_0 \to A$) zeigen:

- Ist $i - \hat{p} < \hat{y}$, liegt im Grunde kein weiterer finanzpolitischer Handlungsbe-

---

[6] In einem Modell von Domar wurde die Problematik der Staatsverschuldung relativiert. Danach führt selbst eine anhaltende primäre Neuverschuldung des Staates langfristig nicht zu explosiven Entwicklungen, wenn nur die reale Wachstumsrate größer als Null ist. Dieses Ergebnis beruhte jedoch auf der Voraussetzung einer *Steuerfinanzierung der Zinsausgaben*, womit die Folgekosten laufender Budgetdefizite gleichsam vom Problembereich "Grenzen der Staatsverschuldung" in den Problembereich "Grenzen der Besteuerung" verschoben wurden. Dabei wurde der Zinsendienst als *zusätzliches* Transfereinkommen des privaten Sektors betrachtet, das die besteuerbare Einkommensbasis erweitert. Die Zinssteuer- bzw. Zinseinkommensquote ist dann

$$z' = \frac{i\,D}{P\,Y + i\,D} = \frac{i\,d}{1 + i\,d}$$

Sie ist definitionsgemäß kleiner als [5.6], steigt auch bei wachsender Schuldenquote d langsamer und konvergiert gegen einen unter *100 %* liegenden Grenzwert. Die Vergrößerung des Nenners um $i \cdot d$ setzt jedoch die Bereitschaft der Anleger voraus, jeden Betrag an Staatsschuld *zusätzlich* zu anderen Geldvermögensforderungen zu halten. Zudem ist zu beachten, daß das Einkommenswachstum durch steigende Zinsen und Steuern gebremst wird. Zinssteuer und Zinseinkommen können deshalb nicht als "durchlaufender Posten" dem Wirtschaftskreislauf einfach zugeschlagen werden, weil dabei negative Rückwirkungen auf den Wachstumsprozeß außer acht bleiben.

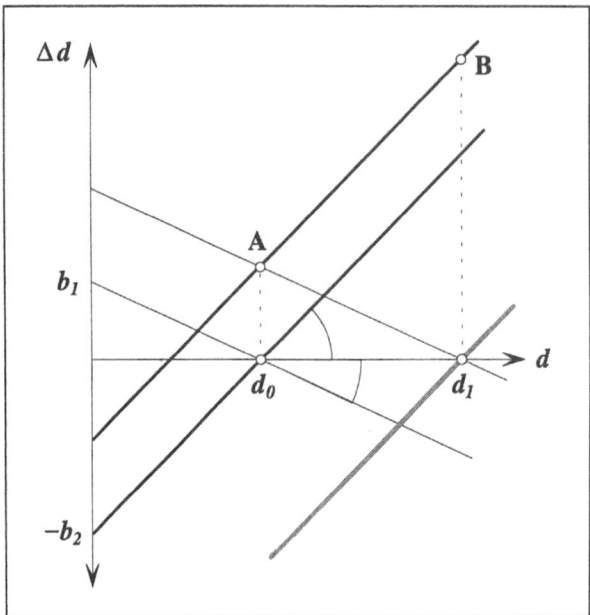

Abbildung 5.1: Dynamik der Schuldenquote

darf vor; das Defizit baut sich von selbst im Lauf der Zeit ab und es wird eine stabile Konstellation bei allerdings erhöhter Schuldenquote d_1 erreicht.
• Im Falle $i - \hat{p} > \hat{y}$ nimmt das Defizit hingegen immer weiter zu; zur Stabilisierung der Haushaltsentwicklung muß früher oder später (z.B. in Punkt B) eine Konsolidierung erfolgen, wobei das Ausmaß der notwendigen Einsparungen (die Verschiebung B → d_1) wegen der neu entstandenen Zinsverpflichtungen größer als die ursprüngliche Defizitzunahme (d_0 → A) ist.

Mittelfristig wird die Haushaltsentwicklung durch *automatische Stabilisatoren* beeinflußt, die dämpfend auf Konjunkturausschläge wirken: In einer Wirtschaftskrise führen einkommensbedingt sinkende Steuereinnahmen und mit der Arbeitslosenunterstützung verbundene steigende Ausgaben tendenziell zu einem Budgetdefizit. Umgekehrt verbessert sich die Haushaltslage automatisch in der Hochkonjunktur. Selbst wenn sich die Staatsausgaben im Konjunkturverlauf nicht ändern, variiert das Budgetdefizit aufgrund der Wirkung eines konstanten Steuersatzes t invers zur Einkommensentwicklung:

$$BD = G - T = G - tY \quad \Rightarrow \quad \frac{dB}{dY} < 0 \qquad [5.8]$$

Auch bei einer aktiven Nachfragepolitik in Krisenzeiten wäre ein *zyklischer Budgetausgleich* möglich, wenn im Konjunkturaufschwung entsprechend kompensierende Überschüsse angesammelt würden. Die hierzu notwendigen Ausgabenkürzungen und Steuererhöhungen waren in der politischen

Instrumentelle und konzeptionelle Probleme der Fiskalpolitik 277

Praxis aber oft nicht durchsetzbar oder wurden gar nicht erst angestrebt. Infolgedessen droht so mittelfristig ein kumulatives Haushaltsdefizit (Abbildung 5.2 a):

• Während einer Wirtschaftskrise bewirken Steuerausfälle auch bei unverändertem Kurs der Staatsausgaben ein Budgetdefizit.

• Danach kehren die Einnahmen auf ihren normalen Entwicklungspfad zurück, verlaufen wieder parallel zu den Ausgaben, aber auf einem niedrigeren Niveau. Damit würde das Defizit fortgeschrieben.

• Die nun auftretende Zinsbelastung führt zu einer Scherenbewegung zwi-

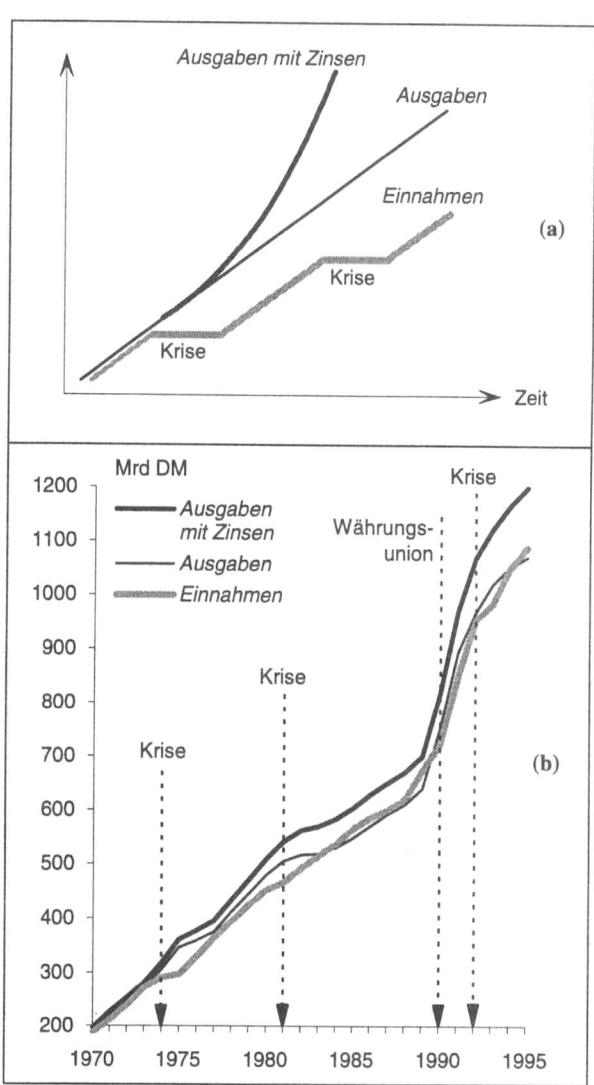

Abbildung 5.2: Stilisierte und faktische Entwicklung der Staatseinnahmen und -ausgaben in Deutschland

schen Ausgaben und Einnahmen.

Aus dieser Abfolge wird erkennbar, daß bereits wenige Konjunkturkrisen genügen können, um allein über periodische Einnahmeausfälle ein Verschuldungsproblem entstehen zu lassen. In Deutschland wurde vor allem über Ausgabeneinsparungen nach den Wirtschaftskrisen der 70er und 80er Jahre mit einigem Erfolg versucht, die Entwicklung der Staatsfinanzen wieder unter Kontrolle zu bekommen. Der Zinsendienst hat aber auch hier zugenommen. Aufgrund der mit der deutschen Währungsunion entstandenen fiskalischen Lasten hat sich das Schuldenproblem in den 90er Jahren wieder verschärft (Abbildung 5.2 b).

In anderen Ländern vermittelt die Entwicklung der Staatsfinanzen den Eindruck eines allgemein expansiven Haushaltsgebarens, das weniger die unmittelbare Folge konjunktureller Notlagen ist, sondern eher politisch-ökonomische Zwänge zur Befriedigung vielfältiger Wünsche nach öffentlichen Leistungen i.w.S. widerspiegelt. Budgetdefizite, Staatsschulden und Zinsbelastung sind so langfristig immer mehr angestiegen. Seit den 80er Jahren ist auch die Differenz zwischen Realzins und Wachstumsrate positiv, was nach [5.7] tendenziell auf eine instabile finanzwirtschaftliche Entwicklung hindeutet (Abbildung 5.3).[7]

Die Einschätzung von Lage und Entwicklung der Staatsfinanzen erfolgt heute oft anhand des sog. *strukturellen Budgetdefizits*, bei dem die konjunkturbedingten Mindereinnahmen und Mehrausgaben herausgerechnet werden. Das strukturelle Defizit ist somit einerseits eine grobe Maßgröße für die auf diskretionären Entscheidungen beruhenden makroökonomischen Impulse der Fiskalpolitik, aber andererseits auch Reflex einer konjunkturunabhängigen Neigung, Staatsausgaben nicht vollständig mit Steuererhebungen zu finanzieren und den kurzfristig politisch "bequemeren" Weg der zusätzlichen Verschuldung zu wählen.

Aus der Zusammenfassung der staatlichen und privaten Vermögensbilanzen wird deutlich, daß von der Finanzierungsseite die Staatsverschuldung für die Gesellschaft weder eine Last noch ein Vermögen darstellt. Wichtiger als die mögliche Umverteilung zwischen Zinsempfängern und Steuerzahlern ist der *wachstumspolitische Aspekt*, d.h. die güterwirtschaftliche Verwendung der kreditfinanzierten Staatsausgaben: Fließen sie in den staatlichen Konsum statt in den Aufbau der öffentlichen Infrastruktur, so wird die Volkswirtschaft langfristig vergleichsweise ärmer, weil ihr Kapitalstock langsamer wächst.

Wird die Staatsschuld von den Staatsbürgern gegeben und gehalten, so wird durch die Staatsschuld die Volkswirtschaft nicht ärmer oder reicher, und die Zinszahlungsverpflichtungen des Staates in der Zukunft sind auch nur Transfers zwi-

---

[7] Der markante Anstieg der Schuldenquote in Schweden seit Beginn der 90er Jahre ist z.T. auf die Abwertung der Schwedischen Krone zurückzuführen, wodurch die Last der in ausländischer Währung aufgenommenen Staatskredite - gemessen in Kronen - zunahm.

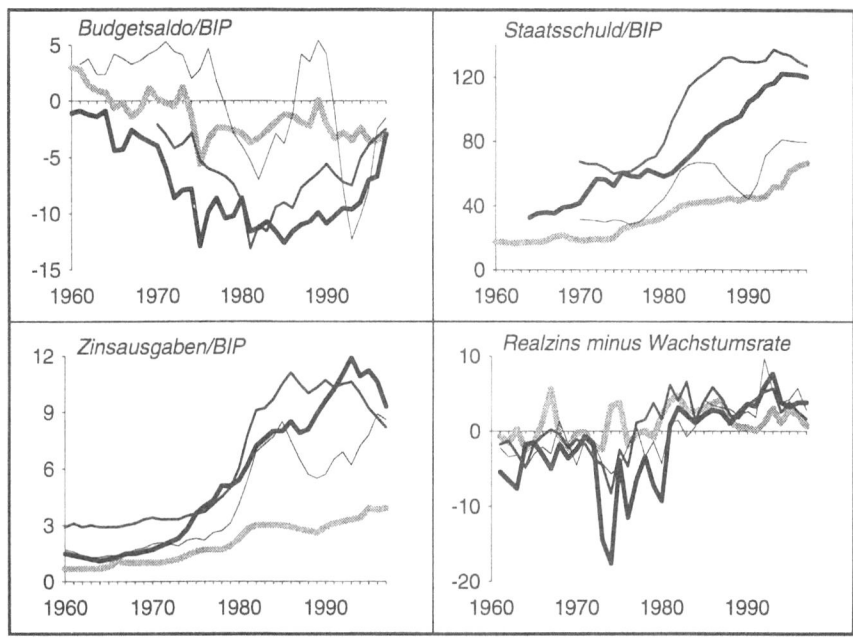

Abbildung 5.3: Kennziffern zur Entwicklung des Staatshaushalts
BRD ———— ITA ———— BEL ———— SWE

schen Steuerzahlern und Zinsempfängern (die sogar dieselben Wirtschaftssubjekte sein können). Es findet deshalb auch keine Lastabwälzung auf spätere Generationen statt, wenn sich der Staat bei seinen Bürgern 'verschuldet'. Die künftigen Zinszahlungen werden von der zukünftigen Generation an die dann lebenden Menschen gezahlt, sind (...) Transfers der Zukunft, nicht von der Zukunft an die Gegenwart. Transfers zwischen Generationen sind real nur in einer Richtung möglich: von der Gegenwart in die Zukunft in Form der Kapitalbestände und Ressourcen.

Harald Scherf (1986: 98)

Zusammenfassung von Kapitel 5.1

(1) Fiskalische Nachfragepolitik setzt zur Realisierung der gewünschten Mengeneffekte eine perfekte Flexibilität auf der Angebotsseite der Partialmärkte voraus und ist direkt kein Mittel zur Lösung von Strukturproblemen des Gütermarktes. Sie kann aufgrund ihrer mangelnden Strukturneutralität langfristig zur Verschleppung von allokativen Anpassungsprozessen führen. Angebotspolitik zielt auf die quantitative und qualitative Verbesserung der Ressourcenausstattung einer Volkswirtschaft sowie auf die Steigerung der statischen und dynamischen Effizienz. Die dadurch erreichbaren Wohlfahrtsgewinne implizieren nicht notwendig auch Beschäftigungsgewinne. Die Förderung der privaten Investitionen stärkt zum einen die gesamtwirtschaftliche Nachfrage und erweitert langfristig die Angebotsmöglichkeiten der Volkswirtschaft.

(2) Budgetdefizite können nur im Fall einer politisch abhängigen Zentralbank

durch einen Notenbankkredit, d.h. durch Geldschöpfung finanziert werden. Im Zuge einer dabei entstehenden Inflation wird die nominale Transaktionskasse im privaten Sektor steigen; entsprechend geht die reale private Güternachfrage zurück und ermöglicht so dem Staat die Inanspruchnahme zusätzlicher Ressourcen. Die Inflation wirkt insoweit wie eine Steuer auf die Kassenhaltung. Ihr Ertrag ist jedoch quantitativ begrenzt.

(3) Ist eine direkte Verschuldung des Staates bei der Notenbank ausgeschlossen, so erhöhen die akkumulierten Budgetdefizite den Staatsschuldenstand und dieser erfordert entsprechend steigende laufende Zinszahlungen. Entweder wird dadurch der Spielraum für die übrigen Staatsausgaben immer weiter eingeschränkt oder die laufende Neuverschuldung muß weiter erhöht werden, was zu einer explosiven Zunahme der Staatsschuld führen kann. Finanzwirtschaftliche Stabilität ist langfristig nur dann gewährleistet, wenn der inflationsbereinigte Zinssatz das reale Wirtschaftswachstum nicht übersteigt. Allgemeine, politisch-ökonomische Widerstände gegen eine Steuerfinanzierung von Staatsausgaben haben in vielen Ländern auch unabhängig von konjunkturbedingten Defiziten zu einem Anwachsen der Staatsverschuldung geführt.

5.2 Das Zusammenspiel von Geld- und Lohnpolitik

5.2.1 Die Grenzen der Einkommenspolitik

Während die Fiskalpolitik in der Entwicklung stabilitätspolitischer Konzeptionen eher dem Vollbeschäftigungsziel zugeordnet wurde, hoffte man, die Inflation mittels der *Einkommenspolitik* unter Kontrolle halten zu können. Darunter lassen sich alle Maßnahmen subsumieren, die den Prozeß der nominalen Einkommensbildung *von der Angebotsseite her* so zu steuern beabsichtigen, daß ein inflatorischer Lohn-Preis-Mechanismus verhindert oder gebremst wird. Die Instrumente der Einkommenspolitik reichen von unverbindlichen Leitlinien zur Zurückhaltung bei der Lohn- und Preisbildung bis zum Erlaß eines Lohn- und Preisstopps. Einkommenspolitik ist nicht mit (Einkommens-) Verteilungspolitik zu verwechseln. Erstere hat eine rein stabilitätspolitische, keine umverteilungspolitische Aufgabe.[8]

Als isolierter Ansatzpunkt der Einkommenspolitik ist das *Preissetzungsverhalten* der Unternehmen wenig geeignet. Selbst wenn man Preissteigerungen ausschließen könnte, so gerieten die Unternehmen bei weiterhin steigenden Löhnen in die "Profitklemme", was zu Produktionseinschränkung und Arbeitslosigkeit führen müßte. Bloße Appelle zur Preiszurückhaltung werden deshalb kaum befolgt werden (können). Ein - durch einen entsprechenden

---

[8] Bereits Keynes war klar, daß gerade der Erfolg einer Vollbeschäftigungspolitik weitergehende, möglicherweise auch nicht marktkonforme Interventionen der Wirtschaftspolitik notwendig macht. Er forderte zur Sicherung der Geldwertstabilität bei Vollbeschäftigung eine politisch geregelte Lohnkontrolle, was letztlich die Aufhebung der Tarifautonomie bedeutet.

Lohnstopp ergänzter - gesetzlich verfügter Preisstopp würde jedoch auch Änderungen der relativen Preise ausschalten; Behinderungen des Allokations- und Wettbewerbsprozesses wären die Folge. Auch der große Administrations- und Überwachungsaufwand spricht gegen diesen Weg.

Da die Gewinneinkommen residual, d.h. durch den Einkommenskreislauf bestimmt, die Lohneinkommen dagegen kontraktbestimmt sind, erscheint allgemein eine *Regulierung der Nominallohnpolitik* als indirekter Weg zur Beeinflussung der Inflationsrate vorteilhafter. Zum einen ist der Prozeß der Lohnbildung auf relativ wenige Tarifverhandlungen im Jahr konzentriert (im Vergleich zu den laufenden Preissetzungen auf dem Gütermarkt), so daß sich der regulative Aufwand in Grenzen hält. Zum anderen wird die Bewegung relativer Preise weniger behindert.

Ein zentraler, die Lohninflation antreibender Faktor sind die Inflationserwartungen. Um ihren Einfluß auszuschalten, sieht das *Konzept der Indexierung* vor, bei der Festsetzung der Tariflöhne zunächst auf der Basis der bestehenden Inflationsrate über den gewünschten realen Lohnzuwachs zu verhandeln, ohne die weitere erwartete Geldentwertung zu berücksichtigen; jedoch werden während der Laufzeit des Tarifvertrages in bestimmten Abständen automatisch dann Lohnzuschläge fällig, wenn Preissteigerungen eintreten. Für dieses Konzept spricht, daß die Lohnverhandlungen damit scheinbar vom Problem der inflationsbedingten Umverteilungsprozesse entlastet werden und die Akteure gleichsam direkt über den Reallohn verhandeln können.

Faktisch wird damit jedoch nur eine Verkürzung der Laufzeit der Tarifverträge erreicht. Diese sei z.B. zunächst mit 12 Monaten vereinbart, wobei nach jeweils 4 Monaten eine automatische Angleichung im Falle unvorhergesehener Preissteigerungen erfolgt. Im Ausgangszeitpunkt t_0 herrsche Preisstabilität, der vereinbarte Nominal- gleich Reallohnzuwachs sei dw_1 (Abbildung 5.4). Wenn nun in t_1 das Preisniveau jedoch um den gleichen Betrag gestiegen

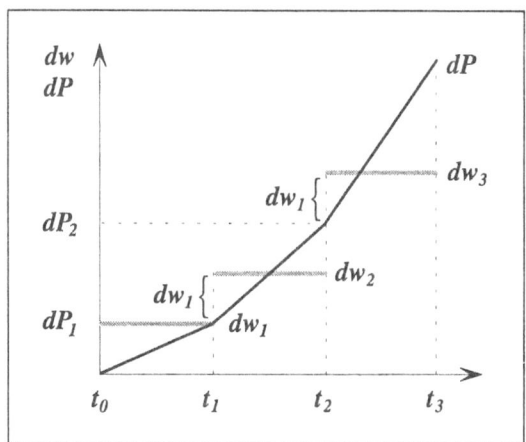

Abbildung 5.4: Löhne und Preise bei Indexierung

und somit der angestrebte Reallohnzuwachs ausgeblieben ist, wird die Nominallohnerhöhung auf $dw_2 = dw_1 + dP_1$ angepaßt. Denkbar ist, daß sich daraufhin die Preissteigerung kostenbedingt beschleunigt, so daß zum nächsten Termin t_2 nach gleichem Muster eine erneute Nachbesserung der Löhne notwendig wird ($dw_3 = dw_1 + dP_2$).

Dieser Prozeß gleicht nun einem üblichen Lohnbildungsverfahren, bei dem zu jedem Zeitpunkt t jeweils die *vergangene* Preisentwicklung in den Lohnerhöhungen abgegolten wird. Bei wiederholten Enttäuschungen der Reallohnerwartungen ist deshalb auch die Forderung nach einem modifizierten Indexierungskontrakt möglich, der nicht auf die vergangene, sondern auf die jeweils erwartete Preissteigerung abstellt. Damit entsteht aber wieder das Problem der Belastung der Lohnbildung mit Inflationserwartungen, zu dessen Lösung die Indexierungsstrategie vorgeschlagen wurde. Hält man dagegen am nachträglichen Inflationsausgleich fest, so treibt die Indexierung den Inflationsprozeß an, indem die Geldentwertung der zurückliegenden Periode über den Lohnaufschlag in die Zukunft fortgeschrieben wird. Wie im Fall adaptiver Erwartungen muß dann erst die laufende Inflationsrate über eine Nachfragerestriktion sinken, bevor dieser Rückgang dann vermittelt über die Lohnreaktion angebotsseitig unterstützt wird.

Bei monetären Störungen, wenn ein Inflationsimpuls z.B. auf eine Geldmengenerhöhung zurückgeht, stellt die Nominallohnindexierung mit jedem Schritt den zuvor bestehenden Reallohn wieder her. Die Indexierung führt jedoch auch dann zu einer (tendenziellen) Reallohnrigidität, wenn realwirtschaftliche Faktoren eine *Änderung* der Realeinkommen erfordern. Technologische Störungen, Energiepreissteigerungen, Steuererhöhungen oder Verschlechterungen der Terms of Trade verlangen einen Reallohnverzicht. Sie lösen zunächst einen partiellen Preisniveauschub aus, der dann über die automatische Lohnanpassung eine allgemeine Preisinflation in Gang setzt. Die Indexierung verhindert somit die erforderliche allokative Anpassung und erzeugt ein makroökonomisches Ungleichgewicht.

Einkommenspolitik darf somit nicht an der *vergangenen* Inflationsrate ausgerichtet werden und muß angebotsseitig bedingte Realeinkommensminderungen hinnehmen. Wird unter diesen Bedingungen der Anstieg der Nominallöhne auf das Ausmaß des Produktivitätswachstums beschränkt ("produktivitätsorientierte Lohnpolitik"), so könnte nach Gleichung [2.14] das Preisniveau stabil bleiben. Voraussetzung dazu ist jedoch, daß der Gewinnaufschlag unverändert bleibt. Im Konjunkturaufschwung, bei einem Nachfrageüberschuß auf dem Gütermarkt, ist es den Unternehmen aber oft möglich, den Mark-up zu erhöhen und knappheitsbedingte Preissteigerungen durchzusetzen.[9] Der in

---

[9] Dies ist ein von der Nachfrageseite ausgehender, makroökonomischer Effekt, der nichts mit einer angebotsseitigen "Vermachtung der Märkte" zu tun hat. Die Wettbewerbspolitik ist deshalb ein untaugliches Mittel, um die Entstehung höherer Unternehmensgewinne im Boom zu verhindern.

diesem Fall drohende Verteilungsverlust der Lohnbezieher wird wiederum deren Bereitschaft mindern, einkommenspolitische Vorleistungen für die Inflationsbekämpfung zu erbringen.

In diesem Zusammenhang ist eine mögliche *Konfliktlinie zwischen Gewerkschaften und Arbeitnehmern* zu beachten: Erstere verlieren ihre Legitimationsbasis und Organisationsstärke, wenn es Arbeitnehmern gelingt, an ihren stabilitätsbewußten Interessenvertretern vorbei in direkten Forderungen gegen die Unternehmen höhere Einkommenszuwächse durchzusetzen. Für die Gewerkschaften ist es deshalb aus Interesse an der Verteidigung der gesellschaftlichen Stellung ihrer Organisation riskant, einem einkommenspolitischen "Pakt" zuzustimmen: Gewerkschaftliche Lohnforderungen müssen in etwa den Spielraum ausschöpfen, der durch die Knappheitsbedingungen auf dem Arbeitsmarkt gegeben ist. Ansonsten entsteht eine zu große "Lohndrift" zwischen den von den Unternehmen gezahlten Effektiv- und den vereinbarten Tariflöhnen. Dadurch würde die Position der Gewerkschaften unterhöhlt - und letztlich doch die Inflation angeheizt.

Eine Einkommenspolitik gegen die Marktkräfte hat keine Aussicht auf Erfolg. Besteht bei guter Konjunktur eine Überschußnachfrage auf dem Arbeitsmarkt, so ist ein Lohndruck, der auf die Realisierung eines entsprechend höheren Reallohnes zielt, letztlich nicht zurückzustauen. Kostendruck und Lohnsteigerungen sind in dieser Situation nicht Ursache, sondern Begleiterscheinung des Inflationsprozesses. Einkommenspolitik ist in dieser Konstellation ein ungeeignetes Konzept.

In bezug auf 'Kostendruck'-Inflation besteht für Leute, die so naiv sind, das Konzept überhaupt zu akzeptieren, die naheliegende wirtschaftspolitische Empfehlung in dem ebenso naiven Vorschlag, das Drücken zu beenden, indem man entweder an das Anstandsgefühl der Drückenden appelliert oder sie wenn nötig sozialer Disziplinierung aussetzt. Das intellektuelle Aufblühen dieses primitiven Appells zur Verspottung ökonomischer Gesetzmäßigkeiten durch soziale Konventionen und Beschränkungen erfolgt in der feierlichen Feststellung der Notwendigkeit einer Einkommenspolitik durch angesehene Ökonomen.

Harry G. Johnson (1975: 44)

Einkommenspolitik kann im Rahmen einer Inflationsbekämpfung nur dann erfolgreich sein, wenn die Nachfragepolitik ein makroökonomisches Gleichgewicht absichert, d.h. eine Überschußnachfrage auf dem Arbeitsmarkt verhindert. Die Herstellung und Sicherung von Geldwertstabilität *ohne* volkswirtschaftliche Kosten in Form von Arbeitslosigkeit verlangt eine Kooperation zwischen Geld- und Lohnpolitik. Die *Unmöglichkeit, allein mit Einkommenspolitik die Inflation zu bekämpfen,* ist durch die Interaktion von gesamtwirtschaftlicher Nachfrage- und Angebotsfunktion begründet[10] (Abbildung 5.5):

---

[10] Vgl. zum folgenden Kapitel 2.4.5.

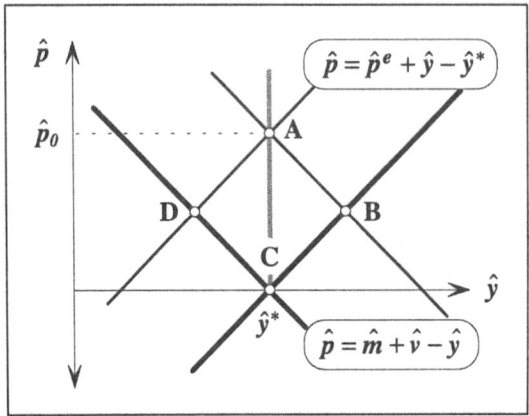

Abbildung 5.5: Interaktion von Lohn- und Geldpolitik

Wenn im Ausgangspunkt A die Gewerkschaften über einkommenspolitische Appelle zu einer maßvolleren Lohnpolitik, d.h. zu einer Verringerung des autonomen Lohndrucks bewegt werden können, so verlagert sich die Angebotsfunktion nach unten (und verläuft nun durch B und C). Solange das alte Geldmengenwachstum aufrechterhalten wird (und keine Geldnachfragestörungen auftreten), bleibt die Lage der Nachfragefunktion unverändert.

Der neue Schnittpunkt, d.h. das neue (temporäre) makroökonomische Gleichgewicht liegt nun in B. Die Lohnzurückhaltung hat zwar angebotsseitig zu einem Inflationsabbau geführt, zugleich hat sich aber infolge der gestiegenen realen Geldmenge das Nachfrage- und Einkommenswachstum beschleunigt. Damit ist die Beschäftigung gestiegen und die Überschußnachfrage auf dem Arbeitsmarkt wird die Lohn- und Preisinflation antreiben, bis die Angebotsfunktion wieder in ihre alte Position zurückgeschoben und der Ausgangspunkt A wieder erreicht ist.

Eine Bereitschaft der Gewerkschaften zur Kooperation muß demnach durch eine entsprechende Anpassung des geldpolitischen Kurses abgesichert werden, um zum Erfolg zu führen. Notwendig ist parallel zur Lohnzurückhaltung eine Verringerung des Geldmengenwachstums, so daß sich Angebots- *und* Nachfragefunktion nach unten verschieben und ein neues Gleichgewicht in C bei Vollbeschäftigung und Preisstabilität herstellen. Aus anderer Perspektive formuliert: Im Rahmen einer *geldpolitisch* getragenen Strategie der Inflationsbekämpfung kann die Einkommenspolitik dazu beitragen, die Inflationsrate zu verringern, *ohne* den volkswirtschaftlich "teuren" Umweg über eine makropolitisch erzeugte Arbeitslosigkeit gehen zu müssen (A → C anstatt A → D → C). Damit wächst der Einkommenspolitik eine wichtige Rolle im Prozeß einer Antiinflationspolitik zu.

5.2.2 Der Disinflationsprozeß

Der Verlauf eines Prozesses abnehmender Inflationsraten hängt vor allem davon ab, in welchem Ausmaß die Preissteigerungen als Folge von Mengeneffekten (Produktions- und Beschäftigungsrückgängen) oder als Folge von geänderten Inflationserwartungen und einer Verringerung des autonomen Lohndrucks nachlassen.

Üblicherweise führt ein Kurswechsel zu einer restriktiven Nachfragepolitik unmittelbar zu einem negativen Mengeneffekt, weil die Löhne in Erwartung einer bestimmten Inflationsrate jeweils für die Laufzeit des Tarifvertrages fixiert wurden und somit auch die Preise kostenbedingt zunächst nach unten starr sind. Eine Verringerung des Geldmengenwachstums hat deshalb einen realen Nachfragerückgang zur Folge (von A nach D in Abbildung 5.5 bzw. von A nach B in Abbildung 5.6). Wenn es unter dem Druck des Wettbewerbs doch zu Preiszugeständnissen kommt (Punkt B' in Abbildung 5.6), erhöht sich zwar die reale Geldmenge, aber die Unternehmen geraten infolge der - auch aus der Sicht der Arbeitnehmer - unbeabsichtigten Reallohnerhöhung auf $(w/P)_1$ in die Verlustzone; die Folge ist eine Abnahme der Investitionsnei-

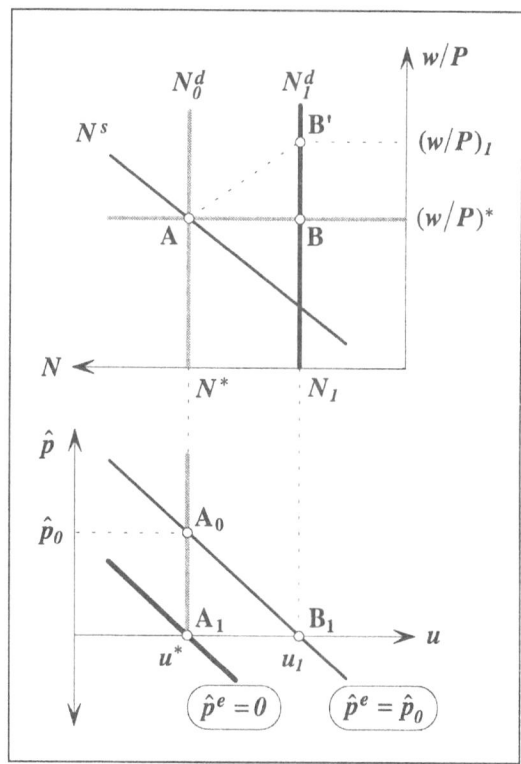

Abbildung 5.6: Restriktionspolitik bei alternativen Inflationserwartungen

gung. In jedem Fall nimmt die Arbeitslosigkeit auf u_1 zu; als Folge dieses kontraktiven Mengeneffektes geht die Inflation zurück (Bewegung auf der Phillips-Kurve nach B_1). Erst wenn sich aufgrund der Erfahrung sinkender Inflationsraten auch die *Inflationserwartung* auf Null zurückgebildet hat, kann sich ein neues Gleichgewicht in A_1 bzw. A einstellen.

Die zwischenzeitliche Erhöhung der Arbeitslosigkeit und die sie begleitenden Produktionseinschränkungen stellen Wohlfahrtsverluste dar, die bei rationalen Erwartungen, institutionell flexiblen Löhnen und Preisen sowie einer Kooperationsbereitschaft auf Seiten der Lohnpolitik vermieden werden könnten; in diesem Fall wäre ein direkter Übergang von A_0 zu A_1 möglich, indem parallel zu einem *angekündigten* Rückgang des Geldmengenwachstums und der damit ebenfalls geringeren Inflationserwartung auch die Lohnforderungen zurückgenommen werden, so daß Reallohn $(w/P)^*$ und Beschäftigung N^* erhalten bleiben. Eine Beeinflussung der Inflationserwartungen, d.h. eine Verschiebung der Phillips-Kurve nach unten, ist auf dem Wege der Einkommenspolitik möglich, wenn

- der Kurs der Nachfragepolitik glaubhaft angekündigt und durchgehalten wird,
- die Akteure der Lohnpolitik dazu bewegt werden, im Vertrauen darauf ihre Nominallohnforderungen zu beschränken, und
- die Unternehmen umgehend eine entsprechende Preiszurückhaltung an den Tag legen.

Ein derartiger Disinflationsprozeß ist aber in der Praxis aus mehreren Gründen kaum zu beobachten:

(1) Die Starrheit vieler Löhne und Preise nach unten spiegelt nicht notwendigerweise Marktunvollkommenheiten wider (institutionelle Rigiditäten, Informationsmängel), sondern kann auch das Ergebnis mikroökonomisch begründbarer Entscheidungen sein.[11] Es benötigt deshalb einige Zeit, bis ein makroökonomischer Kurswechsel im einzelwirtschaftlichen Bereich zu Anpassungen führt. Aus Sicht der Unternehmen ist mit einer individuellen Preissenkung bei einem Nachfragerückgang möglicherweise nur wenig zu gewinnen, weil dem preisbedingten Mehrabsatz der sinkende Stückgewinn gegenüberzustellen ist.[12] Bleibt die Preisanpassung aus, so verzichten die Unternehmen *einzelwirtschaftlich* auf nur marginale Profiterhöhungen; *makroökonomisch* jedoch wird ein substantieller Nachfrage- und Gewinneffekt (infolge einer steigenden realen Geldmenge) verschenkt.

(2) Oft fehlt es einer angekündigten Politik der Inflationsbekämpfung an Glaubwürdigkeit.[13] Zweifeln nur *einzelne* Arbeitnehmer bzw. Gewerkschaften an der Entschlossenheit der Notenbank oder an der sofortigen inflationsdämp-

---

[11] Zu den Ursachen von Lohnrigiditäten siehe Kapitel 3.2.
[12] Vgl. Kapitel 2.1.2.
[13] Dieser Aspekt wird ausführlicher in Kapitel 5.2.6 behandelt.

fenden Wirkung einer restriktiven Geldpolitik, so werden sie aus Angst vor Realeinkommensverlusten ihre Lohnforderungen nicht senken. Weil dann die *durchschnittliche* Lohnsteigerungsrate nicht ausreichend zurückgeht, wird auch die Inflationsrate langsamer als angekündigt sinken. Die Lohnpolitik sieht sich dann in ihrer zögernden Haltung bestätigt.

(3) Geldwertstabilität ist ein "öffentliches Gut", von dem niemand ausgeschlossen werden kann. Jede einzelne Gewerkschaft erzielt deshalb (relative) Realeinkommensgewinne für ihre Mitglieder, wenn sie an ihren Lohnforderungen festhält, während die Lohnzurückhaltung der übrigen Gewerkschaften zum Inflationsabbau beiträgt. Da diese jedoch ebenso denken, kommt es nicht zu einem allgemeinen Rückgang der Lohninflation.

Realistischerweise ist also davon auszugehen, daß eine Inflationsbekämpfung mit negativen Mengeneffekten einhergehen wird. Eine Stabilisierungspolitik kann dann *zwei alternative Strategien* verfolgen, die sich durch die zeitliche Dosierung des Instrumenteneinsatzes und damit durch Art und Dauer des Anpassungsprozesses unterscheiden; das Ziel sei in beiden Fällen die Verringerung der Inflationsrate von $\hat{p}_0$ auf $\hat{p}_1$ (Abbildung 5.7):

• Bei der "Schocktherapie" wird von der Konstellation A ausgehend das Geldmengenwachstum direkt um die Differenz $(\hat{p}_0 - \hat{p}_1)$ gesenkt. Dadurch wird die Nachfragekurve in einem Zug auf $\hat{y}^d(\hat{m}_1)$ verschoben. Der Anpassungspfad verläuft dann über B nach einer Verlagerung der Angebotsfunktion auf

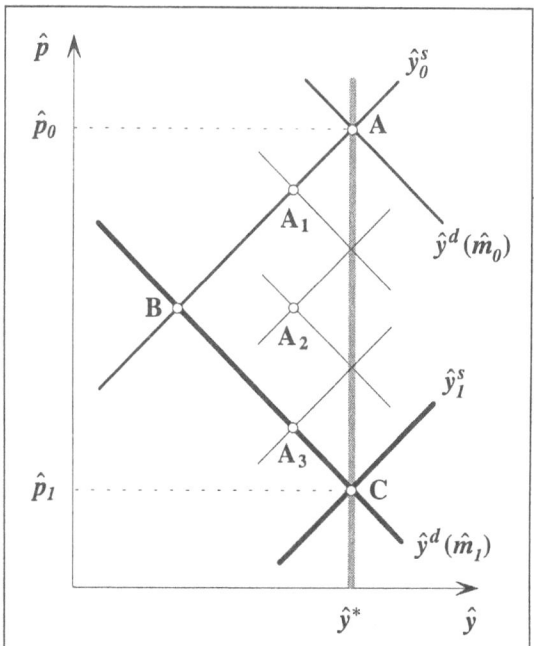

Abbildung 5.7: Schocktherapie versus Gradualismus bei der Inflationsbekämpfung

$\hat{y}_l^s$ zum neuen Gleichgewicht C. Dieser Weg ist mit zunächst sehr großen Produktions- und Beschäftigungsverlusten verbunden, führt aber auch zu einer raschen Reduktion der Inflationsrate. Dies wird auch als "Cold-Turkey"-Therapie bezeichnet: ein plötzlicher und (fast) vollständiger Entzug der "Inflationsdroge".

- Eine alternative, "gradualistische" Strategie besteht in einer schrittweisen Verringerung des Geldmengenwachstums. Während des in diesem Fall über A_1, A_2 usw. verlaufenden Anpassungsprozesses ist die Arbeitslosigkeit in jeder Periode geringer, bleibt aber über einen längeren Zeitraum bestehen; entsprechend dauert es auch länger, bis die angestrebte Inflationsrate erreicht ist.

Bei einer Entscheidung zwischen diesen beiden Strategien sind mehrere Aspekte zu berücksichtigen:

(1) Im Hinblick auf die *Glaubwürdigkeit der Inflationsbekämpfung* hat der gradualistische Weg den Nachteil, daß er in den Augen der Marktakteure offenbar vor dem anfänglich starken Anstieg der Arbeitslosigkeit zurückschreckt. Dies kann so gedeutet werden, daß das wirtschaftspolitische Interesse an mehr Geldwertstabilität generell unter beschäftigungspolitischem Vorbehalt steht; der Prozeß des Abbaus der Inflationserwartungen wird dabei möglicherweise gebremst.

(2) Die Rigidität der Löhne und Preise beruht teilweise auf der *Existenz nominal fixierter Verträge* mit mittelfristiger Laufzeit. Bei sehr hohen Inflationsraten ist jedoch zu beobachten, daß die Verbreitung derartiger Kontrakte aus Angst der Vertragspartner vor Inflationsverlusten zurückgeht. In diesen Fällen (auch bei einer drohenden Hyperinflation) ist somit eine deutliche Rückführung des Geldmengenwachstums möglich und geboten.

(3) Die Disinflation hat auch Auswirkungen auf die *Angebotsseite der Volkswirtschaft* und damit auf ihre weitere langfristige Entwicklung. Nachfragebedingte Unterbeschäftigung kann sich zu struktureller Arbeitslosigkeit verfestigen. Die Ertragserwartungen der Investoren werden erfahrungsgemäß in einer Phase sinkender Inflationsraten negativ berührt; die Sachkapitalbildung bleibt somit gering. Es muß abgewogen werden, ob die langfristigen Verluste beim Human- und Sachkapitalbestand bei einer kurzen und tiefen Wirtschaftskrise größer oder kleiner zu veranschlagen sind als im Falle einer schwächeren, aber länger anhaltenden Rezession.[14]

5.2.3 Nachfragepolitik bei struktureller Arbeitslosigkeit und Preisstabilität

Es war ein zentrales Ergebnis der traditionellen Phillips-Kurven-Diskussion, daß strukturelle Arbeitslosigkeit nicht mit expansiver Nachfragepolitik, sondern allenfalls mit Maßnahmen zur Arbeitsmarktflexibilisierung zu bekämp-

---

[14] Vgl. Kapitel 3.1.4 und 3.3.4.

fen sei. Die Begründung war, daß in dieser Konstellation eine Nachfragesteigerung ein Arbeitsmarktungleichgewicht mit der Folge von Lohn- und Preissteigerungen hervorrufen muß.[15] Sie lassen sich im wesentlichen auf zwei Ursachen zurückführen:
- Die Besetzung insbesondere technisch hochwertig ausgestatteter Arbeitsplätze mit nicht einschlägig qualifizierten Arbeitskräften bedeutet einen Produktivitätsverlust, der sich in einer Kosten- bzw. Preiserhöhung niederschlägt.
- Aufgrund dieser Problemlage der Unternehmen steigt die Marktmacht der besser qualifizierten Beschäftigten; sie können u.a. über Abwanderungsdrohungen Lohnsteigerungen durchsetzen, die tendenziell auf die Absatzpreise überwälzt werden.

Die Untersuchung der Allokationsmechanismen auf dem Arbeitsmarkt hat nun aber gezeigt, daß die durch die strukturelle Arbeitslosenquote bestimmte NAIRU von der makroökonomischen Nachfrageentwicklung selbst abhängig sein kann. Eine zu einem bestimmten Zeitpunkt konstatierte "gleichgewichtige" Arbeitslosigkeit u_0^* (Abbildung 5.8) muß somit nicht auf originär mikroökonomischen Faktoren beruhen, sondern kann auch die Spätfolge eines konjunkturellen Beschäftigungseinbruchs sein. Eine Abgrenzung der strukturell Arbeitslosen von den marktfähigen Arbeitskräften ist unabhängig vom Stand der gesamtwirtschaftlichen Nachfrage kaum möglich, da sich praktisch jedes Niveau konjunktureller Unterbeschäftigung mit der Zeit in strukturelle Arbeitslosigkeit verwandelt, wenn eine Nachfrageerholung ausbleibt.[16]

Noch unbestimmter wird die Kategorie struktureller Arbeitslosigkeit, wenn man die Annahme homogener Arbeitskräfte fallenläßt. Faktisch lassen sich auch unter den Beschäftigten (trotz einheitlichem Lohn) Unterschiede im Hinblick auf Qualifikation und Leistungsfähigkeit finden.[17] Probleme des "matching" von Arbeitsplatzanforderungen und Qualifikationsprofilen treten somit prinzipiell auch bei Vollbeschäftigung auf. Die Redeweise von einer strukturellen Arbeitslosigkeit weist so im Kern auf mikroökonomische, betriebsinterne *Effizienzprobleme* hin, die sich im Zuge einer Beschäftigungssteigerung zeigen können. Dies kann jedoch kein grundsätzliches Argument gegen eine expansive Nachfragepolitik sein, da die Alternative - z.B. arbeitsmarktpolitische Qualifikationsprogramme für "strukturell" Arbeitslose - zwar den Substitutionsprozeß zwischen Beschäftigten und Arbeitslosen fördert, direkt jedoch das Beschäftigungsvolumen nicht erhöht.

Eine wirtschaftspolitisch oder marktendogen bewirkte Nachfragesteigerung, die auf ein quantitativ ausreichendes und strukturell "richtig" qualifiziertes Arbeitsangebot trifft, stellt eine Ausnahmekonstellation dar. Faktisch werden sich am Arbeitsmarkt immer partielle Angebotsbeschränkungen zeigen.

---

[15] Vgl. Kapitel 2.2.3.
[16] Vgl. Kapitel 3.3.3.
[17] Vgl. Kapitel 3.2.4.

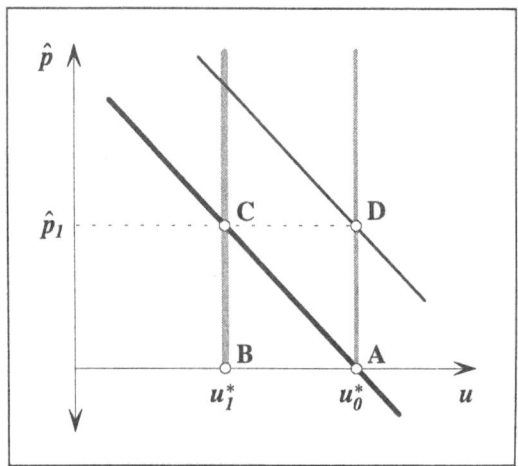

Abbildung 5.8:
Expansive Nachfragepolitik bei Hysteresis

Diese lassen sich jedoch gerade - und vielleicht nur - im Prozeß der (Wieder-) Beschäftigung auflösen. Der Hysteresis-Effekt kann auch in expansiver Richtung wirken. Mittels einer Nachfrageexpansion kann auch eine *Verringerung* der (partiell endogenen) strukturellen Arbeitslosenquote gelingen, indem die Neu- oder Wiederbeschäftigten "on the job" verlorengegangene und neue Kenntnisse und Fähigkeiten erwerben.

Eine z.B. von Preisstabilität ausgehende Nachfrageexpansion (Bewegung A → C in Abbildung 5.8) setzt zwei einander entgegengerichtete Marktprozesse in Gang:

• Zum einen kommt es neben den knappheitsbedingten auch zu erwartungsbedingten Preissteigerungen (A → D).

• Zum anderen stellen die Unternehmen bei Übernachfrage auch solche Arbeitskräfte ein, die sie ansonsten als ungeeignet abgelehnt hätten ("strukturell" Arbeitslose). Mit einer vollständigen Requalifikation während ihrer Beschäftigung könnten diese Arbeitskräfte wieder in das marktfähige Arbeitspotential integriert werden, wodurch die NAIRU von u_0^* auf u_1^* sinkt (A → B).

Das letztendlich sich im Markt durchsetzende Ergebnis hängt von der relativen Stärke und Geschwindigkeit dieser beiden Prozeßfaktoren ab. Das Szenario einer akzelerierenden Inflation ohne Beschäftigungsgewinne stellt ebenso einen Spezialfall dar wie die endogene Erweiterung des Arbeitspotentials, wobei ein *dauerhaft* größeres Output- und Beschäftigungsniveau bei einer zwar höheren, aber *nicht* akzelerierenden Inflationsrate erreicht wird. Das keynesianische Konzept einer Beschäftigungspolitik entlang einer links geneigten Phillips-Kurve wird damit bei einer vollständig variablen NAIRU bestätigt: Die anfängliche Überbeschäftigung wandelt sich zur Vollbeschäftigung und Punkt C stellt ein makroökonomisches Gleichgewicht (bei positiver, erwarteter Inflation) dar.[18] Vergleicht man die so auftretenden Wohlfahrtsgewinne und -verluste, so spricht bei einer niedrigen Inflationsrate und hoher Arbeitslosigkeit im Ausgangspunkt einiges für den Einsatz einer expansiven Nachfragepolitik.

Die Wirtschaftspolitik kann *parallel zur Nachfrageexpansion* dazu beitragen, die Realisierung dieses günstigen Szenarios zu fördern:
- Ein "Stabilitäts- und Beschäftigungspakt" könnte auf einkommenspolitischem Wege den Lohn- und Preisauftrieb bremsen.
- Da durch die Beschäftigung von "strukturell" Arbeitslosen positive externe Effekte für die Volkswirtschaft auftreten (in Gestalt einer niedrigeren NAIRU), könnte den Unternehmen ein Teil der Kosten ersetzt werden, die mit der Einstellung und Ausbildung von Arbeitslosen anfallen.
- Schließlich könnten staatliche Weiterbildungs- und Umschulungsmaßnahmen dafür sorgen, daß die individuellen Wiederbeschäftigungschancen der Arbeitslosen steigen.

Aus gesamtwirtschaftlicher Sicht besteht somit die zentrale Aufgabe der *Arbeitsmarktpolitik* in der ökonomischen "Konservierung von nichtbeschäftigten Ressourcen", so daß die Arbeitslosen so weit wie möglich ihre Qualifikation erhalten, damit als Konkurrenten der Beschäftigten "am Markt gehalten" werden und die Abspaltung von schwer vermittelbaren Problemgruppen aus dem Arbeitspotential verhindert wird. Die Erfolgschancen einer derartigen Arbeitsmarktpolitik sind jedoch begrenzt, weil sich ein Teil der Arbeitslosen nach längerer vergeblicher Stellensuche faktisch doch aus dem Erwerbsleben zurückzieht, die Lernfähigkeit mit dem Alter abnimmt und bestimmte, insbesondere sozial-psychologische Dequalifikationsprozesse als irreversibel anzusehen sind.

Wenn aber die Möglichkeit einer ökonomischen Reaktivierung von Arbeitslosen nicht durchgängig gegeben ist, so bedeutet dies, daß der Hysteresis-Effekt in der Praxis eher asymmetrisch wirkt: Einem endogenen Anstieg der strukturellen Arbeitslosenquote bei Unterbeschäftigung steht - selbst bei staatlicher Unterstützung - nicht in gleicher Weise ein aus dem Marktmechanismus resultierender Reintegrationsprozeß der Arbeitslosen gegenüber. Aus dieser Erkenntnis ergibt sich eine Neubewertung des stabilitätspolitischen Ziels der Vollbeschäftigung: Die Kosten von Arbeitslosigkeit bestehen nicht nur u.a. in einem kurzfristigen Verzicht auf Realeinkommen, sondern auch in der Gefahr der Herausbildung einer höheren strukturellen Arbeitslosigkeit, wodurch sich die langfristigen Produktions- und Beschäftigungschancen der Volkswirtschaft vermindern.

---

[18] Faktisch handelt es sich um die Umkehrung des in Abbildung 3.11 illustrierten Falles einer restriktiven Nachfragepolitik bei Hysteresis.

5.2.4 Das Konzept der potentialorientierten Geldmengenpolitik

Während einkommenspolitische Strategien den für die Stabilitätsproblematik zentralen Zusammenhang zwischen den Nominalkategorien Lohn, Preis und Geldmenge vorrangig von der Angebotsseite beschreiben, setzt das *monetaristische Konzept der potentialorientierten Geldpolitik* auf der Nachfrageseite an. Es basiert auf dem in der Quantitätsgleichung

$$\hat{m} + \hat{v} \equiv \hat{p} + \hat{y} \qquad [5.9]$$

erfaßten definitorischen Zusammenhang.[19] Die *Quantitätstheorie* nimmt nun an, daß die Umlaufgeschwindigkeit des Geldes mehr oder weniger konstant bleibt ($\hat{v}=0$) und das reale Wachstum von monetären Impulsen nicht beeinflußt wird ("Neutralität des Geldes"). Damit wird die Inflationsrate durch die Differenz zwischen Geldmengen- und Wirtschaftswachstum bestimmt. Preisstabilität könnte demnach bei $\hat{m} = \hat{y}$ gewahrt bleiben.

Das Konzept sieht deshalb vor, zur Sicherung der Geldwertstabilität die Geldmenge nur im Ausmaß des erwarteten bzw. möglichen realen Wirtschaftswachstums auszudehnen. Als primäre Orientierungsgröße dient dabei das geschätzte *Wachstum des inländischen*[20] *Produktionspotentials* $\hat{y}^{pot,e}$. Dieses hängt von den Bestandsveränderungen *aller* Produktionsfaktoren und ihrer Produktivität ab. Jedoch ist es problematisch, z.B. bei Vollauslastung des Sachkapitals in der Existenz einer großen Zahl von Arbeitslosen einen potentiellen Wachstumsspielraum zu sehen. In dieser Konstellation eines Kapitalmangels[21] erfordert eine Produktionssteigerung eine Änderung des Faktoreinsatzverhältnisses und somit eine Reallohnsenkung: Ein vermehrter Arbeitseinsatz würde wegen abnehmender Grenzerträge zu Kosten- und Preissteigerungen führen. Diese könnten das auf Geldwertstabilität angelegte geldpolitische Konzept gefährden. Folglich spricht einiges dafür, das Arbeitsangebot bei der Berechnung des Produktionspotentials auszuklammern und allein auf die Entwicklung des Kapitalbestandes und der Kapitalproduktivität abzustellen.

Der durch das Potentialwachstum ermittelte Wert für das Geldmengenwachstum kann um eine erwünschte bzw. erwartete *Änderung des volkswirtschaftlichen Kapazitätsauslastungsgrades* ($q=Y/Y^{pot}$) modifiziert werden, um genügend Spielraum für eine etwaige konjunkturelle Erholung zu lassen; keinesfalls sollte jedoch eine sich abzeichnende Überauslastung des Produktionspotentials seitens der Geldpolitik alimentiert werden.[22] Daneben können

---

[19] Vgl. Kapitel 2.4.5.
[20] Implizit wird damit ein bestimmter Handelsbilanzsaldo festgeschrieben.
[21] Vgl. Kapitel 3.3.4.
[22] Die Bundesbank hat in der Vergangenheit auf die explizite Berücksichtigung des Auslastungsgrades verzichtet. Vielmehr sollte die Ausrichtung der Geldmenge am Potentialwachstum eine automatische Stabilisierungstendenz entfalten, indem in der Hochkonjunktur

auch *erwartete Änderungen der Umlaufgeschwindigkeit* des Geldes, d.h. der Geldnachfrage berücksichtigt werden. Schließlich kann - wenn in der Ausgangssituation die Inflation relativ hoch ist - für die kommende Periode anstelle perfekter Preisstabilität eine positive, im Vergleich zum Ausgangspunkt jedoch niedrigere *"unvermeidliche" Inflationsrate* $\hat{p}^*$ einkalkuliert werden; die Anpassungsgeschwindigkeit der Löhne soll so angesichts institutioneller Rigiditäten nicht überfordert, aber zugleich die Absicht eines Inflationsabbaus verdeutlicht werden.

$$\hat{m}^* = \hat{y}^{pot,e} + \hat{q}^e - \hat{v}^e + \hat{p}^* \qquad [5.10]$$

Wenn die Notenbank z.B. eine konstante Umlaufgeschwindigkeit erwartet, eine Inflationsrate von Null anstrebt und ein mit Vollbeschäftigung verträgliches Wachstum $\hat{y}^* = \hat{y}^{pot,e} + \hat{q}^e$ für möglich hält, so wird sie ein Geldmengenwachstum von $\hat{m}^* = \hat{y}^*$ festlegen.

Damit sind jedoch weder das gewünschte Wirtschaftswachstum noch die angestrebte Preisstabilität garantiert. Durch die potentialorientierte Geldpolitik wird lediglich die durch D und C verlaufende Nachfragekurve als monetäre "Budgetbeschränkung" für die Volkswirtschaft vorgegeben (Abbildung 5.5). Der Punkt C mit $\hat{y} = \hat{y}^*$ und $\hat{p} = 0$ stellt nur *eine* makroökonomische Kombination unter vielen anderen auf dieser Linie dar. Es hängt von der Lage der Angebotsfunktion, d.h. vor allem von den Inflationserwartungen ab, welcher Punkt realisiert wird.

Ein wesentlicher Bestandteil des Konzepts ist deshalb die *vorherige Ankündigung* des berechneten Zielwertes für das Geldmengenwachstum $\hat{m}^*$, um damit auch die Inflationserwartungen zu steuern. Aber nur, wenn dies gelingt, d.h. wenn die Marktakteure eine Inflationsrate von Null erwarten, verläuft auch die Angebotsfunktion durch C. Bei einer positiven Inflationserwartung von z.B. $\hat{p}^e = \hat{p}_0$ ergibt sich ein Gütermarktgleichgewicht in D; das für diesen Fall zu geringe Geldmengenwachstum verhindert über einen negativen Realkassen-Zins-Effekt, daß das Vollbeschäftigungswachstum $\hat{y}^*$ erreicht wird. Hält die Notenbank an ihrem Kurs fest, können sich Inflation und Inflationserwartungen infolge der eintretenden Arbeitslosigkeit zurückbilden (D → C). Andernfalls muß im Interesse der kurzfristigen Beschäftigungssicherung das Geldmengenwachstum über den zunächst gewählten Wert hinaus erhöht werden, so daß Punkt A erreicht wird.

Abbildung 5.9 illustriert die *zwei Wirkungsmechanismen der Geldpolitik* (die Vorzeichen geben jeweils den positiven bzw. negativen Wirkungszusam-

---

bei $\hat{y} > \hat{y}^{pot,e}$ ein relativ knapp bemessenes, in der Rezession bei $\hat{y} < \hat{y}^{pot,e}$ dagegen ein großzügiges Geldmengenwachstum bereitgestellt wird. Übersehen wird dabei jedoch, daß ausgehend von einem niedrigen Auslastungsgrad in einer Aufschwungphase die Konstellation $\hat{y} > \hat{y}^{pot,e}$ längere Zeit durchgehalten werden könnte, ohne daß die Produktion auf Angebotsbeschränkungen stoßen müßte (vgl. Abbildung 3.14). In diesem Fall wirkt das Bundesbankkonzept unnötig restriktiv.

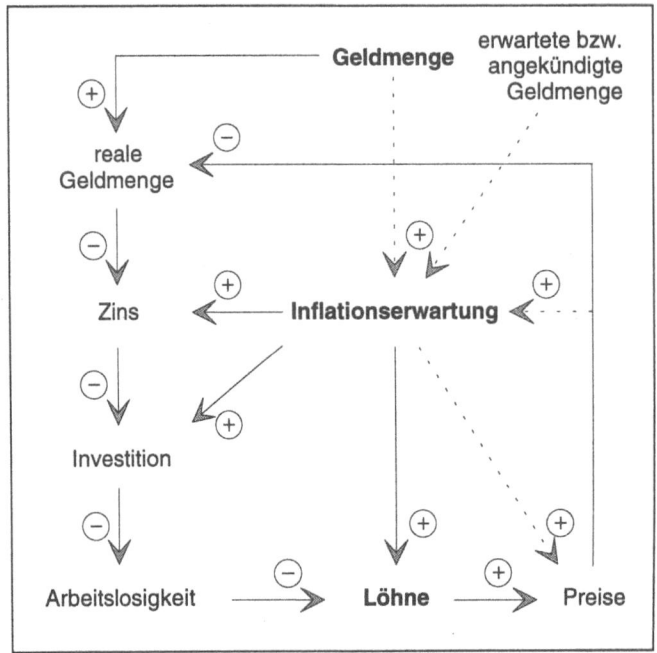

Abbildung 5.9:
Wirkungszusammenhänge zwischen Geldmenge, Löhnen und Preisen

menhang zwischen den einzelnen Variablen im Transmissionsprozeß an):
• Beim *ersten Weg* werden alle Märkte berührt; über zinsbedingte Investitionsimpulse werden schließlich auch die Knappheitsverhältnisse auf dem Arbeitsmarkt verändert, wodurch entsprechende Lohnreaktionen ausgelöst werden.
• Der *zweite Weg* verläuft wesentlich schneller über die Inflationserwartungen auf die Löhne. Ein direkter Effekt auf die Preise ist dabei in Expansions-, aber weniger in Kontraktionsphasen denkbar, da die Unternehmen hier bei zunächst noch anhaltenden Lohnsteigerungen Verluste hinnehmen müßten.
• *Allgemein* gilt, daß die Wirkung der Geldmenge auf die Preise in erster Linie über die Löhne erfolgt und daß die Preisbewegungen über den Realkassen-Zins-Effekt auf den makroökonomischen Prozeß zurückwirken.

Das Konzept der potentialorientierten Geldpolitik will beide Kanäle nutzen und auf diese Weise die Nachfrage- *und* Angebotsseite des Marktprozesses kontrollieren. Jedoch ist der Effekt von der (Ankündigung der) Geldmenge auf die Inflationserwartungen nicht zwingend. Denkbar ist auch, daß die erwartete Preissteigerungsrate in adaptiver Weise von der tatsächlichen Preisentwicklung abhängt. Die *Funktionsprobleme des Konzepts der potentialorientierten Geldpolitik* lassen sich in folgenden Punkten zusammenfassen:
(1) Es ist vorauszusetzen, daß die Geldnachfrage stabil und die Geldmenge

von der Angebotsseite steuerbar ist. Monetarismus und (vorherrschende Strömungen im) Keynesianismus gehen davon aus, daß die Notenbank das Geldangebot prinzipiell bestimmen kann. Umgekehrt ist die Geldmenge dann endogen, wenn die Notenbank keine Kontrolle über die Summe ihrer Bilanzaktiva hat, also z.B. im Falle fixer Wechselkurse. Aus diesem Grund fordert der Monetarismus flexible Wechselkurse, um die Autonomie der nationalen Geldpolitik zu bewahren.

(2) Der quantitätstheoretische Ansatz erfaßt das Inflationsphänomen nur von der Nachfrageseite und bedarf einer Ergänzung durch die Lohnpolitik. Die Notenbank kann nur ein Finanzierungspotential für das nominale Transaktionsvolumen *insgesamt* ($P \cdot Y$) zur Verfügung stellen, sie kann nicht allein der Inflation die Finanzierung verweigern. Eine Inflationsbekämpfung wird deshalb bei *rigiden* Preiserwartungen zumindest kurzfristig zu realen Produktions- und Beschäftigungseinbußen führen. Langfristig bleibt die Geldpolitik nur dann neutral für die Entwicklung des Realeinkommens, wenn der Realzins durch nominale Geldmengenvariationen nicht verändert werden kann.

(3) Es ist möglich, daß der Gleichgewichtsoutput Y^* bzw. das potentielle Wachstum $\hat{y}^{pot}$ auf konjunkturelle Schwankungen reagiert[23]: Die Geldpolitik ist damit auch langfristig nicht neutral, mit der Konsequenz, daß der Referenzpunkt der potentialorientierten Geldmengensteuerung unscharf wird.

Die wirtschaftspolitische Position des Monetarismus ist generell vor dem Hintergrund der von ihm vertretenen *Hypothese der Stabilität des privaten Sektors* zu sehen. Für eine aktive Beschäftigungspolitik gibt es danach keinen Anlaß. In makroökonomischer Perspektive besteht die Hauptaufgabe der Wirtschaftspolitik vielmehr darin, die endogenen Stabilisierungskräfte des Marktsystems zu unterstützen und nicht selbst Störimpulse auszulösen. Abgesehen von der Berücksichtigung absehbarer bzw. erwünschter Änderungen des Kapazitätsauslastungsgrades im Geldmengenwachstumsziel [5.10] wird deshalb zu einem Verzicht auf diskretionäre Konjunkturpolitik geraten. Auftretende kurzfristige Störungen würden bei konstant gehaltenem Geldmengenwachstum insbesondere über den Realkassen-Zins-Effekt gedämpft.

Eine interventionistische Nachfragepolitik laufe dagegen Gefahr, makroökonomische Instabilitäten unfreiwillig zu verstärken: Aufgrund des Fehlens eindeutiger Frühwarnindikatoren kann die Wirtschaftspolitik konjunkturelle Schwankungen nur reaktiv beantworten. Vielfältige Verzögerungen im Entscheidungsprozeß sowie bei der Wirkung konjunkturpolitischer Maßnahmen können dazu führen, daß ihre Impulse zum falschen Zeitpunkt effektiv werden. Da die Wirkung einzelner Instrumente oft zunächst nur langsam sichtbar wird, erscheint eine höhere Dosierung angezeigt, erweist sich aber später möglicherweise als eine "Übersteuerung" und verlangt eine entsprechend stärkere gegenläufige Intervention (Instrumenteninstabilität).

---

[23] Vgl. Kapitel 3.3.4.

5.2.5 Persistenz der Inflation: Die Zeitinkonsistenz optimaler Geldpolitik

Im Szenario eines monetaristischen Ansatzes ist Inflation letztlich funktionslos. Da die Beschäftigung mittels Inflation nicht (dauerhaft) erhöht werden kann, bringt sie aus wohlfahrtstheoretischer Sicht nur Kosten, aber keinen Nutzen mit sich. Unterstellt man lernfähige Marktakteure *und* Wirtschaftspolitiker, wäre deshalb zu erwarten, daß sich mehr und mehr ein Regime mit Geldwertstabilität durchsetzt, da sich dabei alle langfristig besser stellen. Tatsächlich ist aber die Inflation aus dem Erscheinungsbild der Volkswirtschaften nicht verschwunden. Dies läßt sich nun mit einem "Glaubwürdigkeitsdefizit" der Notenbank erklären, die in den Augen der Marktakteure immer wieder versucht ist, bei niedrigen Inflationserwartungen über expansive Geldpolitik kurzfristige Beschäftigungserfolge zu erzielen. Das Ergebnis dieser - im folgenden spieltheoretisch zu untersuchenden - Interaktion zwischen Notenbank und privatem Sektor ist dann eine gleichgewichtige Inflationsrate, die höher als im Wohlfahrtsoptimum ist.

Die Interessenverfolgung der Notenbank läßt sich formal über die Maximierung einer Nutzenfunktion beschreiben, nach der ihre Wohlfahrt W zunimmt, wenn weder positive noch negative Geldwertveränderungen auftreten (deshalb wird die Inflationsrate in der Wohlfahrtsfunktion quadriert) und wenn die Arbeitslosenquote unter die Gleichgewichtsrate u^* fällt.[24] Der Parameter δ gibt das relative Gewicht dieses beschäftigungspolitischen Zieles an; eine Verringerung von δ erhöht indirekt den Stellenwert des Geldwertziels.

$$W = \delta \left(u^* - u\right) - \hat{p}^2 \qquad [5.11]$$

Für die positive Bewertung einer Arbeitslosenquote $u < u^*$ lassen sich mehrere Gründe anführen:
- Insbesondere bei einer regierungsabhängigen Notenbank können politische Präferenzen zugunsten einer "Beschäftigungsmaximierung" auch jenseits des Vollbeschäftigungsgleichgewichts vorliegen.
- u^* kann aus wohlfahrtstheoretischer Sicht zu hoch sein: Einkommensteuern und Arbeitslosenunterstützung verringern den einzelwirtschaftlichen Arbeitsanreiz. Dieses mikroökonomische Kalkül berücksichtigt jedoch nicht, daß der Gesellschaft insgesamt bei einem entsprechend niedrigeren Beschäftigungsvolumen volkswirtschaftliche Kosten in Form höherer Belastungen öffentlicher Haushalte entstehen. Auch die Versorgung mit - aus Steuereinnahmen zu finanzierenden - öffentlichen Gütern wird dann geringer als optimal sein. Diese externen Effekte können eine Beschäftigungsförderung rechtfertigen.
- u^* ist keine absolut fixierte Konstante; unter bestimmten Bedingungen ist es möglich, die strukturelle Arbeitslosenquote durch eine temporäre Übernach-

---

[24] Dabei gilt als Beschränkung $u \geq 0$. Die wesentlichen Ergebnisse des folgenden Kalküls ändern sich nicht, wenn ein konkreter Zielwert $\tilde{u} < u^*$ fixiert würde.

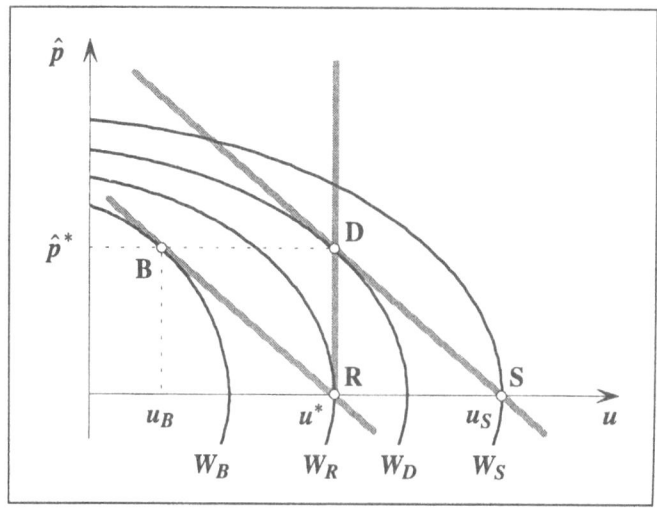

Abbildung 5.10: Zeitkonsistente und zeitinkonsistente Gleichgewichte

frage auf dem Arbeitsmarkt zu verringern. Eine Beschäftigungsförderung hat deshalb einen positiven Wachstumseffekt.[25]

Im Phillips-Kurven-Diagramm wird die Wohlfahrtsfunktion [5.11] durch eine Schar von nach links offenen Hyperbeln mit einem Scheitelpunkt auf der u-Achse dargestellt (Abbildung 5.10). Auf jeder dieser Iso-Nutzenkurven ist das jeweils erreichte Wohlfahrtsniveau konstant; es ist um so höher, je weiter links die Nutzenkurven liegen, weil dann bei jeder gegebenen Inflationsrate die Arbeitslosenquote niedriger ist. Im Ausgangspunkt bestehe in R ein makroökonomisches Gleichgewicht mit der Arbeitslosenquote u^* und einer Inflationserwartung von Null.

Wenn die Notenbank ihren geldpolitischen Kurs zu jedem Zeitpunkt beliebig wählen kann, d.h. eine *diskretionäre Politik* verfolgt, so wählt sie auf der durch R verlaufenden gegebenen Phillips-Kurve den Punkt B, der das für sie maximale Wohlfahrtsniveau W_B kennzeichnet. Sie erhöht das Geldmengenwachstum so, daß sich die Inflationsrate $\hat{p}^* = \hat{m}^*$ einstellt und die Arbeitslosenquote auf u_B sinkt.[26]

Jedoch ist B kein Gleichgewicht, weil die Inflationserwartungen der Priva-

---

[25] Vgl. Kapitel 3.3.3 und 5.2.3.

[26] Zur Ableitung dieses Ergebnisses wird die Zielfunktion [5.11] unter Berücksichtigung der Phillips-Kurven-Gleichung [2.15], die als Nebenbedingung fungiert, maximiert. Die Differenzierung nach der Inflationsrate $\hat{p}$, die hier direkt die Steuerungsvariable der Notenbank darstellt ($\hat{p} = \hat{m}$), ergibt dann unter der Annahme von $\hat{p}^e = 0$ den Optimalwert der Inflationsrate, der plausiblerweise positiv vom Grad der Beschäftigungspräferenz der Notenbank δ abhängt:

$$\hat{p}^* = \frac{\delta}{2\alpha}$$

ten enttäuscht werden. Nach der Anpassung $\hat{p}^e = \hat{p}^*$ verschiebt sich die Phillips-Kurve nach oben und es wird Punkt D realisiert. In diesem Gleichgewicht bei diskretionärer Politik ist das erreichte Nutzenniveau W_D der Notenbank noch geringer als W_R im Ausgangspunkt.[27]

Berücksichtigt nun die Notenbank, daß die Privaten im langfristigen Durchschnitt die Inflationsrate korrekt antizipieren, d.h. nur Punkte auf der *vertikalen* Phillips-Kurve ein Gleichgewicht darstellen können, so erweist sich der Ausgangspunkt R als Optimum.[28] Dies bestätigt scheinbar die eingangs aufgestellte These, daß sich eine diskretionäre, an kurzfristigen Beschäftigungserfolgen orientierte Politik nicht lohnt.

Aber gerade wenn die Privaten eine zu Punkt R korrespondierende Inflationserwartung von Null haben (und deshalb wieder die niedrigere Phillips-Kurve gilt), kommt die Notenbank in Versuchung, diese Situation auszunutzen und mittels expansiver Politik die für sie günstigere Konstellation B zu realisieren. Aus diesem Grund ist eine Ankündigung der Notenbank, sie werde eine Politik konsequenter Preisstabilität verfolgen (also an Punkt R festhalten), *zeitinkonsistent*: Denn eine solche im Zeitpunkt t_0 begonnene Politik ist in t_1 nicht mehr nutzenoptimal, weil sich bei $\hat{p}^e = 0$ (wenn die Privaten also diesem Versprechen glauben) der Übergang zu B als eindeutig vorteilhaftere Strategie anbietet. Da die Konstellation B nun daraus resultiert, daß die Notenbank $\hat{m} = \hat{p} = 0$ ankündigt, tatsächlich aber $\hat{m}^* = \hat{p}^* > 0$ praktiziert, wird B als "Betrugslösung" bezeichnet.

Eben weil sich die Notenbank dabei - gemessen an ihren jeweils kurzfristigen Interessen - völlig "richtig" verhält, können die privaten Akteure bei rationalen Erwartungen der Ankündigung einer stabilitätsorientierten Geldmengenpolitik keinen Glauben schenken.[29] Sie reagieren statt dessen mit einer vorsorglichen Erhöhung ihrer Inflationserwartung auf die antizipierte Täuschung durch eine diskretionäre Politik. Dies stellt praktisch eine Verteidigungsstrategie der Privaten dar, mit der sie sich gegen eine vermutete Inflationspolitik der Notenbank wehren.

Bei $\hat{p}^e = \hat{p}^*$ bleibt der Notenbank dann nichts anderes übrig, als diese Erwartung mit der gewählten Politik zu bestätigen - und zwar selbst dann, wenn sie tatsächlich *kein* Betrugsmanöver, sondern eine stabilitätsorientierte Geldpolitik beabsichtigt hätte. Denn bei $\hat{m} = \hat{p} = 0$ würde nun die noch schlechtere

---

[27] Die Nutzenniveaus lassen sich algebraisch durch Einsetzen der jeweiligen Inflations-Arbeitslosigkeits-Werte in die Wohlfahrtsfunktion [5.11] bestimmen.

[28] Das in Fn. 26 beschriebene Optimierungskalkül führt unter der Annahme von $\hat{p}^e = \hat{p}$, d.h. bei rationalen Erwartungen, zu einer optimalen Inflationsrate von Null.

[29] Eine angekündigte Maßnahme, in diesem Fall ein bestimmtes Geldmengenwachstumsziel, ist *glaubwürdig*, wenn sie mit den Erwartungen der Marktakteure übereinstimmt, also bei $\hat{m}^* = \hat{m}^e$. Zu unterscheiden davon ist einerseits die Fähigkeit, die angekündigte Maßnahme auch durchzusetzen ($\hat{m}^* = \hat{m}$), und andererseits die Definition rationaler Erwartungen ($\hat{m}^e = \hat{m}$).

Lösung S mit W_S realisiert, weil ein Zusammentreffen von positiven Inflationserwartungen und faktischer Preisstabilität für die Ökonomie einen kontraktiven Schock bedeutet: Er resultiert daraus, daß in den Tarifverhandlungen der Erwartung von $\hat{p}^*$ entsprechend hohe Lohnsteigerungen durchgesetzt werden, die dann von den Unternehmen doch nicht überwälzt werden können. Diese Gewinnkompression würde zu einem Produktionsrückgang und zum Anstieg der Arbeitslosigkeit auf u_S führen.

Im Ergebnis muß sich daher eine volkswirtschaftlich ineffiziente und für die Notenbank nur drittbeste Lösung (D mit W_D) einstellen, weil die wohlfahrtstheoretisch gesehen bessere Konstellation R *infolge der Entscheidungsfreiheit der Geldpolitik* (zugunsten von B) nicht glaubwürdig ist und daher kein Gleichgewicht darstellen kann. Daraus läßt sich die Empfehlung ableiten, der Notenbank eben diese Möglichkeit zu einer diskretionären Politikwahl zu nehmen. Es erscheint als vorteilhaft, die Geldpolitik einer strikten, *institutionell vorgegebenen Regelbindung* zu unterwerfen. Wird diese Regel z.B. auf $\hat{m} = 0$ fixiert, so können die Privaten dem nun Glauben schenken, so daß mit $\hat{p}^e = 0$ das optimale Gleichgewicht R mit $\hat{p} = 0$ und $u = u^*$ realisiert wird.

5.2.6 Glaubwürdigkeit und Reputation der Notenbank

Im vorstehenden Modell entstand aus der Interaktion zwischen Notenbank und privatem Sektor ein "Marktversagen", d.h. eine nicht Pareto-optimale Situation, die nur durch eine von außen der Notenbank vorgegebene Regelbindung für die Geldpolitik zu verbessern war. Diese Schlußfolgerung - die Forderung nach einer Beseitigung der Handlungsautonomie der Notenbank - hängt jedoch von der Tragfähigkeit der Annahmen des Modells ab. Diese Annahmen sind insbesondere in drei Punkten zu kritisieren:

(1) Die Unterstellung, die Notenbank könne die Inflationsrate direkt kontrollieren, ist eine unangemessene "Vereinfachung" des Modells. Faktisch setzen die geldpolitischen Instrumente an den kurzfristigen Zinsen an; die makroökonomischen Variablen wie Beschäftigung und Inflation können nur mit langen Zeitverzögerungen gesteuert werden. Diese "lags" verändern jedoch die Logik des Spiels: Die Marktakteure können nicht mit einer Überraschungsinflation betrogen werden, wenn sie den primären Instrumenteneinsatz der Notenbank beobachten; leiten sie aus diesem Instrumenteneinsatz die Gefahr einer drohenden Inflation ab, so bleibt ihnen noch genügend Zeit zur lohnpolitischen Reaktion. Damit hat die Notenbank auch keinen Anreiz mehr, eine Überraschungsinflation durchzuführen, weil der Beschäftigungseffekt stets Null ist. Daraus folgt wiederum, daß es für die Marktakteure keine Notwendigkeit für eine vorsorglich erhöhte Inflationserwartung gibt.

(2) Die Interaktion zwischen Notenbank und privatem Sektor muß als sich wiederholendes bzw. *intertemporales Spiel* betrachtet werden. In Abbildung

5.10 erschien der Übergang von R nach B für die Notenbank als Wohlfahrtsgewinn. Für ein heutiges Täuschungsmanöver wird die Notenbank jedoch in der folgenden Periode damit "bestraft", daß die Marktakteure ihre Inflationserwartung der Betrugslösung anpassen ($\hat{p}^e = \hat{p}^*$), so daß dann die für die Notenbank schlechtere Lösung D realisiert wird. Dem heutigen Gewinn ($W_B - W_R$) steht der zukünftige Verlust ($W_R - W_D$) gegenüber. Zudem ist offen, wie lange die Inflationserwartung bestehen bleibt und ob sie nicht erst durch eine aktive Antiinflationspolitik, d.h. durch den Übergang nach von D nach S überwunden werden kann, womit für die Notenbank ein zusätzlicher Verlust ($W_D - W_S$) anfällt. Nur bei einer hohen Zeitpräferenz auf Seiten der Notenbank, wenn sie also den heutigen Wohlfahrtsgewinn höher bewertet als die künftigen Verluste, wäre zu erwarten, daß sie das anfängliche Betrugsmanöver startet. Somit kann bei einem langfristig angelegten Wohlfahrtskalkül die mit Preisstabilität verbundene Lösung R auch ohne eine von außen erzwungene Beschränkung der Notenbankautonomie erreicht werden.

(3) Das obige Modell unterstellt *vollständige Information i.S. der Theorie rationaler Erwartungen*. Das Marktergebnis D stellt sich ein, weil die Wirtschaftssubjekte die Zielfunktion der Notenbank [5.11] kennen. Faktisch sind jedoch nur Vermutungen über den Grad der Zeitpräferenz und der Beschäftigungspräferenz δ der Notenbank möglich. Denkbar ist zudem, daß sich diese Präferenzen mit der ökonomischen Lage ändern (so könnte z.B. in Zeiten großer Arbeitslosigkeit δ einen höheren Wert annehmen). Personelle Veränderungen in der Notenbankleitung und Wechsel in der Regierungspartei könnten zu einem neuen Kurs der Geldpolitik führen. Schließlich kann die Geldmengenentwicklung durch temporäre Störungen im Bereich von Geldangebot und Geldnachfrage beeinflußt werden, so daß nicht jede faktische Abweichung vom angekündigten Geldmengenwachstum ($\hat{m} \neq \hat{m}^*$) einen Kurswechsel der Notenbank bedeuten muß.

Aus diesen Gründen ist für die Wirtschaftssubjekte ein gradueller Lernprozeß sinnvoll, bei dem Absichten und Zielsetzungen der Geldpolitik aus den makroökonomischen Ergebnissen und Erfahrungen erschlossen werden. *Unvollkommene Information* kann somit zu *adaptiver Erwartungsbildung* führen. Die Inflationserwartung ist dann keine unmittelbare Funktion des angekündigten oder realisierten Geldangebots, sondern der faktischen Inflationsentwicklung in der Vergangenheit, an der gemessen wird, wie ernst die Notenbank das Ziel der Geldwertstabilität nimmt (vgl. Abbildung 5.9). Bei dieser Erwartungsbildung wird erst eine inflationäre Praxis der Geldpolitik zur Herausbildung einer "Inflationsmentalität" führen, nicht schon die bloße Vermutung, daß eine Beschäftigungsförderung auf Kosten des Geldwertes präferiert werden *könnte*.

Die *Konsequenzen adaptiver Erwartungen für die Notenbank* sind weitreichend: Bei einem "guten Gedächtnis" der Marktakteure hat eine auch nur temporär inflationäre Geldpolitik langfristig negative Konsequenzen in Form entsprechender Inflationserwartungen. Diese bleiben zunächst auch dann bestehen, wenn sich die Notenbank zu einem grundsätzlichen Kurswechsel zugunsten eines Primats der Preisstabilität entschließen sollte. Eine solche Präferenzänderung wird erst dann glaubwürdig und geht in die private Erwartungsbildung ein, nachdem sie praktisch demonstriert worden ist - durch eine mit Arbeitslosigkeit verbundene Stabilisierungskrise (Übergang nach von D nach S in Abbildung 5.10).[30] Dabei müßte die Unterbeschäftigungskonstellation u_S vielleicht sogar länger durchgehalten werden, um die privaten Akteure davon zu überzeugen, daß es sich nicht um ein zufälliges Marktergebnis oder um einen Steuerungsfehler, sondern um einen stabilitätspolitischen Kurswechsel handelt.

Unter diesen Bedingungen unvollkommener Information kann die grundsätzlich an der Währungsstabilität gemessene *Reputation der Notenbank als Kapitalgut* betrachtet werden: Es wird langsam durch glaubwürdige Politik aufgebaut und (vermutlich rascher) durch das Tolerieren von Inflation entwertet. Eine mit Unterbeschäftigung einhergehende Antiinflationspolitik stellt gleichsam eine Investition in Reputation dar, wenn dadurch den Märkten demonstriert wird, daß die Notenbank auch unter Hinnahme volkswirtschaftlicher Kosten zur Geldwertstabilität entschlossen ist. Hat eine Notenbank eine hohe Reputation erworben, so wird sie in ihrem eigenen Interesse von einer inflationären Politik abgehalten, weil dies zu einem Verlust an "Vertrauenskapital" führt, der nur mit großen Kosten wieder wettgemacht werden kann.

Wiederum wird somit im Hinblick auf den geldpolitischen Instrumenteneinsatz eine exogen verfügte Regelbindung für die Notenbank entbehrlich. Förderlich zur Reputationsbildung der Notenbank ist jedoch ihre Verpflichtung auf das Geldwertziel bei gleichzeitiger Festschreibung ihrer politischen Unabhängigkeit von der Regierung, weil damit die Spekulationen über die monetären Konsequenzen politischer Machtwechsel begrenzt werden und der Autonomiestatus überhaupt erst die Voraussetzung für eine langfristig angelegte Geldpolitik schafft.

Der *volkswirtschaftliche Vorteil einer hohen Reputation der Notenbank* besteht in der Stabilität niedriger Inflationserwartungen, so daß die Marktakteure der Geldpolitik einen gewissen Vertrauensvorschuß entgegenbringen. Auf makroökonomische Störungen, die eine potentielle Inflationsgefahr mit sich bringen, wird nicht schon vorsorglich mit einer expansiven Nominallohnpolitik reagiert, die dann zur Realisierung dieser Inflationsgefahr beitragen müßte. Zugleich wird Reputation indirekt gleichsam als beschäftigungspolitisches Instrument nutzbar: Wenn die Marktakteure wissen, daß eine Notenbank die politische Handlungsfreiheit zu einer notfalls energischen Stabilitätspolitik be-

---

[30] Demgegenüber spielt bei vollständiger Information und rationaler, vorwärtsblickender Erwartung die Vergangenheit keine Rolle; bei einer neuen Zielfunktion der Notenbank wäre ein sofortiger Übergang von D nach R möglich.

sitzt und sie diese auch zu nutzen bereit ist, dann werden sie dieser Notenbank einen größeren Spielraum zur kurzfristigen Konjunktursteuerung zubilligen, die ja stets mit dem Risiko behaftet ist, Inflationserwartungen auszulösen. Dies bedeutet, daß eine "angesehene" Notenbank im Interesse der Inflationsvermeidung keineswegs eine permanent restriktive und beschäftigungshemmende Politik verfolgen muß. Sie kann bei entsprechenden Marktbedingungen die Beschäftigung vielleicht sogar mehr fördern als eine Notenbank, die das Vollbeschäftigungsziel explizit an die erste Stelle setzt.

Zusammenfassung von Kapitel 5.2

(1) Die Einkommenspolitik versucht, durch Beeinflussung der Nominallohnpolitik die Inflation einzudämmen. Bei einer Übernachfrage nach Arbeit sind einkommenspolitische Appelle jedoch wirkungslos. Eine Indexierung der Löhne läuft Gefahr, die aktuelle Inflationsrate in die Zukunft fortzuschreiben. Die dadurch bewirkte tendenzielle Reallohnrigidität stört den allokativen Anpassungsprozeß bei realwirtschaftlich bedingten Preisniveausteigerungen. Wird bei nachlassendem Lohndruck nicht auch das Geldmengenwachstum entsprechend verringert, ergibt sich durch den Realkassen-Zins-Effekt ein expansiver Nachfrageimpuls, der zu einem Wiederanstieg der Inflationsrate führt. Einkommenspolitik ist keine Alternative, sondern eine Ergänzung einer nachfragepolitischen Inflationsbekämpfung. Sie kann über eine zurückhaltende Nominallohnpolitik die ansonsten drohenden Beschäftigungsverluste einer restriktiven Geldpolitik begrenzen.

(2) Eine Inflationsbekämpfung über restriktive Nachfragepolitik ist nur bei rationalen Erwartungen ohne volkswirtschaftliche Kosten möglich. Faktisch werden Beschäftigungsverluste eintreten, da Lohn- und Preissteigerungen nicht sofort entsprechend reduziert werden. Dies ist neben der Existenz nominell fixierter Verträge auch darauf zurückzuführen, daß die Marktakteure einem angekündigten wirtschaftspolitischen Kurswechsel bzw. seiner inflationsdämpfenden Wirkung mißtrauen. Rigide Inflationserwartungen können nur über die Erfahrung tatsächlicher Fortschritte bei der Geldwertstabilisierung abgebaut werden. Bei der Wahl zwischen einer schnellen und einer graduellen Antiinflationspolitik sind die Kosten der Inflationsbekämpfung im Hinblick auf Glaubwürdigkeit der Stabilitätsorientierung der Notenbank und die langfristige Beeinträchtigung der Angebotsmöglichkeiten der Volkswirtschaft abzuwägen.

(3) Auch bei struktureller Arbeitslosigkeit kann eine expansive Nachfragepolitik zu einer dauerhaften Beschäftigungssteigerung führen, wenn zusätzliches Arbeitspotential im Produktionsprozeß qualifiziert werden kann. Temporär entstehen jedoch Effizienzverluste in den Unternehmen, die einen Kosten- und Preisdruck bewirken. Für die Arbeitsmarktpolitik entsteht die Aufgabe, der Dequalifizierung der Arbeitslosen entgegenzuwirken und sich aufgrund der positiven externen Effekte an den unternehmerischen Kosten der Wiedereingliederung von Arbeitslosen in das Beschäftigungssystem zu beteiligen.

(4) Die monetaristische Strategie der Geldmengenpolitik basiert auf der Quantitätstheorie. Wenn die Umlaufgeschwindigkeit konstant und das reale Wirtschaftswachstum langfristig unabhängig von der Geldpolitik ist, steuert das Geldmengenwachstum die Inflation. Es wird eine Zielgröße für das Geldmengenwachstum gewählt, die durch das mögliche reale Wachstum, Änderungen in den Kassenhaltungsgewohnheiten und eine unvermeidliche Inflationsrate bestimmt ist. Inflations-

erwartungen als angebotsseitige Bestimmungsfaktoren der Inflation sollen über die Ankündigung dieses Geldmengenwachstums kontrolliert werden. Das Konzept verlangt daher eine kooperative Lohnpolitik. Es setzt voraus, daß das Geldangebot von Seiten der Notenbank steuerbar ist, keine größeren konjunkturellen Störungen auftreten und die langfristigen Gleichgewichtswerte von Realzins, Wirtschaftswachstum und Arbeitslosenquote unabhängig von monetären Größen sind.

(5) Will eine autonome Notenbank neben der Geldwertstabilität auch die Beschäftigung über das Arbeitsmarktgleichgewicht hinaus zu fördern, so ist ihre Ankündigung, eine stabilitätsorientierte Geldpolitik betreiben zu wollen, zeitinkonsistent und deshalb nicht glaubwürdig: Wenn die privaten Akteure daraufhin niedrige Inflationserwartungen bilden würden, könnte die Notenbank dies kurzfristig ausnutzen, um mittels einer überraschenden, inflationären Geldpolitik die Beschäftigung zu erhöhen. Da die privaten Akteure eine derartige Täuschung antizipieren, werden sie Inflationserwartungen bilden, so daß im Marktgleichgewicht stets eine positive, aber funktionslose Inflationsrate besteht. Ein wohlfahrtstheoretisch besseres Ergebnis ließe sich erzielen, wenn der Notenbank die Möglichkeit zu diskretionärem Handeln genommen und sie gesetzlich zu einer strikt regelgebundenen Geldpolitik im Dienste der Geldwertstabilität gezwungen wird.

(6) Eine solche institutionelle Restriktion ist allerdings unnötig, wenn die Notenbank aufgrund von Zeitverzögerungen keine Überraschungsinflation auslösen kann oder wenn sie selbst langfristig kalkuliert und ihren Reputationsverlust (in Form höherer Inflationserwartungen) beachtet, der via Inflation durch eine kurzfristig angelegte diskretionäre Beschäftigungsförderung entstehen kann. Bei unvollkommener Information über die Zielsetzungen der Geldpolitik wird die tatsächliche Preisentwicklung zum maßgeblichen Bestimmungsfaktor der Inflationserwartungen. Ein Reputationsverlust kann dann nur durch eine mit volkswirtschaftlichen Kosten verbundene Antiinflationspolitik ausgeglichen werden.

5.3 Regelgebundener Interventionismus bei gesamtwirtschaftlichen Störungen

5.3.1 Die Logik von Feedback-Strategien

Im vorstehenden Kapitel wurde davon ausgegangen, daß die Geldpolitik versuchen könnte, das makroökonomische Gleichgewicht nach politischen Präferenzen zu verändern, um kurzfristige Beschäftigungserfolge zu erzielen. Denkbar ist jedoch auch ein anderes Szenario: Die Stabilitätspolitik hat das Ziel, dieses Gleichgewicht gegen unregelmäßig auftretende, angebots- oder nachfrageseitig wirkende Störungen abzusichern, von deren Existenz oben abstrahiert wurde. Damit ergibt sich ein weiteres Argument gegen die Forderung nach einer strikten Regelbindung der Geldpolitik: Bei einer solchen Handlungsbeschränkung wäre eine flexible Reaktion auf diese Schocks ausgeschlossen.

Die Voraussetzung einer erfolgreichen interventionistischen Wirtschaftspolitik in diesen Fällen ist allerdings, daß es überhaupt möglich ist, die Volkswirtschaft gegen derartige Störungen abzuschirmen. Wenn Regierung und Notenbank über *keinen* Informations- oder Handlungsvorsprung vor dem privaten Sektor verfügen[31], erübrigen sich wirtschaftspolitische Reaktionen, da der Staat dann nicht schneller als die Privaten handeln kann. Es ist jedoch denkbar, daß wirtschaftspolitische Instanzen den gesamtwirtschaftlichen Charakter von Marktstörungen früher als die individuellen Akteure erkennen und/oder schneller reagieren können; insbesondere aufgrund der mittelfristigen Fixierung der Tariflöhne und Beschäftigungsverhältnisse sind den Marktakteuren rasche Anpassungen an veränderte Marktbedingungen nur in begrenztem Umfang möglich.

Wenn auch in derartigen Fällen wirtschaftspolitische Interventionen eine schnellere Stabilisierung versprechen, so ist andererseits zu bedenken, daß die "Erlaubnis" zu diskretionären Handlungen wiederum je nach politischer Interessenlage ausgenutzt werden könnte. Damit zeigt sich nun das Dilemma, zwischen einer vielleicht glaubwürdigen, aber starren Regelbindung einerseits und einem flexiblen, aber möglicherweise unkontrollierbaren Krisenmanagement andererseits wählen zu müssen.

Die *Feedback-Regelpolitik* versucht, die Vorteile beider Strategien zu kombinieren. Hierbei greift die Wirtschaftspolitik bei makroökonomischen Störungen aktiv in das Marktgeschehen ein, aber dieser Interventionismus folgt einer Regel, die die kontrollierte makroökonomische *Variable* und die *Stärke* der Gegensteuerung festlegt (u.U. auch die *Art* der Störung, auf die reagiert wird). Diese Interventionsregel wird öffentlich bekannt gegeben, um das Verhalten der staatlichen Instanzen überprüfen zu können und um die Erwartungsbildung der privaten Marktakteure zu erleichtern.

Vor allem aufgrund des langwierigen Abstimmungs- und Entscheidungsprozesses kommt die Fiskalpolitik für die Strategie, unvorhersehbare Störungen noch vor den Reaktionen im privaten Sektor auszusteuern, kaum in Frage. Im Falle der Geldpolitik könnte dieses Verfahren jedoch so aussehen, daß die Notenbank grundsätzlich ein bestimmtes Geldangebot M_0 ankündigt, das nur bei Abweichungen einer bestimmten makroökonomischen Variablen von ihrem Zielwert Z^* modifiziert wird; dabei bestimmt der Koeffizient μ das Ausmaß der geldpolitischen Reaktion:

$$M = M_0 + \mu \left(Z^* - Z \right) \qquad [5.12]$$

Prinzipiell können verschiedene Variablen als Zielgrößen gewählt werden, insbesondere Wirtschaftswachstum, Arbeitslosenquote, Inflationsrate, Zinssatz, Leistungsbilanzsaldo oder Wechselkurs. In den folgenden Kapiteln werden alternative Feedback-Regelbindungen untersucht.

---

[31] Dies wird in der neuklassischen Makroökonomie unterstellt (vgl. Kapitel 2.3.3).

5.3.2 Beschäftigungs-, Preisniveau- und Nominaleinkommensstabilisierung

Die unterschiedlichen Wirkungsmechanismen und Ergebnisse von Feedback-Regelbindungen lassen sich anhand eines einfachen makroökonomischen Modells demonstrieren, das - da es allein auf gesamtwirtschaftliche Störeffekte und ihre Neutralisierung durch Politikreaktionen ankommt - nur auf Veränderungsgrößen abstellt (die Niveauwerte der Variablen bleiben unbeachtet).

Die *Angebotsseite* wird durch

$$dP = \alpha \, dY + s^s \qquad [5.13]$$

beschrieben: Änderungen des Preisniveaus sind eine Funktion von Produktionsänderungen und exogener Angebotsstörungen s^s (Lohndruck, negative technologische Schocks usw.). Zur Vereinfachung ist von Preiserwartungen abgesehen.[32]

Güternachfrageimpulse ergeben sich bei Veränderungen der Geldmenge und des Preisniveaus (Realkassen-Zins-Effekt) sowie durch Störeffekte s^d auf Seiten der Güter- oder Geldnachfrage:[33]

$$dY = \beta \, (dM - dP) + s^d \qquad [5.14]$$

(1) Im Fall einer *strikt regelgebundenen Geldpolitik* wird nun die Notenbank an einer gewählten Geldmenge festhalten, d.h. $dM = 0$. Damit ergeben sich aus [5.13] und [5.14] die Lösungen:

$$\underline{dY} = \frac{s^d - \beta \, s^s}{1 + \alpha \, \beta}$$
$$\underline{dP} = \frac{\alpha \, s^d + s^s}{1 + \alpha \, \beta} \qquad [5.15]$$

Die Geldmengenstrategie bietet demnach keinen Schutz gegen Angebots- und Nachfragestörungen, weil diese auf Beschäftigung und Preise durchwirken.

(2) Verfolgt die Geldpolitik eine *Strategie der Outputstabilisierung*, so wird bei Abweichungen des Produktions- und Beschäftigungsniveaus vom Gleichgewicht die Geldmenge in stabilisierender Richtung angepaßt. Als Konkretisierung von [5.12] gilt:

$$dM = -\mu \, dY \qquad [5.16]$$

Aus [5.13], [5.14] und [5.16] lassen sich wiederum die Gleichgewichtslösun-

---

[32] Im Hintergrund steht hier wieder die Phillips-Kurven-Beziehung. Zu ausführlicheren Angebotsfunktionen siehe Gleichungen [2.25], [2.31] und [2.42].
[33] Es handelt sich um eine Kurzform einer integrierten *IS*- und *LM*-Funktion. Vgl. dazu Gleichungen [2.33] und [2.40].

gen für *dY* und *dP* bestimmen. Diese vereinfachen sich dann weiter, wenn der Reaktionsparameter μ als unendlich groß betrachtet wird. Dies bedeutet praktisch, daß die Notenbank bei auftretenden Beschäftigungsschwankungen mit der Geldmenge so massiv reagiert, daß diese Störungen bereits im Ansatz erstickt werden (durch diese für sich genommen unrealistische Annahme wird die Wirkungsweise des Feedback-Konzepts besonders deutlich). Man erhält dann:

$$\underline{dY} = 0$$
$$\underline{dP} = s^s$$
$$\underline{dM} = s^s - \frac{s^d}{\beta} \qquad [5.17]$$

Indem die Geldmenge als teilweise nun endogene Variable auf Angebots- und Nachfragestörungen reagiert, gelingt bei dieser Strategie eine perfekte Sicherung des Beschäftigungsniveaus.[34] Allerdings wird dies damit erkauft, daß Angebotsstöreffekte s^s im Vergleich zum Regime der Geldmengenregel - siehe Gleichung [5.15] - noch stärker auf das Preisniveau wirken. Es ist leicht vorstellbar, daß die (hier im Modell nicht erfaßte) Antizipation der Strategie einer unbedingten Beschäftigungsstabilisierung auf Seiten der Gewerkschaften die Stärke und Häufigkeit lohnbedingter Angebotsschocks erhöhen kann: Die Nachfragepolitik strebt zwar keine Überbeschäftigung an, ermutigt jedoch indirekt durch die Beseitigung jeglicher Arbeitsmarktrisiken zu einer expansiven Lohnpolitik.

(3) Das andere Extrem ist die *Strategie der Preisstabilisierung*. Hier lautet die Reaktionsfunktion für die Geldmenge

$$dM = -\mu\, dP \qquad [5.18]$$

Wenn analog zu (2) nach Lösung des Systems [5.13], [5.14] und [5.18] der Reaktionskoeffizient $\mu \to \infty$ gesetzt wird, ergeben sich die Lösungen

$$\underline{dY} = -\frac{s^s}{\alpha}$$
$$\underline{dP} = 0$$
$$\underline{dM} = \frac{-s^s}{\alpha\,\beta} - \frac{s^d}{\beta} \qquad [5.19]$$

Es zeigt sich, daß auftretende Marktstörungen das Preisniveau überhaupt nicht

---

[34] Die beiden Bestimmungen für *dM* in [5.16] und [5.17] stellen keinen Widerspruch, sondern eine Ziel-Mittel-Beziehung dar: Das Ziel einer Vermeidung von Einkommensänderungen verlangt eine in der Gleichgewichtslösung [5.17] genau spezifizierte Reaktion auf Marktstörungen.

mehr berühren, jedoch die Beschäftigung bei Angebotsschocks im Vergleich zur reinen Geldmengenpolitik um so stärkeren Schwankungen ausgesetzt ist.[35] Die Probleme dieser Konzeption liegen darin, daß die "Bestrafung" der Arbeitnehmer auch bei nicht lohnbedingten Angebotsschocks als nicht fair angesehen wird und im übrigen die Hinnahme von Arbeitslosigkeit als Mittel gegen einmalige Preisschübe volkswirtschaftlich nicht sinnvoll ist.

(4) Die *Stabilisierung des Nominaleinkommens* ("BSP-Regel") bietet sich als Kompromißstrategie zwischen (2) und (3) an. Die Notenbank erhöht (verringert) die Geldmenge nach einem festgesetzten Schema, wenn das nominale BSP in der laufenden Periode unterhalb (oberhalb) eines angekündigten Zielwertes liegt. Mit der Reaktionsfunktion

$$dM = -\mu \, (dY + dP) \qquad [5.20]$$

ergibt sich (wiederum nach $\mu \to \infty$)

$$\underline{dY} = \frac{-s^s}{1+\alpha}$$

$$\underline{dP} = \frac{s^s}{1+\alpha} \qquad [5.21]$$

$$\underline{dM} = \frac{(\beta - 1) \, s^s}{\beta \, (1+\alpha)} - \frac{s^d}{\beta}$$

Mit dieser Politik gelingt die Stabilisierung des nominalen Sozialprodukts ($dY + dP = 0$). Dieses ist für sich genommen keine wichtige Variable, da die Akteure eher an den einzelnen Teilkomponenten interessiert sind. Jedoch ermöglicht dieses Konzept einen "Pakt" zwischen Notenbank und Gewerkschaft: Erstere sichert die Vollbeschäftigung gegen Nachfrageschocks, letztere die Preisstabilität über Lohnzurückhaltung.

Dieser Kontrakt ist anreizkompatibel, weil die Aufteilung eines geldpolitisch gesicherten Nominaleinkommens auf Mengen und Preise den Marktkräften überlassen bleibt und angebotsseitige Störungen im Ergebnis *nicht* neutralisiert werden: Gerade deshalb bleibt diese Strategie - im Gegensatz zur Politik der Outputstabilisierung - marktkonform. Die Tarifparteien agieren unter dem Risiko, daß bei zu hohen Lohn- und Preissteigerungen die nominale Gesamtnachfrage infolge der geldpolitischen Kontrolle nicht entsprechend steigt, so daß es zu realen Produktions- und Beschäftigungseinbußen kommt. Bei der Fixierung von $P \cdot Y$ erzwingt ein $+dP$ logischerweise ein $-dY$. Konkret: Wenn z.B. ein nominales Einkommenswachstum[36] von 5 % "vorgegeben" wird, liegt

---

[35] Wegen $1/\alpha > \beta/(1 + \alpha \beta)$ ist die Beschäftigungsreaktion dY bei Angebotsschocks in [5.19] größer als in [5.15]. Nachfragestörungen werden neutralisiert.

[36] Statt in Niveaugrößen wird die Feedback-Regel oft in Wachstumsraten formuliert.

es diesem Konzept des "nominal income targeting" zufolge in der Hand der Lohnpolitik, ob sich daraus eine Realeinkommenssteigerung in dieser Höhe oder eine Inflation von *6 %* mit einem Produktions- und Beschäftigungsrückgang von *1 %* ergibt.

Analog zum Fall (3) wird dieser Beschäftigungs- und Stabilitätspakt dadurch gefährdet, daß es zu *nicht* lohnbedingten Kosten- und Preissteigerungen kommen kann (z.B. infolge einer Abwertung oder durch Rohstoffverteuerungen). Bei konsequenter Anwendung der BSP-Regel würde dies zu vermehrter Arbeitslosigkeit führen - was die Gewerkschaften als ungerecht empfinden werden, da sie sich durchaus an die "Spielregeln" gehalten haben. Läßt die Geldpolitik hingegen die Preissteigerungen zu, provoziert sie eine expansive lohnpolitische Reaktion, da die Gewerkschaften (insbesondere bei Vollbeschäftigung) vor ihren Mitgliedern keine Reallohnsenkung rechtfertigen können. Ein partieller Preisniveaueffekt kann so eine allgemeine Preis-Lohn-Spirale in Gang setzen.

Allgemein·bleibt ein Glaubwürdigkeitsproblem bestehen: Man kann nur dann eine durch die latente Drohung von Arbeitslosigkeit bewirkte Lohnzurückhaltung erwarten, wenn kein Zweifel daran besteht, daß die Notenbank im Konfliktfall hart bleibt und das Auftreten dieser Arbeitslosigkeit auch hinnimmt. Wenn aber die Geldpolitik in der Vergangenheit doch in Einzelfällen überhöhte Lohn- und Preissteigerungen monetär alimentiert hat, so wird der Lohndruck langfristig tendenziell wachsen. Damit steigt auch das Ausmaß der notwendigen "Bestrafung" in Form höherer Arbeitslosigkeit; und eine "schwache" Notenbank wird möglicherweise immer weniger den politischen Mut aufbringen, diese Sanktion auch durchzusetzen.

Der *Wirkungsmechanismus der Feedback-Strategie* läßt sich im Fall der BSP-Regel anhand der Quantitätsgleichung $M \cdot V = P \cdot Y$ verdeutlichen. Bei einer Stabilisierung von $P \cdot Y$ werden zum einen Störimpulse, die von der Seite der Geldnachfrage ausgehen, kompensiert: Die BSP-Regel entspricht einer Geldmengenregel mit Berücksichtigung absehbarer Änderungen im Geldnachfrageverhalten. Das Geldangebot M gleicht dabei Schwankungen der Umlaufgeschwindigkeit V aus und verhindert so, daß Veränderungen der Liquiditätspräferenz und in den Kassenhaltungsgewohnheiten sowie neue Marktbedingungen und Transaktionsformen im Finanzsektor (Finanzinnovationen) störend auf den Realsektor durchschlagen. Darüber hinaus ist auch eine Absicherung gegen im Gütermarkt selbst auftretende Nachfrageausfälle möglich, indem über Geldmengenerhöhungen und Zinssenkungen Investition und Konsum (wieder) angeregt werden.

Bei allen drei Feedback-Strategien gelingt die Abschirmung gegen *Nachfrageschocks* immer, weil Störung und Politikeingriff auf der gleichen Ebene der Güternachfrage liegen: Die Geldpolitik kann bei Auftreten von s^d direkt in der Nachfragegleichung [5.14] ein Durchwirken auf Y verhindern, indem die Geldmenge entsprechend angepaßt wird. Weil dY somit Null bleibt, wird das Preisniveau in der Angebotsgleichung [5.13] gar nicht erst berührt und dP bleibt auch in der Nachfragegleichung gleich Null.

Angebotsschocks schlagen dagegen in [5.13] direkt auf dP durch; dies geht als negativer Einfluß in [5.14] ein. Bei einer Outputstabilisierung kompensiert die Geldpolitik diesen Effekt durch eine positive Geldmengenänderung, damit bleibt aber ein Preissteigerungseffekt bestehen. Im Fall einer Preisniveaustabilisierung muß die Geldpolitik den preisbedingten negativen Realkassen-Zins-Effekt in [5.14] sogar noch verstärken: Y muß so stark sinken, daß der s^s-Effekt in [5.13] gerade neutralisiert wird. Bei der BSP-Regel reagiert die Geldmenge ebenfalls negativ auf Angebotsschocks, wenn auch schwächer als bei der Preisniveaustabilisierung.

5.3.3 Zins- und Wechselkursstabilisierung

Alternativ zur Stabilisierung von Beschäftigung oder Preisniveau, die selbst als wirtschaftspolitische Endziele gelten, kann sich die Feedback-Strategie auch auf andere makroökonomische Größen richten, die im Hinblick auf diese Endziele nur einen instrumentellen Stellenwert haben, z.B. Zinssatz oder Wechselkurs.[37] Eine Orientierung an derartigen Variablen bietet möglicherweise den Vorteil, daß sie durch die Geldpolitik direkter und leichter steuerbar sind.

(1) Bei einer fixierten Geldmenge werden Geldnachfragestörungen (Verschiebungen der *LM*-Kurve) zu Schwankungen des Einkommens führen. Die *Strategie der Zinsstabilisierung* - lange Zeit das Herzstück der keynesianischen Wirtschaftspolitik - drückt sich in einer horizontalen *LM*-Kurve aus. Veränderungen in der Liquiditätspräferenz, d.h. der Geldnachfrage, werden hier durch eine Anpassung des Geldangebots neutralisiert, so daß das Makrogleichgewicht A stabilisiert wird (Abbildung 5.11).

Bei Güternachfrageschwankungen ist jedoch die Geldmengenfixierung überlegen, weil Verschiebungen der *IS*-Kurve dann geringere Abweichungen vom Gleichgewicht als im Falle einer Fixierung des Zinssatzes bewirken. Die Ursache hierfür ist die Ausschaltung der tendenziell stabilisierenden, d.h. die Nachfrageausschläge dämpfenden Zinseffekte.

Zwei weitere Gründe sprechen gegen den langfristigen Zins als geldpolitische Steuerungsgröße:
- Bei Berücksichtigung von Inflationserwartungen ist der nominale Kapitalmarktzins kein zuverlässiger Indikator für den Grad der Liquiditätsausstattung der Volkswirtschaft. Seine Abhängigkeit von der (erwarteten) Inflationsrate[38]

---

[37] Das bislang verwendete Modell kann aufgrund seiner einfachen Struktur zur formalen Analyse hier nicht verwendet werden.
[38] Vgl. Kapitel 2.5.2.

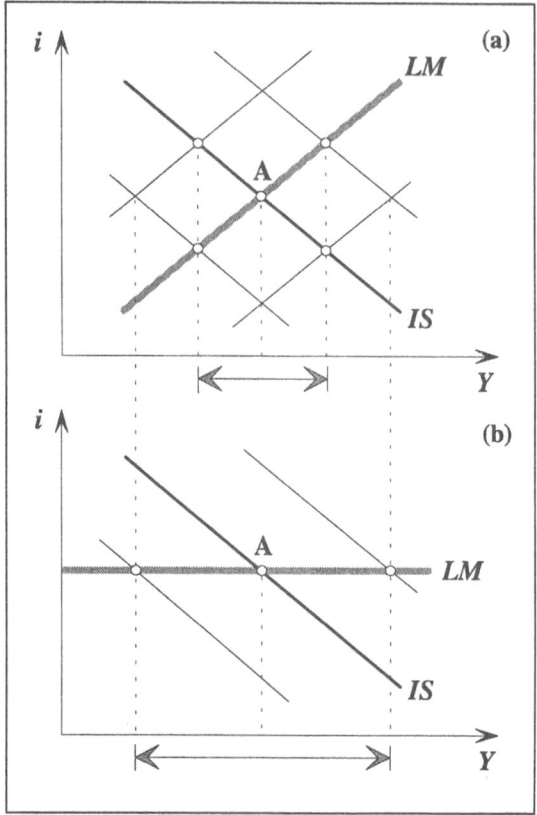

Abbildung 5.11: (a) Geldmengen- und (b) Zinsfixierung bei Geld- und Güternachfragestörungen

bedeutet, daß eine Zinserhöhung nicht nur eine Liquiditätsverknappung, sondern auch eine gestiegene Inflationserwartung anzeigen kann. In diesem Falle wirkt eine expansive Geldpolitik mit dem Ziel der Konstanthaltung des nominalen Zinssatzes destabilisierend, weil sie die Inflationserwartungen weiter antreiben muß.

• In einer offenen Volkswirtschaft muß die Geldpolitik selbst bei flexiblen Wechselkursen die Zinsparitätsbedingung beachten. Die Fixierung eines im Vergleich zum Ausland niedrigen Zinssatzes führt nur dann nicht in einen anhaltenden Abwertungsprozeß, wenn im Hinblick auf die Inlandswährung eine Aufwertungserwartung etabliert werden kann.[39]

(2) Keynes sah die Hauptaufgabe einer an der Aufrechterhaltung von Vollbeschäftigung orientierten Wirtschaftspolitik in der Wahrung eines niedrigen langfristigen Zinssatzes. Eine solche Politik ist mit dem externen Gleichgewicht nicht leicht zu vereinbaren. Nachfragewachstum und ein niedriger Zins-

---

[39] Vgl. Kapitel 4.3.2.

satz lassen via Leistungs- und Kapitalbilanz ein Zahlungsbilanzdefizit erwarten. Entweder muß nun doch der Vorrang des internen Gleichgewichts, d.h. des Vollbeschäftigungsziels, aufgegeben oder aber das Zahlungsbilanzgleichgewicht durch institutionelle oder regulative Maßnahmen gesichert werden. Keynes hat sich damals für Import- und Kapitalverkehrskontrollen ausgesprochen. Derartige Maßnahmen gelten heute als nicht sehr effizient und werden zudem aus ordnungs- und integrationspolitischen Gründen eher abgelehnt.

Obwohl damit die Autonomie der nationalen Wirtschaftspolitik teilweise geopfert werden muß, wird als Feedback-Regelbindung oft eine *Wechselkursstabilisierung* verfolgt. Dabei wird der Wechselkurs ähnlich dem Zinssatz als instrumentelles Zwischenziel eingesetzt, dessen Fixierung unter bestimmten Bedingungen positive Effekte auf die Endziele der Wirtschaftspolitik haben kann. Insbesondere kleine offene Volkswirtschaften mit relativ großem Außenhandelsanteil erfahren durch Wechselkursschwankungen
• Veränderungen ihrer internationalen Wettbewerbsfähigkeit mit entsprechenden Chancen und Risiken für die inländische Beschäftigung,
• eine Beeinträchtigung der Kalkulationsbasis für die langfristige Außenhandels- und Investitionsplanung der Unternehmen und
• eine Inflationsgefahr, wenn Abwertungen in eine allgemeine Lohninflation umschlagen.
Darüber hinaus schließen sich oft auch Länder unabhängig von ihrer Größe zu einem System fester Wechselkurse zusammen, um handelswirtschaftliche und allgemein politisch-ökonomische Vorteile einer Integration zu realisieren.

Die Bindung an einen fixen Wechselkurs wird insbesondere von inflationsanfälligen Ländern als ein Weg zur Stabilisierung der Volkswirtschaft gewählt. Das typische Problem von sog. "Schwachwährungsländern" sind *Abwertungserwartungen*, die die Zinsparitätskurve nach oben verschieben.[40] Eine Möglichkeit ist dann die Bestätigung dieser Erwartungen, indem eine Abwertung zugelassen wird. Aufgrund des engen Zusammenhangs zwischen äußerem und innerem Geldwert kann jedoch eine Bestätigung von Abwertungserwartungen ebenso problematisch sein wie die Bestätigung von Inflationserwartungen durch eine expansive, die Konstanz der Realkasse sichernde Geldpolitik; in beiden Fällen droht eine kumulative Entwicklung in die monetäre Instabilität.

Infolgedessen wird oft versucht, einer Abwertungserwartung nicht nachzugeben, sondern die Bindung an einen festen Wechselkurs zu proklamieren und das externe Gleichgewicht mit einer relativen Zinserhöhung zum Ausland zu sichern. Der damit im Inland einhergehende restriktive Impuls soll den Ursachen der anfänglichen Abwertungserwartung (z.B. eine Inflationszunahme oder ein Handelsbilanzdefizit) entgegenwirken. Bei einer positiven Inflationsdifferenz zum Ausland bedeutet die zinspolitische Verteidigung des nomina-

---

[40] Vgl. zum folgenden Kapitel 4.4.3 und 4.4.4.

len Wechselkurses eine *reale Überbewertung* der Inlandswährung. Diese wird oft bewußt angestrebt, um den Wettbewerbsdruck im Inland zu erhöhen und mittels relativ billiger Importprodukte gleichsam Stabilität zu importieren. Eine reale Aufwertung ist bei $\hat{e}^r = \hat{e} - \hat{p} + \hat{p}^A < 0$ gegeben. Bei $\hat{e} = 0$ stellt dann der inländische Inflationsvorsprung einen preislichen Wettbewerbsnachteil dar, von dem man sich einen Anpassungsdruck auf die inländischen Unternehmen erhofft.

Die Koppelung des Wechselkurses an eine andere "starke" Währung stellt eine *Selbstbindung der nationalen Geldpolitik* dar, die das Ziel verfolgt, die Glaubwürdigkeit des eigenen monetären Kurses zu erhöhen und Inflationserwartungen abzubauen: Gewerkschaften und Unternehmen wird damit signalisiert, daß im Falle inflationärer Lohnabschlüsse der Ausweg einer Abwertung - um internationale Wettbewerbsfähigkeit und Beschäftigung zu sichern - versperrt ist. Indem auf diese Weise das nationale Preisniveau tendenziell an die monetäre Entwicklung eines stabilitätsbewußteren "Starkwährungslandes" angekoppelt wird, hofft man, mittels der Wechselkursfixierung indirekt von der Reputation der betreffenden Auslandswährung zu profitieren.

Da dieser Weg aber auch mit Kosten in Form zumindest temporärer Beschäftigungsverluste verbunden sein kann, werden die internationalen Finanzmärkte darüber spekulieren, ob und wie lange die Geldpolitik den internen Restriktionskurs durchhalten kann oder ob die Hinnahme der Abwertung nicht letztlich doch als der einfachere Ausweg erscheint. Die Überbewertungsstrategie droht dann zu scheitern, wenn angesichts hoher Arbeitslosigkeit und dennoch hartnäckiger Inflationserwartungen im Inland eine immer größere Zinsdifferenz notwendig wird, um den Wechselkurs zu verteidigen.

Das Gegenstück zum vorstehenden Fall ist eine Politik der *Unterbewertung*, die mit dem Ziel einer Beschäftigungsförderung verfolgt wird. Bei dieser Strategie wird typischerweise versucht, einen Export- bzw. Leistungsbilanzüberschuß abzusichern, der für sich genommen über eine marktendogene Aufwertung abgebaut würde. Dies erfordert einen geldpolitisch forcierten Kapitalexport, d.h. einen relativ niedrigen Inlandszins, der die durch den Leistungsbilanzüberschuß gegebene Aufwertungserwartung widerspiegelt.[41]

Ein Hauptproblem besteht hier in der Inflationsgefahr, da der niedrige Zins und der günstige reale Wechselkurs starke Nachfrageimpulse geben. Die Beschränkung konsumtiver (Staats-) Nachfrage oder die Einkommenspolitik stellen keine zuverlässigen Instrumente der Inflationsvermeidung dar, wenn sich die Geldpolitik ganz dem Ziel eines "exportgestützten Wachstums" verschreibt. In diesem Zusammenhang sind jedoch zwei Varianten der Unterbewertungsstrategie zu unterscheiden:

• Bei der *Abwertungspolitik* wird ein bestehender Inflationsvorsprung des Inlands durch nominale Abwertungen so (über-) kompensiert, daß die Volks-

---

[41] Vgl. Kapitel 4.3.4.

wirtschaft zumindest temporäre Gewinne an internationaler Wettbewerbsfähigkeit erzielt:

$$\hat{e} > \hat{p} - \hat{p}^A > 0 \quad \Rightarrow \quad \hat{e}^r > 0 \quad [5.22]$$

Geht dieses Muster in die Erwartungen der Akteure ein, so ist eine solche Politik insbesondere bei ungehinderten internationalen Kapitalbewegungen zum Scheitern verurteilt.
• Die Strategie einer *stabilitätsorientierten Unterbewertung* versucht dagegen, bei einem Inflationsvorsprung des Auslands die nominale Aufwertungsrate gering (oder einen festen Wechselkurs) zu halten, so daß über den realen Wechselkurs ein Wettbewerbsvorteil verteidigt werden kann:

$$-\hat{e} < \hat{p}^A - \hat{p} > 0 \quad \Rightarrow \quad \hat{e}^r > 0 \quad [5.23]$$

Die Erwartungen sind insoweit auf Stabilität und Währungsstärke gerichtet. Das optimale Muster dieser Politik besteht darin, von Zeit zu Zeit dem bestehenden Aufwertungsdruck teilweise nachzugeben, so daß die Aufwertungserwartungen bestätigt werden, gleichzeitig aber die *reale* Unterbewertung aufrechterhalten wird. Zu beachten ist hier, daß eine relativ niedrige Inflation im Inland nicht (wie im Phillips-Kurven-Ansatz) eine *Alternative*, sondern vielmehr eine *Vorbedingung* für eine hohe Beschäftigung ist.

Die *langfristige markttheoretische Konsistenz einer Überschußposition* wird analog zum Defizitfall[42] von Vermögensmarkteffekten bestimmt: Ein anhaltender Leistungsbilanzüberschuß deutet preistheoretisch auf eine langfristig gefestigte (relative) Geldwertstabilität hin, wodurch die betreffende Währung aus Anlagemotiven interessant wird. Die aus der (entstehenden) Gläubigerposition resultierenden Zinszahlungen vergrößern für sich genommen den Leistungsbilanzüberschuß. Entweder tritt nun darüber ein partieller Aufwertungseffekt ein, der die Nettoexporte verringert, oder die Wirtschaftspolitik muß sich um einen zusätzlichen Kapitalexport bemühen, um die Beschäftigung vor der drohenden Aufwertung zu schützen. Dieser Kapitalexport kann marktmäßig über niedrige Zinsen erreicht werden, aber auch auf institutionellem Wege, z.B. durch Rückzahlung von Staatsschulden an Ausländer oder durch Erhöhung der Entwicklungshilfe.

Die langfristige Wahrung eines Zahlungsbilanzgleichgewichts in Überschußländern ist schwierig, weil aufgrund der offenkundig hohen Vermögenssicherungsqualität der heimischen Währung vom Markt eher eine Tendenz zum Kapitalimport ausgeht, während der Leistungsbilanzüberschuß umgekehrt einen zusätzlichen Kapitalexport verlangt. Oft sieht sich daher die Notenbank zum Ankauf der zuströmenden Devisenüberschüsse gezwungen, um eine unerwünschte Aufwertung zu verhindern. Sie muß sich dann um eine Ste-

---

[42] Vgl. Kapitel 4.2.5.

rilisierung der damit einhergehenden Geldmengeneffekte bemühen, um nicht die Kontrolle über die inländische Geldmenge zu verlieren.[43]

5.3.4 Die Grenzen des regelgebundenen Interventionismus

Allgemein werfen Feedback-Strategien in der Wirtschaftspolitik folgende Probleme auf:
- Werden jeweils nur *einzelne* Ziele fixiert, kann dies dazu führen, daß andere Variablen um so stärker durch Störungen betroffen werden. Dies erklärt sich daraus, daß das Marktsystem Schocks prinzipiell durch Anpassung aller Variablen absorbiert; werden einige jedoch fixiert, müssen andere sich um so mehr ändern, um die Wirkung der Störung in der Volkswirtschaft abzufangen.
- Andererseits ist es aufgrund der makroökonomischen Interdependenzen zwischen diesen Variablen (d.h. aufgrund von partiellen Zielwidersprüchen) nicht möglich, *alle* Ziele in die Feedback-Steuerung aufzunehmen. Bei bestimmten Störungen ergäben sich widersprüchliche Handlungsanweisungen: Da z.B. ein Kostenschub die Preise erhöht und das Realeinkommen verringert, müßte eine Politik, die Preisniveau *und* Beschäftigung stabil halten will, gleichzeitig kontraktiv *und* expansiv ausgerichtet sein.
- Je nach der Art der auftretenden Störungen (z.B. nachfrage- oder angebotsbedingt) liefern die auf einzelne Zielvariablen orientierten Feedback-Strategien unterschiedlich gute Ergebnisse. Die Wahl zwischen alternativen Strategien verlangt somit auch eine Prognose darüber, welche Störungen in Zukunft die größte Bedeutung haben werden.
- Neue Probleme stellen sich bei seriell korrelierten Störungen, die nicht einen vorübergehenden, sondern einen anhaltenden Einfluß auf den Wirtschaftsprozeß ausüben:

$$s = \eta s_{-1} + x \qquad [5.24]$$

Die Wirkung eines in der Vorperiode aufgetretenen Störimpulses bleibt dabei mehr oder weniger erhalten ($\eta \leq 1$) und wird durch wiederum unregelmäßige, transitorisch wirkende Schocks x modifiziert ("random walk"). Beispiele sind technologische Innovationen oder Anpassungen im marktfähigen Arbeitsangebot nach tieferen Konjunkturkrisen.[44] In diesen Fällen können die Gleichgewichtswerte bestimmter makroökonomischer Variablen faktisch verändert werden, wodurch die wirtschaftspolitischen Instanzen zu einer Neubewertung und -festsetzung ihres Zielsystems gezwungen werden.

Die optimale Strategie der Stabilitätspolitik ist somit nicht allein auf theoretischem Wege zu finden - vor allem deshalb, weil alternative theoretische

---

[43] Vgl. Kapitel 4.2.2.
[44] Vgl. Kapitel 3.3.3.

Grundpositionen auch zu unterschiedlichen Modellen führen. Selbst eine prinzipiell zur Regelbindung (ob mit oder ohne Feedback-Klausel) entschlossene Wirtschaftspolitik muß zudem stets im Einzelfall prüfen, ob die Rahmenbedingungen einer Entscheidung zugunsten einer bestimmten Strategie noch gelten oder ob die ökonomische, politische und institutionelle Entwicklung der Volkswirtschaft eine Revision erfordern. Die monetaristische Forderung, die Ermessensfreiheit in der Wirtschaftspolitik zugunsten eines Automatismus zu beseitigen, ist deshalb nicht realisierbar.

Eine weitere Kritik gegen wirtschaftspolitische Feedback-Strategien ist, daß sie immer noch zu mechanisch auf gesamtwirtschaftliche Störungen reagieren und daß im Einzelfall differenzierte Reaktionen zu besseren Ergebnissen führen könnten. Dem steht die Befürchtung der Nachteile eines unbeschränkten Interventionismus gegenüber. Zwei allgemeine Auswege aus diesem Dilemma sind denkbar:

(1) Der erste wird durch das *Konzept der Proviso-Regeln* ("contingent rules") beschrieben. Hier wird die Notenbank im Grundsatz zu einer regelgebundenen Geldmengenpolitik verpflichtet, von der sie jedoch in "außergewöhnlichen Situationen" abweichen kann. Die Konzeption zielt darauf ab, der Geldpolitik sowohl Glaubwürdigkeit als auch Flexibilität zu verschaffen. Der Gedanke dabei ist, daß diskretionäre Reaktionen der Notenbank auf "große" und "einmalige" Störungen von den Marktakteuren begrüßt und nicht als Ausnutzung ihres Vertrauensvorschusses gewertet sowie mit künftig höheren Inflationserwartungen bestraft werden. Es liegt jedoch auf der Hand, daß mit der hier nötigen Klassifikation der Art der Störung die Unsicherheiten des diskretionären Regimes durch die Hintertür wieder eingeführt werden.

(2) Ein zweiter Ansatz plädiert für eine *"personalistische" Lösung*, indem die Leitung einer weitgehend regierungsunabhängigen Notenbank einer Person übertragen wird, die für eine höhere - vom Gesellschaftsdurchschnitt abweichende - Präferenz für Preisstabilität bekannt ist. Auch hier wird ein optimaler Kompromiß zwischen den Vorteilen von Regelbindung und Interventionismus angestrebt; der Unterschied gegenüber der Strategie der "contingent rules" besteht darin, daß die Entscheidung zu einer regelabweichenden Politik direkt in das Ermessen einer in der "financial community" als glaubwürdig erachteten Person gestellt wird.

Kritisch ist zu vermerken, daß dieser Ansatz die grundlegende Prämisse der modernen Theorie der Stabilisierungspolitik, die Steuerung der Regierungsaktivität durch gesellschaftliche Interessen, stillschweigend außer Kraft setzt oder zumindest modifiziert: Entweder ist die Wirtschaftspolitik vom allgemeinen Wählervotum abhängig - dann ist nicht klar, auf welchem Wege die Bestellung eines Notenbankchefs mit "abweichenden" Präferenzen gelingen kann. Wenn aber der Staat umgekehrt eine Instanz bzw. eine Person mit der Wahrung langfristiger Funktions- und Effizienzbedingungen der Geldwirtschaft beauftragen kann - dann ist zu analysieren, ob und wie dieses Konzept unter "demokratischen" Spielregeln tragfähig ist. Eine Hypothese ist, daß die Individuen zwischen ihren kurz- und langfristigen Interessen unterscheiden können und daher gewillt sind, sich in rationaler Kenntnis ihrer eigenen möglicherweise überhöhten Zeitpräferenz einer Selbstbindung zu unterwerfen und bestimmte grundsätzliche Entscheidungen vorsichtshalber einer wohlmeinenden, übergeordneten Instanz zu übertragen.

Ein *grundlegendes Dilemma der Stabilitätspolitik* besteht darin, daß die Inflationsgefahr um so größer wird, je erfolgreicher die Vollbeschäftigungspolitik ist, weil die relative Verknappung der Arbeitskräfte die Marktstellung der Lohnabhängigen erhöht und dieser Machtzuwachs tendenziell zu höheren Lohnforderungen führt. Bei entsprechend hoher Arbeitsnachfrage werden diese Forderungen auch durchgesetzt, wobei eine kräftige, wenn nötig staatlich geförderte Güternachfrage die Überwälzung der damit gestiegenen nominalen Lohnkosten in den Preisen gestattet. Zwar ist eine Tendenz zur Lohninflation auch dann zu erwarten, wenn sich Vollbeschäftigung über den Markt einstellt. Das Inflationsproblem gewinnt aber in einem Regime keynesianischer Wirtschaftspolitik deshalb eine andere Qualität, wenn und weil die Akteure *wissen*, daß die Regierung im Falle von Unterbeschäftigung stets eine expansive Nachfragepolitik betreiben wird. Die damit verbundene Verringerung der erwarteten (Beschäftigungs-) Risiken auf dem Arbeitsmarkt erhöht das Anspruchsverhalten der Lohnpolitik.

Damit zeigt sich ein allgemeiner, systemtheoretischer Rückkoppelungsmechanismus, der für eine vorrangig am Beschäftigungsziel orientierte Wirtschaftspolitik zu einem ernsten Problem wird:

• Wissenschaftlicher Fortschritt erschließt zunächst neue *Erkenntnisse* über die Funktionsweise des ökonomischen Systems und zeigt wirtschaftspolitische Ansatzpunkte zur Lösung volkswirtschaftlicher Probleme.

• Die *Anwendung* der entsprechenden wirtschaftspolitischen Maßnahmen beeinflußt aber dann - über die erwünschten Wirkungen hinaus - die Funktionsmechanismen der Volkswirtschaft; die Aktivität der wirtschaftspolitischen Instanzen wird selbst zu einem Element des Systems, das sich damit verändert. Der sog. "Lucas-Kritik" zufolge übersieht der Keynesianismus, daß die Individuen einen bestimmten Kurs der Makropolitik antizipieren und sich anders verhalten als sie sich bei Abwesenheit dieser Politik verhalten hätten.[45]

> Das Wissen um die Funktionsweise des Systems ermöglicht wohl einerseits dessen beschränkte oder vorübergehende Steuerung, ist aber andererseits die Hauptursache für dessen veränderte Funktionsweise und daher auch für das allmähliche Versagen der ursprünglich erfolgreichen Steuerung.
>
> *Silvio Borner* (1975: 1166)

Das Argument, das Wissen um die Existenz einer Makropolitik mit stabili-

---

[45] Siehe dazu die Kritik des Ziel-Mittel-Denkens in der Einleitung.

tätsorientierten Intentionen verändere die Funktionsmechanismen der Volkswirtschaft, läßt sich allerdings auch umgekehrt zur Unterstützung der keynesianischen Position verwenden: Können die Unternehmen davon ausgehen, daß der Staat bei Nachfragestörungen eingreift, so hat dies positive Wirkungen auf ihre langfristigen Ertragserwartungen und damit auf die Investitionsneigung; dies wiederum trägt zu einer höheren Makrostabilität bei und verringert darüber die Notwendigkeit tatsächlicher wirtschaftspolitischer Interventionen. Umgekehrt erhöht die Erwartung einer konjunkturpolitischen Abstinenz der Staates das Risiko der Investitionstätigkeit und damit die Krisenanfälligkeit des Systems.

Zusammenfassung von Kapitel 5.3

(1) Die Vorschrift einer starren Regelbindung für die Geldmengenentwicklung bedeutet, daß der Notenbank die Möglichkeit zur stabilisierenden Reaktion auf exogen auftretende, krisenhafte Störungen genommen ist. Gesucht sind deshalb stabilitätspolitische Strategien, die einerseits den Glaubwürdigkeitsbonus einer Regelbindung aufweisen, andererseits aber die Bekämpfung von Störungen erlauben. Feedback-Regeln stellen einen Ansatz dar, bei dem ein öffentlich angekündigter Kurs der Geldmengenpolitik bei Abweichungen bestimmter volkswirtschaftlicher Größen von ihren Zielwerten nach einer vorab festgelegten Weise modifiziert wird. Je nach Wahl der Zielgröße kann dabei eine Absicherung gegen bestimmte, doch nicht alle Arten von Schocks erreicht werden.

(2) Im Fall einer Outputstabilisierung reagiert die Geldpolitik automatisch expansiv (restriktiv), wenn und solange Produktion und Beschäftigung unterhalb (oberhalb) eines gewünschten Gleichgewichtswertes liegen. Die Vollbeschäftigung wird so gegen alle Marktstörungen gesichert; Angebotsschocks werden jedoch besonders stark auf die Preise übertragen. Gerade wegen der Ausschaltung von Arbeitsmarktrisiken droht hier eine unkontrollierte Lohn-Preis-Spirale. Umgekehrt wird bei einer Preisniveaustabilisierung die Beschäftigung (nur) von Angebotsstörungen betroffen. Beide Strategien können zur Stabilisierung des nominalen BSP kombiniert werden. Hierbei ist ein Pakt zwischen Notenbank und Gewerkschaften möglich, indem erstere Beschäftigung und Preise gegen Nachfrageschwankungen und Störeinflüsse aus dem Bereich der nationalen und internationalen Geldmärkte absichert, während letztere Lohnzurückhaltung verspricht. Anderweitig bedingte angebotsseitige Lohn- und Preissteigerungen führen dabei gleichwohl zu Beschäftigungseinbußen.

(3) Eine Zinsstabilisierung schaltet Geldnachfragestörungen aus, liefert jedoch bei Güternachfragestörungen schlechtere Ergebnisse als eine Geldmengenregel. Bei Berücksichtigung von Inflationserwartungen und Auslandseinflüssen ist der Nominalzins kein zuverlässiger Indikator für den Grad der realen Geldversorgung. Eine "Politik des billigen Geldes" zur langfristigen Sicherung der Vollbeschäftigung erfordert eine unbegrenzte Geldvermehrung und kann zu einer Destabilisierung aller nominalen Größen führen. Niedrige Zinsen erfordern bei festen Wechselkursen letztlich Import- und Kapitalverkehrskontrollen, d.h. marktinkonforme Interventionen. Die Wechselkursstabilisierung empfiehlt sich für kleine offene Volkswirtschaften mit relativ inflationsanfälliger Währung. Der Verzicht auf eine autonome nationale Geldpolitik ermöglicht durch die Anbindung an eine starke Währung einen "Import" von Preisstabilität. Solange sich die Lohn- und Preispolitik im Inland

darauf nicht einstellt, treten volkswirtschaftliche Kosten durch höhere Arbeitslosigkeit auf. Die Strategie der Unterbewertung zielt über eine Steuerung des realen Wechselkurses auf eine Förderung von Beschäftigung und Wachstum und nimmt dabei Inflationsrisiken in Kauf. Die langfristige Sicherung eines Leistungsbilanzüberschusses verlangt zumeist einen gegen die Marktkräfte gerichteten Kapitalexport oder den Ankauf und die geldpolitische Sterilisierung eines Überschußangebotes von Devisen.

(4) Die Entscheidung zugunsten einer bestimmten Feedback-Strategie setzt die Akzeptanz eines für richtig gehaltenen makroökonomischen Modells und eine Einschätzung über die künftige relative Bedeutung verschiedenartiger gesamtwirtschaftlicher Störungen voraus. Bei Änderungen der Art und Dauer dieser Störungen, neuen Marktbedingungen und Präferenzen wäre die optimale Interventionsregel stets neu zu bestimmen. Eine zeitlos gültige Regelbindung ist daher weder sinnvoll noch möglich. Eine Alternative ist die Aufnahme von Vorbehaltsklauseln in eine Geldmengenregel, die bei "größeren" Störungen flexible Reaktionen der Geldpolitik erlauben. Dies kann mit einer institutionellen Autonomie der Notenbank verbunden werden, um bei geldpolitischen Ermessensentscheidungen das Interesse an der langfristigen Geldwertstabilität zu stärken. Ein Grundproblem der Stabilitätspolitik besteht darin, daß bereits das Wissen um ihre Existenz die Marktmechanismen verändert. Einerseits kann eine Verstetigung der Ertragserwartungen und damit der Investition eintreten, andererseits eine monetäre Destabilisierung, wenn das verringerte Arbeitslosigkeitsrisiko die Lohninflation antreibt.

5.4 Das Stabilitätsproblem in der Geldwirtschaft

5.4.1 Makroökonomische Ungleichgewichte bei realen und nominalen Störungen

Gesamtwirtschaftliche Ungleichgewichte entstehen formal durch einen Störimpuls auf der Angebots- oder Nachfrageseite eines Makromarktes, der nicht *unmittelbar* durch eine geeignete endogene Anpassung neutralisiert wird. Geordnet nach Art der Störung und der fehlenden Anpassung lassen sich in der modernen Theoriegeschichte (einem Vorschlag Leijonhufvuds folgend) vier Szenarien makroökonomischer Ungleichgewichte unterscheiden (Tabelle 5.1):

(1) *Keynes* zufolge entstehen Wirtschaftskrisen zumeist durch einen plötzlichen Zusammenbruch der unternehmerischen Ertragserwartungen. Diese werden in der Grenzleistungsfähigkeit des Kapitals r^e zusammengefaßt. Ihre hohe "Störanfälligkeit" ist darauf zurückzuführen,

• daß sie nicht (wie die sog. Grenzproduktivität des Kapitals) den physischen, sondern den wertmäßigen Nettoertrag von Produktionsprozessen mißt, und

• daß sie nicht (wie die realisierte Profitrate) die Profitabilität des bestehenden Kapitalstocks, sondern die künftige Rentabilität zusätzlicher Sachkapitalanlagen ausdrückt.

Je nach dem Arbeitsfeld des Unternehmens verlangt die Schätzung der Grenzleistungsfähigkeit eine Erwartungsbildung über zukünftige Löhne, Prei-

Das Stabilitätsproblem in der Geldwirtschaft 319

Ungleichgewicht wegen ... bei ...	realer Fehlanpassung	nominaler Fehlanpassung
realem Schock	(1) Realer Zinssatz reagiert nicht auf veränderte Grenzleistungsfähigkeit	(2) Löhne und Preise reagieren nicht auf veränderte Grenzleistungsfähigkeit
nominalem Schock	(4) Allgemeine werden als relative Preisänderungen gedeutet	(3) Löhne und Preise reagieren nicht auf veränderte Geldmenge

Tabelle 5.1: Szenarien makroökonomischer Ungleichgewichte

se, Zinsen und Wechselkurse, über die technologische Entwicklung, das Konsumverhalten, die nationale und internationale Konjunkturentwicklung sowie über die Aktionen der Wirtschaftspolitik im In- und Ausland. Neue Marktsignale stellen eine *reale* Störung dar, weil z.B. die Erwartung sinkender Verkaufserlöse in Relation zu im übrigen unveränderten Löhnen und Preisen auf der Beschaffungsseite wahrgenommen werden und damit die relative Ertragsrate des Sachkapitals verringern.

Ein Durchwirken dieses Schocks auf die Investition könnte nur dann verhindert werden, wenn der reale, d.h. inflationsbereinigte Finanzmarktzins parallel zur Grenzleistungsfähigkeit sinkt. Aber die Verschlechterung von Ertragserwartungen geht oft mit einer Erhöhung der allgemeinen Unsicherheit und der Liquiditätspräferenz einher, so daß der Zins sogar steigen kann. Veränderte Erwartungen haben damit einen gleichgerichteten, kumulativen Effekt auf die Investitionsfunktion $I(i, r^e)$; die direkte Wirkung einer veränderten Grenzleistungsfähigkeit wird oft durch einen Zinseffekt verstärkt (Abbildung 5.12 zeigt beispielhaft den Fall einer kontraktiven Störung).

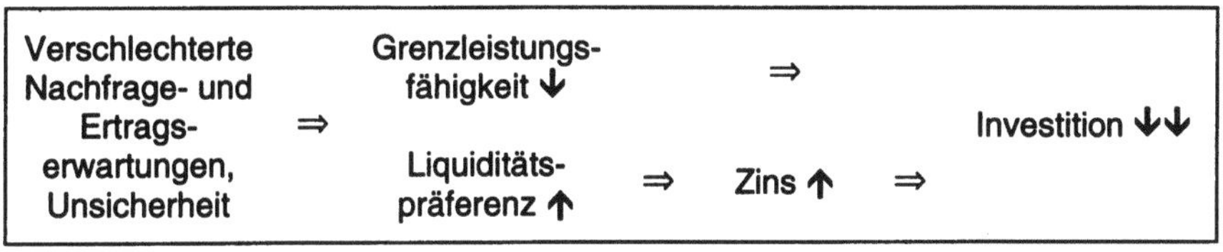

Verschlechterte Nachfrage- und Ertragserwartungen, Unsicherheit	⇒	Grenzleistungsfähigkeit ↓	⇒			Investition ↓↓
		Liquiditätspräferenz ↑	⇒	Zins ↑	⇒	

Abbildung 5.12: Ertragserwartungen, Geldnachfrage und Investition

Gilt die einfache Konsumfunktion $C(Y)$, nach der die Konsumausgaben nur vom laufenden Einkommen abhängen, so wirkt eine stabile Konsumneigung c wie ein Hebel, der über den Multiplikator den Effekt von Investitionsschwankungen auf Volkseinkommen und Beschäftigung verstärkt. Der in diesem Fall unausweichliche Konjunktureinbruch kann auf *marktendogene* Weise nur indirekt, nämlich durch die Liquiditäts- und Vermögenseffekte nominal sinkender Löhne und Preise überwunden werden; dieser Erholungsprozeß ist jedoch zeitraubend und in seinen Wirkungen unsicher.[46]

> Ich behaupte (...), daß der wesentliche Charakter des Konjunkturzyklus und insbesondere die Regelmäßigkeit der Zeitfolge und Dauer, die uns erlaubt, ihn einen *Zyklus* zu nennen, hauptsächlich auf die Art zurückzuführen ist, in der die Grenzleistungsfähigkeit des Kapitals schwankt. (...) Die Tatsache, daß ein Zusammenbruch der Grenzleistungsfähigkeit des Kapitals die Neigung hat, mit einer Erhöhung des Zinsfußes verbunden zu sein, kann (...) die Abnahme in der Investition ernstlich verschärfen. (...) Die Vorliebe für Liquidität (...) nimmt erst *nach* dem Zusammenbruch der Grenzleistungsfähigkeit des Kapitals zu. Es ist in der Tat dieser Umstand, der die Stockung so ungefügig macht.
> John Maynard Keynes (1936: 265, 267f)

(2) In der *postkeynesianischen und neoklassischen* Theorie (sowie in der Öffentlichkeit) verbreitet ist dagegen eine Sichtweise, nach der erst die fehlende Flexibilität von Löhnen und Preisen nach einem Rückgang der Ertragserwartungen für die entstehende Arbeitslosigkeit verantwortlich ist. Wie erwähnt kann jedoch eine Absenkung nominaler Größen nur indirekt auf die Erholung der realen Grenzleistungsfähigkeit des Kapitals wirken. Die Entstehung einer Krise ist zumeist auch nicht darauf zurückzuführen, daß die Löhne zu hoch, sondern daß die Preise von Vermögenswerten (d.h. die mit dem Zins abdiskontierten erwarteten Ertragsströme) zu niedrig sind.[47]

(3) Auch der *Monetarismus* sieht in einer mangelnden Anpassungsfähigkeit von Löhnen und Preisen die eigentliche Ursache makroökonomischer Krisen. Als krisenauslösender Faktor werden Schwankungen der Ertragserwartungen zwar nicht ausgeschlossen; jedoch ergibt sich ein für die Systemstabilität günstigeres Bild, wenn der Konsum auch vom Vermögen abhängt, so daß er nicht nur mechanisch auf Einkommensänderungen reagiert. Gerade die Instabilität der auf das laufende Einkommen bezogenen Konsumneigung und die damit einhergehende Variabilität des Investitionsmultiplikators bedeuten in gesamtwirtschaftlicher Sicht einen Stabilitätsgewinn, weil zusätzlicher Konsum an die Stelle sinkender Investitionsnachfrage treten kann und somit das gesamtwirtschaftliche Produktionsvolumen von Schwankungen der Investitionstätigkeit tendenziell abgekoppelt wird.

Als quantitativ wichtigster Störfaktor gelten Schwankungen im Geldangebot, d.h. Fehler der Geldpolitik. Diese lassen sich in zwei Punkten systematisieren:

- Es liegt eine volkswirtschaftlich *unangemessene Zielfunktion* vor, die z.B.

---

[46] Vgl. Kapitel 3.1.
[47] Vgl. Kapitel 1.2.2.

auch Beschäftigungszuwächse jenseits des inflationsneutralen Gleichgewichts anstrebt.
- *Zeitverzögerungen* im geldpolitischen Instrumenteneinsatz und seiner Wirkung führen dazu, daß das makroökonomische Gleichgewicht nicht wie gewünscht stabilisiert, sondern gestört wird.

Unter diesen Bedingungen wären tatsächlich Anpassungen im Lohn- und Preisniveau nützlich, weil die reale Geldversorgung damit wiederhergestellt und ein destabilisierender Zinseffekt ausbleiben würde.

(4) In der *neuklassischen*, mit rationalen Erwartungen operierenden Makroökonomie wird schließlich wieder eine reale Fehlanpassung, wie in Fall (3) jedoch bei einem nominalen Schock, als Ursache eines Ungleichgewichts gesehen. Eine mangelnde Information über den aktuellen Stand von Geldmenge und allgemeinem Preisniveau kann zur Folge haben, daß Unternehmen Preisänderungen als relativ, d.h. nur ihr Produkt betreffend deuten und die Produktion entsprechend ausweiten, obwohl es sich faktisch um eine allgemeine Preisänderungen handelt.[48] Diese Erklärung konjunktureller Ungleichgewichte hat vor allem deshalb Kritik erfahren, weil gerade bei den heutigen Marktbedingungen die Annahme unplausibel ist, die Akteure seien über die Entwicklung nomineller Aggregate nicht hinreichend informiert - schließlich werden Geldmengenwachstum und Inflationsrate monatlich bekannt gegeben.

Daraufhin wurde der im Kern neoklassische Ansatz der "Real Business Cycles" entwickelt, der Konjunkturschwankungen wie in Fall (1) auf reale Störungen, insbesondere aus dem Bereich der Technologie und der Präferenzen, zurückführt. Auf diese Schocks reagieren die Wirtschaftssubjekte nach Maßgabe ihrer privaten Interessenkalküle mit einem Verhalten, das die Schwankungen möglicherweise noch verstärkt. In "guten Zeiten", bei relativ hohen Löhnen und Zinsen, steigern beispielsweise die Haushalte ihr Arbeitsangebot, weil dies nun lukrativer erscheint. Entsprechend - vor dem Hintergrund eines langfristigen Arbeits- und Konsumplans - wird das Arbeitsangebot in "schlechten Zeiten" zurückgenommen. Die hier auftretende Arbeitslosigkeit wird deshalb als ein freiwilliges Verhalten gedeutet, das aus einem intertemporalen Substitutionsmuster zwischen Arbeits- und Freizeit entspringt. Infolgedessen kann man auch nicht von makroökonomischen Ungleichgewichten sprechen, es handelt sich diesem Ansatz zufolge um *Konjunkturschwankungen bei allgemeinem Gleichgewicht*, die insoweit auch keinen wirtschaftspolitischen Handlungsbedarf begründen.

Mehrere Kritikpunkte lassen sich gegen diese Theorie einwenden:
- Der postulierte Ursprung der Störungen im technologischen Bereich läßt auf einen Gleichlauf zwischen ähnlichen Industrien in verschiedenen Ländern schließen. Tatsächlich zeigt die Wirtschaftslage verschiedener Industrien innerhalb der nationalen Volkswirtschaft einen engeren Zusammenhang.

---
[48] Vgl. Gleichung [2.25] in Kapitel 2.3.3.

- Da die technologische Entwicklung generell einen (mehr oder weniger raschen) *Fortschritt* verzeichnet, fällt es schwer, Begründungen für *negative* Schocks zu finden, die Rezessionen (insbesondere größerer Art) erklären könnten.
- Es gibt praktisch keine empirischen Belege dafür, daß die Arbeitslosigkeit in konjunkturellen Krisenzeiten größtenteils freiwilliger Art ist.

I believe that what looks like involuntary unemployment is involuntary unemployment.
Robert M. Solow (1980: 3)

5.4.2 Das empirische Bild: Die Wirksamkeit der Zinspolitik

Die Keynessche Hypothese einer Instabilität der Investitionstätigkeit erscheint angesichts der Dominanz von Erwartungsmomenten in der Investitionsentscheidung durchaus plausibel. Gleichwohl fällt es schwer, empirische Belege für das Szenario (1) in Tabelle 5.1 zu finden, wonach allein letztlich zufällige Marktstörungen, die einen "Stimmungswechsel" bei den Ertragserwartungen der Investoren bewirken, gefolgt von verstärkenden Multiplikator- und Zinseffekten, eine Rezession zur Folge haben. Fluktuationen der Investitionsneigung und der Nachfrage sind zwar an der Tagesordnung, aber tiefere Wirtschaftskrisen scheinen dadurch bislang nicht hervorgerufen worden zu sein.

Praktisch allen größeren Wirtschaftskrisen ging jedoch eine Phase geldpolitischer Restriktion - meist mit dem Ziel der Inflationsbekämpfung - voraus. Abbildung 5.13 zeigt dies beispielhaft für vier Länder: Der Kurs der Geldpolitik wird hier durch die Entwicklung der kurzfristigen Zinsen ausgedrückt, die erfahrungsgemäß den engsten Zusammenhang zum geldpolitischen Instrumenteneinsatz aufweisen. Dem wird das reale Wirtschaftswachstum gegenübergestellt, wobei diese Reihe zeitlich so verschoben ist, daß der Zins im Jahr t mit der Wachstumsrate des Jahres $t+1$ zusammenfällt. Dies ist damit zu begründen, daß Kurswechsel der Geldpolitik erst mit einer gewissen zeitlichen Verzögerung im realwirtschaftlichen Bereich wirken.[49] Das empirische Bild ist recht eindeutig: Die Geldpolitik muß - der langen nationalökonomischen Debatte um verschiedene endogene Krisenursachen zum Trotz - als eine der wichtigsten Triebkräfte für Konjunkturschwankungen angesehen werden.

Der stilisierte Verlauf einer geldpolitisch verursachten Wirtschaftskrise läßt sich in einem einfachen *IS-LM*-Modell skizzieren (Abbildung 5.14): Ausgangspunkt ist eine Linksverschiebung der *LM*-Kurve nach *LM'*, die sich in ei-

---

[49] Zur optischen Verdeutlichung des Gleichlaufs zwischen Zinsen und Wachstum sind die Werte der Wachstumsreihe mit dem umgekehrten Vorzeichen dargestellt; die oberen Wendepunkte markieren demnach den Tiefpunkt einer Rezession. Beide Zeitreihen sind trendbereinigt, um die zyklische Konjunkturbewegung klarer hervortreten zu lassen.

Das Stabilitätsproblem in der Geldwirtschaft 323

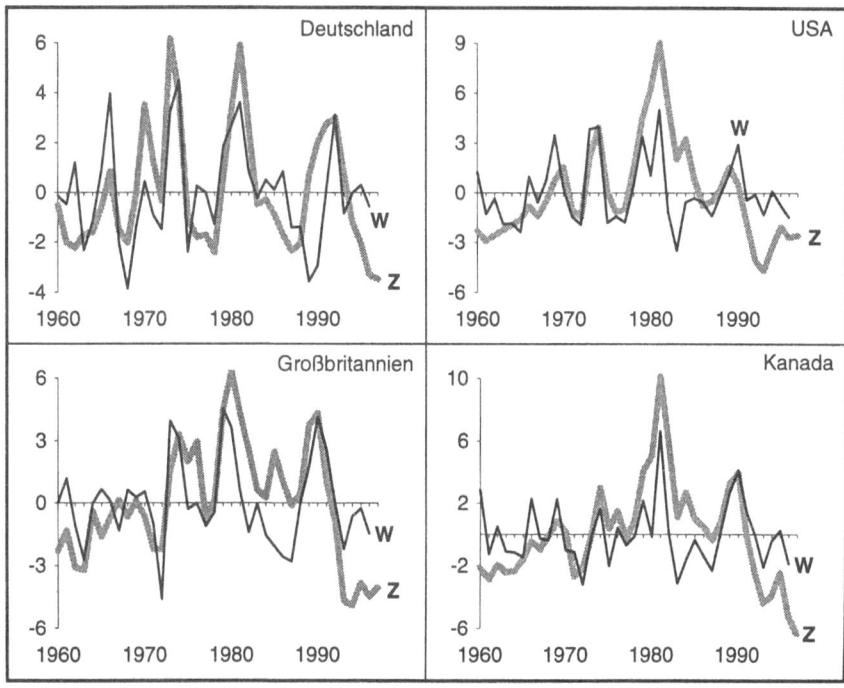

Abbildung 5.13: Abweichung vom Trend des Drei-Monats-Zinssatzes (Z) und negative Abweichung vom Trend des realen Wirtschaftswachstums im Folgejahr (W)

ner starken Zinserhöhung niederschlägt (A → B). Die Investition geht daraufhin zunächst zinsbedingt zurück (B → C). Entscheidend ist aber der nachfolgende Einbruch der Investitionsneigung (C → D):[50]

- Der Investitionseinbruch ist zum einen darauf zurückzuführen, daß Zinssteigerung und Nachfragerückgang den Spielraum zur Überwälzung von Kostensteigerungen in den Preisen begrenzen, während die Nominallöhne als Reflex auf die vorangegangene Phase einer kräftigen Arbeitsnachfrage noch unvermindert weiter ansteigen. Aus institutionellen Gründen reagiert die Lohnpolitik in den zumeist nur jährlich stattfindenden Tarifverhandlungen später als die Investoren auf Veränderungen der makroökonomischen Rahmenbedingungen. Dies bedeutet in dieser Situation, daß die Erträge der Unternehmen unter Druck geraten, wodurch dann auch die Ertragserwartungen negativ berührt

---

[50] Dem Charakter des *IS-LM*-Modells entsprechend bleibt hier der Kreditmarkt explizit unberücksichtigt. Der Banksektor spielt jedoch im Krisenzyklus eine wichtige Rolle. Eine geldpolitische Restriktion geht zumeist mit einer preis- und mengenmäßigen Einschränkung der Refinanzierungsbedingungen der Banken bei der Notenbank einher (vgl. Kapitel 1.2.1). Sie werden dadurch zu einer Revision ihres Passiv- und Aktivgeschäfts gezwungen: Zum einen versuchen sie, sich über höhere Zinsgebote durch zusätzliche Einlagen aus dem Publikum zu refinanzieren; dies wirkt negativ auf Konsum- und Investitionsausgaben. Zum anderen wird die Zinssteigerung durch eine zurückhaltendere Kreditvergabe und den Verkauf von Wertpapieren auf den Kapitalmarkt übertragen.

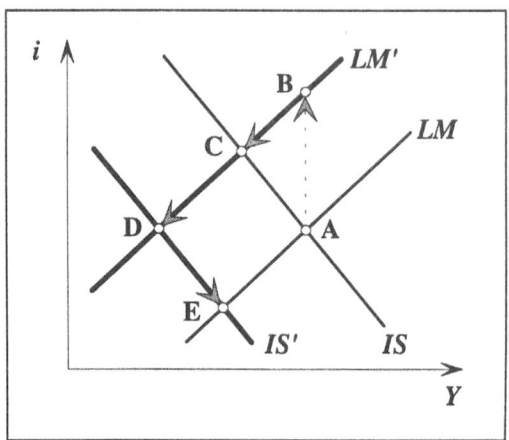

Abbildung 5.14:
Verlauf einer geldpolitisch verursachten Krise

werden können.
- Die restriktive Zinspolitik muß als ein Signal der Notenbank gesehen werden. Es bringt zum Ausdruck, daß die Aufrechterhaltung von Hochkonjunktur und Vollbeschäftigung als geldpolitische Ziele in die zweite Reihe gerückt sind - in aller Regel zugunsten einer verstärkten Orientierung an der Geldwertstabilität. Als Folge davon müssen kurz- und mittelfristig die Risiken der Investitionstätigkeit höher veranschlagt werden.

Investitionsentscheidungen werden zumindest temporär zurückgestellt, freie Mittel in hochverzinslichen Finanzanlagen "geparkt". Die Umlenkung des Geldkreislaufs vom Güter- zum Finanzmarkt, d.h. die transaktionsbedingt sinkende Geldnachfrage führt dann dazu, daß im Tiefpunkt der Krise auf Güter- und Arbeitsmarkt (D) der Zinssatz bereits wieder deutlich gesunken ist. Als *Ursache* der Arbeitslosigkeit erscheinen statt dessen die gesunkenen Unternehmensgewinne und die möglicherweise gestiegenen Reallöhne - beides jedoch die *Folge* der verminderten Investitionstätigkeit. Dies ist der Effekt der "Gewinndeflation", d.h. des kreislauftheoretischen Zusammenhangs zwischen Ausgaben und Einnahmen der Unternehmen.[51] Die letzte Phase des Krisenzyklus ist dann die Rückkehr zu einem "normalen" Kurs der Geldpolitik (D → E); die damit einhergehende weitere Zinssenkung leitet dann die Erholung der Konjunktur ein. Dabei kann hier offen bleiben, ob eine nachhaltige Kräftigung der Auftriebskräfte eine darüber hinausgehende expansive Geld- oder Fiskalpolitik verlangt.

Die Stabilitätseigenschaft eines (Wirtschafts-) Systems läßt sich formal danach beurteilen, ob eine bestimmte Variable (oder eine Gleichgewichtskonstellation auf einem Markt) nach einer exogenen Störung

---

[51] Vgl. Kapitel 2.5.1, 3.1.3 und 3.1.4.

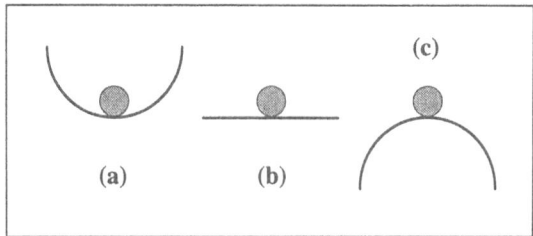

Abbildung 5.15: (a) Stabilität, (b) Labilität und (c) Instabilität eines Gleichgewichts

- wieder zum Ausgangspunkt zurückkehrt (Abbildung 5.15, Fall a),
- einen anderen Ruhepunkt findet (Fall b),
- oder aber sich immer weiter vom Ausgangspunkt entfernt, so daß das System (bzw. der Markt) schließlich zusammenbricht (Fall c).

Die These einer "Instabilität des Kapitalismus" bleibt zu oberflächlich: Der Fall (c) läßt sich zwar vereinzelt auf Aktien- und Devisenmärkten beobachten. Aber auch dabei treten nach einiger Zeit marktendogene Stabilisierungsmechanismen auf und die gesamtwirtschaftlichen Konsequenzen bleiben eher gering. Die große Weltwirtschaftskrise der 30er Jahre wird heute überwiegend auf eine verfehlte Geldpolitik in den USA zurückgeführt; die mit Deflation und Bankenzusammenbrüchen verbundenen Vermögensverluste und Geldmengenkontraktionen wurden zu passiv hingenommen.

Vor dem Hintergrund des empirischen Befundes der Nachkriegszeit erscheint die *Inflation* als ein bedeutender Instabilitätsfaktor in der modernen Marktwirtschaft, weil ein Inflationsprozeß u.a. aufgrund von Erwartungsmechanismen eher zur Selbstverstärkung als zur Selbstkorrektur tendiert. Die Inflationsbekämpfung mittels restriktiver Geldpolitik ist die wichtigste Ursache für *zyklisch steigende* Arbeitslosigkeit. Auf der anderen Seite verbleibt nach Überwindung einer konjunkturellen Krise oft eine große Zahl von Arbeitslosen, die sich insbesondere infolge von Qualifikationsverlusten nur noch schwer wieder in das Beschäftigungssystem eingliedern lassen. Eine Abhängigkeit der marktfähigen Ressourcenausstattung von der mittel- und langfristigen Nachfrageentwicklung bedeutet eine *Labilität des makroökonomischen Systems auf der Angebotsseite* (Fall b); damit sind multiple Gleichgewichtskonstellationen und Wachstumspfade möglich.

5.4.3 Vollbeschäftigung und Preisstabilität: Ein wohlfahrtstheoretischer Zielkonflikt?

Vor diesem Hintergrund stellt sich die Frage nach möglichen Bewertungskriterien im wirtschaftspolitischen Zielkonflikt zwischen Vollbeschäftigung und Preisstabilität. Die ökonomische Definition von Vollbeschäftigung lautet, daß jeder beschäftigt sein muß, der zum herrschenden Reallohn arbeiten möchte. Arbeitslosigkeit wird damit theoretisch an der Arbeitsangebotsfunktion gemessen, läßt sich empirisch jedoch nur ungenau erfassen. Die üblicherweise von der Statistik ausgewiesene Arbeitslosenquote

$$u = \frac{\text{registrierte Arbeitslose}}{\text{abhängige Erwerbspersonen}} \quad [5.23]$$

berücksichtigt die sog. "Stille Reserve" des Arbeitspotentials nicht. Das sind diejenigen Arbeitslosen, die sich nicht bei den Arbeitsämtern registrieren lassen, z.B. weil sie keine Hoffnung auf Vermittlung einer Stelle oder keinen Anspruch auf finanzielle Unterstützung (mehr) haben.

Tabelle 5.2 verdeutlicht, daß die "Stille Reserve" rechnerisch auch indirekt ermittelt werden könnte: indem nämlich die Anzahl der selbständig Beschäftigten sowie der abhängigen Erwerbspersonen vom Erwerbspersonenpotential abgezogen werden. Jedoch ist auch letzteres selbst kurzfristig keine unveränderliche Größe, da die Erwerbsbeteiligung in Abhängigkeit von der Konjunktur, von Beschäftigungs- und Verdiensterwartungen schwankt. Durch ähnlich bedingte Wanderungsbewegungen wird schließlich auch die Wohnbevölkerung als Basis des Arbeitspotentials laufend verändert.

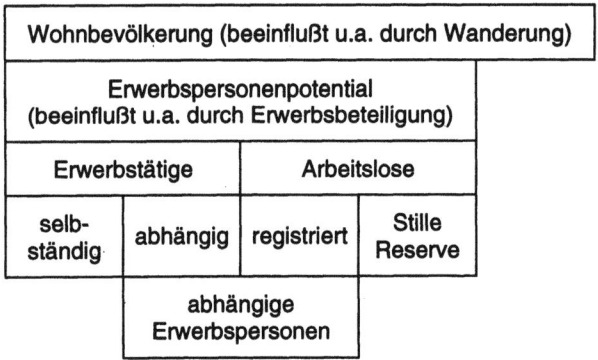

Tabelle 5.2: Komponenten des Arbeitspotentials

Vollbeschäftigung ist also gleichsam ein "bewegliches Ziel" der Wirtschaftspolitik, da die jeweils herrschende Arbeitsmarktkonstellation auf Migrations- und Partizipationsentscheidungen zurückwirkt und damit nach einiger Zeit das Arbeitsangebot verändert: Gute Beschäftigungs- und Einkommenschancen führen zu Markteintrittsentscheidungen, Arbeitslosigkeit zur Schrumpfung des Arbeitspotentials.[52]

---

[52] Formal sind diese Effekte eher als Verschiebungen denn als Bewegungen auf der üblichen Arbeitsangebotsfunktion zu interpretieren; deren mikrotheoretisches Fundament ist die Arbeits-Freizeit-Entscheidung innerhalb eines *gegebenen* Arbeitspotentials.

Aus guten Gründen ist *Vollbeschäftigung ein wichtiges Ziel der Wirtschaftspolitik*:

(1) Unverschuldete Arbeitslosigkeit verletzt das *Gerechtigkeitsziel*, da Funktionsprobleme der Volkswirtschaft mehr oder weniger zufällig von bestimmten Individuen getragen werden. Anstelle einer proportionalen Minderbeschäftigung aller Arbeitnehmer werden aus betriebsinternen Gründen zumeist einige vollständig ausgeschlossen. Wenn dabei in besonderem Maße z.B. schlecht Qualifizierte als Arbeitslose ausgegrenzt werden, werden makroökonomische Probleme zu Anpassungszwängen gerade derjenigen, die ohnehin über eine schwache Marktposition verfügen.

(2) Unfreiwillige Arbeitslosigkeit stellt insofern ein *Marktversagen* dar, weil die Bereitschaft von Arbeitslosen, zu einem niedrigeren als dem herrschenden Marktlohn zu arbeiten, folgenlos bleibt. Sie bedeutet kurzfristig für die Gesellschaft einen Verzicht auf Produktions- und Konsummöglichkeiten, für die betroffenen Individuen i.d.R. einen *Einkommens- und Wohlstandsverlust*, der neben ökonomischen auch soziale und psychologische Aspekte einschließt. Die individuelle Milderung dieses Problems durch eine sozialstaatliche Absicherung bringt wiederum für die Gesellschaft als ganze letztlich eine zusätzliche Steuerbelastung mit sich. Oft gehen die Akteure einer föderativ angelegten Fiskalpolitik zu einer Subventionskonkurrenz um lokale und regionale Industrieansiedlungen über: Arbeitslosigkeit produziert schlechte Wirtschaftspolitik.

(3) Die optimale *Allokation* der Ressourcen läßt sich zwar analytisch vom Problem des Beschäftigungs*niveaus* trennen; eine güterwirtschaftlich und technisch hochproduktive Volkswirtschaft wird in ihrer Funktionsweise durch die Existenz von Arbeitslosen nicht notwendigerweise behindert.[53] Andererseits kann auch kurzfristige Arbeitslosigkeit langfristig *negative Auswirkungen auf Wachstum und Entwicklung* der Volkswirtschaft haben, da Teile des Arbeitspotentials vom Lernprozeß im Betrieb ausgeschlossen werden und bei den Beschäftigten der Widerstand gegen den technischen Fortschritt zunimmt; dieser wird fälschlicherweise, aber einzelwirtschaftlich scheinbar völlig zurecht als "arbeitsplatzvernichtend" und nicht als wohlstandsfördernd eingeschätzt und deshalb z.T. bekämpft.

Auf der anderen Seite lassen sich auch die *volkswirtschaftlichen Kosten der Inflation* in drei Punkten systematisieren:

(1) Auf dem *Vermögensmarkt* erfolgt, um der Entwertung von Finanzakti-

---

[53] Ein weitergehendes Argument *gegen* die Vollbeschäftigung ist, daß ein gewisses Maß an Arbeitslosigkeit sogar notwendig sei, um Arbeitsdisziplin in den Betrieben und Lohndisziplin in der Gesamtwirtschaft zu sichern (vgl. Kapitel 3.2.2). Dabei handelt es sich jedoch um eine *Instrumentalisierung* des Beschäftigungsniveaus zur Lösung bestimmter mikro- und makroökonomischer Probleme, die die wohlfahrtstheoretisch positive Einschätzung des Vollbeschäftigungsziels für sich genommen nicht revidieren kann. Zudem ist zu fragen, ob die angesprochenen Probleme nicht auf andere Weise gelöst werden können.

va zu entgehen, ein Umschichtungsprozeß zugunsten von Sachaktiva. Aufgrund vielfältiger Marktunvollkommenheiten werden die vermögensumverteilenden Inflationseffekte jedoch nicht vollständig im Nominalzins kompensiert. Neben den zusätzlich auftretenden Transaktionskosten haben die Vermögensbesitzer vermehrte Risiken zu tragen, da die nun besonders gefragten Objekte spekulativen Wertschwankungen unterliegen. Die abnehmende Bereitschaft zur langfristigen Geldvermögensbildung in der eigenen Währung[54] vergrößert das Problem der Kreditintermediation (Fristentransformation) und unterhöhlt die Finanzierungsbasis der Unternehmen als Schuldner.[55]

(2) Auf dem *Gütermarkt* ändert sich die Allokation der Ressourcen zugunsten der Verwendungen und Prozesse, die als Folge der Inflation einzelwirtschaftlich vorteilhaft erscheinen. Dies ist jedoch gesamtwirtschaftlich ineffizient, weil bestimmte Güter nicht wegen ihrer Gebrauchswerteigenschaften vermehrt nachgefragt werden, sondern weil ihnen eine Vermögenssicherungsfunktion zuwächst, die für sich genommen von Finanzaktiva billiger erfüllt werden könnte. Der Strukturwandel ist zudem mit Anpassungskosten und Informationsproblemen verbunden und führt zu Strukturproblemen (Überkapazitäten u.a.), wenn die inflationsbedingte Mehrnachfrage wieder nachläßt. Erfahrungsgemäß steigt mit der Höhe der Inflation auch ihre Varianz, so daß die Bildung von Inflationserwartungen schwieriger wird und die Kalkulationsfehler aufgrund einer mangelnden Unterscheidung zwischen relativen und absoluten Preisänderungen zunehmen.

> Zum Wesen der Inflation gehört die Unsicherheit über die Entwicklung der verschiedenen Preise (...). Es ist völlig naiv anzunehmen, Inflation bedeute die Multiplikation aller Preise mit dem gleichen wohlbekannten Faktor, so daß man frisch fröhlich mit 'realen' Theorien relativer Preise fortfahren könne.
>
> *Erich Streißler* (1981: 94)

(3) Am *Arbeitsmarkt* kann der inflationsbedingte Verteilungskampf das Kooperationsklima zwischen Arbeitnehmern und Unternehmern im Produktionsbereich verschlechtern; dies führt zu Widerständen gegen technische Neuerungen und behindert damit Produktivitätswachstum und internationale Wettbewerbsfähigkeit. Selbst wenn der Lohn-Preis-Mechanismus die funktionale Einkommensverteilung letztlich unverändert läßt, entsteht der Bedarf einer Angleichung von Transfereinkommen, Steuersätzen u.a.m.

Letztlich sind Arbeitslosigkeit *und* Inflation mit volkswirtschaftlichen Effizienzeinbußen i.w.S. verbunden. Vollbeschäftigung war jedoch stets eher eine politische Norm als ein Funktionserfordernis der Geldwirtschaft. Umgekehrt ist die Inflation ein systembedrohendes Problem, weil sie den ökonomischen

---

[54] Vgl. Kapitel 4.3.3.

[55] Die Besteuerung von inflationsbedingten Scheingewinnen kann zu Verlusten in der Vermögenssubstanz der Unternehmen führen.

Kern der Funktionsweise des Kapitalismus berührt: die Organisation eines dezentralen Marktprozesses durch in nominalen Einheiten standardisierte Kontrakte mit dem primären Ziel einer Sicherung und Verwertung von in nominalen Einheiten bewerteten Vermögen. Steigende Inflationsraten rufen Abwehrreaktionen der Vermögensbesitzer hervor, die zu Fehlallokationen im Gütermarkt und letztlich zu einer Flucht aus dem nationalen Geld führen. Das ökonomische System kann durchaus mit einer Verletzung des Beschäftigungsziels leben, nicht aber mit einer fortschreitenden Erosion der Geldwertstabilität.

> Wir fassen dahin zusammen, daß Inflation das Vermögen in einer Weise neu verteilt, die sehr schädlich ist für den Rentier, sehr vorteilhaft für den Unternehmer und wahrscheinlich (...) vorteilhaft für den Lohnempfänger. Ihre augenfällige Wirkung ist ihre *Ungerechtigkeit* gegenüber denen, die in gutem Glauben ihre Ersparnisse lieber Geldverschreibungen als Sachgütern anvertraut haben. (...) Die Inflation (...) bedeutet Ungerechtigkeit (...) insbesondere gegenüber den Rentiers; und ist daher ungünstig für den Spartrieb. Die Deflation (...) bedeutet Verarmung für die Arbeiterschaft und das Unternehmertum, indem sie die Unternehmer in ihrem Streben, sich Verluste zu ersparen, zur Einschränkung der Produktion führt; sie ist daher vernichtend für den Arbeitsmarkt. (...) So ist Inflation ungerecht und Deflation hemmend. Von den beiden ist vielleicht Deflation die schlimmere, wenn wir übertriebene Inflationen wie die in Deutschland dabei aus dem Spiele lassen; denn es ist in einer verarmten Welt schlimmer, Arbeitslosigkeit hervorzurufen, als den Rentier zu enttäuschen. Aber es ist nicht nötig, daß wir ein Übel gegen das andere abwägen. Es ist leichter, sich dahin zu einigen, daß beides Übel sind, die vermieden werden sollten. Der individualistische Kapitalismus von heute, gerade weil er das Sparen dem individuellen Rentier und die Produktion dem individuellen Arbeitgeber überläßt, baut auf der *Voraussetzung* eines stabilen Maßstabs des Wertes auf und kann nicht erfolgreich sein - vielleicht nicht einmal fortexistieren - ohne einen solchen.
>
> *John Maynard Keynes* (1923: 30, 39f)[56]

> *Zusammenfassung von Kapitel 5.4*
>
> (1) Investitionsentscheidungen stützen sich insbesondere auf Erwartungen über die künftige Wirtschaftsentwicklung und sind daher relativ störanfällig. Wenn der Konsum in erster Linie vom Einkommen abhängt, so verstärkt der Multiplikatoreffekt die von Investitionsschwankungen bewirkten Einkommensänderungen. Allgemein entstehen gesamtwirtschaftliche Ungleichgewichte durch Störungen auf einem der Makromärkte, die nicht unmittelbar mit einer geeigneten Anpassung beantwortet wird. Eine marktendogene Stabilisierung ist dann schwieriger, wenn Störimpuls und Anpassungseffekt nicht auf der gleichen Marktebene (real oder nominal, angebots- oder nachfrageseitig) liegen. So verlangt eine Verringerung der Grenzleistungsfähigkeit des Kapitals als realer Ertragsrate des Vermögensmarktes einen niedrigeren realen Finanzmarktzins; eine Absenkung des Nominallohnniveaus ist in diesem Fall nur ein indirekt wirkendes Mittel, könnte jedoch

---

[56] Abweichend von der ursprünglichen deutschen Übersetzung wurde der Begriff "Rentner" (gemeint sind Geldvermögensbesitzer) hier durch "Rentier" ersetzt.

durchaus die negativen Mengeneffekte einer Geldmengenkontraktion neutralisieren.

(2) Der kurzfristige Zinssatz - eine von der Notenbank kontrollierte Steuerungsgröße - ist mit einem Vorlauf von ca. einem Jahr ein guter Prognoseindikator für das reale Sozialprodukt. Empirische Erfahrungen deuten darauf hin, daß Wirtschaftskrisen und steigende Arbeitslosigkeit in erster Linie auf eine restriktive Geldpolitik im Interesse der Inflationsbekämpfung zurückzuführen sind. Ein derartiger Kurswechsel der Notenbank beginnt mit zumeist mit einer Liquiditätsverknappung auf dem Geldmarkt und setzt sich über Portfolioanpassungen im Bankensektor auch auf dem Kapitalmarkt fort. Ein weiterer Vermittlungsschritt besteht in einer tendenziellen Umstrukturierung der Unternehmensportfolios von Sach- zu Finanzaktiva; dieser Rückgang der Investitionsneigung ist eine Folge steigender Zinsen und sinkender Ertragserwartungen angesichts der Bereitschaft der Notenbank, die Aufrechterhaltung von Konjunktur und Beschäftigung als geldpolitisches Ziel hinter die Wiederherstellung der Währungsstabilität zurückzustellen.

(3) Unfreiwillige Arbeitslosigkeit erscheint als ein Marktversagen des ökonomischen Systems mit schwerwiegenden wirtschaftlichen und sozialen Folgen für die Betroffenen. Für die Gesellschaft fallen damit sozialstaatliche Sicherungskosten an. Da durch anhaltende Arbeitslosigkeit der Humankapitalbestand der Volkswirtschaft einer Erosion ausgesetzt ist, kann das Wachstumspotential beschränkt werden. Auf der anderen Seite zieht die Inflation auf allen Märkten Anpassungsprozesse nach sich und erhöht allgemein die volkswirtschaftlichen Informations- und Transaktionskosten. Weitere Wohlfahrtsverluste ergeben sich daraus, daß die inflationsbedingt vermehrte Haltung von Sachwerten zu Allokationsverzerrungen und Strukturproblemen auf dem Gütermarkt führt. Generell nimmt das Vertrauen in die realwirtschaftliche Verbindlichkeit von in nominellen Einheiten fixierten Kontrakten ab. Dies verringert die Bereitschaft zum Eingehen langfristiger ökonomischer Bindungen (vor allem auf Seiten der Kreditanbieter) und unterhöhlt die Kooperationsbereitschaft in informellen Vertragsbeziehungen (vor allem im Produktionsbereich).

Literatur zu Kapitel 5

Alesina, A. (1989): Politics and Business Cycles in Industrial Democracies. Economic Policy, 8, 57-98.

Ball, L. (1991): The Genesis of Inflation and the Costs of Disinflation. Journal of Money, Credit, and Banking, 23, 439-452.

Ball, L. (1995): Disinflation with Imperfect Credibility. Journal of Monetary Economics, 35, 5-23.

Bernanke, B. S. / Blinder, A. S. (1992): The Federal Funds Rate and the Channels of Monetary Transmission. American Economic Review, 82, 901-921.

Blinder, A. S. (1987): The Rules-versus-Discretion Debate in the Light of Recent Experience. Weltwirtschaftliches Archiv, 123, 399-414.

Blinder, A. S. (1997): What Central Bankers Could Learn from Academics - and Vice Versa. Journal of Economic Perspectives, 11, 2, 3-19.

Bofinger, P. / Schächter, A. (1997): Geldmengen- versus Zinssteuerung - Eine Reformulierung des Poole-Modells. WiSt - Wirtschaftswissenschaftliches Studium, 26, 106-113.

Borner, S. (1975): Versuch einer theoretischen und politischen Neuinterpretation der Einkommenspolitik. In: Schneider, H. K. u.a., Hg.: Stabilisierungspolitik in der Marktwirtschaft. 2. Halbband. Schriften des Vereins für Socialpolitik, 85 II, Berlin, 1163-1190.

Deutsche Bundesbank (1992): Zum Zusammenhang zwischen Geldmengen- und Preisent-

wicklung in der Bundesrepublik Deutschland. Monatsbericht Januar, 20-29.
Deutsche Bundesbank (1995): Das Produktionspotential und seine Bestimmungsfaktoren. Monatsbericht August, 41-56.
Domar, E. D. (1944): "Staatsschuldenbelastung" und Volkseinkommen. In: Nowotny, E., Hg.: Öffentliche Verschuldung. Stuttgart / New York 1979, 95-107.
Fehn, R. / Modery, W. (1996): Können fixe Wechselkurse das Glaubwürdigkeitsproblem der Geldpolitik bei persistenter Arbeitslosigkeit lösen? Kredit und Kapital, 29, 370-401.
Filc, W. (1992): Monetäre Fundierung einer angebotsorientierten Stabilitätspolitik. Konjunkturpolitik, 38, 316-339.
Fischer, S. (1985): The Problem of Disinflation. Zeitschrift für Wirtschafts- und Sozialwissenschaften, 105, 123-131.
Fischer, S. (1990): Rules versus Discretion in Monetary Policy. In: Friedman, B. M. / Hahn, F. H., Hg.: Handbook of Monetary Economics. Bd. 2, 1155-1184.
Fischer, S. (1995): Central-Bank Independence Revisited. American Economic Review, Papers and Proceedings, 85, 201-206.
Flassbeck, H. (1982): Was ist Angebotspolitik? Konjunkturpolitik, 28, 75-138.
Frankel, J. / Chinn, M. (1995): The Stabilizing Properties of a Nominal GNP Rule. Journal of Money, Credit, and Banking, 27, 318-334.
Franz, W. (1989): Stabilisierungspolitik am Ende der achtziger Jahre - Eine Standortbestimmung aus makrotheoretischer und wirtschaftspolitischer Sicht. Konjunkturpolitik, 35, 22-52.
Goodhart, C. A. E. (1989): The Conduct of Monetary Policy. Economic Journal, 99, 293-346.
Guger, A. / Walterskirchen, E. (1987): Budget- und Geldpolitik im Übergang von armen zu reichen Industriegesellschaften - Vorschläge nach Keynes und Kalecki. In: Matzner, E. u.a., Hg.: Arbeit für alle ist möglich - Über ökonomische und institutionelle Bedingungen erfolgreicher Beschäftigungs- und Arbeitsmarktpolitik. Berlin, 105-133.
Howitt, P. (1990): Zero Inflation as a Long-Term Target for Monetary Policy. In: Lipsey, R. G., Hg.: Zero Inflation - The Goal of Price Stability. Toronto, 67-108.
Issing, O. (1992): Theoretische und empirische Grundlagen der Geldmengenpolitik der Deutschen Bundesbank. Wirtschaftsdienst, 72, 537-548.
Johnson, H. G. (1975): Inflation - Theorie und Politik. München.
Keynes, J. M. (1923): Ein Traktat über Währungsreform. München / Leipzig 1924, Kapitel 1.
Keynes, J. M. (1936): Allgemeine Theorie der Beschäftigung, des Zinses und des Geldes. Berlin, Kapitel 22.
Klein, M. / Neumann, M. J. M. (1990): Seigniorage - What Is It and Who Gets It? Weltwirtschaftliches Archiv, 126, 204-221.
Kregel, J. A. (1994/95): The Viability of Economic Policy and the Priorities of Economic Policy. Journal of Post Keynesian Economics, 17, 261-277.
Kromphardt, J. (1997): Beschäftigungspakte als Mittel der Beschäftigungspolitik. In: Sadowski, D. / Schneider, M., Hg.: Vorschläge zu einer neuen Lohnpolitik - Optionen für mehr Beschäftigung I. Frankfurt / New York, 239-259.
Krupp, H.-J. u.a., Hg. (1986): Wege zur Vollbeschäftigung. Freiburg.
Leijonhufvud, A. (1983): What Would Keynes Have Thought of Rational Expectations? In: Worswick, D. / Trevithick, J., Hg.: Keynes and the Modern World. Cambridge, 179-205.
Lipp, E.-M. (1987): Strategiefragen der Beschäftigungspolitik. DIW-Vierteljahreshefte zur Wirtschaftsforschung, Schwerpunktheft: Zur Rolle von Geld- und Lohnpolitik bei der Bekämpfung von Arbeitslosigkeit. Berlin, 171-174.
Loef, H.-E. (1988): Diskretionäre Geldpolitik, rationale Erwartungen und Politikglaubwürdigkeit. Jahrbuch für Sozialwissenschaft, 39, 361-375.
McCallum, B. T. (1997): Crucial Issues Concerning Central Bank Independence. Journal of Monetary Economics, 39, 99-112.
Oberhauser, A. (1985): Das Schuldenparadox. Jahrbücher für Nationalökonomie und Statistik, 200, 333-348.
Oberhauser, A. (1995): Die Last der Staatsverschuldung. Kredit und Kapital, 28, 1995, 346-367.

Riese, H. (1995): Das Grundproblem der Wirtschaftspolitik. In: Betz, K. / Riese, H., Hg.: Wirtschaftspolitik in einer Geldwirtschaft. Marburg, 9-28.
Sachverständigenrat (1974): Jahresgutachten 1974. Vollbeschäftigung für morgen. Kapitel 5.
Sachverständigenrat (1997): Jahresgutachten 1997/98. Wachstum, Beschäftigung, Währungsunion - Orientierungen für die Zukunft.
Scharpf, F. W. (1988): Inflation und Arbeitslosigkeit in Westeuropa - Eine spieltheoretische Interpretation. Politische Vierteljahresschrift, 29, 6-41.
Scherf, H. (1986): Enttäuschte Hoffnungen, vergebene Chancen - Zur Wirtschaftspolitik der Sozial-Liberalen Koalition 1969-1982. Göttingen.
Schlesinger, H. u.a. (1993): Staatsverschuldung - ohne Ende? Zur Rationalität und Problematik des öffentlichen Kredits. Darmstadt, Kapitel II-III.
Solow, R. M. (1980): On Theories of Unemployment. American Economic Review, 70, 1-11.
Streißler, E. (1981): Zu einer Theorie der Einkommensverteilung bei Unsicherheit. In: Klanberg, F. / Krupp, H.-J., Hg.: Einkommensverteilung. Königstein, 85-101.
Svensson, L. E. O. (1994): Fixed Exchange Rates as a Means to Price Stability - What Have We Learned? European Economic Review, 38, 447-468.
Wagner, H. (1990): Demokratie und Inflation - Eine "rationale" wahlpolitische Theorie eines Inflationsbias. Jahrbücher für Nationalökonomie und Statistik, 207, 356-373.
Weizsäcker, R. K. von (1992): Staatsverschuldung und Demokratie. Kyklos, 45, 51-67.
Winkler, A. (1993): Glaubwürdigkeit und Geldpolitik. Konjunkturpolitik, 39, 148-185.

Verzeichnis der Abbildungen und Tabellen

Abbildung 1:	Ein Markt *(S. 1)*
Abbildung 2:	System der Makromärkte *(S. 2)*
Abbildung 3:	Ablaufschema "rationaler" Wirtschaftspolitik *(S. 7)*
Abbildung 4:	Entwicklung von Arbeitslosigkeit und Inflation *(S. 9)*
Abbildung 1.1:	Reales und nominales Bruttoinlandsprodukt in Deutschland *(S. 19)*
Abbildung 1.2:	Der zweipolige Einkommenskreislauf *(S. 20)*
Abbildung 1.3:	Zweipoliger Einkommenskreislauf mit Vermögensänderung *(S. 21)*
Abbildung 1.4:	Vierpoliger Einkommenskreislauf mit Vermögensänderung *(S. 24)*
Abbildung 1.5:	Geldschöpfung durch Aktivakäufe der Zentralbank *(S. 27)*
Abbildung 1.6:	Geschäftsbanken als Kreditproduzenten und Depositenanbieter *(S. 28)*
Abbildung 1.7:	Grenzleistungsfähigkeit, Zins und optimaler Kapitalbestand *(S. 37)*
Abbildung 1.8:	Kapitalaufbringung und Kapitalanlage der Produktionsunternehmen in Deutschland *(S. 40)*
Abbildung 1.9:	(a) Portfolioveränderung bei Kreditvergabe; (b) Struktur des Geldvermögensbestandes der inländischen nicht-finanziellen Sektoren; (c) Finanzierungssalden der Sektoren in Relation zum Geldvermögensbestand *(S. 43)*
Abbildung 1.10:	Nachfrage, Produktion und Lagerbestandsänderungen *(S. 51)*
Abbildung 1.11:	Konsumverhalten und Konsumfunktion für Deutschland 1950-97 *(S. 52)*
Abbildung 1.12:	Konsum- und Sparfunktion *(S. 53)*
Abbildung 1.13:	Investition, Konsum und Ersparnis *(S. 55)*
Abbildung 1.14:	Das Sparparadoxon *(S. 56)*
Abbildung 1.15:	Multiplikatorprozeß bei Investitionserhöhung *(S. 57)*
Abbildung 1.16:	Ableitung der *IS*-Kurve *(S. 62)*
Abbildung 1.17:	Ableitung der *LM*-Kurve *(S. 66)*
Abbildung 1.18:	Stabilität der Anpassungsprozesse im *IS-LM*-System *(S. 69)*
Abbildung 1.19:	Wirkung einer erhöhten Sparneigung *(S. 70)*
Abbildung 1.20:	Wirkung einer erhöhten Investitionsneigung *(S. 71)*
Abbildung 1.21:	Wirkung einer erhöhten Liquiditätspräferenz *(S. 72)*
Abbildung 1.22:	Verschiebung der *LM*-Kurve durch eine Geldmengenerhöhung *(S. 75)*
Abbildung 1.23:	Expansive Fiskalpolitik *(S. 77)*
Abbildung 1.24:	Partielle Wirkungslosigkeit von Geld- und Fiskalpolitik *(S. 80)*
Abbildung 1.25:	Güternachfrage und Realkasse *(S. 86)*
Abbildung 1.26:	Vermögenseffekte eines Deficit Spending *(S. 88)*
Abbildung 1.27:	Stocks und Flows auf dem Wertpapiermarkt *(S. 90)*
Abbildung 1.28:	Expansive Geldpolitik bei Vollbeschäftigung *(S. 91)*
Abbildung 1.29:	Güternachfrageänderungen bei Vollbeschäftigung *(S. 92)*
Abbildung 2.1:	Arbeitsnachfrage, Lohnsatz und Preisniveau bei sinkender Grenzproduktivität der Arbeit *(S. 96)*
Abbildung 2.2:	Arbeitsnachfrage, Lohnsatz und Preisniveau bei konstanter Arbeitsproduktivität *(S. 98)*
Abbildung 2.3:	Mark-up-Preisbildung *(S. 99)*
Abbildung 2.4:	Cournot- und Second-best-Lösungen *(S. 100)*
Abbildung 2.5:	Angebotsfunktion bei sinkender Grenzproduktivität der Arbeit *(S. 103)*
Abbildung 2.6:	Angebots- und Nachfragefunktion bei konstanter Arbeitsproduktivität *(S. 104)*

Abbildung 2.7: Offene Stellen und Arbeitslosigkeit bei unterschiedlichem Beschäftigungsgrad *(S. 106)*
Abbildung 2.8: Beveridge-Kurve *(S. 107)*
Abbildung 2.9: Lohndynamik und Phillips-Kurve *(S. 110)*
Abbildung 2.10: Arbeitsmarkt und Phillips-Kurve *(S. 112)*
Abbildung 2.11: Extrapolative und adaptive Erwartungen *(S. 117)*
Abbildung 2.12: Marktprozeß bei adaptiven und rationalen Erwartungen *(S. 118)*
Abbildung 2.13: Phillips-Kurve und Güterangebotsfunktion *(S. 129)*
Abbildung 2.14: Angebotsfunktion bei steigender Lohnreagibilität *(S. 131)*
Abbildung 2.15: Güternachfragefunktion mit Angebotsfunktion bei rationalen Erwartungen *(S. 132)*
Abbildung 2.16: Inflations-Output-Dynamik bei adaptiven Erwartungen *(S. 134)*
Abbildung 2.17: Anpassung an ein dauerhaft höheres Geldmengenwachstum *(S. 136)*
Abbildung 2.18: Anpassung an ein dauerhaft niedrigeres Geldmengenwachstum *(S. 137)*
Abbildung 2.19: Anpassung an einen einmaligen Angebotsschock *(S. 139)*
Abbildung 2.20: Inflationserwartungen und Geldmengenwachstum *(S. 141)*
Abbildung 2.21: Okuns Gesetz für Deutschland 1951-1997 *(S. 142)*
Abbildung 2.22: Kapitalmarktzins, Inflationsrate, Realzins *(S. 150)*
Abbildung 2.23: Explosiver Inflationsprozeß *(S. 151)*
Abbildung 3.1: Arbeitsmarkt bei Unterbeschäftigung *(S. 156)*
Abbildung 3.2: Lohn- und Preisentwicklung in Deutschland *(S. 164)*
Abbildung 3.3: Endogene Verschärfung der Rezession *(S. 165)*
Abbildung 3.4: Disinflationsprozeß bei Ausschluß absoluter Preissenkungen *(S. 167)*
Abbildung 3.5: Risikoaversion beim Lohneinkommen *(S. 170)*
Abbildung 3.6: Lohn-Beschäftigungs-Konstellationen bei heterogenen Arbeitskräften *(S. 181)*
Abbildung 3.7: Strom- und Bestandsgrößen am Arbeitsmarkt *(S. 187)*
Abbildung 3.8: Arbeitslosenquote und Anteil der Arbeitslosen mit einer Dauer der Arbeitslosigkeit von mehr als 12 Monaten an der Gesamtarbeitslosigkeit in Deutschland *(S. 188)*
Abbildung 3.9: Entwicklung der Phillips-Kurven-Konstellation 1961-1997 *(S. 191)*
Abbildung 3.10: Bewegungen auf und Verschiebungen der Phillips-Kurve *(S. 193)*
Abbildung 3.11: Restriktive Nachfragepolitik bei Hysteresis *(S. 198)*
Abbildung 3.12: Entwicklung von Inflationsrate und Arbeitslosenquote bei unterschiedlichen Graden von Hysteresis *(S. 199)*
Abbildung 3.13: Partiell irreversible Anpassungsprozesse *(S. 201)*
Abbildung 3.14: Produktionspotential und Bruttoinlandsprodukt in Deutschland *(S. 204)*
Abbildung 3.15: Arbeitsmarkt in der klassischen Ökonomie *(S. 207)*
Abbildung 4.1: Die ZB-Linie des außenwirtschaftlichen Gleichgewichts *(S. 217)*
Abbildung 4.2: Policy-Mix bei Zahlungsbilanzdefizit und Arbeitslosigkeit *(S. 221)*
Abbildung 4.3: Zahlungsbilanzungleichgewichte bei Erhöhung der inländischen Staatsausgaben, des Auslandseinkommens, der inländischen Geldmenge und des Auslandszinses *(S. 225)*
Abbildung 4.4: Erzwungene Geldmengenveränderungen bei Erhöhung der inländischen Staatsausgaben, des Auslandseinkommens und des Auslandszinses *(S. 228)*
Abbildung 4.5: Wechselkursanpassung bei Erhöhung der inländischen Staatsausgaben, des Auslandseinkommens, der inländischen Geldmenge und des Aus-

Verzeichnis der Abbildungen und Tabellen 335

	landszinses *(S. 232)*
Abbildung 4.6:	Geld- und Güterströme bei "ausländischer Finanzierung" des Budgetdefizits *(S. 234)*
Abbildung 4.7:	Zinsparität bei alternativen Wechselkurserwartungen *(S. 243)*
Abbildung 4.8:	Leistungsbilanzentwicklung ausgewählter Länder *(S. 248)*
Abbildung 4.9:	Anpassung zum binnen- und außenwirtschaftlichen Gleichgewicht *(S. 252)*
Abbildung 4.10:	Zinsparität und überschießende Wechselkurse *(S. 255)*
Abbildung 4.11:	Bedingungslinien für Zinsparität und Preisstabilität *(S. 258)*
Abbildung 4.12:	Zinssenkung im Ausland *(S. 260)*
Abbildung 4.13:	Zinssteigerung im Ausland *(S. 261)*
Abbildung 4.14:	Beschäftigungspolitik mit Abwertungserwartungen *(S. 262)*
Abbildung 4.15:	Inflationsbekämpfung bei alternativen Wechselkurserwartungen *(S. 263)*
Abbildung 5.1:	Dynamik der Schuldenquote *(S. 276)*
Abbildung 5.2:	Stilisierte und faktische Entwicklung der Staatseinnahmen und -ausgaben in Deutschland *(S. 277)*
Abbildung 5.3:	Kennziffern zur Entwicklung des Staatshaushalts in Deutschland, Italien, Belgien und Schweden *(S. 279)*
Abbildung 5.4:	Löhne und Preise bei Indexierung *(S. 281)*
Abbildung 5.5:	Interaktion von Lohn- und Geldpolitik *(S. 284)*
Abbildung 5.6:	Restriktionspolitik bei alternativen Inflationserwartungen *(S. 285)*
Abbildung 5.7:	Schocktherapie versus Gradualismus bei der Inflationsbekämpfung *(S. 287)*
Abbildung 5.8:	Expansive Nachfragepolitik bei Hysteresis *(S. 290)*
Abbildung 5.9:	Wirkungszusammenhänge zwischen Geldmenge, Löhnen und Preisen *(S. 294)*
Abbildung 5.10:	Zeitkonsistente und zeitinkonsistente Gleichgewichte *(S. 297)*
Abbildung 5.11:	Geldmengen- und Zinsfixierung bei Geld- und Güternachfragestörungen *(S. 310)*
Abbildung 5.12:	Ertragserwartungen, Geldnachfrage und Investition *(S. 319)*
Abbildung 5.13:	Abweichung vom Trend des Drei-Monats-Zinssatzes und negative Abweichung vom Trend des realen Wirtschaftswachstums im Folgejahr *(S. 323)*
Abbildung 5.14:	Verlauf einer geldpolitisch verursachten Krise *(S. 324)*
Abbildung 5.15:	Stabilität, Labilität und Instabilität eines Gleichgewichts *(S. 325)*
Tabelle 1:	Aufgabenbereiche und Zielsetzungen volkswirtschaftlicher Theorieansätze *(S. 5)*
Tabelle 1.1:	Produktionskonto eines Unternehmens *(S. 14)*
Tabelle 1.2:	Entstehung, Verwendung und Verteilung des Bruttosozialprodukts *(S. 15)*
Tabelle 1.3:	Von der gesamtwirtschaftlichen Endnachfrage zum verfügbaren Einkommen der privaten Haushalte *(S. 16)*
Tabelle 1.4:	Verwendung, Verteilung und Aufteilung des Nettosozialprodukts *(S. 22)*
Tabelle 1.5:	Vermögensobjekte, -märkte und -erträge *(S. 30)*
Tabelle 1.6:	Nominal fixierte und variable Ertragsströme bzw. Vermögenswerte *(S. 32)*
Tabelle 1.7:	Einzelwirtschaftliche Vermögensbilanz *(S. 38)*

Tabelle 1.8:	Vermögensänderungs- und Finanzierungskonto *(S. 38)*
Tabelle 1.9:	Vermögensänderungs- und Finanzierungskonten der Haushalte und Unternehmen *(S. 39)*
Tabelle 1.10:	Makroökonomische Konsequenzen alternativer Konstellationen von Investitionen und Ersparnis *(S. 49)*
Tabelle 1.11:	Formen und Wirkungsmechanismen der Nachfragepolitik *(S. 74)*
Tabelle 1.12:	Multiplikatoren der Geld- und Fiskalpolitik *(S. 79)*
Tabelle 4.1:	Zahlungsbilanz Deutschlands für 1997 *(S. 214)*
Tabelle 4.2:	Bilanz der Notenbank *(S. 221)*
Tabelle 4.3:	Multiplikatoren bei der Sterilisierungsstrategie *(S. 224)*
Tabelle 4.4:	Multiplikatoren bei festen Wechselkursen *(S. 227)*
Tabelle 4.5:	Multiplikatoren bei flexiblen Wechselkursen *(S. 231)*
Tabelle 4.6:	Rendite r bei Inlands- und Auslandsanlage von Finanzaktiva bei alternativen Wechselkurserwartungen und Zinssätzen *(S. 241)*
Tabelle 5.1:	Szenarien makroökonomischer Ungleichgewichte *(S. 319)*
Tabelle 5.2:	Komponenten des Arbeitspotentials *(S. 326)*

Symbolverzeichnis

a	Arbeitsproduktivität
B	Wertpapiere (Bonds)
BD	Budgetdefizit
b	Defizitquote; Arbeitslosenunterstützung
C	Konsum
c	marginale Konsumneigung
D	Abschreibungen; Staatsschuld; Devisenbilanzsaldo
d	Differenzoperator (kontinuierlich); Schuldenquote
Δ	Differenzoperator (diskret)
E	Ertragsstrom; Eulersche Zahl
e	Wechselkurs
Ex	Exporte
F	Finanzierungssaldo; Geldbetrag; freie Stellen
G	Staatsausgaben
g	Logarithmus von G
H	Außenbeitrag (Exportüberschuß)
h	unternehmensexterner Verdienst
I	Nettoinvestition
i	Zinssatz
j	Liquiditätsprämie
Im	Importe
K	Sachkapitalwert; Nettokapitalimport
k	Kassenhaltungskoeffizient; Gewinnaufschlag
L	Geldnachfrage
L_S	Spekulationskasse
L_T	Transaktionskasse
l	Lohnquote
M	Geldangebot
m	Importneigung; Logarithmus von M
N	Beschäftigungsmenge
n	individuelle Arbeitsleistung
P	Preisniveau
p	Güterpreis; Logarithmus von P
Q	Gewinn
q	Liquiditätspräferenz; Kapazitätsauslastungsgrad
R	Lagerbestand
r	Ertragsrate
r^e	Grenzleistungsfähigkeit des Kapitals
S	Ersparnis
s	marginale Sparneigung; Störgröße
T	Steuern
t	Steuersatz; Zeitindex
U	Arbeitslose; Nutzen
u	Arbeitslosenquote
V	Vermögenswert; Umlaufgeschwindigkeit
W	Lohnsumme; Wohlfahrt
w	Nominallohn
x	einzelnes Gut; Störgröße
Y	Nachfrage, Einkommen, Produktion
y	Logarithmus von Y
Z	Subventionen, Transfers
z	Zinslastquote
O^*	Gleichgewichts-, Zielvariable
O^A	Auslandsvariable
O^d	Nachfragevariable
O^e	erwartete Variable
O^n	nominale Variable
O^{pot}	Potentialvariable
O^r	reale Variable
O^s	Angebotsvariable
O_H	bezogen auf Haushalte
O_U	bezogen auf Unternehmen
O_{+1}	Wert der Folgeperiode
O_{-1}	Wert der Vorperiode
$\overline{O}$	konstante Variable
$\underline{O}$	Lösungswert einer Variablen
$\hat{o}$	Wachstumsrate einer Variablen

Griechische Buchstaben: Positive Parameter mit unterschiedlicher Bedeutung.

Quellenverzeichnis für empirische Daten in Abbildungen und Tabellen

Bundesanstalt für Arbeit
  Abbildung 3.8
Deutsche Bundesbank: "50 Jahre Deutsche Mark", Monetäre Statistiken 1948-1997 (CD-ROM)
  Abbildungen 1.8, 1.9; Tabelle 4.1
OECD: Economic Outlook (lfd.)
  Abbildung 5.3
Sachverständigenrat: Jahresgutachten (lfd.)
  Abbildungen 4, 1.1, 1.11, 2.21, 2.22, 3.2, 3.9, 3.14, 4.8, 5.2, 5.3, 5.13; Tabelle 1.2

Index

Abschreibung 14, 21, 31
Abwertung 215, 229, 234, 241, 249, 257
   Expansionseffekt der 233
   überschießende 255, 261-2
Abwertungs-Inflations-Spirale 263
Abwertungserwartung 241, 258, 311
Abwertungspolitik 263
Aggregation 1, 5, 31, 37, 46, 102, 205, 272
Aktie 34, 126
Aktienmarkt 84
Allgemeine Gleichgewichtstheorie 6
Allokation 47, 172, 179, 269, 281, 327
   Fehl- 148, 329
   Re- 149, 193
Angebotsbeschränkung 91, 144, 176
Angebotspolitik 204, 269
Angebotspreis 100
Anpassung
   Angebots- 111
   auf dem Devisenmarkt 254
   auf dem Vermögensmarkt 32
   außenwirtschaftliche 258
   bei Störungen 318
   Beschäftigungs- 177
   der Geldpolitik 284
   der Leistungs- an die Kapitalbilanz 248
   der Zinsen an die Inflation 149
   des Angebots an die Nachfrage 203
   des Arbeitsangebots 205, 207
   des Geldangebots 309
   des Zinses an die Inflation 163
   einzelwirtschaftliche 286
   Fehl- 321
   Leistungsbilanz- 215
   Lohn- 113, 182, 282
   Lohn- und Preis- 152, 209
   Preis- 4, 47
   Produktions- 50
   Reallohn- 158
   Struktur- 1, 47
   Verhaltens- 202
   Wechselkurs- 233
   Wechselkurs- und Zins- 259
Anpassungsbereitschaft 130
Anpassungsdruck 312
   Lohn- 172
Anpassungseffekt 113
Anpassungsfähigkeit
   des Gütermarktes 268
   von Löhnen und Preisen 320
Anpassungsgeschwindigkeit 69, 254
   der Löhne 293

Anpassungskosten im Strukturwandel 328
Anpassungsmechanismen auf der Angebotsseite 47
Anpassungsprozeß 11, 54, 68-9, 128, 133, 137-8, 143, 194, 198-9, 253
   auf dem Devisenmarkt 229
   auf dem Vermögensmarkt 146
   auf dem Wertpapiermarkt 89
   bei Disinflationspolitik 287
   bei flexiblen Wechselkursen 254
   beim Zahlungsbilanzdefizit 222
   des Gütermarktes 232
   überschießender 135
   zum allgemeinen Gleichgewicht 255
Arbeitsangebot 107, 155, 157, 194, 208-9, 321, 326
   marktfähiges 199, 314
Arbeitsangebotsentscheidung 2, 209
Arbeitsangebotsfunktion 105, 155, 157, 169, 176, 194, 206, 208, 326
Arbeitsangebotsüberschuß 158, 177, 188
Arbeitsdisziplin 177
Arbeitsleistung 173
Arbeitslosenbestand 187
Arbeitslosengeld 157, 171, 174, 178, 183, 187, 276, 296
Arbeitslosenquote 108, 119, 326
   gleichgewichtige 110, 114, 120, 174-5, 194, 258, 296
   inflationsstabile 114, 130, 192, 194-5, 289-90
   natürliche 114
   strukturelle 193
Arbeitslosigkeit 248, 262
   als Mittel gegen Inflation 196
   Dauer der 187
   freiwillige 158, 171, 174, 177, 321
   friktionelle 106, 183
   Kapitalmangel- 202
   keynesianische 169
   klassische 169
   konjunkturelle 115, 186, 194
   Kosten der 291
   Langzeit- 188
   Persistenz der 192
   regionale 105
   Risiko der 177
   saisonale 105
   Stagnations- 202
   strukturelle 105, 108-9, 112, 115, 129-30, 193, 195, 289, 291, 296
   Such- 184

technologische 202
unfreiwillige 84, 121, 155, 161, 184, 327
unverschuldete 327
Arbeitsmarkt 1, 10, 96, 102, 105, 118, 144, 146, 156, 159, 173, 187, 200, 202, 255, 283, 328
   Allokationsmechanismen auf dem 194
   als dynamisches System 194
   homogener 183
   keynesianischer 209
   klassischer 206
   Knappheitsverhältnisse auf dem 294
   Strukturprobleme auf dem 130, 193
Arbeitsmarktflexibilität 108, 288
Arbeitsmarktgleichgewicht 106, 108-9, 112, 114, 139, 192, 194, 207, 221, 297
Arbeitsmarktpolitik 269, 289, 291
Arbeitsmarktrisiko 171, 196, 306, 316
Arbeitsmarktungleichgewicht 108, 159, 192, 199
Arbeitsnachfrage 3, 107, 113, 155, 160, 176, 188, 194, 209-10, 316, 323
Arbeitsnachfrageüberschuß 107, 113-4, 119, 135, 145, 257, 283-4
Arbeitspotential 128, 130, 193-4, 207, 210, 291, 326
   marktfähiges 200, 209
Arbeitsteilung in der Weltwirtschaft 202
Arbeitsvertrag 3, 157, 170, 173, 175, 184
Arbeitszeit 96, 179
Aufwertung 161, 215, 231, 233, 252
   reale 256, 260
   überschießende 256
Aufwertungserwartung 256, 262, 312
Aufwertungskrise 260
Auktionsmarkt 99
Auslandsverschuldung 216, 236, 247
Außenbeitrag 25, 214, 230, 252, 256
Äquivalenztheorem 88

Bankdepositen 44
Beggar-my-neighbour-Strategie 227
Beschäftigungsentscheidung 157
Beschäftigungsgrad 109, 129, 136, 143, 176, 198
Beschäftigungssicherung 140, 172, 271, 293, 306
Bestandsgröße 29
Beveridge-Kurve 107, 193
Bevölkerungsgesetz 207, 210
Bildung 31
Bond 63, 66, 75
Bruttoinlandsprodukt 15, 203, 273
BSP-Regel *siehe Stabilisierung,*

Nominaleinkommens-
Budgetausgleich im Zyklus 276
Budgetbeschränkung 63, 84, 219
   monetäre 293
   staatliche 272, 274
Budgetdefizit 23, 76, 87, 215, 232, 245, 247, 269, 271, 275
   ausländische Finanzierung des 234
   primäres 274
   strukturelles 278
Budgetpolitik *siehe Fiskalpolitik*
buffer stock 83

contingent rule 315
Cournotscher Punkt 100
Crowding-in 92
Crowding-out 72, 76, 80-1, 91
   wechselkursbedingtes 232, 235

Deficit Spending *siehe Fiskalpolitik*
Defizitsektor 20, 39
Deflation 162, 166, 253, 325
   Einkommens- 163
   Gewinn- 163, 324
Deflationierung 18
Deflationserwartung 164
Deflator 18
Depositen 29
Dequalifikation 187, 194, 196, 198, 291
Desinvestition 50
Devisenangebotsüberschuß 219, 221, 224-5, 251
Devisenbilanz 215, 217
Devisenbilanzsaldo 230
Devisenmarkt 1, 10, 30, 215, 218, 225, 233-4, 240, 246, 249, 259, 261, 264
Devisenmarktgleichgewicht 215-6, 221-2, 230, 243-4, 250, 260, 262
Devisenmarktintervention 226
   Geldmengeneffekt der 222
Devisenmarktungleichgewicht 221-2, 226
Devisennachfrageüberschuß 222, 225, 234
Devisenreserve *siehe Währungsreserve*
Dienstleistung des Geldes 66
Dienstleistungen 1, 14, 58, 76, 160, 172
Disinflation 165, 194, 253, 286, 288
Diskontierung 33
Dividende 15, 31, 34
Domar 275
Dynamik 188, 192, 203, 256

Effizienz 209, 270
  betriebsinterne 175
  des Produktionsprozesses 184
  nachfragepolitischer Instrumente 78
Effizienzgewinn in der Volkswirtschaft 172, 270
Effizienzlohn 173-4
Effizienzproblem im Betrieb 289
Effizienzsteigerung 181
Effizienzverlust in der Volkswirtschaft 328
Eigenarbeit 183, 208
Eigentum 19, 31
Einkommen
  Haushalts- 17, 21, 25, 48, 54, 58, 77, 207
  permanentes 82, 84, 88, 159
  verfügbares 17, 59, 77, 88
Einkommensbildung 25, 214
  nominale 280
Einkommenseffekt 58, 71
  der Investition 22, 49, 72
  der Staatsausgaben 78, 224
  in der Geldnachfrage 235
  von Preisniveauänderungen 87
Einkommensentstehung 17
Einkommenspolitik 280, 286, 291
Einkommenssicherheit 169, 177
Einkommensverteilung 7, 16, 99, 109-10, 158-9, 206, 283
  primäre 17
  sekundäre 17
Einkommensverwendung 21, 25
Endnachfrage 17
Entscheidungsprozeß der Wirtschaftspolitik 7, 295, 304
Entsparen 52, 157, 159
Entwicklungshilfe 313
Entwicklungsland 236, 247
Ersparnis 17, 20, 38, 45, 52, 235
  als Kreditangebot 208
  der Gewinnbezieher 159
  Haushalts- 22
  staatliche 23
  ungeplante 55
  Unternehmens- 22, 42, 205
  volkswirtschaftliche 25, 41, 69, 87
Ertragserwartung 35, 37, 70, 81, 152, 165, 288, 317-8, 320, 322-3
Ertragsrate 32, 89, 127, 147, 163, 240, 242, 318, 319
  nicht-pekuniäre 245
Erwartung
  adaptive 117-8, 133, 166, 282, 300
  einwertige 126
  enttäuschte 157

extrapolative 116
pessimistische 268
rationale 117, 119-21, 123, 130, 286, 298, 300
starre 295
statische 116
Erwartungsbildung 143, 304, 318
Erwartungsnutzen 170
Evolution 125, 186, 201
Export 16, 24, 59
Exportüberschuß 25, 216, 219, 230
Externe Effekte 269, 296

Faktorangebot 269
Faktoreinsatzverhältnis 36, 160, 202, 207, 292
Faktorleistung 19
Faktorvariation 98
Feedback-Regelpolitik 305, 314
  Wirkungsmechanismus der 308
Finanzaktiva *siehe Geldvermögen*
Finanzierung 41-2, 65, 70, 72, 157, 220, 271, 295
  realwirtschaftliche 235
Finanzierungsrechnung 271
Finanzierungssaldo 38-9, 45
Finanzinnovation 28, 308
Finanzmarktgleichgewicht 243, 255
  temporäres 256
Fisher-Effekt 85, 162-3
Fisher-Theorem 147, 163, 242, 309, 328
Fiskalpolitik 74, 81, 83, 87, 226, 232, 264, 327
  expansive 76, 88, 222, 227, 233, 237, 261, 271, 274
  restriktive 253, 261
  Strukturneutralität der 268
  Wirkungsverzögerungen der 304
Flexibilität *siehe auch Starrheit*, 114, 130
  betriebsinterne 173
  Lohn- 171
Freizeitnutzen 105, 171, 207-8
Friedman 81, 114

Geld 2, 19, 26, 30, 41-2, 44, 62, 80, 82, 205
  Außen- 85
  Buch- 28
  Innen- 85
  neutrales 292
  Zentralbank- 28
Geldangebot 65, 67, 308, 320
Geldangebotsüberschuß 70

Geldhaltung *siehe Geldnachfrage*
Geldillusion 114-5
Geldkapital 31
Geldkreislauf 235, 324
Geldmarkt 30, 64, 69, 78, 86
Geldmarktgleichgewicht 67, 75
Geldmarktungleichgewicht 69, 226
Geldmenge 68, 240
   als unverzinste Staatsschuld 272
   endogene 226, 295
   exogene 74, 295
   in der Deflation 164
   nominale 29, 85, 143
   reale 85, 103, 113, 119, 131-3, 141, 143, 162, 256, 258, 284-5
Geldmengenregel 306, 308
Geldmengenwachstum 113, 118, 140-1, 164, 197, 240, 244, 287
   angekündigtes 286, 293, 300
   erhöhtes 297
   unerwartetes 120
   verringertes 143, 284-5
Geldnachfrage 26, 42, 63-5, 75, 87, 141, 152, 156, 162-3, 259, 294
   Bar- 67, 82, 147, 226, 233, 273
   reale 273
Geldnachfragefunktion 67, 75, 123, 146
   Einkommenselastizität der 79
   Zinselastizität der 72, 79
Geldnachfrageüberschuß 68, 72, 76, 206
Geldpolitik 4, 74, 81, 113, 132, 138, 149, 240, 259, 261, 322
   diskretionäre 121, 297
   Entscheidungsfreiheit der 299
   erwarteter Kurs der 120
   erzwungene Anpassung der 221
   expansive 75-6, 78, 136, 224, 253-4, 262
   Fehler der 320, 325
   flexible 315
   inflationäre 300
   nationale Autonomie der 29, 222, 229, 233, 295
   Nichtneutralität der 198
   potentialorientierte 292
   Reaktionsfunktion der 304
   regelgebundene 299, 303, 305, 315
   restriktive 137, 197, 253, 258, 285
   Selbstbindung der nationalen 312
   stabilitätsorientierte 298
   Wirkungsmechanismen der 293
   Wirkungsverzögerung der 321
   Zwischenziel der 75, 309, 311
Geldschöpfung 27, 63, 221-2, 271
Geldvermögen 1, 20, 30, 37, 147, 241, 273

Geldvermögensbesitzer 27, 29, 235, 240, 246
Geldvermögensbestand 42, 45, 147
Geldvermögensbildung 20, 39, 42, 90, 246, 328
Geldvermögenshaltung 66
Geldvernichtung 28
Geldwertstabilität *siehe Preisstabilität*
Geldwirtschaft 3, 28, 156, 164, 205, 315, 328
Geschäftsbank 28, 44
Gewerkschaft 164, 178, 283, 287, 306, 308
Gewinn
   unverteilter 17, 21-2, 40, 47, 49, 145
   verteilter 19, 47
   volkswirtschaftlicher 270
Gewinnaufschlag 100, 102-3, 110, 144, 167, 180, 282
Gewinneinkommen 54, 159, 281
Gewinnmaximierung 6, 102
Gläubiger 27, 30-1, 42, 85, 162, 236
Gläubiger-Schuldner-Hypothese 149
Gläubiger-Schuldner-Position 216, 313
Glaubwürdigkeit 125, 296, 308, 312, 315
   der Inflationsbekämpfung 286, 288
Gleichgewicht 4, 121, 169, 290
   bei Arbeitslosigkeit 156, 209
   buchhalterisches und ökonomisches 47
   eindeutiges 126
   instabiles 325
   internes 256
   labiles 325
   makroökonomisches 61, 69, 110, 220, 251, 253, 283, 303
   multiples 325
   pfadabhängiges 194
   stabiles 68, 134, 137, 253, 325
   temporäres 136-8, 197, 201, 284
Gleichgewichtsbedingung 65
Gleichgewichtseinkommen 53-4, 59, 133, 196, 198, 295
Gleichgewichtslohn 102, 157, 170
Gleichgewichtswechselkurs 250, 255
Globalsteuerung 268
Gradualismus 288
Gravitationszentrum 128, 194
Grenzleistungsfähigkeit 35, 76, 150, 318, 320
Gruppenentlohnung 182
Gut
   Basis- 111
   Binnenhandels- 238
   öffentliches 23, 178, 287, 296

Welthandels- 238
Güterangebotsfunktion 10, 102-3, 122, 129, 133, 138, 142, 165, 196-7, 284, 293, 305
Güterangebotsüberschuß 3, 50, 54, 91, 205
Gütermarkt 1, 38, 45-6, 69, 101, 111, 128, 133, 146, 157, 194, 196, 202, 210, 328
  internationaler 238
Gütermarktdynamik 133, 197
Gütermarktgleichgewicht 47-8, 55, 57, 61, 76, 91, 139, 156, 205, 257, 260, 262, 293
  labiles 197
  stabiles 50, 54, 58
Gütermarktungleichgewicht 50, 75, 145
Güternachfragefunktion 86, 103, 123, 131, 133, 138, 141, 143, 151, 166, 197, 284, 305
Güternachfrageüberschuß 47-8, 50, 54, 56-7, 61, 68, 91, 144-5, 156-7, 255, 257, 282

Haavelmo-Theorem 78
Handelsbilanz 216, 242
Handelsbilanzdefizit 236, 245
Handelsbilanzpassivierung 250
Handelsbilanzungleichgewicht 244
Haushaltspolitik *siehe Fiskalpolitik*
Haushaltsverschuldung 85
Heterogenität der Arbeitskräfte 180
Hochlohnland 202
Humankapital 185, 187, 193, 288
Humankapitalentwertung 202
Hyperinflation 288
Hysteresis 194, 197-8, 200, 203, 210, 250, 290-1

Immobilienmarkt 34
Import 16, 25, 59, 111
Importneigung 59, 216, 219
Importüberschuß 25, 215
Indexierung 281
Inflation
  Einkommens- 145
  Gewinn- 145
  importierte 261, 263
  Kostendruck- 111, 138
  Nachfragesog- 111
  neutrale 191
  Überraschungs- 299
  volkswirtschaftlichen Kosten der 327
Inflationsbekämpfung 194, 204, 264, 283-4, 322, 325
  Kosten der 143, 200
Inflationsdifferenz 239, 244, 311
Inflationserwartung 113, 118, 120, 129, 137, 140, 150, 165, 192, 256, 258, 285, 293, 297, 309
Inflationsprozeß 111, 116, 128, 138, 140, 144, 150, 325
Inflationsrate 18, 109
  gleichgewichtige 140, 296
  unvermeidliche 293
Inflationssteuer 273
Information 106, 116, 124, 126-7, 173, 183, 185, 286, 300-1, 304, 321
Insider 178
Instabilität 124, 151, 163, 259, 261, 270, 295, 320
  finanzwirtschaftliche 278
  Instrumenten- 295
  monetäre 311
Integration 311
Investition 31, 35, 54, 76, 82, 101, 126, 151, 159, 201, 270, 319
  Brutto- 16, 20
  Direkt- 214
  Finanz- 40, 242
  geplante 58
  Kapazitätseffekt der 49, 203
  Netto- 22, 38, 70
  Re- 21
  staatliche 23
  ungeplante 50, 55
  Zinselastizität der 123
Investitions-Ersparnis-Beziehung 22, 25, 38, 55, 61, 68, 205, 208
Investitionsentscheidung 35-6, 76, 83, 127, 146, 250
Investitionsfalle 80, 162
Investitionsförderung 269
Investitionsfunktion 35, 61, 71, 319
  Zinselastizität der 72, 76, 79
Investitionsneigung 163, 165, 253, 270, 286, 323
  instabile 322
Investitionsplanung 268, 311

J-Kurven-Effekt 249

Kalecki 176
Kapazität 36
Kapazitätsauslastung 43, 49, 51, 96, 98-9, 101, 103, 144, 146, 202-3, 235, 268, 272, 292, 295
Kapitalakkumulation 207

Kapitalanlage 40
Kapitalaufbringung 40
Kapitalbewegungen 217, 220, 244, 246, 247, 248, 313
   Bestimmungsgründe der 240
   zinselastische 219, 225, 232, 240, 242, 251, 254
Kapitalbilanz 214
Kapitalbilanzgleichgewicht 217
Kapitalbilanzsaldo 218, 247-8
Kapitalexport 214, 224, 234, 313
   geldpolitisch forcierter 312
   krisenhafter 259
   Netto- 247
Kapitalgüter 19, 35-6, 160
Kapitalimport 214, 219, 221, 231, 234, 244, 245-7, 256
   Netto- 217-8, 224, 236, 259
Kapitalintensität 160, 202
Kapitalisierung 33
Kapitalmangel 292
Kapitalmarkt 30-1, 33-4, 149, 234-5, 241, 271
   internationaler 29
Kapitalmobilität 225
Kapitalstock *siehe Sachkapital*
Kapitalverkehrskontrolle 311
Kapitalwert 33, 35
Kaufkraftparität 238, 244, 246, 254, 256
Keynes 4, 114, 145, 161, 270, 280, 310, 322
Keynes' Gesetz 210
Keynes-Effekt *siehe auch Realkassen-Zins-Effekt*, 86, 134, 162, 200, 209, 252-3, 260
Keynesianismus 8, 10, 114, 120-1, 191, 209, 270, 295, 309, 316, 318
Klassik 205
Konjunktur 97, 145
   typischer Verlauf der 194
Konjunkturabschwung 172
Konjunkturaufschwung 83, 111, 131, 172, 176, 192, 276, 282
Konjunkturpolitik *siehe Nachfragepolitik*
Konjunkturschwankung 4, 295
   gleichgewichtige 321
Konkurrenz 49
   am Arbeitsmarkt 182, 186
   monopolistische 100, 101
   vollständige 36
Konkurrenzgrad 108, 189
Konkurrenzpreis 36
Konsum 22
   autonomer 52

   einkommensabhängiger 52
   Nicht- 20, 22, 41
   staatlicher 23
   vermögensabhängiger 83, 84, 162, 320
Konsumfunktion 52, 84
Konsumneigung 54, 77-8, 83, 146, 159, 319
   durchschnittliche 52
   marginale 52
Konsumverzicht 23, 41, 44, 48, 51, 235
Kontrakt *siehe Vertrag*
Kooperation zwischen Geld- und Lohnpolitik 283
Kosten 15, 17, 162
   Anpassungs- 51
   Anschaffungs- 35
   Ausbildungs- 291
   Bau- 35
   Durchschnitts- 99-100
   Faktor- 17, 22, 96, 146
   Fix- 100
   Grenz- 97, 99, 102, 144
   Informations- 117, 125, 183, 219
   Kapital- 99-100
   Kapitalbeschaffungs- 35
   Lohn- 160
   Lohnstück- 48, 100-1, 174
   Opportunitäts- 66, 110
   Produktions- 14, 16, 35, 99, 148, 158
   Stück- 50, 99
   Such- 184
   Transaktions- 65, 79, 178, 183, 219, 238, 240, 254, 328
   Überwachungs- 173
   variable 250
   Verhandlungs- 181
   volkswirtschaftliche 114, 203, 296
Kostendruck 177
Kostensenkung 161
Kostenstruktur 97
Kredit 20, 23, 26, 39
   Bank- 44
Kreditangebot 25, 27, 42, 150, 206, 220, 236
Kreditbetrag 33
Kreditforderung 1, 27, 29-30, 33, 147
Kreditkette 162
Kreditmarkt 83, 208, 234
Kreditnachfrage 3, 21, 33, 76, 83, 157, 163, 271
Kreditschöpfung 28, 44
Kreditvertrag 32, 147
Kreislaufpol 19, 41
Kündigung 174, 179, 184
Kurs 33, 66, 75, 90

Index 345

Kursgewinn 241
Kurzarbeit 171, 179

labour turnover *siehe Stellenwechsel*
Lageränderung 16, 20, 50, 54-6
Lagerbestand 50, 52, 56, 268
Laspeyres-Index 18
Leijonhufvud 318
Leistungsbilanz 214
Leistungsbilanzsaldo 216, 230, 248
Leistungsbilanzüberschuß 217-8, 247
   langfristiger 313
Leistungsbilanzungleichgewicht 216, 236
Leistungsfähigkeit 172, 180, 182, 185
Leistungsmotivation 175
Leistungsprofil 180
Lernprozeß 117, 187, 300
Liquidität 41, 44
Liquiditätsfalle 79
Liquiditätsgrad 32, 245
Liquiditätskrise 162
Liquiditätspräferenz 27, 67, 72, 85, 123, 163, 206, 308-9, 319
Liquiditätsprämie 26, 245, 247, 260
Liquiditätsproblem 28
Liquiditätsverknappung 132, 135, 138, 310
Lohn-Preis-Mechanismus 139, 280, 328
Lohndifferenz 171-2
   Produktivitätseffekt der 174
Lohndifferenzierung 178
Lohndrift 283
Lohndruck 143, 158, 176, 195, 258, 285
Lohndumping 173
Lohneinkommen 17, 54, 83, 159, 281
Lohnkonkurrenz 178, 194
Lohnpolitik 9, 158, 164, 196, 202, 286, 287, 295, 308, 323
   Anspruchsverhalten der 316
   produktivitätsorientierte 282
   Regulierung der 281
   solidarische 180
   umverteilungsorientierte 139
Lohnquote 109
Lohnstruktur 180
Lucas 121
Lucas-Angebotsfunktion 123
Lucas-Kritik 316

Makromarkt 1, 64, 318
makroökonomische Theorie 46
Makropolitik *siehe Nachfragepolitik*
Mark-up *siehe Gewinnaufschlag*

Markthierarchie 209
Marktinteraktion 3, 6, 10, 45, 61, 159, 161, 195, 233
Marktmacht 140, 289
Markträumung 169
Marktstruktur 239, 249
Marktversagen 299, 327
Marshall 145
Mengenanpassung 102, 127
menu costs 101
Mindestlohn 183
mismatch 106, 193
Mobilität 106
Monetarismus 10, 114, 119-20, 125, 191, 295-6, 315, 320
monetäre Zahlungsbilanztheorie 239
Multiplikator 56, 58-9, 71, 76, 78-9, 82, 89, 160, 162, 219, 319, 320
Multiplikatortheorem 268

Nachfragepolitik 110, 120-1, 167, 203, 227, 283, 286-7, 301, 303, 306
   anhaltende Beschäftigungseffekte der 115
   Dilemma der 316
   diskretionäre 230, 295
   erwartete 124
   erwarteter Kurs der 316
   expansive 192, 291
   interventionistische 295, 303
   optimale Strategie der 314
   restriktive 140, 146, 192, 194, 261
   temporäre Effekte der 114
   Wirksamkeit der 204
   Wirkungslosigkeit der 119, 125, 204
Nachfragestruktur 47, 72, 89, 267
NAIRU *siehe Arbeitslosenquote, inflationsstabile*
Naturalwirtschaft 3
Neoklassik 208, 320
neoklassische Dichotomie 161
Nettoforderungsposition 40
Neuklassik 119, 124-5, 191, 204, 321
   Markträumungsthese der 121
Nominalgröße 14
Nominallohn 2, 97, 101-2, 113, 122, 196, 282
Nominallohnentwicklung 108
Nominallohnsenkung 158, 169
Nominallohnwachstum 109, 257, 299
Notenbank 27, 74, 125, 304
   Handlungsautonomie der 299
   Interesse der 296
   politische Autonomie der 273, 301, 315
   regierungsabhängige 271, 296, 308

Notenbankbilanz 221, 271, 295
Notenbankkredit 63, 271-2

Offenmarktpolitik 74, 87, 221, 223, 271
Okuns Gesetz 142
optimaler Kapitalbestand 36
Outsider 178, 188

Paasche-Index 18
Pareto 299
Partialanalyse 4, 159
Partialmarkt 158
Phillips-Kurve 112-3, 120, 129, 166, 194, 243, 286, 297
    keynesianische 192, 290
    langfristige 114, 204
    modifizierte 110
    monetaristische 192
    ursprüngliche 109
    vertikale 130, 133, 298
Pigou-Effekt 84, 85, 162, 252-3
Policy-Mix 222
politischer Konjunkturzyklus 176
Portfolioentscheidung 65
Portfoliostruktur 237
Portfolioumschichtung 89
Präferenzen 7, 8, 18, 32, 70, 82, 110, 156, 208-9, 240, 245, 315
    politische 296, 303
Preisbestimmungsfunktion 97
Preisniveau 2, 17, 48, 50, 97, 101, 145, 146, 158, 162, 216, 238, 282
    Rückwirkung des Wechselkurses auf das 253
    Verbraucher- 257
Preisniveauschub 111
Preissetzung 99, 110, 196, 280
Preisstabilität 9-11, 143, 244-5, 257, 273, 283-4, 287-8, 292, 296, 298, 300, 324-5, 329
Preissteigerung 17, 91, 290
    knappheitsbedingte 47, 51, 101, 111, 282
    kostenbedingte 101, 144
    partielle 268
Produktionselastizität 173
Produktionsentscheidung 36
Produktionsfaktor 15, 173
Produktionsfunktion 96, 98, 157, 202
Produktionskonto 14, 23
Produktionspotential 202-3, 292
Produktionsstruktur 47, 270
Produktionstechnik 160, 202
Produktionswert
    Brutto- 14
    Netto- 14
Produktivität 97, 173, 175-6, 179, 185-7, 209
    Arbeits- 101-3, 128, 130, 145, 180
    Durchschnitts- 98
    Grenz- 97, 102, 107, 122, 157, 169, 180, 202, 318
Produktivitätseffekt 177
Produktivitätssicherung 175
Produktivitätsverlust 174
    bei Vollbeschäftigung 176
Produktivitätswachstum 109-10, 167, 169, 188, 282, 328

Qualifikation 106, 130, 180, 183, 185-6, 188, 193, 289, 325
Qualifizierung 200, 203
Quantitätsgleichung 141, 292, 308
Quantitätstheorie 240, 256, 292, 295
Quasirente 145

random walk 314
Rationalisierung 270
Rationalität 125
Real Business Cycles 321
Realkapital *siehe Sachkapital*
Realkasse *siehe Geldmenge, reale*
Realkassen-Zins-Effekt 85, 104, 119, 132, 137-8, 143, 150, 152, 166, 177, 197, 256, 294-5, 305, 309
Reallohn 3, 97, 105, 139, 156-7, 171, 202, 206, 208, 285
Reallohnsicherung 138
Reallohnverzicht 282
Realverschuldungseffekt *siehe Fisher-Effekt*
Refinanzierung 29
Regelbindung 125, 304, 315
Rendite *siehe Ertragsrate*
Rentabilität 82, 102, 111, 148, 161-2, 209, 318
Reputation 301
Reservationslohn 183, 187
Rezession 37, 131, 288, 322
Rigidität *siehe Starrheit*
Risiko 32
Risikoaversion 170

Sachkapital 1, 14, 31, 35, 39, 49, 82, 96-7, 144, 147, 149, 163, 185, 249, 269, 278, 288
Sachkapitalentwertung 202
Sachvermögen *siehe Sachkapital*

Sachvermögensbildung 20
Sättigung 270
Says Gesetz 205, 208, 210
Schock *siehe Störung*
Schocktherapie 287
Schuld 27, 28, 31, 37, 85, 273
Schuldendienst 275
Schuldenlast 162, 253, 274
Schuldenquote 273-4
Schuldner 26, 30-1, 85, 162, 206, 236
Schuldnerposition 85, 237
Schuldpapier, Schuldtitel *siehe Wertpapier*
Schuldtilgung 88, 215
Schumpeter 270
Schwachwährungsland 311
seigniorage 273
Selbstfinanzierung 21
Senioritätsentlohnung 175
Sortiermechanismus 187
Sozialprodukt
    Brutto- 15
    Netto- 17, 22, 25
    nominales 17, 273
    reales 18
Sparfunktion 53
    Elastizität der 79
Sparneigung 58, 69
    marginale 53
Sparparadoxon 56, 69
Spekulation 34, 126, 148, 246
Spekulationskasse 66, 234
Spieltheorie 296, 299
Staatsausgaben 58
Staatshaushalt 76, 235, 271
Staatsverschuldung 80, 246, 313
    als Vermögen 278
    Monetisierung der 271
    unverzinsliche 273
Stabilisatoren 276
Stabilisierung 259, 261, 263-4, 304
    Beschäftigungs- 306
    Devisenmarkt- 226
    endogene 157, 253, 260, 325
    Nominaleinkommens- 307
    Output- 305
    Preis- 306
    Schulden- 275
    Wechselkurs- 245, 311
    wirtschaftspolitische 146
    Zins- 309
Stabilisierungskrise 301
Stabilisierungspolitik *siehe Nachfragepolitik*

Stabilität 169, 208, 295, 317
    finanzwirtschaftliche 275
    politische 163
Stabilitätsanalyse 54
Stabilitätsgesetz 8
Stabilitätspakt 307
    einkommenspolitischer 283
Stabilitätspolitik *siehe Nachfragepolitik*
Stagflation 140
Stagnation 270
Starkwährungsland 312
Starrheit
    institutionelle 286, 293
    Lohn- 11, 123, 158, 164, 168-9, 173, 177, 189, 256, 282, 286, 288
    Preis- 101, 256, 285-6, 288
Stellensuche 105, 183.
Stellenwechsel 105, 177, 183, 186
Sterilisierungspolitik 222-3, 225, 227, 314
Steuer
    auf Kassenhaltung 273
    direkte 17, 58, 77
    Einkommen- 296
    indirekte 14
Steueraufkommen 273
Steuerausfall in der Krise 271, 276
Steuerbasis 58, 273
Steuerbelastung 327
Steuereinnahme 23, 59, 296
    wachstumsbedingte 271
Steuerpolitik 77, 269, 282
Steuersatz 58, 77, 273, 276
Steuerzahlung 271
Stille Reserve 326
Störung 118, 124-5, 140, 169, 184, 192, 194, 197, 201, 204, 295, 299, 301, 303-4, 315, 324
    Angebots- 138, 143, 193, 258, 263, 305, 307, 309
    Auslands- 223, 229
    Devisenmarkt- 219
    Geldmarkt- 282, 300
    Geldnachfrage- 284, 308-9
    Nachfrage- 123, 134, 138, 305, 307-8, 317
    nominale 320-1
    reale 319, 321
    seriell korrelierte 314
    technologische 122, 282, 314, 321
Störungsarten 318
Stromgröße 3, 13, 213
Strukturkrise 172
Strukturproblem 106, 148, 172
Strukturwandel 172, 193, 268, 328

Stückgewinn 48, 100, 144, 159, 182
Subsistenzlohn 206, 208
Substitution 82
   intertemporale 321
Subvention 14, 23, 268
Subventionskonkurrenz 327
sunk costs 250

Tarifautonomie 280
Tarifvertrag 281, 285
Technischer Fortschritt 193, 248, 270, 327
Terms of Trade 239, 248, 282
Totalanalyse 5
Trade-off 110, 129, 191
Transaktionskasse 65, 72, 85, 147, 234, 245
Transferzahlung 17, 23
Transmissionsprozeß 75, 82

Umlaufgeschwindigkeit 141, 147, 151, 292, 308
Umverteilung
   Einkommens- 48, 145
   inflationsbedingte 281, 328
   Vermögens- 48
Umverteilungszielsetzung 109, 130, 140, 142, 145, 167, 257
Ungleichgewicht 1, 4, 65, 156, 185, 201, 258-9, 318
   durch Indexierung 282
Unsicherheit 67, 88, 315, 319, 328
Unterbeschäftigung *siehe Arbeitslosigkeit*
Unterbewertung 312-3
   stabilitätsorientierte 313
Unternehmensverschuldung 85
Überbeschäftigung 107-8, 113, 251, 253, ·255, 306
Überbewertung 247, 259, 312
Überschußnachfrage 64
Überschußsektor 20, 39, 45
Überwälzung 113, 119, 139, 289, 299, 323

Verdrängungseffekt *siehe crowding-out*
Vermögen 29
   Netto- 85, 87
   Rein- 37
Vermögensänderungskonto 20
Vermögensanlageentscheidung 147
Vermögensbesitzer 67, 102, 149
Vermögensbestand 27, 83, 89, 157

Vermögensbilanz 27, 37
Vermögenseffekt 87, 161-2
Vermögenseinkommen 16, 214
Vermögensformen 30
Vermögenshaltung 31, 38, 42, 81, 89
Vermögensmarkt 1, 20, 31, 35, 38, 45, 61, 126, 146, 162, 209, 247, 327
   internationaler 246
Vermögensmarktgleichgewicht 32, 34, 146-7, 241
Vermögensposition 236
Vermögenssicherung 82
Vermögenssicherungsfunktion 328
Vermögensverlust 85, 325
   abwertungsbedingter 236
   inflationsbedingter 147, 328
Vermögensverteilung 83
Vermögenswert 32, 52, 83, 147, 205
Vermögenswertänderung 84
Verschuldung 63
Versicherungsvertrag 170
Verstetigung 203
Vertrag
   Fixlohn- 170
   impliziter 169
   nominal fixierter 3, 26, 288, 329
vicious cycle 259, 261
virtuous cycle 259
Volkseinkommen 17, 47
Vollbeschäftigung 9-11, 105, 114, 121, 129, 133, 137, 169, 173, 186, 194, 206, 208, 258, 263, 284, 307, 325, 328
   als ineffiziente Konstellation 175
   klassische 207
   marktfähiger Ressourcen 203
Vollbeschäftigungsgleichgewicht 118, 157, 192, 197, 222, 296
Vollbeschäftigungsoutput 122, 134, 140, 192, 198, 251, 254
Vollbeschäftigungspolitik 310, 316
Vollbeschäftigungswachstum 142-3, 293
Vollbeschäftigungsziel 9, 204, 280, 291, 302, 311, 327
Vorleistungen 14, 23

Wachstumspolitik 203
Wachstumsrate 19
Währung ·1, 19, 30
   Anlage- 245, 313
   kontraktfähige 236
   Reputation der 245, 312
   Vermögenssicherungsqualität der 313
Währungshierarchie 245
Währungsreserve 215, 222-5, 228, 230

Währungsunion 278
Walras' Gesetz 65, 156, 206
Wechselkurs 2
   fester 215, 221, 226, 247, 264, 311
   flexibler 215, 233, 247, 251, 254, 260, 262-3, 295
   realer 239, 252
Wechselkurserwartung 242-5, 247, 253-4, 258, 260, 263
   Bestimmungsgründe der 244
Wechselkurspolitik 230
Weltwirtschaftskrise 4, 162-4, 325
Wertaufbewahrung 29
Wertaufbewahrungsmittel 27, 30, 205
Wertpapier 83, 240
   festverzinsliches 33, 62, 66, 74, 148
   staatliches 271
Wertpapierangebot 89, 245, 271
Wertpapierangebotsüberschuß 89
Wertpapierbestand 226
Wertpapiermarkt 65, 90
Wertpapiernachfrage 89
Wertpapiernachfrageüberschuß 156, 246
Wertschöpfung
   Brutto- 14
   Netto- 15
Wertstandard 26, 111
Wettbewerb 18, 47, 100-1, 117, 159-60, 167, 172, 178, 193, 195, 205, 238, 268, 281, 285, 312
Wettbewerbsfähigkeit 172, 215, 234, 312
   internationale 161, 247, 256, 311, 313, 328
   preisliche 229, 231, 239, 248
white noise 124
Wirtschaftskreislauf 20, 49
Wirtschaftskrise 40, 184, 192, 194, 202-3, 206, 277, 288, 318, 322
Wirtschaftspolitik 6, 11
   Autonomie der nationalen 230, 311
   beschäftigungsorientierte 316
   demokratische 315
   Grenzen der 10
   internationale Koordination der 228
   interventionistische 229
   kooperative 291
   magische Ziele der 8
   potentialorientierte 203
   Selbstbindung der 316
   Theorie der 8
Wirtschaftswachstum 78, 142, 203, 270, 274, 292, 322
   exportgestütztes 312
Wohlfahrt 8, 121, 173, 183, 202, 248, 270, 286, 296, 300

Wohlfahrtsfunktion 296

Zahlungsbilanz 215
Zahlungsbilanzbeschränkung 221, 233, 242
Zahlungsbilanzdefizit 218, 222
   kumulatives 311
Zahlungsbilanzgleichgewicht 218, 228, 242, 251, 253, 311, 313
Zahlungsbilanzüberschuß 218, 222
Zahlungsbilanzungleichgewicht 220, 228, 230
Zahlungsfähigkeit 220, 236
Zahlungskreislauf 234
Zahlungsmittel 26, 28
Zeit 200
Zeitinkonsistenz 298
Zeitpräferenz 88, 300, 316
Zeitverzögerung 203, 295, 321-2
Zentralbank siehe Notenbank
Ziel
   beschäftigungspolitisches 296
   binnenwirtschaftliches 230
   nachfragepolitisches 221
   Stabilisierungs- 222
   wirtschaftspolitisches 7, 220, 309, 320
Zielkonflikt in der Wirtschaftspolitik 264, 325
Zins 2, 15, 27, 29, 51, 61, 66, 68, 75, 208, 218, 245
   als geldpolitische Steuerungsgröße 309
   als wirtschaftspolitisches Ziel 310
   Auslands- 217, 219, 224, 228, 233, 240, 243, 258, 260-1
   fixierter 309
   Kapitalmarkt- 33-5, 309
   kurzfristiger 322
   nominaler 147, 162
   realer 149, 152, 163, 274, 295, 319
Zinsbelastung 32, 277-8
Zinsdifferenz 217, 234, 243-4, 262, 312
Zinseinkommen 38, 66
Zinsendienst 278
Zinserwartung 67
Zinskosten 31, 101-2
Zinslastquote 274
Zinsparität 241, 256, 259, 310
Zinsparitätskurve 255, 260, 311
Zinspolitik 324
Zinszahlung 62, 147, 236, 240, 241, 274, 313
Zwangssparen 48

S. Wied-Nebbeling

Markt- und Preistheorie

3., verb. u. erw. Aufl. 1997. X, 301 S. 73 Abb. Brosch.
DM 39,80; öS 291,-; sFr 37,- ISBN 3-540-63626-9
Ziel dieser Arbeit ist es, mögliche Zusammenhänge zwischen Marktstruktur, -verhalten und -ergebnis aufzuzeigen, die empirische Relevanz der hergeleiteten Modelle kritisch zu hinterfragen und auf dynamische Aspekte hinzuweisen.

H. Lampert

Lehrbuch der Sozialpolitik

5., überarb. u. erw. Aufl. 1998. XXVIII, 494 S. 7 Abb., 37 Tab. Brosch. DM 58,-; öS 424,-; sFr 53,-
ISBN 3-540-64789-9
Diese Einführung in Praxis und Theorie der Sozialpolitik sowie in die aktuellen Probleme des Sozialstaates gilt als Standardwerk. Durch zahlreiche Tabellen, Schaubilder, Übersichten, Literaturhinweise und ein ausführliches Sachregister trägt es ebenso wie durch seine allgemeinverständliche Darstellung didaktischen Erfordernissen Rechnung.

S. Wied-Nebbeling, H. Schott

Grundlagen der Mikroökonomik

1998. X, 344 S. 132 Abb., 3 Tab. Brosch. DM 39,90;
öS 292,-; sFr 37,- ISBN 3-540-64811-9
Dieses Lehrbuch behandelt die Haushalts- und die Unternehmenstheorie, die optimale Allokation bei vollständiger Konkurrenz und verschiedene Formen des unvollständigen Wettbewerbs.

G. Disterer

Studienarbeiten schreiben

Diplom-, Seminar- und Hausarbeiten in den Wirtschaftswissenschaften

1998. VIII, 170 S. 9 Abb. Brosch. DM 29,80; öS 218,-; sFr 27,50 ISBN 3-540-64407-5
Dieses Buch hilft, Studienarbeiten erfolgreich zu schreiben. Es gibt detailliert Auskunft über die qualitativen und formalen Anforderungen, die an Diplom-, Seminar- und Hausarbeiten gestellt werden und erläutert die Gründe für strenge formale Regularien in Prüfungsordnungen und Zitierrichtlinien.

A. Jaros-Sturhahn, K. Schachtner

Business Computing

Arbeiten mit MS-Office und Internet

1998. XIV, 397 S. 276 Abb., WWW-Ergänzungen. Brosch.
DM 45,-; öS 329,-; sFr 41,50 ISBN 3-540-64184-X
Studenten und Praktiker finden hier eine kompakte Einführung in die Office-Programme, die Grundlagen der EDV und das Internet: Hardware, Software und Netze; Word, Access, Excel, Powerpoint und die Möglichkeiten der Internet-Nutzung. Weiterführende Informationen zum effektiven Umgang mit den Programmen runden dieses Lehrbuch ab.

H. Tomann

Stabilitätspolitik

Theorie, Strategie und europäische Perspektive

1997. XII, 317 S. 9 Abb., 7 Tab. Brosch. DM 49,80;
öS 364,-; sFr 44,50 ISBN 3-540-62957-2
Dieses Lehrbuch untersucht die Implikationen einer Dominanz der Geldwertstabilisierung für alle Bereiche der Stabilitätspolitik. In die Untersuchung werden auch die stabilitätspolitischen Strategien einer künftigen Europäischen Währungsunion einbezogen.

G. Illing

Theorie der Geldpolitik

Eine spieltheoretische Einführung

1997. XV, 383 S. 73 Abb., 8 Tab. Brosch. DM 39,90;
öS 292,-; sFr 36,- ISBN 3-540-62716-2
Welche Anreize für inflationäre Prozesse gehen von Stabilisierungspolitik und Staatsverschuldung aus? Welche Bedeutung kommt der Unabhängigkeit von Zentralbanken zu? Das Buch vermittelt die theoretischen Modelle in intuitiver Weise und vertieft sie anhand von aktuellen Beispielen.

Preisänderungen (auch bei Irrtümern) vorbehalten.

Springer-Verlag, Postfach 14 02 01, D-14302 Berlin, Fax 0 30 / 827 87 - 3 01 / 4 48 e-mail: orders@springer.de   d&p.BA.65223.SF

If you have any concerns about our products,
you can contact us on
ProductSafety@springernature.com

In case Publisher is established outside the EU,
the EU authorized representative is:
**Springer Nature Customer Service Center GmbH
Europaplatz 3, 69115 Heidelberg, Germany**

Printed by Libri Plureos GmbH
in Hamburg, Germany